安泽年鉴

2019

中共安泽县委党史研究中心 编

方志出版社
Publishing House of Local Records

图书在版编目(CIP)数据

安泽年鉴.2019/中共安泽县委党史研究中心编. —北京:方志出版社,2019.12
ISBN 978-7-5144-4046-1

Ⅰ.①安… Ⅱ.①中… Ⅲ.①安泽县—2019—年鉴
Ⅳ.①Z522.54

中国版本图书馆CIP数据核字(2019)第285468号

安泽年鉴(2019)

编　　者:中共安泽县委党史研究中心
责任编辑:冯　松

出 版 者:方志出版社
地址　北京市朝阳区潘家园东里9号(国家方志馆4层)
邮编　100021
网址　http://www.fzph.org
发　　行:方志出版社图书经销中心
电话　(010)67110500
经　　销:各地新华书店
印　　刷:山西省史志印刷厂

开　　本:889×1194　1/16
印　　张:31.75
字　　数:640千字
版　　次:2019年12月第1版　2019年12月第1次印刷
印　　数:001~500册

ISBN 978-7-5144-4046-1　　定价:268.00元

《安泽年鉴》编纂委员会

名誉主任　李　强
主　　任　赵晨伟
副 主 任　郭婷慧　魏书亮　尹淑兰　党爱贞
常务副主任　郭婷慧
委　　员　（按姓氏笔画排列）
丁　波　卫建华　马红岩　亓根平　亢建峰　毋宏祥
牛宏军　王文亮　王文涛　王　军　王秀娟　王若刚
王家国　王朝峰　王新文　付　强　冯俊跃　冯清华
卢国梁　田　芸　刘　军　许勇辉　闫秀武　吴卫忠
宋国宏　宋晓军　宋海林　张红安　张红星　张李锁
张俊生　张建兵　张福增　李世明　李　伟　李软萍
李　勇　李拴香　李晋生　郑霓霓　苏晓峰　迟同斌
邱东升　陈爱荣　周来群　孟晋鹤　武秋红　罗艳丽
赵宁伟　赵　龙　赵　红　赵俊峰　赵春亮　郝亚军
郝　瑞　侯勇军　展瑞刚　郭建江　郭　胜　焦红胜
蒋璟爱　谢军平　韩艺卿　雷巧萍　雷　军　雷改萍
雷晓飞　翟海元　薛长森　魏金平
办公室主任　郭　胜（兼）

《安泽年鉴》编纂人员

主　　编　郭　胜
副 主 编　尚晓玲
编　　辑　亢　琳　魏光庆　张　磊　郭　峰
摄　　影　裴文胜

安泽县地图

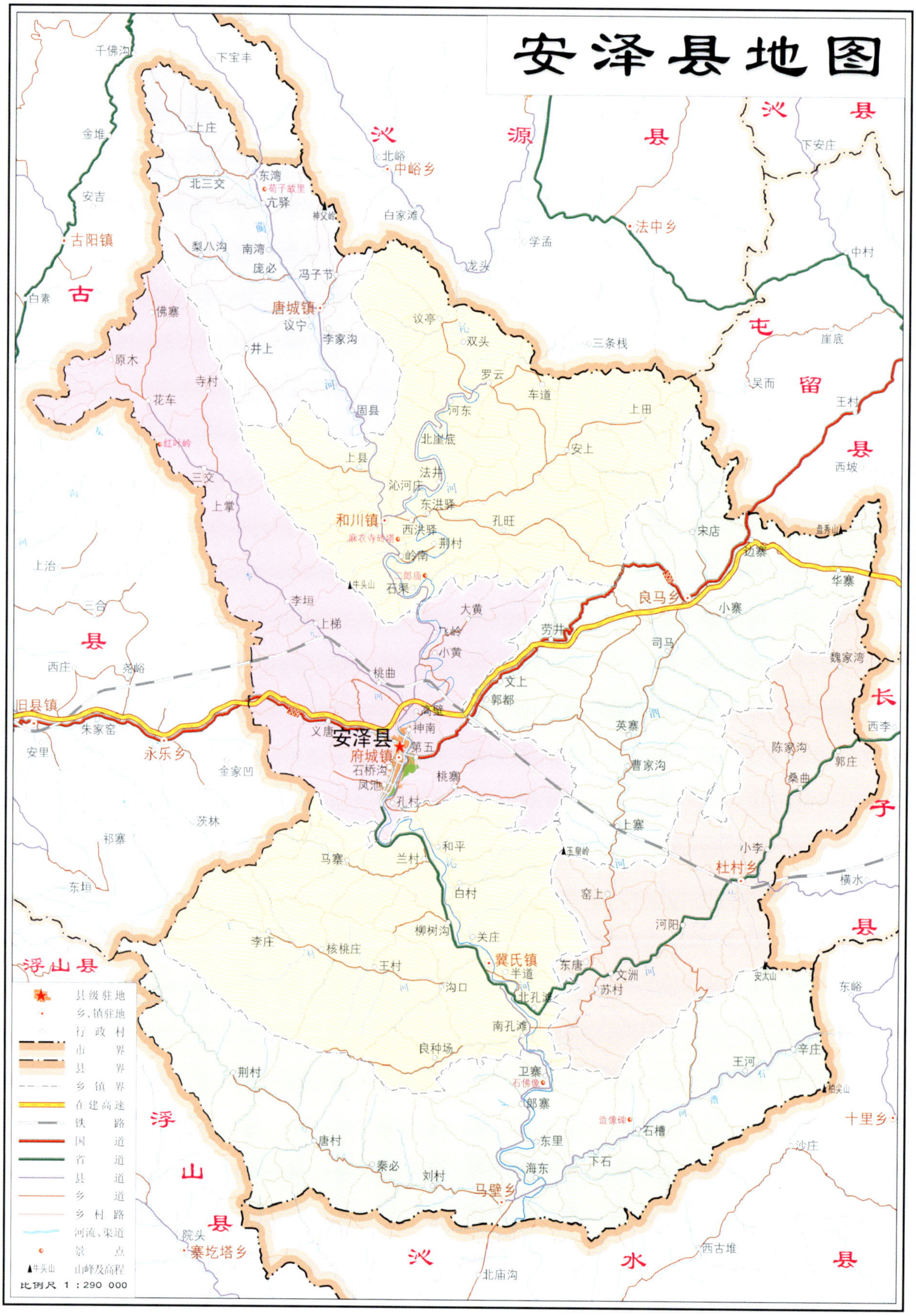

审图号：晋S(2018)017号

中国共产党安泽县第十四届代表大会第三次会议

安泽县第十六届人民代表大会第三次会议

中国人民政治协商会议第九届安泽县委员会第三次会议

省人大常委会副主任、市委书记岳普煜带领市委常委和全市17个县（市）区委书记到安泽观摩。安泽县党群之家建设和“小飞·田园综合体”乡村振兴样板成为三基建设亮点.

2018年4月26日，“山西抗战·国家记忆”山西军民抗战史实展在安泽县杜村乡开展

“中国天然氧吧”花落安泽。安泽成为山西首批被命名的“中国天然氧吧”城市，是全省两家其中之一

“全国森林旅游示范县”和“国家森林公园”落户安泽。安泽成为全国唯一被国家林业和草原局同时授予两项殊荣的县。“全国森林旅游示范县”全省两家，安泽是其中之一。“国家森林公园”是临汾市首家

“CCTV–7《乡村大世界》走进安泽黄花岭”成功录制播出，助力全省旅发大会在临汾召开。全国观众享受了一场精彩的文化盛宴

安泽黄花岭被评为“中国最美花海”。入围2018年中国森林旅游美景推广地，是山西省唯一入围的花海基地

村集体经济在上年全部“破五万”的基础上，2018年“破十万”的村达到52%

安泽县飞岭村入选“首届中国农民丰收节100个特色村庄”。此殊荣的获得成为安泽乡村振兴、全域旅游的一张“靓丽名片”

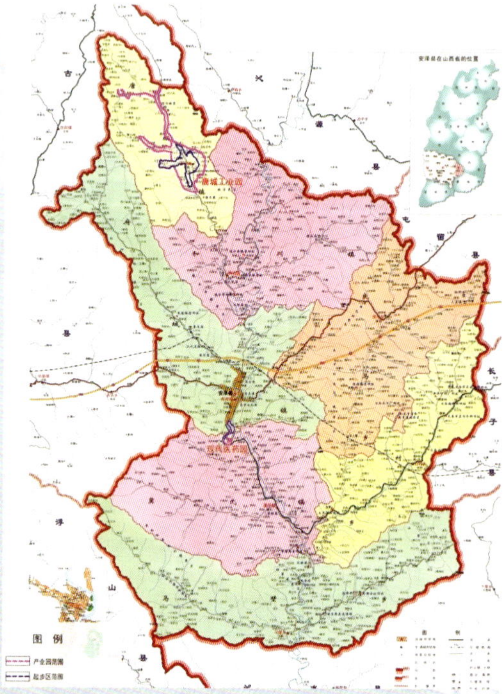

“安泽经济技术开发区”被山西省政府批准设立。“一区两园”构建了现代产业新体系，安泽经济进入高质量快进模式

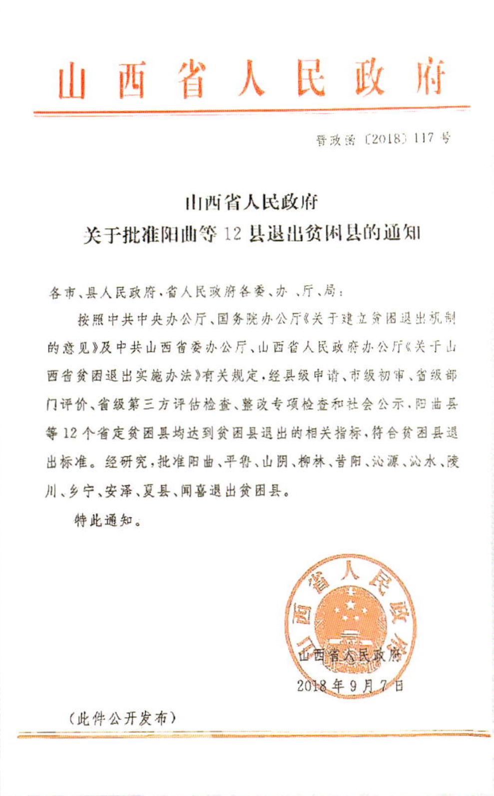

山西省人民政府

晋政函〔2018〕117号

山西省人民政府
关于批准阳曲等12县退出贫困县的通知

各市、县人民政府，省人民政府各委、办、厅、局：

按照中共中央办公厅、国务院办公厅《关于建立贫困退出机制的意见》及中共山西省委办公厅、山西省人民政府办公厅《关于山西省贫困退出实施办法》有关规定，经县级申请、市级初审、省级部门评价、省级第三方评估检查、整改专项检查和社会公示，阳曲县等12个省定贫困县均达到贫困县退出的相关指标，符合贫困县退出标准。经研究，批准阳曲、平鲁、山阴、柳林、昔阳、沁源、沁水、陵川、乡宁、安泽、夏县、闻喜退出贫困县。

特此通知。

山西省人民政府
2018年9月7日

（此件公开发布）

安泽县成为全省首批退出贫困县。贫困人口由2014年的6955户16838人减少至25户64人。

以脱贫攻坚为题材的长篇纪实报告文学《太行山最早的春天》出版发行。这在山西尚属首部。

国家卫生县城（乡镇）创建工作取得实质性进展。县城以及冀氏镇、马壁乡顺利通过国家暗访，城乡面貌焕然一新

总面积7275平方米的乡镇党群之家全部建成使用。所有的乡镇工作人员都拥有一套25平方米带卫生间的住房。乡镇干部住进了新房子，党员群众活动有了新场所，服务发展有了新阵地，三基建设稳步推进

城建提质绽新花。完成20条街巷改造，硬化路面30000余平方米；绿化15000余平方米；修建大型停车场5个，对文体广场进行塑胶、草坪铺设；新增无害化卫生公厕15座。城南、城北两个农贸市场投入使用

王光女子民兵班成立

“天天渔”杯中华垂钓大赛山西赛区选拔赛在安泽成功举办。2018年，安泽共举办国家级钓鱼比赛5场，各类商业钓鱼比赛30余场

治水兴水惠民生。完成农村饮水安全巩固提升工程24处,让群众吃上“安全水、放心水”。大力实施沁河重点段修复工程，防洪标准按20年一遇设计，两岸堤防为4级，造福沿线18个行政村、27个自然村。完成了义唐河县城段治污工程。渔政专项执法受到农业部表彰

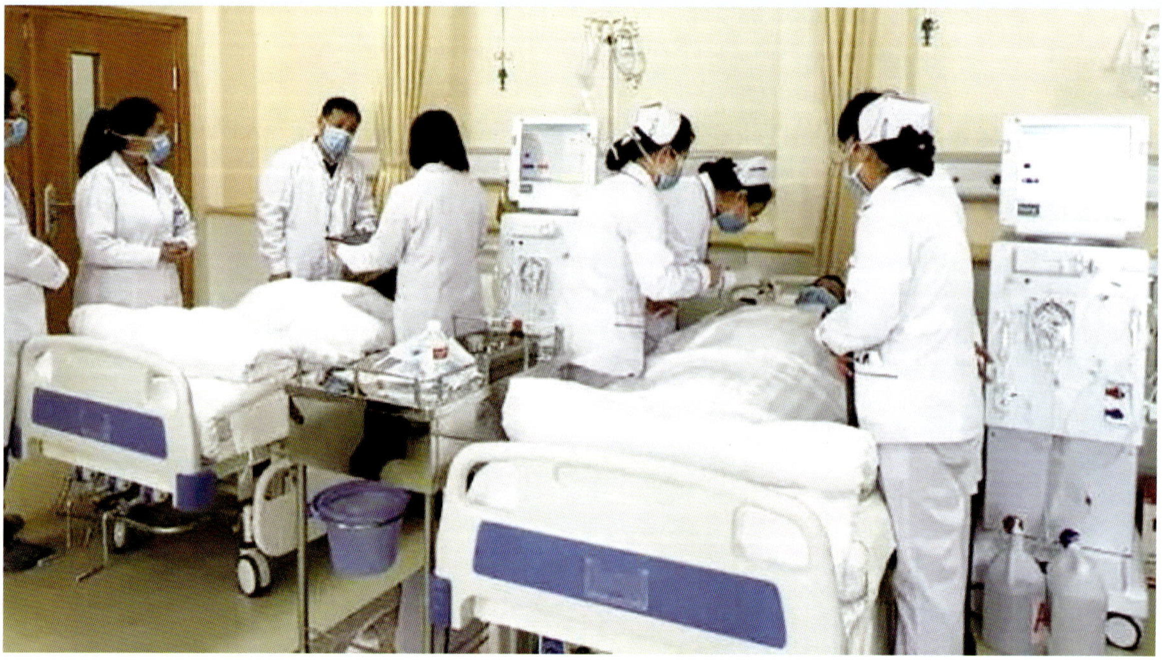

医疗卫生事业再上新台阶

交通路网取得历史性突破。所有建制村通水泥（油）路硬化率达100%，客运班车通车率达100%。“四好农村路”成为惠民幸福路。中南铁路已经营运，长临高速全面贯通，安沁高速规划建设，临汾长治晋城1小时经济生活圈正在形成。安泽动车组将再启新征程

2018年4月18日，“助力2018全省旅发大会·我们与你在一起”中国百名作家走进临汾安泽采风创作活动启动仪式在安泽国家森林公园——荀子文化园举行

编纂说明

一、《安泽年鉴》以马克思列宁主义、毛泽东思想、邓小平理论、“三个代表”重要思想、科学发展观、习近平新时代中国特色社会主义思想为指导，坚持辩证唯物主义和历史唯物主义的立场、观点、方法，旨在逐年全面记载本行政区域自然、政治、经济、文化、社会等各个方面的情况。是由中共安泽县委、安泽县人民政府、中共安泽县委党史研究中心办公室编纂的年度资料文献，是安泽县唯一的地方综合年鉴。

二、《安泽年鉴（2019）》记述时限为2018年1月1日至12月31日，个别条目突破断限，意在增强事件的完整性。

三、《安泽年鉴（2019）》采用分类编排法，设栏目、分目、次分目、条目四个层次，不同层次的标题用不同的字号或字体加以区别。条目为全书基本记述实体，其标题统加“【　】”表示。

四、本年鉴资料均由县直各单位、各乡镇和企事业单位组织专人提供，并经各单位负责人审核。统计资料由安泽县统计局提供。稿件内容在反映原貌的前提下，编辑时只求体例完备、语句通顺，其余不做变动。所有数据由于统计来源、方法、时间的不同而有差异，均以统计局提供的资料为准。

五、本年鉴采用的稿件，作者名在文尾，有的稿件因作者不详，未作署名。

目 录

特 载

大事记

县情概览

中国共产党安泽县委员会

中国人民政治协商会议 安泽县委员会

中国共产党 安泽县纪律检查委员会

群众团体

经济管理

农业经济

建设　环保

财政　税务

交通　邮电

卫生　医疗

社会生活

特　载

改革创新谋发展　奋发有为谱新篇
全力推动安泽全面振兴绿色崛起再上新台阶

——2019 年 2 月 21 日在中国共产党安泽县第十四届代表大会第四次会议上的工作报告

中共安泽县委书记　李　强

一、回顾 2018 年工作，党的建设、经济社会各项事业交出了亮眼“成绩单”

一年来，我们提高站位、坚定方向，全力确保习近平新时代中国特色社会主义思想落地见效。始终把学习贯彻习近平新时代中国特色社会主义思想作为重要的政治任务，在学懂弄通做实上狠下功夫，武装头脑、指导实践、推动工作。始终把维护习近平总书记的核心地位、维护党中央权威作为最大的政治，自觉把“两个维护”落实到工作中、体现在行动上。严格以习近平新时代中国特色社会主义思想为指导，结合安泽实际，形成工作思路举措，全力确保习近平新时代中国特色社会主义思想在安泽落地生根、结出硕果。

一年来，我们全面从严管党治党，干事创业氛围更加浓厚。全面压实主体责任。牵住主体责任这个“牛鼻子”，制定县直党工委书记、乡镇党委书记抓党建“4+2”和“5+3”项目清单，层层签订目标责任书，层层召开书记面对面述职会议，不折不扣将责任落到实处。政治建设全面加强。坚持县委中心组学习 22 次，学习议题 104 项，对中央、省、市各项部署第一时间传达贯彻。严格推行“4+N”主题党日活动，切实把从严党内政治生活融入日常、抓在经常，全县党员干部“四个意识”显著增强。厚植政治文化，开展党性实践教育 6200 余人次，忠诚老实、清正廉洁等价值观深入人心。思想建设全面强化。严格落实意识形态工作责任制，大力培树安泽典范，深入开展第四届“感动安泽”系列人物和“安泽好人”评选活动，连续三届保持省级文明县城称号，积极创建全国文明县城，不断凝聚发展正能量。“三基建设”全面夯实。持续发展壮大村级集体经济，在 2017 年率先实现全部

“破5万”的基础上，2018年52%的行政村突破10万元。合力打造党群之家，总面积7275平方米的291套干部周转房投入使用，乡镇干部全部住上了新房子、党员群众活动有了新场所、服务发展有了新阵地。创新推进党建联合体，创建“小飞”“太岳”等试点，实现强强联合、共赢发展。常态化开展专题培训，累计培训干部3.2万余人次，全面提升了干部能力素质。干部队伍建设全面建强。提拔调整了一批敢于担当、勇于作为的科级干部，推荐了一批干部上挂锻炼。试行干部成长档案记录和干部工作实绩纪实制度，将从严贯穿于干部监督管理全过程。表彰了46个先进基层党组织和82名优秀个人，在全县上下营造了激励先进、推动工作的良好氛围。党风廉政建设全面推进。持续深化监察体制改革，全力推进派驻监督全覆盖，推动监察体制改革触角向基层延伸。始终保持反腐高压态势，运用监督执纪“四种形态”处理624人次，同比增长52.94%。持续狠刹“四风”问题，处理问题 53件64人，形成强大震慑。查处群众身边腐败案件357案357人，推动整治群众身边腐败问题向纵深发展。先后开展五轮、六轮巡察工作，推动巡察工作规范化。2018年，问责党组织3个、党员领导干部67人，问责领导干部96人，使失责必问、问责必严成为常态，持续保持了安泽政治生态的绿水青山。

一年来，我们着力推动经济高质量发展，经济运行持续稳定向好。坚持把实现高质量发展作为经济工作的总目标，进一步加强党对经济工作的领导，聚焦工业转型，全力构建现代产业体系。经济技术开发区顺利通过省政府批准。传统煤焦化产业优化升级，全县4座煤矿全部达到国家安全生产标准化二级以上。山西永鑫集团蔺鑫有限责任公司170万吨/年焦化20万吨/年乙二醇、永鑫铁路专用线等项目进展顺利。清洁能源产业体系不断壮大，中石油马壁东区块等煤层气项目进展良好，安泽将成为临汾绿色清洁能源主要输出基地。聚焦城建提质，山水田园城建设提档升级。大力实施“增绿”工程，补栽树苗花卉23万余株，原林业局、原种子公司、原面粉厂等空地公园广场、停车场改造等工程均已投入使用。大力实施“清水”工程，沁河修复、沁河县城段污水管网改造等重点工程项目完成序时进度，县城生活污水处理率持续提高。大力实施“美城”工程，围绕打胜“国卫”创建这场硬仗，县城面貌焕然一新，顺利通过省爱卫办暗访。大力实施“扩城”工程，长临高速连接线、沁河大桥等重点工程建设正在加快推进，城市“动脉”更加畅通。聚焦乡村振兴，三农工作开创新局面。晋南（安泽）中药材物流基地项目通过评审。精心打造“太行山最早的春天”等旅游品牌。《乡村大世界》成功录制。“国际河灯艺术丰收季”等活动圆满举办。飞岭村入选“首届中国农民丰收节100个特色村庄”。创意开发“荀亲”八大类别近百余种文创产品，打响“安泽特色旅游文化商品”品牌。旅游发展呈现出“百花齐放”的新局面，全域旅游不仅实现了“量”的扩展，更得到了“质”的提升，生态绿色正在变成真金白银。

一年来，我们扎实推进全面深化改革，发展活力动力持续增添。扎实推进全面深化改革，42项重点任务扎实推进。全县农村土地承包经营权确权全部完成。我县被列入全省县乡医疗卫生机构一体化改革示范县。全面深化社会治安综合治理改革，三级中心国标建设顺利完成，荣获全国社会治理创新示范单位。积极推进党代会年会制和党代表任期制试点工作，党代表作用充分发挥。同时，公共文化服务领域改革、生态保护改革等方面均取得阶段性成果。举办“太原市安泽商会揭牌暨招商引资签约大会”等招商引资活动，全年招商引资引进项目10个，总投资102.9亿元。

一年来，我们紧盯问题短板，“三大攻坚战”初战告捷。突出抓重点、补短板、强弱项，坚决打好防范化解重大风险、精准脱贫、污染防治“三大攻坚战”。树牢底线思维，不断提高防范和抵御风险能力，有效防范、化解、管控各类风险，努力维护金融秩序和社会和谐稳定，防范风险坚强有力。始终坚持“四个不摘”，对产业、保障、智志双扶等扶贫工程进行巩固提升，用好旅游、光伏、连翘“三件宝”，提升“3+X”帮扶机制，打造可持续脱贫、稳定脱贫的“安泽样板”，省政府于2018年9月批准我县退出贫困县，成为全省首批脱贫摘帽县。坚持把绿色生态作为最亮的名片，持续实施大气、土壤、水污染防治，山西省环境科学研究院“环保管家”服务首家落户我县，荣获农业部“亮剑2017”系列渔政专项执法行动工作成绩突出集体荣誉，成功创建“中国天然氧吧”“全国森林旅游示范县”“国家森林公园”“2018中国森林旅游美景推广地—最美花海‘山西安泽黄花岭金色花海’”等国字号品牌，在林业方面成为全国唯一获得多项殊荣的县。

一年来，我们着力保障改善民生，群众生活更加美好。始终坚持以人民为中心的发展思想，优先保障民生投入。民生事业全面发展。深入推进“三优”工程，教育教学质量显著提升。县医疗集团荣获全国基层中医药工作先进单位。所有建制村通水泥路硬化率达100%，客运班车通车率达100%，“四好农村路”成为惠民幸福路。医疗、失业等保险工作进一步加强，社会福利、救灾救济等工作持续推进，社会保障更加全面完善。文化建设活力迸发。对文体广场、奥体中心等场所进行全面改造提升，持续开展消夏月等文化活动，我省首部关于脱贫攻坚的长篇纪实文学《太行山最早的春天》等一批精品力作先后出版，梁衡、舒婷等百名作家走进安泽，安泽知名度和吸引力全面提升。社会安全持续稳定。倍加珍惜“长安杯”这一荣誉，始终把安全生产放在首位，安全生产总体平稳。扎实开展信访矛盾化解和退役军人走访慰问活动。深入开展扫黑除恶专项斗争，全县社会大局安全稳定，全县群众的获得感、幸福感、安全感不断增强。

一年来，我们持续强化民主法治建设，政治文明更加进步。始终坚持党的领导、人民当家作主、法治建设有机统一。定期听取县人大、政府、政协、法院、检察院党组工作汇报。支持保障人大及其常委会依法行使职权，促进监督、决定重大事项更好地体现人民意志。支持政协积极履行政治协商、民主监督、参政议政职能，更好地协调关系、汇聚力量、建言献策、服务大局。统筹抓好新时期统战工作，深化群团工作改革，完成妇联、工会换届工作，群团组织服务基层、服务群众能力显著提升。深入推进“法治安泽”建设，全民法治观念不断增强，为经济社会发展凝聚了合力、增添了动力。

一年来，十四届委员会站在新起点，不忘初心、牢记使命、拼搏奋斗，形成了心往一处想、劲往一处使的良好局面。安泽各项主要经济指标综合排名稳居全市前列，先后荣获国家级荣誉9项，省级荣誉15项，全面彰显了安泽精神、安泽担当、安泽速度、安泽力量，创造了新时代的安泽新辉煌。

二、主动对标中央、省、市新部署，以新思路高标准谋求安泽发展新突破

今年是新中国成立70周年，是全面建成小康社会关键之年，也是我县奋力实现全面振兴绿色崛起的攻坚之年。在全面学习贯彻中央、省委和市委各项工作部署的基础上，我们深入调查研究，准确把握安泽实际，提出今年工作的总体要求是：以习近平新时代中国特色社会主义思想为指导，全面贯彻党的十九大和十九届二中、三中全会精神，统筹推进“五位一体”总体布局，协调推进“四个全面”战略布局，深入贯彻习近平总书记视察山西重要讲话精神，按照党中央、省委、市委部署，全面加强党的建设，统筹推进党的政治建设、思想建设、组织建设、作风建设、纪律建设、制度建设，深入推进反腐败斗争，全面提高党的建设质量。坚持稳中求进总基调，坚持新发展理念，坚持高质量发展，坚持把深化供给侧结构性改革与深化转型综改区建设相结合作为经济工作的主线，坚持深化市场化改革，扩大高水平开放，继续打好“三大攻坚战”，统筹推进稳增长、促改革、调结构、惠民生、防风险工作，进一步稳就业、稳金融、稳外贸、稳外资、稳投资、稳预期，紧紧围绕“示范区”“排头兵”“新高地”三大目标，持续深化“四个年”活动，全力创建国家卫生县城、国家全民运动健身模范县、全国文明县城，加快建设山水田园城和精品旅游县，奋力推动全面振兴、绿色崛起，为全面建成小康社会打下决定性基础，以优异成绩迎接中华人民共和国成立70周年。

今年工作的主要目标是：

党的建设更加坚实。全面从严治党主体责任层层落实。党的政治建设、思想建设、组织建设、作风建设、纪律建设、制度建设得到全面加强，党的建设质量全面提高。

改革创新更有力度。积极推进全面深化改革，重要领域和关键环节改革取得决定性成果，各方面体制机制更加健全完善；县党政机构按时保质完成任务；“改革创新、奋发有为”大讨论扎实开展；创新创业活力竞相迸发，创新驱动成为安泽发展新动能。

经济指标圆满完成。地区生产总值增长6.3%，全社会固定资产投资增长10%，社会消费品零售总额增长7.5%，一般公共预算收入增长6.3%以上，城乡居民收入增长6.5%以上，居民消费价格涨幅控制在3%左右，约束性指标全面力争超额完成市定要求。

“四个年”活动持续深化。一张蓝图绘到底、重整行装再出发，“四个年”活动取得崭新成效，奋力创建国家卫生县城、国家全民运动健身模范县、全国文明县城，推动全县经济社会发展“开门红”“季季红”“全年红”，各项工作争创一流。

三、尽心竭力抓好各项重点工作，在打造安泽动车、争创一流业绩上展现新作为

（一）着力改革创新，在激发发展活力上实现新作为

要全力奏响改革最强音。改革是经济发展的根本动力，安泽振兴崛起的出路在改革，关键在改革。要深入学习领会习近平总书记在庆祝改革开放40周年大会上发表的重要讲话精神，深刻把握“十个始终坚持”取得的伟大成就，“九个必须”的宝贵经验，争做新时

代改革开放的先行者、排头兵。要扎实开展好“改革创新、奋发有为”大讨论，严格按照省委、市委要求，高质量做好省市各项规定动作和我县自选动作，切实在全县营造解放思想、对标一流，改革创新、奋发有为的浓厚氛围，全面提高改革创新的意识和能力。要全面深化经济、政治、文化、社会、生态文明体制和党的建设制度改革，尽快出台2019年改革工作重点，研究推出更多体现安泽特色、解决安泽问题的改革举措，真正解除束缚、突破瓶颈，增添动力、轻装前行。要扎实稳妥推进机构改革，抓好班子配备、组建转隶、“三定”规定制定等关键环节，确保全县干部思想不乱、工作不断、干劲不减，立足岗位作出新成绩。

要全力构建开放新格局。要大力实施“开放拓展行动”，在优化一批重要平台、谋划一批重大活动上下功夫，引龙头、补链条、育集群，大力承接优质产业转移，进一步提升开放型经济发展水平。要全面开展与周边城市在产业、旅游、文化等方面的合作交流，推动安泽更多产品特别是旅游产品进入山西市场。要持续加大招商引资力度，继续采用小分队招商、以商招商、平台招商等形式，让更多项目资金落地安泽。要把营商环境作为发展的“命门之穴”，用更加优惠的政策、更加周到的服务，打造亲商安商富商的“服务高地”，让外地企业引得来、本土企业留得住、所有企业都有钱赚，形成高质量发展的强磁场。

要全力推进全民创新创造。要把创新摆在发展全局的核心位置，深入实施创新驱动发展战略。坚持科技创新和制度创新“两个轮子”一起转，促进发展动能向创新驱动转变。要深化科技体制改革，不断构建以企业为主体、市场为导向、产学研深度融合的创新体系，加强对中小企业创新的支持，加大新材料、新能源等领域科技攻关支持力度。要巩固深化与山西省环科院、山西省农科院、山西师范大学、山西传媒学院等科研院所的战略合作，推动产学研深度融合。要加大财政对科技创新的投入力度，理顺科技创新工作运行机制，激发全社会关心、支持和参与科技创新。要深入落实国家和省市关于“双创”的支持政策，持续推进创新平台和创新体系建设，大力鼓励“大众创业、万众创新”，努力使全社会的创新能量充分释放、创新源泉充分涌流。

(二) 着力产业转型，在推动经济高质量发展上实现新作为

一要打造高效农业发展“示范地”。深入推进农业供给侧结构性改革，加快农业产业、生产、经营体系建设，着力推动农业产业全环节升级、全链条增值。要做优特色产业，狠抓品牌创建。围绕“特”字做文章，实施“中药崛起工程”，加快以连翘为主的中药材产业发展，推进安徽井泉中药材股份有限公司等企业扩大规模，延伸产业链条，提高产业档次，全力打造“安泽连翘”国家级特优区。要加大其他农产品品牌创建，带动形成一批具有较高知名度和市场占有率的优质品牌。要做强传统产业，延伸产业链条。全力做强做优玉米、小杂粮等粮食产业，大力推动藏粮于地、藏粮于技落实落地，持续优化种植管理方式，严格控制化肥农药使用量，打造绿色健康食品供应地。培育形成“种养加”循环产业链条，推进农业由增量向提质转变，切实让粮食绿色高质高效生产成为农业增效、农民增收新的增长源。要加强科技创新，发展有机旱作农业。加快推进耕地质量提升、农水集约增效、旱作良种攻关、农技集成创新、农机配套融合和绿色循环发展等建设，在农业科技创新、发展有机旱作农业方面取得新突破。

二要打造工业转型升级“新高地”。坚定不移实施转型升级战略，构建特色鲜明的现代产业体系。全力推进开发区建设。按照“五规合一”要求，高起点、高标准编制完成开发区总体规划。根据“三化三制”要求，科学设置内设机构，建立健全薪酬、聘用、考核等内部管理体制和运行机制，大胆尝试与全国先进开发区、科研院所、高校、大企业等合作共建产业园区。积极采取市场化开发运营模式，高标准启动园区水、电、路、气等配套设施建设，加快永鑫铁路线、安泽（唐城）220千伏输变电工程建设，加快实现“九通一平”。严格按照产业发展规划，引导开发区向高新产业聚集区发展，争取年内引进2—3个大型煤焦产业链条延伸项目，迅速打开开发区建设局面，全力将开发区打造成我县转型升级的“主引擎”、对外开放的“桥头堡”。全力加快产业转型升级。要持续改造提升传统产业，全面推进煤炭行业优化升级，加快智能化煤矿建设。不断延伸煤焦产业链条，加快推进安泽蔺鑫170万吨/年焦化、20万吨/年乙二醇、同世达SNG清洁能源项目配套157万吨/年焦化工程等项目，持续提高先进产能占比，提升煤焦产业综合竞争力。要积极发展新兴产业，加快永乐区块煤层气勘探、永乐北区块煤层气勘探、安泽南区块煤层气勘探等项目建设，中石油马壁东煤层气勘探项目年生产能力达到4亿立方米；要发展风力发电，加快安泽中禾慧荣能源科技有限公司4万千瓦风电项目建设，切实将安泽打造成为临汾清洁能源主要输出地。全力支持民营经济发展。始终坚持“两个毫不动摇”，全力支持推进我县民营经济发展。持续加大财税、信贷、融资、用地等方面支持力度，切实让政策落地、真金白银落袋。要健全完善人才引进机制，积极引进一批尖端创新人才和高层次创新团队，大力培育科技型领军人才、创新型技术人才、技能型实用人才，强化人才支撑，引领企业转型发展。

三要打造全域旅游发展“目的地”。借全省创建国家全域旅游示范区和举办第二届全国青年运动会的契机，全力打造“山水安泽·全域旅游”亮丽名片。要创新全域旅游思路。按照“全景、全业、全时、全民”模式，全面整合旅游资源，把全县作为一个大景区来打造。围绕“安、顺、诚、特、需、愉”要求，不断提高景区品质和服务质量。打好安泽“黄花、荀子、红叶”三张牌，依托中国天然氧吧、全国森林旅游示范县等国字号品牌，加大与文创公司、专家团队的合作力度，对全县旅游环境、资源特色、市场前景等进行战略再定位，让安泽更具诗情画意。大力发展健康养生、农耕体验、红色记忆等旅游新业态，开辟形成一条条有人气、有效益的旅游精品线路。大力发展生态休闲、健康养老等新业态，加快安泽康养小镇建设，着力打造一批复合型、综合类大健康产业项目。强化市场监督管理，全力营造“快旅慢游深体验”的服务环境。要进一步打牢全域旅游基础。积极打造乡村民宿、采摘篱园、休闲农庄、山水人家、养生山吧等不同风格的旅游业态，走差异化、特色化发展路子，先期打造府城飞岭、和川沁河庄、冀氏有客松墅、杜村窑上等民宿示范样板，以点带面带动全县民宿健康快速发展，力争每个乡镇都有2-3家独具特色的农家乐示范标杆，让农家乐“星光闪闪耀安泽”。同时，持续加大旅游基础建设，新建上党关等一批旅游公路，建设黄花岭旅游接待服务中心，不断完善各景区景点设施条件，全面打牢旅游发展根基。要进一步扩大全域旅游知名度。继续加大旅游形象营销，坚持政府、媒体联手合作，运用巧妙创意扩大营销，面向全国开展安泽宣传口号、形象标识征集活动，全力做好世界园艺博览会山西展园安泽荀子生态文化广场板块建设，举办更多标准更高、声势更大、效果更好的宣传活动，把安泽全域旅游品牌更加响亮地推介出去，把更多的外地游客、外地客商吸引进来，推动我县全域旅游步入优质快速发展的轨道。

（三）着力城市建设，在提升县城品质上实现新作为

一要全面提升县城建设品质。要抓好规划设计。围绕县城“山水田园城、精品旅游县”的定位，用先进的理念规划建设，打造各类功能平台和服务平台，促进要素集聚、产业集群、人口集中。要加快丽景华府、会展中心等项目建设，全力打造功能齐全的商务中心。要提升城市品位。坚持多拆少建、显山露水、透气见绿的原则，加大县城停车场建设力度，切实解决群众停车难问题；加快推进棚户区和旧城改造，启动实施新泽花园等项目建设，打造全新商住区，全面提升城市品位。持续实施县城周边山系绿化美化，大幅度减少县城硬覆盖面积，不断增加公共绿地、小区绿化面积，让整个县城充满绿色和生命。狠抓源头治水，全面整治县域水体，全面凸显县城灵性，让整个县城充满生机活力。要完善基础设施。以路桥建设为重点，积极推进长临高速连接线、沁河大桥等工程建设，全力畅通城市“动脉”。持续完善县城电网、地下管网等公共基础设施建设，不断增强城市功能。着力打造数字化城市管理平台，加快“智慧城市”建设。

二要全面决战决胜国家卫生县城（乡镇）创建。紧盯指标任务，强化问题导向，精准发力，对症施策，确保年内顺利通过国家验收，成功创建国家卫生县城，冀氏、马壁成功创建国家卫生乡镇。聚焦“净”字抓整治。巩固提升县城环境卫生标准，全面整治县城主大街、背街小巷、集贸市场和城乡接合部的卫生死角，确保清扫保洁率达到100%，实现县城垃圾不落地全覆盖。聚焦“齐”字抓整治。进一步完善交通标识标牌，严管严查乱停乱放、违规行驶等突出问题；扎实开展杆线集中整治，消除乱接乱拉、借杆架线等现象；充分发挥好城南城北两个农贸市场作用，坚决取缔流动摊点和户外经营商户，做到分行划市、秩序井然。聚焦“美”字抓整治。严肃查处各类违法违规建设行为，坚决拆除乱搭乱建的建筑物；大力整治各类户外广告牌匾，坚决遏制乱设置、乱悬挂现象。继续完善环卫基础配套设施，完成城区旱厕改造，全面提升县城污水厂处理能力，确保各项指标全部达到创卫标准。

三要全面提标开展全国文明县城创建。要在连续三年成功创建省级文明县城的基础上，抬高标杆，再接再厉，启动全国文明县城创建工作。着力加强理想信念教育。广泛宣传宣讲习近平新时代中国特色社会主义思想和习近平总书记视察山西重要讲话精神，引导干部群众学而信、学而用、学而行，深化理性认同和实践自觉。着力优化发展环境。把法治贯穿于经济社会各个领域，努力形成“办事依法、遇事找法、解决问题用法、化解矛盾靠法”的法治环境；要扎实开展全民诚信教育，集中整治违规违法经营等失信行为，打造诚实守信的发展环境。着力提高市民文明素质。认真践行社会主义核心价值观，广泛开展爱国主

义教育，传承弘扬中华优秀传统文化和优良美德。实施移风易俗行动，培育文明乡风、良好家风、淳朴民风。深入开展文明单位、文明村创建活动，持续开展志愿者服务，切实强化典型示范引领，唱响主旋律、弘扬正能量，形成修身律己、崇德向善、礼让宽容的良好风尚。

（四）着力乡村振兴，在推动城乡协调发展上实现新作为

一要不断强化农村基础建设。积极推进城乡基础设施共享共建、互联互通。坚持示范带动，积极推进小飞田园综合体、沁河庄、小李村等美丽乡村建设。高标准建设新时代文明实践站，全方位满足群众需求。大力发展农村交通事业，加快推进“四好农村路”建设，实施好英寨—郭都等农村公路建设，全面提高农村交通标准。大力推进农业综合开发乡村振兴试点工作，加快小黄和冀氏片区农业综合开发田园综合体项目建设。加强农村水利设施建设，持续推进农村饮水安全巩固提升工程，加快实施高效节水灌溉工程。实施农村电网改造升级工程，进一步完善村庄公共照明设施建设，让农村基础设施更完备，生活条件全面改善。

二要持续推进农村人居环境整治。严格落实《农村人居环境整治三年行动方案》要求，保护好绿水青山和田园风光，留住独特的乡土味道和乡村风貌。加快推进唐城镇垃圾填埋场和良马乡垃圾中转站建设，将农村生活垃圾全面纳入城乡垃圾统一处理体系，推行垃圾分类处理，对全县非正规垃圾堆放点进行全面整治。梯次推进农村生活污水治理，统筹推进城镇污水管网建设。稳步推进行政村污水管网改造建设。统筹加快农村厕所改造步伐，逐步提高无害化卫生厕所比例，推动农村环境水平再上新台阶。

三要全面做好农业农村各项工作。要继续深化农村土地制度改革，完成农村承包地和房屋、宅基地“两权合一”确权颁证，全面完成集体资产股权改革。要高度重视家庭农场、集体经济（股份）合作社等新型主体培育，积极引导采取合并、重组、成立联合社等方式扩大经营规模，构建现代农业发展大格局。加快推进农村股份合作制改革，推广“保底+分红”模式，创新利益联结和分配机制，让农户参与产业发展进程、分享产业融合收益。要推动农村金融机制创新，着力解决农业经营主体抵押物不足、融资难、资金不足等问题，为农业农村现代化释放新活力、注入新动能。

（五）着力问题短板，在打好“三大攻坚战”上实现新作为

一要坚决打好防范化解重大风险攻坚战。要始终坚持底线思维，全力抓好重点领域风险防范化解工作。要坚决防范化解金融风险。把防范和处置非法集资放在更加突出的位置，坚持依法管控、依法化解、依法处置，强化责任落实，深化宣传教育，抓好信访维稳，始终保持高压态势，坚决守住不发生系统性区域性金融风险的底线。要稳妥化解地方债务风险。树立正确政绩观、正确发展观，高度警惕隐性负债高等问题，建立风险评估和防控长效机制，稳妥化解存量，严格按规定进行融资，守好门、看好人，把防范化解重大风险做实做细做好。

二要坚决打好脱贫攻坚巩固提升攻坚战。始终把脱贫攻坚作为最大的政治责任，聚焦

"两不愁、三保障"，按照"四不摘"要求，继续保持攻坚态势，实现高质量脱贫、可持续脱贫。要持续发展壮大特色产业，在用好"旅游光伏加连翘"三件宝的基础上，千方百计、开动脑筋，培育发展更多的增收致富新产业。要持续抓紧抓好"3+X"帮扶队伍管理，重点聚焦深度贫困对象和易返贫对象，坚持抓好各支队伍的帮扶工作，确保队伍不撤、力度不减、标准不降、干劲不松。要持续巩固完善"村委会+公司+农户"链条保障机制，不断提高贫困村主导产业的质量和效益，促进贫困劳动力稳定增收，确保"村村有产业、户户有帮扶、人人得实惠"。要持续用好用足正向激励机制，始终将扶贫与扶志、扶智相结合，全面激发贫困人口内生动力。要持续巩固易地搬迁成效，统筹解决好易地搬迁后人、钱、地、房、树、村、稳等问题，确保搬迁群众有房有业有收入，融入新环境，开启新生活。要持续做好脱贫巩固提升与各项工作的有机结合，积极谋划脱贫攻坚和乡村振兴的政策衔接机制，重点在解决收入水平略高于建档立卡贫困户的群体缺乏政策支持、减少和防止脱贫人口返贫等新问题上拿出可供复制、推广的典型经验，进一步巩固提升脱贫成效。

三要坚决打好污染防治攻坚战。生态绿色是安泽最大的优势，守护美好环境更是我们义不容辞的责任。要坚持以绿治污，持续开展荒山绿化、道路绿化、景区绿化等生态项目建设，严厉打击涉林违法等现象，全面提升森林质量，筑牢生态屏障，加快安泽国家森林公园后期建设，持续巩固国家天然氧吧、国家森林旅游示范城市的创建成果。要坚持综合治污，按照新的"八大工程"建设要求，统筹抓好生态环境治理。围绕大气污染防治，扎实做好治污、控煤、管车、降尘等工作，加大对砂石、渣土、固废运输车辆管控。围绕水体污染防治，统筹推进"五水同治"，"一河一档一策"推进全流域生态修复与保护，特别要突出抓好畜禽养殖污染治理和河道环境综合整治，守住碧水清流。围绕土壤污染防治，以恢复、修养土壤环境为要务，开展农用地土壤污染状况调查，加强农村面源污染和重金属污染防治，守住良田净土。要坚持科技治污，继续强化和山西省环科院合作，聘请专家团队定期把脉会诊，培养专业人才队伍，提升环保队伍素质，认真研究解决存在问题，量身制定解决方案，用针对性、前瞻性、有效性的措施，未雨绸缪，全力确保环保工作持续向好。要坚持铁腕治污，严格落实环境保护"党政同责、一岗双责、失职追责"的管理机制，实行环保治理"清单制+责任制+销号制"，坚决控制"新账"，遏制增量，像珍爱生命一样保护好安泽良好的生态环境，让安泽青山常在、清水长流、空气常新。

（六）着力民生改善，在创造美好生活上实现新作为

一要统筹推进社会事业发展。不断推进财力优先向民生集中、政策优先向民生倾斜、服务优先向民生覆盖。要千方百计增加群众收入。坚持综合施策，多途径保证群众收入持续增长。突出抓好全民技能培养，扎实做好高校毕业生、农民工、退役军人、城镇就业困难人员等群体的就业创业工作，不断缩小城镇和农村居民人均可支配收入与全国、全省、全市的差距。要全力以赴办好群众满意教育。持续增强优质教育资源供给，加快实施马壁、唐城、石桥沟、新泽花园小区等一批幼儿园项目建设，切实解决"入园难"问题。持续深化"三优"评选活动，加强师资队伍和师德师风建设，加大农村中小学教师生活条件改善

力度，让教师安心扎根基层、放心从教，推动教育均衡发展。有效解决好“择校热”学生外流导致家庭负担过重等问题，让全县孩子在家门口、不花钱就能接受到高质量的教育。要不遗余力打造“健康安泽”。继续对34个行政村进行饮水安全巩固提升改造，让全县群众喝上放心健康水。继续加强与北京阜外心血管病医院、安贞医院等知名医院合作，邀请更多知名专家前来会诊；继续加强医疗设施硬件建设，加快实施县医疗集团肿瘤科建设等项目，让全县群众不出县、花小钱就能找专家、治大病。常态化开展全民文化体育活动，全力创建国家全民运动健身模范县。坚持周周有节目，月月有活动，持续开展好文化消夏月等活动，不断丰富群众的精神文化需要，让全县群众身体更健康，心情更舒畅。要织密扎牢社会保障网络。全面实施全民参保计划，持续实施农业各类保险、城乡居民意外伤害险全免费。对全县城乡低保户、五保户、孤儿等群体，每人每年给予300元的慰问金。对特殊困难人群精准跟踪服务，做到民生保障全覆盖，保障标准再提升。要想方设法改善生活条件。加快县中心敬老院、日间照料中心建设，让老人晚年生活更幸福。加快建立多主体供给、多渠道保障、租购并举的住房制度，尽快让已建成的廉租房、还迁房、经济适用房投入使用，不断改善群众的居住条件。要紧盯县城集中供热存在的问题，全力以赴加以解决，让百姓的冬天更温暖。我们要以真真切切的感情，用实实在在的行动，让“幼有所育、学有所教、劳有所得、病有所医、老有所养、住有所居、弱有所扶”得到新提升。

二要切实维护安全稳定。牢固树立“总体安全观”，坚持“党政同责”，层层压实安全生产责任。要狠抓煤矿、非煤矿山、森林防火、工业企业、建筑工地、危险化学品、城市消防、交通安全等重点领域的安全生产监管工作。要全面巩固“长安杯”成果，扎实推进平安安泽建设，加快构建“全覆盖、无死角”的立体化、信息化社会治安防控体系，打造“长安安泽”升级版。要深化依法分类处理信访诉求工作，用活用好信访大数据，加强对社情民意分析研判，全力打造阳光信访、责任信访、法治信访，努力将矛盾纠纷化解在基层、化解在萌芽状态。

三要深入推进扫黑除恶专项斗争。今年是扫黑攻坚年，要扎实推进打漏见底、打财断血、打伞破网和依法惩治、重点整治、源头根治“三打三治”，提高斗争实效。要在发动群众上再深入，积极探索新形势下坚持专群结合、依靠群众的新途径、新办法，切实把人民群众发动起来，夺取扫黑除恶的新胜利。要在依法严惩上再加力，用足用好法律武器，真正把每一起案件都办成铁案。要在深挖彻查上再强化，各领域协同作战，推动侦办涉黑涉恶案件与打击保护伞同步进行。要在基层基础上再巩固，持续整顿软弱涣散基层党组织，不断增强基层党组织的政治领导力、思想引领力、群众组织力、社会号召力。要在机制建设上再完善，形成党委领导、政府负责、社会协同、公众参与、法治保障的社会治理格局。

（七）着力民主政治建设，在汇聚发展合力上实现新作为

一要加强党对人大、政协工作的领导。坚持和完善人民代表大会制度，支持人大及其常委会依法行使职权，加强对宪法、法律实施情况的监督，健全人大讨论、决定重大事项制度，完善代表联系群众制度，不断推动人大工作创新。充分发挥政协作为协商民主重要

渠道和专门协商机构的作用，支持政协更加灵活、更为经常开展各种协商活动，促进协商成果转化落实。广泛组织政协委员建言献策，推进参政议政更加深入开展。

二要积极画出最大同心圆。用好统一战线法宝，牢牢把握大团结大联合主题，支持各民主党派、工商联和无党派人士积极发挥作用，加强与党外人士的团结合作，依法管理宗教事务，维护宗教和谐稳定，广泛凝聚社会各界智慧和力量。紧紧围绕实现党在新形势下的强军目标，强化党管武装责任担当，着力推动国防动员和后备力量建设。注重发挥老同志优势和作用，用心用情用力做好老干部工作。加强和改进新形势下党的群团工作，坚持党建带群建，推动工会、共青团、妇联等群团组织改革创新，更好地发挥各人民团体的桥梁纽带作用和联系服务群众作用。

三要深入推进法治安泽建设。健全依法决策机制，深化行政执法体制改革，深入推进综合执法，强化对行政权力的制约和监督，加快建设法治政府。完善司法管理体制机制，规范司法行为，促进公正司法，努力让人民群众在每一个司法案件中感受到公平正义。推进法治社会建设，继续实施“七五”普法规划，增强全民法治观念。推进落实法治建设责任制，党员干部要争做尊法学法守法用法的模范，努力建设更加崇法、善治、公正的法治安泽。

（八）着力党的建设，在全面从严治党上实现新作为

一要把好“方向舵盘”，加强政治建设。政治建设是党的根本性建设，决定党的建设方向和效果。要始终把学习习近平新时代中国特色社会主义思想作为重大政治任务，作为一项经常性、基础性、紧要性的工作去抓，推动学习往深里走、实里走、心里走，在学懂弄通做实上狠下功夫。在坚定“两个维护”上必须态度坚决、旗帜鲜明，真正把“两个维护”变成思想自觉、变成党性观念、变成纪律要求、变成实际行动。要加强党内政治文化建设，扎实推进“两学一做”常态化制度化，精心组织“不忘初心、牢记使命”主题教育，持续深化“强化责任、严守纪律、树好形象”专项治理。严格执行民主集中制，把党的领导体现到各领域各方面各环节，真正做到把方向、管大局、作决策、促改革，确保党的领导更加有力。

二要拧紧“思想开关”，加强思想建设。思想建设是基础性建设。要认真贯彻全国宣传思想工作会议精神特别是习近平总书记重要讲话精神，围绕强领导、举旗帜、聚民心、育新人、兴文化、展形象、建队伍的工作要求，严格落实意识形态工作责任制，加快融媒体中心建设，牢牢把握意识形态主动权。要大力弘扬社会主义核心价值观，讲好安泽故事，传播好安泽声音，展示好安泽形象，围绕新中国成立70周年、“五四”运动100周年等重点，组织好重大主题宣传活动。要大力开展群众性精神文明创建活动，大力培树安泽典型，深入开展“感动安泽”系列人物和“安泽好人”宣讲、安泽担当作为典型宣传等活动，为安泽发展凝聚强大正能量。

三要打造“干事铁军”，加强队伍建设。工作目标确定之后，干部就是决定性因素。要全面贯彻新时代党的组织路线，认真贯彻落实《关于进一步激励广大干部新时代新担当新

作为努力建设高素质专业化干部队伍的实施办法》，认真贯彻新修订的公务员法，选优配强各级班子。突出政治标准，选出过得硬、靠得住的干部；突出担当作为，选出靠担当立身、凭作为说话、拿实绩交卷的干部。要坚持以能不能干成事为标准检验干部，对为了不出事宁愿不干事的干部要出重拳、下狠手，让无为者让位，让混事者断路。要大力选拔优秀年轻干部，把更多有潜力的年轻干部放到基层一线进行实践锻炼。要大力选树优秀，表彰先进，让对标一流、担当作为、干事创业成为安泽新时代的新风向。要按照“三个区分开来”的要求，贯彻关于激励干部担当作为和合理容错“两个办法”，旗帜鲜明的为敢于担当的干部撑腰鼓劲，大力营造担当作为浓厚氛围。

四要构建“坚实堡垒”，加强三基建设。管党治党，重在基层。要紧扣整体提升、全面进步的目标，在更高起点、更高水平上深化拓展“三基建设”。要推进基层组织再夯实，认真落实新修订的《中国共产党支部工作条例（试行）》，围绕强化政治功能、提升组织力，推进基层党组织规范化建设，建强带头人队伍，推动各领域基层组织全面进步、全面过硬。要加强乡镇（社区中心）机关规范建设，实施农村（社区）活动场所提档升级，积极创新用好党建联合体，不断提高村集体经济增长比例，不断提升基层党组织的政治功能和服务功能。要持续推动非公企业和社会组织党建工作，巩固拓展两个覆盖成果。要推进基础工作再提标，结合深化党政机构改革同步健全机构岗位管理、基础资料管理、制度机制管理、效能建设管理“四个管理体系”建设。要推进基本能力再提升，围绕建设高素质专业化干部队伍，坚持“请进来”和“走出去”相结合，持续实施“五大培训工程”，不断提高各级干部“善学、善谋、善作、善成”的本领和能力。要巩固好、运用好“三基建设”的成果，利用太岳革命根据地、刘少奇路居地、党群之家等阵地，全力打造红色教育、党性锤炼、全域旅游、乡村振兴的培训基地。

五要筑牢“纪律保障”，加强纪律建设。严格落实全面从严治党主体责任、监督责任，用好执纪问责这个利器，继续发挥巡察利剑作用，使党规党纪真正成为带电的高压线。深化拓展落实中央八项规定精神成果，严防“四风”反弹回潮，坚决破除形式主义、官僚主义。要持续强化惩贪治腐力度，始终保持强高压减存量，出新招遏增量，着力构建不敢腐、不能腐、不想腐的制度机制。要健全完善党领导反腐败工作的体制机制，全力规范权力运行，强化日常监督，全面增强监督实效。持续强化从严整治，全力铲除群众身边不正之风和腐败问题。

六要树好“风向标尺”，加强作风建设。要大力推行“走上去，走出去，走下去，走进去”“四走”工作法，“走上去”吃透上级政策、争取领导支持，把工作干上去；“走出去”学习先进经验，加强合作交流，做好对外宣传，让安泽品牌走出山西，走向全国；“走下去”开展调查研究，掌握第一手资料、吃透实情民情，拿出真招实招，推动工作落实；“走进去”进入干部群众心里，拉近与群众的距离和感情，打通联系服务群众“最后一公里”。要围绕既定工作目标，立说立行，真抓实干，在全县共同营造改革创新、干事创业、奋发有为的良好氛围。

安泽县人民代表大会常务委员会工作报告

——2019年3月6日在安泽县第十六届人民代表大会第四次会议上

安泽县人大常委会主任 韩建辉

2018年县人大常委会在中共安泽县委的坚强领导下，以习近平新时代中国特色社会主义思想为指引，全面贯彻落实党的十九大和习近平总书记视察山西重要讲话精神，围绕中心，主动作为，对标一流，锐意进取。一年来，我们共召开主任会议15次，常委会会议6次，专题会议5次，听取审议工作报告13项，组织代表视察调研11次，开展专项工作评议2次，专题询问1次，专项督查9次，执法检查2次，并配合省市完成立法调研和执法检查7次，切实发挥了国家权力机关的职能作用。

一、树牢“四个意识”，把握人大工作的正确方向

（一）突出思想政治建设，在践行新思想上旗帜鲜明。常委会始终把党的政治建设摆在首位，坚决维护以习近平同志为核心的党中央权威，牢固树立政治意识、大局意识、核心意识、看齐意识，把党的领导贯穿于人大依法履职的全过程，落实到人大工作的各方面。坚持落实集中学习制度，中央和省、市县委召开的重要会议、作出的重大决策部署，常委会都在第一时间组织专题学习，深入领会精神实质，把握核心要义，不断提高政治站位，增强政治能力，坚定中国特色社会主义道路自信、理论自信、制度自信和文化自信。

（二）严格任免程序，在执行党的决策上不折不扣。坚持党管干部和人大依法行使人事任免权相统一，根据县委推荐，严格执行任前法律考试、供职发言、宪法宣誓等法律程序，规范做好人事任免工作。全年选举、任免“一府一委两院”工作人员13人，保证了党委意图的顺利实现。健全完善了《安泽县人大常委会任免国家机关工作人员的规定》，强化了干部的任后监督，促使被任命人员的法制观念和公仆意识进一步增强。

（三）依法决定重大事项，在体现党的主张和人民意志上毫不动摇。常委会坚持“抓大事、议大事、决大事”原则，审议通过了人大常委会讨论决定重大事项的有关规定，使人大做出的决议决定更科学、更规范。为贯彻落实县委开展城乡环境卫生整洁行动工作的部署，常委会及时作出了《关于县乡人大联动开展城乡环境卫生整洁行动专项监督的决定》，印发了具体工作方案，并多次深入各乡镇村，开展环境卫生整洁行动专项督查，定期听取乡镇人大开展联动监督情况的报告，形成了横向到边、纵向到底的监督格局，展现了人大服务发展的决心和实效。积极参与“国卫”创建，常委会班子成员深入一线参战督战，圆满完成了辖区内的各项创建任务。

二、主动行使监督职权，全力服务发展大局

常委会坚持把推动发展作为第一要务，紧扣全县工作大局，紧盯重点难点环节，加大监督力度，改进监督形式，监督实效不断增强。

（一）聚焦产业转型升级，大力推进产业振兴。听取审议全县工业经济运行情况的报告，提出政府及职能部门要优化发展环境，全力支持煤焦企业延长产业链条，发展下游产品，提高产品附加值和市场竞争力。政府及职能部门积极作为，目前永鑫、太岳新建焦化、乙二醇、甲醇等项目已全面铺开，同世达、科鑫碳材料、圣鑫新材料等以煤为基，多元发展的转型项目完成了审查备案。支持和督促县政府加快传统产业优化升级，壮大培强煤层气产业，深入调研全县煤层气产业发展情况，推动项目尽快投产达效，努力实现企业增收与地方发展的双赢。持续关注开发区的设立，提出要将开发区的建设作为各项工作的重中之重。多次深入一线视察调研，千方百计解决工作中的实际困难和问题，积极稳妥地推进设立工作，11月下旬我县经济技术开发区获省政府批准。

（二）聚焦农业产业发展，积极助推富民增收。听取审议全县“乡村振兴驱动年”活动开展情况的报告，组织市县乡三级代表视察全县农业产业化发展情况，深入7个乡镇13个村实地调研农业调产情况，提出要把握乡村振兴的总要求，明晰农业产业发展方向，合理规划产业布局，不搞“小而全”的重复建设，支持农业产业向规模化发展。同时引进和培育龙头企业，延伸农产品产业链条，生产出高附加值的农产品。听取审议连翘产业发展情况的报告，提出一方面要加大连翘的抚育和栽植面积，在提高全县连翘产量和质量上实现新突破；一方面要延伸产业链，加大招商引资力度，开发连翘系列产品，在提升连翘经济效益上实现新突破。政府及相关职能部门高度重视，积极落实，建成了30个高标准野生连翘精品示范园，新增连翘抚育面积达4500余亩，安泽（晋南）中药材物流基地项目落地建设。

（三）聚焦社会热点，回应百姓关切。坚持问题导向，把人民群众普遍关注的民生问题作为监督重点，不断满足人民群众日益增长的美好生活需要。去年供暖前夕，常委会成立调研组进小区、入家户了解上年供暖和缴费情况，征求到60余条意见建议；与供热公司和监管部门深入座谈，分析问题症结，提出具体要求。并首次启动了专题询问这个刚性监督程序，让人大代表与政府及职能部门、供热公司直面交流，现场答复群众最关心的收费标准是否合理、气源紧张如何缓解、供热不达标如何解决、服务不优如何提升等八方面的问题。通过询问，群众了解了政府及各部门所做的大量工作，政府部门进一步明确了群众的诉求，提出了整改的措施和时限。高度关注医疗卫生事业。开展了医德医风专项工作评议，走访和电话回访了70余名住院病人、出院病人、患者家属，针对群众反映的检查项目多、部分医务人员态度差的问题，要求县卫生部门加强管理，规范诊疗工作，改善服务，进一步提高基础医疗质量；医务人员要恪守医德规范，依法执业，提高服务水平。高度关注教育工作。围绕办好人民满意教育，开展了师德师风专项工作评议，支持教育部门进一步深化改革，更加注重师德师风建设，更加注重学生的思想道德素质和能力培养，使基础教育返璞归真。针对城市供水不足、屠宰场不达标、廉租房无法按期投入使用等问题，深入一线调研，及时向县委汇报。经研究水源地及屠宰场建设已列入今年的重点事项，切实加以解决。

（四）聚焦财政资金运行，切实提高资金的使用效益。深入开展全口径预算监督工作，听取审议了财政预算及执行、调整情况和审计发现问题整改情况的报告，分析和查找经济运行中出现的问题和原因，作出了预算调整决议，支持财政资金保重点、保运转、保民生。重视运用审计结果，对审计查出问题整改落实情况进行跟踪检查，督促政府高度重视存在的问题，责成有关部门认真整改，并建立长效机制，防止屡改屡犯。开展政府债务风险防控化解情况调研，全面掌握了全县政府债务的结构比例、偿还情况、化解措施，提出要强化预算约束，建立健全举债审批报批机制，严控债务数量；同时盘活现有资产，加快债务化解步伐，确保政府性债务风险始终可防可控。

三、强化法治引领，扎实推进法治安泽建设

注重法治教育与监督实践相结合，使依法履职的全过程成为普法教育的全过程，为法治建设筑牢社会基础。听取审议“七五”普法规划实施情况的报告，要求政府及职能部门要进一步丰富普法内容，突出普法重点，强化普法措施，提高普法实效，使法治观念和法律意识更加深入人心。听取全县扫黑除恶专项斗争工作报告，并深入相关部门实地了解扫黑除恶开展情况，督促公检法部门认真落实中央决策部署，广泛发动群众，深挖彻查线索，对犯罪从重从快打击，进一步提升群众的安全感。印发给全县代表一封信，号召全力参与扫黑除恶专项斗争，巩固全县治安稳定的良好局面。

注重法律法规在全县范围内的贯彻实施。按照全国人大执法检查四项原则和“全链条”六个环节工作流程，对食品安全法、种子法开展执法检查，2个检查组分赴全县7个乡镇明察暗访，把执法检查的过程变为法治宣传的过程、变为边整边改的过程。督促解决在严格执法、全程治理等方面还存在的薄弱环节，规范了市场行为，保障了“舌尖上的安全”和农民群众的切身利益。积极配合省、市人大开展环保法、水污染防治法、禁止燃放烟花爆竹规定、非物质文化遗产保护条例等多部法律法规的立法调研和执法检查，提出整改意见20余条，发挥了执法检查“法律巡视”利剑作用。

四、完善工作机制，不断激发代表活力

常委会始终坚持服务导向，突出代表主体地位，改进代表活动方式，加强议案建议督办，支持和保障代表依法履职。

（一）抓学习培训，让代表“会作为”。邀请市委党校理论教师对省市县乡人大代表、人大工作者及监察委员会全体干部400余人就宪法修正案、监察法进行集中培训，宣传贯彻习近平总书记依法治国、依宪治国重要思想，帮助代表、监察干部学法明责。举办了人大干部履职能力与综合素质提升研修班，常委会组成人员及乡镇人大主席听取了全国知名法学博士、教授的精彩讲座，使大家在思想上对地方人大的地位和职权有了更加深刻的认识和理解，在实践上对履行代表职务有了更加明确的途径和做法。

（二）建活动载体，让代表“能作为”。加强代表活动室建设，为全县35个代表活动室购置办公设施，制定了活动办法，代表活动阵地的面貌焕然一新。召开了乡镇人大工作推进会，通过观摩学习、典型介绍、逐镇点评，全县代表活动规范化建设水平进一步提高。建立了全县人大代表、人大主席、常委会组成人员微信群，编发学习内容、人大工作动态等信息50余条，代表知情知政渠道更加畅通。邀请代表参与常委会开展的视察调研等各项活动9次，100余人，代表活动内容更加丰富。开展了“助力2018年全省旅发大会人大代表在行动”主题活动，代表服务大局的模范作用进一步彰显。指导乡镇人大开展跨区域交叉视察，增进相互交流学习，拓宽代表视野。出台《关于县人大代表在县人民代表大会闭会期间活动的办法》，代表活动更加规范有序。

（三）抓保障机制，让代表“愿作为”。完善了代表议案和建议、批评、意见办理办法，对县政府领办、部门承办、常委会督办、不到位重办工作流程做了详细规定，并将办理工作纳入全县“三账监督”目标任务考核内容，切实增强了承办单位的责任感。推进“阳光办理”，坚持常委会公开代表建议答复、落实情况、满意度测评和承办单位办理代表建议、答复代表意见“三公开两见面”制度，全程主动接受广大代表和社会的监督。常委会领导带头领衔督办事关经济发展大局、社会民生热点的代表建议，使代表意见建议落到了实处。

五、注重自身建设，全面提升履职能力

常委会把提高自身建设水平作为做好新时代人大工作的重要保证，努力打牢履职尽责根基。持之以恒抓思想教育。深入开展　“两学一做”学习教育常态化制度化和“强化责任、严守纪律、树好形象”专项治理活动，定期开展集体学习、集中研讨，特别是突出抓好十九大精神的学习贯彻，让习近平新时代中国特色社会主义思想深入人心。坚持常委会党组成员带头上党课，把学习党章党规、习近平总书记系列重要讲话作为做好新形势下人大工作的政治保证。持之以恒抓规章制度。结合新形势、新要求，健全和完善常委会组织制度和运行机制，修改完善常委会会议议事规则、主任会议议事规则等8项规章制度和监督办法，进一步规范议事程序，提高议事质量和效率，确保常委会工作依法高效运转。持之以恒抓党风廉政建设。认真学习党规党纪，严格履行党组抓党风廉政建设的主体责任，坚持把政治纪律和政治规矩挺在前面，全面贯彻中央关于反对形式主义、官僚主义，改进作风、厉行节约的有关规定，把作风建设贯彻到人大工作方方面面，树立了人大机关为民、务实、清廉的良好形象。

2019年，常委会工作的总体要求是：高举习近平新时代中国特色社会主义思想伟大旗帜，全面贯彻落实习近平总书记关于坚持和完善人民代表大会制度重要思想，坚持党的领导、人民当家作主、依法治国有机统一，紧紧围绕“改革创新、奋发有为”大讨论的总体要求，聚焦中心工作，依法履职行权，以新气象新担当新作为，奋力谱写新时代中国特色社会主义伟大事业安泽篇章。

一、不忘初心，牢记使命，以新思想领航人大工作新征程

坚持党对人大工作的领导，树牢“四个意识”，坚定“四个自信”，坚决做到“两个维护”，自觉强化政治责任，提高政治站位；深入学习习近平新时代中国特色社会主义思想，把习近平总书记关于坚持和完善人民代表大会制度的重要思想作为做好人大工作的根本遵循，打牢人大履职行权的思想根基；充分发挥常委会党组的重要作用，统领常委会及其机关党的建设，实现常委会党组对人大工作的政治领导、思想领导和组织领导，确保党的主张经过法定程序成为国家意志和全体人民的共同意愿，确保党组织推荐的人选成为国家政权机关领导人员。

二、坚持解决突出问题为导向，以新举措开创监督工作新局面

紧紧围绕全县中心工作，抓住事关改革发展的关键问题、影响法律法规实施的突出问题、人民群众普遍关心的热点难点问题，综合运用听取报告、执法检查、视察调研等手段，进一步提高监督的针对性、实效性。在经济领域，重点关注经济技术开发区建设，组织代表视察开发区建设情况；调研农业产业发展情况，听取审议旅游业发展、财政预决算、同级审计情况等工作报告；实施好预算联网监督平台，进一步提高计划、预决算审查质量和效率。在社会领域，重点关注“国卫”创建、城中村改造、环境污染防治推进情况，听取审议脱贫攻坚巩固情况的工作报告；跟踪问效城市集中供热整改情况，回应人民群众的关注关切；在法治领域，重点关注政府职能部门依法行政、公正司法等情况，支持公安机关开展扫黑除恶专项行动，切实维护全县社会稳定和人民安宁；继续加强和改进备案审查工作，做到“有件必备、有备必审、有错必纠”，切实维护国家法制统一。

三、坚持代表主体地位为根本，以新作为激发代表主体新活力

尊重代表权利就是尊重人民权利，保障代表依法履职就是保证人民当家作主。常委会将切实加强代表履职服务，巩固和完善人大代表活动室建设，促使活动室运行更加规范化、常态化；继续开展“助力城乡环境卫生整洁人大代表在行动”专项活动，充分发挥全县各级人大代表在城乡环境卫生整洁行动中的重要作用。切实加强代表履职能力建设，采取集中培训、学习考察、组织活动等多种形式，不断提高代表管理国家事务的能力和水平。切实加强代表建议办理，认真落实代表建议督办机制、激励机制和通报机制，进一步提高代表建议落实率、问题解决率和代表满意率。

四、坚持提升履职水平为重点，以新成果展示自身建设新形象

党的十九大报告指出，要使各级人大及其常委会成为全面担负起宪法法律赋予的各项职责的工作机关。围绕这一新要求，常委会将驰而不息的加强自身建设，全力打造“学习型”机关。把加强学习贯穿于人大工作的全过程，学习党的政治理论知识，学习法律法规，学习先进经验，不断提高常委会把握大局的能力、议事决策的能力和依法履职的能力。全力打造“实干型”机关。按照“制度化、规范化、法制化”的要求，健全规章制度，促进人大各项工作规范开展；继续加强对乡镇人大工作的指导，着力构建上下联动、蓬勃发展、充满活力的县乡人大工作格局。全力打造“创新型”机关。把创新发展作为第一要求，着力在理论创新和实践创新上下功夫，切实做到常委会和人大机关工作每年都有新亮点、新突破。全力打造“清廉型”机关。严格落实两个责任，把改进工作作风作为第一要求，大兴调查研究之风，大兴真抓实干之风，大兴勤俭节约之风，争做依法履职、务实创新、廉洁自律的表率。

政府工作报告

——2019年3月6日在安泽县第十六届人民代表大会第四次会议上

安泽县人民政府代县长　赵晨伟

一、2018年工作回顾

2018年在市委、市政府和县委的坚强领导下，在县人大、县政协的监督支持下，县政府坚持以习近平新时代中国特色社会主义思想为指引，深入贯彻党的十九大精神和习总书记视察山西重要讲话精神，紧扣新发展理念、稳中求进总基调和县委“四个年”活动要求，抓重点、补短板、强弱项、防风险，经济社会保持平稳健康发展。

——经济建设取得新进展。全年，全县地区生产总值完成63.2亿元，增长3.3%；规模以上工业增加值完成43亿元，增长1.3%；公共财政收入完成6亿元，提前167天完成全年预期任务，增长47.5%；固定资产投资完成11亿元；社会消费品零售总额完成10.4亿元，增长8%；城镇居民可支配收入完成29252元，增长7.6%；农村居民人均可支配收入完成9846元，增长7.3%。

——结构调整迈出新步伐。产业转型项目投资占比达65.1%。三产拉动GDP增长1.56个百分点，高于第一、第二产业。招商引资102.9亿元，签约项目10个，超额完成市定目标任务。安泽省级经济技术开发区成功获批，永鑫铁路专用线全面开工，五大区块煤层气勘探开发项目进展顺利。建成野生连翘精品示范园31个，井泉药业成功入驻，晋南（安泽）中药材物流基地成功获批。

——环境质量得到新提升。持续实施大气、水、土壤污染防治，完成工业企业深度治理11家，查处柴油货车和散装物料车辆抛洒滴漏1217起，取缔非法散煤销售点5家，实施“煤改电”976户、“煤改气”2019户，新增集中供热面积12.2万平方米。完成沁河县城段污水管网改造、县城垃圾处理厂及污水处理厂扩容提标等工程。完成土壤污染状况详查序时任务，在全市率先回收农药瓶等农资废品50万个。植树造林9000余亩，成功创建“中国天然氧吧”“国家森林旅游示范县”“中国最美花海（黄花岭）”等国字号品牌。全年二级以上天数达243天，优良天数比例达67.7%，二氧化硫平均浓度值同比下降46.3%，PM2.5平均浓度值同比下降12.3%。

——脱贫攻坚取得新成效。严格执行“周例会、月总结、季报告”制度，持续用好光伏、旅游加连翘“三件宝”，切实构筑群众增收的稳定支撑。持续提升“3+X”帮扶机制，有效激发了群众脱贫致富的内生动力。全县实现脱贫156户278人，贫困发生率降至0.1%。2018年9月7日，省政府正式批准我县退出贫困县，成为全省首批脱贫摘帽县。

——全域旅游实现新突破。新建扩建了刘少奇路居、朱德路居等一批景点景区，打造了黄花岭、青松岭、红叶岭、太岳革命旧址等一批精品旅游线路，相继举办了“安泽黄花岭旅游节”“山西军民抗战史实展”“邂逅林中木屋·寻梦田园小黄”等系列旅游活动，央视7套《乡村大世界》栏目在我县成功录制，旅游发展呈现出“百花齐放”的新局面。

——乡村振兴开创新局面。持续推进“乡村振兴驱动年”活动，完成乡村振兴总体规划和6个专项规划初稿编制。发展有机玉米、小杂粮、富硒樱桃共1万余亩，打造了良马、和川、马壁3个集中连片蔬菜示范区。完成新大象种猪繁育基地项目。建设“四好农村路”120余公里。完成农村安全饮水巩固提升工程29处。新申报美丽乡村省级示范村、市级示范村各1个，成功打造了小飞田园综合体等一批乡村振兴示范样板。

——城乡面貌发生新变化。围绕创建国家卫生城镇、全国文明县城，大力开展“城建品质提升年”活动，沁河修复工程完成序时进度，滨河路北延道路、沁河大桥等重点工程加快推进，原林业局、种子公司、面粉厂等空地公园广场、停车场改造工程均已投入使用，改造旱厕2382座、街巷20条，补栽苗木花卉23万株，国卫创建顺利通过省级暗访。

——社会事业取得新进步。教育方面，持续开展“三优”创建活动，继续落实“十二年教育全免费”、住宿生交通补助、膳食补助等各项政策，教育事业加快发展，中高考成绩持续攀升。卫生健康方面，县乡医疗卫生机构一体化改革任务基本完成，被列入全省一体化改革示范县。持续加强医联体建设，分别与北京阜外心血管病医院、山西省心血管病医院等知名医院建立对接合作关系，医疗服务质量不断提升。顺利通过“全国基层中医药工作先进单位”复审评估。文化方面，改造提升文体广场、奥体中心等群众公共文化场所。持续开展“免费送戏下乡”、公益电影放映、消夏月等文体活动。我省首部脱贫攻坚纪实小说《太行山最早的春天》等一批精品力作相继出版，安泽知名度和吸引力进一步提升。社会保障方面，新增就业岗位1021人，转移农村劳动力1490人。养老、医疗、工伤、失业等社会保险工作进一步加强，城乡低保、救灾救济等工作持续推进，扫黑除恶专项斗争扎实开展，安全生产形势保持稳定，群众安全感和满意度不断提升。

——自身建设得到新加强。主动接受人大、政协监督，办理人大代表建议45件、政协提案140件。深入开展“强化责任、严守纪律、树好形象”专项治理活动，从严落实管党治党主体责任。认真落实“13710”工作制度，重点工作实行“清单式”管理、“常态化”督查。通过OA系统转办文件1300余件，全年受理“12345”市长热线887条，办结率95%。

与此同时，国防动员、双拥共建和优抚安置工作扎实推进。民族宗教、老龄、残疾人、红十字会、妇女儿童等事业取得新进步。人防、统计、审计、气象、住房公积金等工作取得新进展。

过去的一年，全县发展取得了来之不易的可喜成绩，各项主要经济指标稳居全市前列，先后荣获国家级荣誉9项、省级荣誉15项。这是市委、市政府和县委正确领导的结果，是县人大、县政协监督支持的结果，是全县广大干部群众团结一心、拼搏奋斗的结果。

二、2019年工作安排

2019年政府工作的总体要求是：以习近平新时代中国特色社会主义思想为指导，全面贯彻党的十九大和十九届二中、三中全会精神，统筹推进“五位一体”总体布局，协调推进“四个全面”战略布局，深入贯彻习近平总书记视察山西重要讲话精神，在县委的坚强领导下，坚持稳中求进总基调，坚持新发展理念，坚持高质量发展，坚持把深化供给侧结构性改革与加快开发区建设相结合作为经济工作的主线，坚持深化市场化改革，扩大高水平开放，继续打好“三大攻坚战”，统筹推进稳增长、促改革、调结构、惠民生、防风险工作，进一步稳就业、稳金融、稳外贸、稳外资、稳投资、稳预期，紧紧围绕“示范区”“排头兵”“新高地”三大目标，持续深化“四个年”活动，全力创建国家卫生县城、国家全民运动健身模范县、全国文明县城，加快建设山水田园城和精品旅游县，奋力推动全面振兴、绿色崛起，为全面建成小康社会打下决定性基础，以优异成绩迎接中华人民共和国成立70周年。

主要预期目标是：地区生产总值增长6.3%左右，全社会固定资产投资增长10%左右，社会消费品零售总额增长7.5%左右，一般公共预算收入增长6.3%以上，城乡居民人均可支配收入增长6.5%以上，居民消费价格涨幅控制在3%左右，城镇调查失业率、城镇登记失业率分别控制在6.5%和4.2%以内。资源节约、环境质量、民生改善等约束性指标完成市定任务。

围绕以上目标，重点抓好以下十项工作：

（一）聚力产业转型，加快新旧动能转换

做优传统产业。巩固提升传统产业战略性基础地位，稳住煤焦支柱产业基本面。煤炭产业，加快智能矿山建设，不断提高煤炭开采的机械化、信息化、智能化水平。加快推进玉华煤矸石综合利用项目，推进煤矿可持续发展。焦化产业，引进国际先进技术，延伸焦化下游产业链，重点推进安泽蔺鑫年产5亿立方米LNG清洁能源、同世达SNG清洁能源等项目，抢占焦化产业转型升级新高地，打造全省重要的煤焦化产业基地。

做强新兴产业。聚焦新材料等前沿新兴产业，谋划实施一批碳纤维、针状焦、超高功率电极等转型项目，加快打造新材料产业集群。加快煤层气勘探开发进度，推进中禾慧荣4万千瓦风电、圆通洁净能源等项目建设。做精做长连翘产业链，加快连翘叶提取、连翘茶、连翘饮料等项目建设。

提速建设开发区。要把开发区作为实现全市百里太岳经济带“多点突破”的重要载体，尽快成立开发区管委会，深化“三化三制”改革，健全组织机构。高起点规划，年内完成开发区总体规划、规划环评、产业发展规划和起步区控制性详细规划。实施园区移民搬迁。建设永鑫铁路专用线、唐城220千伏变电站、唐城工业园外环路、蔺河水环境应急示范工程等基础设施。

大力发展民营经济。坚持“两个毫不动摇”，深入贯彻支持民营企业发展壮大六个方面的政策举措，开展“政策兑现活动”，持续加大财税、信贷、融资、用地、人才等方面支持力度。完善领导干部联系民营企业制度，健全企业家参与涉企政策制定机制，构建“亲”“清”政商关系。鼓励民营担保公司参与支持小微企业发展。加快推进民营企业集群发展，采取并购、战略联盟、相互持股等方式实现强强联合，着力解决民营企业产业规模小、布局散、层次低等问题。

（二）聚力改革开放，持续厚植发展优势

深化供给侧结构性改革。巩固“三去一降一补”成果，重点在服务企业发展上下功夫。全面落实各项税收优惠政策，持续清理规范涉企收费，打好降成本“组合拳”，让企业卸掉重负、轻装上阵。

全面深化重点领域关键性改革。财税体制方面，强化预算绩效管理评价，压减一般性支出，盘活财政存量资金，优化支出结构。市场监管和商事制度方面，加快构建系统完备、科学规范、运行高效的市场监管职能体系；全面推行市场主体注册登记全程电子化和电子营业执照应用；持续推进“证照分离”，降低准入制度性成本。统筹推进金融体制、电力体制等改革，推动各项改革实现新突破。

扩大对外开放。深度融入“一带一路”、京津冀、环渤海、黄河金三角、关中平原城市群等区域的交流合作，构建更高层次对外开放新格局。积极组织企业参加各大展会，全面开展与周边地区在产业、旅游、文化等方面的合作交流，推动安泽更多产品特别是旅游产品进入山西市场。

（三）聚力生态治理，倍加呵护碧水蓝天净土

突出大气污染防治。实施优化产业结构工程，严格环境准入，产能置换项目严格执行现役源削减政策；深入推进重点行业深度减排，持续开展“散乱污”企业整治，不断强化工业企业深度治理，提高污染防治水平。实施优化能源结构工程，持续推进燃煤锅炉整治，按计划完成清洁取暖改造任务。实施优化交通结构工程，加强油品监管，强化机动车污染防治，杜绝不符合环保标准的车辆上路行驶。实施优化用地结构工程，优化产业用地、城市建设用地结构，提高县城建成区绿化覆盖率。加大扬尘源头治理，严格建筑工地管理，加强生活源管控。

统筹推进水土污染防治。深入实施“水十条”，扎实开展水体环境提标工程，加强水源地环境保护及规范化建设，强化入河排污口管理，推进工业企业中水回用工程建设。严格执行“河长制”，扎实开展河道“清四乱”专项行动，深化水生野生动物保护专项行动，加快推进沁河重点段河道治理、和川水库治理等工程建设。深入实施“土十条”，严格按照畜禽养殖禁养区工作要求，取缔搬迁违规企业；深入开展“危险废物规范化管理年”活动，严厉打击非法转移、倾倒、处置固体废弃物行为，不断扩大农资废弃物回收范围。

提升环境监管水平。持续强化与山西省环科院的合作，聘请专家团队定期把脉会诊，量身制定解决方案。严格落实环境保护“党政同责、一岗双责、失职追责”管理机制，强化跨部门联合执法，始终保持高压态势。加强环保工作人员培训，发挥环保网格化监管作用，做到环境监管全覆盖。

加强生态保护修复。完成太行山绿化三期建设1000亩、重要水源地植树造林3000亩。实施矿山生态治理工程，加强企业矿山生态环境恢复治理监管，严肃查处矸石违法处置、

违法倾倒等破坏生态行为。实施森林防护基础提升工程，对器材库、管护站、防火通道等进行改造提升。严厉打击毁林开荒、乱占林地等违法行为。

（四）聚力精准攻坚，巩固提升脱贫成效

夯实脱贫基础。持续推动脱贫攻坚责任、政策、工作“三个落实”，强化动态、精细、台账“三个管理”，坚持“周例会、月报告、季总结”制度，持续提升基础数据质量。建立返贫预警机制，对贫困户实行动态化管理，探索实行“返贫险”。深化“脱贫攻坚作风建设年”活动，强化干部驻村帮扶，严格落实“五天四夜”驻村和“六大行动”工作要求，进一步提升群众的满意度。

强化产业支撑。围绕“增收”主线，在用好光伏、旅游加连翘“三件宝”的基础上，大力发展特色种养产业，健全优化新型农业经营主体和产业“带贫益贫”机制，完善提升贫困村“五有”机制，切实筑牢群众持续增收基础。

推进行业扶贫。全面落实省“八大工程二十项专项行动”和市“十大扶贫工程”，持续做好生态补偿、教育、健康、就业、金融、消费、社会保障等行业扶贫，巩固提升脱贫攻坚成效。实施贫困村无线网络全覆盖工程。完成易地扶贫搬迁拆旧复垦任务。研究制定收入水平略高于建档立卡贫困户群体的支持政策，有效解决贫困“边缘户”问题。大力开展精神扶贫活动，激发群众内生动力。

（五）聚力项目建设，加速聚集发展动能

扩大项目投资。充实完善县级产业发展项目储备库，支撑固定资产投资稳步增长。紧抓国家加大基础设施领域补短板力度、国家支持民营经济发展、开发区改革创新等机遇，加强与国家和省市部门对接，引导鼓励民企积极投资，在产业转型、基础设施、生态环保、社会民生等领域，谋划实施一批打基础、利长远、补短板、增动能的重点项目，实现产业接链补环，增强转型发展后劲。

健全完善机制。围绕产业转型、基础设施、城乡融合、民生事业等方面，全力实施既定的各项重点项目。完善用地专供、联动建设等有效措施，确保重点项目顺利推进。围绕项目开工倒逼前期，开展“手续集中办理月”活动，加快办理立项、土地、环评、能评等前期手续，确保项目早开工、早建设。全面推行“承诺制+并联审批”模式，试行告知承诺制和“容缺受理”机制，大幅压缩项目审批评估时限。

加强招商引资。制定完善招商引资优惠政策，丰富招商引资手段，通过小分队招商、驻企招商、中介招商、招商大使招商、以商招商等活动，以县担保公司为基础，联合省融资再担保集团，为入驻企业打造良好金融环境。加大招商引资奖励力度，对提供招商引资信息、促成项目落地的单位或个人予以重奖。在生态优先的前提下，积极承接百里汾河经济带以及京津冀、长三角、珠三角等重点区域产业转移项目，吸引一批科技含量高、带动效应好的战略新兴产业项目落地。积极推行招商项目“一个项目、一名领导、一套班子、一套方案、一抓到底”“五个一”举措，从招商洽谈到项目履约开工、建设经营，提供“保姆式”服务，以最快的速度推动项目投产达效。

（六）聚力全面小康，加快乡村振兴步伐

推动农业高质量发展。实施“藏粮于地、藏粮于技”战略，完成土地综合整治和高标准农田建设6500亩，确保粮食总产量稳定在14万吨以上。按照“平川粮果加蔬菜，山上连翘中药材”的产业布局，巩固扩大有机玉米、小杂粮种植面积，发展辣椒、芦笋等露地特色蔬菜2000亩，重点培育有机旱作农业示范区。实施野生连翘提质增效项目，抓好连翘抚育基地后续管护，持续开展青翘“防霜”“护青防抢”行动，加快注册“安泽连翘”地理标志商标，积极创建“安泽连翘”国家级特优区。完成马壁下石村特色中药材种植基地建设，新发展中药材种植面积2000亩。依托新大象种猪基地辐射带动生猪产业发展。鼓励发展林茶、林药、林菌等林下经济和其他特色种养产业。新申报绿色食品认证1个、无公害农产品认证2个。推进农业综合开发乡村振兴试点项目，加快小飞田园综合体建设，积极发展休闲垂钓、水上娱乐、森林康养等新业态。

建设美丽宜居乡村。推广浙江“千村示范、万村整治”经验做法，重点实施农村拆违治乱、垃圾治理、污水治理、厕所革命、卫生乡村“五大专项行动”，每个乡镇至少打造2个乡村振兴人居环境整治示范村。按照“四美三宜”标准，因地制宜打造不同类型、不同特点、不同模式的美丽宜居乡村，扎实推进乡村特色化、景区化、规范化、标准化建设。

深化农业农村改革。加快推进农村集体产权制度改革，全县所有行政村6月底前完成清产核资工作，年底前完成成员身份确认工作。全县40%的村集体经济组织要完成改革工作，成立集体经济（股份）合作社。完善农村基本经营制度，创新农业经营方式，持续培育壮大各类专业大户、家庭农场、专业合作社等新型农业经营主体，加快发展农业生产性服务业，着力构建农村新型经营体系。完成城乡建设用地增减挂钩土地复垦项目建设。继续抓好“大棚房”问题专项清理整治工作，坚决防止“农地非农化”倾向。

（七）聚力三产发展，培育全新产业支撑

做精文化旅游业。加强顶层设计，重点围绕“黄花、荀子、红叶”三大名片，对全县旅游业发展进行整体规划。搞好旅游线路开发设计，重点围绕休闲观光、健康养生、农耕体验、红色记忆等旅游主题，打造一批有人气、有效益的精品旅游线路。加强基础设施建设，先期打造府城飞岭等民宿示范样板，研究出台招商优惠政策，吸引民间资本投资，带动全县民宿产业健康快速发展；新建良马上党关等旅游公路，不断完善刘少奇路居地、国家森林公园等附属设施建设，打牢旅游发展基础。启动“本草香泉”中医康养小镇项目建设，加快中心敬老院前期工作。持续加强与旅行社、媒体的对接合作，积极参加我省太行旅游板块宣传推介活动，全力做好世界园艺博览会山西展园安泽荀子生态文化广场板块建设。

大力发展现代商贸服务业。依托我县区位、交通优势，全力推进电商与物流产业协同发展，启动高壁村物流综合服务区项目，继续扶持“农芯乐”“乐村淘”等电商平台，建设农村电子商务仓储物流加工分拣中心。加快发展批发零售、教育培训、家政餐饮、快递中介等生活性服务业，努力形成新的经济增长点。

（八）聚力品质提升，全面推进城市建设

坚持规划引领。科学编制县城国土空间利用总体规划、县城集中供热专项规划等各项规划，统筹城市空间发展、产业融合发展、设施均衡发展，进一步提升城市承载能力。

加强基础建设。实施滨河路北延道路、沁河大桥等项目建设，推进棚户区和旧城改造，建设新安花园、新泽花园、丽景华府、三里桥城中村改造二期等工程项目，推进奥体中心设施建设，完成县城供水管道扩容提质改造，完善县城电网、地下管网和高层建筑消防设施，启动县城备用水源地勘探选址工作，加大停车场建设力度，不断增加公共绿地和小区绿化面积，推动城市基础设施提档升级。

提高管理水平。深入推进城市管理综合执法，加大对县城主大街、背街小巷、集贸市场、城乡接合部等重点场所的整治力度，集中整治城区私搭乱建、乱贴乱挂等行为，严肃查处各类违法违规建设行为。决战决胜国家卫生城镇创建，紧盯指标任务，强化问题导向，精准发力，对症施策，确保年内顺利通过国家验收。

（九）聚力风险防控，筑牢安全稳定底线

牢固树立“总体安全观”，坚持底线思维、红线意识，坚决打好防范化解重大风险攻坚战，强化安全生产监管，推进社会治理创新，确保社会长治久安、人民安居乐业。

严防金融债务风险。加强金融风险源头管控，支持银行不良贷款处置化解。依法严厉打击各类非法集资行为，促进金融市场平稳健康运行。严控政府债务规模，规范政府举债融资机制，正确处理上项目、抓发展与防风险、化债务的关系，坚决遏制隐性债务增量，稳妥处置债务存量，确保债务风险得到有效管控，坚决守住不发生区域性风险的底线。

严防安全生产风险。推进安全生产领域改革，严格落实党政领导干部安全生产责任制，健全完善安全生产责任体系，提高安全监管执法效能。落实企业主体责任，深入开展“安全生产责任落实年”活动，加强现场管理、班组建设、人员培训，进一步提高企业本质安全水平。扎实开展安全生产大检查和“反三违”活动，抓好煤矿、危化、道路交通、森林防火等重点行业和领域的安全监管，坚决杜绝各类事故发生。规范安全监管执法行为，健全常态化暗查暗访机制，严格落实“四个一律”和“五个一批”要求，深入开展打非治违工作。加强应急救援体系建设，提升应急处置能力。

严防社会稳定风险。深入推进扫黑除恶专项斗争，严厉打击各类违法犯罪行为，始终保持高压严控态势。继续巩固“平安杯”创建成果，扎实推进“平安安泽”“法治安泽”建设，加强治安要素管控和矛盾纠纷排查化解，及时妥善处置各类突发事件，确保社会安全稳定。

（十）聚力共建共享，不断增进民生福祉

优先发展教育事业。加强师资力量和师德师风建设，深化“三优”创建活动，促进教研水平整体提升。抓好安泽一中国家教育考试标准化考场及配套设施建设，确保考试安全公平。推进义务教育优质均衡发展，积极应对新高考改革，加快推进职业教育发展，努力办好人民满意的教育。

加快建设“健康安泽”。持续深化县乡医疗卫生机构一体化改革，健全完善医疗集团运行机制和管理模式，全面提升现代化管理水平。加快县医疗集团门诊医技综合楼内部装修，确保尽快投入使用。不断加强医师交流培训，提高服务效能。加强中医人才队伍建设，提升中医服务能力。常态化开展全民文化体育活动，全力创建国家全民运动健身模范县。

大力繁荣文化事业。启动融媒体中心建设，开展送戏下乡、公益电影放映、消夏月文化会演等群众文化活动，继续免费开放县文化馆、图书馆和农家书屋等文化场所，促进全民阅读。完成杜村乡小李村、和川镇沁河庄村“乡村文化记忆工程”展厅建设。大力弘扬社会主义核心价值观，加大“感动安泽”人物宣传力度，进一步引领社会主义新风尚。

全面加强社会保障。继续落实“七补一贷”“六补一缓”就业创业扶持政策，统筹做好农村劳动力转移、城镇失业人员、退役军人、高校毕业生等群体就业工作；继续推动机关事业单位养老保险制度改革，深化医保支付方式改革，实施好困难残疾人生活补贴和重度残疾人护理补贴制度。加大对困难企业、特殊群体的扶持救助力度，织密扎牢社会保障安全网。

在做好上述工作的同时，还要深入开展双拥共建活动，做好国防动员、人民防空、民兵预备役工作；支持工会、妇联、共青团、工商联等人民团体工作；统筹做好审计、统计、气象和关心下一代等各项工作。

2019 年，县政府将全力办好十件民生实事：一是拓展与知名医院的对接合作，让全县群众在家门口就能享受到省内外大医院先进的医疗技术和服务；二是推进马壁、育新、新泽花园小区等幼儿园建设，启动唐城中心幼儿园前期工作；三是放映公益电影 1350 场，免费送戏下乡 100 场；四是实施“四好农村路”建设工程；五是实施农村饮水安全巩固提升工程；六是实行农业各类保险、城乡居民意外伤害保险全免费；七是提高全县城乡低保户、五保户、孤儿等群体的慰问标准；八是实施全民技能提升工程；九是启动生猪屠宰场项目建设；十是全力解决县城集中供热存在的问题，让群众温暖过冬。

三、加强政府自身建设

强化党的领导。坚持把党的领导贯穿政府工作全过程，牢固树立“四个意识”，忠实践行“两个维护”。坚持以习近平新时代中国特色社会主义思想为指引，深入贯彻落实习近平总书记视察山西重要讲话精神，确保中央、省、市以及县委各项决策部署落地生根。

激发创新活力。扎实开展“改革创新、奋发有为”大讨论，认真落实好“十个规定动作”，在“六个破除、六个着力、六个坚持”上用实功、见实效。坚持把大讨论与推动经济社会发展紧密结合，实现两提高、两促进；总结好、运用好、转化好大讨论成果，切实提升政府工作创新力和执行力；广泛宣传大讨论的重大意义，努力在全社会营造改革创新、奋发有为的浓厚氛围。

提高行政效能。坚持“干”字当头，“实”字当先，对确定的目标不动摇，定下的工作不松手，全面推行“清单式”管理，对作为不力和不作为者、落实不力和不落实者，加大行政督查和纪检问责力度，层层传导压力，严格奖惩兑现。不断深化、拓展、延伸

“13710”工作制度，全面优化“六最”营商环境，持续加大“放管服”力度，加快建设“互联网+政务服务”平台，不断完善便民服务体系。

严格依法行政。坚持“法定职责必须为、法无授权不可为”，努力把政府各项工作纳入法治化轨道。健全依法决策、科学决策、民主决策机制，加强合法性审查和风险评估，依法办理行政复议和行政应诉案件，依法接受县人大及其常委会的法律监督和工作监督，自觉接受县政协民主监督，主动接受社会和舆论监督，强化审计监督，全面推进政务公开和政府信息公开，让权力在阳光下运行。

加强廉政建设。严格落实中央“八项规定”精神，持之以恒反对“四风”，切实履行“两个责任”，全面推进政府系统党风廉政建设，强化“三公”经费、土地招拍挂、工程招投标等重点领域和关键环节的监管。深入推进反腐败斗争，坚持无禁区、全覆盖、零容忍，努力营造风清气正的经济社会发展环境。

集睿智之言共谋改革创新
聚人和之力共擎奋发有为

——2019年3月5日在政协第九届安泽县委员会第四次会议上的工作报告

安泽县政协主席　高成锁

2018年，是安泽砥砺前行、锐意进取的奋进之年，是安泽亮点纷呈、硕果累累的收获之年，也是九届县政协肩负使命、积极履职的重要一年。一年来，县政协常委会坚持以习近平新时代中国特色社会主义思想和中共十九大精神为指导，深入学习贯彻习近平总书记关于加强和改进人民政协工作的重要思想，在中共安泽县委的坚强领导下，准确把握新时代人民政协性质定位，在继承中发展，在发展中创新，认真履行职能，主动担当作为，较好地发挥了政协优势和职能作用，为安泽经济社会发展作出了积极贡献。

在一年的履职实践中，我们始终坚持四个重要原则：

一是旗帜鲜明讲政治。万山磅礴看主峰。政协工作最关键的是坚持党的领导。我们认真学习习近平新时代中国特色社会主义思想，组织开展习近平总书记关于加强和改进人民政协工作重要思想研讨活动；积极贯彻落实省委、市委重大决策部署，自觉接受县委领导，坚持做到"县委中心工作推进到哪里，政协履职就跟进到哪里"，重要事项及时向县委请示，重要工作、重要活动及时向县委汇报，使政协的一切工作都在县委领导下开展和进行，努力把中共安泽县委的重大部署转化为政协的履职实践。

二是求真务实为人民。一枝一叶总关情。问题是时代的声音，人心是最大的政治。我们始终坚持以人民为中心履职尽责，按照县委统一部署，主动作为，立言立行经济社会高质量发展。充分发挥人民政协上通下达、联系各界的优势，坚持县政协主席副主席联系常委、常委联系委员制度，大力开展政协专委会联系界别委员、委员联系群众工作，把县委、县政府重要决策部署传达宣传下去，把政协委员和各界群众的真知灼见收集反映上来。

三是与时俱进勤履职。琢影时光靠匠心。人民政协最大的责任就是献智谋略。我们时刻牢记职责，尽力做到每逢大事必有政协声音，服务发展常见委员身影。履职过程中自觉做到，政治协商有高度，无论是议题选择、调研组织，还是分析汇总、建言献策，都强调要放到全县发展大局中去定位；民主监督有力度，着力推动民主监督制度化、规范化和常态化建设；参政议政有深度，切实摸清协商议题的基本情况、问题成因、解决对策，积极推动相关工作的开展。

四是强基固本增活力。工欲成事必强身。不断加强自身建设是做好政协工作的基础和源泉。我们完善履职制度体系，积极与县委、政府沟通，立足全县实际印发了《政协年度协商计划》，为协商议政作出了制度性安排。制定了《提案办理协商办法》，推动提案办理协商从“办中”向“办前”“办后”两端延伸。研究制定了《关于加强委员履职能力建设的实施意见》，并探索建立了政协调研课题库和专家库，丰富了协商议政的内容和形式。

一年来，常委会主要做了以下五方面的工作：

（一）强化思想政治引领，确保政协事业正确政治方向

思想是灯，引领行动。政协事业要保持正确的发展方向，必须要在思想上与县委、政府同心同向、同频共振。一年来，县政协常委会严格按照中央、省委、市委和县委部署，深入推进思想理论建设，不断夯实共同思想政治基础。

准确把握政协性质定位。常委会紧紧围绕习近平总书记关于发展社会主义协商民主的新思想、新论断、新要求，准确把握人民政协作为社会主义协商民主的重要渠道和专门协商机构的性质定位，毫不动摇坚持中国共产党的领导，切实发挥政协发扬民主、参与国是、团结合作的重要平台作用，组织带领广大政协委员，自觉在宪法法律和政协章程规定的范围内开展工作，紧紧围绕县委、政府中心工作，积极履行协调关系、汇聚力量、建言献策、服务大局的职责，确保政协工作始终沿着正确的方向不断发展、不断进步。

扎实开展专项治理活动。按照市委、县委开展“强化责任、严守纪律、树好形象”专项治理活动要求，县政协根据活动各个时间节点安排，扎实推进各项工作。活动中，机关干部严格按照“四个反思”和“四个剖析”的具体要求，深入开展了对照检查。党组和机关党支部针对查摆出的问题，列出了负面清单、问题清单、责任清单，制定了整改台账，扎实推进整改工作。活动结束后，政协机关不断推进各项工作向规范化、程序化、标准化方向发展，总结出了好经验、好做法。

积极开展业务知识培训。按照全国政协在政协系统开展习近平总书记关于加强和改进人民政协工作重要思想学习研讨活动的安排，按照省、市政协的具体部署，县政协以常委为主体，分成22个小组，组织全体委员开展了学习研讨活动并召开了理论研讨会，形成论文24篇，共计30余万字，这些论文涉及加强党对政协工作的领导、政协协商式民主监督、政协委员管理等各个方面，其中《关于充分发挥人民政协协商式民主监督重要作用的思考》入选省政协优秀论文集，并代表全市政协系统在省政协研讨理论会上作了交流发言。同时，为进一步提升政协委员的履职能力，县政协邀请省政协调研和委员工作室信息处马海燕处长、县委党校梁红梅老师，对全体委员、新聘任的特邀信息员和机关干部进行了培训，收到良好效果。

（二）围绕中心工作主线，积极服务县域发展主战场

全会集中协商汇聚合力。九届三次全会上，组织政协委员就“一府两院”报告，以及事关经济社会发展的旅游转型、城建提质等重点议题进行了大会协商，征集了许多具有建设性的意见和建议。同时，积极组织驻县市政协委员，参加市政协四届三次全体会议，认真讨论审议各项报告，提交议政发言10余篇，为临汾发展建言献策、献计出力。

专题议政协商献智献计。2018年我们选择要点，组织召开了3次专题协商议政会，邀请有关部门负责同志和部分界别委员，就民生工程建设、经济财税工作、专题调研课题进

行了广泛协商、深入讨论；全年组织委员参加县委、政府征求意见会议6次，参加各类活动11次。

主席会议协商促进工作。县政协明确重点，多次召开主席会议，分别围绕市政协工作指示、县委政府工作安排、专题调研报告、委员议政发言选题、政协各委室工作安排部署等进行协商，扎实推动各项工作开展。

（三）紧扣团结民主主题，广泛汇聚改革发展正能量

多形式办理委员提案。九届三次会议期间，共收到委员提案152件，其中联名提案78件。委员们的提案内容涉及绿色发展、全面小康、精准扶贫、民生改善、社会事业、生态旅游、招商引资等各个方面。常委会认真贯彻落实提案工作制度，筛选事关全局、涉及面广的重点提案，呈请主席会议领衔督办。同时，组织召开了提案督办会议，对立案提案进行了整体督办。市政协四届三次会议期间，组织驻县市政协委员提交提案11篇，其中《加快推进煤炭清洁高效利用有效缓解气荒压力》的提案被市政协评为优秀提案。

多方位开展调查研究。县政协2018年共开展调研活动13次，涉及中小企业发展、乡村振兴、历史文化资源保护利用、攻坚深度贫困、第三产业及生产性服务业发展等方面。通过调研形成的《关于安泽县中小企业“专、精、特、新”发展的调研报告》《安泽县政协关于“科学制定规划推动乡村振兴战略实施”工作情况的调研报告》《关于安泽县攻坚深度贫困工作落实情况的调研报告》《关于深入挖掘我县历史文化资源的调研报告》以及《关于加快第三产业发展，提速发展生产性服务业的调研报告》分别上报市政协和县委、县政府，受到各级领导的广泛关注，推动了相关工作的开展。

多层面开展委员视察。常委会按照年度工作计划和县委安排，扎实开展专项视察活动。去年，首先是市政协主席、市委统战部长张建平带队来我县视察了产业转型情况，对我县的全域旅游、脱贫攻坚、三基建设等各项工作给予了高度评价；其次是按照九届三次会议安排，分别就国卫创建、医疗体制改革、生态林业建设、行政审批等工作开展了9次专题视察。视察后形成的《关于我县国卫创建县城配套设施工程建设情况的视察报告》《关于安泽县生态林业建设情况的调研报告》《关于安泽县城乡医疗体制改革一体化情况的调研报告》《关于我县促进和保障就业情况的视察报告》被相关部门重视和采纳。年末，山西大学应用化学所所长、省政协原副主席、九三学社山西省委原主委刘滇生，带领九三学社10余位专家学者，就我县工业、农业、生态、环保以及红色旅游发展情况开展了专题视察，对我县的各项工作给予了高度评价，并为以后工作提出了具体要求。

（四）秉承履职为民主旨，助力提升人民群众幸福感

主动参与中心工作。按照市委环保专项督查工作要求，我带领市环保督查六组，先后对乡宁、蒲县、大宁、吉县和曲沃、翼城、侯马、侯马开发区8个县（市、区）的环保工作情况开展了专项督查，通过明察暗访、接收举报、项目观摩等形式，对8个县（市、区）在环保工作中存在的问题进行了反馈，并严格督导问题整改，推动了当地环保工作的开展。按照县委脱贫攻坚工作要求，选派3名优秀干部到机关包联村——和川镇上县村开展驻村

帮扶，工作队和村“两委”一班人通过发展产业推动脱贫，新办的众腾食品有限公司累计生产年馍6000余箱，销售额30余万元；去年，公司结合我县打造连翘大县的背景，创新研发了黄花饼，该产品已于2018年中秋节上市，上市后受到群众的广泛青睐，销售5000余盒，销售额达到10万余元。另外，政协机关驻村工作队经过多方努力，解决了上县村60余户、170余口人的安全饮水问题，同时也解决了食品加工厂的用水问题。

广泛凝聚各方力量。县政协努力为无党派人士、党外人士参政议政搭建平台，多次召开座谈会，听取他们对县委、政府中心工作及政协各项工作的意见建议；积极引导政协委员投身社会公益事业，全年广大委员累计捐款300余万元，办好事实事170余件。广大政协委员用实际行动彰显了新时代政协委员的新风采。在国家卫生县城创建工作中，政协积极引导全体委员参与国卫迎检攻坚工作，政协机关负责的第四片区圆满完成创建任务。

积极反映社情民意。为加强社情民意信息员队伍建设，进一步拓展信息反映渠道，提高信息工作质量，我们在县直相关单位重新聘请了35位特邀信息员，并且修订完善了《政协安泽县委员会反映社情民意信息工作考核评比表彰办法》。2018年编发社情民意信息33篇，其中《对第二类疫苗流通和使用的几点建议》《长生生物疫苗事件警示我们加强疫苗监管刻不容缓》被全国政协采用；《从张中生案件中汲取教训，多措并举开展能源革命反腐败工作》《建议充分汲取扫黑除恶经验教训，严抓严管做好文物资源保护工作》《关于“二青会”宣传报道的几点建议》被省政协采用，《建议完善疾控机构卫生应急物资储备》等20余篇信息被市政协采用，其中《关于拓宽改造309国道的建议》等5篇信息被市政协评为“优秀社情民意信息”。另外，《建议解决当前幼儿“入园难、入园贵”问题》《建议加强城镇职工医保个人账户透明化》等信息，编发上报后被相关部门重视和采纳。

（五）强化自身建设主责，激发政协事业创新原动力

文化文史工作不断加强。文化文史和学习委员会按照市政协关于编撰《临汾市政协志》通知要求，组织专业人员整理县政协自1990年以来的档案资料，为编撰《安泽县政协志》做好了筹备工作，同时，还与县老促会协作，多方考证，充实整理了《安泽县革命老区史》，为我县传承红色文化、发展红色旅游产业奠定了基础。荀子文化研究中心编撰的《听，这是来自博鳌的最强音》等相关文章在“安泽政协”微信公众号发表后，引起社会的广泛关注。

意识形态工作不断提升。县政协按照县委关于加强意识形态工作的要求，成立了意识形态工作领导组，制订了《安泽县政协意识形态工作责任实施细则》，建立健全了网信工作体系，建立了网上重要情况通报制度、重大事项报告制度，建立了研判上报通报制度及汇报述职制度等一系列规章制度，并且对标对表完成了查找问题、建立清单、强化责任等各项工作，通过实施一系列富有成效的工作举措，县政协的意识形态工作得到进一步加强，为更好地履行“三大职能”打下了基础。同时，县政协积极与《山西日报》《三晋都市报》等媒体联系，大力宣传广大委员扶贫济困、捐资助学的先进事迹，调动委员履职积极性。

机关作风形象不断优化。县政协党组认真履行党风廉政建设主体责任，党组成员自觉遵守领导干部廉洁自律规定。党组和党支部按照县委安排，积极开展党日活动，党组成员和机关党支部书记分别以：严肃党内政治生活、“强化责任、严守纪律、树好形象”、“七一”专题等课题给机关全体党员上了党课。政协机关以加强三基建设为契机，开展标准化问题讨论，开展效能建设提效工作，增强了服务能力。政协机关积极开展文明单位创建工作，共开展道德讲堂活动8次，开展党员活动、我们的节日和志愿服务30余次，成功创建为市级文明单位。

2019年县政协工作的总体要求是：高举习近平新时代中国特色社会主义思想伟大旗帜，深入学习贯彻习近平总书记关于加强和改进人民政协工作的重要思想和习近平总书记在庆祝改革开放40周年大会上的重要讲话、视察山西重要讲话精神，在中共安泽县委的坚强领导下，牢牢把握新时代人民政协的新方位新使命，紧扣县十四届四次党代会和县委十四届七次全会暨县委经济工作会议的决策部署和任务要求，紧紧围绕打好“三大攻坚战”和持续深化“四个年”活动，团结带领全县广大政协委员改革创新、奋发有为，认真履行三大职能，集思广益助发展，倾情履职惠民生，凝心聚力促和谐，更好地发挥协调关系、汇聚力量、建言献策、服务大局作用，为奋力开创我县新时代改革发展新局面贡献智慧和力量，以优异成绩迎接中华人民共和国成立70周年、人民政协成立70周年。

一、把握新思想，确保“高站位”，在强化政治引领中扛好政协旗帜

强化根本保证。县委的坚强领导是政协事业进步发展的根本保证。县政协党组要及时向县委汇报重点工作、请示重要事项、报告重大活动。自觉通过协商民主的程序，把县委的决策部署、中心工作贯彻落实到履职的各个方面，做到县委有部署、政协就紧紧跟进，县委有要求、政协就坚决落实，始终与县委保持思想上同心同德、目标上同心同向、行动上同心同行。

增进政治认同。牢固确立“学习引领方向、履职贡献力量、创新提升形象”的履职理念，从思想上政治上扣好履职的第一粒扣子，守住政治底线圆心，筑牢政治思想轴心，铸就对党绝对忠诚的政治品格。将学习贯彻习近平总书记关于加强和改进人民政协工作的重要思想作为长期政治任务，针对政协工作与新时代、新要求不相适应的薄弱环节和不足之处，对标校表、选准切口，从中找差距、找方法、找思路，努力使习近平总书记对政协工作的新思想新论断新要求在政协实践中落地生根。

抓住关键少数。 中共中央办公厅印发的《关于加强新时代人民政协党的建设工作的若干意见》对加强新时代人民政协党的建设作出了全面部署。我们要认真学习领会，全面贯彻落实《意见》要求，进一步加强政协组织中党的建设。建立政协党组成员联系党员委员、党员委员联系党外委员制度，建立联系无党派人士界、宗教界委员机制，实现党的组织对党员委员的全覆盖，党的工作对政协委员的全覆盖。要把党建活动与政协履职活动结合起来，以政协党建工作新成效推动政协事业新发展。

二、开启新征程，交出“好答卷”，在服务中心大局中书写政协篇章

协商议政要出实招，谋良策。要健全协商民主制度，完善协商议政内容和形式，推动协商民主广泛、多层、制度化发展。着重围绕城建品质提升、美丽乡村、全域旅游、“一区两园”建设等事关发展全局的大事、要事开展协商议政、建言献策。要完善协商成果采纳、落实和反馈机制，着力增进共识、推动发展。

民主监督要重创新，求实效。要以中共中央办公厅印发的《关于加强和改进人民政协民主监督工作的意见》为工作指南，准确把握民主监督的七项基本原则，切实提高民主监督的组织化程度。要围绕重点项目建设、国家卫生县城和全国文明县城创建、文旅产业规范发展、优化营商环境等方面开展民主监督，为县委政府决策提出合理化建议。

调查研究要听民意，出精品。要把调查研究作为议政建言的基础，创新方式方法，优化队伍组成，深入基层、深入群众、深入实际，提出更加符合社会发展和群众意愿、更有操作性的对策建议。要把专题视察作为议政建言的重要方式，围绕农业特色产业、职业教育产教融合、民营企业发展等课题进行专题视察，推动相关部门工作落到实处。

三、顺应新期待，擘画“新图景”，在促进民生改善中留下政协印记

要深入基层了解民情、反映民意。切实加强政协社情民意信息工作，继续深入开展大走访活动和政协“三联系”活动，进一步密切政协组织和政协委员、人民群众的联系，深入到企业学校、社区农村，及时反映群众的诉求；要广泛汇聚群众智慧，坚持问需于民、求智于民，把群众呼声作为建言素材，把群众需求作为议政选题，努力使政协工作更接地气、更有温度。

要扎实履职服务民生、维护民利。进一步关注民生福祉、关注社会公平，围绕事关民生工作、影响群众生活的重大事项，深入调查研究，积极建言献策，协助县委政府出台更多更实的为民利民政策举措；抓住群众最关心、最直接、最现实的教育、医疗、养老、社会保障等问题，通过专题视察、提案督办、民主监督，推动民生政策落到实处、实际问题得到解决。

要倾情奉献凝聚民心、关注民困。充分发挥好政协的桥梁纽带作用，积极协助党委政府做好新形势下群众工作，到基层群众中宣传政策、解疑释惑、化解矛盾、理顺情绪，营造良好的社会发展环境；常委会要广泛发动政协委员，组织开展消费扶贫、救灾济困、慈善捐赠、志愿服务等社会公益活动，主动为群众解难题、办实事、做好事。

四、聚焦新使命，展现“新作为”，在加强自身建设中树立政协品牌

要旗帜鲜明讲政治。人民政协是政治组织，必须讲政治、有纪律、严规矩。广大委员要严守宪法法律、纪律规矩和政协章程，始终把立德、修德作为立身之本，做到恒以治学、勤以任事、和以聚力、严以律己、行为世范。县政协要深入开展政协系统“改革创新、奋发有为”大讨论，按照省政协和市委、县委的要求，组织委员全员参与讨论活动，特别是要对标“6个破除”“6个着力”“6个坚持”，查找问题、改进工作，推动思想再解放、改革再深入、创新再发力、开放再提质、工作再抓实，汇聚起政协系统追梦奋斗、致力振兴崛起的强大正能量。

要忠诚履职强担当。政协委员是政协工作主体，政协作用发挥在委员，活力展现看委员，事业发展靠委员。常委会要按照“懂政协、会协商、善议政”要求，创新履职方式，完善考核机制，开展优秀政协委员评选表彰活动，以活动联络委员，以考评激励委员，以服务感动委员，积极引导广大委员，用深入基层的泥土味、苦干拼搏的汗水味和心系群众的人情味，传递“政协声音”，贡献“政协智慧”，彰显“政协力量”，真正做到协商议政有位子、建言献策有点子、民主监督有胆子、重大活动挑担子、服务社会树牌子。

要狠抓党建优服务。政协机关是“政协委员之家”和“各界人士之家”。要持续深化“三基建设”，扎实做好每个环节的各项工作。扎实开展“不忘初心、牢记使命”主题教育，坚持全面从严治党，压紧压实主体责任，认真履行“一岗双责”，深入推进机关政治、思想、组织、作风和党风廉政建设，引导机关干部做联系群众的贴心人、服务委员的热心人、团结合作的带头人、廉洁自律的清白人，努力把政协工作开展得更具特色、更见成效、更上水平。

安泽县人民法院工作报告

——2019 年 3 月 6 日在安泽县第十六届人民代表大会第四次会议上

安泽县人民法院院长　陈建国

2018 年，安泽法院在县委的坚强领导下，在县人大和上级法院的监督指导下，在县政府、县政协和社会各界的大力支持下，认真学习贯彻党的十九大和十九届二中、三中全会精神，以习近平新时代中国特色社会主义思想为指导，以“努力让人民群众在每一个司法案件中感受到公平正义”为目标，以司法为民、公正司法为主线，忠实履行宪法法律赋予的职责，圆满完成各项工作任务。全年共受理各类案件 1246 件，与上一年相比收案量上升了 16.44%，审结 1214 件，结案率 97.43%，审限内结案率 100%。

一、立足审判职能，服务经济社会发展大局

2018 年，共受理诉讼案件 754 件，审结 739 件，结案率 98%。其中受理刑事案件 65 件，结案 62 件，判处罪犯 75 人，结案率 95.38%；受理民商事案件 689 件，结案 677 件，结案率 98.25%。

（一）*认真履行刑事审判职能，依法惩治各类犯罪。*扎实开展扫黑除恶专项斗争，严厉打击黑恶势力犯罪，审理涉恶案件 1 件，撰写调研报告 1 篇，发放公开信、各种知识手册 6000 余份；严厉打击危害公共安全刑事犯罪及故意伤害、寻衅滋事等犯罪行为，审结抢劫、盗窃、诈骗类案件 16 案 26 人，审结危险驾驶、交通肇事案件 31 案 31 人；全力支持配合监察体制改革，依法惩处贪污、贿赂、渎职等职务犯罪，审结贪污贿赂案件 4 案 4 人，向监委移送查办党员及国家工作人员涉嫌违法犯罪案件线索 4 条，移送 4 人，办理各类人员违法犯罪记录查询 600 余人次。

（二）*依法审理民商事纠纷，服务经济发展新常态。*妥善审理合同纠纷、民间借贷、金融纠纷案件 369 件，维护了当事人合法权益，减少了社会不安定因素；审慎处理土地经营权流转、承包地确权案件 35 件，通过审判完善农村土地承包关系、规范引导承包经营权有序流转，为保障农民合法权益、促进国家政策施行、维护我县农村社会稳定起到了积极作用；及时审理道路交通事故责任纠纷等涉民生案件 89 件，通过繁简分流，缩短赔偿款到位时间，解决当事人燃眉之急；妥善处理离婚、抚养、赡养、继承等婚姻家庭及乡邻纠纷案件 116 件，通过案件审理弘扬孝老爱亲睦邻的传统美德，促进了和谐安泽建设。

二、决胜执行攻坚，依法保护当事人合法权益

2018 年是“基本解决执行难”的决胜之年，我院对照第三方评估体系要求全面规范执行工作。全年共受理执行案件 492 件，执结 475 件，执结率 96.54%。其中执结涉民生案件 54 件，涉银行、信用社等金融债权案件 50 件，执行到位标的 3205 万元。一是加强网络执行查控系统建设，着力破解查人找物难题。充分利用最高院“总对总”网络查控系统，全年查询案件1500余件次，查控被执行人银行存款1680余万元、车辆13辆，极大地提高了执行效率。二是加大对失信被执行人信用惩戒力度，着力破解规避执行难题。利用电视媒体、新闻发布会、官方微信、微博和县城繁华地带电子屏等载体，分批次公布失信被执行人243名，限制高消费376例，同时对失信被执行人购房、贷款、购买飞机票、软卧、高铁动车一等座以上车票进行了有效限制，有力震慑了“老赖”。三是深入开展网络司法拍卖，着力破解财产变现难题。入驻网络司法拍卖平台，开展网络司法拍卖8件次，有效提高了财产处置成功率，提升了司法公信力。四是用足用尽强制措施，保障胜诉当事人合法权益。全年司法拘留23案23人次，移送布控6人，移送拒执审查3案3人。

三、践行司法为民，回应人民群众司法需求

2018年，我们围绕司法为民宗旨，创新便民举措，不断优化提升司法服务。扎实推进便民服务“最多跑一次”改革，推行了刷卡支付、扫码支付、网点支付诉讼费缴纳和窗口一站式标的款发放、退费办理服务，实现了让信息多跑路，让群众少跑腿；加大司法救助力度，为确有困难的当事人缓交诉讼费15万余元，司法救助10万元；推进案件繁简分流，全院80%的速裁案件在7天内审结，10%的速裁案件在3天内审结，简单民事案件办案周期长、效率低的问题得到解决；加快智慧法院建设，完成了执行指挥中心、标准化机房和局域网升级改造工程，机关所有网线全部更换为千兆网，推进了电子卷宗随案生成、OA系统应用等智能办案、办公系统的建设及应用，全力提升信息化工作能力水平。

四、加强审判管理，不断提升审判执行质效

我院通过严格审判管理，强化司法公开，提升了案件质效。认真落实院、庭长办案制度，每月定期召开审判工作例会，深入一线总结工作经验、调研分析存在的问题，并对办案过程办案质效等约束性指标实行网上动态管理，针对存在问题及时向法官推送提醒信息，提高审判工作质量，保证了全院全年均衡结案。强化司法公开，2018年网上公开裁判文书1307件，公开审判流程信息及执行信息1000余件，网络直播案件166件，实现了“每庭必录”。2018年，全院综合案件结案率一季度72.68%，二季度74.02%，三季度85.02%，全年综合结案率97.43%，均衡结案水平进一步提高；案件改判率同比下降3.12%，发回重审率同比下降3.59%，审判质量大步提升。

五、坚持从严管理，努力建设过硬法院队伍

2018年，我们深入开展了“强化责任、严守纪律、树好形象”“队伍整肃”“彻底肃清腐败流毒”“以案为鉴、筑牢防线”等专项活动，狠抓意识形态教育，努力建设过硬队伍。一是加强学习宣传工作。每天坚持晨会学习，每月组织一次党组中心组学习，每季度一次专题党课，每半年进行一次工作评述。重大节日坚持举行升旗、宣誓仪式，常态化组织干警参加在线学习，积极运用网站、微博、微信等新媒体手段开展各类信息宣传。全年举办各类讲座13次，组织干警外出培训学习36批89人次，参观教育基地90余人次，编辑转发各类宣传教育信息2000余条。干警人均在线学习60余课时，撰写心得体会7篇，学习笔记2万余字。二是加强党风廉政建设。细化落实党风廉政建设“两个责任”，贯彻执行廉政建设各项工作制度，坚持节点廉政提醒，审判执行过程监督，纪律作风日常督导。组织学习相关通报16次，观看专题教育片6部，开展干警集体廉政约谈2次，个人谈心谈话80余人次。三是认真落实上级法院关于司法体制改革的工作部署，顺利完成了第二批员额制法官遴选工作。四是积极开展精神文明创建活动，顺利通过“市级文明单位标兵”第三方验收检查。先后组织开展道德讲堂、全员阅读、法治宣传、主题节日、志愿服务等各类活动，丰富了干警文化生活，弘扬了社会主义核心价值观。

六、自觉接受监督，促进法院工作科学发展

我院始终坚持党的领导，坚持重大事项及时向县委请示汇报，定期向人大常委会报告工作，主动把工作置于人大、政协、监察、检察机关及社会各界的监督之下。邀请人大代表、政协委员来安泽法院视察指导工作、旁听庭审、参与案件执行5次；主动到县两会讨论现场征求意见70余人次；人民陪审员陪审案件99件，陪审率达100%，进一步增进了人民群众对法院工作的监督、理解和支持。

2018年，安泽法院先后被省高院荣记“集体三等功”一次，评为“全省法院党建工作先进集体”；法院团支部被省人社厅、共青团山西省委授予“全省五四红旗团支部”。

2019年工作思路是：坚持以习近平新时代中国特色社会主义思想为指导，深入贯彻落实党的十九大和十九届二中、三中全会精神，按照省委、市委、县委的经济发展战略部署和上级法院工作要求，牢牢把握新时代人民法院的新使命，扎实推动以审判为中心的各项工作实现更高质量发展，努力为安泽全面振兴、绿色崛起创造安全的政治环境、稳定的社会环境、公正的法治环境、优质的服务环境。

一是坚持政治建设为统领，突出法院队伍“四化”建设。以习近平新时代中国特色社会主义思想为指导，坚持党对法院工作的绝对领导，按照中央政法工作会议上提出的“加快推进政法队伍革命化、正规化、专业化、职业化建设”要求，抓党建带队建促审判。认真组织开展“改革创新，奋发有为”大讨论活动，推动思想再解放、改革再深入、工作再发展。加强纪律作风建设，开展“纪律作风整顿年”活动，着力解决干警队伍中存在的问题，健全常态化监督问责机制，努力建设一支忠诚、干净、担当的法院队伍。强化业务培训和实践锻炼，增强干警司法能力。加强人才引进、培养和使用，建立适应司法责任制要求的法官养成机制，形成梯次化人才储备。强化履职保障，加强人文关怀，让长期超负荷工作的干警感受到组织温暖，营造拴心留人的良好氛围。

二是抓好审判执行第一要务，全力服务经济社会发展。扎实开展“审判质效提升年”活动，确保各项审判约束性指标持续走在全省前列。重点抓好“三项质量指标”，即一份优秀的裁判文书，一次高质量的庭审，一本优秀的案卷；提升“两项效果指标”，即服判息诉率的提升和裁判文书实际执结率的提升。认真履行刑事审判职能，深入开展扫黑除恶斗争，严厉打击刑事犯罪；同时根据新修改的刑诉法要求，积极推动“认罪认罚从宽处理”工作的开展，全力维护社会稳定。充分发挥民商事审判职能，妥善处理新形势下的矛盾纠纷。

持续优化案件繁简分流机制建设，推进简案速裁、繁案精审。加大行政非诉案件审查力度，促进行政机关依法行政。进一步提高执行强制性、信息化、规范化、智能化水平，健全和完善执行联席会议制度，加大网络查控、失信曝光惩戒力度，持续推进基本解决执行难。

三是深化司法体制综合配套改革，不断提升司法工作质效。按照中央、省委要求，深化司法体制综合配套改革。全面落实司法责任制，推进法院内设机构整合，进一步优化审判资源配置。持续提升审判管理工作水平，推动司法改革与信息化建设深度融合。进一步推进司法民主，认真贯彻落实《人民陪审员法》。高度关切一线法官的办案需求，及时解决一线审执工作困难和问题，确保放权不放任、监管不缺位。

四是创新为民服务举措，不断增强人民群众司法获得感。持续推进便民服务“最多跑一次”改革，深化诉讼服务、信访接待和执行服务窗口建设，配置自助查询设备，建设和使用繁简分流和速裁案件办理平台，做好12368诉讼服务热线服务，努力为群众提供普惠均等、便捷高效、智能精准的司法服务。创新完善人民法院社会矛盾多元化纠纷解决机制，推进社会矛盾联动化解。扎实做好精准扶贫工作，做好入户走访帮扶工作，做好扶贫领域的案件审理工作。进一步完善接受人大和社会各界监督机制，改进法院工作，提升群众满意度。

五是加强法院文化建设，扎实推进省级文明单位创建。围绕省级文明单位创建目标，结合法院实际，积极开展宗旨教育、主题节日、国卫创建、志愿服务等各项活动，大力弘扬社会主义核心价值观，进一步引导干警牢固树立忠诚担当、公正为民、中立谦抑、廉洁守纪的工作理念。高度重视意识形态工作，管理好、利用好官方微信、微博、网站，加强与新闻媒体的联系沟通，大力宣传法院在保障民生、服务发展、维护社会公平正义等方面的积极举措和突出成效，让群众更加深入地了解法院工作，为审判执行工作营造良好的舆论氛围。

六是持续推进基础设施建设，全面服务促进法院工作。加强院务管理网络建设，深化审务终端、数字法院、OA系统的深度应用，谋划开展两个基层法庭的科技法庭及局域网建设工作，努力提升智慧法院建设水平。全面加强和改进法院安保工作，认真落实安检、执勤等各项安保制度，完善安防设施装备，建立联动联防工作机制，为干警依法履职提供可靠的安全保障。持续推进基础设施建设，继续争取在县委、政府的支持和帮助下，早日改变安泽法院两庭建设落后局面。

附：报告中有关用语说明

1.各类案件：指刑事、民事、行政等三大诉讼中的一审、再审案件以及民事执行、非诉行政执行等案件。

2.基本解决执行难：2016年3月在十二届全国人大四次会议上，最高人民法院院长周强在工作报告中明确提出“用两到三年时间，基本解决执行难问题”，引发社会普遍赞誉和广泛共鸣。2018年是基本解决执行难的决胜之年，2019年3月前，通过第三方评估检验基本解决执行难工作成果。在执行攻坚工作中，安泽法院坚持以信息化建设为抓手，着力强化执行规范化建设和专业化建设，切实完善执行体制机制，努力实现基本解决执行难的总体目标。

3.涉民生案件：指追索劳动报酬、赡养费、抚养费、抚恤金、医疗损害赔偿、交通事故人身损害赔偿、工伤赔偿等案件。

4.被执行人信用惩戒：人民法院依照法定程序，将具有履行能力而不履行生效法律文书确定的义务，并具有转移财产规避执行等6种情形的被执行人列入失信名单，通过向社会公布、向相关单位通报其个人信息和拒不履行的情况等方式，对其进行信用惩戒，促使其主动履行义务的一项制度。

5.便民服务“最多跑一次”改革：根据省委政法委《关于全省政法机关开展便民服务“最多跑一次”改革的指导意见》和《山西省高级人民法院关于在全省法院开展诉讼便民服务“最多跑一次”改革工作的实施方案》要求，2018年安泽法院进一步优化升级诉讼服务中心建设，健全和完善司法为民、便民举措，为人民群众提供更为优质、高效、便捷的诉讼服务，满足人民群众对人民法院诉讼服务的新要求、新期待。

6.庭审网络直播：是指人民法院通过电视、互联网或者其他公共传媒系统对公开开庭审理案件的庭审过程进行图文、音频、视频的直播、录播。安泽法院于2016年开始建设庭审直播网络，关注安泽法院新浪微博，或直接搜索“安泽县人民法院庭审公开网”，可观看安泽法院直播案件。

7.案件陪审率：是指法院每年由人民陪审员参与审理的案件数量占普通程序审结案件总数的百分比。

8.“两庭建设”：指人民法院审判法庭和基层法庭建设。

安泽县人民检察院工作报告

——2019 年 3 月 6 日在安泽县第十六届人民代表大会第四次会议上

安泽县检察院检察长　张临生

2018 年，在县委和临汾市人民检察院的正确领导下，在县人大及其常委会的有力监督下，在政府、政协和社会各界的关心支持下，我院深入学习贯彻党的十九大和习近平总书记视察山西重要讲话精神，紧紧围绕“全面振兴、绿色崛起”工作大局，忠实履行宪法和法律赋予的职责，各项检察工作取得了新的进步。

一、服务中心，围绕大局，着力服务安泽经济社会发展

（一）全力服务保障民营企业发展。认真贯彻落实上级检察机关服务保障民营企业发展的安排部署，站在讲政治的高度，着力优化民营企业健康发展环境。检察长带头深入永鑫煤焦化、阳煤集团登茂通煤矿等企业走访调研，认真听取企业的意见和建议，准确把握民营企业对检察机关在优化营商环境、保护民营企业合法权益等方面的司法需求。出台做好服务保障民营企业发展工作的相关措施，通过发挥刑事检察、民事检察、行政检察、公益诉讼等职能作用，努力构建良好的营商环境、稳定的社会环境和优良的法治环境，着力为民营经济发展保驾护航。

（二）打好扶贫攻坚战。坚决落实县委、县政府扶贫攻坚的安排部署，坚持因地制宜、精准扶贫，利用包联村（义唐）自然资源优势和产业特点，帮助村民陆续开发优质玉米、小杂粮、油用牡丹种植、光伏发电、连翘抚育五大产业链，带领村民种植优质玉米 3000 亩、小杂粮 500 亩、油用牡丹 80 亩，安装光伏发电 4 户，连翘抚育 200 亩。同时，全院 26 名党员干警积极下乡走访扶贫，除自费为贫困户送去米面油等生活必需品外，农忙时期，还帮助劳动力薄弱的贫困户收秋 10 余亩，目前全村 156 户 337 口贫困户已全部脱贫。

（三）加强公益诉讼。依靠县委、县政府的领导支持，扎实开展公益诉讼工作，全年共办理行政公益诉讼 11 件，向行政机关发出诉前检察建议 11 份，目前 11 件已经通过诉前程序得到了圆满解决。尤其在发现沁河和其支流第五河河道违法倾倒垃圾，严重影响水源安全和泄洪安全的现象后，我院向水利部门发出了 2 份诉前检察建议，督促行政机关加大巡查力度，对违法行为及时查处，县委县政府高度重视，投资 369 万元清理河流 11 条，河道长度 76 公里，清除河道垃圾 4.5 万余吨；在全市煤矸石污染环境专项整治公益诉讼活动中，我院及时向环保部门发出 2 份诉前检察建议，环保部门高度重视，在规定期限内原企业负责人投资 100 余万元对矸石山进行了规范治理。

二、严格依法，宽严相济，努力促进平安安泽建设

（一）严厉打击各类刑事犯罪。依法严厉打击“两抢一盗”、故意伤害、集资诈骗、电信网络诈骗等严重危害社会稳定、侵害群众利益的犯罪活动。一年来，共受理公安机关、监察委员会移送的各类刑事犯罪案件 105 件 100 人，其中依法批准和决定逮捕 29 件 49 人，依法提起公诉 59 件 73 人。同时，认真贯彻宽严相济刑事司法政策，对初犯、偶犯、老年人、未成年人和轻微刑事犯罪人员慎捕、慎诉，依法不批准逮捕 13 人，不起诉 2 人。深入全县中小学开展校园安全专项整治行动和未成年人刑事检察工作 6 次。

（二）妥善化解各类矛盾。认真贯彻落实上级关于信访工作的决策部署，围绕打好“三大攻坚战”，切实关注人民群众涉法诉求，做好稳控工作，升级 12309 检察服务中心，方便群众反映诉求。司法救助领域，在办理姬某某过失致人死亡一案中，我院在公正司法办案的同时，按照相关规定为受害人家属争取司法救助资金 4.5 万元，充分体现了“公正司法、以人为本”的执法理念。

（三）吹响扫黑除恶冲锋号角。积极贯彻落实上级指示精神，设立机构，制定方案，广泛动员，统筹谋划，扎实推动扫黑除恶专项斗争不断向纵深发展。宣传方面，干警深入乡镇、社区、矿区、车站等人群较为密集区域发放宣传资料 3500 份、《致全县人民群众一封信》300 余份，张贴条幅 19 条，在 309 国道悬挂巨型喷绘 1 幅。案件办理方面，由检察长牵头组成办案团队办理涉恶案件 1 起，该案 5 人于 2018 年 11 月被提起公诉，目前一审已经做出判决；2018 年 10 月中旬经临汾市人民检察院指定管辖，我院抽调两名办案骨干提前介入由安泽县公安局侦办的“9·15”浮山涉黑专案，经过五个月的提前介入引导侦查取证，目前已批准逮捕包括涉黑主犯及骨干成员 26 人，扫黑除恶专项斗争取得了阶段性成果。

三、充分履职，强化监督，全力维护司法公平正义

（一）加强刑事诉讼监督。加强对公安机关刑事立案和侦查活动的全程动态监督，重点纠正有案不立、以罚代刑、滥用强制措施等违法行为。共监督纠正应当立案而不立案的案件 2 件，不应当立案而立案的案件 2 件，提前介入侦查活动 12 起。扎实开展“破坏环境资源和危害食品药品安全犯罪专项立案监督”活动，监督行政执法机关移送刑事案件 2 件，书面纠正公安机关侦查活动违法 12 件。强化审判监督，纠正遗漏同案犯 3 人，纠正移送起诉遗漏罪行 2 人，促进了刑事审判公正。

（二）加强民事行政监督。深入贯彻落实修改后的民事诉讼法和行政诉讼法，不断完善多元化民事行政诉讼监督格局。对裁判结果、审判程序及执行活动实行全面监督，发出检察建议 12 份，办理支持起诉案件 10 件。

（三）加强刑事执行监督。积极维护监管场所秩序，加强检查监督，纠正违法减刑、假释、暂予监外执行等问题，保护押人员的合法权益。羁押必要性审查 5 件；刑事执行活动违法纠正 13 件，书面提出纠正意见 14 件次，已纠正 13 件次；监外执行和社区矫正监督 41 人，已纠正 41 人；书面提出纠正意见 30 件，已采纳 30 件。

四、强本固基，从严治检，全面推进检察队伍建设

（一）抓党建带队伍。将党建工作与业务工作同安排、同部署、齐推进，实现两者的共同促进相互作用，打造一支素质高、业务强、作风硬的检察队伍，保证检察事业发展的正确方向。一年来，支部组织学习80余次，党组中心组集中学习12次；严格规范“三会一课”，全年召开党员大会18次、支委会12次、党小组会24次，党课10次，组织开展形式多样的党日活动17次。组织党员干警在延安梁家河、沁河庄等地开展特色主题党日活动、警示教育活动，使每名党员都受到党内生活教育，找到自身的党员身份，增强党员意识。

（二）加强思想政治建设。以“大学习、大调研、大落实、大提升”学习教育活动为载体，组织干警系统学习习近平总书记新时代中国特色社会主义思想和党的十九大精神，强化“四个意识”，坚定“四个自信”，坚决做到“两个维护”，确定党对检察工作的绝对领导，确保县委的决策部署得到不折不扣的落实。一年来，全院干警集中学习80余次，领导带头宣讲11次，党员学习心得交流12次，党员撰写学习笔记达到6万余字。

（三）强化纪律作风建设。全面落实“两个责任”，自上而下逐级签订《党风廉政建设目标管理责任书》，层层传导压力，强化责任担当，推动责任落实。扎实开展“强化责任、严守纪律、树好形象”专项治理活动、集中整肃专项活动和警示教育，教育引导干警坚决克服“温水煮青蛙”心理、“看客”心理、侥幸心理和一阵风心理等四种错误心理。加强与纪委监委派驻纪检监察的协调沟通，在“三重一大”事项上邀请派驻纪检人员参加，筑牢思想防线，确保警钟长鸣。

（四）提升业务能力建设。以执法办案一线干警为重点，合理组织干警参加各种培训和专题讲座。同时通过参加省、市召开的各种视频培训会议和每周二、四组织全体干警集中学习，定时组织干警进行业务能力测试，促进干警业务能力不断提升。

五、政治建检，接受监督，确保检察工作健康有序发展

（一）主动接受人大及其常委会的监督。秉持“监督者更要主动接受监督”的理念，自觉将检察工作置于人大的监督之下，及时向人大及其常委会汇报重要工作2次。严格执行县人大及其常委会的决议，通过年初建账、年中查账、年底交账等方式，及时向人大及其常委会报告工作情况3次。举办“走进12309检察为民新体验”为主题的检察开放日，邀请人大代表、政协委员走进检察机关，零距离接受监督。主动征求代表的意见，对代表提出的意见和建议认真收集、及时反馈，真正做到了勇于接受监督、乐于接受监督。

（二）自觉接受政协民主监督和社会监督。主动向政协通报检察工作情况，自觉接受民主监督。通过开通门户网站、微博、微信公众号等平台，让人民群众和社会各界更加充分了解检察工作，争取大家对检察工作的理解和支持。主动接受社会监督。强化律师执业权利保障，接待律师阅卷21次，在检察环节听取律师意见2件次。全面推进检务公开，公开程序性信息165条、终结性法律文书58份。实现案件质量评查常态化，评查不批捕、不起诉、涉法涉诉信访等案12件。

（三）配合市院政治巡察。2018年5月，临汾市人民检察院第四巡察组对我院展开为期一个月的政治巡察，通过走访、调阅资料、谈话等方式，提出我院在党的领导弱化、党的建设缺失、全面从严治党不力三个方面存在11个问题。针对巡察组反馈的意见和提出的要求，我院制定整改措施，实施“台账式管理”和“销号制落实”制度，逐项梳理归类，明确整改内容、整改目标、责任人和整改时限，强化跟踪督办，对照具体内容逐个细化整改方案，提出整改措施并认真落实，做到整改一个销号一个，目前11个问题已全部整改。

六、改革创新，奋发有为，促进检察工作再上新台阶

认真落实省市县关于开展“改革创新、奋发有为”大讨论的部署要求，以习近平新时代中国特色社会主义思想为指引，广泛动员部署，深入学习研讨，对照“六个破除”主题，认真查摆问题，召开了高质量的民主生活会，紧扣我院发展实际，将大讨论活动与改革开放暨检察机关恢复重建40周年结合起来，与各项检察工作结合起来，努力使大讨论的过程成为践行“两个维护”、凝聚思想共识、促进高质量发展的过程。

2019年安泽县人民检察院将坚持以习近平新时代中国特色社会主义思想为指导，坚持党对检察工作的绝对领导，坚持以人民为中心的发展思想，坚持“讲政治、顾大局、谋发展、重自强”的总体要求，推动法律监督工作全面协调充分发展，扎实开展公益诉讼，打好扫黑除恶专项斗争攻坚战，为加快“山水田园城、精品旅游县”建设，奋力推进安泽全面振兴、绿色崛起的新局面提供强有力的司法保障。

一、进一步抓好党建工作

要适应从严治党新常态，始终将从严治党要求贯穿党建工作始终。以“走在前、做表率”为目标，以增强支部组织力和政治功能为重点，以激发党员积极性、主动性、创造性为着力点，以开展“大学习、大调研、大落实、大提升”主题教育为契机，切实发挥党组织协助、监督作用，严格党组织、党员干部、党内生活的管理和监督，坚持突出强化思想政治、基层组织、党员干部作风、党内监督、精神文明建设和文化建设、干部队伍建设，以工作效果检验党建成效，推动党建工作全面进步。

二、进一步优化法律监督职能

坚决贯彻习总书记关于加强法律监督的重要指示精神，积极适应检察职能重大调整后的新形势，以做强做实法律监督为目标，努力构建法律监督新模式。要加强对侦查活动、审判活动的监督，确保办案过程符合程序公正、事实认定符合客观真相、办案结果符合实体公正，推动以审判为中心的刑事诉讼制度改革真正落地见效。要紧紧扭住人民群众反映强烈的执法不严、司法不公突出问题，切实做到敢于监督、善于监督、依法监督、规范监督，确保宪法法律统一正确实施，努力让人民群众在我们办理的每一起司法案件中都感受到公平正义。

三、进一步做好公益诉讼工作

深刻领会习近平总书记关于“检察官作为公共利益的代表，肩负着重要责任”的重要指示精神，把全面开展公益诉讼作为推进检察工作新发展的重大任务，打造监督新亮点。进一步突出监督重点，强化取证工作，落实跟踪监督，立足安泽实际，办理典型案例，扩大公益诉讼影响范围；主动向县委、人大汇报重点案件的办理情况，认真贯彻落实

《中共安泽县委关于支持检察机关依法开展公益诉讼工作推动法治安泽建设的意见》，扎实推进公益诉讼工作；以生态环境和资源保护、国有资产保护、国有土地使用权出让、食品药品安全等领域为重点，切实维护国家和社会公共利益；加强与行政机关的沟通和联系，形成信息共享、案件协办等工作机制，在保护公益方面凝聚共识，同向发力，将公益诉讼做大做强。

四、进一步深化扫黑除恶工作

要把打掉“保护伞”、破除“关系网”作为主攻方向，在引导侦查取证、审查逮捕、审查起诉、受理申诉的同时，更加注重摸排发现“保护伞”线索；要对近年来已审结案件进行“回头看”，同时加强对在办案件的审查和串并分析，有针对性地挖掘“案中案”，特别是要在线索核查过程中充分履行立案监督职责；加强与纪检、法院、公安等部门的协调联动，完善线索核查、快速移送、双向反馈等机制，协同推进“打伞破网”；进一步纯洁检察队伍，坚持刀刃向内，发现检察人员违纪违法或者充当“保护伞”的，绝不姑息，坚决将害群之马清除出检察队伍。

五、进一步加强检察队伍建设

以革命化、正规化、专业化、职业化建设为方向，坚持从严治检，努力建设一支“五个过硬”的检察队伍。引导广大检察干警不忘初心、牢记使命。要坚持思想教育与业务培训相结合，积极开展大学习、大培训、大练兵，营造浓厚的学习氛围，把学习教育焕发出的内在热情转化为立足本职岗位、干事创业的巨大力量。要严格落实党风廉政建设“两个责任”，持之以恒整治“四风”，深化运用监督执纪“四种形态”，强化检察干警日常教育监督管理，着力营造安泽检察风清气正的良好环境。

附：相关用语解释与说明

1.法律监督：《中华人民共和国宪法》第129条规定：中华人民共和国人民检察院是国家的法律监督机关。由此确定了检察机关履行法律监督职能的宪法法律定位。同时，根据三大诉讼法及人民检察院组织法规定，人民检察院通过依法参与刑事、民事、行政诉讼等法律活动，对有关国家机关和人员的执法行为、司法行为是否合法实行专门监督。检察机关履行法律监督的主要方式为：审查批捕、审查起诉、侦查职务犯罪及对公安机关、人民法院的诉讼活动进行法律监督。

2.“12309”检察服务中心：是全国检察机关统一对外的智能化检察为民综合服务网络平台，通过“12309”网站、“12309”检察服务热线（电话）、“12309”移动客户端（手机APP）和“12309”微信公众号四种渠道，向社会提供更加便捷高效的“一站式”检察服务。“12309”检察服务中心主要包括3大模块13项具体功能，即：检察服务（包括：控告、刑事申诉、民行申诉、国家赔偿、其他信访、法律咨询）、案件信息公开（包括：案件程序性信息查询、辩护与代理网上预约、重要案件信息、法律文书公开）、接受监督（包括：人大代表政协委员联络平台、人民监督员监督服务、群众意见建议箱）

3.公益诉讼：是指人民检察院在履行职责中，发现污染环境、食品药品安全领域侵害众多消费者合法权益等损害社会公共利益的行为，或者发现生态环境和资源保护、国有资产保护、国有土地使用权出让等领域负有监督管理职责的行政机关、国有企业、事业单位，因违法行使职权或者不作为，造成国家和社会公共利益受到侵害，在没有适合主体不提起诉讼的情况下，可以向人民法院提起公益诉讼的一项制度。

4.司法救助：人民检察院国家司法救助，是人民检察院在办理案件过程中，对遭受犯罪侵害或者民事侵权，无法通过诉讼获得有效赔偿，生活面临急迫困难的当事人采取的辅助性救济措施。

关于安泽县2018年预算执行情况与2019年预算草案的报告

——2019年3月6日在安泽县第十六届人民代表大会第四次会议上

安泽县财政局局长　王朝峰

一、2018年全县预算执行情况

2018年，全县财政部门在县委、县政府的坚强领导下，在县人大、县政协的监督支持下，认真贯彻落实党的十九大精神和习近平总书记视察山西重要讲话精神，紧紧围绕建设"山水田园城、精品旅游县"战略目标和"四个年"活动要求，突出"稳增长、防风险、惠民生、激活力、严管理"工作重点，全面履行财政职责，财政收入稳步增长，财政支出保障有力，财政改革不断深化，财政预算执行情况总体良好。

（一）一般公共预算执行情况

2018年全县预算经县十六届人大三次会议审查批准，全县年初备案的一般公共预算收入为45013万元，实际完成60181万元，超收15168万元；支出预算由年初备案的66650万元变动为119062万元，变动因素是中央、省、市转移支付补助、债务转贷收入增加所致。

2018年全县一般公共预算收入完成60181万元，占预期目标45013万元的133.70%，按进度超收15168万元，同比增长47.50%，增收19381万元。全县一般公共预算支出累计执行119062万元，债务还本支出2261万元，上解支出57万元，合计支出121380万元，占预算指标139474万元的87.03%，比上年同期95881万元增长26.59%，增支25499万元，结转下年专项款2926万元，安排预算稳定调节基金15168万元。纵观全县预算运行情况，主要呈现以下几个特点：

一是财政收入增速较快。2018年，全县一般公共预算收入总体呈现出较快增长的势头，提前73天实现首季"开门红"，提前106天实现"双过半"，提前167天完成全年收入任务，创历史新高。在全市进度排队第2名，增长排队第3名，总量排队第6名。

二是税收质量不断改善。从分税种完成情况看，增值税、资源税、企业所得税、城市维护建设税等四大主体税种合计完成40322万元，占税收总额的85.57%，增收10478万元；土地增值税、个人所得税、房产税等地方小税种合计完成6799万元，占税收总额的14.13%，增收3708万元。非税收入占税收比重为21.7%，收入结构趋于合理，收入质量明显改善。

三是支出进度持续加快。2018年3月-11月份，我县财政支出当月进度分别为34.29%、49.84%、61.07%、71.96 %、81.46%、84.85 %、90.61%、94.34 %、95.94 %，支出进度考核连续9个月在全省排名前10名，在全市排名第1名，受到省市财政部门的表彰奖励。

四是重点支出保障有力。2018 年，全县教育、医疗卫生、社会保障和就业等民生支出 96133 万元，占一般公共预算支出的 80.74%，同比增长 32.57%，增支 23714 万元。全县纳入 GDP 核算的 8 项服务业支出 67446 万元，同比增长 13.84%，增支 8199 万元，有力保障了全县经济社会发展需要。

2018 年全县预算收支执行具体情况如下：

1.主要收入项目完成情况

税收收入完成 47121 万元，为预算的 123.22%，同比增长 43.07%。其中：增值税完成 23455 万元，为预算的 112.08%，同比增长 21.67%；企业所得税完成 6023 万元，为预算的 160.48%，同比增长 95.17%；个人所得税完成 1116 万元，为预算的 126.82%，同比增长 4.20%；资源税完成 6523 万元，为预算的 143.02%，同比增长 70.80%；城市维护建设税 4321 万元，为预算的 142%，同比增长 18.03%；其他税收收入完成 5683 万元，为预算的 111.91%，同比增长 181.34%。

非税收入完成 13060 万元，为预算的 192.88%，同比增长 66.05%。其中：专项收入完成 4964 万元，为预算的 278.10%，同比增长 43.88%；行政事业性收费收入完成 2153 万元，为预算的 107.65%，同比增长 115.52%；罚没收入完成 2412 万元，为预算的 241.2%，同比增长 256.28%；国有资源（资产）有偿使用收入完成 3281 万元，为预算的 182.28%，同比增长 84.95%；其他收入完成 250 万元，为预算的 134.41%，同比下降 73.46%。

2.主要支出项目执行情况

一般公共服务支出 15595 万元，为调整预算的 99.99%，同比增长 24.35%；公共安全支出 5124 万元，为调整预算的 99.63%，同比下降 13.18%；教育支出 16522 万元，为调整预算的 99.96%，同比下降 0.7%；科学技术支出 1426 万元，为调整预算的 100%，同比增长 29.99%；文化体育与传媒支出 1787 万元，为调整预算的 100%，同比增长 35.28%；社会保障和就业支出 9148 万元，为调整预算的 100%，同比增长 49.55%；医疗卫生与计划生育支出 13035 万元，为调整预算的 99.98%，同比增长 28.52%；节能环保支出 2784 万元，为调整预算的 63.79%，同比下降 44.88%；城乡社区支出 3812 万元，为调整预算的 100%，同比增长 116.84%；农林水事务支出 37353 万元，为调整预算的 98.60%，同比增长 58.97%；交通运输支出 3457 万元，为调整预算的 100%，同比增长 129.40%；资源勘探信息等支出 868 万元，为调整预算的 100%，同比下降 23.99%；商业服务业等支出 1141 万元，为调整预算的 100%，同比增长 80.25%；国土资源气象等事务支出 2138 万元，为调整预算的 93.04%，同比下降 48.63%；住房保障支出 3190 万元，为调整预算的 95.94%，同比增长 966.89%；粮油物资储备等管理事务支出 342 万元，为调整预算的 100%，同比增长 12.87%；债务付息支出 1340 万元，为调整预算的 100%，同比增长 11.76%。

中央、省、市对我县转移支付情况：2018 年，中央、省、市对我县转移支付 61772 万元，同比下降 4.14%。其中：一般性转移支付 41265 万元，同比增长 11.97%；专项转移支付 20507 万元，同比下降 25.58%。

（二）政府性基金预算执行情况

2018 年全县政府性基金预算收入完成 8877 万元，为预算的 88.77%，增长 18.5 倍；预算支出执行 9747 万元，为预算的 99.97%，同比下降 36.95%。支出项目是：社会保障和就业支出 478 万元，城乡社区事务支出 8301 万元，商业服务业等支出 5 万元，债务付息支出 682 万元，其他支出 281 万元，上解支出 1 万元，债务还本支出 1130 万元。

（三）社会保险基金预算执行情况

2018 年全县社会保险基金预算收入完成 24052 万元，为预算的 126%，同比增长 5.08%；预算支出执行 18198 万元，为预算的 118%，同比增长 4.34%；支出项目分别是：企业职工基本养老保险基金支出 5817 万元，为预算的 94.4%，同比增长 6.36%；机关事业单位养老保险基金支出 8484 万元，为预算的 80.8%，同比增长 14.58%；城乡居民基本养老保险基金支出 1747 万元，为预算的 66.2%，同比下降 50.09%；城镇职工基本医疗保险基金支出 1387 万元，为预算的 100%，同比增长 11.85%；城乡居民基本医疗保险基金支出 493 万元，为预算的 100%，同比增长 11.13%；工伤保险基金支出 54.9 万元，为预算的 100%，同比下降 14.96%；失业保险基金支出 120 万元，为预算的 100%，同比下降 14.28%；生育保险基金支出 95 万元，为预算的 100%，同比增长 5.57%。

（四）国有资本经营预算执行情况

我县暂无此项收入。

（五）债务情况

2018 年省财政厅核定我县新增债务规模 3183 万元，主要用于乡镇周转房、易地扶贫搬迁、脱贫攻坚项目等建设；市财政局转贷我县置换债券 3391 万元，主要用于置换存量政府债务。这些债券资金对我县应对经济下行压力、加快基础设施和民生项目建设、防范财政金融风险发挥了积极作用。

2018 年我县政府债务限额为 69646 万元，年末政府债务余额 60398 万元，比政府债务限额低 9248 万元；全县政府债务率为 42%，比警戒线 100%低 58 个百分点，我县政府债务规模在风险可控范围之内。

（六）落实县十六届人大三次会议情况

1.多管齐下稳增长，经济发展质量不断优化。一是强化收入征管。围绕财政收入预期目标，定期与税务部门沟通联系，认真分析掌握各项减收增支因素和变化情况，积极研究增收节支措施，打击偷逃抗税行为，做到了应收尽收。将非税收入全部纳入预算管理，加大非税收入稽查尤其是清欠力度。二是积极向上争取资金。加大与省、市财政部门的沟通联系，认真研究财税政策，把握上级资金投向。2018 年，共争取上级财政资金 10400 万元，有效弥补了县级财力的不足。三落实清费减税政策。全面落实国家结构性减税降费政策，取消、停征、免征涉企行政事业性收费 2 项；取消原煤排污费征收 4.65 元/吨，全年共为企业减负 2562.15 万元，确保企业轻装上阵。四是推动产业转型发展。投入资金 10152 万元，重点支持唐城工业园区土地补偿及永鑫、太岳焦化公司、安鑫煤业技术改造提升、生态环境治理等，助力企业创新发展、转型升级、提质增效。五是支持实施乡村振兴战略。投入资金14218.92万元，重点支持了各乡镇旅游产业、美丽乡村建设、田园综合体建设、农村环境整治、基础设施建设等。同时，严格落实国家各项惠农政策，发放农业支持保护补贴、农机具购置补贴、危房改造补助资金、“一事一议”财政奖补资金等3000余万元。六是推进全域旅游持续发展。我局充分发挥财政职能，多渠道筹措资金10622万元，重点以红色文化游、乡村休闲游、康养生态游等为切入点，进一步调整支出结构，大力支持特色旅游项目建设，为全县全域旅游的快速发展提供了强有力的资金保障。七是支持中小企业发展。拨付资金1129.29万元，扶持中小微企业发展；与邮政银行合作发放再就业小额贷款830万元，帮助企业缓解融资难问题。

2.多措并举打好“三大战役”，风险防控不断加强。一是全力打好防范化解重大风险攻坚战。摸清隐性债务底数，按照上级要求，开展了隐性债务摸底统计工作，由审计部门进行甄别锁定，锁住政府隐性债务额度；加强债务管理机制，制定了《安泽县化解政府债务风险中长期（2018—2020年）实施方案》和《安泽县政府性债务风险应急处置预案》，进一步规范了政府举债、使用、偿还、风险防范等各个环节；做好政府债务化解工作，制定隐性债务化解方案，加快收储土地出让进度，2018年化解隐性债务5466万元。二是全力打好精准脱贫攻坚战。统筹整合涉农资金8189.89万元，用于全县旅游、光伏、连翘等扶贫产业和基础设施建设，进一步激发贫困村和贫困人口内生动力，助力我县顺利实现脱贫摘帽。三是全力打好污染防治攻坚战。2018年，投入资金6361万元，用于县城及各乡镇国卫创建；投入资金2712.96万元，用于支持大气污染防控和全县清洁取暖“煤改电”工作；投入资金502万元，支持安鑫煤业矿山生态恢复治理试点示范工程；投入资金86.97万元，支持农村地质灾害治理搬迁工程；投入资金500万元支持县污水处理厂扩容及提标改造工程。

3.务实增效保民生，财政保障水平不断提升。我局始终把改善民生、解决民生问题作为工作重点，不断加大民生领域资金投入。一是支持教育优先发展。投入资金16522万元，用于全县普通中小学及普通高中学费、住宿费、书本费、膳食补助、交通补助及学前教育发展等。二是支持社会保障事业发展。投入资金22183万元，全面落实城乡居民医保补助和基本公共卫生服务补助标准，兑现养老金、城乡低保、优抚对象等提标政策，加强对特困人员、残疾人的兜底保障等。三是支持民生实事建设。投入资金2490余万元，继续实施数字电视全免费、全县居民意外伤害保险全免费、教育全免费及教育“三优”建设、全县职工免费体检等民生实事。四是支持重点工程建设。投入资金43955万元，全力支持长临高速引线工程征地拆迁、集中供热、乡村旅游公路及沿河步道、污水管网改造、国道309线沁河大桥等重点工程建设。五是支持“三基建设”。投入资金7192万元（其中：县财政配套2620万元）保障“三基建设”建设，重点用于改善乡镇机关工作和生活条件、提高乡镇干部福利待遇、加强基层组织运转保障能力等方面。特别是：在支持全县乡镇周转房建设方面，累计投入财政资金6420万元，新建乡镇周转房6栋，总面积7275平方米，每个乡镇的周转房都配套规划了新时代文明实践所、餐厅、澡堂、阅览室、文体活动室、洗衣室等，乡镇工作人员都拥有一套25平方米带卫生间的住房。现已全部竣工入住，走在了全省前列。

4.深化改革激活力，财政管理机制不断完善。一是强化预算管理。扎实推进预决算公开，严格落实预决算公开各项规定，自觉接受社会监督。完善预算支出定额标准，全面实施政府支出经济分类科目改革。二是强化绩效管理。制定了《安泽县部门预算项目支出绩效目标管理暂行办法》和《安泽县财政局预算绩效管理内部工作暂行规程》。安装了预算绩效管理信息系统软件，开展了绩效目标评价和预算绩效管理信息系统培训，为绩效评价工作开展奠定了扎实的基础。三是加强政府采购管理。全年办理采购项目106项，采购预算6919万元，实际采购资金5683万元，节约资金1236万元，节约率18%；四是加强财政投资评审管理。全年共评审预算项目81个，评审资金3.48亿元，审减3195.95万元，审减率9.19%，节约资金3195.95万元；五是推进国库集中支付改革。全年共审核原始凭证82443张，办理业务39749笔，支付金额17.87亿元，拒付不合理支出368.4万元；积极做好国库集中支付电子化改革前期准备工作，确保2019年6月底前正式上线。六是做好非税收入职能划转。按照上级要求，积极配合做好社会保险和非税收入征管职责划转交接工作，确保按要求时限完成。七是深化票据电子化改革。积极推广使用电子票据，逐步取消手工票据，重点控制现场执收票据的发放，进一步规范了操作程序，提高了工作效率。八是强化财政监督。在投资评审、政府采购、集中支付等方面与预算管理事前、事中、事后有机结合，逐步形成集中支付覆盖全部财政性资金、投资评审覆盖全部政府性项目、绩效管理覆盖全部财政性资金的财政运行格局。

二、2019年全县财政预算草案

2019年是新中国成立70周年，是决胜全面建成小康社会、实现第一个百年奋斗目标的关键一年，也是我县奋力实现振兴崛起的攻坚之年，做好今年的财政工作意义重大。

（一）2019年预算编制的指导思想

以习近平新时代中国特色社会主义思想为指导，全面贯彻党的十九大精神和习近平总书记视察山西重要讲话精神，按照县委、县政府部署，把握稳中求进工作总基调，持续深化“四个年”活动，统筹推进稳增长、促改革、调结构、惠民生、防风险工作，继续实施积极的财政政策，增强财政可持续性；支持打好“三大攻坚战”，防范化解政府债务风险；落实减税降费政策，减轻企业负担；调整优化支出结构，切实保障改善民生；着力推进财政改革，全面实施绩效管理，加快建设现代财政制度，更好地促进全县经济社会平稳健康有序发展。

（二）2019年预算编制原则

一是坚持实事求是、积极稳妥原则。与经济社会发展新情况相适应，与财政政策相衔接，充分考虑落实减税降费政策等因素影响；

二是坚持统筹兼顾、突出重点原则。保基本、保民生、兜底线，支持打好“三大攻坚战”，妥善处理历史债务，积极防范化解地方债务风险；

三是坚持厉行节约、过紧日子原则。政府带头过“紧日子”，严格控制和压减一般性支出，按照不低于5%的比例进行压减，节省的资金用于保障重点支出和民生支出需要，集中财力办大事；

四是坚持规范管理、注重绩效原则。全面实施预算绩效管理，坚持精打细算、勤俭节约、效益优先，提高财政资源配置效率和使用效益；

五是坚持量入为出，量力而行原则。财政支出预算坚持量入为出、量财办事，兼顾实际需要与财力可能，科学安排各项支出，确保财政综合平衡。

（三）2019 年收支预算

1.一般公共预算

2019 年，全县一般公共预算收入预期目标 66000 万元，比 2018 年完成数增长 9.67%。这一安排是在经济发展预期增长 6.3%的基础上，结合我县财经形势、收入结构、增减收因素提出的。之所以这样安排，主要考虑到，我县经济运行继续保持稳中向好态势，经济技术开发区的成功获批，使工业稳增长的基础更加牢固，经济增长持续性更为增强；中南铁路、长临高速全线贯通，我县区位优势更为突显。与此同时，国家继续加大减税降费力度，2018 年收入基数过高等，均会不同程度影响收入增长。在支出方面，教育、社保、医疗、生态文明、乡村振兴、脱贫攻坚等都需要财政加大投入，保基本和保战略任务更加繁重。综合以上因素，财政收入增长 9.67%的目标，坚持了稳中求进总基调，既积极又稳妥。

2019 年全县一般公共预算支出安排 82368 万元，比 2018 年向县人大常委会备案预算同口径增长 23.58%。主要支出项目安排情况为：一般公共服务支出 15894 万元，同口径（下同）增长 40.39%；公共安全支出 3937 元，同比增长 17.07 %；教育支出 12981 万元，同比增长 14.85%；科学技术支出 200 万元；文化体育与传媒支出 1760 万元，同比增长 155.07%；社会保障和就业支出 14029 万元，同比增长 15.07%；医疗卫生与计划生育支出 5218 万元，同比下降 28.6%；节能环保支出 1540 万元，同比增长 79.91%；城乡社区支出 4402 万元，同比增长 468%；农林水事务支出 11593 万元，同比增长 47.12%；交通运输支出 443 万元，同比增长 16.89%；资源勘探信息等支出 147 万元，同比下降 82.93%；商业服务业等支出 861 万元，同比增长 162.50%；自然资源海洋气象等支出 1946 万元，同比增长 50.74%；住房保障支出 3535 万元，同比增长 18.43%；灾害防治及应急管理支出 1382 万元；预备费 1000 万元，与上年增长 100%；其他支出 1500 万元，同比下降 65.53%。

2.政府性基金预算

2019 年，全县政府性基金预算收入 4000 万元，主要来源为太岳焦化公司新上项目征地出让、孔村中药材园区土地出让及天翼公司、瑞生园公司欠缴土地出让金；政府性基金预算支出安排 4000 万元。

3.社会保险基金预算

2019 年全县社会保险基金预算收入 23418 万元，其中，各项保险缴费 14689 万元，财政补贴收入 7947 万元（县级配套 6408 万元），利息收入 443 万元，转移收入 159 万元，其他收入180万元；社会保险基金支出17268万元，主要用于企业养老保险、城乡居民养老保险、新农合和城乡居民医疗保险。当年预算收支结余6150万元。

4.国有资本经营预算

我县暂无国有资本经营收入。

5.“三公”经费预算

2019年县级安排“三公”经费预算477万元，较2018年预算减少10万元，下降2%。其中：因公出国（境）年初不做安排，以实际批准额度为准；公务接待费220万元，下降2%；公务车辆购置及运行费257万元，下降2%。

三、完成2019年预算任务的主要措施

（一）围绕“量质齐升”抓收入，全面增强经济发展动能。

1.加大财源培植力度。一是支持开发区建设。充分发挥财政职能作用，安排资金大力支持县经济开发区建设，加快引进煤焦产业链条延伸项目，助力经济转型发展。二是支持传统产业升级。充分利用我县被列入全省12个重点焦化园区之一的机遇，灵活运用有效的财政政策，支持唐城工业园区建设，加快发展精细化工产业，重点推进永鑫170万吨/年焦化项目、同世达SNG清洁能源配套焦化项目及太岳氢能源焦炉煤气综合利用项目，推动煤焦产业转型升级，可持续发展。三是支持新兴产业崛起。用活用好中央、省、市有关促进经济发展的政策，发挥财政杠杆效应，大力支持以煤层气为主的新能源产业、以中药材为主的现代医药产业等新兴产业发展，逐步提升新兴产业对财政的贡献率。四是支持旅游产业发展。围绕“山水安泽、全域旅游”思路，进一步加大财政投入力度，全力支持康养小镇建设、旅游公路建设、乡村民宿建设、旅游产品开发、旅游品牌宣传等，推进文旅融合，高质量发展。

2.强化税费征管力度。强化财税部门协作机制，做好国地税机构合并后的收入管理工作。健全收支动态监测预警，密切关注主要税源、重点行业运行情况，及时跟踪减税降费政策的实施效果及减收影响，不断提高收入分析研判、预测调度的精准性。依法严厉打击偷逃抗骗欠税行为，确保应收尽收。增强非税收入预算执行约束力，及时做好收费目录清单审核和更新，严格落实非税收入执收工作责任制。

3.加大减税降费力度。实行普惠性减税和结构性减税相结合。按照国家、省统一部署，落实降低增值税税率，提高小规模纳税人起征点政策。对小微企业和科技型初创企业实施普惠性税收减免。全面实施新个人所得税法，落实好专项附加扣除政策。在地方授权范围内，进一步加大减税力度，普遍降低城镇土地使用税税额标准。继续清理规范收费项目，加大对乱收费的查处和整治力度。

4.加大民营经济支持力度。认真落实省委省政府《关于支持民营经济发展的若干意见》，推进我县支持民营经济发展各项财政支持政策落地，持续加大支持民营企业、小微企业的财政投入力度，提振民营企业投资发展信心。进一步扩大企业应急周转资金规模，撬动引导社会资本，为县域内骨干民营企业提供低成本融资服务，帮助民营企业防范化解流动性风险。加快建立降低小微企业融资担保成本奖补机制和民营企业贷款风险补偿机制，引导鼓励金融机构加大对民营企业和小微企业的信贷支持力度，缓解融资难融资贵问题。

（二）围绕“源头管控”防风险，全力打好“三大攻坚战”

1.继续打好防范化解政府债务风险攻坚战。一是强化风险源头管控。开展债务投资项目清理，强化审批管理，控制新增债务规模。加强中长期支出责任事项的审核与评估，对未经财政部门评估债务风险或项目总投资无法落实、资金来源不明确的，不合规定的，建议不予立项，强化财政约束。对上年隐性债务梳理结果，开展再核实再排查，夯实底数，建实台账。二是落实限期化债计划。积极制定分年度隐性债务消化计划，通过控制项目规模、压缩公用经费、统筹政府收入、处置存量资产、引入社会资本等方式，稳妥推进存量债务化解。三是健全风险防控机制。建立健全地方政府债务风险应急处置机制，做好存量债券置换，确保按期完成置换工作。

2.继续支持打好脱贫攻坚战。大力实施乡村振兴战略，加大村级产业发展项目支持力度，壮大集体经济，促进农民增收；大力支持实施“中药材崛起工程”，延伸产业链条，打造“安泽连翘”品牌；全力推进光伏发电产业，促进精准扶贫、精准脱贫；支持美丽乡村建设，推动开展农村人居环境整治三年行动，大力推进农村“五大行动”，促进村容村貌整治；加快易地扶贫搬迁拆旧复垦进度，及时拨付补贴资金；全面实施扶贫资金绩效管理，健全常态化监管机制，提高资金使用效率。

3.继续支持打好污染防治攻坚战。以天蓝地绿水清为目标，促进生态环境质量持续改善。围绕新的“八大工程”建设要求，加大大气、水、土壤污染防治的投入力度，扎实推进煤改气、煤改电、清洁能源改造，全力守护好荀乡的绿水青山。严格落实地表水跨界断面水质考核生态补偿机制，加强土壤风险管控，全面推进固体废物整治，巩固全县蓝天碧水良好生态，打造宜居宜业美好家园。

（三）围绕“以人为本”惠民生，全面提升财政保障水平。

1.保障重点民生投入。坚持以人民为中心的发展理念，调优财政支出结构，在民生方面持续发力，让改革发展成果更多更公平的惠及全县人民。教育方面，建立学前教育生均公用经费财政拨款制度；巩固落实城乡统一、重在农村的义务教育经费保障机制，改善乡村学校办学条件；继续加大对高职教育的财政投入；继续实施全县十二年教育全免费政策和教育“三优”培训选拔工程。医疗卫生方面，支持县乡医疗卫生机构一体化改革，支持县医疗集团医疗设施硬件建设和软件建设，促进医疗资源均衡化发展。社会保障方面，继续提高我县城乡居民基本医疗保险和基本公共卫生服务人均财政补助标准，提高优抚对象、残疾军人等群体的补助标准，城乡居民最低生活保障标准每人每月再提高30元，社会散居和福利机构供养的孤儿养育标准每人每月分别提高400元、500元，老年乡村医生退养补助标准每人每月提高100元。落实市县政府企业职工基本养老保险基金缺口责任分担机制。支持办好数字电视全免费、意外伤害保险全免费、对全县城乡低保户、五保户、孤儿等群众每年给予300元/人慰问金等县政府承诺的民生实事。

2.保障重大项目投入。积极筹集资金，全力保障经济开发区、康养小镇、长临高速安泽连接线景观道路、良马乡上党关旅游公路、融媒体建设等重点项目建设。

3.保障“三基建设”投入。以深化“三基建设升级年”活动为契机，多渠道筹措资金，在持续改善乡镇干部工作生活条件的同时，扶持壮大村集体经济。将“三基建设”所需资金及时列入年度预算，统筹整合部分资金，专项用于“三基建设”，推动我县“三基建设”整体提升、全面进步。

4.保障扫黑除恶投入。建立经费保障绿色通道，完善政府采购、资产审核、资金拨付流程，及时下达政法机关办案经费和装备经费转移支付资金，优先足额保障政法机关扫黑除恶专项经费，确保扫黑除恶工作顺利开展。

（四）围绕“科学规范”严绩效，全面加快现代财政制度。

围绕加快建立现代财政制度总体目标，稳扎稳打，善作善成，扎实推进财政改革发展各项工作。

1.强化预算约束。一要严格预算编制。从编制预算开始，同步开展绩效管理工作，按照“花钱必问效，问效必问责”的原则，把绩效管理落实到预算管理的全过程；二要从严控制预算追加。大力压缩三公经费、会议费等一般性支出，硬化预算约束，坚持无预算不开支，有预算不超支，原则上中途不得预算追加；三要进一步细化预决算公开。在全面推行预决算公开的基础上，进一步细化公开事项，经济科目到款级，功能科目到项级。

2.深化财政改革。一是推进绩效管理改革。认真贯彻落实好《中共中央国务院关于全面实施预算绩效管理的意见》，强化预算绩效评价结果运用，实行财政资金全程监管、绩效评估和责任追究，将绩效评价覆盖全县预算单位和所有财政资金。同时，强化预算绩效信息公开，加大整体支出绩效与专项资金绩效公开力度，实现预算单位从晒“对账单”向晒“成绩单”的转变。二是推行国库集中支付电子化改革。2019 年 6 月起，正式启动国库集中支付电子化，全力推行财政授权支付，逐步实现资金动态监控。三要加大公务卡推行力度。扩大公务卡强制结算目录范围，堵塞现金管理和财务报销漏洞，进一步提高预算单位财务管理水平和公共财政支出透明度。四是支持县机构改革。对于县上确定的财政有关职能划出，坚决服从，确保机构改革期间思想不乱、工作不断、力度不减。

3.强化资金监管。一是完善资金分配管理办法，加强内部控制机制建设，健全行政事业单位资产管理、会计管理、财政投资评审等监督机制，大力推进法治财政建设。健全涉农资金、扶贫资金“横向到边、纵向到底”的动态监控系统。二是加大重大财税政策及民生政策落实情况的检查力度，加强与人大、纪检、审计等部门的协调配合，形成监管合力。

（五）围绕“素质过硬”抓队伍，全面提升财政履职能力。

1.落实全面从严治党责任。坚持用习近平新时代中国特色社会主义思想武装头脑，严格落实全面从严治党责任，牢固树立“四个意识”，坚决维护以习近平同志为核心的党中央权威和集中统一领导，坚决贯彻落实中央、省、市、县委的各项决策部署。

2.认真开展“改革创新、奋发有为”大讨论活动。按照县委统一部署，将“改革创新、奋发有为”大讨论活动作为当前一项重要的政治任务，做好“规定动作”，创新“自选动作”，抓紧抓实，抓出成效，全面推动思想再解放、改革再深入、创新再发力、工作再抓实。

3.加强财政队伍能力建设。按照“既要政治过硬、也要本领高强”的要求，全面增强学习本领、改革创新本领、依法执政本领、群众工作本领、驾驭风险本领等，进一步促进财政队伍能力提升和财政工作专业化水平提升。

4.加强财政党风廉政建设。驰而不息加强作风建设，锲而不舍狠抓工作落实，持之以恒推动八项规定贯彻执行，使作风建设落地生根、成为常态化，为完成全年预算任务提供坚强保障和有力支撑。

1月

15日

安泽县委书记李强、山西农大经管学院党委书记郭建平在唐城镇固县村走访慰问贫困户，并送去新春的祝福。

16日

全市十业百星诚信示范单位中小企业类在永鑫煤焦化有限责任公司举行挂牌仪式，安泽县委副书记、县长牛庆国，市诚信促进会会长梁洪云，安泽县委常委、宣传部部长魏书亮出席挂牌仪式。

18日

市委组织部督察组在安泽县对2017年组织工作进行督查。督查组先后到城墙岭社区、清华园社区、文欣社区、县人民检察院、唐城镇、永鑫煤焦化责任有限公司、刘少奇路居地、沁河庄村，对安泽县组织工作进行了实地查看。

安泽县委书记李强，县委常委、常务副县长李峻石带领县委办、财政、住建、林业、审计等单位负责人，对原林业局办公楼危旧房屋拆除进行现场查看。

18日16时03分，75009次列车缓缓驶入安泽站。这是自中南铁路建成后，安泽站迎来的首趟万吨重载列车。万吨煤炭列车的常态运行，标志着安泽对外开放“大进大出”的物流体系已经形成，为安泽全面振兴、绿色崛起提供了强有力的支撑。

21日

安泽县特邀中国工程院院士、博导、教授级高工王浩就“水生态环境综合治理顶层设计与关键技术”作专题讲座。山西科技传媒集团董事长、山西省院士专家服务中心主任石宝新，尧都区、洪洞县、襄汾县、古县等县市的业务骨干，县四大班子领导及各乡镇、县直相关单位负责人听取讲座。

24日

安泽县召开2018年经济工作会议，县委书记李强在会上做重要讲话，县委副书记、县长牛庆国主持会议。全县副县级以上领导，各乡镇、社区科级以上干部，县直各单位班子成员，各村党支部书记、村委会主任和第一书记，永鑫、太岳、安鑫等重点企业主要负责人参加会议。会议深入学习了贯彻习近平新时代中国特色社会主义经济思想和中央、省委、市委经济工作会议精神，总结2017年全县经济工作，安排部署2018年经济工作。

26日

临汾市副市长张翔在永鑫煤焦化有限责任公司对安全生产工作进行专题调研。安泽县委副书记、县长牛庆国，副县长张可新、张建陪同调研。张翔通过实地查看听取汇报并做指示。

27日

市打非第四督查组，古县国土局负责人在安泽、古县交界处，与安泽县国土部门、唐城镇负责人进行联合执法，开展打非“亮剑、边界”行动。督查组一行先后到唐城镇上庄村原上庄一矿、县社新兴矿等原矿区，实地检查安泽县关闭矿的井口封闭情况。并现场对已封闭矿区进行加固填埋。

30日

安泽县召开集中式光伏扶贫项目协调会。副县长刘合生、涉及单位负责人、陕西新华水利水电公司负责人参加会议。会上，刘合生做重要讲话。发改、扶贫、电力对安泽县集中式光伏扶贫项目前期准备情况进行说明。陕西新华水利水电公司负责人对本公司的项目筹划、安排进行介绍。

31日

“荀乡·乡思乡忆——安泽县招商引资大会”在太原举行。省政协原副主席刘滇生，临汾市委常委、政府常务副市长常青，中国饭店协会副会长屈启晓，太原市政协副主席冯霞，省中华职业教育社副主任闫晓红，临汾市政协副主席杨益民，以及安泽县委书记李强，县委副书记、县长牛庆国，县人大主任韩建辉，县政协主席高成锁等常委会领导出席大会。签约仪式上，山西永鑫煤焦化有限责任公司的新建340万吨/年三期焦化项目、山西太岳焦化200万吨焦化项目、中石油煤层气勘探项目、安泽南区块煤层气勘探项目、安鑫煤业永乐区块煤层气勘探项目、山西井泉中药材产业项目、永乐区北块煤层气探项目、山西闽航房地产开发有限公司安泽绿地开发项目、县发展365天展销超级平台项目等项目成功签约，总投资达百亿元。

“荀乡·文脉——临汾市安泽县新书发布研讨会”在太原举行。临汾市委宣传部副部长郭景旭，省内知名专家、学者李翔德、马晓东、冯潞、于彦军、冯印谱、谷峰、程原生、史壮宁、李琳之、米东明、李水明等参加研讨会。县委副书记、统战部部长郭婷慧主持会议。研讨会上，集中发布了《溯源炎帝初国伊》《荀思梦响》《望岳楼文帖》《乡村记忆》《安泽县中药材普查大全（上、下）》等系列新书。

31日

晚，天幕中出现了一场罕见的超级“蓝”月全食。据了解，此次的“超级蓝月”与月全食“大戏”在全国绝大部分地区都能观测到，整个过程持续1小时16分钟。

2月

1日

由市文联主席李青萍带队的市文联文艺志愿者一行20余人，在包联村安泽县马壁乡海东村开展“送春联、送祝福”慰问活动，县委书记李强陪同慰问。书法家为该村贫困户书写春联、福字600余幅。并送去了面粉、食用油等生活必需品。李强、李青萍详细了解贫困户们的家庭情况、致贫原因以及生产生活中存在的实际困难。

2日

省、县、乡医疗卫生机构一体化改革督导组对安泽医疗卫生机构一体化改革工作进行督导检查。县委副书记、县长牛庆国，副县长刘剑及县卫计、医疗集团、人社、审计、编办等相关单位负责人陪同督查或参加汇报会。省督导组听取县医疗卫生机构一体化改革进展情况汇报，并查阅县、乡一体化改革档案资料。副县长刘剑对县、乡医疗卫生机构一体化改革工作情况进行详细汇报。省督察组传达省卫计委主任卫小春在贯彻落实刘延东副总理山西调研的讲话精神，并对安泽县医疗卫生机构一体化改革工作给予充分肯定。

6日

临汾市人民检察院检察长马红彬在马壁乡郎寨村走访慰问贫困老党员和高龄老党员，为他们送去慰问品和新春祝福。县委书记李强一同参加慰问活动。

7日

由市人大常委会教科文卫工作委员会主任郭刚带队的考核组，在安泽县召开2017年度目标责任考核大会。县委书记李强，县委副书记、县长牛庆国出席会议。

13日

安泽县委书记李强主持召开集体约谈会，县领导牛庆国、连忠武、晋红峰、张建等出席会议。各乡镇，县直各单位负责人参加会议。会上，县委书记李强对安泽县当前各项工作的进展情况进行通报，并要求与会人员要在思想上和行动上与以习近平总书记为核心的党中央保持高度一致，争做一名群众信赖、百姓信任的好干部。

16日

安泽县春节系列活动猜灯谜群众文艺演出在黄河京都酒店举行，此次猜灯谜活动共为广大群众精心准备了百余条日常用语、成语、歇后语、人名地名、古诗词句等各类谜语，吸引了众多市民群众前往竞猜。同时当地群众自编自演的文艺节目也精彩上演。

22日

安泽县举行助力2018全省旅游发展大会——“美丽临汾”万人健步走暨第二届“春行安泽、低碳生活、走荀乡、强健体魄”启动仪式。县四大班子领导和全县广大干部职工、各界群众一起健步迎新春，助力旅发大会胜利召开。

23日

中共安泽县第十四届纪律检查委员会第三次全体会议召开。县四大班子领导，各乡镇党委书记、乡镇长，县直各单位主要负责人，县纪委委员、监委委员，各乡镇纪委书记，县纪委监委及派驻纪检监察组全体人员、县委巡察办全体人员共计270人参加会议。县委书记李强出席会议并做重要讲话。县委常委、纪委书记、监委主任晋红峰代表县纪委常委会做题为《以新思想引领新征程　以新担当践行新使命　坚定不移推动全面从严治党向纵深发展》的工作报告。

28日

安泽县举办《依法行政——现代国家法治理念》培训会。培训特邀山西师范大学教师宋月琴进行辅导讲座。县委副书记、县长牛庆国主持会议。宋月琴以《依法行政——现代国家的治国理念》为主题，从什么是法出发，清晰明了讲解了法的概念、分类、我国的宪法形式、法律责任。用生动语言和经典案例，重点针对行政法的基本原则、行政执法的注意事项，进行了全方位、深层次的分析和讲解。

3月

2日

农历正月十五元宵节，安泽在文体广场举办元宵节社火会演活动，县四大班子领导、退下来的老领导、部分青少年代表，省级劳动模范、感动安泽人物、企业家代表等与全县各界群众一起观看社火会演。社火会演结束后，县委书记李强看望慰问受邀观看社火表演的孤儿陈一帆，询问陈一帆最近生活和学习情况，并送上慰问金和新衣服，祝福他新年快乐。

5日

安泽县召开残疾人联合会第七次代表大会，县委副书记、统战部部长郭婷慧，副县长刘剑、市残联领导及组织部负责人参加会议。第六届安泽县残疾人联合会理事长卢青太受主席团委托，向大会做工作报告。会议通过大会选举办法，宣读并通过总监票人、监票人，总计票人、计票人名单，宣读主席团委员候选人名单，选举第七次代表大会主席团委员。县委组织部负责人宣布各候选人批复，推举本届主席团主席、副主席，提名聘请本届主席团名誉主席。推举本届执行理事会理事长、副理事长、理事、专门协会主席。推举、推荐出席市残联第七次代表大会代表。主席团委员大会通过第六届主席团工作报告决议，宣布政府副县长刘剑为第七届主席团主席，宣布第七届主席团副主席、执行理事会理事长、副理事长、理事、专门协会主席名单。聘请县委副书记、统战部部长郭婷慧为名誉主席并颁发聘书，通过授权增补主席团委员的决议。

6日

安泽县委书记李强主持召开县四大班子联席会。宣读关于杨巨松、张红山职务任免的通知，经市委常委会2018年2月28日研究决定，杨巨松任安泽县委委员、常委，免去张红山安泽县委常委、委员职务。

7日

安泽县2018年度农村（社区）“领头雁”培训班开班，县委书记李强出席开班仪式并进行专题授课，县委副书记、统战部部长郭婷慧主持开班仪式。

8日

安泽县组织50余名干部赴武乡县太行干部学院，进行“三基建设”领导干部政治素养和基本能力提升专题培训。

9日

安泽县召开全省政府债务管理专项督查汇报会，省财政厅煤炭基金稽查局张群狮处长一行4人对安泽县政府债务管理工作进行专项督查。县委常委、常务副县长李峻石，财政局局长赵红兵参加会议。

12日

安泽县召开冰雪融冻期地质灾害防治工作紧急安排部署会议，副县长刘合生出席会议，各乡镇乡镇长、县地质灾害领导组各成员单位负责人参加会议。会上，县国土局负责人通报吕梁市石楼县山体滑坡事故情况及刘予强市长关于冰雪融冻期地质灾害防治工作的批示精神。刘合生要求各相关部门重点做好 2018 年全县农村地质灾害搬迁工作。

13 日

安泽县召开 2018 年党务工作会议，贯彻落实习近平总书记新时代中国特色社会主义思想重大部署，回顾总结 2017 年县委统战、宣传、政法、组织工作，安排部署 2018 年各项工作任务。县委书记李强在会上做重要讲话，县委副书记、县长牛庆国主持会议。会上，县委副书记、统战部部长郭婷慧做全县统战工作报告，县委常委、宣传部部长魏书亮做全县宣传工作报告，县委常委、政法委书记连忠武做全县政法工作报告，县委常委、组织部部长张曙光做全县组织工作报告。会议全面回顾总结安泽县 2017 年统战、宣传、政法、组织工作，安排部署 2018 年各项工作。

14 日

省质监局调研员贾俊生带队的督察组在安泽就全县“两节”“两会”期间安全生产工作情况进行督查，并召开专题汇报会，临汾市安监局局长范春雷，安泽县委副书记、县长牛庆国，副县长张建及县直各相关单位负责人出席会议。

16 日

中国共产党安泽县第十四届代表大会第三次会议召开。会议的主要任务是：深入贯彻党的十九大和十九届二中、三中全会精神及习近平新时代中国特色社会主义思想，认真落实省委、市委全会和经济工作会议精神，总结 2017 年以来的工作，部署 2018 的工作任务，动员和组织全县各级党组织和广大党员干部锐意进取，开拓创新，主动积极作为，为不断开创安泽全面振兴、绿色崛起新局面而拼搏奋斗。大会应到代表 207 名，实到代表 193 名，符合规定人数。部分县级党员领导干部和相关单位负责人共 101 余人列席会议。大会由县委副书记、县长牛庆国主持。县委书记李强代表中国共产党安泽县第十四届委员会向大会作题为《聚焦全面从严治党 决战决胜“四个年”奋力开启安泽新时代发展新征程》的工作报告。县委副书记、统战部部长郭婷慧报告了本次会议提案（议）审查情况。会议通过了《中国共产党安泽县第十四届代表大会第三次会议关于县委工作报告的决议》；审议了《中国共产党安泽县第十四届代表大会第三次会议关于县纪委工作报告的决议》。

21 日

市委组织部副部长李竞、市委组织部部务委员任丽岗一行在安泽县就党建引领村级集体经济发展进行调研，安泽县委常委、组织部部长张曙光陪同调研。调研组实地查看府城镇小黄村 QQ 农场、飞岭村集体经济增收路径、发展规划、收入情况，对安泽县党建引领集体经济发展成效、经验做法给予充分肯定。

23 日

省煤炭工业厅督察组一行在安泽唐城镇玉华煤业，就“两节”“两会”期间煤矿安全生产情况进行检查。政府副县长张建陪同检查并出席汇报会。会上，玉华煤业负责人对照采掘工程平面图详细介绍了玉华煤业的煤层开采情况。安监局负责人对全县“两节”“两会”期间煤矿安全生产情况进行汇报。各专家组成员查看了玉华煤业关于安全生产的档案资料、工程平面图，并深入矿井进行检查，现场提出在检查过程中发现的问题。

25 日

瑞康医药集团中医药事业部总监司书荣在安泽县马壁乡、冀氏镇，就井泉药业中药材基地建设情况进行考察。副县长刘合生及农委、招商、果业等部门负责人陪同实地查看。司书荣、刘合生一行先后到冀氏镇青松岭连翘抚育基地、马壁乡卫塞村万亩芍药花培育基地，查看种植进展情况，听取相关情况介绍。

26 日

中央电视台《乡村大世界》走进临汾黄花岭节目录制座谈会在安泽召开。执行总导演李晓松、导演袁博等导演组全体人员，市委宣传部常务副部长郭景旭，安泽县委书记李强，县委常委、宣传部部长魏书亮及相关单位负责人参加会议。郭景旭强调，2018 年临汾市承办山西旅游发展大会，希望借助在安泽黄花岭录制的此次《乡村大世界》节目，来更好的推介临汾的特色，让临汾和安泽的文化、旅游走向全国，进一步增强知名度和关注度。

安泽县政府与武安市泽丰农业科技有限公司成功签约。县委副书记、县长牛庆国出席签约仪式。该项目总投资人民币 2 亿元，项目用地 50 亩，将组建连翘高值化研发中心，建设冷藏库、原料库、预处理车间、粗加工车间（杀青、烘干）、提取车间，环保做到零排放零污染。

省委统战部常务副部长郭海刚在安泽县就民族宗教、民营企业发展等工作进行调研。临汾市委常委、统战部部长张建平，安泽县委书记李强，县委副书记、统战部部长郭婷慧陪同调研。

28 日

安泽县召开国家储备库专家论证筹备会，县委副书记、政府县长牛庆国，县政协主席高成锁，井泉集团负责人，农委、林业、果业中心等相关部门负责人参加会议。

安泽县召开十六届人大常委会第十四次会议。县人大常委会主任韩建辉，副主任张俊宏、苏国珍出席会议。县委常委、常务副县长李峻石，财政局长赵红兵列席会议。各乡镇人大主席、人大常委会委员参加会议。张俊宏主持会议。会议听取并审议了县委常委、常务副县长李峻石关于县政府十六届二次人代会代表意见建议办理情况的报告和提请县人大常委会决定人事任免的议案；投票表决通过了相关人员的任职，颁发了任命书。

30 日

省爱卫专家李立一行在安泽县对创卫工作进行调研指导，县委书记李强，以及县创卫办、卫计、工商、住建等相关部门负责人陪同调研。

4 月

3 日

安泽县召开“强化责任、严守纪律、树好形象”专项治理活动动员大会，进一步落实市委会议精神，动员全县广大党员领导干部提振精神、转变作风、提高效率、真抓实干，推动全县各项事业高质量发展。县委书记李强出席会议并讲话，县委副书记、政府县长牛庆国主持会议。县四大班子领导出席会议，各乡镇党委书记、社区负责人、党工委书记、县直单位负责人参加会议。会上，县委副书记、统战部部长郭婷慧宣读《在全县开展“强化责任、严守纪律、树好形象”专项治理活动的实施方案》，县委常委、纪委书记、监委主任晋红峰通报全县近期案件查处情况，县委书记李强传达学习全市动员大会会议精神。

4日

安泽县举办杜村乡党性教育基地揭牌仪式，暨“不忘初心牢记使命，传承革命精神”主题党日活动，县四大班子领导、各乡镇党委、社区中心、县直各党（工）委、县直正科级单位负责人参加此次活动。县委副书记、统战部部长郭婷慧主持揭牌仪式及主题党日活动。县委常委、组织部部长张曙光宣读《中共临汾市委组织部关于命名推介全市党员教育基地的通知》。县委书记李强，县委副书记、县长牛庆国为安泽县杜村乡党性教育基地揭牌。

7日

由安泽县总工会主办的“庆五一祝旅发”格格屋杯中国安泽黄花岭全国职工足球邀请赛在安泽举行。

8日

市委宣传部常务副部长郭景旭，县四大班子领导与社会各界群众一同参加第二届安泽县黄花岭乡村旅游月开幕式。开幕式上，县委副书记、县长牛庆国致开幕辞，县委书记李强宣布安泽县第二届黄花岭乡村旅游月活动开幕。县委副书记、统战部部长郭婷慧主持开幕仪式。开幕仪式后，在万亩花海中，《乡村大世界》栏目开始节目录制，全市的非遗传承人和绝活达人通过腰鼓、戏曲、木偶表演、花样跳绳等一个个精彩绝活，介绍安泽旅游资源和非遗文化，宣传这里独特的风土人情、民俗文化和社会经济发展新面貌。安泽黄花岭被评为“中国最美花海”，入围2018年中国森林旅游美景推广地，是山西省唯一入围的花海基地。

9日至10日

中国人民政治协商会议第九届安泽县委员会第三次会议召开。县领导李强、牛庆国、郭婷慧、韩建辉、高成锁、李树清、宋晓琴、党爱贞、娄和玮出席会议。县四大班子领导及县人武部、法院、检察院领导和退下来的县级老领导，以及县直各部、局、室、办、中心和乡镇主要负责人和驻县的市政协委员列席会议。会议应到委员135人，实到121人，符合法定人数。县政协主席高成锁代表政协第九届安泽县委员会常务委员会向大会做题为《站在新起点 踏上新征程 立足新形势 展现新作为 为安泽新时代发展凝心聚智建言献策》的工作报告。县政协副主席宋晓琴受政协第九届安泽县委员会常务委员会委托，向大会报告政协九届二次会议以来的提案工作情况。大会以举手表决的方式，通过政协第九届安泽县委员会第三次会议政治决议（草案）、政协第九届安泽县委员会常务委员会工作报告的决议（草案）、政协第九届安泽县委员会常务委员会关于九届二次会议以来提案工作情况报告的决议（草案）。会议听取了关于政协第九届安泽县委员会第三次会议提案审查情况的报告。

10日

安泽县第十六届人民代表大会第三次会议召开。来自全县各行各业、各条战线的人大代表满怀激情，肩负着全县人民的重托，汇聚一堂，认真履行宪法和法律赋予的神圣职权，共绘安泽发展新蓝图。大会执行主席韩建辉、李强、张俊宏、尹淑兰、崔斗庆、苏国珍、孙爱民、张桠杰在主席台前排就座，大会由韩建辉主持。大会应出席代表136人，实出席代表125人，符合法定人数。县委副书记、政府县长牛庆国代表安泽县人民政府向大会做工作报告。大会审查了安泽县2017年国民经济和社会发展计划执行情况与2018年国民经济和社会发展计划草案的报告；安泽县2017年财政预算执行情况和2018年财政预算草案的报告；表决通过了安泽县第十六届人大常委会法制委员会、财政经济委员会组成人员名单。随后，根据全国人大和省人大关于组织实施宪法宣誓办法规定，县人大法制、财政经济委员会组成人员进行宪法宣誓。会议以举手表决的方式，通过了《关于安泽县人民政府工作报告的决议》《关于安泽县2017年国民经济和社会发展计划执行情况与2018年计划的决议》《关于安泽县2017年财政预算执行情况与2018年财政预算的决议》《关于全县人民代表大会常务委员会工作报告的决议》《关于安泽人民法院工作报告的决议》《关于安泽县人民检察院工作报告的决议》。县人民政府、人武部副县级领导，退下来的正县级领导和近三年退下来的副县级领导，市人大代表，各乡镇乡（镇）长、社区主任，出席县政协九届三次会议的全体委员，省、市驻安单位，县直各部、委、局、办的主要负责人列席会议。

17日

“助力临汾旅游发展大会旗开得胜、马到成功”全国象棋名人邀请赛在安泽荀子文化园景区隆重开幕。特邀中国象棋特级大师柳大华、汪洋，象棋大师孟辰和全县及全市的象棋爱好者在对弈中共同体会中华民族文化结晶的魅力。安泽县副县长盖勇、徐岭松，市、县文化局和相关部门领导参加开幕仪式。副县长盖勇在开幕仪式上致贺词。

17日至19日

著名散文家梁衡，著名诗人舒婷、杨牧、郭新民、刺勒川、李自国、周庆荣、曹宇翔等来自全国各地的103名知名作家到临汾安泽进行采风创作，助力2018年全省旅游发展大会在临汾召开，向全国多角度、全方位、立体化展示安泽、推介安泽、宣传安泽。

18日

“助力2018全省旅发大会·我们与你在一起”中国百名作家走进临汾安泽采风创作活动启动仪式在安泽国家森林公园——荀子文化园举行。人民日报原副总编、著名散文家梁衡，中国作协全委会委员、中国作家出版集团管委会副主任、《中国作家》主编艾克拜尔·米吉提，著名诗人舒婷，中国诗歌学会副会长、著名诗人杨牧，著名诗歌理论家唐晓渡，山西省作协党组书记、主席杜学文，临汾市委常委、宣传部部长李朝旗，临汾市人大常委会副主任王金珍，临汾市政协副主席梁清燕及安泽县四大班子领导出席启动仪式。启动仪式后，采风团到安泽县望岳楼、荀子文化园、青松岭、太岳行署旧址、龙门口景区、麻衣寺景区、刘少奇路居地、生态飞岭、田园小黄等地进行实地参观，亲身体验安泽厚重的文化底蕴、淳朴的风土人情和秀丽的山水风光。安泽是炎帝初国、荀子故里，联合国命名的中华千年古县。林木覆盖率达67.2%，位居山西之首，是国家森林公园、国家级生态示范区、“中国绿色名县”。黄河一级支流——沁河纵贯全县109

公里。连续多年空气质量位居全省榜首，是名符其实的天然氧吧。

19日

中国作家协会会员、北京大学中国诗歌研究院研究员、著名诗歌理论家唐晓渡为大家作《新时期诗歌漫读》专题讲座。讲座以文学评论家的角度为听众清晰呈现了新诗百年历程的脉络。通过对新诗百年中各阶段的代表性诗人观点、作品赏析及其他国家新诗的发展，充分阐述了新诗是中国文化的新起点、是社会需求的产物、新诗是新的语言和诗的多种可能性等观点。在随后召开的座谈会上，作家们结合采风体验，就安泽如何实现文旅融合发展进行了精彩的发言。大家表示，安泽有着良好的生态资源，林木覆盖率高达67.2%，是太行山上一颗璀璨的明珠，通过文旅深度融合发展，一个绿色的安泽、安定的安泽、开放的安泽、美丽的安泽会展现给世人，必将会吸引更多的游客来安泽旅游。

20日

市政协调研组一行深入安泽县开展加强大气污染防治，坚决打赢蓝天保卫战调研活动。县政协主席高成锁、副主席李树清及相关乡镇、环保、住建等单位负责任人陪同调研。

21日

“弘扬荀子文化助力精准扶贫”2018中国安泽书法教育专题研讨会暨农餐对接高峰论坛启动仪式在黄河京都广场举行。山西省人大常委会原副主任、山西省关心下一代工作委员会执行主任安焕晓，省文联主席张铁，市关工委主任、县委副书记、县长牛庆国，县政协主席高成锁，副县长刘合生，县人大常委会副主任张俊宏，临汾市关心下一代工作委员会主任张作明，山西省人大常委会、科教文卫工委副主任王进喜及山西省书法教育研究会、中国饭店协会出席开幕式。开幕式上，安泽分别授予山西省绿色食材基地、山西省书法教育研究基地。

23日

省水利厅副巡视员姚海平在安泽县调研“沁河行”生态修复工作。县委副书记、县长牛庆国及相关乡镇、水利等单位负责人陪同调研。

24日

2018年临汾市文化科技卫生“三下乡”集中示范活动安泽分会场启动仪式在和川镇和川村举行，市委宣传部副部长张红亮，县委常委、宣传部部长魏书亮以及“三下乡”活动成员单位负责人、工作人员、志愿者参加启动仪式。

安泽县国家级出口连翘质量安全示范区建设情况汇报会在黄河京都关羽厅召开。山西出入境检验检疫局副局长丁三寅、副县长刘合生及农委、创建示范区工作领导组成员单位负责人参加会议。

25日

安泽县召开推进农村集体产权制度改革动员会议。县委书记李强、副县长刘合生出席会议。县委副书记、县长牛庆国主持会议。县农村集体产权制度改革领导小组成员单位一把手，各乡（镇）党委书记、多镇长、社区主任、分管副职、经管员和16个产权改革试点村的村党支部书记、村委主任参加会议。李强要求，要全面推开农村集体产权制度改革，完成16个村的试点任务，确保到2021年底全面完成改革任务。

26日

“山西抗战·国家记忆”山西军民抗战史实展在安泽县杜村乡小李村开展。此次展览由山西省委宣传部、省委党史办、省文物局主办，中共安泽县委、安泽县人民政府、八路军太行纪念馆、省烽火抗战博物馆承办。省委党史办主任薛荣，省文物局总工赵曙光，八路军太行纪念馆馆长史永平，八路军研究会研究员霍平分，省委党校原图书馆馆长、省红色文化研究专家王齐刚，省烽火抗战博物馆馆长高六模，市委党史研究室主任屈波，县委书记李强，县委副书记、县长牛庆国，县委常委、宣传部部长魏书亮及相关部门人员出席开展仪式。与会人员实地参观了“山西抗战·国家记忆”山西军民抗战史实展馆，追忆英烈走过的光辉战斗历程，缅怀革命先烈的丰功伟绩。展览以“山西抗战·国家记忆”为主题，分为“统一战线　凝聚抗日力量”“太原会战　粉碎强敌妄想”“敌后抗战挺起民族脊梁”和“民族之战光耀热血山河”四个板块。

杜村乡小李村举行山西省党史教育基地揭牌仪式。省委党史办公室主任薛荣，省委党史办公室第一研究处处长郭秀翔，省委党史办公室第一研究处副处长许兴达，市委党史研究室主任屈波，县委书记李强，县委副书记、县长牛庆国，县委常委、组织部部长张曙光，县委宣传部、党史办、文化局有关负责人参加揭牌仪式。

27日

临汾市食品药品监督管理局党组成员汤明在安泽县检查“五一”期间食品药品安全监管工作，副县长张建陪同检查。检查组先后深入餐饮单位八方酒楼、洪福堂医药连锁总部、府城镇飞岭村进行实地检查。

29日

“小飞·田园综合体”乡村旅游正式启动，标志着七个乡镇“五一”全域休闲旅游系列活动启动，县委书记李强宣布活动开幕。县领导高成锁、连忠武、张曙光、刘合生出席开幕式。“小飞·田园综合体”集现代农业、休闲旅游、田园社区为一体，小飞·田园综合体由小黄、大黄、飞岭三个行政村组成，总占地面积31.7平方千米，耕地面积为1180余亩。

5月

3日

安泽县与山西省农业科学院农业产业战略合作签约仪式在黄河京都大酒店三楼金色大厅举行，双方就林业、果业及中药材产业相关事宜签订战略合作框架协议。山西省农业科学院党委书记李斌，山东省农业科学院果树研究所研究员孙玉刚，加拿大 Van Can（万看）樱桃有限公司总经理助理李跃，市中小企业局局长王保仁等省市领导、专家、县委书记李强等县四大班子领导出席签约仪式。县委副书记、统战部部长郭婷慧主持签约仪式，县委办、政府办、农委、果业中心等相关单位负责人参加签约仪式。

5日

安泽义务教育均衡发展工作顺利通过市级复核评估。县委副书记、县长牛庆国，副县长刘剑出席会议。

8日至11日

省人防办在安泽县组织指挥通信系统跨区支援保障训练。11日上午，由省人防办副主任薄文杰带队的参练人员在安泽府城镇飞岭村开展了指挥通信演练活动。副县长张建及人防办人员参与学习此次演练。

10日

市委“强化责任、严守纪律、树好形象”专项治理活动第五督查组，在安泽县召开专项治理活动第二阶段存在问题督察反馈会，县委书记李强，县委常委、人武部政委杨巨松，县“强化责任、严守纪律、树好形象”专项治理活动领导小组人员参加会议。

15日

安泽县召开经济技术开发区总体规划征求意见会，副县长张可新、山西省城乡规划研究工程设计中心主任李双贵出席会议，各乡镇、县直各相关单位、各企业负责人参加会议。

作家苏胜勇在安泽县委书记李强的陪同下，到县文化局举行捐书仪式。苏胜勇，浮山县人，现任《临汾交通运输》杂志与《临汾工业经济》杂志总编辑，山西省作家协会会员。

16日

市人大常委会主任陈小洪深入安泽县检查指导城乡环境卫生综合整治工作。市人大常委会秘书长苏文龙、安泽县四大班子领导和城市环境整治各片区负责领导陪同检查。调研中，陈小洪一行先后到安泽县“水木清华”林中木屋、文体中心、泽民路、府城镇“小飞·田园综合体”现场检查指导城乡环境卫生整治工作。

17日

省卫计委监察专员李立在安泽就创卫工作进行检查指导。县委书记李强，县委副书记、统战部部长郭婷慧，以及部分爱卫会成员单位参加活动。李立先后到沁河大桥桥头、城西加油站、文体广场、水木清华等对全县的基础设施建设、环境卫生整治、环境保护与开发、安全保障等方面进行全面细致的检查，对查找出的问题提出针对性指导性意见。

安泽县委书记李强，县委常委、政法委书记连忠武在县公安局对全县扫黑除恶工作情况进行检查调研。调研中，李强强调，县公安局要围绕全县工作大局，充分履行职能，坚决维护社会大局稳定，保障人民群众安居乐业。政府党组成员、县公安局局长崔军、县委办、县委防范办负责人一同参加调研活动。

市总工会副调研员毛志鹏一行代表山西省总工会到地电安泽分公司开展“送奖到基层”活动，为地电安泽公司创新工作室带头人郑海军颁发了山西省“五一劳动奖章”和证书。

18日

市委组织部副部长、老干部局局长张瑞萍、市委老干部局调研员李保思深入包联村马壁乡下石村查看了解妇女草编工作。安泽县委副书记、县长牛庆国，副县长张可新及老干部局、马壁乡负责人陪同检查活动。

22日

由市政协正县级调研员王吉荣带队的第三督查组在安泽县就全县整治群众身边腐败问题工作进行督查并召开汇报会。县政协主席高成锁，县委常委、组织部部长张曙光及主要单位负责人参加会议。

市委常委、军分区政委王振富，政协副主席杨益民在安泽县督查重点工作和重点工程项目推进工作。县委书记李强，县委副书记、县长牛庆国，县委副书记、统战部部长郭婷慧，县人大常委会主任韩建辉，县委常委、人武部政委杨巨松等随同督查。督查中，王振富一行先后到府城镇“小飞·田园综合体”、水木清华、县文体广场提升改造工程、新安花园小区、省重点项目山西永鑫集团340万吨/年焦化、40万吨/年乙二醇项目、唐城镇党群服务中心、和川镇沁河庄村刘少奇路居地、和川镇政府就全县经济运行情况、重点项目建设、“三大攻坚战”推进情况和“强化责任、严守纪律、树好形象”专项治理活动情况进行督查。

23日

安泽县农村信用合作联社召开第二届社员代表大会第三次会议，按照法定程序对改制、筹建农村商业银行有关的九项议案进行审议表决，县委常委、常务副县长李峻石应邀出席会议并做重要讲话。会议宣读了省联社《关于安泽县农村信用合作联社拟重组改制筹建农村商业银行股份有限公司的批复》《安泽县人民政府关于成立山西安泽农村商业银行股份有限公司筹建工作小组的通知》，审议通过了《关于〈山西安泽农村商业银行股份有限公司筹建工作方案〉并授权筹建工作小组组织实施的议案》《关于〈筹建山西安泽农村商业银行股份有限公司清产核资、资产评估及净资产处置工作方案〉并授权筹建工作小组组织实施的议案》《关于委托授权安泽县联社法定代表人出席安泽农商银行创立大会和股东大会并签署发起人协议书及相关法律文书的议案》等九项议案。

25日

安泽召开农村集体产权制度改革培训会，培训特邀省农业厅经管局专家王建峰主任指导授课。县委副书记、县长牛庆国，副县长刘合生，农委及各乡镇、村等共计260余人参加此次培训。

30日

省委老干部局宣调处处长郝俊民一行在安泽县老干部局、马壁乡下石村就党建工作、中共十九大宣传教育以及妇女手工草编等工作进行督导调研。政府副县长张可新陪同调研。在县老干部局，郝俊民一行通过听取汇报、查看资料、实地查看等方式，对党建工作、中共十九大宣传教育进行实质性了解，并查看老年艺术团的文艺器材、教室配置等。在下石村的妇女手工草编现场，郝俊民一行与编织者沟通交流，询问了生产流程、经济收益等情况。

6月

1日

安泽县召开乡村振兴工作座谈会，特邀杨建勇教授针对乡村振兴的政策方针进行专题讲座，县政府办、农委、扶贫、财政、水利等相关部门负责人参加座谈会。

3日

由中国钓鱼运动协会主办的国家级赛事“天天渔”杯2018年中华垂钓大赛山西选拔赛在安泽县冀氏镇沁河湾成功举办，来自河南、河北、山东等地的100余名钓鱼爱好者参加了比赛。2018年安泽共举办国家级钓鱼比赛5场，各类商业钓鱼比赛30余场。

5日

安泽县环保局联合多部门开展第47个世界环境日主题宣传系列活动。县委书记李强，县委副书记、县长牛庆国等县四大班子领导出席“6·5”世界环境日主题系列活动启动仪式。政府副县长张可新主持启动仪式，环保局局长袁洪生宣读环保行动倡议书，县委副书记、政府县长牛庆国宣布活动启动，县委书记李强为环保志愿小分队、青年志愿小分队、绿色出行小分队授旗。

6日

市委常委、政法委书记郭行杰在安泽县调研扫黑除恶专项斗争工作宣传落实情况，县委书记李强，县委副书记、县长牛庆国，县委常委、政法委书记连忠武，政府党组成员、公安局长崔军陪同调研。

市督查组在安泽督查节能减排工作。县委常委、常务副县长李峻石出席会议。各乡镇、县直各相关单位负责人参加汇报会。会上，李峻石就安泽县工业节能减排工作情况进行汇报。

7日

安泽邀请省林科院经济林研究所所长史敏华在冀氏镇王村就野生连翘夏季抚育举行专题技术培训。各乡镇连翘技术骨干参加培训。

13日

市妇联党组书记、主席杨玉果，副主席杨清凤一行在安泽调研妇联工作。县委书记李强、政协副主席宋晓琴及县妇联相关人员陪同调研。

14日

省、市联合督导组在安泽县督导县乡医疗卫生机构一体化改革工作。县委副书记、县长牛庆国，副县长刘剑、徐岭松陪同出席汇报会。

19日

安泽县召开中考巡视检查暨考前培训会。市巡视团长、临汾市第一实验中学政教处副主任林华，安泽县副县长刘剑及市巡视团成员、教育等相关单位负责人参加此次会议。

23日

永鑫集团安鑫煤业有限公司煤层气勘查项目6号井开工仪式在府城镇义唐村举行。县四大班子领导、永鑫集团董事长梁永梓、全国知名煤层气专家王峰明、中国煤炭地质总局第一勘探局地质勘查院院长宋洪柱等专家领导出席开工仪式。

26日至28日

由省农业厅巡视员陈明昌带队的省委脱贫攻坚第三督导组在安泽县督导脱贫攻坚工作并召开反馈会，县委书记李强、副县长刘合生及县委办、政府办、纪委监委、扶贫局等一同参加活动。督导组一行先后到马壁乡、冀氏镇、和川镇、良马乡、府城镇，详细了解各地乡村振兴脱贫攻坚巩固提升结合发展情况。

27日

安泽县庆祝中国共产党成立97周年暨“七一”表彰大会在黄河京都大酒店三楼金色大厅举行。县委书记李强等四大班子领导出席会议。县委副书记、县长牛庆国主持会议。县委常委、组织部部长张曙光宣读表彰决定，并组织颁奖。各乡镇党委书记、乡镇长、副书记、组织委员，各村支部书记、第一书记，县直各党（工）委书记、党办主任，县直单位负责人，以及受表彰的先进集体和优秀个人等400余人参加会议。

7月

3日

省人大常委会副主任、临汾市委书记岳普煜在安泽调研脱贫攻坚和生态文明建设工作，市委秘书长扈新起，县委书记李强，县委副书记、县长牛庆国，副县长刘合生与市直相关单位和县相关部门负责人陪同调研。调研中，岳普煜一行首先到杜村乡小李村观看山西军民抗战史实巡回展览和太岳革命旧址，详细听取安泽县全域旅游助力脱贫攻坚、壮大村集体经济的工作模式和运行情况。在沁河安泽段河道治理工程现场，岳普煜认真听取安泽县沁河县城段污水管网改造工作，并指出要高度关注沁河的生态安全和治理保护工作，像保护眼睛一样保护我们的母亲河。

4日

市人大常委会副主任王国平带领市城乡环境卫生整洁行动第三督查组一行8人到安泽县督导检查城乡环境卫生整洁行动工作开展情况。安泽县委书记李强，县委副书记、县长牛庆国，县委副书记、统战部部长郭婷慧，县人大常委会主任韩建辉，副主任苏国珍，副县长刘剑陪同督查。王国平一行到309国道县城段，了解公路环境整治情况。在府城镇“小·飞”田园综合体，实地查看农村环境整治、绿化、美化情况，对安泽县将环境整治、生态旅游、乡村振兴相结合、统筹推进的做法给予肯定。王国平一行还到和川镇引水枢纽工程，了解当前沁河水质治理及监测情况。在安泽县文化体育活动中心和府西步行街，了解安泽县城基础设施全面提升改造情况。在黄河京都会议室查阅了整洁行动资料。督查中，王国平认为安泽县在城乡环境集中整治工作中做到了领导重视、措施得力、效果明显。

5日

安泽县“梨花奖我是舞王”总决赛在县文体中心拉开帷幕。比赛现场，《安和桥》《赛马奔腾》《我的九赛》《活力四射》《又见北风吹》《差不多先生》等编排新颖有特色、有感染力的现代舞、古典舞、民族舞一一上演，经过激烈的角逐，最终李泽宇以9.97分的高分摘得了安泽“舞王”桂冠。本赛事由县文化局主办，县文化馆承办，各乡镇综合文化馆协办，采取村村评，乡镇评，县级评层层选拔的比赛原则，全县102个行政村各自评出村级舞王；在村级舞王中评出镇级舞王；在各乡镇、社区选送的舞王中评出县级舞王参加临汾市总决赛。

安泽县委书记李强主持召开县四大班子联席会，传达学习省人大常委会副主任、市委书记岳普煜在安泽调研的讲话精神。

6日

安泽县委书记李强，县委常委、常务副县长李峻石，县委常委、宣传部部长魏书亮，副县长盖勇、刘剑带领相关部门和企业赴襄汾煤焦化企业参观学习。李强一行先后到临汾万鑫达焦化有限公司、山西光大焦化气源有限公司、襄汾县星原集团、襄汾县河西兴隆鑫洗煤有限公司就厂区生态环境治理、焦炉烟气脱硫、废水循环利用、高炉出铁扬尘、转炉煤气回收、料场全封闭等工作进行实地参观学习。

10日

安泽县召开全县防汛暨地质灾害防治工

作紧急部署会议。县委副书记、县长牛庆国，副县长刘合生，县防汛抗旱指挥部和地质灾害防治领导组成员单位负责人在主会场参加会议，各乡镇乡镇长、分管乡镇长在乡镇分会场参加会议。会上，国土局负责人就省、市对做好地质灾害防治工作通知进行传达。刘合生对县防汛和地质灾害防治工作进行安排部署。

12 日

由省卫计委财务处牛毅平带队的督查组在安泽县就健康扶贫工作进行督导检查并召开汇报会。会上，政府副县长刘剑对全县健康扶贫工作情况进行汇报，听取汇报后，督查组一行查阅了健康扶贫的相关资料，随后到和川镇和川中心卫生院、上县村标准化卫生所等地，实地查看了县健康扶贫建档立卡、双签约服务等落实情况。

16 日

由省财政厅省直事业财政监察处处长郭跃军带队的专项检查组在安泽县就扶贫搬迁资金使用情况进行专项检查并召开座谈会。政府副县长刘合生、县财政局长赵红兵出席会议，县财政局、扶贫局，各乡镇负责人参加会议。座谈会后，郭跃军一行到各乡镇进行实地调研，通过查看相关资料，走访贫困户、安置点等形式，对全县易地扶贫搬迁资金的使用情况进行检查。

安泽县召开 2018 年政府工作半年汇报会。会议总结盘点上半年各项工作，研究解决当前工作中存在的问题和薄弱环节，安排部署下半年工作。县委副书记、县长牛庆国，县委常委、常务副县长李峻石，县委常委、宣传部部长魏书亮，副县长张可新、刘合生、盖勇、刘剑、徐岭松，政府党组成员、公安局局长崔军出席会议。会上，县发改、环保、农委结合工作实际，分别汇报各自上半年工作。

18 日至 19 日

由省委、省政府环保督察三组组长陈宗元带队的督查组在安泽县就环境保护工作进行督察。县委副书记、县长牛庆国，副县长张可新及住建环保等相关单位负责人陪同此次督察。督察组一行先后到县污水处理厂、中医院、垃圾填埋场、新安花园建设工地、太岳、永鑫等地，通过实地查看、走访调查、查阅资料等形式详细了解安泽县生活垃圾处理、危废处理、工地施工清洁、工业企业脱硫脱硝等环保相关工作。

19 日

市政法委副书记、市委法治办主任张宁红一行在安泽县调研法治建设工作，县委常委、政法委书记连忠武陪同调研。

中共安泽县委、山西八建集团共建红色教育基地揭牌仪式在杜村太岳革命旧址举行。山西八建集团第三工程公司党支部书记李晓宇，安泽县委常委、宣传部部长魏书亮等出席活动。

市委常委、军分区政委王振富在安泽唐城镇就环保工作进行“回头看”检查。县委书记李强，县委副书记、县长牛庆国，县委常委、人武部政委杨巨松，副县长张可新陪同此次检查。

19 日至 20 日

省卫计委监察专员、创国卫专家李立一行在安泽指导检查国卫创建工作，并召开视察工作反馈会。安泽县委书记李强、副县长刘剑陪同指导。

20 日

安泽县召开十六届人大常委会第十六次会议。县人大常委会主任韩建辉、副主任张俊宏、尹淑兰、崔斗庆出席会议。县委常委、常务副县长李峻石，县人民法院院长陈建国及县人民检察院检察长张临生列席会议。各乡镇人大主席、人大常委会委员参加会议。崔斗庆主持会议。会议对法律知识进行了培训。培训后，县纪委监委负责人做关于提请张朝晖任县检察委员会副主任的议案。投票表决通过了张朝晖的任职。会议宣读并表决通过了晋红峰辞呈。县人大常委会韩建辉宣读关于张朝晖为县监察委员会代理主任的决定。投票表决通过了张朝晖任职，并颁发任命书，张朝晖向宪法宣誓。

国家税务总局安泽县税务局挂牌仪式在安泽县举行。国家税务总局临汾市税务局联合党委委员、纪检组组长刘雨，安泽县委常委、常务副县长李峻石等领导出席挂牌仪式。

23 日

市交警支队支队长高岭深入安泽县公安交警大队，就“压事故、整秩序、保安全”及“简政放权、放管结合、优化服务”等工作进行调研。县委副书记、县长牛庆国，县委常委、政法委书记连忠武，政府党组成员、公安局局长崔军陪同调研。

24 日

市政府环保督查组在安泽县见面会在黄河京都三楼会议室召开。副县长张可新，督查组组长、市环保局副调研员侯庆林出席会议。各乡镇、社区乡镇长、主任，分管副职及督查组全体成员参加此次会议。

由省公安厅党委委员、副厅长、山西警察学院党委书记、省扫黑除恶督查组组长李喜春带队的督查组在安泽县对扫黑除恶专项斗争工作进行督导检查。县委常委、政法委书记连忠武，政府党组成员、公安局局长崔军及相关责任单位负责人陪同此次督查。

25 日

安泽召开农村道路交通安全工作暨“两站两员”建设唐城现场会。临汾市交警支队党委副书记、政委申明记，人保财险临汾市分公司副总经理董晓杰，县委常委、常务副县长李峻石，县委常委、政法委书记连忠武出席会议。县政府党组成员、公安局局长崔军主持会议。全县道路交通安全领导组成员单位及各乡镇分管安全的副乡镇长参加会议。

8 月

2 日

安泽县召开县委议军暨全县党管武装工作述职会，县委书记李强主持会议并讲话，县四大班子领导出席会议，县国动委和国教委各成员单位，乡镇长、武装部部长、各乡镇党委书记参加会议。

市环保督查五组向安泽反馈督查环保问题情况。第五督查组组长张全管通报督查情况。安泽县委书记李强，县委副书记、政府县长牛庆国，政府副县长张可新出席会议。全县各乡镇及相关单位负责人参加会议。根据市委、市政府统一安排，市环保督查五组于 7 月 23 日至 8 月 2 日，在安泽县就环保工作进实地督查。

3 日

由永和县政府副县长周宏、薛新平带队的考查组在安泽县府城镇小黄村、飞岭村、和川镇车道村就农业和农发项目建设进行学习考察。政府副县长刘合生、刘剑及相关单位负责人陪同此次考察。

6日

省委改革办副主任加年丰带领省督察组就安泽县河长制改革工作进行督导检查。市委政研室（改革办、综改办）主任张建山，县委副书记、统战部部长郭婷慧，副县长刘合生随同检查。加年丰一行先后到沁河安泽县城段污水管网改造工程、和川镇岭南村、和川水库，实地查看了沁河治理、农业面源污染治理、农资废弃物回收、和川水库运行管理等情况，听取了相关负责人的工作汇报。加年丰对安泽县河长制改革工作表示肯定，特别是对安泽县积极探索农药瓶等农业废弃物回收机制，率先在全省、全市开展农药瓶回收处置行动，彻底改变了以往河边、地边、山头农药瓶乱丢乱弃的现象，有效防止了安泽县河流和土壤面源污染的做法表示支持。他要求，县、乡、村三级河长要持续用力、久久为功，着力推动河长制工作逐步实现标准化、常态化，确保安泽实现水清、河畅、岸绿、景美。

7日

由临汾市教育局副处级调研员刘占科带队的考核组，就安泽职教中心验收工作进行考核并召开工作反馈会。副县长刘剑及相关责任单位负责人陪同考核。

临汾市安泽县与山西省环境科学研究院“环保管家”合作签约仪式在安泽县举行，标志着山西省“环保管家”服务首落临汾安泽。山西省环科院副院长高喜宽，中共安泽县委书记李强等相关领导出席签约仪式。安泽县副县长张可新主持签约仪式。省环科院马晓勇、闫函、贾宁、陈倩等领导专家，安泽县四大班子领导及相关部门见证签约。签约仪式上，县委书记李强介绍了安泽的基本情况和生态环保工作情况，希望通过与省环科院的合作，打通环保“最后一公里”的问题，在大气、水、土壤等方面，打造全国一流水平，让安泽生态环保工作再上新台阶。高喜宽副院长指出，生态环保怎么抓，对于安泽县来说，水气指标在全省是靠前的。安泽县要自加压力，做得更好。此次与安泽县全方位的合作，在全省、市、县级层面是首家。一定高度重视，提供全方位的技术支撑、技术服务，做成全国的标杆、样板。

9日

市中级人民法院院长周太生一行在安泽县人民法院就扫黑除恶专项斗争进展情况进行调研。县委书记李强，县委副书记、县长牛庆国，县委常委、政法委书记连忠武，县人民法院院长陈建国陪同调研。

10日

山西传媒学院“学生课外实训基地”挂牌仪式在安泽“小飞·田园综合体”飞龙广场举行。山西传媒学院院长王建国，副院长郭卫东，安泽县委书记李强，县委常委、宣传部部长魏书亮，县人大常委会副主任尹淑兰，县政协副主席宋晓琴出席揭牌仪式。副县长盖勇主持仪式。仪式上，县委常委、宣传部部长魏书亮致辞，山西传媒学院副院长郭卫东介绍了学校基本情况。此次基地的挂牌，不仅为学院广大师生体验生活、感知基层、锻炼能力提供了良好的平台，也将为安泽带来新思想、新理念、新成果，促进新发展。

16日

安泽县召开经济运行分析会。县委书记李强，县委副书记、县长牛庆国出席会议并讲话。县四大班子领导出席会议，各乡镇党委书记、乡镇长，社区中心主任，县直各单位负责人参加会议。县委副书记、统战部部长郭婷慧主持会议。

17 日

安泽县举行“点亮乡村、光彩照明”和“全民健康饮水惠民工程”两项捐赠活动的启动仪式，安泽县政府副县长刘合生出席此次活动。此次捐赠活动，由山西省慈善总会发起，中山市劲点科技有限公司向安泽县捐赠了价值 723120 元的 524 盏太阳能光伏路灯，广东松润智能科技有限公司捐赠了价值 678580 元的 131 台智能净水器。安泽县副县长刘合生代表县委、县政府接受了捐赠，并向两家爱心企业回赠了写有“爱心企业、奉献社会”和“热心公益、无私捐助”的锦旗。

20 日

山西博乐教学工程建设有限公司董事长孟平定向资助安泽县困难家庭学生捐助仪式在县民政局举行。活动中，爱心企业家孟平现场向全县 7 名贫困学生发放了助学金。

21 日

来自清华大学、同济大学的设计与城市规划的师生深入安泽县府城镇小黄村、飞岭村就乡村振兴、乡村旅游、民俗院落等进行参观。安泽县委书记李强、市团委书记王栋及县团委、安泽县府城镇相关负责人陪同参观。

21 日至 22 日

市国家义务教育基本均衡发展督导组一行，在市教育局副处级调研员刘占科，市督导办主任、专家组组长盛清文的带领下，到安泽县就迎接国家县域义务教育均衡发展督导评估进行市级复查。安泽县政府副县长刘剑出席会议。县教科、财政等相关部门负责人参加会议。督导组通过听汇报、查资料、看实地，一致认为安泽县党政重视，责任落实；投入加大，效果显著；队伍建设，补充有力；凝心聚力，共促均衡，始终把义务教育放在加快区域发展基础性、先导性和战略性的定位，形成了人民关心教育，人民支持教育，教育为了人民的良好格局。同时，也指出了工作中的问题和不足，对安泽县下一阶段的工作提出了指导性的意见和建议。

22 日

沁源县政协主席马建峰、副主席郑曙林带领沁源县政协深入安泽进行考察学习。安泽县政协主席高成锁、副主席李树清陪同考察。

22 日至 23 日

中国气象服务协会常务副会长朱祥瑞、中国气象局发展研究中心研究员姜海如、中国气象服务协会秘书处综合部副主任温玮等对安泽县对创建“中国天然氧吧”工作情况进行实地复核。汇报会上，专家们听取了安泽县委、县政府对创建“中国天然氧吧”工作的汇报；与会专家进行了详细地现场提问，县直相关部门负责人一一进行了解答。安泽县委书记李强、副县长刘合生、徐岭松，政协副主席娄和玮参加汇报会。

23 日

第四届中国中药材物流大会在四川广汉市召开。安泽县委副书记、县长牛庆国，副县长盖勇带领政府办、招商局、府城镇负责人参加会议。通过听取汇报、分组讨论，专家评审等环节，各位专家肯定了安泽中药材资源及种植基地建设工作，对安泽发展以连翘为主的中药材产业给予了一致好评，特别是晋南（安泽）中药材物流基地项目全票通过专家组评审，即将在安泽落地建设。安泽县素有“大药场”之称，中药材资源十分丰富，达到700余种，其中连翘、油用牡丹、党参、苦参、柴胡、黄芩等大宗中药材达28种，尤其是野生安泽连翘面积达150余万亩，年产量占全国总产量的四分之一，是全国连翘生产第一县。

由市环保局调研员徐红平带队的督查组就矿山生态环境恢复治理工作进展情况进行督查并召开座谈会。安泽县副县长张可新及环保局负责人陪同督查。

27日

临汾市财政局重点工作督查组第二组组长、市财政局副局长张全林率队莅临安泽县财政局，以听取汇报召开座谈会、现场查阅资料、实地察看项目等形式，对安泽县财政局重点工作进行全面了解和指导。县财政局局长赵红兵陪同督查。

29日

省人大常委会副主任、临汾市委书记岳普煜在安泽县城墙岭社区居委会、森林防火指挥中心、荀子文化园就党群之家建设、森林防火智能服务系统建设、防火队伍建设、文旅融合发展等情况进行调研。市委办公厅、发改委、交通局、商务局等部门负责同志，安泽县委书记李强，县委副书记、县长牛庆国，县委常委、宣传部部长魏书亮，县委常委、组织部部长张曙光随同调研。

30日

安泽县举行“圆梦助学　情系荀乡”资助金集中发放仪式，34名大一新生和18名大二学生共获得了20余万元的爱心资助。县委副书记、统战部部长郭婷慧，县人大常委会副主任尹淑兰，政府副县长刘剑，县政协副主席党爱贞出席发放仪式。仪式上，刘剑宣读了受资助学生名单并主持发放仪式。县领导郭婷慧、尹淑兰、刘剑、党爱贞等为学生们发放助学金，寄语他们坚定信念、奋发向上、造福桑梓、回报社会。随后学生代表、家长代表先后发言，感谢县委、县政府的关怀指导和社会各界的慷慨解囊，表示会发奋读书、刻苦学习、心系家乡、回报社会。

9月

6日

安泽县医疗集团邀请省、市医疗专家并组织县医疗工作者深入冀氏镇冀氏村举行“服务百姓健康行动”大型义诊活动。安泽县医疗集团2018年与山西省心血管病医院、北京阜外等知名医院合作，开展全脑血管造影术、肾癌肾动脉介入栓塞术等介入手术265台，急诊抢救危重病人16台，让患者不出县就能享受到国内知名专家的诊疗。成功为12名肾功能衰竭患者进行了1400余次血液透析治疗。血液透析费用由每人每次负担500多元降为每人每次负担50元，大大减轻了患者的医疗费用负担。通过了2018年全国基层中医药工作先进单位复审评估。

省卫计委监察专员、创国卫专家李立，市创卫办副主任张保吉在安泽督导创建国家卫生县城工作。县委副书记、统战部部长郭婷慧，副县长刘剑及重点单位负责人陪同督查。

8日

省综合减灾示范社区检查组在安泽县检查验收综合减灾示范社区创建工作。检查组一行先后听取城墙岭社区、清华园社区综合减灾示范社区创建工作开展情况汇报，查看相关工作台账资料、社区应急避难场所和应急装备配备情况。

9日至10日

由省科协副主席郝建新带队的调研组在安泽县就全县全民科学素质和科协工作进行调研。县委副书记、统战部部长郭婷慧，政府副县长刘剑陪同调研。郝建新一行先后在安泽县杜村乡参观山西抗战国家记忆展览馆、太岳行署等红色教育基地，在冀氏镇查看乡村E站、芦笋科普示范基地建设情况，在府城镇观光了小·飞田园综合体发展情况。在座谈会上，县科协负责人汇报安泽全民科学素质和科协工作的进展情况。

12日

市政协主席、市委统战部部长张建平，市政协副主席程明温带领部分市政协常委、委员在安泽县考察转型项目建设落地情况。县委书记李强，县委副书记、县长牛庆国，县政协主席高成锁、副主席李树清、宋晓琴、党爱贞、娄和玮陪同参加活动。张建平一行先后到杜村乡小李村红色教育基地、杜村乡党群服务中心，府城镇“小飞·田园综合体”，实地查看了解安泽县发展红色旅游、乡村旅游群众增收情况、带动群众就业状况以及下一步的发展规划，并就安泽县党群服务中心建设提出意见。

临汾市入企服务指导组，对安泽县服务企业活动周及企业服务热线建设情况督导检查。县委常委、常务副县长李峻石出席汇报会，各相关单位负责人参加会议。

13日

市柴油货车和散装物料运输车污染治理联合执法专项行动第三督导检查组就专项行动开展情况进行督查，安泽县政府副县长、县专项行动领导组组长盖勇及专项领导小组办公室成员陪同检查。市督导检查组一行先后到义唐、良马检查点督导检查工作，查看了专项行动开展情况的印证资料，并召开汇报会。

市政协副主席杨益民带领市政协机关工作人员，深入马壁乡刘村调研脱贫攻坚工作。县政协副主席宋晓琴陪同调研。

14日

安泽县召开“全国基层中医药工作先进单位”复审工作情况汇报会。山西省中医药大学教授、主任医师、评审组组长冀平光，安泽县政府副县长刘剑及各乡镇、单位负责人参加会议。

15日

安泽县人社局举办秋季人才招聘会。县委常委、常务副县长李峻石出席活动。招聘会期间，共有来自永鑫焦化有限公司、太岳焦化有限公司、中国人寿、黄河京都酒店、江苏赛康医疗设备有限公司、张家港国龙光伏科技有限公司、苏州吉润汽车零部件有限公司、常熟达明电子有限公司等36家县内外企业到会招聘，共提供包括销售、文秘、会计、保洁、技术员等40余个工种500余个就业岗位。

19日

临汾市军分区司令员王彬在安泽调研安全管理和民兵整组工作，县委副书记、县长牛庆国，县委常委、人武部政委杨巨松先后陪同调研。在实地调研中，王彬先后到县森林防护大队、唐城镇民兵营、山西永鑫煤焦化有限公司民兵连、唐城镇三交村民兵连实地查看了全县“四个秩序”规范化建设、军事训练场地建设、武器库建设等基础设施建设情况。

22日

安泽县举行首届“中国农民丰收节”系列活动。县四大班子领导与各界人士、农民朋友一同参加开幕式。县委常委、宣传部部长魏书亮主持开幕仪式。

23日

安泽县府城镇飞岭村成功入选“首届中国农民丰收节100个特色村庄”。此殊荣的获得成为安泽乡村振兴全域旅游的一张“靓丽名片”。

26日

在北京举行的“中国天然氧吧2018创建活动发布会”上，安泽县成为2018年度全国36个荣获“中国天然氧吧”称号的地区之一。

27日

安泽县老年大学举办建校十周年校庆活动。安泽县四大班子领导以及市委老干部局副局长李保恩、市老年大学校长王志权出席活动。各县、市区老干部局、县直各单位、老年大学全体成员参加校庆活动。

由水利部黄河管理委员会水政局郑春宝处长带队的河湖执法督查组对安泽县沁河段执法情况进行督查。安泽县政府副县长盖勇，市水利局副局长曹明生陪同督查。

29日

副市长陈忠辉带领市爱卫办、市教育局、市水利局在安泽县就国卫创建、沁河河长制落实、义务教育均衡发展工作进行调研。安泽县委书记李强，县委副书记、县长牛庆国，县委副书记、统战部部长郭婷慧，副县长刘剑及相关部门负责人陪同调研。调研中，陈忠辉一行先后在县城、冀氏镇冀氏中学、兰村小学、关庄沁河段对国卫创建、沁河河长制落实、义务教育均衡发展工作进行实地查看。在召开的座谈会上，政府副县长刘剑汇报了今年以来国卫创建、沁河河长制落实、义务教育均衡发展情况。市爱卫办、市教育局、市水利局分别就调研中发现的问题提出整改建议。

30日

安泽县在烈士陵园举行烈士纪念日公祭活动。县委书记李强，县委副书记、县长牛庆国等县四大班子领导，与社会各界代表一起出席活动。县委常委、常务副县长李峻石主持公祭仪式。县委副书记、统战部部长郭婷慧宣读祭文。

10月

9日

山西·安泽煤层气液化储气调峰项目开工仪式在安泽县马壁乡西里村举行。县领导牛庆国、杨巨松、徐岭松，县直相关单位负责人及施工单位参加开工仪式。该项目总投资3600万元，在马壁乡建设12万立方米煤层气液化生产能力，项目一期投资1800万元，建设6万立方米煤层气液化生产能力，并配备100立方米的储气调峰设备。项目建设，不仅为打造南部新能源基地奠定了坚实基础。同时，对经济效益、环保效益有重要作用。

全市森林公安分局2018年度民警训练

班在安泽县开班。安泽县委常委、常务副县长李峻石及责任单位负责人参加开班仪式。开班仪式上，全体参训人员齐唱中华人民共和国国歌，共同重温入警誓词。

11 日至 12 日

义务教育基本均衡发展省级督导组一行 4 人，在省级督学、督导组组长杨义民的带领下，对安泽县义务教育基本均衡发展进行省级督查。安泽县副县长刘剑出席会议。县教科、财政等相关部门负责同志参加会议。

12 日

由国家统计局山西调查总队党组书记、总队长翟善清带领的调研组一行在安泽县调研指导全县居民收支情况。县委副书记、县长牛庆国，国家统计局临汾调查队队长崔宇强，副县长张可新陪同调研。

13 日

2018 年山西华夏之根艺术团“免费送戏下乡”走进安泽，为观众带来了国家舞台艺术精品——大型山西说唱剧《解放》。

15 日至 16 日

由省纪委监委研究室副处级干部黄泽华带队的省纪委监委调研组在安泽县就监察体制改革工作进行督导调研。安泽县委书记李强，县委常委、纪委书记、监委代主任张朝晖陪同调研。黄泽华一行到冀氏镇、府城镇、卫计局、高壁村进行调研。详细了解村级“三支”村级监督队伍，即村务监督委员会、村级监督信息员、红白理事会，听取相关负责人的工作情况汇报，了解“三支”村级监督队伍的开展状况。在县卫计局，调研组对派驻纪检监察组有关工作进行查看了解，仔细询问派驻工作开展情况，了解工作中存的困难和下一步工作开展计划。

17 日

省安全生产大检查督查组在安泽县，就全县安全生产大检查工作情况进行督查并召开汇报会。安泽县委常委、政府常务副县长李峻石及各乡镇、县直各安委会成员单位参加汇报会。

安泽县召开第八次妇女代表大会。市妇联副主席刘建瑞，安泽县领导郭婷慧、韩建辉、李峻石、张曙光、宋晓琴、刘剑及全县妇女代表参加会议。大会选举产生安泽县妇联第八届执行委员会常委、主席和专职、兼职、挂职副主席。

新华社在安泽县和川镇孔旺村就“乡村振兴”进行直播报道，深入挖掘脱贫攻坚工作中产业举措、感人故事，同时新华网、澎湃、新浪、腾讯、网易等国内主流媒体网站同步播放。

以脱贫攻坚为题材的长篇纪实报告文学《太行山最早的春天》出版发行。这在山西尚属首部。全书共 12 章、40 万字，采用纪实手法，生动记录了安泽县广大干部群众和帮扶工作队甘洒热血、向贫困宣战的精神风貌，再现了山区人民发展产业、深入推进脱贫攻坚的点点滴滴和摆脱贫困的喜悦心情，全景式展现了该县脱贫攻坚战役的精彩篇章。2018 年 9 月，经省政府批准，安泽成为全省率先脱贫摘帽的 15 个贫困县之一。

18 日

生态环境部散煤替代专项检查组在安泽县就散煤替代工程进展情况和气源落实情况开展专项检查。政府副县长张可新就全县散煤替代工程进展情况和气源落实情况进行汇报，检查组就煤改气进展情况、气源保障供应情况、惠民措施落实情况等与相关部门进行工作对接。

21 日

2018 年安泽县三区人才项目院县合作项目扶贫日实用技术培训班在府城镇飞岭村新时代农民讲习所开班。来自省农科院的农业专家杨林栋、赵照林、杜海平为府城镇各村技术骨干进行了理论培训。三位农业专家分别对食用菌发展状况与种植条件、连翘经济价值开发途径、马铃薯生产现状与栽培技术进行深入浅出的讲解。三位农业专家到和川镇东洪驿村小北庄“连翘种植基地”实地考察安泽连翘抚育、中药材“七叶一枝花”种植进度以及在建大棚修建等实验基地建设情况。

22 日

根据省民政厅《关于上门为残疾军人配置康复辅助器具的通知》安排，省荣军假肢服务中心组织专业人员在安泽县给全县 11 名伤残军人配置康复辅助器具。

23 日

汾阳市爱卫办、贾家庄镇负责人带队在安泽县考察学习农村旱厕改造工作。

全市环保重点工作安泽督查汇报会在安泽县召开，市环保重点工作督查五组、政府副县长张可新及 12 家主要职能部门参加会议。12 家单位就本单位涉及环保方面工作进展情况及存在的问题、整改落实情况、下一步打算进行汇报。

26 日

安泽县在文体广场举办庆祝环卫工人节表彰大会暨第一届环卫技能大赛。山西省卫计委原监察专员创国卫专家李立，安泽县委书记李强，县委副书记、统战部部长郭婷慧，县人大常委会主任韩建辉，副县长盖勇，政协副主席李树清出席表彰大会。县直各单位负责人及广大环卫工作者参加会议。府城镇、清华园项目部、中国人寿安泽县支公司向县环卫园林大队捐赠了羽绒服、食品、意外伤害保险等，并表彰了环卫工作先进集体和个人。

29 日

由市经信委副主任余瑞金带队的督察组对安泽县中央环境保护督查整改工作进行督查，政府副县长张可新陪同督查。督察组详细查阅了安泽县中央环境保护督查整改工作的资料，并到污水处理厂、垃圾处理厂、神南养鸡场实地检查环保督查整改工作。

11 月

2 日

市政府组织部分县市领导深入安泽县安鑫煤业观摩煤矸石治理工程。安泽县委副书记、县长牛庆国及唐城镇、环保局、安鑫煤业负责人陪同观摩。

8 日

安泽县委书记李强带领县委办、民政局、社区等单位负责人走访慰问困难群众和低保对象。

安泽县召开中央生态环境保护督察“回头看”安泽县协调联络领导小组工作安排会及安泽县 2018—2019 秋冬季大气污染综合治理攻坚工作推进会。

13 日

农业专家王加强深入安泽指导检查连翘茶产业发展情况。

20 日

由蒲县人大常委会主任陈金庄带队的驻蒲县市四届人大代表到安泽县就全县重点

工作开展情况进行调研考察并召开汇报会。安泽县人大常委会主任韩建辉、副县长刘合生陪同此次调研活动并参加汇报会。调研组一行先后到县污水处理厂、新安花园、污水管网建设工地、沁河大桥施工地、望岳楼、荀子公园等地对污水处理厂建设、商品房建设、污水管网改造升级建设及桥梁建设、旅游建设等情况进行实地参观，听取相关负责人的工作介绍。

21 日

安泽县举办 2018 年“德耀荀乡”——第四届“感动安泽”人物颁奖典礼。市委宣传部副部长张红亮及县四大班子领导出席颁奖典礼并为荣获第四届“感动安泽”十大人物颁奖。此次评选经过公众投票和组委会评审，确定了第四届“感动安泽”和“安泽好人”候选人共 65 名，其中公安局集体，王慧东、郑盼盼、张伟红，荀之援志愿服务队，李伟林、赵志安、朱军、高建军、牛根成等 10 名荣获第四届“感动安泽”人物荣誉称号，55 名荣获“安泽好人”荣誉称号。

经山西省政府会议研究，决定设立“安泽经济技术开发区”。安泽经济技术开发区是山西省级经济技术开发区按照“一区两园”的结构布局进行开发建设，“一区”即安泽经济技术开发区，“两园”即唐城工业园和现代医药园，规划总面积约 20 平方千米，占全县面积 1.02%，起步区 6.5 平方千米。

22 日

太原煤炭气化集团公司副总经理刘文朝、山西同世达煤化工集团有限公司董事长王顺强一行在安泽县，就合作项目进行洽谈对接。安泽县委副书记、县长牛庆国，县委常委、常务副县长李峻石陪同考察并座谈。

24 日

省应急管理厅救灾处处长续茵一行在安泽县就民政工作进行调研指导。副县长刘合生及民政局、府城镇负责人陪同调研。续茵一行在县民政局听取相关负责人的工作汇报，详细了解民政局一年来的工作进展情况。到府城镇上梯村金剪子服装厂，实地查看该厂的生产设备投资情况、成品成果等情况。

28 日

安泽县在良马乡英寨村朱德路居旧址举行国防教育基地揭牌仪式，县委常委、武装部政委杨巨松为朱德路居旧址国防教育基地揭牌。

山西省地方志办公室主任张志仁带领副巡视员马正英、综合处长郝世文、市县志处调研员杨颖在安泽县调研，参加志鉴“两全目标”推进会。安泽县委书记李强，县委副书记、县长牛庆国，副县长刘剑、县史志办主任郭胜参会。临汾市政府副秘书长、市方志办主任吴茂林，副主任靳水旺参加调研。

30 日

乡宁县县委副书记冯小守，乡宁县委常委、组织部部长安娜一行在安泽县考察学习推进“三基建设”、发展现代农业、田园综合体建设等工作。安泽县委副书记、统战部部长郭婷慧陪同考察活动。

安泽县召开全县民营企业家座谈会，学习传达习近平总书记在民营企业家座谈会上的讲话精神和全省支持民营企业发展大会精神，县委副书记、统战部部长郭婷慧与安泽县 30 余名企业家代表、新阶层人士代表面对面交流，共商安泽发展大计。

12月

3日

山西省政协原副主席、九三学社山西省委原主委刘滇生带领调研组在安泽县就生态环境保护工作进行实地调研。临汾市政协副主席、九三学社临汾市委主委梁清燕，安泽县部分四大班子领导及环保、安监等相关部门负责人陪同调研。刘滇生一行先后到山西太岳煤焦化有限责任公司、山西永鑫煤焦化有限责任公司就焦炉煤气利用、废水清洁循环利用、治污减排、环保设施运行等工作进行实地调研。

4日

安泽县举办第十五期干部大学堂，特邀山西大学教授、博士生导师鲍善冰围绕供给侧结构性改革和创新发展进行专题讲座。县四大班子领导、全县副科级以上领导干部聆听讲座。2018年安泽县坚持一月一次“大学堂”，邀请省内外专家学者、党政干部，对农村“两委”主干开展常态化培训。先后围绕“习近平新时代中国特色社会主义思想”“新党章”“修宪解读”“乡村振兴”“省委十一届六次全体会议精神”等内容，全年举办“干部大学堂”特色培训15期，培训干部6169余人次。

7日

市人大常委会主任陈小洪、市人大常委会秘书长苏文龙一行在安泽县开展“走基层、访代表、听民声”活动，县委书记李强、县人大常委主任韩建辉参加活动。

12日

市人大常委会副主任王国平一行在安泽马壁乡石槽村走访看望困难群众，县委书记李强、县人大常委会主任韩建辉、人大常委会副主任崔斗庆陪同走访活动。在马壁乡石槽村，王国平一行先后走访看望了困难群众郭建福、冯贵生。

临汾市法治教育基地揭牌仪式在安泽荀子法治文化走廊举行。市委政法委副书记、法治办主任张宁红与安泽县委常委、政法委书记连忠武共同为基地揭牌，市委法治办专职副主任王新辉主持仪式。

市考核组在安泽考核2018年度道路交通安全并召开汇报会。

16日

“全国森林旅游示范县”和“国家森林公园”落户安泽。安泽成为全国唯一被国家林业和草原局同时授予两项殊荣的县。“全国森林旅游示范县”全省两家，安泽是其中之一。“国家森林公园”是临汾市首家。

18日

安泽县供销社乐网科技有限公司创客空间电商自营便利店正式开业运营。电商自营便利店主营跨境电商产品和进口商品，兼营大宗商品，陈列农副产品、中粮茶叶、安泽连翘茶等产品的综合性展厅。是线上下单，线下体验的新零售O2O电商便利店。供销社创客空间暨电商自营便利店的成功开业，开辟了安泽第一家跨境商品体验店。

19日

市政协副主席杨益民代表市委市政府在安泽走访慰问军队退役人员，为他们送上党和政府的亲切关怀和美好祝福，安泽县政协主席高成锁，政府党组成员、公安局长崔军及有关部门负责人陪同活动。

19日

安泽县委书记李强主持召开安泽深化党政机构改革领导小组第一次会议，县领导牛庆国、李峻石、张曙光，县深化党政机构改革领导小组成员单位负责人参加会议。会上传达学习省、市机构改革相关会议精神，听取机构改革有关事项说明，研究部署安泽党政机构改革工作。

安泽县2018年度县、乡党委书记抓基层党建工作面对面述评会议。会议深入贯彻落实中央、省委和市委对基层党建工作的新部署新要求，进一步对标年初任务，总结成绩、查找不足、互相交流、明确方向，从严从实地推进党建工作全面提标升级。临汾市委组织部副部长、市人社局局长韦阳，市委人才办副主任黄旭出席会议。安泽县委书记李强主持会议。

24日

由市综治办副主任张志敏带队的督查组在安泽县就年终综治平安建设工作进行督导检查。安泽县委常委、政法委书记连忠武及综治办、扫黑办等相关负责人陪同检查。

26日

市政府消防工作第二考核组对安泽2018年消防工作目标责任制进行考核，并对今冬明春火灾防控检查工作进行督导检查。安泽县政府党组成员、公安局局长崔军及县消防安全委员会成员单位负责人参加考核。

市交警支队政委申明记在安泽调研交通安全管理工作。安泽县政府党组成员、公安局局长崔军陪同调研。

27日

民建山西省委秘书长闫柏良、民建山西省委社会服务部部长康海忠、民建临汾市委会副主委杨丽青一行在安泽开展脱贫攻坚民主监督调研，安泽县委副书记、统战部部长郭婷慧，副县长刘合生陪同调研。闫柏良对小黄、大黄、飞岭三个村抱团发展乡村休闲旅游，增加贫困户收入的做法给予充分肯定。

29日

安泽县召开全县干部大会，传达贯彻省委十一届七次全会精神。县委副书记、县长牛庆国主持会议并讲话。县四大班子领导、各乡镇党委书记、乡镇长、社区中心主任、县直单位负责人参加会议。会上，县委副书记、县长牛庆国传达了省委十一届七次全会和省委书记骆惠宁的重要讲话精神。

县情概览

地理资源

【位置　面积】　安泽县位于山西省南部，临汾市东北、太岳山东南麓，东与屯留、长子交接，西与古县、浮山接壤，北与沁源毗邻，南同沁水相连，是临汾、长治、晋城三市交会地。地理坐标北纬 35°53′28″~36°32′38″，东经 112°05′01″~112°34′20″之间，南北长 91 千米，东西宽 43 千米，周边 246 千米，总面积 1967.3 平方千米，309 国道纵贯东西，326 省道南北通行，山西第二大河流沁河由北向南横穿而过，流经全境 109 千米。县城所在地府城镇居县域中部略偏西，以县城为起点，西距古县界 12 千米，东距屯留县界 31 千米，北距沁源县界 38 千米，南距沁水县界 48 千米，西去临汾市 80 千米，东抵长治市 112 千米，北趋省会太原市 314 千米，东北上首都北京市（公路）744 千米。

【地质　地貌】　安泽位于太岳山腹地东南麓，整体地貌形似马鞍，境内山峦起伏，沟壑纵横，地形复杂。整个地势北高南低，东部山峰有安泰山，泉庙凹、盘秀山等，海拔都在 1400 米以上，以安泰山为最高，海拔 1592 米。西部有大东沟梁、牛头山等，海拔在千米以上。南部沁河谷地，地势较低，土质肥沃，良田万顷，海拔在 800 米左右。河流以沁河最大，是黄河一级支流，山西第二条大河，由北向南纵贯全境，其主要支流有王村河、李垣河、蔺河、泗河、兰河、石槽河等 23 条。土壤分 2 个大类、7 个亚类、24 个土属，51 个土种。褐土系安泽县的地带性土壤，从海拔 750~1592 米的沟川丘陵及低中山岭各地表遍有分布，面积 19.27 万公顷，占全县总面积的 98.89%。草甸主要分布于沁河及各大支流两边地下水位较高的一级阶段地和少量河漫地。大体可分为褐化浅色草甸土，浅色草甸土 2 个亚类，3.3 万亩，占总面积的 1.11%。

安泽县属低土石山区，东西两翼高高隆起，中间川谷相对平缓。西侧有从北平至永乐突起的霍山分支草峪岭与东坞岭北南高翘，形如马鞍；东侧受太行山山字形构造的控制，安泰山、盘秀山、安子山并肩耸立，错落有致，气势昂然。全境各山脉自成体系又相互交错，形成了山峦叠起、沟壑纵横、丘陵发育、深谷遍布的景象。全县海拔高度平均在1000米以上，最高处杜村乡安泰山海拔1592米，最低处马壁乡马壁前滩海拔750米。西北部界古县的祭星台海拔1511.1米，相对拔高569米；西南隅界古县的将军墓海拔1446.2米，相对拔高620.7米；东部界屯留的盘秀山海拔1575米，相对拔高461米；东北隅界沁源的安子山海拔1399米，相对海拔557米。全境海拔1400米以上的山峰57座。总的趋势是东西诸山峰逐渐向内倾斜，构成宽窄不等的沁河川谷。黄河一级支流、山西第二条大河沁河北南流向穿越全境，入境处高程942米，出境处高程732米，落差210米。两翼有支流23条，网络着610条5千米以上的沟壑山谷。

【气候特征】 安泽属亚热带大陆性气候，一年四季分明，春季干燥多风，温升缓慢；夏季短期炎热，雨量集中；秋季温和凉爽，多阴雨天；冬季西北风凛冽，雨雪偏少。境内气候差异很大，西、南温和，东、北寒冷，年均气温9.5℃，极端最高气温35℃，极端最低气温-20℃。年降雨量500毫米左右，雨季多集中于夏、秋两季，冬、春比较干旱。霜冻期为10月上旬至次年四月中旬，无霜期180天左右。

日照　2018年日照2118.4小时，比历年日照平均2246.1小时偏少127.7小时。春季总日照555.4小时，比历年636.4小时偏少81小时；夏季总日照618.8小时，比历年600.1小时偏多18.7小时；秋季总日照为498.8小时，比历年511.4小时偏少12.6小时；冬季总日照为445.4小时，比历年498.2小时偏少52.8小时。（杨烨杰）

气温　2018年全年平均气温10.1℃，比历年9.4℃偏高0.7℃；春季平均气温12.6℃，比历年10.6℃偏高2℃；夏季平均气温23.4℃，比历年21.7℃偏高1.7℃；秋季平均气温9.1℃，比历年12.1℃偏低3℃；冬季平均气温-4.7℃，比历年-4.3℃偏低0.4℃；（杨烨杰）

降水　2018年全年平均降水量431.5毫米，比历年539.1毫米偏少107.6毫米；春

2018年安泽县日照情况一览表

表1　　单位：小时

年份	一月	二月	三月	四月	五月	六月	七月	八月	九月	十月	十一月	十二月	合计
2018	123.3	189.5	196.2	178	181.2	211.8	182.4	224.6	134.2	231.3	133.3	132.6	2118.4
历年	169.3	162.3	183.6	218.5	234.3	217.9	197.4	184.8	165	175.2	171.2	166.6	2246.1

2018年安泽县气温情况一览表

表2　　单位：℃

年份	一月	二月	三月	四月	五月	六月	七月	八月	九月	十月	十一月	十二月
2018	-6.1	-3.2	7.4	12.9	17.4	21.7	24.2	24.3	15.9	8.5	3	-4.8
历年	-6.1	-2.7	3.8	11.2	16.7	20.9	22.9	21.5	18.6	11.7	6.1	-4.1

季平均降水量66.2毫米，比历年92.8毫米偏少26.6毫米；夏季平均降水量215.6毫米，比历年290.9毫米偏少75.3毫米；秋季平均降水量为119.9毫米，比历年137.2毫米偏少17.3毫米；冬季平均降水量为29.8毫米，比历年18.2毫米偏少11.6毫米。（杨烨杰）

【自然资源】 安泽县有丰富的自然资源。生物垂直分布明显，且种类繁多。有林木、果木、药材、花卉、菌类647种，其中野生乔灌木144种，草卉215种，中草药288种，野生连翘量大、质优，产量占到全国的四分之一，是中国连翘主产地之一，主要销往河北安国、安徽亳州、四川成都等中药材市场。干果以核桃为主，年产量在1000吨左右。动物种类繁多。其中兽类有金钱豹、狍子、青羊、山猪、山羊、野兔、石貂、獾等23种。鸟类47种，其中鸢、苍鹰属国家二级重点保护动物。

【土地资源】 安泽县总面积294万亩，已利用土地面积245.17万亩，未利用土地面积48.38万亩。耕地面积21.53万亩，林地面积152万亩，牧草地面积65万亩，水域面积2.14万亩，园地面积5743亩。安泽县域辽阔，地广人稀，人均土地资源丰富，农民人均林地面积24亩，农民人均牧草地面积10亩，农民人均耕地面积3.6亩，发展林果业、高效农业、畜牧养殖、水产养殖前景广阔。

【森林资源】 安泽境内杨柳成荫，油松满山，森林面积152万亩，林木蓄积量330万立方米，林木覆盖率高达67.2%，位列全省第一。良好的生态成为安泽发展的靓丽名片，是安泽农民增收的绿色银行，也为工业发展提供了环境保障。同时，每年春、冬两季也是安泽县森林防火的特险期。2017年根据国家林业局准予行政许可决定书〔2017〕1725号文，安泽县国有林场准予设立安泽国家级森林公园，定名为“山西安泽国家森林公园”。经营面积：14834.4公顷。其中林地面积14394.2公顷。范围：况山片区、青松岭片区、安太（泰）山片区。

【水利资源】 安泽有较大河流12条。其中最大的河流为沁河，发源于沁源县西北山麓二郎神沟，自和川镇议亭村东铁布山入境，流经和川、府城、冀氏、马壁四乡镇35个村，于马壁村入沁水县。纵贯全县109千米，北南落差达210米，东西两侧有23条支流汇入，枯水季节清水流量保持在1.2~1.5立方米/秒，1993年8月5日1时许，出现了百年罕见的特大洪峰，最高流量2300立方米/秒。境内全年来水量5亿立

2018年安泽县降水情况一览表

表3 单位：毫米

年份	一月	二月	三月	四月	五月	六月	七月	八月	九月	十月	十一月	十二月	合计
2018	11.2	13.0	3.8	19.9	42.5	63.0	143.5	9.1	96.9	0.9	22.1	5.6	431.5
历年	4.9	8.2	16.7	26	50.1	62.5	117.8	110.6	80.6	39.2	17.4	5.1	539.1

方米，年径流量4.933亿立方米，其中清水流量为1.78亿立方米，洪水流量为3.153亿立方米。安泽水资源充足，为工农业的发展奠定了坚实基础，在县城以北和川镇岭南村建有引沁入汾工程引水水库，在县城以南马壁乡郎寨村建有西里水电站，沁水张峰水库延伸至安泽县马壁乡马壁村。

【煤炭资源】 安泽境内已探明煤炭贮藏面积达1944平方千米，占全县总面积的九成多，总贮量达247亿吨，煤层气贮量高达4400多亿立方米。除北部唐城一带约40平方千米的主焦煤正在开发外，其余的煤炭资源尚待开发。其中县城以北贮藏面积约200平方千米，贮量约5亿吨的优质主焦煤，灰分11%~12%，热量为8500大卡，含硫量低于0.4%；县城以南的2#、3#、9#、11#煤，灰分6%~23%，热量为7500~8500大卡，含硫量低于0.5%，属贫瘦煤或贫煤(优质电煤)。

【旅游资源】 安泽县旅游资源丰富，生态环境良好，名胜古迹较多，主要旅游景点有荀子文化园、黄花岭、红叶岭、青松岭、龙门口、荆村小瀑布、麻衣寺、安泰山、红泥寺等。近年来，县委、县政府凭借良好的生态人文资源，围绕“精品旅游县”目标，做好“黄花、红叶、荀子”三篇文章，深入推进绿色生态游、红色文化游、休闲娱乐游，成功举办了乡村旅游节，全力推进全域旅游，实现了村集体经济和贫困户双增收。

【历史文化】 安泽物华天宝、人杰地灵，据《左传》记载“其富半公室，其家半三军”的冀芮、冀缺、四代八杰、“五夫三卿”，就出生在安泽县冀氏镇。早在公元前313年，这里就诞生了中华民族的伟大先哲、集诸子百家之大成者的“后圣” 荀子，其“天人相分”的唯物史观，“学不可以已”的教育思想，“法礼并用”“以政裕民”“强本节用”的诸多治国理论，“和而不同”的和谐思想等，影响中华民族两千多年，至今仍闪烁着耀眼的光芒。著名法家韩非、李斯，当世名儒浮丘伯、毛亨、张苍都是他的学生。2000年，申报成功山西省首家“中华千年古县”。

抗日战争和解放战争时期，在安泽这块红色的土地上，留下了我党刘少奇、朱德、邓小平、薄一波、陈赓等老一辈无产阶级革命家的战斗足迹，安泽曾是中共太岳区党委、太岳行署，中共太岳二、四地委、专署、军分区，八路军386旅汾东游击队，洪赵支队等领导机关的驻地。安泽的山山水水为保存和壮大革命力量建立了不朽的功勋，为抗日战争胜利和全国解放做出了不可磨灭的贡献。

【名优土特产】 土特产主要有和川的荀子系列酒、将相醇酒、和川白酒；义唐熏醋；安泽连翘茶；飞岭黄花菜；煎饼、核桃、小米、野生木耳、松蘑、羊肚菌、蜂蜜等。

人口 民族 宗教

【人口】 人口继续保持低速增长。据2018年人口变动抽样调查推算，年末全县常住人口为85582人，男44666人、女40916人，性别比109.17；出生率为7.93‰，死亡率为3.89‰，人口自增率4.04‰；城镇

人口为37474人，乡村人口为48108人，城镇化率达到43.79%。（县统计局）

【民族】 人口主要为汉族，约占总人口的99.8%，散杂居有7个少数民族，分别是回族、佤族、彝族、黎族、蒙古族、满族、拉祜族，少数民族人口有47人，约占总人口的0.06%，其中以回族人口居多，有21人，约占少数民族总人口的44.6%。

（县民政局）

【宗教】 全县境内有2个宗教团体，天主教和基督教，依法登记的信徒324人，合法活动场所3处，已备案的宗教教职人员3人。天主教信徒165人，宗教教职人员1人，宗教活动场所1处；基督教信徒159人，教职人员2人，宗教活动场所2处。

（李丽）

建置区划

【建置沿革】 安泽县历史悠久，据境内府城镇义唐遗址、川口遗址、白村遗址，冀氏镇南庄遗址，和川镇西洪驿遗址挖掘出的断崖灰坑，大量灰、红两色泥质陶片和石斧、石锤等石器考证，早在新石器时代就有人类在此繁衍生息。

上古至唐、虞、夏、商之世，俱属冀州。

春秋，属晋国。

战国，先属韩，后归赵。

秦，属上党郡。

汉，置猗氏县，治同今。北部谷远县治沁源地，也属上党郡。

晋，猗氏省县入襄陵。

北魏，太和十一年（487），析襄陵于原猗氏地置冀氏县，治冀氏村。景明元年（500）析长子寄氏于汉猗氏地置合阳县，治兰河中游河阳村。北魏建义元年（528）置冀氏郡，领冀氏、合阳二县；析谷远地置义宁、安泽县。北魏永熙三年（534）安泽取境内安吉、泽泉两村名首字始称之，治安吉之南泽泉以北的古阳村（今古县古阳镇）。是时北有安泽、义宁，南有冀氏、合阳共四县。义宁治和川村，后义宁置郡，义宁、安泽并属之。北齐冀氏省郡、合阳省县入冀氏。

隋，冀氏归属临汾郡。开皇三年（583）义宁省郡，后改义宁称和川县，属沁州。大业二年（606）安泽县治南移至西赤堡（今古县旧县镇），更名岳阳，属临汾郡。第二年和川省县入沁源。

唐，武德元年（618）复和川县，仍属沁州。贞观六年（632）岳阳县治移至今古县老城。冀氏、岳阳同属晋州。

宋，熙宁五年（1072）和川省县入冀氏，元祐元年（1086）和川复为县，和川、冀氏、岳阳俱属河东路平阳府。

金，和川、冀氏、岳阳具属河东南路平阳府。

元，至正二年（1342）省和川、冀氏入岳阳，后省岳阳复冀氏县，至正十三年（1353）再省冀氏复岳阳县，属河东山西省晋宁路。

明，岳阳属山西省平阳府。

清，岳阳属山西省平阳府。

中华民国，民国3年（1914）有岳阳复名安泽。民国26年（1937）划入山西省第三行政区。民国29年（1940）8月析安泽西部置岳阳县，安泽、岳阳俱属晋冀鲁豫边区太岳行政公署二专署。次年6月省岳阳入安泽。1949年6月划属翼城专区。

1950年11月属临汾专署。1954年属晋南专员公署。1971年8月经国务院批准，安泽、古县分治。

2001年，临汾地区撤区设市，安泽县隶属临汾市。

【行政区划】 安泽县治自古多有变迁。今治府城村，西汉猗氏县治即此，曾名故城，亦称附城。唐中叶戎府兵设府城关。宋置府城寨。明清复称关。民国称镇，第三区行政公所治地。民国27年（1938）7月1日安泽县治由岳阳（今古县县城北1千米处老城）迁往和川。战争年代先后驻罗云、双头、唐城、义亭、周家沟、石仁平、义宁、野虎沟、亢驿、北三交等地。民国35年（1946）11月重新驻和川。1951年5月6日由和川移驻府城村至今。

安泽县所属行政区划，历史上也曾多次变更。清代实行里甲制（以区划里，分户编甲，10户为1甲），全县共划分15里（分别是崇信里、归化里、西池里、并侯里、古县里、永乐里、府高里、冀氏里、卫寨里、苏村里、和川里、唐城里、宝丰里、金堆里、董必里），下辖277个村庄。

民国6年（1917年），阎锡山仿照日本町村制和中国古制开始在山西推行“村制改革”。将农村中300户左右编为一个编村，25户设一闾，5户设一邻，分级设村长（村副）、闾长、邻长。民国8年（1919），全县共设4个区，一区治城关（岳阳老城），二区治旧县镇，三区治府城镇，四区治唐城镇；四个区共领54村、632闾、2748邻。抗日战争爆发后，实行大编村制，全县仍设4个区，共领29编村。之后南北分治、区划屡变，直到民国31年（1942）趋于稳定。

安泽县抗日政府领6区58村，民国34年（1945）日军投降后，又增设第七区。民国32年（1943）时，冀氏县抗日政府领4区29村。

民国35年（1946）10月，安泽冀氏合并，调整为11区97村。

新中国成立初期，安泽县调整为7区98村。1953年划分为81乡。1956年全县省区并为42乡。1958年并42乡成立了府城、冀氏、杜村、和川、北平、岳阳、古县7个人民公社，106个管理区。1961年8月全县调整为17个人民公社（分别是府城、和川、唐城、冀氏、杜村、马壁、石槽、郭都、三交、罗云、北平、热留、下冶、岳阳、石壁、古县、永乐）、177个生产大队、786个生产队。1971年6月，国务院批准组建古县，分安泽、古县两县；分安泽县西部七个公社（北平、热留、下冶、岳阳、石壁、古县、永乐）84个大队设置古县，同时将屯留县良马公社5个大队47个生产队划归安泽县。1984年8月，根据《中华人民共和国宪法》关于改变“政社合一”体制的有关规定，经山西省人民政府晋改〔1984〕94号文件批准，改人民公社称乡（镇），生产大队为行政村，生产队为村民小组；全县计4镇7乡（即城关镇、冀氏镇、和川镇、唐城镇、杜村乡、马壁乡、石槽乡、良马乡、英寨乡、罗云乡、三交乡），105个行政村。2001年3月，根据党中央、国务院《关于地方政府机构改革的意见》中发〔1999〕2号“党中央关于地方党委机构改革的要求”和《山西省关于撤乡并镇工作方案》精神，安泽县合乡并镇。安泽县现辖4镇3乡（即府城镇、和川镇、唐城镇、冀氏镇、杜村乡、马壁乡、良马乡），104个行政村。

府城镇辖府城、高壁、飞岭、小黄、大黄、桃曲、神南、第五、孔村、桃寨、凤池、石桥沟、义唐、三交、花车、佛寨、原木、寺村、上掌、李垣、上梯21个行政村。和川镇辖和川、石渠、岭南、荆村、上县、西洪驿、东洪驿、孔旺、沁河庄、法井、罗云、议亭、双头、车道、安上、上田、北崖底、河东、麦地庄18个行政村。唐城镇辖唐城、上庄、北三交、东湾、亢驿、南湾、庞壁、梨八沟、义宁、冯子节、李家沟、固县、井上13个行政村。冀氏镇辖冀氏、兰村、马寨、柳树沟、和平、白村、关庄、半道、北孔滩、李庄、核桃庄、王村、沟口、南孔摊、斜沟15个行政村。马壁乡辖马壁、郎寨、卫寨、东里、海东、刘村、秦壁、唐村、荆村、石槽、辛庄、王河、下石13个行政村。杜村乡辖杜村、桑曲、郭庄、魏家湾、陈家沟、小李庄、河阳、文州、苏村、东唐、窑上、良种场12个行政村。良马乡辖宋店、华寨、边寨、小寨、良马、郭都、劳井、司马、英寨、东上寨、文上、曹家沟12个行政村。

根据第五次全国人口普查的数据，2000年时，安泽县总人口为76139人，各乡镇人口分别是：城关镇22813人，和川镇7633人，唐城镇10023人，冀氏镇9637人，英寨乡2465人，三交乡2052人，罗云乡3847人，马必乡4579人，石槽乡2791人，杜村乡6197人，良马乡4102人。2001年3月重新调整为4镇3乡，全县有行政村105个，自然村1132个。2011年末辖府城、冀氏、和川、唐城4个镇，杜村、马壁、良马3个乡，共7个乡级政区；设有4个社区居民委员会，102个村民委员会。

经济建设

【概述】 2018年，安泽人民在县委、县政府的正确领导下，按照省、市经济工作会议部署，全县紧扣由“量”到“质”的发展新方位，围绕建设“示范区”“排头兵”“新高地”，奋力实施三基建设升级年、工业转型跨越年、城建品质提升年、乡村振兴驱动年活动，加快建设山水田园城和精品旅游县，全力推进安泽的全面振兴、绿色崛起，全县经济社会呈现出平稳发展、稳中向好的发展态势。全县地区生产总值631739万元，按可比价计算，比上年增长3.3%。其中第一产业增加值42468万元，增长0.5%；第二产业增加值466941万元，增长0.9%；第三产业增加值122330万元，增长11.3%。第一、第二和第三产业增加值占全县生产总值的比重分别为6.7%、73.9%和19.4%，对经济增长的贡献率分别为1.64%、19.62%和78.74%，对经济增长的拉动力分别为0.05%、0.65%和2.6%。 （县统计局）

安泽县2014—2018年地区生产总值及其增长速度图

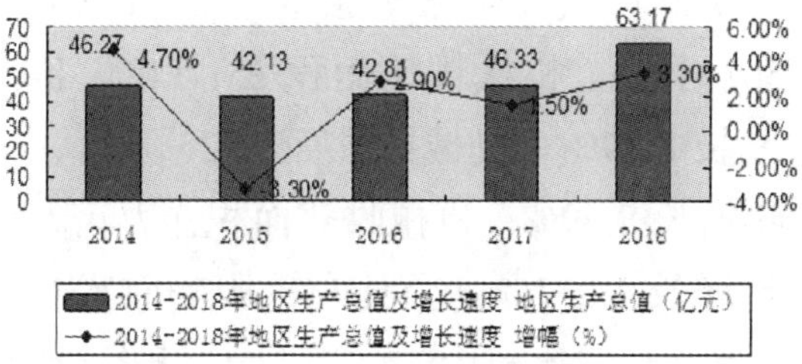

【农业】 种植面积：全年全县农作物种植面积373356亩，比上年减少1.63%。其中粮食种植面积333527亩，减少3.49%；油料种植面积9243亩，比上年减少1.89%。在粮食种植面积中，玉米种植面积320019亩，减少4.24%。

粮食产量：全年粮食总产量161123吨，比上年增产3.93%。其中玉米157931吨，增产3.6%。

表4　2018年主要农产品产量及其增长速度统计表

产品名称	单位	产 量	比上年增长（%）
粮 食	吨	161123	3.93
秋 粮	吨	161123	3.93
玉 米	吨	157931	3.6
油 料	吨	395	2.46
蔬 菜	吨	32656	–3.78

畜禽产品产量：全年全县肉类总产量1885吨，其中猪肉产量792吨；牛肉产量326吨；羊肉产量258吨。禽蛋产量3086吨，增长0.96%。

林业生产：年末全县有林面积198万亩，林木绿化率达67.2%，森林覆盖率45.44%；全年完成人工造林0.6万亩，四旁植树65万株，育苗5805亩。

农业机械：年末全县农业机械总动力62561千瓦。机械耕地面积25万亩，比上年增长8.69%；机械播种面积25万亩，比上年增长8.69%；机械收获面积3万亩，比上年增长12.71%。全县农机服务收入达到960万元，同比减少4%。（县统计局）

【工业和建筑业】 工业：规模以上工业企业完成工业增加值42.98亿元，比上年增长1.3%。

规模以上工业企业原煤产量474.3万吨，比上年增长4.28%；焦炭产量231.4万吨，比上年增长16.2%；洗精煤产量292.6万吨，比上年减少0.92%。

规模以上工业主营业务收入966705万元，比上年增长19.8%。规模以上工业实现利税295537万元，比上年增长50.31%；实现利润171051万元，比上年增长76.07%。

建筑业：全年全县资质以上建筑企业实现总产值4671万元，比上年增长11.4%。

（县统计局）

表5　2018年规模以上工业增加值及其增长速度统计表

指 标	单位	增加值	比上年增长（%）
规模以上工业	亿元	42.98	1.3
其中轻工业	亿元	–	–
重工业	亿元	42.98	1.3
其中国有企业	亿元	–	–
股份企业	亿元	41.04	14.6
其他	亿元	1.94	–69.6

安泽县2014—2018年规模以上工业增加值及其增长速度图

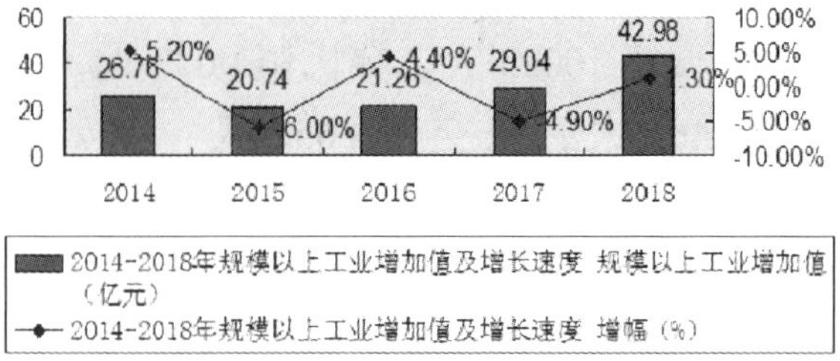

表 6　2018 年规模以上工业主要产品产量及增长速度统计表

产品名称	单位	产量	比上年增长（%）
原煤	万吨	474.3	4.28
洗精煤	万吨	292.6	–0.92
发电量	万千瓦小时	39494	6.25
焦炭	万吨	231.4	16.67
粗苯	吨	20638	9.77
甲醇	吨	139122	51.97

【固定资产投资】　2018 年全社会固定资产投资 110180 万元，比上年下降 52.2%。按产业分，第一产业投资 501 万元，下降 94.4%；第二产业投资 69045 万元，下降 45.7%；第三产业投资 40634 万元，下降 56.9%。　（县统计局）

表 7　2018 年分行业全部固定资产投资及其增长速度统计表

行业	单位	增加值	比上年增长（%）
总计	万元	110180	–52.2
工业投资	万元	69045	–45.7
基础设施投资	万元	8595	–89
其他投资	万元	32540	28.8

安泽县 2014—2018 年固定资产投资及其增长速度图

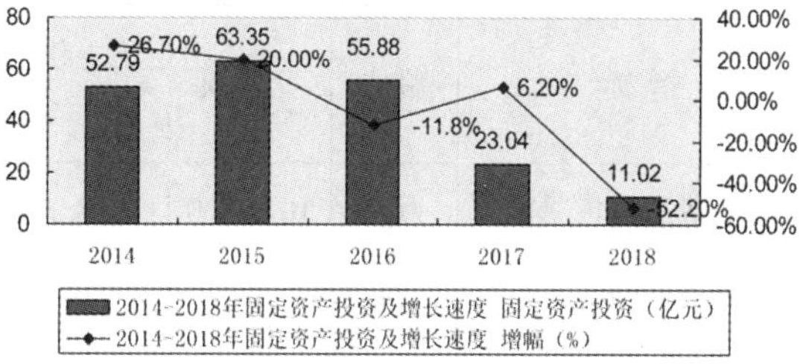

【能源】　2018 年全县一次能源生产折标准煤 348.68 万吨，增长 3.77%；二次能源生产折标准煤 577.92 万吨，增长 75.63%。

全年全县全社会用电总量 62852.1 万千瓦时。其中第一产业用电 132.33 万千瓦时，占全社会用电量的比重为 0.21%；第二产业用电 50465.55 万千瓦时，占全社会用电量的比重为 80.29%，其中工业用电 50009.39 万千瓦时；第三产业用电 7259.56 万千瓦时，占全社会用电量的比重为 11.55%；城乡居民生活用电 3793.56 万千瓦时，占全社会用电量的比重为 6.04%。　（县统计局）

【商业贸易】　消费品零售：2018 年全县社会消费品零售总额 104302 万元，比上年增长 8%。其中城镇消费品零售额 78598.4 万元，增长 5.8%；乡村消费品零售额 25703.6 万元，增长 15.4%。　（县统计局）

安泽县 2014—2018 年社会消费品零售总额及其增长速度图

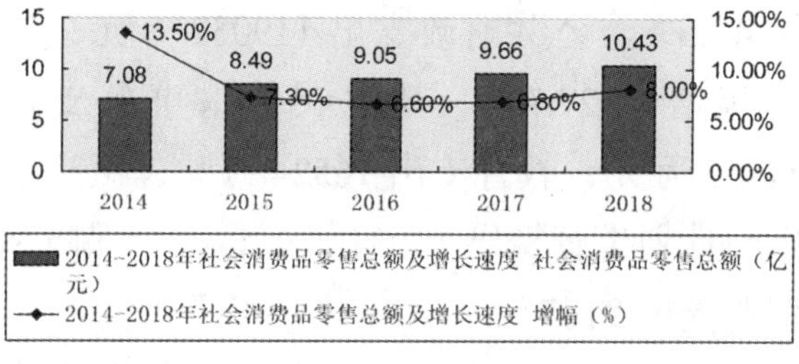

表 8 安泽县 2014—2018 年社会消费品零售总额及其增长速度统计表

指 标	单位	完成额	比上年增长（%）
社会消费品零售总额	万元	104302.0	8.0
分地域：城镇	万元	78598	5.8
乡村	万元	25703	15.4
分行业销售额：批发业	万元	25318.1	4.0
零售业	万元	88115.9	7.9
住宿业	万元	1693.3	7.2
餐饮业	万元	4862.4	24.6

【交通、邮电】 2018 年年末全县公路通车里程达 900.3 千米。全县货运汽车 330 辆，总吨位 4714.7 吨；大中型客车拥有量 13 辆，客位 365 座。

邮电：2018 年全县完成邮电业务总量 5759.7 万元，其中邮政业务总量 1136.7 万元；中国联通业务总量 1636 万元；移动业务总量 2817 万元；电信业务总量 170 万元。全县固定电话用户 4320 部，手机用户 80254 部，宽带接入用户达到 20871 户。 （县统计局）

【财政、金融和保险】 财政：2018 年全县财政总收入 170866 万元，比上年增长 40.7%。其中公共财政收入 60181 万元，增长 47.5%。公共财政支出 119032 万元，比上年增长 27.7%。其中农林水事务支出 37353 万元，教育支出 16524 万元，医疗卫生与计划生育支出 13034 万元，社会保障和就业支出 9147 万元。

金融：2018 年末全县金融机构各项存款余额 432817 万元，增长 6.0%；各项贷款余额 256787 万元，下降 4.45%。

表 9 2018 年金融机构存贷款及其增长速度统计表

指 标	单位	年末额	比上年增长（%）
各项存款余额	万元	432817	6.03
其中政府存款	万元	59515	−27
住户存款	万元	302107	12.9
非金融企业存款	万元	71195	20.6
各项贷款余额	万元	256787	−4.45
其中住户贷款	万元	64390	−11.1
非金融企业及机关	万元	192397	−2.01

保险：2018 年保险公司保费收入稳步增长。其中寿险保费收入 722.3 万元，财险保费收入 1467 万元，太平洋保险保费收入 4279.7 万元。全年寿险支付各类赔款及给付 216.5 万元，财险支付各类赔款及给付 372.2 万元，太平洋保险支付各类赔款及给付 225.8 万元。 （县统计局）

社会建设

【教育】 2018 年高考 110 人达二本 B 类以上分数线，上线率 25.2%。年末全县高中阶段毛

表 10 2018 年各类教育发展情况统计表

指 标	单位	招生	在校生	毕业生
普通高中	人	319	1116	396
初中	人	680	2010	590
小学	人	929	5258	944

入学率达到95.9%，初中三年保留率99.42%；适龄儿童入学率100%。（县统计局）

【文化、卫生】 文化：改造提升文体广场、奥体中心等群众公共文化场所。持续开展“免费送戏下乡”、公益电影放映、消夏月等文体活动。山西省首部脱贫攻坚纪实小说《太行山最早的春天》等一批精品力作相继出版，安泽知名度和吸引力进一步提升。

卫生：县乡医疗卫生机构一体化改革任务基本完成，被列入全省一体化改革示范县。持续加强医联体建设，分别与北京阜外心血管病医院、山西省心血管病医院等知名医院建立对接合作关系，医疗服务质量不断提升。顺利通过“全国基层中医药工作先进单位”复审评估。

2018年全县共有医疗卫生机构（含诊所）140个，其中村卫生所95个，私人诊所29个。全县卫生机构（含诊所）共有床位584张。全县共有卫生技术人员426人，其中医生196人。参加农村新型合作医疗人数达到6.83万人，筹资1228.6万元，补偿3759.4万元。（县统计局）

【人民生活、社会保障和就业】 人民生活：2018年居民人均可支配收入为16613元，比上年增长7%，城镇居民人均可支配收入为29252元，比上年增长7.6%；城镇居民人均现金消费支出18040元。农村居民人均可支配收入9846元，增长7.3%；农村居民人均现金消费支出12212元。城镇居民家庭恩格尔系数（即居民家庭食品消费支出占家庭消费支出的比重）24.9%，农村居民家庭恩格尔系数29.3%。

社会保障：2018年年末参加基本养老

安泽县2014—2018年城镇居民人均可支配收入及其增长速度图

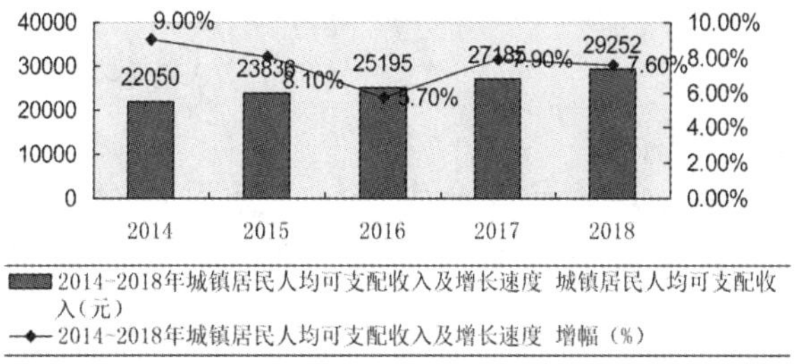

安泽县2014—2018年农村居民人均可支配收入及其增长速度图

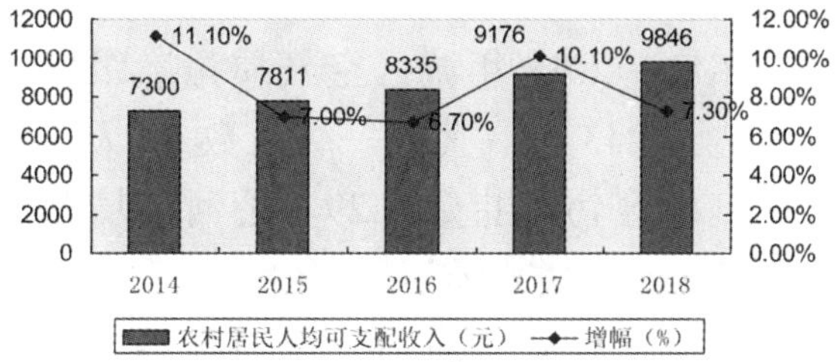

保险人数达49440人，其中机关事业单位参保5837人，全年累计征缴养老金6888万元；企业参保9474人，全年累计征缴养老金8069万元。新型农村社会养老保险累计参保人数34129人，征缴保费540.4万元。参加失业保险人数为5220人，全年累计征缴失业保险金431万元。城镇职工医疗保险参保人数为12413人，城镇居民医疗保险参保人数67653人，全年累计征缴医疗保险金5181万元。工伤险参保人数18638人，基金征缴1085万元。

2018年，全县纳入城市最低生活保障的居民91户118人，发放城市低保金103.6万元；纳入农村最低生活保障的居民446户773人，发放农村低保资金322.36万元。全县五类困难家庭学生342人，共发放助学金54.64万元；城乡困难患者1062人，发放医疗救助金254.1万元。

就业：2018年年末全县新增就业岗位1021人，转移农村富余劳动力1490人，年末城镇登记失业率控制在3.2%的目标范围之内。 （县统计局）

【资源、环境和安全生产】 资源：全县耕地保有量21.43万亩。2018年水资源总量1.9834亿立方米。据权威部门勘测，安泽县的含煤面积高达1944平方千米，贮量达240多亿吨，煤层气贮量达4400多亿立方米，属尚未大面积开采的煤炭资源大县。

环境：2018年城区空气质量二级以上天数达到243天。其中一级天数38天，城区空气综合污染指数5.29。沁河出境断面水质保持在三类水质以上。

安全生产：全面加大专项整治和隐患排查治理，2018年没有发生大的森林火灾，全年无重大安全生产事故。未发生一起一次死亡6人以上事故或2起以上一次死亡3~5人事故。

机构设置和负责人名单（2018年）

中共安泽县委员会

书　记　李　强
副书记　牛庆国　郭婷慧（女）
县委常委　李峻石　魏书亮　连忠武
　　张曙光　晋红峰（7月离职）
　　张朝辉（7月任职）　杨巨松

安泽县人大常委会

主　任　韩建辉
副主任　张俊宏　尹淑兰（女）
　　崔斗庆　苏国珍
常委会办公室主任　孟晋鹤

安泽县人民政府

县　长　牛庆国
常务副县长　李峻石
副县长　张可新　刘合生　盖　勇　张　建
　　刘　剑

政协安泽县委员会

主　席　高成锁
副主席　李树清　宋晓琴（女）　娄和玮
　　党爱贞（女）
秘书长　王　军

县纪律检查委员会

县委常委、纪委书记　晋红峰（7月免）
　　张朝晖（7月任）
纪委常务副书记、监察委员会副主任
　　宋晓军
纪委副书记、监察委员会副主任　马辉峰

县直机关机构设置和领导人员名单

县委办公室

主　任　王朝峰（11月免）
　　赵春亮（11月任）
副主任　吕海瑾　崔　伟
　　王　莉（女）　陈晓霞（女）
县委办主任科员、机要保密局局长
　　李庆霞（女）
防范和处理邪教问题领导小组办公室主任
　　郝　瑞
县委办正科级干部　赵　峰

县纪律检查委员会（监察委员会）

县委常委、纪委书记、监委主任
　　晋红峰（7月免）张朝晖（7月任）

纪委常务副书记、监察委员会副主任
　　宋晓军
纪委副书记、监察委员会副主任　马辉峰
纪委常委　高　军（7月免）
　　陈伟芳（女）
纪委常委、监察委员会委员
　　翟海元　郝亚俊
监察委员会委员、纪委正科级监察员
　　刘红艺（女）
监察委员会委员　刘小春
纪委监委、党风政风监督室主任
　　张永兰（女）
纪委监委、案件监督管理室主任　张　磊
纪委监委、案件审理室主任　段　东
纪委监委、办公室主任　宋建国
纪委监委、第一执纪监督室主任　史岩军
纪委监委、第二执纪监督室主任　宋国辉
纪委监委、第三执纪监察室主任
　　李　霞（女）
纪委监委第一执纪审查（调查）室主任
　　史岩林
纪委监委第二执纪审查（调查）室主任
　　程永健
纪委监委第三执纪审查（调查）室主任、
纪委监委、副科级干部　雷云庆
纪委监委、第一派驻纪检监察组组长
　　段国荣
纪委监委、第二派驻纪检监察组组长
　　任红叶（女）
纪委监委、第三派驻纪检监察组组长
　　杨剑锋
纪委监委、第四派驻纪检监察组组长
　　杨建明
纪委监委、第五派驻纪检监察组组长
　　朱章锁
纪委监委、第六派驻纪检监察组组长
　　张　宏
纪委监委、第七派驻纪检监察组组长
　　申晗晖（女）
纪委监委、第八派驻纪检监察组组长
　　张向卫
纪委监委、第九派驻纪检监察组组长
　　宋书红
纪委监委、第十派驻纪检监察组组长
　　孙　剑
纪委监委、派驻纪检监察组副科级干部
　　邱璐璐（女）
纪委监委、派驻纪检监察组副科级干部
　　卢华平

县委组织部

县委常委、组织部部长　张曙光
常务副部长　宋林乔（9月免）
副部长　李　伟
副部长、非公工委书记（兼）　李建华
考核办主任　郭　峰
非公有制经济组织和社会组织工委专职、
副书记、统战委员　余建新
人才办主任　马鸣奇
组织部副主任科员　贾奇瑜（女）

县委宣传部

县委常委、宣传部部长　魏书亮
宣传系统党委书记、副部长、主任科员
　　李软萍（女）
主任科员　陈爱荣（女）　刘艳荣（女）
精神文明办主任　赵　鹏

县委统战部

县委副书记、统战部部长、党校校长
　　郭婷慧（女）
副部长，工商联党组书记、专职副主席
　　焦红胜

副部长、宗教局局长　武秋红
副主任科员　李泽艳

县委政法委员会（县综治办）

县委常委、　政法委书记　连忠武
副书记、国安办主任　张玉生
副书记、综治办主任　雷巧萍（女）
副书记、政法系统党委书记　曹旭东
国家安全领导小组办公室专职副主任　李　睿
法制办专职副主任　谭　伟
主任科员　郭平安
副主任科员　田海军

县委巡察办

主　任　高　军
副主任　李　博
副科级巡察专员　李　巍　任小军
贾　聪

县机构编制委员会办公室

主　任　曹金强（11 月免）
副主任　曹　莉（女）
主任科员　任海云（女）

县直机关工作委员会

书　记　卫建华

县委、县政府信访局

局　长　李拴香（女）
副局长　宋艳红

县委老干部局

局　长　迟同斌（兼县委组织部副部长）
副局长　张　宏（1 月免）　王　洁（女）

县政府办公室

政府机关党委书记、政府党组成员、政府办主任、应急办主任　雷　军
副主任、主任科员　马　勇
副主任　邱树强
应急办公室副主任　冯　伦（女）
副主任科员　吴晓强

发展改革和经济信息化局（粮食商务局）

发改系统党委书记，发改局党组书记、局长　白　璞
副局长　王海燕（女）　吴红祥　刘玉贵
党组成员、总工程师　曹文川
转型综改办公室主任　窦淑珍（女）
副主任科员　丁国成
物价办副科级干部　张天林
原商务局副局长　赵保忠
原商务局总工　武　印
原粮食局总经济师　曹广乐（女）
原粮食局副科级干部　张年成

县教育科技局

教育工委书记，教科局党组书记、局长　魏金平
党组成员、副局长　侯敬峰　李新华　郭玉红
正科级教育督学、安泽二中校长　张建青
主任科员　韩红萍（女）
教育督导室主任　苏玉河
副科级教育督学、幼儿园园长　王素玲（女）
副科级教育督学、城关小学校长　申世魁

县公安局

党委书记、局长　崔　军
党委副书记、政委　朱新民
党委委员、副局长、主任科员　王雄虎
党委委员、副局长　段吉峰
副局长　张　剑
党委委员、主任科员　程和平　李晋生　刘玉喜
党委委员、交通管理大队大队长　刘学平
交通管理大队教导员　徐安生
交通管理大队副大队长、交通局副局长（兼）　李安刚

交通管理大队副大队长　孙　维
交通管理大队副大队长　任海荣
110 指挥中心主任　白　娟（女）
主任科员　宋红艳　王大林
　　　　　刘玉喜　王小青
副科级侦查员　李玉红
副主任科员　周广玉　刘　佳　靳　松
　　　　　　弓亚磊　靳　亮　李　锋
　　　　　　刘丽娟（女）
交警大队副主任科员　郭园园
正科级干部　王　刚
副科级干部　许九红　董　洁（女）
110 指挥中心教导员　张志峰
政工室主任　李　伟
国内安全保卫大队大队长　张志杰
国内安全保卫大队教导员　耿小春
看守所所长　王永红
看守所指导员　牛芳祥
刑事侦查大队大队长　程　孟
刑事侦查大队教导员　秦永刚
府城派出所所长　贾　勇
府城派出所指导员　范火明
府城派出所副所长　赵保平　蒋绪鹏
冀氏派出所指导员　王若锴
马壁派出所所长　申俊刚
唐城派出所所长　田春平
良马派出所所长　陈晓鋐
良马派出所指导员　张　峰
和川派出所所长　李双山
杜村派出所所长　赵　军
杜村派出所指导员　李金明

县民政局

党组书记、局长　闫秀武
党组成员、副局长　杨俊明　申艳丽（女）
副科级干部　石冰玉（女）　赵梅凤（女）

司法局

党组书记、局长　张安红
党组成员、副局长　关军辉　任志恩
主任科员　郭　燕（女）（10 月免）
副主任科员　余　芳（女）

县财政局

局　长　赵红兵（副县级）（9 月免）
　　　　王朝峰（11 月任）
党组成员、副局长　郭红江
党组成员、副局长　李　丰
党组成员　常　巍（女）（1 月免，保留原职级待遇）
党组成员、总会计师　武芳杰
主任科员　闫张俊

县人力资源和社会保障局

组织部常务副部长，人社局党组书记、局长
　　　　宋林乔（9 月免）
　　　　曹金强（11 月任）
党组成员、副局长　闫忠信（正科）
　　　　周安红　窦安民　弓志润（女）

县环保局

党组书记、局长　郭万泽（9 月免）
　　　　　　　　袁洪生（9 月任）
党组成员、副局长　张俊玲（女）
　　　　　　　　　晋春萍（女）
党组成员、总工程师　郝亚敏
正科级干部　郭万泽

县住房保障和城乡建设管理局

党组书记、局长　张拥军
党组成员、副局长　李垠锁　李国民
党组成员、纪检组组长　宋书红（1 月免）
总工程师　王学勇
党组成员、副主任科员　乔兴刚

县交通运输局

党组书记、局长　邱金亮

党组成员、原交通中心副主任（正科）
李建设
党组成员、纪检组组长　雷云庆（1月免）
副科级干部　付顺有　窦超有
公安局交通管理大队副大队长兼交通局副局长
李安刚
府城镇党委委员、副镇长兼交通局副局长
曹安庆

县水利局

党组书记、局　长　冯清华（女）
党组成员、副局长　武生军（6月免）
孙学灵
党组成员、总工程师　王国盛
副科级干部　谭　英（女）

县农业委员会

农林系统党委书记，农委党组书记、主任
赵春亮（兼）
党组成员、原农林局副局长（正科）
尚旭峰
党组成员、副主任　李海春
党组成员、纪检组长　张向卫（1月免）
党组成员、总农艺师　王国宝
党组成员、主任科员、扶贫开发中心主任
丁　波
正科级干部　王文涛
副科级干部　白洪斌

县林业局

党组书记、局长　刘东昕
党组成员　侯红军
党组成员、原林业中心副主任　杜　军
杨玉真
党组成员、纪检组组长
陈晓宏（1月免，保留原职级待遇）
副科级干部　刘永红
党组成员、总工程师　周栓柱

县文化和旅游发展委员会（版权局）

文化局（版权局）党组书记、局长
雷改萍（女）
文化局党组成员、原文体副局长　李满裕
文广新局副局长　刘祎玲（女）
正科级干部　郝爱民

县卫生和计划生育局

卫计系统党委书记，卫计局党组书记、局长
王新文
党组成员、副局长
赵志梅（女）（11月退休）
刘引霞（女）　宋国庆
党组成员、纪检组组长
任少杰（1月免，保留原职级待遇）
正科级干部　邓宏斌

县审计局

党组书记、局长　王若刚
党组成员、副局长　张拴成　周新利
党组成员、总审计师　卢志云（女）

县工商和质量监督管理局

党组成员、副局长　朱建青（女）
张爱廷　刘　刚
党组成员、纪检组组长
田俊丽（女）
（1月免，保留原职级待遇）
党组成员、主任科员　赵世宏　夏东升
府城工商所所长　宋金北

县食品药品监督管理局

党组书记、局长　任丽锋（女）
党组成员　王志刚（保留原正科级待遇）
副主任科员　贾晓娟（女）

县统计局

党组书记、局长　李玉安
党组成员、副局长　王　芳（女）
副局长　王洪星（9月任）

党组成员　李林峰（保留原正科级待遇）
总统计师　张春红（女）
县安全生产监督管理局
党组书记、局长　李世明
党组成员、副局长　王双喜　杨惠明
安监一队队长　蒋绪宏
县文物旅游局
党组书记、局长　冯俊跃（1 月免）
副主任科员、博物馆馆长
逯秀珍（女）（2 月退休）
副主任科员　安丽丽（女）
县民族宗教事务局
统战部副部长兼宗教局局长　武秋红
县人大办公室
办公室主任　孟晋鹤
法制委员会副主任　任志勇
人事工委主任　冯占先
财政经济委员会副主任　李社明
科教文卫工委主任　薛增立
农村工委主任　李光明
专职常委、正科级干部　贾　伟
县政协办公室
办公室主任　王　军
提案委员会主任　李福明
经济委员会主任　杨清河
文史委员会主任　徐向党
副主任科员　王　芸（女）
常委、正科级干部　倪志俊
县人民法院
党组书记、院长　陈建国
党组成员、副院长　牛瑞明　郭新田
王玉玲（女）
党组成员、主任科员　郭建江　郭保忠
党组成员、副主任科员　赵和平
正科级专职委员　尚绪安
副科级专职委员　尚晓琴（女）
副主任科员　卢晋云　李晋忠　卢红堂
副科级干部　姜登云
县人民检察院
党组书记、检察长　张临生
党组成员、常务副检察长　刘　军
党组成员、副检察长、正科级检察员
郝永忠
党组成员、副检察长　张建国
党组成员、纪检组组长　赵　勇
党组成员、政工科科长　申艺俊
主任科员　刘　霞
副科级专职委员　王少俊　李　伟
后勤服务中心主任　李　鑫
县总工会
党组书记、主席
李　颖（女）（12 月退休）
党组成员、副主席、主任科员
郭振玲（女）（4 月退休）
党组成员、副主席　杨巧梅（女）
副科级干部　李长庆
共青团县委
书　记　赵宁伟
副书记　郑霓霓（女）
副主任科员　王　文
县妇女联合会
主　席　王秀娟（女）
副主席　徐　尧（女）
县文学艺术界联合会
主　席　赵俊峰
副主席　高凌飞
县科学技术协会
主　席　王家国
副主席　元成宝
正科级干部　裴祥亮

事业单位机构设置和负责人员名单

县委党校（行政学校）
校　长　郭婷慧（女）（兼）
常务副校长兼行政学校常务副校长
　　　　冯俊跃（1月任）
主任科员　展天亮
副校长　尉小芳（女）
县机关事务管理局
局　长　李　勇
副局长　宋宏伟
县史志办
主　任　郭　胜
副主任　亢　琳（女）
县新闻网络中心
主　任　吴桂平
副主任　单少华
县广播电视服务中心
主　任　李根明
副主任　秦安生　董晨梅（女）
县工商业联合会
主　席　张宏新
副主席　申丽峰（女）
政务大厅管理服务中心
主　任　王耀东
审批中心副主任　茹吉祥　曹　秀
县老龄工作委员会办公室
主　任　张爱虎
副主任　曹　卿
县农业综合开发办公室
主　任　王文亮
副主任　窦书庆
县扶贫开发中心
农委党组成员、主任科员，扶贫开发中心主任
　　　　丁　波
副主任　王小慧
县中小企业局
局　长　张天云
副局长　朱宏新
县地震局
局　长　冯应端
县档案局
局　长　杨洪泉
正科级干部　张爱林
县国际资金管理局
财政局主任科员、国际资金管理局局长
　　　　尚道亮
县畜牧服务中心
主　任　张永增
副主任　高　山
副科级干部　孙延云
正科级干部　邱东升
县农业机械发展中心
主　任　谢军平
副主任　李少峰　李向东　弓常斌
副科级干部　胡宇波
县疾控中心
主　任　蒋璟爱（女）
副主任　黄秀全　李　斌　焦红玲（女）
副科级干部　田红芳（女）
县供销合作社联合社
主　任　高建忠
副主任　郭向阳
县城镇集体工业联合社
主　任　贺玉宁
副科级干部　方吉祥
县残疾人联合会
党组书记、理事长　卢青泰
支部书记、党组成员、副理事长
　　　　郭彩琴（女）

副理事长　王　芳（女）

计划生育协会

副会长（正科）　郭爱军

秘书长　赵文庆

县人民医院

院长、支部书记　迟同斌（9月免）

支部副书记、纪检组组长、副院长

王永铭（9月免）

副院长　孙占彬（9月免）蒋青峰（9月免）

张旭昀（9月免）

工会主席　李庆文（9月免）

县中医院

院长、党支部书记　赵红林

党委副书记、副院长　任红胜（9月免）

副院长　李卫国（9月免）　王清泉（9月免）

县医疗集团

县医疗集团筹备组组长，县中医院院长（正科）　赵红林（1月任）

副院长　孙占彬（1月任）

张旭昀（1月任）

蒋青峰（1月任）

李庆文（女）（1月任）

王清泉（1月任）

李卫国（1月任）

干部（保留原职级待遇）

王永铭（1月任）

采购中心

主　任　元忠平

国库集中支付局（会计核算中心）

主　任　范文庆

非税收入征收局

主　任　崔永斌

矿区称重公正计量中心

支部书记、副主任　胡秋科

副主任　窦明亮　马海云

通讯组副组长　腾　宁

县招商局

局　长　吴卫忠

副局长　项　军

招标办

主　任　苏晓峰（保留原职级待遇）

县果业中心

主　任　亢建峰

副主任　刘岩明　田高升

县重点项目建设领导组办公室

主　任　宋国宏

投资建设管理中心

主　任　王国胜

副主任　程　鹏

社会管理联动服务中心

主　任　吕晓娟（女）

副主任　李晓晖（女）

信息化中心办公室

主　任　吕　瑞

党代表联络办公室

主　任　申俊伟

信访帮教中心

主　任　王　伟

节能监察大队

大队长　刘　峰

房地产管理局

局　长　韩艺卿（保留原职级待遇）

县妇幼保健和计划生育服务中心

主　任　李爱梅（女）（保留正科级）

县红十字会

专职副会长　滕新年（女）（副科）

县卫生监督所

所　长　宋社胜

治理非法超限超载车辆办公室

主　任　展瑞刚

劳动监察大队

大队长　刘安峰

人才交流服务中心

主任　　王秀军

县事业单位登记管理局

副局长　李念东

县综合检验检测中心

主　任　郑汉星

副主任　郑　凯

烤烟中心

主　任　马红岩

副主任　臧洁民　张雪莲（女）

水资源管理办公室

主　任　李军辉（女）

县一中

校　长　张安祥

支部书记　侯勇军

副校长　王建忠　杨秀文

副科级干部　孟爱玲（女）

县二中

校　长　张建青

副校长　段伦亮

副科级干部　柴跃彬

教师进修学校

校　长　郭　强

法律事务所

所　长　崔利文

国有林场

场　长　任晓红

副场长　庄钢财（保留原职级待遇）

畜牧执法大队

大队长　申光耀

水工程移民工作办公室

主　任　赵　红（正科）

大型农机站

站　长　卫永生

文化体育市场行政综合执法队

队　长　杨海生

残疾人劳动服务所

所　长　董　慧（女）

乡镇　社区

唐城镇

党委书记　张俊生

党委副书记、镇长　亓根平

党委委员、人大主席　李建军

党委委员、党委副书记　孟连根

党委委员、纪委书记　李春明

党委委员、副镇长　王小方　张玉忠

党委委员、武装部部长　王国栋

党委委员、组织委员　吴　瑾（女）

副镇长　李红梅（女）　黄　娟（女）

副主任科员　田　芸

和川镇

党委书记　张福增

党委副书记、镇长　张里锁

党委委员、人大主席　冯安芳（女）

党委委员、党委副书记　魏海军

党委委员、纪委书记　姜冬云

党委委员、副镇长　牛国根　王　蕾（女）

党委委员、武装部部长　李　军

党委委员、组织委员　王秋林

副镇长　刘　振　赵　芳（女）

府城镇

党委书记　张建富

党委副书记、镇长　牛宏军

党委委员、人大主席　薛长森

党委委员、党委副书记　王力士

党委委员、纪委书记　李喜俊

党委委员、副镇长　曹安庆
党委委员、武装部部长　董德良
党委委员、组织委员　余俊萍（女）
副镇长　武素青　崔　敏（女）

冀氏镇

党委书记　付　强
党委副书记、镇长　窦金亮
党委委员、人大主席　卢国梁
党委委员、党委副书记　袁翠英（女）
党委委员、纪委书记　曹　斌
党委委员、副镇长　娄雁楠　宋红梅（女）
党委委员、武装部部长　裴文静
党委委员、组织委员　高　峰
副镇长　田　龙　高金凤（女）
党委委员　王根宝

良马乡

党委书记　周来群
党委副书记、乡长　李淑玲（女）
党委委员、人大主席　宋海林
党委委员、党委副书记　罗艳丽（女）
党委委员、纪委书记　马旭鹏
党委委员、副乡长　王红刚　宋文彬
党委委员、武装部部长
　　李连宏（享受正科级待遇）
党委委员、组织委员　李春梅（女）
副乡长　张红俊　李根虎

马壁乡

党委书记　张国强
党委副书记、乡长　许勇辉
人党委委员、大主席　孙爱民
党委委员、党委副书记　张田云
党委委员、纪委书记　郝　云
党委委员、副乡长　宋海兵　胡东侠
党委委员、武装部部长
党委委员、组织委员　郭海龙
副乡长　邱璐璐（女）（1月免）
　　高玉芳（女）
副科级干部　任德茂

杜村乡

党委书记　刘建军
党委副书记、乡长　刘　宁
党委委员、主任科员　王少华
党委委员、人大主席　张桠杰
党委委员、党委副书记　赵　龙
党委委员、纪委书记　李泽敏
副乡长　刘　钊　刘香兰（女）
党委委员、组织委员　卢华平（1月免）

社区服务指导中心

主　任　郭有锁
副主任　成跃红
党工委副书记　王海霞（女）

驻安泽县单位和负责人名单

人民武装部

县委常委、政治委员　杨巨松
武装部部长　张劲槐（3月任）
副部长　雷晓飞
政治工作科科长　安沛华
保障科科长　乔志成

县国土资源局

局　长　毋宏祥
副局长　刘志刚
矿业开发中心主任　刘　峰
土地收购储备中心主任　王　鑫
土地执法监察大队大队长　李清龙
主任科员　郭明星（12月退休）

县气象局

局　长　张红安（女）
副局长　夏林喜
副主任科员　黄向文

武警中队

中队长　任杰军（4月免）

　　　　李路平（4月任）

指导员　韩福佳

消防大队

教导员　郭鹏飞

大队长　史爱福

国税局

党组书记、局长　程重元（7月免）

党组成员、副局长

　　　　范红军（7月免）

　　　　党辉斌（7月免）

　　　　刘安生（7月免）

地税局

党组书记、局长　张建兵（7月免）

党组成员、副局长

　　　　李海生（7月免）

　　　　尚宪筠（1月免）

　　　　苏永刚（7月免）

党组成员、纪检组组长　崔永辉（7月免）

税务局

党委书记、局长　张建兵（7月任）

党委副书记、副局长　程重元（7月任）

党委委员、副局长

　　　　李海生（7月任）

　　　　范红军（7月任）

　　　　党辉斌（7月任）

　　　　苏永刚（7月任）

　　　　刘安生（7月任）

党委委员、纪检组组长　崔永辉（7月任）

地电安泽分公司

党支部书记、经理　刘力杰

党组成员、副经理　李宏宇　郝爱军

　　　　袁金荣（6月任）

党组成员、工会主席　原国宏

国家统计局安泽调查队

党支部书记、队长　宋书庆

副队长　王　丽（11月免）

纪检监察员　严　昊（11月任）

主任科员　王　丽（11月任）

副主任科员　张海涛

临汾市住房公积金管理中心安泽管理部

主　任　崔生岳

银监办

主　任　杨建民

副主任　王学军

中国人民银行安泽支行

党组书记、行长　赵彤

党组成员、副行长　秦永文

党组成员、纪检组组长　晋志俊

主任科员　曹新跃（12月退休）

副主任科员　魏晓明

中国农业银行股份有限公司安泽支行

党组书记、行长　崔金昌

党组成员、副行长　李　庚（11月任）

　　　　杨志凯（12月任）

党组成员、工会主席　郭俊峰

中国农业发展银行安泽支行

党组书记、行长　王国荣

党组成员、副行长　段徐军　夏　岩

安泽县农村信用合作联社

党委书记、理事长　董新伟

党委副书记、主任　薛俊辉

纪检书记、监事长　魏彦彬

党委委员、副主任　郭海军

　　　　曹志伟（9月免）

党委委员　武贤荣（9月任）

安泽邮政局

局　长　雷鸣宏（8月免）

　　　　董新平（8月任）

中国移动通信集团山西有限公司安泽县分公司

经　理　柴云青

副经理　毛　鹏（5月免）　郭立斌（5月任）

中国联合网络通信有限公司安泽县分公司

经　理　游园丰（12月免）

　　　　关艳锦（12月任）

副经理　郭小军（12月免）

　　　　任　刚（12月任）

中国电信股份有限公司安泽县分公司

经　理　宋国华

中国石油化工股份有限公司山西临汾安泽石油分公司

经　理　周新华

副经理　何　凡

中国人寿保险股份有限公司临汾分公司安泽县支公司

经　理　杨　勇

副经理　张海宏

中国人寿财产保险股份有限公司临汾分公司安泽县支公司

经　理　刘巧荣（女）

副经理　许　刚

中国人民人寿保险股份有限公司临汾市中心支公司安泽营销服务部

经　理　刘改娥（女）

中国人民财产保险股份有限公司临汾市中心支公司安泽营销服务部

经　理　申东亮

安泽公路段

段　长　杨洪昌

党支部副书记、副段长　许春生

副段长　任　华　于　涛

工会主席　秦安平

安泽烟草专卖局

局长、经理　武俊平

副局长　梁文虎　徐彩红（女）

山西省临汾交通运输执法局安泽县分局

副局长　王海珍（女）

药材公司

经　理　王雨胜

副经理　范志进

新华书店

经　理　李东生

中国共产党安泽县委员会

综　述

【概述】　2018年，县委常委会始终坚持以习近平新时代中国特色社会主义思想为指引，全面贯彻落实中共十九大、十九届二中、三中全会精神和习近平总书记视察山西重要讲话精神，坚决按照省委“一个指引、两手硬”重大部署要求，从严落实市委“345”发展战略，坚持稳中求进工作总基调，贯彻新发展理念，全面强化党建动车引领，扎实开展三基建设升级年、工业转型跨越年、城建品质提升年、乡村振兴驱动年“四个年”活动，全力加快“山水田园城、精品旅游县”建设步伐，全县各项工作稳中向好、稳中有进，安泽全面振兴、绿色崛起开创了新局面。2018年全县地区生产总值完成63.2亿元，比上年同期增长3.3%；规模以上工业增加值完成43亿元，同比增长1.3%；固定资产投资完成11亿元；公共财政收入完成6亿元，同比增长47.5%；社会消费品零售总额完成10.4亿元，同比增长8%；城镇居民人均可支配收入29252元，比上年增长7.6%；农村居民人均可支配收入9846元，比上年增长7.3%。

【理论学习】　县委常委会始终坚持全面、系统、深入地学习，持续兴起“大学习、大讨论、大落实”热潮，教育引导全县广大党员干部群众真学真懂真用。坚决用习近平新时代中国特色社会主义思想统一思想、指导行动。始终坚持把学习贯彻习近平新时代中国特色社会主义思想作为安泽工作的主题主线，与学习贯彻中共十九大、十九届二中、三中全会精神结合起来，坚持通过召开县委常委会、县委中心组学习进行系统学习，第一时间学习传达，研究部署贯彻落实，带动全县各级党员干部常态化学习，推动学习贯彻落实不断深化细化，久久为功，持续推进，全县党员干部“四个意识”不断增强，“四个自信”更加坚定。坚决维护习近平总书记党中央的核心、全党的核心地位，坚决维护以习近平同志为核心的党中央权威和集中统一领导。坚持把维护习近平总书记的核心地位、维护党中央权威作为最大的政治，时时处处从政治和大局上向习近平总书记看齐，扎实推进“两学一做”学习教育常态化制度化，从严开展“强化责任、严守纪律、树好形象”专项治理活动，全县党员全部积极参与，“两个维护”已经成为全县党员干部的思想自觉、党性观念、纪律要求和实际行动。坚决推动习近平新时代中国特色社会主义思想在安泽结出硕果。县委常委会在谋划重要工作、做出重要决策时都严格遵循习近平新时代中国特色社会主义思想精神，以全面贯彻落实习近平总书记的重要指示和中央决策精神为前提，主动对标，认真对表，形成工作思路。举办全县科级干部学习贯彻习近平新时代中国特色社会主义思想读书班，全面提升政治素养。各党支部纷纷开展专题活动，广大党员干部纷纷读原文、谈体会、表决心，切实把思想和行动统一到了习近平总书记提出的新战略、新部署上来，确保习近平新时代中国特色社会主义思想在安泽落地生根、结出硕果。

【工业产业发展】　紧紧围绕省委“示范区”“排头兵”“新高地”目标定位，全力在传统煤焦产业升级上下功夫，在构建新型清洁能源体系上求突破，坚定不移走好转型发展之路。1.经济技术开发区批准成立，严格落实全省开发区改革创新发展推进会“五个着力破解”“五个进一步”要求，扎实推进“5+2”重点任务，安泽经济技术开发区建设不断提速，顺利通过省政府批准，各项工作全面铺开。2.传统煤焦化产业优化升级，加快煤焦企业绿色化、智能化、高端化改造，全县4座煤矿全部达到国家安全生产标准化二级以上。持续加快转型重点项目建设，山西永鑫集团藺鑫有限责任公司170万吨/年焦化和20万吨/年乙二醇、永鑫铁路专用线等项目进展顺利。全年生产洗精煤292.6万吨，焦炭231.4万吨，粗苯2.06万吨，甲醇13.91万吨，产业链条得到新延伸，效益得到新提升。3.清洁能源体系不断壮大，中石油马壁东区块4亿方/年煤层气项目已完成投资5.5亿元，投产部分日产气量4.5万立方米；永乐区块、永乐北区块、安泽南区块煤层气勘探项目勘探方案完成编制并完成首井开钻，安泽将成为临汾绿色清洁能源主要输出基地。4.民营经济稳步发展，深入贯彻习近平总书记民营企业座谈会重要讲话和省委骆惠宁书记全省支持民营企业发展大会讲话精神，建立四大班子领导联系民营企业制度，扎实开展“入企服务”活动，及时帮助企业解决发展难题，全力支持民营企业发展壮大，千方百计“保企业、保生产、保增长”，累计为企业减负两千余万元，为企业创造了宽松的发展环境。

【山水田园城建设】　努力塑造县城“绿、洁、畅、美”的新形象，实施“增绿”工程。全面推进绿化美化，全方位推进道路绿化、防护绿地、公共绿地、单位附属绿地、生产绿地等建设项目，补栽树苗花卉23万余株，精心打造县城特色景观。实施“清水”工程。加快推进源头治水，大力实施沁河修复、沁河县城段污水管网改造、义唐河县城段治污、污水处理厂扩容提标等重点工程项目，县城生活污水处理率持续提高。实施“美城”工程。围绕打胜“国卫”创建这场硬仗，严格对照52项创建指标，立体化、地毯式、无盲区进行整治，先后完成文体广场等5座广场近4万平方米新建改造任务，完成20条街巷改造，硬化路面30000余平方米；绿化15000余平方米；修建大型停车场5个，新增无害化卫生公厕15座，完成城区居民户旱厕改造2382座，城南、城北两个农贸市场投入使用，县城面貌焕然一新，顺利通过省爱卫办暗访。实施“扩城”工程。原林业局、原种子公司、原面粉厂等空地公园广场、停车场改造工程均已投入使用，功能空间日趋完善。长临高速连接线、沁河大桥等市政重点工程建设正在加快推进，城市“动脉”更加畅通。

【“三农”工作】 牢固树立农业农村优先发展战略，大力推进农业转型和美丽乡村建设。坚持走特色化、精细化、功能化农业发展之路，按照市里“三区两品牌”创建要求，大力发展以连翘为主的中药材加工和医药物流产业，积极与井泉药业、大象集团合作，新大象集团6000头种猪繁育基地项目建成投产，井泉药业5000亩中药材种植示范基地已种植完毕，晋南（安泽）中药材物流基地项目通过评审。举办了樱桃产业发展研讨会，与山西省农业科学院签订农业产业战略合作框架协议，院县合作迈出了新步伐。聘请国内专业团队、知名专家学者作为工作顾问，以新理念新举措为“黄花、荀子、红叶”品牌建设注入新活力。CCTV-7《乡村大世界》成功录制播出，打造“太行山最早的春天”等旅游品牌。精心举办“国际河灯艺术丰收季”，打造中国第一家以村庄为元素的乡村光影秀，飞岭村入选“首届中国农民丰收节100个特色村庄”，为全域旅游提供了示范样板。深入挖掘荀子文化内涵，创意开发“荀亲”系列文创产品，打响了“安泽特色旅游文化商品”品牌。立足太岳红色资源，开辟爱国教育、党性教育、拓展训练基地，实现了红色教育和增收致富的双赢。持续加强基础设施建设，先后完成“小飞·田园综合体”、沁河百里绿道等一系列重点旅游项目，全面提高乡村旅游档次和综合接待能力。持续壮大景区规模，新建修复了一批旅游景点，实现了乡镇旅游景点全覆盖，旅游发展呈现出“百花齐放”的新局面，安泽全域旅游不仅实现“量”的提升，更得到了“质”的扩展，生态绿色正在变成真金白银。

【改革发展】 始终高举新时代改革开放旗帜，改革开放的力度、广度、深度持续拓展延伸，为高质量发展注入澎湃活力动力。1.重点改革任务扎实推进。制定印发《深改小组2018年工作要点及责任分工》，全面增强改革系统性、整体性、协同性，统筹推进各领域改革，全面深化改革42项重点任务扎实推进。全县15610户农村土地承包经营权确权全部完成，农村集体产权制度改革完成66个村的清查核资和身份确认工作，占全县行政村的64%。全面推进县乡医疗卫生机构一体化改革，完善行政一体管理、绩效一体核算等“六个一制度”，医疗机构变为集团化运行、集群式发展的“一盘棋”，被列入全省县乡医疗卫生机构一体化改革示范县。全面深化社会治安综合治理改革，完成三级中心国标建设，扎实推进网格单元治理，服务总量持续提升，信访总量显著下降，打造起社会治理新格局。同时，公共文化服务领域改革、生态保护、环境污染防治改革等方面均取得阶段性成果。2.对外开放成效显著。着力打造“六最”营商环境，率先完成企业投资项目承诺制改革试点任务。利用招商引资承办权下放到县级的良好机遇，举办“荀乡·乡思乡忆——太原市安泽商会揭牌暨招商引资签约大会”等招商引资活动，积极参与省、市各项招商活动，全年招商引资引进项目10个，总投资102.9亿元。3.创新引领持续突破。促进创新资源向企业集聚，加快企业创新平台建设，培育孵化小微企业和创新创业团队，大力鼓励、支持、引导民营经济健康发展，企业创新的积极性得到有效激发。

【风险防范化解】 1. 树牢底线思维，不断提高防范和抵御风险能力，有效防范、化解、管控各类风险，从坏处准备，努力争取最好结果，牢牢把握工作主动权。2. 全面落实“牢牢守住底线、决不触碰红线”的要求，细致梳理政府债务及隐性债务情况，持续拓宽财源渠道，不断优化支出结构，稳妥有序推进政府性债务风险防控工作，实现化债与减债有机结合，着力化解存量，严格控制增量，政府性债务风险总体可控。3. 完善地方金融监管体系，严格落实属地属事责任，全面加强对小额贷款公司、典当行等市场主体监管。积极引导金融脱虚向实，鼓励普惠金融、科技金融、绿色金融，引导金融业回归本源，服务于实体经济和经济社会发展。深入开展非法集资专项整治行动，严厉打击非法金融活动，努力维护金融秩序和社会和谐稳定。

【脱贫攻坚】 主动扛起脱贫攻坚的第一责任，始终坚持“四个不摘”，以全新的高度、更大的力度，对产业、保障、智志双扶等扶贫工程进行巩固提升，打造可持续脱贫、稳定脱贫的“安泽样板”。严格实行脱贫攻坚周例会、月总结、季报告制度，全力将各项工作落到实处。用好旅游、光伏、连翘“三件宝”，壮大特色产业抓好巩固提升。“旅游”带动有了新成效，群众参与旅游意识有了极大提高。“光伏”发电有了新发展，行政村光伏电站建设全覆盖，贫困户户均增收4000余元。“连翘”产业再结“增收果”，打造野生抚育“百亩精品示范园”29个，每村划定200余亩连翘保护区，吸纳贫困户参与管护、采摘、经营，仅此一项可使全县有劳动能力的贫困人口人均增收1500元左右。持续巩固提升“3+X”帮扶机制，全力构建“大帮扶”格局，累计开展各类走访帮扶活动3000余次，走访帮扶群众万余人次。脱贫成果持续巩固，全县贫困人口减少至25户64人，省政府于2018年9月正式批准安泽县退出贫困县，安泽成为全省首批脱贫摘帽县。

【环境治理】 坚持把绿色生态作为最亮的名片，坚定不移地厚植生态优势，全力建好绿水青山，打造金山银山。深入学习贯彻习近平生态文明思想，自觉扛起生态文明建设政治责任，将环境保护工作列入县委重要议事日程，定期研究生态环境保护工作，出台三年行动计划，对打好攻坚战做出全面安排部署。注重科技引领，山西省环境科学研究院“环保管家”服务首家落户我县。全力做好中央和省市督察反馈问题整改，成立县委、政府主要领导“双组长”的整改领导小组，逐项制定整改方案，专人负责全力推进，及时解决工作中的问题，确保督察反馈问题全面彻底整改落实到位。深入开展违法排污百日行动、“利剑执法”专项行动，累计出动执法人员2144人次，有力打击和震慑了环境违法行为。注重“山上治本、身边增绿”同步推进，持续实施太行山绿化、退耕还林、村庄绿化等工程，不断加大经济类、景观类树种的栽植比例，年均造林绿化面积保持在万亩以上，持续保持了全省最高林木覆盖率和独特小气候。坚持全民共治、源头防治，持续实施大气污染防治行动，大力推进煤改气、煤改电，完成清洁取暖改造2019户，淘汰燃煤锅炉142台，切实打赢蓝天保卫战，全县空气质量持续改善。实行最严格水资源管理制度，持续推进“河长制”，全力实施沁河及其支流治理，大力实施清水行动，推进饮用水、地下水、流域水、黑臭水、污废水“五水同治”，三级河长累计巡河达2300余人次，沁河水质始终稳定在三类水标准，荣获农业部“亮剑2017”系列渔政专项执法行动工作成绩突出集体荣誉。实施净土行动，全面加强农业面源污染防治，强化土壤污染管控和修复，创新开展农药瓶等农业废弃物回收工作，土壤环境质量保持稳定。安泽国家森林公园、中国天然氧吧、全国森林旅游示范县、2018中国森林旅游美景推广地——最美花海“山西安泽黄花岭金色花海”等多项国字号荣誉相继花落安泽，在生态林业方面成为全国唯一获得多项殊荣的县。

【民生事业发展】 以办好人民满意的教育为目标，续建、新建3所乡镇中心幼儿园，深入推进“三优”工程，8个先进团队、个人、高效课获得市级表彰，教育教学质量显著提升。医疗体制机制改革不断深化，与北京阜外心血管病医院、山西省心血管病医院等知名医院合作，开展全脑血管造影术等介入手术265台，让患者不出县就能享受到国内知名专家的诊疗，花小钱就能治大病。县医疗集团荣获全国基层中医药工作先进单位，成为全省首批社会主义核心价值观建设示范点。全面开展贫困户“先诊疗后付费”和“一站式”服务，继续实施“四免一降”惠民措施，公共卫生服务均等化成效明显。完成农村饮水安全巩固提升工程24处，让群众吃上了“安全水、放心水”。所有建制村通水泥（油）路硬化率达100%，客运班车通车率达100%，“四好农村路”成为惠民幸福路。扎实推进十二年教育全免费、数字电视全免费等惠民措施。大力实行积极就业政策，全面加强社会保障体系建设，医疗、失业等保险工作进一步加强，社会福利、救灾救济等工作持续推进，机关事业单位干部职工调标工资按时足额发放，社会保障更加全面完善。

【文化建设】 努力推进文体场所大提标，对文体广场、奥体中心等场所进行全面改造提升，镇村（社区）活动场所实现全覆盖，群众文化享受全面升级。持续开展消夏月等文化活动，实现了周周有节目，月月有活动。大力开展文艺创作，山西省首部关于脱贫攻坚的长篇纪实文学《太行山最早的春天》等一批精品力作先后出版，梁衡、舒婷等百名作家走进安泽，安泽知名度和吸引力全面提升。

【社会安全】 倍加珍惜“长安杯”这一荣

誉，不断健全完善安全生产、社会稳定长效机制，全力维护社会大局安全稳定。始终把安全生产放在首位，认真落实“党政同责、一岗双责、齐抓共管”责任，重点抓好煤焦、森防、交通等领域安全工作，安全生产总体平稳。扎实推进“平安安泽”建设，综治中心综治视频联网会议系统建成运行，新增137个雪亮工程高清视频监控点。荣获全国社会治理创新示范单位。扎实开展信访矛盾化解和退役军人走访慰问活动，为全县退役军人送去党和政府的关怀，切实解决了一批问题和实际困难，全县始终保持和谐稳定。

【扫黑除恶专项斗争】 坚持高位推进、全面部署，常委会、领导小组会20余次研究部署推进，形成上下联动、齐抓共管、综合治理的工作格局。坚持全党动员、全民动员，发放各类宣传资料17.5万余份，综合运用“两微一端”推送信息7.5万次，广播电视宣传18.9万分钟，营造了浓厚氛围。坚持高压严打、依法严惩，核实各类涉黑涉恶线索54条，打掉涉黑涉恶组织3个，抓获逃犯10人，形成打击黑恶势力的压倒性态势。

【民主法治建设】 坚持党的领导、人民当家做主、法治建设有机统一，积极推动社会主义民主政治发展。定期听取县人大、政府、政协、法院、检察院党组工作汇报。支持保障人大及其常委会依法行使职权，县人大常委会听取审议工作报告13项，组织代表视察调研5次，通过决议决定2项，依法任免“一府两院”干部13人，对《中华人民共和国环境保护法》《中华人民共和国食品安全法》等法律法规实施情况进行执法检查，对教育、卫生等重点工作进行视察调研，促进监督、决定重大事项更好地体现人民意志。支持政协积极履行政治协商、民主监督、参政议政职能，县政协召开专题协商议政会3次，组织政协委员围绕乡村振兴、三产发展等情况开展调研视察13次，开展委员专题视察9次，更好地协调关系、汇聚力量、建言献策、服务大局。统筹抓好新时期统战工作，支持各民主党派和无党派人士积极参政议政，依法加强民族宗教事务管理，推动非公经济“两个健康”发展，维护宗教领域安全稳定，做好党外知识分子和新的社会阶层人士统战工作，连续开展“圆梦助学、情系荀乡”帮扶活动，形成同心奋进，共谋发展的良好局面。深化群团组织改革，完成妇联、工会换届工作，群团组织服务基层、服务群众能力进一步提升。深入推进“法治安泽”建设，制定出台《安泽县2018年法治建设工作要点》《安泽县法治建设重要举措规划》，建成安泽荀子法治文化示范点，马壁乡东里村被评为全国民主法治示范村。以弘扬宪法精神为重点加强普法宣传教育，扎实推进法律服务，建起了一支422人的调解员队伍，全民法治观念不断增强，为经济社会发展凝聚了合力、增添了动力。

【党建工作】 牢固树立抓好党建是最大政绩的理念，始终聚焦党建第一责任，牢牢把握新时代党的建设总要求，全面从严推进管党治党，以党建精工打造党建品牌。1. 全面压实主体责任。牵住主体责任这个“牛鼻子”，全面抓好党建主业。制定县直党工委书记、乡镇党委书记抓党建“4+2”和“5+3”项目清单，层层签订目标责任书，层层召开书记面对面述职会议，不折不扣将责任落到实处。2.政治建设不断加强。坚持每两周一次中心组学习，组织学习 22 次，课题 104 项；召开常委会 27 次，研究议题 74 项，对中央、省、市各项决策部署第一时间传达贯彻。严格推行“4+N”主题党日活动，切实把从严党内政治生活融入日常、抓在经常，全县党员干部“四个意识”显著增强，确保了上级各项部署落到了实处。厚植政治文化，擦亮太岳革命根据地旧址、刘少奇路居地等“红色教育”名片，开展党性实践教育 6200 余人次，忠诚老实、公道正派、实事求是、清正廉洁等价值观深入人心。3.思想建设不断夯实。严格落实意识形态工作责任制，多次专题研究意识形态工作，围绕改革开放 40 周年开展丰富多样的宣传活动，安泽、荀乡 650 余次出现在各类网络媒体上。着力防范网络意识形态风险，及时发现处置网上有害信息、网络舆情，牢牢把握了舆论主动权。大力培树安泽典范，深入开展第四届“感动安泽”系列人物和“安泽好人”评选活动，表彰“感动安泽”人物 10 名，“安泽好人”55 名。连续三届保持省级文明县城称号，积极创建全国文明县城，凝聚了发展正能量。4.“三基建设”不断升级。努力建强基层组织，持续增强基层党组织的政治功能、发展功能和服务功能，突出打造党建品牌。细化任务清单 42 项，制定配套文件 20 余个，投入资金 7000 余万元，乡镇经费平均达 100 万元以上，村级党建经费 13.48 万元，社区经费 26 万元。发展壮大村级集体经济，在 2017 年率先实现全部“破 5 万”的基础上，2018 年 52% 的行政村突破 10 万元。合力打造党群之家，总面积 7275 平方米的 291 套干部周转房投入使用，党员群众活动有了新场所、服务发展有了新阵地。创新推进党建联合体，探索推行村村联合、村社联合、村企联合等模式，创建“小飞”“太岳”等先行试点，实现强强联合、共赢发展，党的基层基础更加稳固。5.干部队伍建设不断优化。树好用人导向，激励干部担当作为，调整了一批科级干部，推荐一批干部上挂锻炼。试行干部成长档案记录和干部工作实绩纪实制度，健全完善《党员领导干部谈话提醒制度》，将从严贯穿于干部监督管理全过程。着力提升基本能力，多领域、分层次、常态化、立体式开展专题培训，累计培训干部 3.2 万余人次。充分发挥党代表作用，组织开展活动 6 次，44 件提（议）案全部办结。制定《关于深化人才发展体制机制改革的实施办法》，努力把各类人才集聚起来，建立健全崇尚实干、带动担当、加油鼓劲的正向激励体系，想干事、能干事、干成事在安泽蔚然成风。6.党风廉政建设不断强化。持续深化监察体制改革，推进派驻监督全覆盖，切实发挥村务监督委员会、村级监督信息员、红白理事会“三支队伍”作用，收到监督意见建议 1636 条，推动监察体制改革触角向基层延伸。始终保持反腐高压态势，运用监督执纪“四种形态”处理 624 人次，同比增长 52.94%。持续狠刹“四风”问题，发现问题 53 件，处理 64 人，通报典型案例 23 案 29 人，形成强大震慑。查处群众身边腐败案件 357 案 357 人，推动整治群众身边腐败问题向纵深发展。先后开展第五轮、第六轮巡察工作，推动巡察工作规范化。2018年，问责党组织3个、党员领导干部67人，问责领导干部96人，使失责必问、问责必严成为常态，持续保持了安泽政治生态的绿水青山。

县委办公室

【概述】 县委办公室作为县委的综合部门，是县委履行领导职责的参谋助手。2018年着力在建设县委“坚强前哨”和“巩固后院”上下功夫，以“五个坚持”为总遵循，紧紧围绕县委中心工作，全面提高政治站位、提升工作质量、提振精神状态，高标准高质量高效率做好“三服务”工作，确保县委工作高效运转。

【践行“两个维护”，提升政治站位】 2018年把做好“两个维护”作为办公室工作的灵魂，把讲政治作为开展一切工作的生命线，始终坚持以习近平总书记对党办“五个坚持”的要求为指引，牢牢把握新时代做好党办工作的正确方向，全力确保上级各项决策部署得到不折不扣的贯彻执行。坚持把学习贯彻习近平新时代中国特色社会主义思想作为一项长期的政治任务，采取“1115”学习模式，即每名党员通过手抄一次十九大报告全文、做一次专题辅导、进行一次讨论发言、撰写5篇心得体会的方式，全面加深对中共十九大精神的理解和运用。及时传达学习中央、省市最新会议精神和文件要求，制定学习计划，安排学习内容，雷打不动每周一坚持集体学习，累计学习40余次，进一步树牢“四个意识”，坚定“四个自信”。将学习习总书记视察山西重要讲话精神与办公室工作结合起来，始终在思想上政治上行动上同以习近平同志为核心的党中央保持高度一致，为全县各级各部门坚决落实“两个维护”当好表率、做好示范。

【办文质量】 紧扣县委决策意图和领导思路，树牢精品意识，严把起草关、创新关和审核关，着重于改文风、亮观点、出真招，确保文稿内容准确、鲜明、精练，文稿质量不断提升。2018年共完成县委全会、县委经济工作会等县委主要领导讲话和各类工作汇报材料240余篇，先后起草《全力交好“三基建设”新答卷》《发展全域旅游 驱动乡村振兴》等10余篇署名文章，起到了以文辅政的作用。

【注重调查研究，做好参谋部】 2018年把搞好调查研究作为做好决策的基础，紧紧围绕县委中心工作，选取脱贫攻坚、环境治理、全域旅游、产业转型等重点工作作为调研课题，深入基层一线，广泛开展调查研究，撰写《乡村振兴的安泽实践》《全力推进扫黑除恶专项斗争向纵深发展》等调研报告10余篇，做到谋在点子上、参到关键处、用在正当时。

【加大信息报送，争做宣传员】 充分发挥信息科、社情民意通道和信息化中心等各平台作用，坚持全员办信息，按照“第一手情况”“第一时间报送”要求，累计上报信息353条、要情157条，信息工作排名全市前列。全市率先完成电子政务内网分级保护测评建设项目、无纸化办公项目。用好“互联网+”，编发微信、H5等新媒体宣传366期，其中“创卫进行时”系列宣传报道180篇、中央生态环保督查“回头看”安泽工作简报20篇，切实为县委推动工作提供参考依据。

【值班保密严谨规范】 日常值班做到24小时连续运转不离人，严格值班登记制度，做到上传下达及时畅通，对领导交办的事项，做到件件有回音，事事有落实。坚持“两个确保”“两个必须”和“三个不动摇”，完成了密码通信主渠道升级改造和装备更新工作，开展了全县涉密人员保密常识能力教育培训。全年通过机要专线收明传电报600份，收密码电报484份，发明传电报55份，发密码电报52份，确保了县委与上级党委机关的工作联系和信息畅通，全部实现“无事故、无差错、无错情”。

【规范办文办会工作】 2018年严格规范行文规则和运行程序，共制发县委文件34期，印发县委办公室文件58期。建立党群系统微信联络群，及时高效做好会议通知，始终坚持提前准备、分工负责、层层把关，精心组织各类会议，确保会务工作“无失误”“无差错”。共办理临时交办事项260余件，办理会议通知事项150余件，接处紧急重要情况报告6件次，承办了全委会、党务会等重要会议及大型活动60余场，全部做到忙而不乱、有条不紊、万无一失。同时，广泛宣传对台方针、政策和理论知识，在全社会营造起关心支持对台工作的良好氛围。

【推进改革任务】 2018年承办县委全面深化改革领导小组会议10余次，做好组织协调，制定印发了《中共安泽县委全面深化改革领导小组2018年工作要点及责任分工》，将全面深化改革工作细化为7大方面42项具体内容，做到有路线图、有时间表、有硬措施，全力确保各项改革措施落到实处。按照市委“三合一”要求，全面落实人员、经费、场地，相关工作顺利交接，改革办、综改办完成挂牌。先后牵头开展多轮改革工作专项督查，确保各项改革工作落实不打折、推进不延误。

【防范工作】 着重加强思想引导，严密防范防控，深入开展大排查大整治等活动，从严从实落实了保稳定、护安全工作。2018年举办大型宣传活动2次，发放宣传资料1.5万余份，拍摄微视频《新智斗》，点击量达到6000次，利用新媒体、三微一端等形式多样的宣传渠道进行了防范宣传，对公路沿线行政村进行了宣传全覆盖，取得了很好实效。

【督查工作】 1. 改进督查方式。积极构建上下畅通、左右衔接、内外结合、覆盖全县的督查工作网络体系，坚持围绕全局督大事，先后对县委、县政府高度重视的供热、环保、扶贫等重点工程和民生实事进行督查，及时准确、全面客观的反馈给县委、政府主要领导，全力推动了县委决策部署的落实。全年编发上报《督查专报》12期，较好地履行了督促检查职能。2. 创新督查手段。坚持“一线督查、一竿子插到底”，切实在一线发现问题、研究问题、解决问题。灵活采取两办联合督办、下发督办通知、电话通知督办、实地督办等多种形式，将督办事项及时准确转交相关部门办理，并跟踪督办，限期反馈办理结果。定期召开督查工作业务会议，总结各单位、各部门工作中的先进经验和做法，通报工作不力、推诿扯皮等不良现象，督促各项工作落实到位。3. 严格督查要求。根据中央、省委、市委要求，严格按照市委办公厅《关于开展督查检查考核专项清理和做好2019年度督查检查考核计划报送工作的通知》（临督发电〔2018〕5号）文件精神，认真开展对督查检查考核工作专项清理。2018年共督查检查专项清理汇总75项，保留45项，2019年计划开展督查检查考核35项，清理54%。

【队伍素质建设】 2018年始终把讲政治、善学习放在首位，积极参加县委举办的“干部大学堂”、科级干部轮训和办公室组织的集体学习。发扬“传帮带”传统，形成“老将+新兵”梯次式工作班子，选派6名干部赴清华大学、浙江大学、右玉干部学院、全国组工干部学院学习，积极推荐3名干部上挂市委、市政府办公厅学习，选取全县各乡镇、县直单位8名干部到办公室进行轮岗培训，全面提升干部素质，激发干部队伍活力。

【支部建设】 深入开展“三基建设”，完成全县文秘、督查工作能力测评。以政治建设为统领，深入开展“强化责任、严守纪律、树好形象”专项治理活动，全办27名党员认真参与活动，实行党支部、党小组、党员“三本手册”全程工作留痕，切实把从严党内政治生活融入日常、抓在经常。深入开展驻村包联活动，在做好府城镇三交村帮扶工作的基础上，选派9名干部帮助参与李垣村、飞岭村包扶工作，包联村、包联贫困户实现全部脱贫，支部党员的凝聚力、战斗力进一步提升。

【党风廉政建设】 坚持细化党风廉政建设工作任务责任分解，制定2018年度落实主体责任清单，压实责任。大力开展警示教育活动、开展廉政知识测试，强化党员全办、干部的底线意识和红线意识。严格执行主要领导“五个不直接”分管、“三重一大”决策等制度，确保权力在监督下运行。重新修订完善会务、值班、行文、印章等20余项工作制度，并严格按制度管理，使办公室内部管理更加制度化、规范化、高效化。

县委巡察办

【概述】 2018年，在市委巡察办的大力指导和县委、县委巡察工作领导小组的坚强领导下，县委巡察办认真贯彻落实中央、省、市、县委巡视巡察工作方针，充分发挥综合协调、指导督促、服务保障等职能作用，不断推进全县巡察工作高质量发展。

【落实“两个维护”，做好巡察工作】 2018年把学习贯彻习近平巡视巡察工作思想作为重要政治任务，以学习贯彻习近平巡视巡察工作思想推动全县巡察工作扎实开展。1. 深刻理解政治巡察的基本要求。坚定不移深化政治巡视，聚焦坚持和加强党的全面领导、新时代党的建设总要求、全面从严治党，突出关键少数，查找政治偏差，督促各级党组织强化管党治党政治责任，推动党的建设新的伟大工程，真正把巡察的根本政治任务落脚到“两个维护”上来。2. 准确把握巡察内容。落实上级巡视巡察工作新要求，围绕党的政治建设、思想建设、组织建设、作风建设、纪律建设和夺取反腐败斗争压倒性胜利六个方面，加强巡察整改监督检查，对被巡察党组织进行全面的“政治体检”，尤其是围绕夺取反腐败斗争压倒性胜利方面，重点巡察扶贫领域、民生领域腐败问题和涉黑涉恶腐败及“保护伞”问题。3.把握政治与业务的关系，提高巡察工作质量。引导各巡察组透过现象看本质，聚焦被巡察单位主责主业，关注重点岗位、关键环节、廉政风险点，善于把业务问题放到党的领导、党的建设、全面从严治党的层面去分析，落到管党治党政治责任上去查找问题，避免巡察工作同质化。

【巡察全覆盖】 1. 完成县委第四轮巡察工作。2018 年春节前，曲沃、襄汾、浮山统筹交叉组编入安泽县巡察组，分别对交通运输局、水利水保局、安监局、供销社、投资建设管理中心、水工程移民办 6 个党组织开展巡察，对马壁乡、良马乡开展巡察“回头看”，春节前，巡察了解工作结束。3 月，按照工作流程，及时组织向县委巡察工作领导小组、县委书记专题会汇报工作，完成第四轮巡察后续工作。巡察中，发现共性问题 55 条，涉及党员干部的问题线索 22 条。2. 实施县委第五轮巡察工作。2018 年 5 月至 8 月，汾西县三个统筹交叉组编入安泽县巡察组，分别对杜村乡、农委、审计局、中小企业局、住建局、统计局、档案局、信访局、民政局 9 个党组织开展政治巡察，对教科局、卫计局开展巡察“回头看”。巡察中，发现共性问题 90 条，涉及党员干部的问题线索 31 条。3. 启动县委第六轮巡察工作。按照市委第六轮巡察工作部署，于 2018 年 9 月下旬启动县委第六轮巡察工作。隰县一个统筹交叉组编入安泽县巡察组，与安泽县 2 个巡察组分别对公安局、司法局、文联、残联、府城镇、审批中心、党史办、环保局、广电中心、交警大队、城镇工业联合社 11 个党组织开展政治巡察，对冀氏镇开展巡察“回头看”。4. 积极推进巡察乡镇延伸村（居）工作。第四轮巡察，延伸巡察 9 个村；第五轮巡察延伸巡察 11 个村（包括 1 个软弱涣散村）；目前第六轮巡察，共巡察 35 个村（包括 3 个软弱涣散村）。在延伸村（居）巡察中，能够做到“四必一有”即张贴巡察公告，入户走访，查阅文件资料，与“两委”班子、部分党员、村民代表谈话，并列有问题清单，同时做到“四个同步”即同步发布巡察公告、村“两委”主干同步参加动员会议、同步接受群众对村（居）问题的信访反映、县委巡察工作领导小组同步听取对村（居）巡察有关情况汇报。

【巡察整改工作】 1. 巡察工作领导小组成员带队反馈，压实整改责任。巡察反馈时，县委巡察工作领导小组组长、副组长、成员带队出席巡察反馈会，传达县委书记专题会、巡察工作领导小组会议精神，强调巡察整改工作的重要意义，向被巡察单位提出明确整改要求，明确被巡察单位党委（党组）主体责任和党委（党组）书记第一责任，传导整改工作压力。2. 督促指导被巡察单位制定好整改“三清单”。认真制定巡察整改“三清单”即“问题清单、整改清单、责任清单”，定好巡察整改“施工图”至关重要。为此，探索建立了派驻纪检监察组与巡察组列席被巡察单位整改方案研究部署会工作机制。一方面通过列席会议的形式强化被巡察单位整改主体责任，另一方面指导督促被巡察单位制定好整改方案，做细做实“问题清单、整改清单、责任清单”，使被巡察单位整改方向更加明确，整改责任更加压实，整改措施更加科学可行。3. 强化巡察整改督促检查。落实上级要求，将县委第一至第五轮巡察反馈意见等相关资料全部移交县纪委监委和县委组织部，由县纪委监委和县委组织部强化对巡察整改的日常监督。2018 年 4 月和 2018 年 8 月，分别组织督查组，对第三轮、第四轮被巡察单位开展督促检查，共提出整改意见建议 17 条，下达整改通知书 2 份。县委巡察工作领导小组及时听取巡察整改情况汇报，有力促进了巡察整改工作的开展。通过强化巡察整改，县委第四轮、第五轮巡察整改率达 90%，被巡察单位制定修订制度 115 项，推进了被巡察单位管党治党和各项工作开展。

【健全巡察制度体系】 2018 年坚持把加强巡察工作规范化建设作为一项重要工作，在硬件、软件建设上下功夫，为全县巡察工作开展提供了有力支撑。1. 建设纪检监察专网建设。积极协调县纪委监委，为巡察办建设纪检监察专网，12 月底前完成纪检监察专网建设。同时，建立巡察工作综合管理体系建设。2. 建立巡察工作档案室。健全档案管理制度，规范巡察工作档案，全县第一至第五轮巡察档案已全部按要求归档。3. 修订巡察工作五年规划。根据中央、省委、市委巡察工作五年规划，结合安泽县实际，修订县委巡察工作五年规划，经县委常委会研究后印发，为今后巡察工作开展指明了方向。4. 加强巡察工作宣传。针对巡察工作开展时间不长，社会认知度不高的情况，印制《巡察宣传知识手册》和《巡察整改反馈知识学习手册》，开通“安泽巡察”微信公众号，发布工作动态、工作信息 100 余条。5. 加强制度体系建设。结合“三基建设”，完善内部管理制度；每轮巡察结束，召开经验交流会，积极总结巡察工作经验，编写了《县委巡察组巡察了解阶段开展工作实用手册》。6. 加强党组织规范化建设。正式成立党支部，建立党员活动室，设置活动展板，完善了机关党支部制度体系建设，严格开展党内政治生活，确保党内政治生活正常化、规范化。先后赴杜村乡红色教育基地、和川沁河庄刘少奇路居地开展党性教育。

【巡察干部队伍建设】 2018 年为保证巡察工作顺利开展，提高巡察干部的业务素质，按照县委巡察工作领导小组要求，县委巡察办以强化理论学习为抓手，组织巡察干部深入学习领会习近平新时代中国特色社会主义思想，中央、省、市、县委各项重要会议精神和巡视巡察工作新精神、新要求，扎实开展各类主题学习教育活动。先后重点学习了中共十九大新党章、新修订的《中华人民共和国宪法》《中华人民共和国监察法》《中央巡视工作规划（2018—2022）》、省委十一届六中、七中全会精神、新修订的《中国共产党纪律处分条例》。尤其是《中央巡视工作规划（2018—2022）》正式出台后，先后组织巡察干部集体学习贯彻落实《中央巡视工作规划》北京推进会、成都推进会、省委推进会会议精神。每轮巡察工作开展前，开展巡前集中培训，巡察结束后召开经验交流会，开展集中业务培训3次，受训人次达100余人次。此外，根据巡察工作需要，选优配强巡察组组长库、副组长库，组长库人选达9人，副组长库人选达7人，满足了巡察工作需要。同时，以“强化责任、严守纪律、树好形象”专项治理活动和全县巡察机构“严明纪律、改进作风、树好形象”专项活动为载体，全面落实市委、县委关于加强巡察干部工作纪律的有关要求，把支部建上巡察组，严格开展党内政治生活，从严要求管理巡察干部。通过加强思想理论武装，强化业务素质锻炼，严明巡察纪律，努力打造一支忠诚、干净、担当、能力突出的巡察干部队伍，为巡察工作顺利开展打下坚实基础。

组织建设

【概述】 2018年安泽县委组织部在市委组织部和县委的坚强领导下，全面落实新时代党的建设总要求，深入贯彻2018年省市组织部长会议精神，提高政治站位、履行政治职责、强化政治担当，统筹推进领导班子和干部队伍建设、基层党组织和党员队伍建设、人才队伍和自身建设，组织工作整体水平得到有效提升。

【学习培训工作】 2018年学好用好《习近平新时代中国特色社会主义思想三十讲》，把学习《习近平新时代中国特色社会主义思想三十讲》列为重点学习内容，采取党员带头学、带头讲、带头干的方式，开展大学习活动，全县每名党员人手一本《习近平新时代中国特色社会主义思想三十讲》，共发放6466本。举办2期“学习习近平新时代中国特色社会主义思想读书班”，常态化推进“干部大学堂”、习近平新时代中国特色社会主义思想学习班等各类培训，累计培训党员干部3.2万余人次。

【“强化责任、严守纪律、树好形象”专项治理活动】 坚持早谋划、严指导，印发指导工作方案，成立8个工作指导组，建立“2+1+1”指导工作推进机制，每月至少深入联络党（工）委开展2次指导工作，及时掌握工作动态；每半月召开1次指导组碰头会，总体掌握活动开展情况，研究分析存在的突出问题；实行阶段工作要点制度，认真梳理每一阶段的工作要点，第一时间定期下发，指导各单位做好专项治理具体工作。扎实开展了基层党组织集中整顿工作，召开专门会议，迅速安排部署，下发实施方案，聚焦“排查问题、集中整顿”两个重点环节，把准脉搏，精准发力，建立了督查、报告、通报和考评四项机制，加强督导检查120余次，确保整顿工作取得实效。

【规范党内政治生活】 2018年县党建工作领导小组成员、县纪委监委、县委组织部全部对各党（工）委民主生活会进行参会指导，于1月全部召开了民主生活会，2月全部完成了组织生活会和民主评议党员工作。推进“两学一做”学习教育常态化制度化，先行打造21个规范化党支部建设示范点，用好“三簿一册一台账”，推行“4+

N”主题党日活动形式，切实把从严党内政治生活融入日常，抓在经常。

【建立健全机制、层层压实责任】 2018年将“三基建设升级年”作为年初确定的“四个年”活动之首，先后制定《关于建立乡村两级基层党组织共建“党群之家”的实施意见》《关于探索建立“党建联合体”进一步优化基层党组织设置的实施意见》等20余个支撑配套文件。坚持清单式推进，将全年工作细化为14个方面42项具体内容，从中确定10项任务重点推进。通过县委书记抓总、县委常委抓点、基层党（工）委班子成员包联，分领域打造30个县级示范点，以点带面整体提升。县委“三基办”关口前移、靠前指挥，建立“三基建设”重点任务调度机制，每月召开工作例会，采取“两听、五看、一提、一通报、一考核”工作法，定期掌握工作进展、研究解决存在问题、安排下步工作任务。为确保工作有序推进，每月对重点任务牵头单位和各乡镇党委下发工作提醒督办卡，补足短板、赶上进度，实现整体提升、全面进步。通过一级抓一级、层层抓落实，全县动员、全员参与，形成“三基建设”重点任务加速推进的动车态势。

【基层组织建设】 聚焦提升组织力这个新要求，坚持人往基层走、钱往基层投、政策往基层倾斜，推动基层党组织全面进步、全面过硬。强化组织建设，紧盯信访问题和程序问题，开展村（社区）“两委”换届选举“回头看”。结合“强化责任、严守纪律、树好形象”专项治理活动，开展基层党组织集中整顿工作，全县各基层党组织和党员干部排查出问题1.2万余个，制订整改措施6300余条。采取“三检一审”确定16个软弱涣散党组织，全部由县级领导包联，合力高标推进。扎实开展各领域党支部规范化建设，推进社区大党委、大支部建设和200人以下的9个村撤并工作，实施非公和社会组织党建“五项质量提升计划”。围绕12个打击重点，以乡镇为单位，组织包村干部、第一书记、大学生村干部、驻村工作队和党代表等“五支队伍”1300余人，挨家入户走访，发放870余份《致全县党代表的一封信》，填写3万余份入户登记表，全面掌握了涉黑涉恶问题和情况，把扫黑除恶工作作为领导班子和领导干部考核重要内容，作为基层党建督查的必查项目。强化队伍建设，实行主题党日提前报备、公示预告两项制度，将“3+N”主题党日拓展为“4+N”，增加每月开展一次服务群众活动的内容；先后组织开展领导干部讲党课、百名党员送党徽、绣党旗和党代表视察“三基建设升级年”等活动，广大党员“四个意识”不断强化。坚持大规模培训党员干部，采取小班制、全封闭举办农村“领头雁”培训。制定《农村干部轮班值班制度（试行）》，全面培育每个村1~2名村级组织员，加强农村后备力量建设。严格“五支队伍”管理，制定乡镇挂职干部、包村干部管理、第一书记、大学生村干部考核细则。强化经费保障，各乡镇工作经费达到100万元以上，村级党建工作经费平均达13.48万元，社区经费平均达26万元，均高于省定标准。“两委”主干待遇全部落实，乡镇干部收入高于同级别县直机关干部。完成7个乡镇的“五小”建设。

【基础工作】 聚焦争当全市高质量发展先行军的新坐标，按照“提升工作标准、创造一流业绩”要求，组织全县各党政机关事业单位开展“标准问题讨论”活动，让工作标准再提升、方向更明确。紧盯基础工作薄弱环节，编制“一目录三手册一流图”，建立岗位责任书制度和部门间协作机制，工作底数不清、岗位责任不明、管理粗放现象得到改观。对全县66个党政群机关和268个所属事业单位的基础工作进行达标验收，达标率100%。推动基础工作达标向基层延伸，落实《村级档案管理办法》，县乡两级开展档案管理专题培训，先行打造9个村（社区）档案管理示范点，着力提升档案管理规范化水平。落实效能建设8项制度，将效能考核与日常管理、年度考核有机结合，规范了办事流程，提高了办事效率，工作人员的工作主动性明显增强，同时抽调精干力量成立督查组，对40余家单位进行督导检查，推动各单位改进工作作风。

【基本能力】 聚焦新时代新担当新作为，将提升干部专业能力素质、增强干事创业本领作为建设高素质干部队伍的首要任务。1. 制定干部通用能力和专业能力标准及评价体系，分批次开展基本能力达标测评，实行“一人一档”，干部个人能力提升档案全部建立。2. 坚持大力实施“五大培训”工程，培训干部16500余人次。特别是依托中组部组织干部学院、浙江大学和太行干部学院，举办“基层组工干部综合素质能力提升”“领导干部政治素养和基本能力提升”“乡村振兴和县域经济发展能力提升”“学习习近平新时代中国特色社会主义政法思想”等高端培训班4期。3. 针对“脱贫攻坚”“财务管理”“档案规范”“文秘写作”“基层党组织书记履职能力”等通用能力，突出“短、准、精”特点，开展培训14期。4. 实施农村干部学历提升工程，第一期培养49名村干部，力争用3年时间为每村培养一名具有大专学历的村干部。5.深入挖掘太岳革命精神，擦亮“太岳山上小延安”名片，建立太岳革命根据地和刘少奇路居地两处党性教育实践基地，打造“十个一”特色课程体系，组织全县党员干部开展党性实践6200余人次。

【夯实基层组织建设、落实党建工作职责】 1. 2018年指导7个乡镇全面召开党代会年会，设计安排代表视察、重点工程项目现场观摩、代表主题发言、领导干部作党课报告、先进典型宣传表彰等个性化内容，丰富了年会形式，扩大了党内民主，提高了年会的实际效果。2. 评选表彰先进典型，推荐原国虎同志为全省“最美基层干部”人选，推荐陈庆云、秦艳萍、王艳三人为“最美社区干部”人选；推荐府城镇飞岭村党支部书记许洪财同志为“山西最美村干部”人选；推荐永鑫煤焦化、晋扬电力、老年大学党支部为市级“双强六好”示范党组织，永鑫煤焦化党支部还被推荐为省级“双强六好”示范党组织。3. 扎实开展庆祝建党97周年系列活动。“七一”前夕，提请县委对46个先进基层党组织和82名优秀个人进行了“七一”表彰；为表现突出的表彰对象现场颁奖，有效增强了基层党组织和党员的责任感、荣誉感，提振了精气神。4. 加快推进智慧党建试点工作，积极与山西智慧党建平台对接，探索开发党费管理、积分管理、大数据分析等五大模块，打造党建宣传新阵地、教育管理新载体。

【干部选任工作】 2018年按照《党政领导干部选拔任用工作条例》和《中华人民共和国公务员法》等有关规定，在对安泽县干部队伍进行综合分析研判的基础上，根据安泽县经济社会发展需要，着重从以下几个方面选任干部：1. 根据纪检监察体制改革要求，完成了县纪委监委5名科室主任更名任职和10名派驻纪检组组长的配备及23名一般人员调入工作。2. 进一步加强县公安局干部队伍建设，配齐配强领导班子和各科室、大队和派出所领导干部，共调整干部26人，以鲜明的用人导向，引导广大民警脚踏实地、真抓实干。3. 圆满完成县十六届人民代表大会常委会3名委员和法制委员会、财经委员会组成人员的选举工作，完成县第三届少工委和县第八次妇女代表大会换届工作。4. 加大对关键岗位干部的交流力度，补充重要岗位干部空缺，对县委办、县人社局和县财政局主要领导进行了调整配备。5. 根据科级干部任职试行试用期制度，对2017年提拔任用的16名科级干部进行了试用期满考核，经考核合格后正式任职。

【干部监督管理】 2018年对29名符合条件的干部进行了职务与职级晋升，待遇已全部落实到位。认真做好公务员日常管理工作、干部退休工作。规范干部人事档案管理，切实做好干部人事档案信息化前期准备工作，2018年最新认定干部人事档案44卷；根据市委组织部关于对法检两院上划管理的要求，向市委组织部档案室报送安泽县法检两院12卷科级干部人事档案。严格落实提醒、函询、诫勉等监督制度，健全完善了《领导干部日常监督管理办法(试行)》《党员领导干部谈话提醒制度》，对11名科级干部进行了提醒谈话。

【干部素质能力建设】 1. 输出式开展挂职锻炼工作，选派2名干部到发达地区、上级对口单位挂职。选派6名优秀青年科级干部，赴中组部组织干部学院和北京市海淀区开展为期6个月的外出挂职锻炼。2. 常态化举办“干部大学堂”，先后围绕“习近平新时代中国特色社会主义思想”“新党章”“修宪解读”“乡村振兴”“省委十一届六次全体会议精神”等内容，举办“干部大学堂”特色培训15期，培训干部6169余人次。3. 召开县委中心组学习会议。围绕习近平新时代中国特色社会主义思想和党的十九大精神等83项学习议题，开展学习19期。4. 自主推进“讲台”培训。先后有29名县级领导干部、400余名科级干部登台授课，培训各级干部21000余人次。5. 依托山西干部在线学院优质网络资源，指导全县干部积极参加网络专题学习，重点做好习近平新时代中国特色社会主义思想和中共十九大精神等专题学习，2018年全县532名学员已经全部完成学习任务。

【人才支撑力和贡献度】 2018年制定《关于深化人才发展体制机制改革的实施办法》，印发《2018年人才工作要点》。引进6名北京阜外、北京安贞心血管病专家协助开展心脏介入治疗手术；积极联系市委、县委联系专家及引进的高层次人才，开展旅游宣传、连翘种植管护、辣椒种植、核桃管理、生猪养殖、手工编织、梨树管理技术等方面培训40余次，受训人数5500余人；拍摄专题片推广引进专家的连翘管育技术，推到基层，推向农民；成立太原市安泽商会，为安泽籍在太原人才提供更优质的服务；拍摄安泽籍优秀在外人才宣传片10余部；邀请中国工程院王浩院士为沁河安泽段生态环境治理把脉献智；聘请杨建勇、闫家旭、蔡上等知名艺术家以“乡村理想”为主题联合策划飞岭2018年安泽国际河灯艺术丰收节；举办2018年高端樱桃产业发展推进会。

【人才基础工作和保障】 进一步更新人才库，摸清6支队伍人才底数，统计安泽籍农村在外优秀人才。在各乡镇、县直各单位成立人才工作领导小组，确定专人推动本单位人才工作。评选高层次人才，动态调整县委联系专家5名，确保人才队伍的活力与工作能力；开展北京知青五十年后重返“第二故乡”安泽活动，组建北京“安泽宣传推介团”；召开安泽籍大学生座谈会，百余名大学生为家乡建设建言献策23条；在暑期为123名大学生提供机关事业单位的实践锻炼岗位。向一线的75名正副高级专业技术人员发放资料补贴6万元，年终慰问30名县委联系专家与专业技术人才；县委配套140平方米以上的人才公寓10套，企业建设专家公寓36套，为留住人才、用好人才创造条件。

【共建党群之家】 2018年按照“政治引领、共建共享、简朴实用、舒心暖心”的原则，在全县六个乡镇建设了总面积7275平方米291套干部周转房，实现了“1153”功能的“党群之家”，让干部有了新房子、活动有了新场所、服务有了新阵地。在后续工作管理上，探索实行“村委会+公司+贫困户”等模式，参与党群之家的维护管理，实现壮大村级集体经济和巩固脱贫成效“双赢”。

【建立党建联合体】 创新党组织设置，推行村村、村企等联合模式，探索打造了“小飞田园综合体村村联合党委、太岳精神红色传承村村联合党委、唐王寨文化园村企联合党委、县委机关党员先锋联合党总支”等党建联合体，着力形成资源共享、整体联动、机制衔接、功能优化、齐抓共管的基层党组织体系。

【打造村级集体经济升级版】 用好旅游、光伏加连翘“三件宝”，探索多种发展模式，捆绑各类项目资金，拓宽三产服务、村企合作等12条“安泽路径”，建立发展壮大村级集体经济季调度制度，不定期召开联席会议，巩固“破5万”成果，实现30%以上的村“破10万”。持续推进省级财政扶持壮大村级集体经济试点工作，16个试点村已有9个项目投产见效，实现收入100.5万元。

【电教宣传】 筹拍《堡垒》《旗帜》《尖兵》系列电教片，集中展现基层党组织的工作、党员领导干部的担当、一线党员干事创业的精神风貌。拍摄剪辑完成《太岳革命根据地旧址党性教育基地》《沁河庄党性教育基地》《党校》《讲党课》《国卫创建进行时，党员干部在行动》《安泽县基层党建重点任务暨扫黑除恶专项斗争推进会》《国家记忆　山西抗战》《连翘的种植技术》等8部微视频，《辣椒匠》《家桥情》《干部驻村住进了百姓的心里》《土豆书记吉明明》《扎根农村拔穷根　不忘初心为民富》《每一只兔子都有一个大国梦》《窑上村》《我眼中大学生村官的“三个大小”》《沁河庄》《小黄村能人张高喜》等10部电教片。

【干部教育工作】　1. 抓到实处。举办“办公室主任和文秘人员素能提升专题培训班”3期，培训干部600余人次。举办“脱贫攻坚能力提升专题培训班”，分六期对各乡镇分管扶贫工作的乡镇长，农村第一书记、农村“两委”主干、大学生村干部、村委报账员、驻村工作队队员等640人进行了轮训，每期对参训学员进行了学前测试和结业测试，提高了学员们脱贫攻坚工作能力。2. 拓宽渠道。探索实施“互联网+专题讲座”模式，充分发挥OA移动办公平台作用，更加具有互动性、即时性、便捷性，最大程度地扩大了覆盖面，使干部随时放下手头工作进课堂、出了课堂就进办公室，工作学习两不误，实现线上线下同步学习，有效地解决了基层干部工学矛盾。

【组工干部自身素质建设】　坚持每周集体学习制度和科室负责人每月开展一次“三讲”活动，学懂弄通做实习近平新时代中国特色社会主义思想，深学笃行党章党规党纪和党建知识、组工业务，让全体组工干部学通理论、练精业务、融会贯通、提升本领。2018年组织集体学习45次，集中学习观看警示教育片6部，参观警示教育基地1次，专题党课4次，专题研讨6次，经验交流4次。

【写作小组笔耕不辍】　完善细化部机关写作小组流转制度、帮带制度，形成骨干组、梯次组写作队伍，设立名师课、理论课、实践课，更高水平推进文稿标准的提高、写作梯队的打造。2018年写作小组共撰写文稿60余篇9万余字，报送组工信息45篇，“安泽党建”微信公众号发布83期累计311条信息，向市级以上相关报纸、杂志、官方微信公众号报送组工信息80篇，经验材料9篇，署名文章1篇，调研文章1篇，基层手记4篇。在市级以上相关报纸、杂志、官方微信公众号发表51篇，其中，《中国组织人事报》1篇，《山西组织工作》1篇，《先锋队》3篇，《山西日报》1篇，《临汾日报》24篇，“临汾组工”微信公众号3篇，“临汾党员先锋号”18篇。同时，成立部机关摄制小组，确定主题与篇章，练精技巧、把住节点，拍出精品、引领创业。

【从严治部】　常态化制度化坚持“三会一课”，在包联村以组工干部党建示范田为重点开展主题党日活动，锤炼组工干部勇挑重担的实干精神。深入开展“强化责任、严守纪律、树好形象”专项治理活动，创新“一卡一图一账”载体，确保活动不虚、不空、不偏，取得实实在在的效果。在“三台账四通报一问效”的基础上，建立周报、月报和每周工作例会制度，步步为营地推进组织工作。

【包联基层党建工作】　落实组工干部基层党建工作联系点制度，部机关全体人员包联全县102个行政村，做到村村有人包，村村有指导。充分运用OA网络系统，提高工作效率，加强农村支部日常指导监督，引导组工干部深入基层，直接联系服务党员群众，提升基层党组织工作水平。

宣　传

【概述】　安泽县宣传思想文化工作坚持以习近平新时代中国特色社会主义思想为指导，深入学习贯彻党的十九大、十九届三中全会精神，认真学习贯彻落实中央、省、市宣传工作会议精神，全面贯彻落实县十四次党代会精神，坚持党管宣传、党管意识形态原则，牢牢把握“两个巩固”根本任务，围绕一个核心，织牢一张责任网，突出一个主题，启动一项工程，做好一篇文章，不断提升全县宣传思想文化工作水平，为安泽全面振兴、绿色崛起提供了强有力的思想保证和精神力量。

【学习宣传工作】　2018年县委中心组理论学习紧扣学习贯彻习近平新时代中国特色社会主义思想和党的十九大精神、十九届三中全会精神，坚持“三个一”学习模式，即至少每两周进行一次专题学习；每次集体学习安排专人专题辅导；每天推送一期“荀乡微课堂”。今年县委中心组集中学习22次，学习议题104项。县委成立了“党的十九大精神”、“习近平新时代中国特色社会主义思想”学习教育宣讲团，组织理论骨干进机关、进企业、进农村、进社区，解疑释惑，形成共识。尤其是宣讲小分队深入贫困党员家中、易地搬迁集中安置点建筑工地、田间地头、企业车间、职工餐厅等地，广泛宣讲十九大精神。创编文艺节目，以寓教于乐的形式让十九大精神家喻户晓。组织动员广大党员结合脱贫帮扶工作，开展“党员入户大宣讲”活动，经常性深入包联贫困户家中面对面、心连心宣讲习近平新时代中国特色社会主义思想、十九大精神、扶贫帮扶政策，增强信心，开阔视野，助力脱贫，让党的创新理论“飞入寻常百姓家”。全县各行政村利用大喇叭持续播放党的十九大报告，切实打通理论武装“最后一公里”，切实用习近平新时代中国特色社会主义思想统一了思想、凝聚了共识，形成了力量。

【意识形态工作】　1. 加强领导。成立了以县委书记为组长，副书记、宣传部长为副组长，相关部门为成员的意识形态工作领导小组，形成了党委统一领导、党政齐抓共管、宣传部门组织协调、有关部门分工负责的意识形态工作格局。2. 强化责任。制定了《党委（党组）意识形态工作责任制实施办法》，把意识形态工作纳入领导班子、领导干部目标管理考核。明确了各乡（镇）、社区中心党（工）委、县直各党（工）委、各党组的责任任务。贯彻落实《关于落实意识形态工作责任制的意见》，明确了县委领导班子、领导干部意识形态工作责任清单，把意识形态责任制向政府部门延伸，向乡镇延伸，形成了一级抓一级、层层抓落实的工作格局。3. 加强研判。成立了意识形态领域形势分析研判小组，召开了2018年前三季度意识形态领域形势研判座谈会，对各乡镇、各部门、各领域意识形态情况进行了研判，对重要情况、重要社情民意中的苗头性倾向性问题，有针对性地进行了引导。4. 加强检查。抽调组织、纪检、网络中心等部门组成联合督查组从10月8日开始，分3组对全县各党委、党组意识形态工作责任制落实情况进行专项督查，对工作中存在的问题困难进行了指导，确保安泽县意识形态工作落到实处。

【新闻宣传】 2018年围绕经济结构调整、全域旅游发展、国卫创建、扫黑除恶专项斗争、“强、严、树”专项治理活动等县委、县政府中心工作的创新实践和显著成效，加大新闻采访报道力度，在市级以上报纸杂志发稿120篇、头版头条及专版10余篇，在山西日报刊发的通讯报道《安泽乡村旅游助力乡村振兴》荣获“临汾市好新闻特等奖”殊荣。采制电视新闻3000余条，编制安泽新闻300余期，拍摄制作《创卫在进行》《创建国家卫生县城》等10余个专栏。牢牢把握正确舆论导向，围绕党中央大政方针和省委、市委决策部署，结合安泽实际，加强媒体融合发展，充分发挥新媒体作用，进一步加大宣传力度，在各类网络媒体发表宣传信息共计650多条，其中国家级网络媒体发表170条（新华社客户端76条，新华网6条，人民网13条，中国新闻网14条，其他媒体61条，）省市网络媒体84条（山西新闻网、山西经济网、黄河新闻网、临汾新闻网等）。地方各类微信公众号发表信息400多条。

【对外宣传推介】 2018年积极对接国家级、省市级媒体来安泽采风报道，全面宣传推介安泽优势资源、发展潜质。4月6日“CCTV7《乡村大世界》——走进临汾黄花岭”节目在黄花岭景区成功录制，全方位推介了安泽优越的生态环境和独具魅力旅游产业。9月23日“天安地泽·安泽国际河灯艺术丰收季”在府城镇飞岭村举办，山西电视台公共频道对此次活动进行了网络直播，并在《看山西》特别节目中进行了电视直播。在“五一”“十一”两档旅游黄金月期间，《山西日报》《临汾日报》《山西晚报》《三晋都市报》和人民网、新华网、山西新闻网、黄河新闻网等省内外多家媒体聚焦安泽全域旅游，做了大量宣传报道，进一步扩大和提升了安泽对外知名度。

【网络舆情管控】 加强网络舆论阵地管理，对全县两微一端26家政务新媒体进行登记、管理、培训，进一步规范其信息采集、发布、审核工作，保障了信息发布的权威性、准确性、严肃性和安全性，促进了新媒体的健康有序发展。在网络舆论引导上，做到依法管网，引导广大网民文明上网。为全县经济社会发展营造了良好的舆论环境。

【公民思想道德建设】 2018年开展第四届“感动安泽”系列人物和“安泽好人”评选活动。深挖感召力、影响力大的人物，注重发掘身边的好人好事，在原有五大类的基础上，增加了脱贫攻坚、文明新风、文化传承、热心公益、行业标兵、阳光少年六个类型，扩大评选面，在全县形成争当模范的浓厚氛围。经过全县各乡镇、社区、县直各部门的共同努力和广大干部群众的积极参与，通过宣传发动，共申报推荐参评人选119名，经初审评议、实地考察，以及征求县纪委监委、公安、安监、卫计、工商等部门意见，初步确定候选人67名，后经公示投票、综合考评，最终表彰安泽县第四届“感动安泽”人物10名，“安泽好人”55名。积极做好国家、省、市道德模范推荐工作。通过多方努力，今年8月份，安泽县第二届“感动安泽”人物，同时也是临汾市“十大道德楷模”之一的徐福生成功入围8月份“中国好人榜”，并被确定为第七届“山西省道德模范”。第三届“感动安泽”人物梁建功于今年6月获得首季“临汾好人”荣誉称号；第三届“感动安泽”人物蒋生宝、郎军被确定为临汾市第五届“十大道德楷模”。组织开展历届“感动安泽”人物先进事迹宣讲，以各级文明单位《道德讲堂》为依托，同时借助善行义举榜、宣传资料、电视、微信、网络等手段，大力宣传道德模范先进感人事迹，用身边鲜活的事迹感化教育身边的人，道德之花在安泽漫山遍野迎春绽放。精心组织好“我们的节日”主题活动。以“文明临汾”“文明安泽”活动为中心，组织各级文明单位积极开展以“我们的节日”为主题积极参与各类文体娱乐和志愿服务活动。2018年春节前夕，组织各级文明单位对各类道德模范开展慰问；清明节开展“祭奠英烈、文明扫墓”志愿服务活动；九九重阳节，深入冀氏镇敬老院联合开展“2018九九重阳慰问行”活动等。通过各项活动的开展，引导示范全县广大干部群众认知传统、尊重传统、继承传统、弘扬传统，增强文化自觉和文化自信，增进爱党爱国爱社会主义的情感。

【精神文明创建】 2018年继续深化文明县城创建，在连续三届被评为省级文明县城基础上，抓好各项文明创建工作，巩固文明成果。结合《全国文明城市测评体系（县级）》的各项要求，对照学习孝义市、静乐县、右玉县等一个国家级文明城市和八个国家级文明城市提名城市的标准和经验做法，找差距、补短板，认真准备2018—2019年度省级文明县城申报、筹备、验收工作，同时冲刺2020年国家级文明城市（县级）提名城市资格。不断夯实文明单位、村镇、社区、学校创建。认真对照省、市文明单位、村镇、社区测评体系要求，对省、市文明单位、村镇、社区进行了督导考核，做好中期验收准备工作。做好了新一届全县群众性文明创建活动先进集体申报评选工作。2018年是新一届县级文明单位、村镇、社区申报年，年初印发《关于做好2017—2018年度全县群众性文明创建活动先进集体申报评选工作的通知》，修订并下发了新一届县级文明单位、村镇、社区等测评体系，年底进入考核验收阶段。做好文明集体推荐上报工作，积极推荐县人民法院创建省级文明单位。同时，根据新形势的要求，今年将文明校园创建纳入文明集体创建序列，将冀氏中学推荐为山西省文明校园，将北门小学推荐为山西省文明校园先进学校，将城关小学推荐为临汾市文明校园，进一步夯实文明校园创建成果。扎实做好“花园式机关”建设。“花园式机关”建设作为全县创国卫的八大工程之一，在创建工作中有着举足轻重的作用。为圆满完成“花园式机关”建设工程，根据创国卫大要求，先后制定下发《安泽县创建“花园式机关”实施方案》《安泽县创建“花园式机关”实施方案的通知》，按照“三部曲”安排，认真对照国家

8个大项、40个分项的具体标准，根据安泽县机关单位和乡镇分布格局，将县城划分为四个区域，乡镇划分为两个区域，由六个检查组分别负责对各单位的日常创建工作进行督促、检查、评分、验收，每月进行一次常规检查，每个季度进行一次大检查，对检查出的问题进行通报、反馈，下达整改建议，限时整改。同时，按照创卫要求，做好创卫有关资料的收集，整理和归档。

【志愿服务活动】 2018年结合“我们的节日”等系列主题活动，大力弘扬志愿服务精神，开展“我们的节日·春节”主题活动，实施“文化春节”“爱心春节”工程，引导广大群众珍惜今天的幸福和谐新生活，激发广大干部群众爱家乡、爱党、爱祖国的热情。在春节期间组织文明单位及志愿服务队对道德模范进行了慰问，为他们解决生产、生活上的困难。部分志愿者在安泽县敬老院开展了助老助困志愿服务，为那里的老人洗衣叠被，清理卫生；一部分志愿者来到孤寡老人家中，与他们谈心，为他们做家务，解决他们的实际困难；还有的志愿者来到街心广场，清理垃圾，清洁健身器材，向路人做宣传，传承雷锋精神。打造志愿服务活动品牌。打造“爱老敬老”志愿服务活动品牌。从2013年起，文明办以安泽县志愿服务联合会和荀之援志愿服务队为依托，每年冬至、春节、重阳节深入全县敬老院开展“守望夕阳”“爱老敬老慰问行”等系列活动，定期走访安泽县各敬老院，陪老人包饺子、唠家常，为老人们带去慰问品，志愿者们专门为老人编排文艺节目，与护工一起为老人们提供帮助，帮助老人打扫卫生等。志愿者们的每次一活动，不仅为老人们带去了心灵上的慰藉，而且社会反响巨大。打造“爱心送考”志愿服务活动品牌。从2012年起，县文明办以安泽县志愿服务联合会和荀之援志愿服务队为依托，着手打造了“爱心送考”志愿服务活动。在每年的中、高考前夕，通过微信平台发出通知，留下联系电话，为所有的考生提供免费接送服务，并在考场外设置考生、家长休息点，免费提供饮用水。通过几年来的活动，现在每到中、高考时段，爱心送考车辆不断增加，不仅有志愿团队的队员，还有不少社会爱心人士也纷纷加盟，此项活动受到了考生家长及社会的高度赞扬及好评。

【未成年人思想道德建设】 全面推进乡村少年宫建设。与教科局共同开展了全县中小学生“童心向党”歌咏活动，各中小学相继启动“童心向党”歌咏活动，积极组织学校师生学唱、传唱推荐的歌曲。组织“感动安泽”系列人物进学校进行模范事迹宣讲，引导广大未成年人学习美德、弘扬美德、践行美德的。组织全县广大中小学师生到太岳革命旧址省级爱国主义教育基地和王光烈士陵墓开展一系列爱国主义和革命传统教育。

【文化惠民工程】 免费开放文化馆、图书馆、多功能厅、体育训练厅、舞蹈排练厅等各个场馆，群众可直接入馆活动，共接待群众上万余人次。免费开展各项培训，图书馆每周四、周六下午开设公益书法培训班。开展全县文化市场消防安全培训会，邀请省消防专业人员对全县歌舞娱乐场所、网吧、电影院、书店、印刷制品等经营人员进行消防安全培训。文化馆每周六下午开设钢琴、古筝、舞蹈培训。举办了2018年高考填报志愿公益讲座，为广大考生讲解如何正确认识高考报考、科学的高考报考流程和方法、如何避免报考误区、高考报考中各个流程节点风险控制等一系列问题。为让群众在家门口就能看上戏，享受文化发展的成果，已开展“免费送戏下乡”公益演出60多场。加强完善公共文化设施建设，全力完成杜村乡小李村、和川镇沁河庄村的“乡村文化记忆工程”展厅。完成了府城镇府城村、冀氏镇半道村、马壁乡荆村、和川镇和川村等7个行政村体育设施的更新。

【群众性文化活动】 先后成功举办了2018年元宵节“美丽新安泽”十项文化活动、“同筑中国梦共度书香年”文化展、助力2018年全省旅发大会——“美丽临汾”万人健步走暨第二届“春行安泽、低碳生活、走遍荀乡、强健体魄”线上健步走活动、庆“三八”“助力旅发·舞动安泽”比赛、“庆五一助旅发”职工运动会、文化科技卫生“三下乡”集中示范活动、十三场消夏月广场文艺晚会、首届“中国农民丰收节”系列运动会、“梨花奖·我是舞王”大赛等一系列格调向上、主题鲜明、内容丰富的群众文化活动。特别是在全社会掀起读书热潮，开展了“全民阅读书香安泽阅读会、“引领数字阅读，掀起读书热潮”等全民阅读活动，使阅读成为社会风尚。在文艺创作方面，编辑出版了四期《荀乡情韵》，讲述荀乡故事，进行诗词大征集，出版了《荀乡诗联集》。

【全域旅游产业发展】 2018年以文融旅，创品牌。深入挖掘文化内涵，精心打造“太行山上最早的春天”“不一样的太行”等旅游品牌，创建国家森林公园、中国天然氧吧，全面展现“大美太行在山西、醉美山水在安泽”的人间圣境。借助农民丰收节契机，在“小飞·田园综合体”精心举办“国际河灯艺术丰收季”，打造中国第一家以村庄为元素的乡村光影秀。以旅载文，增效益。深入挖掘荀子文化内涵，创意开发荀亲8个系列51种“荀亲”文创产品，打响了“安泽特色旅游文化商品”品牌。以人促融，增活力。充分发挥人才在文旅融合发展中的作用，先后聘请蔡上等8名专家学者为安泽乡村振兴工作顾问，为安泽文化旅游发展带来新理念，注入新活力，助推安泽全域旅游开启新篇章。全面整合全县旅游资源，形成点面结合的一盘棋发展思路，全方位、深层次发展全域旅游，成功举办了第二届黄花岭乡村旅游月，国庆黄金周期间各乡镇铆足劲大干特色乡村游，体现乡土特色，吸引八方游客，把全县全域旅游推向新的发展水平。2018年，全县共实现旅游综合收入5.97亿元，旅游人数达235.8万人次。加强文物科学管护利用，实现文化价值最大化，安泽县35件文物调拨至市博物馆进行布展，真正使这些深藏的文物“活”起来，让更多的人通过参观这些文物，了解安泽深厚的文化底蕴。

统　战

【概述】 2018年，在县委的坚强领导下，在市委统战部的精心指导下，坚持以习近平新时代中国特色社会主义思想为指引，紧紧围绕中心、服务大局，凝心聚力、主动作为，在创新中发展，在务实中前进。深入学习贯彻习近平新时代中国特色社会主义思想，着力强化县委对统战工作的统一领导，大统战格局进一步形成，统战体制机制进一步完善，统战队伍进一步加强，为推动统战工作全面发展奠定了良好的基础。

【学习领会新思想】 2018年，把学习宣传贯彻习近平新时代中国特色社会主义思想作为首要政治任务和工作主线，贯穿于统战工作各个方面。组织统一战线成员，采取集中学习与自学相结合、专家辅导与经验交流相结合的方式，全面、系统、反复学习习近平新时代中国特色社会主义思想、中共十九大精神、省委十一届六次全会、市委四届三次四次全会精神，切实用新思想武装头脑、指导实践、推动工作，进一步巩固统一战线共同思想政治基础。

【建立完善大统战格局】 坚持党对统战工作的统一领导，召开了全县统战工作会议，对全年统战工作进行了安排，制定下发《2018年全县统战工作要点》，建立了统战、组织联席会议制度，县委常委会定期研究统战工作、中心组学习统战理论、定期听取统战工作汇报等制度，逐步形成了党委统一领导、统战部门牵头协调、有关方面各负其责的大统战工作格局。

【统战队伍建设】 继续推进“两学一做”学习教育常态化制度化，深入开展“强化责任、严守纪律、树好形象”专项治理活动，切实做到了以活动促进发展，用工作检验活动，为实现安泽全面振兴、绿色崛起贡献自己的力量。注重调查研究，切实转变工作作风，增强廉洁从政意识，严格遵守政治纪律和政治规矩，做到守土有责，守土负责，守土尽责，切实打造了一支作风过硬的统战队伍。

【协商民主参政议政】 1. 扎实推进参政议政。积极创造条件，组织动员全县统一战线广大成员围绕“四个年”活动进行专题调研，提交调研报告和专题建议82件，提高了党外人士参政议政的水平。2. 加强与民主党派的联系。省政协原副主席、九三学社山西省委原主委刘滇生和民建山西省委秘书长闫柏良先后带领调研组深入安泽县就脱贫攻坚、乡村振兴、生态环保等工作进行实地调研，加强与各民主党派在人才、技术、智力等方面的交流合作，为安泽的发展提供了更多动力。

【民族团结宗教和谐】 认真贯彻落实中央、省、市、县民族宗教工作会议精神，切实加强和改进新形势下民族宗教工作，不断健全完善三级网络、两级责任制建设，确保全县民族宗教领域和谐稳定。1. 做好新修订的《宗教事务条例》宣传工作，印发了宣传册100余本，制作版面15个，实现了信教群众《条例》宣传全覆盖，增强了信教群众的法律意识和管理服务水平。2. 结合实际，因地制宜抓好宗教活动场所“四进”工作，对全县3个宗教活动点和清真饭店进行安全大排查，积极做好基督教私设聚会点治理，依法取缔2个私设聚会点，确保广大信教群众生命财产安全。3. 继续抓好宗教队伍建设，特邀市民族宗教局局长杨兵，对全县四大班子领导、各乡镇党委书记、社区中心主任、统战委员、分管宗教工作副职、行政村、社区支部书记进行了“新形势下宗教工作的重要性及方针政策”的专题培训，切实提高了全县党员干部做好民族宗教工作的能力和水平。

【非公有制经济“两个健康”工作】 紧紧围绕“两个健康”工作主题，引导全县非公经济人士学习领会习近平新时代中国特色社会主义经济思想，持续构建“亲”“清”新型政商关系，不断促进非公有制经济健康发展和非公有制经济人士健康成长。1. 组织全县非公经济人士赴和川镇沁河庄村刘少奇路居地和杜村乡小李村红色教育基地开展了以“守法诚信坚定信心”为主题的理想信念活动，最大限度地凝聚人心、汇聚力量，为推动非公经济健康发展奠定了坚实的基础。2. 召开全县政银企项目对接洽谈会、民营企业家座谈会和传达学习全省支持民营企业发展大会精神座谈会，认真学习习近平总书记关于民营企业发展重要讲话精神，广泛听取企业家代表意见建议，引导他们正确分析形势，提振发展信心。3. 深入开展领导干部联系民营企业工作，建立县级领导联系民营企业名单制度，并及时向社会公布，同时，各联系领导深入企业开展走访调研，进一步了解解决民营企业在生产经营中存在的突出问题和主要诉求，助力企业发展。4. 加强招商引资，利用招商引资承办权下放到县级良好机遇，举办“荀乡·乡思乡忆——太原市安泽商会揭牌暨招商引资签约大会”，在政策宣传、投资引导等方面取得了较好的成效。

【党外人士工作】 2018 年注重党外人士的培养选拔力度，加强队伍建设，组织引导广大党外人士开展社会实践、履行社会责任、积极建言献策，不断夯实共同思想政治基础。1. 加大党外优秀人才的选拔培养选用力度，把政治可靠、能力突出的党外干部和热爱党派工作的优秀代表人士推荐为代表和委员，今年新推荐一名党外人士为县政协委员。2018 年全县共有党外乡科级副职以上干部 26 名，其中人大常委会副主任 2 名，党外副县长 1 名，政协副主席 2 名，科级干部 21 名。2. 进一步做好党外后备干部队伍的人才储备工作，建立了党外后备干部信息库，共建立党外后备干部信息档案 52 份。3. 以纪念“五一”口号发布 70 周年为契机，组织党外人士赴革命圣地西柏坡、中央统战部旧址李家庄现场教学，接受红色教育，并召开了座谈会、专题讲座，多方听取党外人士对“五一”口号的理解、认识和感悟，全面加强思想建设，增强政治共识。4. 充分发挥党外人士智力密集、人才荟萃、联系广泛的优势，积极配合市文联组织党外人士开展“迎新春、送春联”活动、创建艺术家创作基地，极大地丰富了群众的精神文化生活。

【新的社会阶层人士工作】 认真贯彻落实市委《关于加强新的社会阶层人士统战工作的实施意见》文件精神，持续深化新的社会阶层人士工作，不断拓宽凝心聚力新渠道。1. 进一步加强新的社会阶层人士队伍建设，建立了新社会阶层人士信息库，完善了 170 余名代表人士资料信息，实时更新，实现了信息动态管理。2. 组建“水木清华”新的社会阶层人士活动站，为新阶层人士搭建了交流平台和载体，不断增强了新社会阶层人士的归属感。3. 组织开展一期新阶层人士理论知识培训会、一次廉政教育学习、一次红色教育实践活动，教育引导新的社会阶层人士提升理论水平、严守纪律规矩、培养高尚道德情操。

【统战宣传工作】 2018 年做好统战宣传工作，动员全社会重视关心和支持统战工作，优化统战工作环境，不断增强统战宣传的吸引力和关注度。1. 创新宣传理念。充分利用安泽丰富的历史、红色、绿色优势，加大宣传、扩大影响，大力宣传安泽红色文化、推介安泽全域旅游，讲好安泽故事、唱响统战好声音。组织开展“学习十九大精神统战知识竞赛”活动，每周定期发布，及时更新，确保宣传方式更新，宣传内容更优，传播面更广。2018 年共上报各类信息、征文 13 篇，简报 12 期，进一步延伸安泽统战工作的社会影响力。2. 用好网络统战。开设网上课堂、微信号、微课堂，充分利用“安泽统一战线”微信平台，宣传改革开放 40 年来全国、全省、全市和安泽县取得的历史性成就和发生的历史性变革，共发布信息 17 篇，美篇 10 篇。同时，加强联谊交友，线上互动，线下沟通，实现了鼓舞人心、凝聚力量、共同进步的良好效果。

【助力攻坚深度贫困“两大行动”】 2018 年将助力攻坚深度贫困“两大行动”作为一项重要工作来抓，常态化开展帮扶，为打好打赢脱贫攻坚巩固提升战做出了积极的贡献。1.继续做好包联村的结对帮扶工作，持续深化巩固“3+X”帮扶机制，为两个包联贫困村争取资金 25 万元，用于改善农村基础设施建设和人居环境整治，切实帮助解决困难群众生产生活。2.大力推进“百企帮百村——精准到户”行动，动员广大非公经济人士积极投身脱贫攻坚产业帮扶、就业帮扶、捐资助学等公益事业，组织企业家和新阶层人士结对帮扶建档立卡贫困家庭、贫困家庭大学生及困难职工家庭进行持续帮扶，特别是在今年的“圆梦助学 情系荀乡”帮扶活动中，共资助 52 名大学生 20 余万元，同时为结对帮扶的大学生提供在校期间生活补助、寒暑假社会实践基地，毕业后优先为帮扶对象提供匹配的工作岗位，为全县顺利实现脱贫摘帽贡献了积极力量。

工商业联合会

【概述】 2018 年，安泽县工商联在县委、县政府的坚强领导下，在县委统战部的正确指导下，紧紧围绕县委、县政府中心工作，以“五好”工商联创建为契机，充分发挥工商联桥梁和纽带作用，积极推动了全县非公有制经济“两个健康”常态化发展。

【政治理论学习】 安泽县工商联始终把学习摆在一切工作的首位，结合当前工商联工作的新形势、新任务和新要求，组织全体人员系统学习关于非公有制经济的新思想、新观点、新论断，深刻领会，贯彻落实。学习习近平总书记系列讲话精神、习近平总书记关于鼓励支持民营经济发展的新的重大论述等等，并针对报告中提出的坚持“两个毫不动摇”、支持民营企业发展、把发展经济的着力点放在实体经济上来等内容展开了热烈的讨论，为今后如何发挥职能作用做好谋划、奠定基础。

【参政议政】 2018年围绕安泽县非公经济工作中的热点、难点问题，从着力营造发展环境、服务领导决策、探索工作方法、完善工作机制、拓宽服务渠道等方面确定调研课题，认真组织广大非公经济人士深入基层，调查研究，及时发现非公经济发展中的新情况、新问题，有针对性地提出合理化建议，为全县经济发展建言献策，为县委、县政府科学决策提供了有价值的参考。

【服务企业】 始终关注企业发展，为安泽县非公企业提供政策信息、资金服务和法律保障。先后与政法委制定出台了《安泽县政法机关服务和保障非公有制经济发展十条措施》，在税收、资金和法律维权方面给予大力支持，积极优化环境，为非公企业健康发展保驾护航。积极联系县人行、工行、建行、信用联社等机构，以及天乐农业合作社、四季农业开发公司、九州商贸有限公司等14家企业开展了安泽县“政银企”项目对接洽谈会。充分利用微信平台，定期发布工作信息，通报工作动态，展示工作成效，为企业家提供相互学习、交流沟通、共谋发展的资源共享平台。

【社会扶贫活动】 认真贯彻中央扶贫开发工作会议精神和中共中央、国务院《关于打赢脱贫攻坚战的决定》，按照市委关于民营企业“百企帮百村”精准到户扶贫行动要求，深入企业大力宣传中央各项政策和“百企帮百村”精准扶贫行动方案，积极引导企业与贫困村结对子，实施产业扶贫、商贸扶贫、就业扶贫、智力扶贫和捐赠扶贫。玉华、玉和泰、永鑫、太岳、和川酒厂等企业积极实施就业扶贫，帮助解决240人贫困人口的就业问题。

【“圆梦助学 情系荀乡”捐资助学活动】 深入各企业，号召全县各企业家对生活困难的大学生进行捐资助学，开展“金秋圆梦”行动。各企业家踊跃参加、慷慨解囊，捐助资金20万元，使40名家庭经济困难学生得到了资助，圆了他们的“求学梦”。

【脱贫攻坚工作】 认真落实县委、县政府脱贫攻坚工作要求，深入包联村唐城镇梨八沟村，积极开展帮扶工作。帮助制定了农业产业结构调整具体目标任务，将农业经济的增长点放在光伏发电、入企务工、核桃、小杂粮和小规模养殖上，确保农民人均增收500元以上、村集体经济收入达5万元的目标。并驻村帮扶，完善扶贫档案，深入农户广泛宣传光伏发电等系列惠农政策，帮助群众解决实际困难和问题。

【作风建设】 工商联党组认真落实“强化责任，严守纪律，树好形象”专项治理活动。按照活动要求，持续推进“强严树”学习教育常态化长效化，积极组织全体机关人员集中学习、自主学习，深入贯彻党章党规、习总书记系列重要讲话精神，做到学习常态化、教育持久化。积极开展送教进企活动中，为企业购买《习近平新时代中国特色社会主义思想三十讲》等学习资料。举办安泽县工商联理想信念教育培训会。切实转变工作作风，有效提高了工作效率。（高凌燕）

机构编制

【概述】 2018年在县委、县政府的正确领导下和市编办的具体指导下，编办认真贯彻落实中共的十九大和十九届一中、二中、三中全会精神，以习近平新时代中国特色社会主义思想为指导，认真落实省、市机构编制工作会议精神，持续深化行政体制改革，“放管服效”改革，积极推进事业单位改革，加大机构编制管理创新力度，为安泽县实现全面振兴，绿色崛起提供了坚强的体制机制保障。

【监察体制改革工作】 根据全省深化监察体制改革试点工作安排部署，安泽县按照有关要求，结合实际，经过与县纪委监委的多次沟通，制定《安泽县派驻纪检监察组的实施方案》已经临汾市机构编制委员会办公室批复。经县编委会会议研究决定，设立县纪委监委10个派驻纪检监察组，副科级建制，名称为安泽县纪委监委第一至第十派驻纪检监察组，其中第一至第九派驻纪检监察组为综合派驻纪检监察组，第十派驻纪检监察组为单独派驻（第十纪检监察组设在公安局，使用公安局政法专项编制），综合派驻纪检监察组共核定行政编制18名，单独派驻纪检监察组编制由公安局单列。

县纪委监委成立3个全额事业单位，分别是信息中心、大数据分析中心、警示教育中心，均为副科级建制，增加事业编制18名用于新成立的3个全额事业单位，由县纪委监委统一管理。

【县委办公室加挂改革办、综合办牌子的改革工作】 根据市委常委会暨市委全面深化改革领导小组第19次会议精神，在县委办公室加挂县委全面深化改革领导小组办公室（简称县委改革办）、县国家资源型经济转型综合配套改革试验区工作领导组办公室（简称县综改办）牌子。

同时撤销在发展改革和经济信息化局加挂的综改办牌子，将相关职能划转至县委办（县委改革办、县综改办），为县委办（县委改革办、县综改办）核定1名副科级职数用于专职负责政策研究，深化改革和转型综改等工作，核销原为综改办核定的1名副科级职数。

【文化和旅游改革工作】 按照临编办发〔2018〕5号批复文件，成立了安泽县文化和旅游发展委员会，为安泽县文化和旅游发展委员会（县版权局）核定行政编制5名，领导职数1正4副（其中1名副科级职数用于行政技术职务），纪检组长按有关纪检监察派驻体制管理规定执行。此前为原县文化局（县版权局）核定的行政编制和领导职数不再执行。

将安泽县文物旅游局更名为县文物旅游服务中心，与县博物馆及原文化局（县版权局）的下属事业单位一并调整为县文化和旅游发展委员会（县版权局）管理，其规格、职数、编制等维持不变。

【市场监管体制改革工作】 在市场监管体制改革中，按照全省统筹谋划、先行试点、有序推进的要求，整合工商质监、食药监管理职责和机构，同时结合安泽实际制定了《安泽县成立市场监督局实施方案》。已收到临汾市政府和市编办的批复。待安泽县市场监管体制改革结合中共十九届三中全会改革精神完善后，成立相应机构。

【党政机构改革前期准备工作】 为认真贯彻落实中共十九大和十九届三中全会关于深化党和国家机构改革的重大决策部署，扎实做好地方党政机构改革工作，通过全面认真学习、深入实地调研、强化工作要求等措施，全力做好地方党政群机构改革前期准备工作。1. 系统学习，打下理论基础。组织全体人员系统学习了《中共中央关于深化党和国家机构改革的决定》《深化党和国家机构改革方案》《国务院机构改革方案的说明》《山西省机构改革方案》《垣曲县承担行政职能事业单位改革试点方案》等文件精神，深刻领会深化党和国家机构改革的重大意义，准确把握深化党和国家机构改革的指导思想、总体思路和目标任务，切实强化机构编制工作人员对新一轮党政机构改革政策的理解和掌握能力，提高编办工作人员的业务素养，为党政机构改革工作打下坚实的理论基础。2. 认真梳理，摸清底数。一方面对照部门“三定”规定对涉及机构改革部门主要职能进行认真细致地梳理并建立台账；另一方面完成全县机关事业单位人员编制、实有人员核对工作及机构编制实名制系统调整任务，全面厘清党政机构改革底数，做到机构编制清、职能职责清、实有人员清，为改革提供真实、准确的参考依据。3. 成立全面深化领导小组，制定任务分解表。8月份安泽县成立县委深化党政机构改革领导小组，负责机构改革的总体设计、统筹协调、整体推进、督促落实。同时在明确本次机构改革相关部门职责调整、新增部门的设置要求的基础上，制定机构改革责任分解一览表，明确时间表和路线图。4. 强化管理，严守纪律。牢牢把握机构编制法定化这项深化党和国家机构改革的重要保障，强化机构编制管理刚性约束，贯彻落实《中共中央办公厅关于严明纪律切实保证党和国家机关机构改革顺利进行的通知》，要求全体干部职工要严格遵守政治纪律、组织纪律、机构编制纪律、干部人事纪律、财经纪律、保密纪律等“六大纪律”，切实维护机构编制的严肃性和权威性，确保改革期间人心不散、队伍不乱、工作不断。

【调研承担行政职能类事业单位情况】 在承担行政职能类事业单位改革中，按照市编办部署安排，对安泽县70家承担行政职能类事业单位情况进行调研，通过下发通知、与相关单位进行座谈交流会、深入实地核实等方式进行调研统计，并于10月中旬完成《安泽县承担行政职能类事业单位情况统计表》的上报工作，为下一步深化承担行政职能类事业单位改革制定机构改革方案和组织实施提供基础保障。

【综合行政执法体制改革】 在市场监管综合行政执法体制改革中，上报市政府《关于安泽县市场监督管理体制改革试点工作方案的请示》。已收到临汾市政府的批复，同意安泽县整合市场监管执法队伍的意见。现结合安泽县实际情况，根据中共十九届三中全会改革精神进一步完善后，适时推进以安泽县食品药品稽查队为基础，整合原工商和质量监督管理局承担的工商行政管理和质量技术监督方面的行政处罚权，组建安泽县市场监管综合行政执法队。在文化市场领域综合行政执法体制改革方面，经临汾市政府和市编办批复，结合安泽县实际情况，完成了以文化局原有的文化体育市场行政综合执法队为基础，成立文化旅游综合行政执法队，并调整完善了其职责和隶属关系。

【编制证年检工作】 2018 年印发《关于在全县开展机构编制管理证年检的通知》《机关（事业）单位新增人员花名表》和《机关（事业）单位减少人员花名表》，对全县 49 个行政机构和 309 个事业单位的机构编制和实有人员情况进行摸底核查，确保全县机构清，编制清，实有人员清，为实现机构编制实名制管理系统的正常运转和适时更新提供了精准的基础数据。

【行政审批制度改革督查工作】 根据市编办的要求，联合行政审批中心对全县 21 个行政单位、14 个事业单位及 1 个垂直管理单位进行督查，督查内容包括权责清单运行及动态调整情况；减证便民工作建立“三个清单”进展情况；中介服务及随机抽查事项运行情况；按照“两集中、两到位”的要求充分授权情况；承接取消、下放的行政审批项目，落实政务服务标准化，简化审批环节，优化审批服务事项的申报材料、办理条件、流程、时限等审批标准共五项。通过召开座谈会、查阅资料等方式，列出了问题清单，提出了整改时限，有力地推进了行政审批制度改革的顺利进行。

【“三基建设”基础工作达标评估验收工作】 开展“三基建设”基础工作达标方面，机构编制部门牵头的“三基建设”基础工作达标，积极与县“三基建设”领导组办公室密切配合，成立了领导机构，建立了实施方案，抽调专门人员负责此项工作，取得了扎实效果。2018 年在三基建设基础工作评估验收方面，根据省、市机构编制部门的要求，按照县委“三基建设”领导小组部署，开展全县基础工作评估。以编办负责统筹推进全县基础工作评估；抽调专人成立了三个评估小组对全县的党政群机关进行评估验收工作。按照要求采取了县评估验收组对党政群主管部门进行评估验收，县直各主管部门再对其所属事业单位进行评估验收的办法。评估验收组严格对照基础工作达标《安泽县党政群机关事业单位基础工作达标验收办法》和《安泽县党政群机关事业单位基础工作达标验收指标》，重点查看编制基础工作目录、流程图和“三个手册”完成情况，基础资料管理情况、坚持成熟一个验收一个，不搞“齐步走”。验收结束后形成达标验收报告，指出达标验收单位存在的问题，明确整改方向。还及时总结各单位达标中好的做法和成功经验，对已达标单位适时进行“回头看”，巩固达标成果；对未达标单位的整改情况进行跟踪，加强指导和督查，明确达标时限。

2018 年，完成全县 76 个党政群机关的评估验收工作，所有单位已将评估报告全部交回。通过基础工作达标验收，一方面集中解决了长期以来存在的责任不清、底数不明、工作不规范、管理不到位等问题，另一方面有效促进各项工作基础夯实、机制创新、管理规范，从而进一步提升工作标准，推行精细化管理，持续树标、对标达标。

【创建国家卫生县城活动】 根据县委、县政府的安排部署，结合安泽县申报国家卫生县城和卫生乡镇工作要求和卫计部门承担的爱国卫生、健康教育方面的工作职责，积极与市编办沟通，于2018年4月28日召开县编委会议。会议研究决定，成立县爱国卫生运动委员会办公室，设在县卫计局；将卫计局宣教股更名为健康教育办公室，并增加相应职责，同为县卫计局行政内设机构，编制由卫计局内部调整解决。为确保安泽县创建国家卫生县城活动的顺利开展提供了体制机制保障。同时县编办承担粮贸小区和滨河小区环境卫生整治任务，经过艰辛的努力，拆除旱厕一个、违章建筑两处，清理垃圾十余三轮车，整修车棚6间，整理线路、杂物等，使两个小区的面貌焕然一新。

【脱贫攻坚工作】 2018年深入包联村积极开展脱贫攻坚工作，与唐城镇南湾村“两委班子”共同制定发展计划和脱贫攻坚的大盘子，以增加村集体和贫困户收入，同时持续开展结对帮扶贫困户并对贫困户进行了慰问，特别是春季护林防火期间，加大巡查力度，完善防火措施，配备巡察服装，确保万无一失。通过共同努力，帮扶群众生活持续改善，村集体经济得到提高，帮扶群众满意度进一步提升。

【机关自身建设】 1. 深入开展“强化责任、严守纪律、树好形象”专项治理活动。在“强化责任、严守纪律、树好形象”专项治理活动中，高度重视，精心组织，切实把思想和行动统一到县委、县政府的决策部署上来，确保本次活动扎实有效。活动中，通过学习讨论、查找问题、整改落实、总结提升等各个阶段的工作，促使党员干部转作风、机关部门树新风，工作效率上台阶，进一步提升了机构编制部门干部队伍的整体素质，树立了机构编制部门的良好形象。

2. 开展党风廉政建设工作。以“建立服务型机关”为目标，不断加强机关内部的制度建设和议事决策机制，压实党风廉政建设“两个责任”。制定了《县编办落实党风廉政建设主体责任和监督责任清单》，将党风廉政建设纳入党的建设和全办工作总体布局，严格落实党风廉政建设责任制，认真履行“一岗双责”，进一步增强了党员干部的廉政意识，筑牢拒腐防变的思想防线，为创建和谐、诚信、廉政型机关，打下了扎实的机制保障，树立了编制部门热情服务、严谨诚信、务实创新，勤政廉洁的良好形象。 （刘婕）

县直机关工委

【概述】 2018年机关工委在县委坚强领导下，以习近平新时代中国特色社会主义思想为指导，紧扣县委“三基建设”升级年、工业转型跨越年、城建品质提升年、乡村振兴驱动年的“四个年”发展新思路，按照“服务中心、建设队伍”的总体要求，突出“机关党组织规范化建设、乡镇机关效能工作建设”两个工作重点，主动履职尽责，积极开拓创新，较好地履行了岗位职责，有力推动了县直机关全面从严治党工作规范健康发展。

【支部规范化建设】 根据县党代会安排，2018年，每个县直机关（系统）党委要建成1~2个精品支部。接到任务后，多方调研，征求各方意见，把精品支部定位为“双强双好”（执行能力强，群众口碑好；领导班子强，服务发展好），出台了《中共安泽县直工委关于县直机关基层党组织标准化建设的实施方案》后经组织部领导、组织科同志多次研究修改，出台了《安泽县机关（事业）单位基层党组织规范化建设标准》，从组织体系、党员管理、组织生活、作用发挥、工作保障、党建责任等六个方面对机关支部建设提出具体要求。审计局党支部规范化建设方案已经通过组织部、财贸党委、机关工委共同审定，进入施工阶段，审计局支部的设计方案站位高、定位高、标准高，将为新时代安泽县基层党组织建设树立一个新的标杆。审计局党支部规范化建设完成后，将组织县直机关有关支部、10个党委负责人召开推进会，以此为建设标准全面推开。此外，发改局党支部进入方案设计阶段，教育工委府城中心校支部建设基本完成。

【机关服务】 根据县委组织部安排，2018年主要负责效能建设八项制度在乡镇（社区）、县直单位的全面实施。1月，会同考核办印发《关于印发效能建设八项制度的通知》，印发《关于推进效能建设八项制度的实施方案》，要求县直各单位成立领导机构、制定实施方案、依据省市标准修订完善工作制度，着力提升县直机关工作效能。6月，印发《关于对效能建设工作进行督查的通知》，同时下发《全县效能建设工作督查方案》。截至11月30日，组织督查组对乡镇（社区）和部分村的效能建设工作进行了督查，并提出整改意见。对县直各党委70余个单位的效能建设工作进行了5轮督查，下达整改通知200余份。效能建设八项制度的执行，有力提升了机关人员履职能力和服务能力。

【督导机关支部工作】 为规范机关支部日常工作，推动各项党内制度的严格执行，严肃党内政治生活。2018年，组织人员分批次对党校、审计局、人大办、国土局、检察院、环保局等50多个县直机关支部的日常工作进行了督查，进一步压实压紧了书记第一责任，使机关支部在“三会一课”、主题党日、专项活动、制度执行、书记讲党课、民主生活会等环节程序进一步规范，工作进一步扎实，资料进一步翔实。机关支部工作规范化，使基层支部的政治功能得到较好发挥。

【群众身边腐败问题督查工作】 根据县纪委安排，按照《关于进一步明确职责分工扎实做好整治群众身边腐败问题督查工作的通知》安办发〔2018〕25号文件要求，对县财政局、县国土局、县教科局、县卫计局、县环保局、县农委、县纪委监委、县委组织部等八个单位开展民生领域腐败和不正之风专项整治工作进行了三轮督查。对上述单位提出整改意见三个方面20余条，认真督促有关单位扎实解决工作中存在的突出问题，使民生领域腐败和不正之风工作的治理取得显著效果。

【基础工作验收】 根据县“三基建设”办公室安排，严格按照《关于开展全县党政群机关事业单位基础工作评估的通知》要求，从机构职能管理、岗位责任管理、基础资料管理等 8 个方面，对县委党委、财贸党委等 30 余个单位和唐城镇、和川镇的基础工作开展情况进行了县级评估验收。

【包联村脱贫攻坚工作】 2018 年 1 月至 6 月，和团县委共同组成工作队，包联良马乡劳井村，对已脱贫 10 户 14 人，未脱贫 1 户 1 人，进行不间断走访，积极向脱贫户、贫困户、非贫困户宣讲党的政策，普及知晓率，帮助制定 2018 年巩固措施，做好脱贫巩固工作。6 月，退出驻村工作队后，主动包联贫困户，定期走访了解他们的生活生产情况，为他们制定脱贫巩固措施。多次看望慰问“五保户”郭守德老人，积极为他入住敬老院多方奔走。响应县委号召开展“手拉手、帮秋收”活动，和乡村两级干部为石忠堂、张小桃、石忠琴等贫困户抢收玉米六亩多。同时，积极做好包联村扫黑除恶专项斗争宣传工作、防火防汛工作，做好 2018 年劳井村村民收入测算工作、脱贫户一户一档完善入户工作。中秋节前夕，为劳井村贫困户、低保户、部分老党员、80 岁以上老人送去 3500 元的月饼、面粉、食用油等慰问品。

【目标责任制考核】 根据县考核办安排，按照考核方案要求，坚持公开公平公正的原则，利用两周的时间，分别带领两支考核队伍，顺利完成对住建局、人社局、二轻等 7 个县直单位 2018 年度目标责任制考核，对 7 个乡镇、1 各社区进行 2018 年度目标责任制考核。

【主动作为 履行第一责任】 作为机关工委书记和支部书记，抓党建是自己的第一责任。牢固树立抓好党建的主责意识、主业意识和主角意识，年初对党的建设和支部工作进行全面安排部署；每月按时召开支部会议，安排当月工作；规范主题党日活动；严格落实“三会一课”制度，全年讲党课 5 次；严格党规党纪和各项党内制度的执行；认真抓好机关党员的日常管理；把党风廉政建设主体责任和监督责任牢牢扛在肩上，纪律意识和规矩意识时刻挺在前面。书记带头，使支部的核心作用进一步发挥。

【专项治理活动】 根据县委安排，扎实抓好“强化责任、严守纪律、树好形象”专项治理活动；认真开展在“强严树”专项治理活动中开展基层党组织集中整顿工作；按程序从严抓实“关于进一步做好彻底肃清腐败流毒影响工作”，开好专题民主生活会；按照纪检组要求，抓好《中国共产党纪律处分条例》的学习研讨交流，抓好省委十一届六次全会精神学习，抓好县委《关于进一步贯彻落实中央八项规定精神的实施办法》学习贯彻。专项活动的开展，使全体工作人员的政治觉悟进一步提高。

【机关建设】 1. 严格制度执行，从日常的签到，到重要事项决策，到财务管理都严格按照机关制度执行，没有例外。2. 严格责任落实，机关工委工作头绪多、人员少，从书记到一般人员严格按照责任分工抓落实，不管是日常事务还是党的建设，都必须按时间高质量完成，没有例外。3. 强化日常学习，党的干部必须政治过硬、业务过硬，机关人员除按照上级要求完成学习任务外，主动学政治、学政策、学业务、学理论，没有例外。4. 严格廉洁自律，机关干部必须把廉政建设摆在首位，把纪律性规矩挺在前面，工作生活中严格落实党规党纪，没有例外。

党校教育

【概述】 2018年在县委的正确领导、县政府的关心支持和省、市党校的指导下，安泽县委党校认真贯彻《中国共产党党校工作条例》，忠诚敬业、团结奋进、求是创新，圆满完成了各项工作任务。

【队伍建设】 1. 坚持集体学习，提高教职工整体水平。结合“强化责任　严守纪律　树好形象”活动的要求，坚持每月两次的政治理论学习，学习内容紧跟形势、有现实针对性。一年来，无论是班子成员还是教职员工都能积极主动参加学习，个人学习笔记都达到了3万字以上，心得体会每人撰写至少3篇。通过坚持不懈地学习，教职工充实了理论知识，提升了党性修养。2. 定期开展党日活动，提高教职工凝聚力。为了营造团结和谐、求真务实的政治生态，党校结合实际开展了多种形式的党日活动。先后开展“送温暖、献爱心”活动、“三八”妇女节文艺展演、“五四”羽毛球趣味比赛、“端午节”敬老爱老活动、“七一”专题党课、扫黑除恶专题讨论、“手拉手·帮收秋”等活动。通过内容丰富的党日活动，全体教职工积极参与，团结协作，增强了团队意识。3. 强化业务能力，提高师资水平。每月15日组织教师业务学习，由教师作专题辅导，再进行讨论，2018年结合培训需求组织教师普遍听评课活动13人次；开展专题辅导课6节，教师都能按时参加学习，每人写业务笔记不少于13篇；把赛讲当做练兵常抓不懈，5月进行“2018年党校教师赛讲”活动，并推选2名教师参加临汾市委党校的比赛，在6月份市委党校举行的“第六届临汾市党校系统教师赛讲”中，安泽县委党校2名参赛教师分别荣获三等奖、优秀奖；先后组织教师21人次到北京、武乡、临汾市委党校、浙江、省委党校等地参加学习，从而全面提高党校教师的综合素质。

【教育培训工作】 1. 扎实开展各类主体培训班次。举办和承办安泽县学习贯彻习近平新时代中国特色社会主义思想读书班2期（主体班、每期一个月）；安泽县2018年度农村（社区）“领头雁”培训班（5期）、安泽县“三基建设”能力素质提升常用文稿写作培训班、安泽县党政机关事业单位干部“三基建设”通用基本能力提升培训示范班、安泽县党政机关事业单位干部“三基建设”脱贫攻坚能力提升班（6期）、安泽县入党积极分子培训班等共16期，参训达 2000余人次。同时，2018年配合组织部开展15期干部大学堂，参训近5000人次。2. 按照需求开展宣讲活动。全面开展中共十九大精神宣讲、围绕“三基建设”“强化责任　严守纪律　树好形象”专题治理活动、学习习近平新时代中国特色社会主义思想、山西省委十一届六次全会、《中华人民共和国宪法》、扫黑除恶、《中国共产党纪律处分条例》等内容，党校理论教师在县委中心组宣讲8次、到各乡镇和县直机关宣讲100多次，参训达4000余人次。较以往相比，培训规模和范围不断扩大，培训领域进一步拓宽。3. 有序开展理论研究。党校鼓励教师开展调查研究，以达到以理研促教学的目的。2018 年发表理论文章 2 篇，《新丝路》期刊上发表《以党史党建为基点　促反腐倡廉建设》，在《山西党校报》上发表《党员领导干部家风建设的“三个要”》，同时完成了 2 个省级重点课题的立项和申报，现正在进一步完善中。

【驻村帮扶】　1. 开展理论下乡活动。先后两次组织理论教师到唐村宣讲“全县经济工作会议”和《中国共产党章程》，期间教师和党员还深入村民家中，宣传党的惠民政策、讲解农业技术知识，帮助群众转变思想观念，告诉他们怎样搜集市场信息，把握市场商机，鼓励创业致富。2. 解决实际困难。春节期间党校班子一行到唐村慰问贫困群众，为他们送去米、面、油等生活用品；在与唐村两委班子商讨沟通后，党校出资 5400 余元为贫困户每户购买 3 袋化肥，确保贫困户春耕顺利进行；为切实做好唐村周围环境美化，确保垃圾不落地，资助 5500 余元为唐村购买垃圾桶 100 个；先后为包联村制作悬挂护林防火标语 4 条，增强村民防火意识、保护好青山绿水。3. 积极配合村两委工作。党校驻村工作队严格执行每周“五天四夜”驻村蹲点，每日进行网上考勤和工作日志，定期参加村里组织的党员活动日活动。同时协助村两委完成了唐村产权制度改革身份确认工作和扫黑除恶入户宣传工作、支部书记遍访贫困户工作、完善扶贫档案和班子成员及党员第一轮“两学一做”学习微信测试工作、农业产业调产、卫生整治、野生连翘抚育等相关工作。同时，党校驻村队结合六大行动要求，定期开展入户调查走访，宣传各项扶贫政策，完善贫困手册信息。

【服务县域发展】　2018 年慰问了“感动安泽”人物李来梅、杨兰太，为她们送去生活用品；积极响应县委号召，开展“博爱一日捐”活动，党校教职工积极参与，捐款 1000 元；在国卫创建中，党校对院内花池进行绿化、对办公楼和公寓楼进行亮化，党校组织教职工走巷入户宣传创卫、发动群众热情，全体教职工定期到责任片区打扫卫生，确保创卫成果。同时，2018 年县委、县政府及各部门在党校报告厅及会议室召开各类会议和培训近 40 场，安排专人负责服务工作，会前布置会场，会中提供热水，会后及时清理，受到了主办单位的一致好评。

【党风廉政建设】　党校是党性锻炼的熔炉，因此始终把党风廉政建设作为工作的重中之重。2018 年以“强化责任　严守纪律　树好形象”专项治理活动为契机，加强纪律作风建设、履行主体责任、抓好党风廉政建设工作。1. 打造坚强的校委班子。经常开展谈心活动，沟通思想、促进工作，班子成员能够严于律己、宽以待人，做好表率。2. 用制度夯实基础。完善各项制度、明确责任分工，用制度管人管事，教职工牢树纪律意识，明确可为与不可为。3. 组织措施到位。党校多次召开专题全体人员会议，对党风廉政建设工作进行部署安排；定期组织教职工观看警示教育片、参观县廉政教育基地、开展以纪律规矩为主题的集体学习并进行专题讨论，教职工增强了政治意识、大局意识、核心意识、看齐意识。

老干部工作

【概述】 2018年，在市委老干部局的精心指导下，在县委、县政府的正确领导下，高举习近平新时代中国特色社会主义伟大旗帜，坚决贯彻中央省市关于老干部工作的指示精神，围绕“让老干部满意 让党委放心”的宗旨，落实政策不走样，执行标准不打折，不断加强和创新老干部各项工作，让老干部在政治上有荣誉感、组织上有归属感、生活上有幸福感，更好地发挥了老干部“不忘初心、牢记使命、夕阳更红”的正能量作用，助推了全县经济社会持续健康发展。

【老干部学习培训】 2018年，将提升老干部工作队伍的能力素质作为重要抓手，进一步加强理论学习，用科学理论武装头脑，努力打造学习型工作队伍，全面提高老干部工作水平和服务能力。以开展“强、严、树”专项治理活动和学习习近平新时代中国特色社会主义思想三十讲活动为契机，采取多种形式进行学习，自主学习，要求全体党员干部制定自学计划，利用业余时间自学充电，每星期至少学习两次，学习党章党规，纪律处分条例，习近平系列讲话等资料；集中学习，定于每周两次集中学习，集体和个人都制定了学习日程表，要求全体人员参加学习，坚持撰写学习笔记和心得体会；领导带头讲党课，始终坚持每月一次党支部书记讲党课，每月观看一次警示教育片，并撰写心得体会。

为使老干部学习方便，依托老年大学这个阵地，从实际出发，采取集中培训与送学上门相结合、组织与个人相结合等形式，抓好老党员的思想政治学习。利用老年大学开学典礼时机，组织全体学员学习习近平总书记重要讲话精神等政治理论；利用老年大学这块主阵，坚持每月上政治课讲解国内、外新近发生的一些热点问题及通报安泽县当前的政治、经济形势；每月集中组织一次离退休党支部成员进行集体学习，安泽县共有10个离退休党支部，每个支部落实5000元党建工作经费，确保各支部组织生活正常有序开展；不定期送学上门，针对不方便参加集中学习的老干部，将学习资料精简印制，发放到老干部手中。

【落实老干部各项待遇】 安泽县认真落实“三个机制”，将干部离休费全部纳入县财政预算，按时足额发放；医药费做到实报实销，凡中央、省、市有关离休干部各项待遇的文件全部兑现。此外，探索建立了三项制度：坚持每年的座谈会、茶话会制度，召开2018年全县科级老干部迎新茶话会，县委书记、县长向全县老干部传达了节日的慰问和组织的关爱，并向老干部介绍安泽县一年来经济社会各项事业发展情况，听取老干部们对安泽县各项事业发展的意见建议。每年为副科级以上老干部订阅了《老友报》《山西老年》《特别关注》等各类报纸杂志，保证老干部的日常学习；坚持“三访”“四必到”走访慰问制度。2018年春节、“七一”前夕，由县委常委带队对部分离退休老干部、新中国成立前老党员进行走访慰问，共发放慰问品44万余元。每逢县城居住离休老干部生日，局领导班子成员都专门登门祝贺，并送上一份蛋糕、一束鲜花，为老干部送去生日的祝福和组织的关怀。2018 年共日常走访探望老干部 30 人次，参加了 4 名离休老干部的生日；健全帮扶机制。安泽县设立了特困老干部帮扶基金 5 万元/年，并列入了财政预算，每年对特困老干部家庭给予帮扶，全年共收到老干部特困帮扶申请 5 人。另外，建立离退休干部健康档案，每年在春季为全县干部体检的基础上，重阳节前后再为离休老干部和副县级老干部进行一次免费健康检查，根据体检结果进行整理登记，为老干部逐一建立了较为详细的个人健康档案；不断优化老干部活动环境。按照县委创建卫生城市安排，围绕建设花园式机关为中心，对活动中心楼内外进行翻新粉刷，将楼前的绿地进行重新绿化，对室内棋牌室进行重新翻修，不断优化、美化活动环境。

【老干部精神文化生活】 2018 年围绕“不忘初心，牢记使命、夕阳更红”主线，坚持“校会结合”，创新开展多种形式的文体娱乐活动，努力丰富老干部精神文化生活。组织老干部参加“庆三八”“助力旅发舞动安泽”广场舞比赛，选送的老年大学文艺部、体育部、综合部三支代表队分别获得特别奖和二等奖；持续开展老干部助力安泽县乡村旅游文娱活动，今年组织老干部 200 人次参加了黄花岭乡村文化旅游月老干部专场演出，老干部文艺助力小黄村、飞岭村、石渠村乡村休闲文化旅游节；举办了第二届“老年乐”趣味运动会，参加活动的老干部达 100 余人；举办安泽县老年大学校庆十周年暨消夏月文艺晚会，整场晚会 13 个节目由老干部们自编自演，历时三个月精心准备，收到社会各界的广泛好评；举办老干部与武警中队“八一”军民联欢会；举办庆祝安泽县老年大学校庆十周年系列活动，9 月 26 日召开老年大学校庆十周年庆典大会，安泽县对这次庆典大会十分重视，县四大班子领导参加庆典大会，同时还邀请市委老干部局、老年大学相关领导和其他兄弟县市老干部局和老年大学的各位领导，对安泽县老年大学建校十周年工作进行总结，并对优秀学员、教师进行表彰。同时还举办为期一个月的“庆祝改革开放 40 周年暨老年大学校庆十周年的书画展”；开展重阳节系列活动，2018 年重阳节共走访慰问副县级以上离退休老干部 36 人，组织副县级以上离退休老干部 36 人进行健康体检，开展“手拉手·帮收秋”活动，组织全体党员干部为包联村困难老党员和包联户收玉米，举办老年大学欢度重阳节座谈会，老龄人才协会召开表彰大会，对为老龄人才工作做出贡献的老同志进行表彰。

【发挥老干部正能量】 聚焦“助力脱贫攻坚”主题，开展文艺下乡活动，组织老干部艺术团人员分别进入冀氏镇冀氏村、和川镇三交村、石渠村、马壁乡下石村送文艺下乡 4 场，助力打赢脱贫攻坚战；聚焦“创建国家卫生县城”主题，为积极响应安泽县委、政府提出的创建国家卫生县城的号召，通过各老年组织向全县老干部发出了“创建国家卫生县城、争做安泽文明老人”的倡议书。倡导老干部在“创卫”活动中争做榜样，做好创卫宣传员、保洁员、监督员；聚焦“传帮带”年轻干部，组织老干部与年轻乡村干部“手牵手”活动，组织安泽县20余名老干部到全县7各乡镇进行观摩督查，通过听汇报、召开座谈会等形式，老干部向年轻干部传授经验方法，提出意见建议，不断提升基层年轻干部的工作本领；聚焦“发挥榜样的作用”，在全县老干部中开展争做好公民、好学员、好老人的“三好”老人活动，引导老干部政治引领、担当作为，为社会增添正能量，做出好榜样，推出好典型。

史志办

【县志编纂工作】 2018年史志办的主要工作是完成重修《安泽县志》的编纂工作，经上报县分管领导研究决定，抽调了5名熟悉县情的退休老干部组成编纂小组，进行编纂，由于是重修，时间跨度为1949—2010年，资料征集的困难非常大，为了按时高质量完成志书编纂，史志办克服种种困难，采取下发征稿文件通知、专事专访、专人专访、亲自上门等多渠道收集志书资料。在整理编纂过程中编纂小组成员为了赶进度，经常加班加点，节假日也不休息整理文稿。在县志资料征集中严把稿件质量，认真审阅，仔细校对，查缺补漏，约150万字的《安泽县志》书稿在年底基本完成编纂，按照省政府办公厅的要求，将《安泽县志》初稿装订成册，进行上报送审。

【年鉴编纂工作】 根据国务院要求，年鉴要一年一鉴，公开出版。史志办在编纂人员少，工作任务大的情况下，继《安泽年鉴（2017）》按要求于2017年年底公开出版后，又紧张地投入到2018年年鉴收集、整理、编纂工作中。2018年初向各单位下发《安泽年鉴（2018）》征稿通知，历经大半年的辛苦整理编纂，于九月中旬完成《安泽年鉴（2018）》初稿编纂并上报送审，审批书号，与出版社签订出版合同，年底正式出版发行。《安泽年鉴（2018）》约55万字，记述时限为2017年1月1日至12月31日，收录了县直各单位、各乡镇和企事业单位约100多家的内容，全面记载了安泽县自然、政治、经济、文化、社会等各个方面的情况。

【完成上报稿件工作】 2018年完成省、市、县安排的各项临时性任务，完成了《山西年鉴（2018）》《临汾年鉴（2018）》书稿内安泽部分的供稿任务；按时完成《安泽县大事记》收集整理，并逐月在安泽政府网站刊登；完成临汾市地方志《临汾风景名胜志》安泽部分5余万字的供稿任务；完成30余万字的《安泽扶贫志》初稿。

【党史宣传】 近年来，安泽县深入挖掘太岳红色文化，将境内的红色遗迹作为开展爱国主义教育和革命传统教育、党史教育的课堂，把红色资源优势转化为红色文化旅游发展优势。2012年，王光烈士墓、太岳行署、太岳军区司令部、太岳军区政治部等已被确定为省级爱国主义基地。2018年4月4日，市委组织部将太岳行署旧址确立为市级党性教育基地，后又经史志办搜集整理上报省党史研究室，4月26日，太岳革命史陈列馆又被授予“山西省党史教育基地”的荣誉。省委党史研究室主任薛荣、县委书记李强为太岳行署旧址“山西省党史教育基地”揭牌。县委副书记、政府县长牛庆国介绍党性教育基地基本情况。县委常委、宣传部部长魏书亮主持揭牌仪式。史志办以此次授牌为契机，大力宣传安泽党史，使社会民众多渠道、多平台学习党史，不忘历史，弘扬传承太岳红色革命精神，以更加丰富的形式吸引省内外干部群众，追寻红色足迹、传承红色文化、感悟红色精神。

【学习教育】 2018年，史志办始终认真学习贯彻习总书记系列讲话精神，党章、准则、条例和中央八项规定精神，严守党的政治纪律和政治规矩，在思想上、政治上、行动上始终同党中央和省、市、县委保持高度一致，始终把纪律和规矩挺在前面，积极开展“两学一做”学习教育常态化、制度化活动；积极配合县委第二巡察组9月28日至12月30日对史志办为期三个月的巡察工作，史志办全体党员干部从讲政治、讲党性的高度严肃认真对待。始终牵住党风廉政建设和反腐败斗争这个牛鼻子，加强全体党员干部的思想政治教育，牢固树立“四个意识”，做到了政治立场坚定，政治方向不偏、政治信仰不变，做严肃党内政治生活，净化党内政治生态的表率，牢固树立群众观念和群众意识，一切工作以群众满意为出发点，增强宗旨观念，做到守土有责、守土尽责。充分利用日常学习，传达学习中央、省、市、县重要会议精神、中共十八大、十九大会议精神和新党章、党规、条例，强化党员的党性锻炼和党性修养，通过观看反腐败警示教育片，参观警示教育基地等形式进行警示教育，从源头上预防了消极腐败思想的滋生，筑牢反腐倡廉的思想防线。 （张磊）

信访

【概述】 2018年，安泽县信访局在县委县政府正确领导下，以习近平中国特色社会主义思想为指导，以信访基础业务规范化、“四个重点”信访矛盾化解攻坚、“进京到省”重复信访事项治理、矛盾纠纷排查化解为重点，以“三到位一处理”为化解原则，认真落实上级和县委县政府关于信访工作的安排部署，有效解决了一大批信访突出问题，促进了全县信访形势持续平稳和向好发展。2018年共接待群众来信来访事项276件967人次。其中，县级接待来访群众224批904人次，国家信访信息系统交转事项52件，已全部办结，县级交办104件，到期办结率100%，信访总体形势平稳可控。

【信访基础业务规范化建设】 1.加强领导抓业务。为切实抓好信访基础业务工作，成立以局长为组长的信访工作领导小组，并明确一名副局长具体抓业务规范化工作，明确网信中心负责日常业务工作指导。2018年，自查信访事项32件，整改18件，促进了业务工作进一步规范。2.完善制度抓业务。固化中共十九大期间好的信访工作制度，使信访工作有章可循，同时也用制度管人；制定矛盾纠纷排查工作制度。定期对基层单位的矛盾纠纷排查化解进行调度；建立工作报告制度。加强信访工作报告，特别是重大、典型的信访信息随时报告。3.强化培训抓业务。5月26日，安泽县对各乡镇、社区、县直有关单位进行了集中培训，主要围绕省信访信息新系统的登录、受理、办理、答复、送达、信息化系统应用重点进行了培训，依据《信访条例》和国家、省信访局下发的有关业务规定，主要围绕《信访事项网上办理工作规程》（国信发〔2015〕29号）对参与培训人员进行了信访件规范化办理进行了强调。

【“四个重点”信访矛盾化解攻坚及重点信访问题化解情况】 2018年上级未交办安泽县“四个重点”领域案件，安泽县自查信访问题3件，化解3件，其中重点人员3件，化解率100%。中央巡视组移交安泽县信访问题1件，化解1件。1. 发挥组织领导作用。为进一步落实好重点信访问题化解，切实规范全县信访秩序，安泽县成立了以县委常委、政法委书记为组长的安泽县“重点领域、重点群体、重点问题、重点人员”信访矛盾化解攻坚战领导组，印发《安泽县“重点领域、重点群体、重点问题、重点人员”信访矛盾化解攻坚战实施方案》，用以指导全县信访工作顺利开展。2. 重点问题重点化解。中央巡视组移交安泽县信访问题1件，县级分管领导亲自包案，严格落实“四定”“五包”责任制，明确了包案领导、责任单位和具体承办人，确保案件一包到底，彻底化解，在规定时间内按要求完成了销号交账。3. 排查化解矛盾隐患。安泽县在重点领域、重点人员方面的“四重”问题仍然存在，主要表现在房地产领域、城乡建设领域、征地拆迁领域和重点信访老户等。进一步压实化解矛盾的主体责任，促进“四重”信访问题和进京到省重复访的化解，同时继续并持续不断地排查新的“四重”问题。

【重大节会期间信访工作】 全国、省、市“两会”等重要敏感节点，信访局共开展矛盾排查6次，接收矛排表300余份，上报重大节会信访情况“零报告”60余份。针对排查出的矛盾纠纷隐患，全部落实“五包一”措施，明确县级包案领导、责任单位负责人、化解责任人、稳控责任人以及化解措施和稳控方案。2018年中央、省、市两会期间，安泽县未发生进京上访，获得了省市领导的一致好评。

【信访矛盾纠纷排查化解】 安泽县在全县范围内集中开展信访矛盾纠纷大排查大化解，按照“控新治旧”要求，聚焦事关群众切身利益的突出矛盾，抓住经济新常态下出现的新问题，推动信访疑难问题得以解决，信访秩序持续改善，信访工作规范化进一步加强。

【扫黑除恶工作】 自扫黑除恶专项斗争开展以来，立即成立“扫黑除恶”工作领导小组，制定《安泽县信访局扫黑除恶专项斗争工作方案》，确保扫黑除恶日常工作开展。充分利用宣传标语、横幅、微信群等深入广泛宣传，全力做好“扫黑除恶”宣传工作，营造良好的社会治安氛围。对安泽县信访案件进行了全面的梳理排查基础上，设立专门渠道，将收集到的信息汇总整理，认真排查。

社会管理联动服务中心

【概述】 2018年，在县委、县政府的正确领导下，中心积极贯彻落实省、市、县有关创新基层社会治理的文件精神，不断创新工作思路，强化工作举措，继续发挥维稳、公开、服务三大职能，扎实推进各项工作，努力为安泽县经济发展营造良好的社会环境，较好地完成了工作目标。

【诉求接待工作】 2018年，中心共解决群众诉求66件276人次。其中：矛盾纠纷类案件17件120人次，政策咨询类9件11人次，便民服务类40件145人次。网格长手机上报诉求3522件（2018年5月份系统改版后统计数据）。对接到的诉求中心均进行了有效处理，未发生处置不力或诉求被搁置的情况。

【诉求研判工作】 中心通过诉求研判，形成研判报告12期，形成矛盾纠纷排查情况汇报及下一步工作建议，重点对土地纠纷、高速占地补偿、小区物业管理、拖欠农民工工资、集中供热等群众反映强烈且容易引起群体性上访事件的重点、难点问题及时进行分析研判，提出预警。既对一个阶段的工作进行了梳理，也为领导决策提供了依据。

【信息上报工作】 通过安排专人定期查看、督促，并通过建立综治微信群随时对网格长答疑解惑，全县网格长在综治信息平台的信息上报工作得到较好完成。针对系统改版后处置率不高的问题，中心配合县综治办通过召开推进会、信息通报会等方式，对各乡镇上报情况进行通报督促，提高信息系统运行效率。

【培训工作】 2018年中心和县综治办一起通过线上线下相结合的方式，对全县综治工作人员进行业务培训。在线上，专门建立了“安泽县综治网格化工作微信群”，群成员上至县委书记，再到乡镇党委书记、乡镇长、村两委主干、下至一线网格长，通过微信群发布工作通报，进行业务培训、分享工作经验。全年共发布宣传报道、综治业务知识320余篇。在线下，组织专人于5月、6月和11月份共3次对全县7个乡镇和社区的300余名网格长针对新版山西省社会治安综合治理信息系统等业务知识进行专题培训，提升服务能力，提高服务水平；同时中心为新版“平安山西”手机APP专门制作了行政版和群众版的配套说明书，发放到各乡镇（社区）网格长和群众手中，进一步规范操作流程，提高APP的知晓率和使用率。在以上工作中我中心充分依靠自身优势，有效发挥了上传下达、联通左右的职能，成功地扮演了社会“助推器”和“减压阀”的角色。

【党建工作】 2018年在党组织整顿活动过程中，中心通过深入认真查摆问题，通过反思剖析，深刻认识到由于中心党支部新成立以及党员人数少等原因，导致中心党的组织生活不规范、不严肃的问题。针对问题中心严格按照活动要求，制定整改方案，落实整改措施，形成了中心“三会一课”工作制度，并根据制度和党的组织民主生活要求，做到会前有计划动员，会上有交流讨论，会后有总结提升，进一步提升了党的组织生活规范性和严肃性；进一步扎实做好“三基建设”提升工作。对照安泽县党政群机关事业单位基础工作评估要求，进行了认真的自查自评，根据自查自评过程中发现的问题，持续优化机构职能、岗位责任、基础资料、管理制度、信息化建设、部门间协调配合、群众工作等方面情况。并编制了工作目录、“流程图”和“三个手册”，确保工作由印证，有依据；认真贯彻“三会一课”制度，开展“党员活动日”活动。按照县委组织部要求，始终将党员干部教育放在重要位置，先后组织参观了沁河庄“刘少奇路居地”、小李村“山西抗战史实展馆”“太岳行署旧址”，开展了“庆七一”重读党章、重温入党誓词、现场缴纳党费、讲党课等活动；同时根据安排，组织全体党员认真学习《关于进一步激励广大干部新时代新担当新作为的意见》、新版《中国共产党纪律处分条例》和《中国共产党支部工作条例（试行）》，在此基础上，进行专题讨论学习，反思剖析。通过以上活动进一步激发了党员干部担当履职的责任心、归属感、集体荣誉感。

【“国卫创建”工作】 2018年，中心始终按照县委政府号创建活动要求，积极参与创建，首先从中心内部卫生抓起，打造花园式办公机关，从内部吹响参与“国卫创建”活动的号角。责任片区划分以后，中心通过组织人员到责任片区发放宣传资料、与住户签订责任书等方式动员片区住户提高创卫自觉性，并通过每周安排人员到片区清理垃圾、刮小广告等方式，用实际行动参与同时广泛动员群众参与，共同为创建国家卫生县城做贡献。既维护了责任片区内的卫生，也让维护清洁优美的生活环境自觉成为该片住户的生活习惯。

【脱贫攻坚工作】 中心与县红十字会共同包联和川镇东洪驿村，该村贫困户在2016年已全部退出，2017年即为巩固脱贫，2018年中心继续在巩固脱贫上下功夫。在做好驻村工作的基础上，在春耕播种、购买化肥种子等各方面及时与村委联系协商提供相关信息，并与村委共同制定了2018年光伏发电、连翘种植基地的工作计划，进一步拓宽村民脱贫致富渠道，提高收入水平；积极参与到村容村貌的环境整治提升工作中，协助村委做好河道治理。在护林防火期间，以及“扫黑除恶”活动中，与村委一起挨家挨户做好政策宣传，工作动员，提高群众对政策的知晓率；在秋收活动中，全体人员到贫困户家中开展“手拉手帮秋收”活动，帮助缺少劳动力的贫困户、困难户完成秋收，共同分享丰收喜悦的同时，鼓励贫困户从思想上摒弃“等靠要”的观念，自力更生，主动寻找致富手段，积极面对生活。

【精神文明单位创建】 2018年，中心以重大节日主题活动（清明祭扫、五一职工文体比赛、“七一”活动、重阳节慰问、国庆节活动等）、志愿服务、善行义举、道德讲堂（举办8期）、常态化创建五大类活动为载体，把文明单位创建与中心工作相结合，积极倡导社会主义核心价值观，促进单位面貌、同事关系、职工队伍精神状态明显提高，机关凝聚力大幅提升。同时中心大力加强意识形态建设工作，牢牢把握思想、网络、文化阵地，确保意识形态阵地牢牢把握在党的手中，确保全体人员都是党的政策理论的宣传者和践行者。

【“扫黑除恶”工作】 中心结合本单位实

际，认真贯彻落实中央、省委、市委、县委扫黑除恶工作部署，坚持把学习教育、思想理论武装贯穿活动的全过程，提高政治站位。利用电子屏滚动播放、张贴宣传标语，以及微信号推送相关知识等方式创造形成舆论氛围。同时加强线索摸排。切实利用好中心协调联动作用，充分利用三级中心以及社会治安综合治理信息系统在线索摸排中的优势，认真摸排甄别线索，认真分析研判。还通过每日安排专人对安泽县社会治安综合治理信息系统网格长及群众信息上报情况，进行逐一核查，要求工作人员对发现的苗头性信息及时核对上报，切实在工作中严格把关，力争打赢扫黑除恶这场硬仗。

【廉政建设】 在专项治理活动开展过程中，中心严格按照各阶段推进要求，把握各阶段工作重点，进行了认真动员部署，查找问题，撰写对照检查材料，召开民主生活会，完善工作制度，加强工作落实，使全体人员工作作风进一步改善，服务意识进一步提升。在活动开展过程中，中心还组织参观了廉政教育基地、观看警示教育片、撰写心得体会观后感等形式，号召全体人员始终在思想上把牢纪律的弦，始终牢固树立底线、红线、高压线意识；认真开展机关队伍整肃工作，通过广泛动员、深入学习、制定方案、自查自纠、深入整改，进一步完善了机关工作制度，重点持续整治特权思想、衙门作风和不作为、慢作为、乱作为等问题，确保利剑高悬，形成震慑；2018 年 10 月至 12 月底，开展“进一步做好彻底肃清腐败流毒影响工作”，领导班子及全体人员通过共同学习省纪委监委编辑的《忏悔录汇编》，通过对身边发生党员干部典型案例的反思，切实提高了全体人员在思想上的警惕性，改善了工作上的行为习惯。通过列出建章立制清单，对照清单，认真整改，进一步强化落实，取得实效；持续坚定不移地将学习新党章、新条例作为党员干部以及全体工作人员的必修课，持续不断地提高全体人员对党的全面从严治党工作的要求和部署，进一步提高政治站位，提高“四个意识”。

（李晓晖）

安泽县人民代表大会

综　述

【概述】 2018年县人大常委会在中共安泽县委的坚强领导下，以习近平新时代中国特色社会主义思想为指引，全面贯彻落实党的十九大和习近平总书记视察山西重要讲话精神，围绕中心，主动作为，对标一流，锐意进取。一年来，共召开主任会议15次，常委会会议6次，专题会议5次，听取审议工作报告13项，组织代表视察调研11次，开展专项工作评议2次，专题询问1次，专项督查9次，执法检查2次，并配合省市完成立法调研和执法检查7次，切实发挥了国家权力机关的职能作用。

【思想政治建设】 2018年常委会始终把党的政治建设摆在首位，坚决维护以习近平同志为核心的党中央权威，牢固树立政治意识、大局意识、核心意识、看齐意识，把党的领导贯穿于人大依法履职的全过程，落实到人大工作的各方面。坚持落实集中学习制度，中央和省、市县委召开的重要会议、作出的重大决策部署，常委会都在第一时间组织专题学习，深入领会精神实质，把握核心要义，不断提高政治站位，增强政治能力，坚定中国特色社会主义道路自信、理论自信、制度自信和文化自信。

【严格任免程序】 坚持党管干部和人大依法行使人事任免权相统一，根据县委推荐，严格执行任前法律考试、供职发言、宪法宣誓等法律程序，规范做好人事任免工作。全年选举、任免“一府一委两院”工作人员13人，保证了党委意图的顺利实现。健全完善了《安泽县人大常委会任免国家机关工作人员的规定》，强化了干部的任后监督，促使被任命人员的法治观念和公仆意识进一步增强。

【依法决定重大事项】 常委会坚持“抓大事、议大事、决大事”原则，审议通过了人大常委会讨论决定重大事项的有关规定，使人大做出的决议决定更科学、更规范。为贯彻落实县委开展城乡环境卫生整洁行动工作的部署，常委会及时作出了《关于县乡人大联动开展城乡环境卫生整洁行动专项监督的决定》，印发了具体工作方案，并多次深入各乡镇村，开展环境卫生整洁行动专项督查，定期听取乡镇人大开展联动监督情况的报告，形成了横向到边、纵向到底的监督格局，展现了人大服务发展的决心和实效。积极参与“国卫”创建，常委会班子成员深入一线参战督战，圆满完成了辖区内的各项创建任务。

【聚焦产业转型升级，大力推进产业振兴】 听取审议全县工业经济运行情况的报告，提出政府及职能部门要优化发展环境，全力支持煤焦企业延长产业链条，发展下游产品，提高产品附加值和市场竞争力。政府及职能部门积极作为，目前永鑫、太岳新建焦化、乙二醇、甲醇等项目已全面铺开，同世达、科鑫碳材料、圣鑫新材料等以煤为基，多元发展的转型项目完成了审查备案。支持和督促县政府加快传统产业优化升级，壮大培强煤层气产业，深入调研全县煤层气产业发展情况，推动项目尽快投产达效，努力实现企业增收与地方发展的双赢。持续关注开发区的设立，提出要将开发区的建设作为各项工作的重中之重。多次深入一线视察调研，千方百计解决工作中的实际困难和问题，积极稳妥地推进设立工作，11 月下旬安泽县经济技术开发区获省政府批准。

【聚焦农业产业发展，积极助推富民增收】 听取审议全县“乡村振兴驱动年”活动开展情况的报告，组织市县乡三级代表视察全县农业产业化发展情况，深入 7 个乡镇 13 个村实地调研农业调产情况，提出要把握乡村振兴的总要求，明晰农业产业发展方向，合理规划产业布局，不搞“小而全”的重复建设，支持农业产业向规模化发展。同时引进和培育龙头企业，延伸农产品产业链条，生产出高附加值的农产品。听取审议连翘产业发展情况的报告，提出一方面要加大连翘的抚育和栽植面积，在提高全县连翘产量和质量上实现新突破；一方面要延伸产业链，加大招商引资力度，开发连翘系列产品，在提升连翘经济效益上实现新突破。政府及相关职能部门高度重视，积极落实，建成了 30 个高标准野生连翘精品示范园，新增连翘抚育面积达 4500 余亩，安泽（晋南）中药材物流基地项目落地建设。

【聚焦社会热点，回应百姓关切】 坚持问题导向，把人民群众普遍关注的民生问题作为监督重点，不断满足人民群众日益增长的美好生活需要。去年供暖前夕，常委会成立调研组进小区、入家户了解上年供暖和缴费情况，征求到 60 余条意见建议；与供热公司和监管部门深入座谈，分析问题症结，提出具体要求。并首次启动了专题询问这个刚性监督程序，让人大代表与政府及职能部门、供热公司直面交流，现场答复群众最关心的收费标准是否合理、气源紧张如何缓解、供热不达标如何解决、服务不优如何提升等八方面的问题。通过询问，群众了解了政府及各部门所做的大量工作，政府部门进一步明确了群众的诉求，提出了整改的措施和时限。高度关注医疗卫生事业。开展了医德医风专项工作评议，走访和电话回访了 70 余名住院病人、出院病人、患者家属，针对群众反映的检查项目多、部分医务人员态度差的问题。要求县卫生部门加强管理，规范诊疗工作，改善服务，进一步提高基础医疗质量；医务人员要恪守医德规范，依法执业，提高服务水平。高度关注教育工作。围绕办好人民满意教育，开展了师德师风专项工作评议，支持教育部门进一步深化改革，更加注重师德师风建设，更加注重学生的思想道德素质和能力培养，使基础教育返璞归真。针对城市供水不足、屠宰场不达标、廉租房无法按期投入使用等问题，深入一线调研，及时向县委汇报。经研究水源地及屠宰场建设已列入2018年的重点事项，切实加以解决。

【聚焦财政资金运行，切实提高资金的使用效益】 深入开展全口径预算监督工作，听取审议了财政预算及执行、调整情况和审计发现问题整改情况的报告，分析和查找经济运行中出现的问题和原因，作出了预算调整决议，支持财政资金保重点、保运转、保民生。重视运用审计结果，对审计查出问题整改落实情况进行跟踪检查，督促政府高度重视存在的问题，责成有关部门认真整改，并建立长效机制，防止屡改屡犯。开展政府债务风险防控化解情况调研，全面掌握了全县政府债务的结构比例、偿还情况、化解措施，提出要强化预算约束，建立健全举债审批报批机制，严控债务数量；同时盘活现有资产，加快债务化解步伐，确保政府性债务风险始终可防可控。

【法治引领，推进法治安泽建设】 注重法治教育与监督实践相结合，使依法履职的全过程成为普法教育的全过程，为法治建设筑牢社会基础。听取审议“七五”普法规划实施情况的报告，要求政府及职能部门要进一步丰富普法内容，突出普法重点，强化普法措施，提高普法实效，使法治观念和法律意识更加深入人心。听取全县扫黑除恶专项斗争工作报告，并深入相关部门实地了解扫黑除恶开展情况，督促公检法部门认真落实中央决策部署，广泛发动群众，深挖彻查线索，对犯罪从重从快打击，进一步提升群众的安全感。印发了给全县代表一封信，号召全力参与扫黑除恶专项斗争，巩固全县治安稳定的良好局面。

注重法律法规在全县范围内的贯彻实施。按照全国人大执法检查四项原则和“全链条”六个环节工作流程，对食品安全法、种子法开展执法检查，2个检查组分赴全县7个乡镇明察暗访，把执法检查的过程变为法治宣传的过程、变为边整边改的过程。督促解决在严格执法、全程治理等方面还存在的薄弱环节，规范了市场行为，保障了“舌尖上的安全”和农民群众的切身利益。积极配合省、市人大开展环保法、水污染防治法、禁止燃放烟花爆竹规定、非物质文化遗产保护条例等多部法律法规的立法调研和执法检查，提出整改意见20余条，发挥了执法检查“法律巡视”利剑作用。

【抓学习培训，让代表“会作为”】 邀请市委党校理论教师对省市县乡人大代表、人大工作者及监察委员会全体干部400余人就《中华人民共和国宪法修正案》《中华人民共和国监察法》进行集中培训，宣传贯彻习近平总书记依法治国、依宪治国重要思想，帮助代表、监察干部学法明责。举办了人大干部履职能力与综合素质提升研修班，常委会组成人员及乡镇人大主席听取了全国知名法学博士、教授的精彩讲座，使大家在思想上对地方人大的地位和职权有了更加深刻的认识和理解，在实践上对履行代表职务有了更加明确的途径和做法。

【建活动载体，让代表“能作为”】 加强代表活动室建设，为全县35个代表活动室购置办公设施，制定了活动办法，代表活动阵地的面貌焕然一新。召开了乡镇人大工作推进会，通过观摩学习、典型介绍、逐镇点评，全县代表活动规范化建设水平进一步提高。建立了全县人大代表、人大主席、常委会组成人员微信群，编发学习内容、人大工作动态等信息50余条，代表知情知政渠道更加畅通。邀请代表参与常委会开展的视察调研等各项活动9次，100余人，代表活动内容更加丰富。开展了“助力2018年全省旅发大会人大代表在行动”主题活动，代表服务大局的模范作用进一步彰显。指导乡镇人大开展跨区域交叉视察，增进相互交流学习，拓宽代表视野。出台《关于县人大代表在县人民代表大会闭会期间活动的办法》，代表活动更加规范有序。

【抓保障机制，让代表“愿作为”】 完善了代表议案和建议、批评、意见办理办法，对县政府领办、部门承办、常委会督办、不到位重办工作流程做了详细规定，并将办理工作纳入全县“三账监督”目标任务考核内容，切实增强了承办单位的责任感。推进“阳光办理”，坚持常委会公开代表建议答复、落实情况、满意度测评和承办单位办理代表建议、答复代表意见“三公开两见面”制度，全程主动接受广大代表和社会的监督。常委会领导带头领衔督办事关经济发展大局、社会民生热点的代表建议，使代表意见建议落到了实处。

【自身建设】 常委会把提高自身建设水平作为做好新时代人大工作的重要保证，努力打牢履职尽责根基。持之以恒抓思想教育。深入开展 “两学一做”学习教育常态化制度化和“强化责任、严守纪律、树好形象”专项治理活动，定期开展集体学习、集中研讨，特别是突出抓好中共十九大精神的学习贯彻，让习近平新时代中国特色社会主义思想深入人心。坚持常委会党组成员带头上党课，把学习党章党规、习近平总书记系列重要讲话作为做好新形势下人大工作的政治保证。持之以恒抓规章制度。结合新形势、新要求，健全和完善常委会组织制度和运行机制，修改完善常委会会议议事规则、主任会议议事规则等8项规章制度和监督办法，进一步规范议事程序，提高议事质量和效率，确保常委会工作依法高效运转。持之以恒抓党风廉政建设。认真学习党规党纪，严格履行党组抓党风廉政建设的主体责任，坚持把政治纪律和政治规矩挺在前面，全面贯彻中央关于反对形式主义、官僚主义，改进作风、厉行节约的有关规定，把作风建设贯彻到人大工作方方面面，树立了人大机关为民、务实、清廉的良好形象。

重要会议与机关工作人员任免

【安泽县第十六届人民代表大会第三次会议】 会议议程：（1）听取和审议安泽县

人民政府工作报告；（2）审查和批准县人民政府关于安泽县2018年国民经济和社会发展计划执行情况的报告与2019年国民经济和社会发展计划草案的报告；批准安泽县2019年国民经济和社会发展计划；（3）审查和批准县人民政府关于安泽县2018年财政预算执行情况与2019年财政预算草案的报告；批准安泽县2019年财政预算；（4）听取和审议安泽县人民代表大会常务委员会工作报告；（5）听取和审议安泽县人民法院工作报告；（6）听取和审议安泽县人民检察院工作报告；（7）表决通过安泽县第十六届人大常委会检察和司法委员会、社会建设委员会组成人员名单；（8）选举；（9）其他事项。

【安泽县第十六届人大常委会会议】 2018年，安泽县人大常委会共举行6次会议，即第14次会议至第19次会议。

第14次会议议程：（1）听取和审议县政府关于十六届二次人代会代表意见建议办理情况的报告；（2）听取和审议关于2018年财政预算草案初步方案和2017年财政预算执行情况的报告；（3）审议通过关于召开安泽县第十六届人民代表大会第三次会议的时间（草案）；（4）审议通过安泽县第十六届人民代表大会第三次会议议程（草案）；（5）审议通过《安泽县第十六届人民代表大会第三次会议筹备机构（草案）》；（6）审议通过《安泽县第十六届人民代表大会第三次会议列席人员名单（草案）》；（7）审议通过《安泽县人大常委会工作报告（征求意见稿）》；（8）审议通过安泽县人大常委会《二〇一八年工作要点》；（9）人事任免。任命冯清华为安泽县水利水保局局长。

第15次会议议程：（1）听取和审议县住建局关于城乡规划执行和建设管理情况的报告；（2）听取和审议县林业局关于山西安泽国家森林公园建设进展情况的报告；（3）审议通过安泽县人大常委会关于县乡人大联动开展城乡环境卫生监督的工作方案。

第16次会议议程：（1）听取和审议县财政局关于2017年决算草案和2018年1—6月预算执行情况的报告；（2）听取和审议县审计局关于2017年预算执行和其他财政收支情况的审计报告；（3）听取和审议县司法局关于“七五”普法工作开展情况的报告；（4）听取和审议县人大常委会关于开展种子法执法检查情况的报告；（5）审议通过县人大常委会规范性文件备案审查工作办法（草案）；（6）审议通过县人民代表大会代表议案和建议、批评、意见办理工作办法（草案）；（7）人事任免。任命张朝晖为县监察委员会代理主任。

第17次会议议程：（1）听取和审议县公安局关于全县扫黑除恶专项斗争开展情况的报告；（2）听取和审议县发改局关于全县工业经济运行情况的报告；（3）听取和审议县农委关于“乡村振兴驱动年”活动开展情况的报告；（4）听取县人大常委会关于开展《中华人民共和国食品安全法》执法检查的报告；（5）听取各乡镇关于人大代表交叉视察情况的报告；（6）审议通过《安泽县人民代表大会常务委员会讨论决定重大事项的规定（草案）》；（7）审议通过《安泽县人民代表大会常务委员会议事规则（草案）》；（8）审议通过《安泽县人民代表大会常务委员会组成人员守则（草案）》；（9）审议通过《安泽县人民代

表大会常务委员会任免国家机关工作人员的规定（草案）》；（10）审议通过《安泽县人民代表大会常务委员会关于县人大代表大会闭会期间活动的办法（草案）》；（11）人事任免。免去宋林乔安泽县人力资源和社会保障局局长职务。

第18次会议议程：（1）听取和审议全县重点工程和民生实事完成情况的报告；（2）听取和审议全县审计查出问题整改情况的报告；（3）听取和审议全县连翘产业发展情况的报告；（4）对全县集中供热工作开展专题询问；（5）人事任免。免去郝永忠安泽县人民检察院副检察长、检察委员会委员职务。

第19次会议议程：（1）临汾市第四届人大代表向常委会述职；（2）听取和审议2018年1—11月财政预算执行情况和预算调整（草案）的报告。（原征栋）

安泽县人民政府

综　述

【概述】　2018年，在市委、市政府和县委的坚强领导下，在县人大、县政协的监督支持下，县政府坚持以习近平新时代中国特色社会主义思想为指引，深入贯彻党的十九大精神和习总书记视察山西重要讲话精神，紧扣新发展理念、稳中求进总基调和县委"四个年"活动要求，抓重点、补短板、强弱项、防风险，经济社会保持平稳健康发展。

【经济建设】　2018年，全县地区生产总值完成63.2亿元，增长3.3%；规模以上工业增加值完成43亿元，增长1.3%；公共财政收入完成6亿元，提前167天完成全年预期任务，增长47.5%；固定资产投资完成11亿元；社会消费品零售总额完成10.4亿元，增长8%；城镇居民可支配收入完成29252元，增长7.6%；农村居民人均可支配收入完成9846元，增长7.3%。

【结构调整】　产业转型项目投资占比达65.1%。三产拉动GDP增长1.56个百分点，高于第一、第二产业。招商引资102.9亿元，签约项目10个，超额完成市定目标任务。安泽省级经济技术开发区成功获批，永鑫铁路专用线全面开工，五大区块煤层气勘探开发项目进展顺利。建成野生连翘精品示范园31个，井泉药业成功入驻，晋南（安泽）中药材物流基地成功获批。

【环境质量】　持续实施大气、水、土壤污染防治，完成工业企业深度治理11家，查处柴油货车和散装物料车辆抛洒滴漏1217起，取缔非法散煤销售点5家，实施"煤改电"976户、"煤改气"2019户，新增集中供热面积12.2万平方米。完成沁河县城段污水管网改造、县城垃圾处理厂及污水处理厂扩容提标等工程。完成土壤污染状况详查序时任务，在全市率先回收农药瓶等农资废品50万个。植树造林9000余亩，成功创建"中国天然氧吧""国家森林旅游示范县""中国最美花海（黄花岭）"等国字号品牌。全年二级以上天数达243天，优良天数比例达67.7%，二氧化硫平均浓度值同比下降 46.3%，PM2.5 平均浓度值同比下降 12.3%。

【脱贫攻坚】 严格执行“周例会、月总结、季报告”制度，持续用好光伏、旅游加连翘“三件宝”，切实构筑群众增收的稳定支撑。持续提升“3+X”帮扶机制，有效激发了群众脱贫致富的内生动力。全县实现脱贫 156 户 278 人，贫困发生率降至 0.1%。2018 年 9 月 7 日，省政府正式批准安泽县退出贫困县，成为全省首批脱贫摘帽县。

【全域旅游】 新建扩建了刘少奇路居、朱德路居等一批景点景区，打造了黄花岭、青松岭、红叶岭、太岳革命旧址等一批精品旅游线路，相继举办了“安泽黄花岭旅游节”“山西军民抗战史实展”“邂逅林中木屋·寻梦田园小黄”等系列旅游活动，央视 7 套《乡村大世界》栏目在安泽县成功录制，旅游发展呈现出“百花齐放”的新局面。

【乡村振兴】 持续推进“乡村振兴驱动年”活动，完成乡村振兴总体规划和 6 个专项规划初稿编制。发展有机玉米、小杂粮、富硒樱桃共 1 万余亩，打造了良马、和川、马壁 3 个集中连片蔬菜示范区。完成新大象种猪繁育基地项目。建设“四好农村路”120 余千米。完成农村安全饮水巩固提升工程 29 处。新申报美丽乡村省级示范村、市级示范村各 1 个，成功打造了小飞田园综合体等一批乡村振兴示范样板。

【城乡面貌】 围绕创建国家卫生城镇、全国文明县城，大力开展“城建品质提升年”活动，沁河修复工程完成序时进度，滨河路北延道路、沁河大桥等重点工程加快推进，原林业局、种子公司、面粉厂等空地公园广场、停车场改造工程均已投入使用，改造旱厕 2382 座、街巷 20 条，补栽苗木花卉 23 万株，国卫创建顺利通过省级暗访。

【社会事业】 教育方面，持续开展“三优”创建活动，继续落实“十二年教育全免费”、住宿生交通补助、膳食补助等各项政策，教育事业加快发展，中高考成绩持续攀升。卫生健康方面，县乡医疗卫生机构一体化改革任务基本完成，被列入全省一体化改革示范县。持续加强医联体建设，分别与北京阜外心血管病医院、山西省心血管病医院等知名医院建立对接合作关系，医疗服务质量不断提升。顺利通过“全国基层中医药工作先进单位”复审评估。文化方面，改造提升文体广场、奥体中心等群众公共文化场所。持续开展“免费送戏下乡”、公益电影放映、消夏月等文体活动。山西省首部脱贫攻坚纪实小说《太行山最早的春天》等一批精品力作相继出版，安泽知名度和吸引力进一步提升。社会保障方面，新增就业岗位 1021 人，转移农村劳动力 1490 人。养老、医疗、工伤、失业等社会保险工作进一步加强，城乡低保、救灾救济等工作持续推进，扫黑除恶专项斗争扎实开展，安全生产形势保持稳定，群众安全感和满意度不断提升。

【自身建设】 主动接受人大、政协监督，办理人大代表建议 45 件、政协提案 140 件。深入开展“强化责任、严守纪律、树好形象”专项治理活动，从严落实管党治党主体责任。认真落实“13710”工作制度，重点工作实行“清单式”管理、“常态化”督查。通过OA系统转办文件1300余件，全年受理“12345”市长热线887条，办结率95%。

政府办公室

【概述】 2018年，在县委、县政府的正确领导下，县政府办深入学习贯彻党的十九大精神和习总书记系列重要讲话精神，紧紧围绕县委、县政府中心工作，以“提质、提速、提效”为目标，以加强能力建设为保障，主动适应新形势、新任务和新要求，充分有效发挥办公室参谋助手、综合协调、督促检查、后勤保障职能，求真务实，开拓进取，有效促进了县政府各项工作的顺利开展。

【自身素质建设】 深化开展“两学一做”学习教育，强化四个意识，积极参加“强化责任、严守纪律、树好形象”专项治理活动，要求全办党员用党纪国法约束好自己的言行，时刻用党章、准则、条例严格要求自己。1.注重学习培训，提升自身素质。坚持集体学习与自主学习相结合，在每周一集体学习中，推出专人授课、主任随机点评的办法提高学习效果；在个人自主学习中，办公室订阅各级党报党刊、制订学习计划，做到每月查笔记、每季写心得，全面系统学习党的重大理论、时事课题，每人做学习笔记1万字以上，使人人都学有所思、学有所悟、学有所获，进一步提高了办公室全体人员的理论水平和工作能力。2.注重组织建设，夯实服务工作基础。将“两学一做”制度化常态化与“三会一课”制度相结合，组织开展支部大会、支部委员会、党小组会40余次，集中组织学习党章、党规、习总书记系列讲话精神20余次，举办专题党课10余次。加强干部的业务培训，进一步提升干部职工的综合素质，提高机关服务效能，加快建设学习型机关建设，尤其加强对年轻干部的业务能力学习和培训。

【精心办文，以文辅政】 2018年在公文处理上，坚持从严、从精、从快的原则，严把政策关、文字关、格式关和程序关，加快公文运转，强化过错追究，力求每一份公文都政策清楚、逻辑严密、格式规范、准确及时，确保了各类公文的规范性和权威性。在全县各级各部门启用了“安泽县协同办公平台”，公文运转使用“OA”系统，做到了非密级文件的网上传输及网上办公，提高了工作效率，进一步提高了全县在无纸化办公及信息化办公方面的水平，并借助该系统，做好了文书档案的电子化，构建了信息平台和行业信息大数据系统平台，实现了公文信息的网上共享。全年共以政府、政府办名义签发文件60余份，并及时接收处理上级各类文件1300余份，公文运转无一纰漏。在文稿起草上，把文稿起草作为办公室工作之基，强化精品意识和效率意识，突出材料的思想性、指导性、实效性。通过平时深入调研掌握实情，大量收集领导会议发言，精选政务信息，以及注重学习新知识，认真研究、吃透上级的各项政策精神等，在文稿起草过程中，紧贴上级精神和领导意图，客观全面反映工作实际，努力在文稿内容上求新，实现了文稿质量的较大提高。全年共提供有价值的信息、建议近百条，共撰写会议报告、领导讲话、工作汇报等文字材料100余篇。全年共为政府及政府领导起草各类文件、报告、讲话、汇报材料等30余万字，编发政务信息310余期，做到参谋到点子上、调研到关键处、服务到决策中。

【细心办会，以会辅政】 严格按照中央八项规定的要求，精简会议活动，切实改进会风，不断提高办会水平，各类会议力求节约务实。认真做好县政府和办公室重要会议安排、组织和服务工作。树立“细节决定成败”的办会理念，坚持高质量承办会务，高效率处理事务，对重要会议、活动提前介入，精心筹划，统筹协调，周密安排，确保了各类会议秩序和质量。全年共组织县政府、办公室各类工作会议200余次，县政府常务会议9次，县政府党组会16次，县长办公会议会议17次，专题会议33次。

【高效办事，创新服务】 坚持抓基层打基础，以“三基建设”牵引工作，结合单位职能，强化全县基础工作。我们认真对照全县加强“三基建设”各项重点任务，分层级梳理了各项基础性工作，对履行职能的基础信息、工作规范、规章制度等基础性业务和管理工作进行了分类界定，明确了内设机构职能定位，并结合自身实际，重新梳理了工作运行流程，强化了机关效能。坚持责任到人、无缝衔接，着力加强综合协调，把应急值班、来访接待、会议通知等各项制度落到实处，做到了件件有落实，事事有回音。特别是在沟通部门、联系各方上，做到领会领导意图准确，执行政府决策有力，掌握部门情况全面，信息反馈及时，确保了政令畅通。

【督查工作】 按照省、市部署，上线运行“13710”督办系统，实现了市县乡三级互联互通。借助互联网+督察的技术手段，有效推动了全县各项工作的落实。一年共办结市政府督办事项83件，完成县级督办43件，办结率100%。按照县委、县政府的部署，重点围绕项目建设、环境治理、脱贫攻坚、安全生产等重点工作和中心工作，进行专题督查。政府办采取定期定点督查，突击督查，驻村驻地督查等方式对各专题开展督查，督查的同时注重抓整改抓落实，定期查看督查整改情况，对特别事件采取驻村驻地督促整改、监督整改。

【人民防空工作】 2018年以来，县人防办认真贯彻落实第七次全国人民防空会议和省、市人民防空会议精神，积极推进法治人防建设，强化依法行政，加大人防工程质量监督力度，深入开展人防“五进”宣传活动，大力推进人防建设与经济社会深度融合发展，以人防工程建设和人防信息化建设为重点，强化措施，狠抓落实，人防应急处置能力不断提升。今年5月8日至5月11日，省人防办在安泽组织开展了指挥通信系统跨区支援保障演习，安泽县配合参与了此次训练，此次演习对安泽县人防锤炼队伍素质，检验装备水平，提高协调能力，强化综合保障有着重要意义，同时，也进一步增强了全社会的国防观念和人防意识。

【应急管理】 进一步修订完善了《安泽县突发公共事件应急预案》《安泽县安全生产事故应急救援预案》等近27余项县级应急救援预案，先后开展防汛、消防、护林防火、危化品、校园应急疏散等方面的应急演练。对区域性、阶段性应急工作，做到重点区域强化监督管理、重要阶段强化监督管理。同时，继续整合全县应急队伍资源，改善其技术装备，健全应急救援队伍体系，严格落实工作责任制。

【政府法制】 1. 提高规范性文件备案审查质量，政府和各部门坚持完善规范性文件制定程序，严格按照《安泽县规范性文件制定与备案规定》《安泽县规范性文件制定与备案审查工作流程》等制度执行。对适用期已过等与现实情况不相适应的情况进行清理，确保规范性文件合法、统一、有效。2. 严格规范执法行为，推进行政执法责任制作，严格执行行政执法考核评议和责任追究制度，强化执法监督，公正文明执法。3. 积极开展行政应诉，依法化解社会矛盾纠纷。加强对行政复议工作的管理，完善行政复议案件办理工作制度，努力提高办案质量和效率。加强政诉对接，认真做好行政应诉工作，相关部门加强沟通联系，加强了行政复议、信访等与行政审判工作的衔接，形成良好的互动和反馈机制。4. 加强普法宣传和培训教育。严格落实领导干部学法用法制度，扎实开展政府系统全员学法用法，定期开展了全县行政执法人员培训，加强专项法制宣传。通过法制宣传活动的开展，营造广大干部群众学习法、守法、依法行政的良好社会氛围。

【市长热线办理】 截至2018年12月18日，受理“12345”市长热线工单837条，较2019年同比增长28%。其中，一般诉求类726件，占总量的86.7%；咨询类57件，占总量的6%；建议类11件，占总量的0.1%，投诉类31件，占总量的0.37%；表扬类1件。总办结率95%，群众满意率99%。

【党建工作】 完善党员评议制度，用好“三簿一册一台账”，按照“三会一课”计划安排表，党支部每月召开支部会议，利用周一学习时间，开展集中学习40余次；以领导带学，个人自学的形式，进一步加强学习；召开专题民主生活和组织生活会，撰写了班子对照检查材料和班子成员发言材料，通过广泛征求意见，深刻查摆剖析，认真填写领导班子和个人三个清单和整改台账，相互开展批评与自我批评；积极吸收入党积极分子，做好发展党员工作；按照县委“强化责任、严守纪律、树好形象”专项治理活动活动要求，深入开展了党组织集中整顿工作，并积极配合办公室做好动员部署、学习计划安排、问题查找、交流研讨、征求意见、整改落实等工作，并按时报送相关印证资料；积极推动开展“山西智慧党建”APP注册。

【扫黑除恶】 紧紧围绕中央扫黑除恶第2督导组提出的问题清单、问责建议、反馈意见和整改要求，结合安泽县实际，印发《安泽县落实中央扫黑除恶第2督导组督导山西省反馈意见整改工作方案》，细化整改措施，认真组织实施，确保整改到位。每半月报告整改情况，扎实推动整改、逐一销账。建立健全专项斗争长效机制，确保整改工作取得实效。

安泽县行政审批中心

【概述】 2018年，在县委、县政府的正确领导下，在市政务大厅的具体指导下，通过中心与进驻窗口的共同努力，扎实工作，为打造安泽审批之窗、服务之窗、民生之窗，实现安泽县全面振兴、绿色崛起提供了良好的政务服务保障。2018年共办理各类行政审批事项2891项，办结率99.56%。

【专项治理活动】 按照县委、县政府的工作目标和部署，中心召开专题班子会议与动员大会，统一思想，成立了以中心主任为组长、两位副主任为副组长的专项治理活动领导组，制定《专项治理实施方案》，细化活动内容，列出学习计划。通过集体学习、党课辅导等形式进行集中学习，撰写学习笔记与心得体会，组织学习警示教育资料、观看警示教育片等，做到学教结合，确保实效。围绕活动主题，组织集中讨论，召开专题民主生活会，分析当前改革存在的问题，明确今后工作改进的方向与措施，让每位中心领导及全体党员干部真正受警醒、明底线、知敬畏。

【企业投资项目承诺制改革试点工作】 中心已设立县级投资项目审批事项办理综合窗口，承担投资项目日常的受理、分办、督促、考核等工作。综合窗口工作人员由发改委牵头，从各单位驻行政审批中心工作人员中抽调。为认真贯彻落实好上级精神，进一步做好企业投资项目承诺制改革试点工作，全面优化营商环境，中心制定了企业投资项目承诺制改革试点工作相关实施细则。窗口日常运作情况：项目申报、立项预审、统一赋码、并联初审、窗口受理、审批办理、办结回复。

【公共服务事项梳理和编制工作】 根据《临汾市人民政府办公厅关于全面开展梳理和编制公共服务事项清单工作的通知》（临政办发明电〔2018〕31号）文件精神，中心开展梳理和编制工作，已梳理43个单位公共服务事项清单，其中有6个单位无公共服务清单（消防大队、财政局、环保局、老龄委、编办、宗教局），公共服务事项清单初步形成。

【“两集中、两到位”改革工作】 按照《临汾市人民政府办公厅关于落实行政审批“两集中两到位”工作的通知》精神，狠抓“两集中、两到位”改革工作落实，成立行政审批（管理服务）办公室，正在整改中。进入审批大厅的窗口单位已启用行政审批专用章。另外，将不动产统一登记窗口的“预购商品房预告登记、一般抵押权、最高额抵押权首次登记”等审批项目的“登记费”纳入大厅收费窗口收取，方便了办事群众。

【启动政务服务标准化建设】 按照省、市政务大厅的统一安排，参照国家级政务服务标准化建设的要求，学习先进经验，按照“简化、统一、协调、优化”的标准化原则，对现有的规章制度该合并的合并，该修订的修订，该废止的废止，该完善的完善，把符合实际并且运行成熟的东西，全部上升到标准的形式固定下来，建立标准手册，对标准进行审查，完善标准档案，确保其合法、合理、实用。

【建立“临汾政务在线”微信公众号安泽分站点】 按照《临汾市行政审批管理中心关于推进建设全市统一行政审批信息平台的通知》文件精神，聘请软件工程师在现有的“临汾政务在线”微信公众号上建设了安泽县政务大厅分站点，根据全县所有审批事项整理出详细具体的电子版办事指南、申请表格和表格范本，并在公众号上公开，方便群众查阅信息。

档案管理

【概述】 2018年，全县档案工作在县委、县政府的正确领导下，在省市档案部门的关心指导下，以习近平总书记新时代中国特色社会主义思想为指引，认真落实省市档案局和县委、政府的决策部署，紧扣年度工作目标任务，不断深化中办、国办意见和县两办《关于进一步改进新形势下档案工作的实施意见》，持续加强“三基建设”，统筹推进档案法治化、规范化、资源化建设，加快档案基础业务建设，推动安泽县档案工作持续健康发展。

【干部队伍素质建设】 2018年坚持“两学一做”制度化、常态化，认真贯彻落实党风廉政建设责任制和中央八项规定。组织全体党员参观县廉政教育基地，接受廉政教育；根据安发〔2018〕8号《中共安泽县委关于在全县开展“强化责任、严守纪律、树好形象”专项治理活动的实施方案》精神，开展“强化责任、严守纪律、树好形象”专项治理活动。结合实际，制定本单位的实施方案和学习计划，认真做好学习笔记，并根据学习内容撰写了心得体会，开展自查，领导干部认真开展“四个反思”，党员干部认真进行“四个剖析”，列出了党支部和个人的“问题清单、责任清单、整改清单”，对发现的问题积极采取措施制定整改计划认真整改；根据县委统一部署，召开扫黑除恶专项斗争动员会，并认真开展自查；组织全体党员认真学习《进一步激励广大干部新时代新担当新作为的意见》，再次认真学习党的十九大精神及习近平总书记视察山西重要讲话精神，召开专题交流研讨会；按计划、分阶段集中学习《关于进一步贯彻落实中央八项规定精神的实施办法》，使全体干部职工深入了解中央八项规定的具体内容，明确自己的行为规范，组织全局人员观看警示教育片《巡视利剑》全集，有效推动了党风廉政建设工作；严格落实“三会一课”制度，全年共讲党课4节，组织生活会（因无副职，与民主生活会合并）2次，每月结合单位实际按期开展形式多样的党员活动日。

【档案规范化管理培训】 2018年制订全县档案从业人员能力提升培训计划，举办“安泽县档案规范化管理能力提升培训班”，对全县县直机关档案工作分管领导和档案员进行了专业能力培训，培训结束后对参训人员进行专业能力测评，进一步巩固理论学习成果；举办“村级（社区）档案规范化管理培训示范班”，对全县7个乡镇、四个社区档案工作分管领导和村级示范档案室档案员40余人进行《档案法》和相关档案专业知识培训。两次培训均采取理论培训和实地参观学习相结合的方式，使参训人员能够正确掌握档案工作流程。各乡镇档案管理人员在参加了全县村级、社区档案培训示范班后，经过精心准备，冀氏镇、良马乡、马壁乡已各自在辖区范围内对村级档案管理员进行村级档案业务培训，其他乡镇的培训会也在筹备中。业务股人员深入县农委（土地确权）、统计局、人社局（失业所）、教科局、社区等单位指导档案规范化管理工作，帮助县政府办整理2014—2016年文书档案1701件。县档案局联合县委“三基建设”办公室下发了《关于印发〈安泽县推进农村、社区档案规范化管理工作实施方案〉的通知》，根据全县各乡镇、行政村、社区基层组织的实际情况，将社区、村级档案规范化管理工作分为典型示范、分类开展、全面推进、总结验收、四个实施阶段。为了保证村级（社区）档案规范化管理工作的实施，县档案局每个股室包联两个乡镇（社区）的档案规范化管理工作，由业务股负责总协调。

【档案资源开发利用工作】 2018年将县委实物档案重新规范整理登记；将2017年订阅的20余种240册杂志和2018年9类216册报纸规范整理、登记入库；将县政府办移交的2014—2016年文书档案1701件录入计算机并入库，接收了安泽县在北京召开的连翘推进会照片11张；征集到《溯源炎帝初国》5本、《安泽地域文化通览》5本。用两个月的时间完成了馆藏6480册报纸装盒任务；全年共接待查档利用者300余人次，调阅档案资料540余卷（件），为机关单位编史修志、办理退休手续、个人写书、拍摄视频等提供了大量的原始资料；认真贯彻落实国家档案局9号令，重新修订管理股各项规章制度，完善查阅档案资料登记簿，定期清理库房卫生，每逢节假日前排查安全隐患，做好安全检查记录，发现问题及时上报处理，确保档案库房的安全；配合市局做好抗日战争档案编纂工作和国家重点档案项目，将鉴定出的18卷351件998页抗日战争档案向市局进行了交接，国家重点档案也在等待交接中；为做好档案移交进馆工作，印发《关于各单位档案归馆管理工作的实施方案》，对档案接收范围、归馆要求、归馆时间安排做了详细规定；参与县黄花旅游节，搜集档案资料，努力做好重大活动档案管理工作，推动重大活动档案管理办法的贯彻落实。

【档案法治建设】 为提高全县各单位档案员的专业能力，做好档案法治建设工作，印发《安泽县2018年度档案工作人员专业能力提升及测评规划》，同县民政局、县农委联合印发了安档发〔2018〕10号《关于转发临汾市档案局临汾市民政局临汾市农业委员会关于转发〈村级档案管理办法的通知〉的通知》，文件下发后，各乡镇（社区）分管档案工作的领导高度重视，及时安排相关工作人员认真贯彻落实。“6·9”国际档案日，走上街头对市民进行档案法律法规知识宣传，当天共发放档案宣传资料1000余份。在机关单位档案员培训班和村级、（社区）档案规范化管理培训示范班上，将《档案法》作为一项重要授课内容，使全县档案工作者深刻了解《档案法》，知道档案的重要性。

【党风廉政建设】 制定党风廉政建设目标责任制，召开党风廉政建设专题会，成立工作领导小组，制定加强党风廉政建设工作方案和有关制度，进一步明确各项工作的具体内容、工作程序和监督事项，加强对干部选拔任用、资金运转、政务公开、党务公开、领导干部廉洁自律等权力运行各重点环节和部位的监督。组织全局干部职工和服务对象对领导班子勤政廉政情况进行了评议。局领导班子以身作则，带头认真落实廉洁自律各项规定，主动接受群众评议和监督，严格遵守各项党廉条规。诚恳接受县委第二巡察组的巡察反馈意见，并认真整理出整改问题清单，根据反馈意见认真制定整改措施进行整改，并将整改成果长期坚持，形成长效机制。

【驻村帮扶工作情况】 驻村工作队多次深入上梯村进行大走访，详细了解群众生产生活情况，春季护林防火期间，张贴护林防火宣传标语，给村民讲解护林防火的重要性；汛期，下乡工作队帮助村委清理河道及道路两旁的杂物，帮助村民清理垃圾10余立方米；业务股指导人员帮助村委整理村级档案2000余件，使包联村档案管理规范化；帮助贫困户收玉米5亩，减轻了贫困户的秋收任务。

人力资源和社会保障局

【概述】 2018年，局领导班子团结带领全体人社干部职工，认真贯彻落实县委、县政府工作要求，紧紧围绕省、市人社部门工作部署，坚持民生为本、人才优先工作主线，突出为民、务实、勤廉、高效的服务宗旨，履职尽责，真抓实干，各项工作成效显著。

【自身建设】 局班子成员始终以身作则，坚持理论中心组学习，加强政治理论学习，提高自身素质，牢固树立科学执政、民主执政和依法执政的理念。坚决贯彻党的各项方针政策，始终践行全心全意为人民服务的宗旨。围绕创建学习型机关，通过集中学习、自学、观看电教片、心得体会等多种形式，组织干部职工学习习近平总书记系列讲话精神、中共十九大精神和人社政策，切实加强了干部职工的理论学习和业务知识学习，并注重学习效果，使干部职工政治素质、理论水平和业务能力得到了新的提高。

【就业创业援助】 2018年，继续以实施就业创业援助作为重点工作，推行积极的就业政策，通过自谋职业、公益性岗位安置、举办人才招聘会、劳务输出、企业吸收等办法，促进下岗失业人员的再就业及农村富余劳动力的转移。全年新增就业岗位1201人，完成市定任务的109%；就业困难人员就业109人，完成市定任务的109%；创业带动就业372人，完成市定任务106%；城镇失业人员再就业158人，完成市定任务105%；转移农村劳动力1490人，完成市定任务的106%；城镇登记失业率控制在3.2%以内，低于4.2%的控制目标。

【全民技能提升工程】 全民技能提升工程是2018年山西省的“六件民生实事”之一。结合县情，围绕14个工种，择优选定培训机构大力开展培训，推动实现更高质量更充分就业。2018年，在乡镇、社区和企业根据用工需求，先后开展了中式烹饪、手工编织、计算机、电工、连翘抚育、养老护理、育婴师等23期技能培训班，共有1491名学员参加了培训，其中取得培训合格证书776人，243名学员通过了职业技能鉴定，取得了职业资格证书，223人领取专项能力证书。同时，大力支持小微企业开展，岗前培训417人，对符合小微企业与新招聘人员签订6个月以上劳动合同的215人，按每人300元标准给予企业职业培训补贴。

【完善公共就业服务体系】 举办和参加“春风行动”“就业招聘会”等系列公共就业服务活动4场（次），320余人与企业达成就业意向。开发公益性岗位64个，及时帮助就业困难群体实现就业。对2018年离校未就业毕业生进行实名登记，做好就业指导工作。

【创业带动就业服务工作】 开展创业培训4期，参加培训学员120名，取得证书119人。同时，加强与金融部门合作，对经过创业培训并取得营业执照创办企业的学员，给予为期三年10万元的小额担保贷款扶持，为48户发放贷款480万元，对经过创业培训的高校毕业生发放房屋租赁补贴1.4万元，切实减轻了创业人员在前期创业所面临的资金压力。

【开展援企稳岗】 开展“展翅行动”和“护航行动”，大力实施失业保险援企稳岗，为安泽县10个企业稳岗补贴50.31万元，技能提升补贴2.4万元，惠及职工2713人，进一步发挥了失业保险助力企业脱困发展、减少失业、稳定就业护航作用。

【社会保险扩面征缴】 按照兜底线、织密网、建机制要求，加快建设覆盖全民、统筹城乡、权责清晰、保障适度、可持续的多层次社会保障体系。全年，五大保险参保人数达16.2万人次，基金征缴2.23亿元。五大社会保险参保人数、征缴基金全部超额完成市定目标任务。

【跨省异地就医直接结算】 2018年以全面实现跨省异地就医直接结算为目标，逐步提升基本医疗保险服务便利性。共在跨省异地就医平台备案221条，就诊221人次、结算143人次，费用269.12万元。在北京、西安等28个省市实现刷社保卡直接结算，让广大参保人员感受到了便捷的服务，减轻了参保人员就医垫资负担，降低了医保管理成本，实现了“信息多跑路、群众少跑腿”的目标。

【建档立卡贫困人员救助】 积极推进“三保险、三救助”政策的实施。2018年度城乡居民缴费贫困人口个人部分由财政部门给予全额救助，共计8201人。全年，各项政策惠及2269人次，基本统筹基金支付1341.65万元，大病保险支付281.17万元，补充保险支付120.44万元，医保兜底补偿301.92万元，医院承担4.9万元，个人自付232.15万元。基本实现了建档立卡贫困人员在定点医疗机构住院“基本医疗保险+大病保险+补充医疗保险”的“一站式”结算。

【医保付费方式改革】 实行医保总额预算与按病种、按项目付费结合的复合付费方式改革。对临床路径规范、诊断明确、技术成熟、并发症少、疗效确切的109个病种，统一实行按病种收费，有效规范了医疗行为，遏制了医疗费用不合理增长。与县医疗集团签订并实施了医保总额付费管理协议，完成了总额预算管理、打包付费工作。

【基金资金财务管理】 做好社会保险费征管职责划转的前期工作，开展了社保基金账户梳理上报工作，严格按照政策规定，逐一纠正问题，确保整改到位，确保社保基金安全运行和保值增值。

【落实工资指导线】 转发并认真贯彻执行《关于发布山西省2018年企业工资指导线的通知》，推动企业建立健全职工工资正常增长机制。继续对2个行业6家企业开展企业薪酬调查，进一步加强了政府对企业工资分配的宏观监测和调控，引导企业合理确定职工薪酬并促进劳动力有序流动。

【落实各项待遇补贴】 2018年，按时足额完成各项调资、调待工作。兑现调整了机关事业工作人员基本工资标准；对城乡居民基础养老金标准提高至每人每月118元；按照定额调整、挂钩调整和70岁以上退休高龄人员倾斜的办法，对企业退休人员和机关事业单位的基本养老金进行调整，1580名企业退休人员的养老金平均每人每月增加171元，1637名机关事业单位退休人员养老金平均每人每月增加169元。调整了城镇职工医保待遇、生育保险待遇水平，失业保险金标准由每人每月1060元调整为每人每月1280元；落实了乡镇工作补贴、信访津贴、执勤津贴等制度，提高了乡镇补贴、警察警衔津补贴标准。

【公立医院薪酬制度改革试点工作】 与财政、卫计部门配合，完善政策体系，健全工作机制，按序时进度稳步推进各项改革。探索公立医院绩效考核评价机制，将考核结果与绩效工资总量挂钩。指导公立医院完善内部分配方案，重点向临床一线、关键岗位、业务骨干倾斜。规范公立医院收入分配秩序，维护分配政策的严肃性。

【干部队伍管理】 对政府系统376名公务员信息进行复核和完善。完成政府系统12个参照管理事业单位职能和名称变化审核和报告工作。对11名符合条件的行政和参公单位人员职级晋升工作。为县直单位聘任技师29人，聘任专业技术人员105名，其中高级专业技术人员8人，中级专业技术人员33人，初级64人。做好事业单位年度考核工作，对77个单位完成年度考核汇总、审核及归档工作。

【队伍基本能力精准化】 制定《安泽县关于党政机关事业单位“三基建设”专业基本能力提升的指导意见》和《关于进一步做好2018年度全县干部专业能力提升工作的通知》，稳步推进专业能力提升培训学习和测评工作。开展安泽县机关事业单位十种通用基本能力示范培训，全县基本能力建设分管领导和师资骨干172人参加了培训。同时，督促县公安局、县安全生产监督管理局、县环保局、县司法局、县食品药品监督管理局、县工商和质量监督管理局、县保密局、县国土资源局进行了特定专题培训。

【转业军人托底安置】 按照“季末清零”行动要求，对41名失业军队退役人员进行公益性岗位托底安置，定期开展军转干部走访慰问活动。

【执法检查】 以现有行政管理体系和劳动保障基层服务平台为依托，划分基础工作管理网格和执法监督责任区域，建立网格化监管责任体系，按照“一企一档”要求，建立了用人单位数据库。共建立网格113个，采集用人单位245户，涉及劳动者7831人。按照“三个清零”的工作要求，运用行政、法律手段，主动出击、科学处置，妥善处理欠薪问题。全年，共接到举报投诉案件18件，追发劳动者工资待遇6.5万元，期限内结案率达100%；督促企业缴纳社会保险4.3万元；依法下达整改指令书13份，对5户拖欠农民工工资违法行为的用人单位进行了社会公布。

【规范劳务派遣行政许可】 开展“清理拖欠农民工资专项行动”“清理整顿人力资源市场秩序”和“对用人单位2017年度劳动保障书面审查和守法诚信等级评价工作”等专项检查，检查各类用人单位386户，涉及劳动者1.15万余人。

【工资保证金、应急周转金的保障】 坚持治理工资拖欠“谁主管、谁负责”，严格落实行业、部门主体责任，形成了由政府领导、人社召集、各行业部门共同协作的治理工资拖欠问题工作机制。强化工资保证金和应急周转金制度。安泽县工资保证金账户达1089万元，收取工资保证金220万元，切实保障农民工合法权益。

【信访维稳和调解仲裁工作】 健全信访案件依法处置机制，畅通信访投诉渠道，坚持“调裁结合、以调为主”的原则，及时受理劳资纠纷接收各类争议申请9件，涉及劳动者16人，涉案金额11万元，时效内结案100%。以实体化建设为总驱动，完成示范仲裁庭建设，启动了劳动人事争议仲裁庭和在线办案系统，设立了劳动人事争议法律援助工作站，进一步推进调解仲裁规范化、标准化、专业化和信息化建设。

【专项治理活动】 根据县委要求，在全系统深入开展了“强化责任、严守纪律、树好形象”专项治理活动，推动人社系统政治生态持续风清气正，树立人社干部职工敢于担当、为民务实、廉洁奉公的良好形象。深入开展了民生领域腐败和不正之风专项整治，以民生领域存在的突出问题为导向，集中整治民生领域腐败和影响公权力行使的不正之风，促进人社政风行风持续好转，推动人民群众满意度不断提升。深入开展了窗口单位作风建设专项整治，围绕群众办事的“堵点”“难点”“痛点”认真排查，不断提升人社系统管理服务效能水平。

【创卫工作】 抓好管理区创卫，建设文明社区。加大对管理区创卫工作，对环境整治和日常管护加强管理和检查力度，使辖区环境状况和卫生面貌焕然一新。抓好单位创卫，建设花园式机关。加强机关办公环境建设，重新进行墙面粉刷，卫生间改造和网线整理，加强对机关庭院、大厅和仲裁庭的建设，在主要办公场所和办公楼走廊布置优化环境的花卉盆景，为干部职工营造安全、卫生、舒适的工作环境。同时，建立创卫长效机制，使创卫工作制度化、规范化、常态化。

【履行“一岗双责”】 召开专题会议，做到党风廉政建设工作与业务工作同部署、同推进。层层签订了《党风廉政建设责任书》，班子成员对职责范围内的党风廉政建设切实负起领导责任，建立起一级抓一级、层层抓落实的责任体系。全面落实约谈提醒制度，逐级面对面约谈，实打实加压。2018 年，各班子成员约谈分管股室、中心负责人共 45 人次，约谈工作见人见事见思想，层层传递压力，全系统干部职工真抓实干、积极作为。

【廉洁从政意识】 局班子成员始终不断加强自身思想道德教育，着眼于防范，坚持从思想上铸牢反腐倡廉、拒腐防变思想长城。严格遵守党的政治纪律、组织纪律、财经纪律，自觉接受监督。班子成员带头讲专题党课，增强了广大干部党员的责任心和使命感。组织全体党员开展“红色教育基地”“感受党恩、重温誓词”主题党日活动。

【民主集中原则】 局班子成员始终认真贯彻执行民主集中制有关制度和规定，充分发挥班子成员的集体领导作用，大事开会碰头，小事相互通报。同时，班子成员率先垂范，以身作则，坚持讲党性、讲原则。高标准、严要求召开民主生活会，坦诚交流思想，认真对照检查，始终严于律己，做廉洁表率。

扶贫工作

【概述】 2018 年，是安泽县巩固脱贫攻坚成效，防止群众返贫，促进群众有效增收之年。扶贫局全面贯彻落实中央、省委、市委、县委的部署和要求，起草扶贫行动计划，并要求相关单位同步制定了本单位的扶贫行动计划，把巩固脱贫成效与乡村振兴战略牢固结合起来，扎实推进各项扶贫工作，确保贫困户不返贫、不致贫、能致富，高标准高质量地做好脱贫攻坚巩固提升工作。2018 年全县脱贫 156 户 278 人，剩余贫困户 25 户，贫困人口 64 人，贫困发生率由 2017 年底的 0.5%降低为 0.1%。

【动态管理工作】 2018 年用好扶贫业务信息系统，做好扶贫对象信息管理和动态调整工作。坚持问题导向，贯彻落实好 2018 年动态管理暨数据质量提升视频调度会精神，牢固结合市委周例会月报告季总结制度，实现“一周一推进，一月一通报”。对上级反馈的建档立卡数据疑似问题，抽调 20 多名业务骨干、开展多次业务培训，督促各乡镇及公安、工商联等部门对疑似问题及时进行了核实修改。坚持做好动态管理工作，应纳尽纳、应退尽退，在各乡镇、各相关部门 30 多名干部职工的共同努力下，顺利完成前三季度的建档立卡动态调整工作，第四季度动态调整工作正在进行贫困户退出核实，全县贫困人口数尚未确定。与组织部、下乡办等进行合作，对全县的村第一书记、驻村工作队、各村会计等 600 余人进行了脱贫攻坚知识与能力培训，切实加强了驻村帮扶力度，落实了贫困户、贫困村位置信息采集工作，有力保障了脱贫成效巩固提升工作的精准有效。

【项目资金管理使用】 坚持统筹全局、科学规划的理念，将资金投入与产业项目有机结合起来，深挖扶贫政策与地方特色的优势力量，协助财政、农委等部门和银行机构做好贫困信息核实工作和资金管理使用工作，有效促进贫困群众的增收，推动贫困村集体经济、面貌、风气等方方面面的改变和发展。建好一个项目库，制定印发了《关于完善脱贫攻坚项目库建设的实施意见》，将各乡镇、各相关部门符合条件的扶贫项目统一纳入到项目库当中，录入到全国扶贫开发信息系统中进行管理，统一规划，联动发展。建好一个整合平台，坚持“绿水青山就是金山银山”的理念，巩固脱贫攻坚基础设施的同时，构建以优势主导产业为主线的整合平台，重点培育中药材、畜牧、林果、蔬菜四大优势主导产业；以乡村振兴为平台，强力推进乡村旅游业的发展，确保了“项目跟着规划走，资金跟着项目走”。2018 年统筹整合资金 7489.08 万元，有效推动了产业发展，有力推进了乡村振兴。建好一个高效支持渠道，完善扶贫贴息贷款政策和机制，扎实做好扶贫小额贷款工作。2018 年市下达安泽县的扶贫小额贷款任务为 1870 万元，其中信用联社 1000 万元、农行 500 万元、邮储银行 370 万元。2018 年扶贫小额信贷累计投放量达 2250.39 万元，完成率达 121.64%，超额完成年度目标任务。同时完成扶贫小额贷款财政贴息 121.55 万元，累计投入金融扶贫风险补偿金 650 万元，有力支持了 1032 户建档立卡贫困人口增收致富。

【光伏运维管理】 2017 年投入 3112.5 万元，分别为剩余的 10 个贫困村安装了 1000 千瓦村级集中式光伏电站，为 63 个非贫困村全部安装 3150 千瓦村级的分布式光伏电站，全县 102 个行政村实现光伏全覆盖。2018 年，加强光伏电站的运维管理，为村级光伏电站安装智能监控系统，切实提高光伏电站的发电效率，增加贫困群众的收入。同时按照《安泽县村级光伏扶贫项目管理暂行办法》的收益分配比例，做好光伏收益分配工作，30 个贫困村 3800 千瓦集中式光伏电站共发电 724.6 万度，增收 278.5 万元，10 个贫困村 1000 千瓦村级集中式光伏共发电 78.6107 万度，增收 26.1 万元，63 个非贫困村分布式光伏电站 3150 千瓦共发电 209.6 万度，增收 69.6 万元。贫困户户用光伏并网发电 484 户，户均增收 4000 余元。

【易地扶贫搬迁后续保障措施】 2018 年，在全县“十三五”时期 603 户 1360 人全部完成搬迁入住的基础上，投入 791 万元用于完善 2016 年、2017 年度异地扶贫搬迁工程后续基础设施、公共设施的建设，并从培训、就业、产业、服务等方面着手解决好搬迁户的后期发展问题，确保搬迁户的稳定发展。坚持问题导向促发展，根据《关于印发异地扶贫搬迁“拉网式全覆盖”大巡查工作方案的通知》，针对易地扶贫搬迁巡查信息系统工作的要求，对各乡镇分管异地扶贫搬迁工作的副职及系统操作人员 20 余人在脱贫攻坚指挥部进行系统培训，确保巡查工作客观公正，数据资料真实准确，问题整改及时到位。497 户建档立卡贫困户中，除因放弃搬迁、出列、初验不合格、“五保”供养、享受危房改造的27户以外，其余470户搬迁户全部录入到全国扶贫开发信息系统业务管理子系统中。资金拨付上，安泽县“十三五”异地扶贫搬迁涉及建房补助资金、基础设施和公共服务设施共计4184.27万元已全部拨付完成。拆旧复垦工作上，已拆旧197户472人，复垦约62亩。省财政厅和省异地搬迁第三督导组先后对安泽县异地搬迁工作进行检查，给予高度肯定，并提出建设性的意见和整改要求。

【实施“雨露计划”资助工作】 2018年，按照山西扶贫开发办公室《关于做好2017年——2018学年“雨露计划”资助工作的补充通知》要求，从严从实从细做好中职中技、普通本科院校贫困生的申报工作和电视台的公告公示，建立覆盖全县的学生信息联络微信群，2017—2018学年中高职学生共申报184人，补助资金36.8万元通过惠农一卡（折）通全部发放到贫困学生手中。同时协助教育部门继续实施“五类困难家庭学生”资助、住宿费全免、住宿生交通补助等十项“免补”政策，确保教育扶贫的应助尽助全覆盖。同时，根据山西省扶贫开发办公室《关于做好2018年教育扶贫本科大学生资助工作的通知》要求，做好2018年度贫困大学生申报工作，共申报贫困大学生20名，补助资金10万元，不仅有力切断了贫困在代际的传递，更坚定了群众脱贫致富奔小康的信念。

【扶贫宣传工作】 2018年始终将精神扶贫贯穿精准扶贫全过程，充分利用广播电视台、报刊网络、微信公众平台，将贫困农户自力更生、艰苦奋斗、自强不息的典型进行宣传报道，并为全县发放3400多份巩固提升帮扶卡，扎实开展了“脱贫攻坚成果展”为主题的“10·17”扶贫日宣传活动，“手牵手·帮秋收”活动，帮助贫困群众完成了秋收。同时，编写图文并茂的扶贫故事100个，联合县史志办编撰《安泽县扶贫志》，邀请山西省作家协会成员编撰《太行山最早的春天》一书，举行签发仪式，并在全县广泛开展“激发内生动力 树立文明新风”专项活动，深刻挖掘脱贫攻坚工作中不畏艰辛、不惧困难，扎根群众、奋力拼搏的扶贫代表，弘扬了自强不息、踏实肯干的脱贫典型。同时，在三个贫困乡镇精心选拔了114名创业致富带头人，外出参加培训，进一步增强了群众致富主动性，增添了精准脱贫新动力，也为实施乡村振兴战略和加快全面小康步伐奠定了坚实的基础。

重点项目办

【概述】 2018年，项目办严格按照创新、协调、绿色、开放、共享的发展理念，认真贯彻落实省市“转型项目建设年”活动和全县经济工作会议精神，紧紧围绕年初确定的“三基建设升级年、工业转型跨越年、城建品质提升年、乡村振兴驱动年”活动的发展新思路，千方百计争投资、上项目、保增长，进一步优化项目建设环境，健全项目协调督查考核机制，促进全县重点建设项目的顺利推进。

【安泽6×1000兆瓦煤电一体化项目】 2018年已完成项目初可研的编制审查工作，

正完成项目所需 24 个支持性文件的收集、整理编制工作，各项支持性文件取得后，即可申请开展项目前期工作的批文。项目外输送电线路已基本同山东省达成初步协议，所需配套煤炭资源正报至省政府待批。2015 年 6 月取得国家发改委发改能源〔2015〕1146 号关于山西霍东矿区总体规划的批复。七月份矿井开拓方案通过了专家组评审，需帮助协调解决的环保总量及用水指标问题已基本得到落实，项目所需各项资料准备工作基本就绪，申请开展项目前期工作的函已上报省政府，待核准后上报国家发改委审批。

【煤层气抽采综合利用项目】 2017 年 11 月在全省十个煤层气勘查区块公开招标中，涉及安泽县境内三个区块，根据评标结果分别确定安鑫煤业、山西乾通新能源、山西尚道实业三家公司为中标企业，签订了《煤层气探矿权出让合同》，并取得“矿产资源勘查许可证”，总投资达 3.5 亿元，勘探面积 400 多平方千米。在项目办积极推动下，三家煤层气勘探公司全部入驻安泽县开展工作，先后成立了煤层气勘探开发项目部，制定了各项规章制度和工作流程，编制完成了勘探方案，办理了临时占地等相关手续。2018 年，三家勘探企业已完成了 1~2 口参数井的开钻作业，进展顺利。

【庞壁 1 号矿井项目】 建设规模为 180 万吨/年，配套 180 万吨洗煤厂一座，面积为 16.59 平方千米。庞壁一号矿井地质勘探工程始于 2009 年，对该煤田进行了详查与精查勘探，通过了评审和核准，正式在省国土资源厅储量备案。探转采工作开始申报采矿权，经国土部审核批准予以正式划定矿区范围。2018 年引进太原煤气化集团公司入驻安泽县进行投资建设，现正着手准备井口位置的“三通一平”、电路架设、火药库建设等前期工作。

【永鑫铁路线等重点项目推进】 永鑫铁路线、蔺鑫 510 万吨焦化、60 万吨乙二醇、8 万吨石墨碳材料配套 30 万吨/年煤焦油深加工综合利用省、市重点项目也得到了顺利推进，永鑫铁路线在省重点项目领导组的支持下完成建设资金筹措，现已全线三个标段开工建设。新上煤焦化项目已完成可研编制、产能置换及前期准备工作。

【唐城工业园区管理中心展厅项目】 项目办主抓的唐城工业园区管理中心展厅项目，共投资 1031 万元，建筑面积 1493.97 平方米，分展示厅、室内智能化地沉式沙盘、多媒体灯光影像及室外绿化、硬化等相关配套设施。展厅按照“项目入园、产业聚集、循环发展”的总体要求进行规划，通过地沉式沙盘、图文展板、声光多媒体影像等方式，对全县规划发展的中部农副产品加工园区、已初具雏形的北部煤焦化工业园区、未来发展的南部煤电化工业园区三大园区进行集中规划展示，重点突出北部唐城煤焦化工业园区。2018 年重点实施了室内装饰，智能化部分安装调试、消防设施、室外绿化、硬化等附属工程的施工。2018 工程已全部结束，现已投入运行使用。

【转型项目年活动】 2018 年是全省转型项目建设年，紧紧围绕产业转型、绿色发展的理念，综合考虑可用财力，本着节本裕民的态度，秉持“家中三件事、先拣紧的办”的思想，从群众最关心、最迫切的产业转型、基础设施和民生实事做起，共确定了省重点项目一项永鑫铁路线，市重点工程转型项目一项永鑫510万吨/年暨60万吨/年乙二醇项目。24项县定重点实施的工程项目，总投资达到125亿元，涉及城乡人居环境改善、公路交通、农林水电、新能源等多个领域。其中，产业转型项目4个，占到全部项目计划投资额的60%以上，符合市里要求。分别是永鑫340万吨焦化及配套项目、山西太岳焦化有限公司200万吨焦化项目、中石油煤层气勘探项目、连翘野生抚育提质增效等项目；基础设施类项目15个，分别是安泽经济技术开发区基础设施建设工程、沁河流域城区段文化景观项目、永鑫铁路专用线一期工程、安泽县污水处理厂和生活垃圾处理厂提标工程、沁河大桥建设项目、义唐河县城段治污工程、国卫创建提升工程、安泽县水源井项目、“一纵一横”续建项目、沁河修复工程、长临高速连接线公路工程、安泽县棚户区改造项目、联社营业大楼、地电公司和川35千伏变电站建设工程、安泽县和川水库治理工程；民生实事类项目5个，分别是清洁取暖改造提升工程、农村安全饮水工程、安泽县沁河县城段污水管网改造工程、医疗集团医院基础设施提升改造工程、教育教学“三优”培选工程。目前已完成8项，正在抓紧建设的14项，正在办理前期手续的2项。这些重点工程项目的实施对于拉动县域经济增长、城乡人居环境改善，起到了积极的推动作用。

同时，还按照市重点办的考核要求认真做好市、县重点工程项目的进度监测和建设投资任务的周报和月报工作。截至12月底，市定重点项目建设投资任务20亿元，安泽县完成21.3亿元，圆满完成了市定重点项目建设投资任务。

【国家卫生县城创建工作】 为响应安泽县国家卫生县城创建工作的号召，在项目办负责人带领下全体工作人员深入责任片区（光华巷前段）开展创建国家级卫生县城工作。创卫工作中，坚持卫生整治零死角，对责任片区（光华巷前段）实施外墙立面保洁、配备垃圾收集容器、外墙粉刷、立面保洁、环境卫生整治，确保无乱置摊点、无私搭乱建、无乱扯乱挂、无乱堆乱放，清理所有废弃线路、捆扎整理空中线路、整治牌匾、五小行业等。同时，项目办通过各种主流媒体、新媒体，广宣传、严监督，营造社会关注、全民参与、齐抓共管的社会氛围。清理各类小广告80余条，清理垃圾20余处，外运垃圾2车，清理乱堆乱放杂物2处，发放创卫告知书80余份，砌垒砖墙1面，粉刷墙面260余平方米，拆除1处高空电杆悬挂破旧广告灯箱，出动志愿者6人25天，每天到责任区进行卫生检查，保证日常整洁。

【精准扶贫工作】 项目办共有党员5人，结队帮扶上掌村11户贫困户。为切实增强帮扶村党组织的创造力、凝聚力和战斗力，加快上掌脱贫攻坚步伐，采取以下措施：1.建档立卡，规范档案信息管理。2.抓实载体，激发基层组织活力。3.进行产业规划，促进农民增收致富。4.兜底救助，助推群众脱贫致富。自包村帮扶以来，坚持驻村扶贫，深入帮扶户家中了解帮扶户实际情况，因人制宜，为贫困户提供不同形式的帮扶工作。发展贫困户安装光伏发电、栽植油用牡丹、木耳、核桃、退耕还林，发展养殖业。利用“五一”“十一”等法定节假日契机，帮助上掌村发展红叶岭旅游业，组织贫困户到红叶岭景区打工，利用区位优势，发展壮大村集体收入。在追施肥料的关键节点为上掌村包联贫困户每户送去肥料，积极响应“手拉手帮秋收”活动，帮助贫困户收玉米，结合全县国卫创建和红叶岭乡村旅游活动，帮助解决环境整治资金5万元，投入自来水维护资金1万元，帮助困难群众解决拉水问题，同时利用传统节日对贫困户进行走访慰问，将党的关怀送到群众手中。

招标投标办公室

【概述】 2018年，认真贯彻落实新的《中华人民共和国招标投标法》及各项地方法规的要求，坚持标本兼治、合力推进、强化监管、全面规范的原则，围绕规范安泽县工程招标投标行为和建筑市场秩序，提高招投标监管水平，以“公开、公平、公正、诚实信用”为出发点，坚持求真务实、与时俱进的工作方针，继续完善招投标管理制度，进一步规范招标投标市场各方行为，加强对工程招投标工作的监管，依法监督，完成了各项工作，促进了安泽县招标投标工作的健康、有序发展。

【工程招投标情况】 2018年，招标17项工程，总投资：10074.02万元，中标价：8511.93万元。其中：监理工程1项，中标价34.98万元；设计工程1项，中标价181万元。其他施工工程15项，总投资9858.04万元，中标价8295.95万元。完成了安泽县和川村街道改造工程、安泽县水利水保局义唐河县城段治污工程、安泽县沁河治理工程施工01标、安泽县沁河治理工程施工02标、安泽县沁河治理工程监理标、长临高速安泽连接线景观道路工程设计项目等工程的公开招标。公开招标率100%，招标公告和中标公示发布率100%，招投标情况书面报告备案率100%。

【统计报表及档案管理情况】 按照省、市相关统计报表要求，严格落实，对每月、每季度房屋建筑和市政类工程进行及时汇总上报，统计报表上报率、准确率均达到100%。在档案管理方面，不断完善制度，改进方法，着力推进档案管理规范化、科学化、制度化建设；对档案及时整理归档，建立档案统计登记。

【构建招投标预防体系】 2018年，组织学习省、市文件，积极学习新的招投标程序，凡招标项目统一进入临汾市公共资源交易管理信息平台进行招标，促进招投标交易活动的规范高效性，确保安泽县招投标活动有序进行。另一方面建立标后监管标准化制度，加强标后监管协调机制，加强部门信息共享，促进部门协作，避免监管重叠和监管盲区，形成闭合的招标、中标、履标档案体系。坚决抵制招投标活动中的违规行为，不断规范、加强行政监管力度，优化招投标环境，促进全县重点工程、重点项目健康发展。

【规范招标项目程序】 2018年围绕县委、

县政府中心工作，积极推进重点工程、重点项目建设。在招标项目手续前期审查这一重点工作中，严格按照相关法律法规，依法合规精简工程招标前期手续，房建和市政类由七项减为五项，交通和水利类由五项减为四项（根据工程性质提供相应的手续）；在对招标项目手续前期审查中，实行一次性告知函，对不规范的手续和短缺手续的进行一次性告知，要求招标人规范手续，加快办理，双方签字，留根存档，避免推诿扯皮现象，让招标人少跑路，让程序更严密，让招标工作更高效，更好地服务全县重点工程建设。

【队伍建设】 抓好政治理论、法规政策和业务技能的学习。认真开展“强、严、树”专项治理活动，制定相关理论和专业知识学习计划，采取集中学习与自学相结合的方式，有系统性、有针对性地进行理论和业务知识学习。深入剖析审核服务各个环节，做到工作程序规范，业务知识娴熟，有效提高了工作人员的能力和业务水平。

【驻村帮扶脱贫】 2018 年，先后多次走访贫困户，掌握贫困户的情况。同时组织召开了活动座谈会，与村支部、村委会“两委”成员就扶贫巩固问题进行了充分的交流，探讨解决问题和困难的措施和方法，制定脱贫巩固计划和方案，为脱贫巩固工作确定了明确方向。基础建设方面：协调资金 255 万元实施了窑上村进村道路硬化工程，有力地保障了村民出行安全。产业发展方面：积极协助村两委投资 50 万元实施乡村旅游项目；为进一步拓宽贫困户增收渠道提供产业发展保障。访贫问寒方面，针对该村贫困户中因残因病致贫的贫困户，利用驻村工作队长期驻村的便利条件进行特别关注，经常给他们送去生产生活慰问品和慰问金；帮扶农活方面，积极响应县委号召，组织全办人员开展手牵手帮秋收活动。

【各项政策宣传】 2018 年开展护林防火宣传及扫黑除恶工作。通过走村入户，下沉基层，围绕扫黑除恶专项斗争重点打击对象，逐户走访，深入摸排涉黑涉恶犯罪线索，鼓励广大人民群众检举揭发身边的“黑恶”违法犯罪线索，提高群众的参与率和知晓率。

【廉政建设】 党风廉政建设是招投标事业的持续健康发展强有力的政治保障和纪律保障，必须警钟长鸣，常抓不懈。在每次开会中都要强调廉洁自律，牢固树立“干净做事、清白做人”的理念，严禁吃拿卡要，严守廉政底线，坚决不碰红线，防止身边群众腐败，持续打造风清气正的良好生态。

机关后勤服务

【概述】 2018 年，在县委、县政府的正确领导下，全面落实中共十九大、十九届二中、三中全会和省委十一届三次全会、市委四届三次全会、县十四届党代会精神，积极推进“强化责任、严守纪律、树好形象”专项治理活动，切实改进思想和工作作风。根据全局工作部署，认真履行职责，以强烈的政治责任感、高度负责的工作态度和廉洁高效的服务精神，全面落实中央

“八项规定”，扎实做好公务接待、公共机构节能、公务用房、公车管理以及县委、县政府后勤保障工等各项工作。

【队伍建设】 2018年把理论学习作为日常工作的一项重要内容，学习中共十九大、十九届二中、三中全会，围绕“为民、务实、清廉”主题，认真开展各环节工作，始终坚持“两手抓、两不误、两促进”，形成学习教育与机关事务管理局工作整体推进的良好局面。开展宣传动员，制定活动计划。成立学习教育领导小组，制定学教方案，召开学习教育动员大会；严格落实方案，多种形式开展活动。采取集中学习与个人自学、专题辅导与座谈交流相结合等形式，每位党员按要求完成读书笔记和撰写心得体会，通过召开座谈会、发放征求意见表、谈心谈话等方式征求意见、建议；查找问题，扎实开展批评与自我批评。班子成员认真开展交心谈心活动，召开领导班子专题民主生活会。一年来，加强机关作风整顿，在重落实、强执行、干实事上下功夫。切实打造接待服务“零差错”、安全防控“零隐患”、后勤保障“零搁置”。增强全局职工的服务意识、创新意识、争先意识。

【公共机构节能工作】 1. 通过电子屏幕、标语进行节约能源资源和环境保护的宣传工作。在公共机构大力推行节能减排，倡导低碳生活，培养公众绿色生活，绿色办公，绿色消费的良好行为习惯。组织开展节能宣传周活动，并在6月13日至25日开展了节能减排知识宣传，进一步提高广大干部群众的节能意识和参与意识，真正做到依法节能、全民行动，形成了“人人节约、事事节约、处处节约”的良好节能氛围。2. 强化节能工作落实。在全县公共机构大力推广节水设备并开展公共机构节水型单位创建，要求各单位对不合格的用水设备进行更新，并加强用水设备日常维护和管理，防止出现“跑、冒、滴、漏”现象。3. 狠抓节能工作监管。组建专业队伍，责任明确到人，建立健全各项能源资源消耗统计、报告、公示制度，促进各单位耗能设备管理规范化、科学化。全县公共机构汽油消耗、电消耗、水消耗、人均能耗、单位建筑面积能耗均明显下降，圆满完成市下达节能目标管理任务。

【公车平台平稳运行】 公务用车平台严格执行公务用车制度改革有关实施方案，积极稳妥落实各项工作。为保障全县相关单位公务用车，平台实行24小时值班制度，工作日白天全体人员正常上班，工作日下班时间和节假日实行轮班制度。机关事务管理局完善了公车平台管理的各项规章制度，实行规范化管理。公务用车平台紧紧围绕“安全、高效、优质”的车辆保障目标，要求驾驶员每次发车前进行安全检查，发现隐患，及时排除。组织全体驾驶员认真开展安全教育，每次会议必提安全，每月发送一次以上安全温馨提醒短信，每季召开安全例会，做到警钟长鸣，切实提高他们的安全意识、法治意识。截至2018年11月，全年累计出车总次数为5000余次，出车公里总数为52.725万余千米。通过一年来合理调度，安全行驶，高水平完成了各类出车服务任务，得到了用车单位的高度好评，全年未发生重大交通安全事故。

【公务接待工作有序规范】 根据中共中央办公厅、国务院办公厅印发的《党政机关国内公务接待管理规定》、中国共产党中央《关于国内公务接待工作中切实做到勤俭节约的通知》《中国共产党中央、国务院关于党政机关厉行节约制止奢侈浪费行为的若干规定》和省市机关规定，严格执行《公务接待管理办法》，确保接待工作顺利展开。面对安泽县接待任务日益繁重，接待批次、接待层次、接待规格日益提高的新形势，本着实事求是、因地制宜、勤俭节约、方便务实的原则，努力做到高标准、严要求、慎思慎行、细致周到，紧紧围绕县委、县政府的各项重大活动，为宣传安泽县文化，较好地履行了接待部门的职能作用。2018 年中央环保部督察组共十轮环保督查，接待 60 余人。2018 年 9 月份开展的安泽首届河灯节在安泽县隆重召开，为宣传安泽、推广安泽奉献了微薄之力，为领导顺利开展工作、扩大对外交流、推动经济社会快速发展做出了积极贡献，接待 300 余人。一年来接待科共接待大型、小型任务共计批次 120 余次，2000 余人。

【办公用房清理深入推进】 根据《国家党政机关办公用房建设标准》等有关规定，结合安泽县实际情况，按照分级负责、各负其责、齐抓共管的原则积极配合相关部门做好办公用房使用的监管工作。按照县委、县政府指示，出台《安泽县党政机关事业单位办公用房实行集中统一管理的实施意见的通知》，并对原租用科技办门面房的各租户下发了腾退通知。

【结队帮扶贫困户工作】 2018 年扶贫的对象为唐城镇议宁村，根据安泽县扶贫工作规划和扶贫工作要求，认真贯彻县委重要决策，进行了“一对一”“一对多”结对帮扶精准扶贫，定期或不定期深入唐城镇议宁村走访调研，全面掌握该村基本情况，认真开展帮扶慰问。在亲情帮扶的基础上，开展“手拉手、帮收秋”活动，带领干部职工为议宁贫困户收割玉米。目前，帮扶工作取得了良好进展。

【平安单位创建】 2018 年以“平安单位”创建活动为载体，坚持“预防为主、单位负责、突出重点、保障安全”的工作方针，进一步落实了安全目标责任制和责任追究制度，分别与各股室负责人签订了《安全责任书》，完善与公安、消防等部门的协作机制。加强门卫管理，配合信访、公安部门，及时处置群体性上访事件，询查和妥善处置个访人员，维护了机关正常工作秩序。2018 年共接待上访人次 60 次，共计 800 余人。

【机关大院爱国卫生工作】 加强对机关大院内的环境综合整治力度，加大了巡回保洁力度，强化了卫生死角的重点整治，营造了干净整洁的办公环境；在机关办公区域设立禁烟标识，通过宣传和劝导，倡导良好的生活习惯；对公共片区进行了卫生大整治活动，进行了大量的宣传教育；对创卫办下发的文件和工作要求进行了及时传达；安排专人负责公共片区的卫生，垃圾日清；公共设施定期进行检查维护；扎实搞好庭院绿化美化，实施园林式管理，综合科实行分类管理和定时跟踪，加大养护、修剪、补种和提档力度。

【餐饮服务监管】 抓好食堂的食品安全和卫生，严格餐具餐前消毒制度，强化食堂清扫保洁，每天要求配送的蔬菜必须新鲜，以绝对保证食品的安全。着力在增加菜的品种、提高菜肴品质、提升服务质量上下功夫，提高服务满意度，为日均 50 余人，年均达 1.8 万余人的干部职工提供营养、可口的一日三餐。

综合检验检测中心

【概述】 2018 年，在县委、县政府的正确领导下，在上级部门的大力支持下，中心认真贯彻中共十九大会议精神和习近平总书记系列讲话，进一步解放思想、改进工作作风、着力提升综合素质、以严谨科学的工作态度，完成了各项工作任务。

【党建工作】 2018 年，中心以党建工作为引领，全面贯彻中共十九大精神和省委十一届六中全会、县委、县政府有关会议精神，将党建工作贯穿于检验检测工作全过程。1. 支部坚持每季度召开一次党建专题会议研究基层党建工作，对照工作任务，建立支部的问题、责任、任务“三个清单”。2.“强化责任、严守纪律、树好形象”专项治理活动从 2018 年 4 月初开始延长至年底，按照上级要求全体人员及时召开动员会、制订学习计划、进行研讨交流、开展谈心谈话等一系列活动，完成学习笔记、心得体会、廉政教育学习等要求。3. 按照党费标准，支部按季度缴纳党费，并按时足额缴纳了党费，建立党费收缴台账。4. 按照支部年初制定的教育培训计划、培训时间安排表，支部组织党员开展党员教育培训。单位派出两名办公室人员，参加了办公室主任和文秘人员素能提升专题培训班。5. 召开党员大会 5 次，支部委员会 10 次，讲党课 10 次，开展“主题党日”活动 10 次，组织集中学习 42 次，个人按时完成自学笔记。

【三基建设工作】 2018 年结合本单位实际完成基础工作目录、工作运行流程图、单位管理手册、应知应会手册、便民服务手册的编制。在“定、查、评”工作会议中，全体党员对上一年度的目标工作完成情况做出了评议，并按照单位实际情况制定 2018 年度目标任务 7 个。

【扶贫攻坚工作】 2018 年在包联村积极宣传相关政策，防火期间为包联村送去 20 余套防火服，并和两委同志在辖区进行巡逻。中秋期间为所包联的贫困户送去月饼等生活物品。秋收期间组织人员对没有劳动力的贫困户进行收秋。

【业务理论学习】 2018 年，中心坚持开展每周一次的业务理论学习，内容涉及样品预处理中的有机物破坏法、食品质量的感官检验、现代食品检测技术和快检结果的表述及注意事项、食品感官检验的种类（视觉检验、听觉检验、嗅觉检验、味觉检验）、食品感官检验常用的方法（差别检验法、类别检验法、描述性检验法）、物理检验（相对密度法、折光法）等，全年累计人均集中学习达 50 学时以上，并探索理论学习常态化机制，大大提升了检测人员的业务素质，为检验检测工作的开展提供了坚强的理论保障。

【检验工作】 安泽县第十四届党代会期间，中心配合县食品药品监督管理局对会议场所黄河京都大酒店的部分食品开展快速检验检测，共计 7 大类 8 项 22 批次食品样品，并出具了相关检验检测报告，为会议期间代表及工作人员的饮食安全提供保障；安泽县第十六届人民代表大会第三次会议政协第九届安泽县委员会期间，单位配合食药监局对会议场馆的食品安全进行全程检测，共开展了包括蔬菜、肉类、米、面、油、餐饮具等在内的 8 大类 12 项 37 批次的单项检测；中、高考前夕在安泽一中针对餐饮具、蔬菜、米面肉，完成 20 批次样品检测；2018 年中心积极配合县食药监部门对各类食品生产经营单位开展抽样检测，共完成 187 份单项检测。

【创卫工作】 2018 年，每周组织全体人员对本单位的环境卫生进行清理；针对责任片区（荀乡东大道、影楼、太岳大酒店及东面）内的创卫工作，中心与合作单位新华书店，共同对影楼等包联片区的住户就外墙粉刷和创卫工作的有关事宜进行沟通协调，对所辖片区各商户存在的问题发放 80 余份整改通知书，影楼院内垃圾处理 100 余立方米。对沿线门店牌匾的更换、门店墙体粉刷进行统计，对门店橱窗广告进行清理，对影楼后院的建筑垃圾、杂物等进行清理及运输，并对影楼以东的住户进行了摸底登记。

【扫黑除恶工作】 按照党中央、省市县委的要求部署中心扫黑除恶工作扎实开展，召开了扫黑除恶动员会，组织全体人员认真学习《安泽县扫黑除恶专项斗争知识手册》，下发《安泽县综合检验检测中心扫黑除恶专项治理活动方案》，成立扫黑除恶专项治理活动领导小组。组织全体党员召开扫黑除恶专项治理活动专题研讨会，研讨自身对扫黑除恶专项斗争的思想认识，存在工作差距和突出问题及下步打算。充分利用各种舆论宣传工具广泛宣传开展扫黑除恶专项治理活动的目的和意义，营造良好的社会治安氛围。

【廉政工作】 认真贯彻落实中央“八项规定”和省、市、县有关要求，扎实推进党风廉政建设和反腐败工作，年初制定目标责任清单、进行相关的工作部署。元旦、春节、五一等重要时间节点，按时向“两办”、纪检委、纪检组上交假期值班表和公车封存情况。单位每月开展一次廉政教育学习，单位共参观廉政教育基地 3 次，开展廉政交流讨论 4 次，集中学习 4 次，观看警示教育片 5 次，交流讨论稿 3 篇，心得体会 5篇。

防震减灾工作

【概述】 2018 年为全面贯彻落实县委、政府“四个年”活动和实现“安泽绿色崛起，全面振兴”的战略，确定了“以完善重点项目为重点，全面加强防震减灾工作”的思路，确保全县防震减灾工作扎实有序开展。

【重点项目进展情况】 2018 年，市政府及市防震减灾指挥部下达给安泽县的重点项目共两项：1.完善震情会商视频系统和应急指挥系统的室内配套设施建设。2.健全和完善宏观监测暨“三网一员”人员补贴经费落实。经过多方努力，已将资金全部落实到位，并完成视频会商系统和应急指挥中心的完善配套工作。同时，协调财政等部门落实宏观监测暨“三网一员”人员补贴5万元资金及5万元机关公用经费。与此同时，重新确定监测人员及设置监测网点，并对监测人员进行专题培训，加强地震监测系统的维护和使用，继续实行宏微观监测相结合策略，尽快使安泽县的监测工作适应防震减灾工作的需要，切实把地震监测工作推到一个新的层面。

【应急工作】 1. 适时对应急预案体系进行修订，并制定《安泽县破坏性地震应急处置流程》。2. 由安监局牵头，适时在全县开展安全隐患大排查，重点对电力设施、地质完善、道路桥梁、通信设施进行排查并整改治理。3. 由县应急办牵头，开展应急队伍、应急物资（装备、器材）和大型工程机械设备调查登记，摸清底数，登记备案。4. 加强地震监测设备及震情跟踪。在神南建立了地震监测台站和机关地震应急指挥平台。坚持每天采集信息并做到零报告。5. 国家二级地震应急避难场所已于2017年年底通过工程审计及验收，下一步加快制定《安泽县地震应急避难场所管理办法》，加强设备管理，加强设施维护，确保该场所能够达到应急避难的效果，为地震应急需要提供坚强的保障。

【抗震设防】 2018年，按照临市震组办〔2018〕1号文件要求，结合安泽县的情况，抗震设防工作情况进行自查和整改。1. 严格抗震设防管理。已纳入全县国民经济和社会发展规划，并进入政务大厅进行严格审批。2. 由住建局牵头，对全县危房改造，进行财政补贴，并确定以每户75平方米以上，每户补贴1.4万元的规定。切实把抗震设防纳入全县新农村建设，新村镇发展规划当中。3. 由国土局牵头，先后两次召开电视电话会议，对有隐患的地方及时进行了处理。4. 县纪委也经常性地监督检查全县的抗震设防工作，特别是经过行政审批的工程，全部做到了依法行政、依法审批。无一例违规和越权现象。

【科普宣传】 为进一步提高全县人民对防震减灾的认识，增强防震减灾法律意识和综合防御能力，根据市防震减灾工作会议精神，结合“5·12”“7·28”防震减灾宣传日活动要求，按照“安全第一，预防为主”的方针，在县城人流量大的十字街设立防震减灾知识咨询台，发放《防震减灾专刊》及有关宣传材料。在日常工作中，深入推进防震减灾知识“六进”活动，进学校、进课堂。在安泽一中、安泽二中、城关小学、职业中学等多数学校和永鑫焦化、太岳焦化等厂矿举办了防震减灾知识讲座，并进行应急避险、快速撤离演练，切实提高了广大中小学生、企业职工的安全防范意识和自我保护能力。

中国人民政治协商会议安泽县委员会

综　述

【民主监督】　民主监督工作以提案和专题视察为主，多角度开展监督。九届三次会议以来，共收到委员提案152件，其中联名提案78件。常委会认真贯彻落实提案工作制度，筛选事关全局、涉及面广的重点提案，呈请主席会议领衔督办。同时，组织召开了提案督办会议，对立案提案进行了整体督办。常委会按照年度工作计划和县委安排，扎实开展专项视察活动。2018年，市政协主席、市委统战部长张建平带队来安泽县视察了产业转型情况，对安泽县的全域旅游、脱贫攻坚、三基建设等各项工作给予了高度评价；按照九届三次会议安排，分别就国卫创建、医疗体制改革、生态林业建设、行政审批等工作开展了9次专题视察，视察后形成的《关于安泽县国卫创建县城配套设施工程建设情况的视察报告》《关于安泽县生态林业建设情况的调研报告》《关于安泽县城乡医疗体制改革一体化情况的调研报告》《关于安泽县促进和保障就业情况的视察报告》被相关部门重视和采纳。年末，山西大学应用化学所所长、省政协原副主席、九三学社山西省委原主委刘滇生，带领九三学社10余位专家学者，就安泽县工业、农业、生态、环保以及红色旅游发展情况开展了专题视察，对安泽县的各项工作给予高度评价，并为以后工作提出了具体要求。

【协商民主建设】　积极组织委员多方位开展调查研究。县政协2018年共开展调研活动13次，涉及中小企业发展、乡村振兴、历史文化资源保护利用、攻坚深度贫困、第三产业及生产性服务业发展等方面。通过调研形成的《关于安泽县中小企业“专、精、特、新”发展的调研报告》《关于“科学制定规划推动乡村振兴战略实施”工作情况的调研报告》《关于安泽县攻坚深度贫困工作落实情况的调研报告》《关于深入挖掘安泽县历史文化资源的调研报告》以及《关于加快第三产业发展，提速发展生产性服务业的调研报告》分别上报市政协和县委、县政府，受到各级领导的广泛关注，推动了相关工作的有效开展。

围绕中心、服务发展是政协工作的主

线。九届三次全会以来，先后组织政协委员就“一府两院”报告以及事关经济社会发展的旅游转型、城建提质等重点议题进行了大会协商，征集了许多具有建设性的意见和建议。同时，积极组织驻县市政协委员参加市政协四届三次全体会议，认真讨论审议各项报告，提交议政发言10余篇，为临汾发展建言献策、献计出力；2018年间，县政协选择要点，组织召开了3次专题协商议政会，邀请有关部门负责同志和部分界别委员，就民生工程建设、经济财税工作、专题调研课题进行了广泛协商、深入讨论；全年组织委员参加县委、政府征求意见会议6次，参加各类活动11次；县政协明确重点，多次召开主席会议，分别围绕市政协工作指示、县委政府工作安排、专题调研报告、委员议政发言选题、政协各委室工作安排部署等进行协商，扎实推动各项工作开展。

主动参与全市中心工作。按照市委环保专项督查工作要求，县政协主席高成锁带领市环保督查六组，先后对乡宁、蒲县、大宁、吉县、曲沃、翼城、侯马以及侯马开发区8个县（市、区）的环保工作情况开展了专项督查，通过明察暗访、接收举报、项目观摩等形式，对8个县（市、区）在环保工作中存在的问题进行了反馈，并严格督导问题整改，推动了当地环保工作的开展。此外，县政协积极为无党派人士、党外人士参政议政搭建平台，多次召开座谈会，听取他们对县委、政府中心工作及政协各项工作的意见建议。

【委员议政建言】 为加强社情民意信息员队伍建设，进一步拓展信息反映渠道，提高信息工作质量，在县直相关单位重新聘请了35位特邀信息员，并且修订完善了《政协安泽县委员会反映社情民意信息工作考核评比表彰办法》。全年编发社情民意信息33篇，其中《对第二类疫苗流通和使用的几点建议》《长生生物疫苗事件警示我们加强疫苗监管刻不容缓》被全国政协采用；《从张中生案件中汲取教训，多措并举开展能源革命反腐败工作》《建议充分汲取扫黑除恶经验教训，严抓严管做好文物资源保护工作》《关于“二青会”宣传报道的几点建议》被省政协采用，《建议完善疾控机构卫生应急物资储备》等20余篇信息被市政协采用，其中《关于拓宽改造309国道的建议》等5篇信息被市政协评为“优秀社情民意信息”。另外，《建议解决当前幼儿“入园难、入园贵”问题》《建议加强城镇职工医保个人账户透明化》等信息，编发上报后被相关部门重视和采纳。

【民生服务】 按照县委脱贫攻坚工作要求，选派了3名优秀干部到机关包联村——和川镇上县村开展驻村帮扶，工作队和村“两委”一班人通过发展产业推动脱贫，新办的众腾食品有限公司累计生产年馍6000余箱，销售额30余万元；2018年，公司结合安泽县打造连翘大县的背景，创新研发了黄花饼，该产品已于2018年中秋节上市，上市后受到群众的广泛青睐，销售5000余盒，销售额达到10万余元。另外，政协机关驻村工作队经过多方努力，解决了上县村60余户、170余口人的安全饮水问题，同时也解决了食品加工厂的用水问题。

【文化传播】 按照市政协关于编撰《临汾市政协志》通知要求，文化文史和学习委员会组织专业人员整理县政协自1990年以来的档案资料，为编撰《安泽县政协志》做好了筹备工作。同时，还与县老促会协作，多方考证，充实整理了《安泽县革命老区史》，为安泽县传承红色文化、发展红色旅游产业奠定了基础。荀子文化研究中心编撰的《听，这是来自博鳌的最强音》等相关文章在“安泽政协”微信公众号发表后，引起社会的广泛关注。

【学习培训】 按照全国政协在政协系统开展习近平总书记关于加强和改进人民政协工作重要思想学习研讨活动的安排，按照省、市政协的具体部署，县政协以常委为主体，分成22个小组，组织全体委员开展了学习研讨活动并召开了理论研讨会，形成论文24篇，共计30余万字，这些论文涉及加强党对政协工作的领导、政协协商式民主监督、政协委员管理等各个方面。其中《关于充分发挥人民政协协商式民主监督重要作用的思考》入选省政协优秀论文集，高成锁主席代表市政协在全省政协研讨理论会上作了交流发言。同时，为进一步提升政协委员的履职能力，县政协邀请省政协调研和委员工作室信息处马海燕处长、县委党校梁红梅老师，对全体委员、新聘任的特邀信息员和机关干部进行了培训，收到良好效果。

重要会议

【政协全会】 中国人民政治协商会议第九届安泽县委员会第三次会议，于2018年4月8日至10日在县城召开。县委书记李强等领导出席会议并参加分组讨论，与政协委员共商改革发展大计、共议决胜小康良策。全体政协委员以高度的政治责任感和求真务实的态度，认真履职尽责，积极参政议政，并就全县政治、经济、文化、社会和生态文明建设中的重要问题、涉及群众切身利益的实际问题，广泛协商、献计出力。会议听取并讨论县委书记李强所作的重要讲话，听取并赞同县长牛庆国所作的政府工作报告及其他报告，批准政协主席高成锁代表政协第九届安泽县委员会常务委员会所作的工作报告和县政协副主席宋晓琴代表政协第九届安泽县委员会常务委员会所作的关于九届二次会议以来提案工作情况的报告。会议要求全体政协委员要坚定不移地维护核心、围绕中心、凝聚人心、不忘初心、协力同心，着力推进协商民主，认真履行职能，广泛凝心聚力，服务全县大局，切实发挥政协作为协商民主重要渠道和专门机构的作用，为决胜全面建成小康社会贡献智慧和力量。会议要求政协机关要按照“懂政协、会协商、善议政，守纪律、讲规矩、重品行”的要求，切实加强思想、组织、作风建设，统筹抓好常委会、专委会和委员队伍建设，锻造一支“能为全县发展贡献智慧、能为政协事业增光添彩、能为人民群众真心代言”的政协铁军。会议号召全体政协委员要更加紧密地团结在以习近平同志为核心的党中央周围，全面贯彻落实县委十四届三次会议精神，在中共安泽县委的坚强领导下，不忘初心，牢记使命，履职尽责，奋发进取，加快建设山水田园城、精品旅游县，为不断开创安泽全面振兴、绿色崛起新局面而不懈努力！

【常委会议】 2018年3月28日，安泽县政协九届三次常委会议在政协常委会议室召开。县政协主席高成锁，副主席李树清、宋晓琴、党爱贞、娄和玮，秘书长王军，常务委员李福明、杨清河、徐向党、李伟、焦红胜、徐红、张宏新、蒋青峰、孙德胜、王建忠、刘建文、杨建光、郭建红、梁博、范晓刚、史云、周文瑞、陶军安、武素青、李长江出席会议。会议通过了《政协第九届安泽县委员会第三次会议召开时间的决定》《政协第九届安泽县委员会第三次会议议程（草案）》《政协第九届安泽县委员会第三次会议日程（草案）》《政协第九届安泽县委员会第三次会议列席人员范围及名单》《政协第九届安泽县委员会第三次会议分组办法和分组召集人名单》，审议讨论通过了增补委员事宜，讨论通过了《安泽县政协常委会工作报告》《提案工作报告》。

2018年6月5日，安泽县政协九届九次常委会议暨学习习近平总书记关于加强和改进人民政协工作的重要思想专题研讨会在政协常委会议室召开。市政协调研员王吉荣，县政协主席高成锁，副主席李树清、宋晓琴、党爱贞、娄和玮，秘书长王军，常务委员李福明、杨清河、徐向党、李伟、焦红胜、徐红、张宏新、蒋青峰、孙德胜、王建忠、刘建文、杨建光、郭建红、梁博、范晓刚、史云、周文瑞、陶军安、武素青、李长江、倪志俊出席会议。县政协主席高成锁作重要讲话，一是提高政治站位，充分认识深入学习习近平总书记关于加强和改进人民政协工作重要思想的重大意义；二是根据时间节点，认真完成各阶段学习研讨任务；三是加强组织领导，确保活动取得实效。

2018年6月22日，安泽县政协九届十次常委会议暨学习习近平总书记关于加强和改进人民政协工作的重要思想理论研讨会在政协常委会议室召开。县政协主席高成锁，副主席李树清、宋晓琴、党爱贞、娄和玮，秘书长王军，常务委员李福明、杨清河、徐向党、李伟、焦红胜、徐红、张宏新、蒋青峰、孙德胜、王建忠、刘建文、杨建光、郭建红、梁博、范晓刚、史云、周文瑞、陶军安、武素青、李长江、倪志俊出席会议并逐一发言。市政协调研员王吉荣出席会议并讲话，他充分肯定安泽县政协学习习近平总书记加强和改进人民政协重要思想研讨会的成果，肯定政协围绕县委中心工作做出的贡献，并强调要坚持问题导向，查找突出问题，将研讨活动转化成工作的强大动力。县政协主席高成锁强调，要提高认识进一步加强对学习研讨活动的重视，扎实完成学习研讨活动各个时段任务，并结合实际，以学习研讨活动推动政协工作的开展。

2018年9月7日，安泽县政协九届十一次常委会议在政协常委会议室召开。县政协主席高成锁，副主席李树清、宋晓琴、党爱贞、娄和玮，秘书长王军，常务委员李福明、杨清河、徐向党、李伟、焦红胜、徐红、张宏新、蒋青峰、孙德胜、王建忠、刘建文、杨建光、郭建红、梁博、范晓刚、史云、周文瑞、陶军安、武素青、李长江、倪志俊出席会议。此次会议讨论了增补委员的相关事宜。

2018年11月13日，安泽县政协九届十二次常委会议暨政协系统2018年度意识形态工作总结大会在政协常委会议室召开。

县政协副主席李树清、宋晓琴、娄和玮，常务委员李福明、杨清河、徐向党、李伟、焦红胜、徐红、张宏新、蒋青峰、孙德胜、王建忠、刘建文、杨建光、郭建红、梁博、范晓刚、史云、周文瑞、陶军安、武素青、李长江、倪志俊出席会议。此次会议上，娄和玮副主席传达了中共安泽县委《关于落实意识形态工作责任制的意见》；办公室牛海威同志领学《习近平总书记在2018年全国宣传思想工作会议上关于意识形态工作的重要论述》，李树清副主席就从严落实政治责任、加强思想政治引领、守牢意识形态阵地三个方面作了总结讲话。

【慰问帮扶】 县政协积极引导广大委员投身社会公益事业，全年广大委员累计捐款300余万元，办好事实事170余件。

专门委员会

【提案委员会】 2018年，政协提案工作在政协党组和各位主席的正确领导下，紧紧围绕全县的中心工作，坚持以德为先、廉洁从政、务实担当、率先作为，认真履行提案委的日常工作。首先，围绕中心，服务大局，做好提案工作。县政协提案委始终坚持“围绕中心、服务大局、提高质量、讲求实势”的工作特点，结合实际，建言献策，撰写出高质量的提案供县委、政府及相关部门决策参考。2018年共收到委员提案152件，其中联名提案78件。县政协提案审查委员会依据《政协安泽县委员会提案工作条例》的规定，对收到的提案进行了认真审查，决定立案140件，立案率92.1%；作为委员来信转送有关部门研究参考和转社情民意信息的12件。组织部分界别委员召开了2018年委员提案督办会，听取了提案承办单位关于提案办理情况的汇报，参会委员针对提案办理情况提出了意见建议。其次，深入调查研究，积极建言献策。2018年，组织部分委员就推动安泽乡村振兴、攻坚深度贫困工作落实情况及全县林业生态建设情况进行视察调研，并形成调研报告上报县委政府和上级政协，推动了相关工作的开展，通过对民生工作进行广泛协商讨论，献计出力，提出了一些具有超前性、可行性的意见和建议，充分发挥参谋助手作用。

【经济委员会】 2018年以来，经济委员会在县政协的正确领导下，紧紧围绕县委、政府的中心工作，积极发挥经济界委员优势，认真履行职能，积极有效地开展并参与社会经济发展的各项活动中，牢牢把握民主、团结两大主题，切实履行政治协商、民主监督、参政议政职能，为巩固和发展最广泛的爱国统一战线，加强社会主义民主法制建设，维护全县政治稳定和社会安定，促进经济社会持续健康发展作出了应有的贡献。县政协经济委带领界别委员，本着对组织负责、对社会负责、对委员成长负责的宗旨，牵头组织相关委员先后就我县中小企业“专精特新”发展、国卫创建县城综合配套工程建设以及我县促进和保障就业工作情况进行了专题调研，形成了专题书面调研报告，提出了许多具有建设性的意见和建议，为县委、县政府科学决策提供了参考依据。

【文史委员会】 2018年，在安泽县政协党组的领导下，充分发挥专门委员会的独特作用和委员的主体作用，积极推进教科文卫及文史各方面工作，取得了突出成效。其一，调研视察，求真务实。一年来，重点就县乡医疗卫生机构一体化、挖掘与开发历史文化资源等课题进行了专题调研，并形成了《关于县乡医疗卫生机构一体化改革情况的调研报告》《关于我县深入挖掘与开发历史文化资源的调研报告》，界别政协委员本着全面深入细致地了解实际情况的要求积极履职，提出了很多合理性的建议，充分发挥了政协委员界别代表作用，并形成报告上报市政协或递交县委、政府，有力推进了相关工作的建设进程。其二，"百年大计，教育为本"。县政协文史委结合岗位职责，密切关注学校动态化发展，深入各学校，积极参加学校各类活动，与教师们就安泽县教育教学质量、教育发展、学生流失等问题进行交流探讨，为推动相关工作的开展建言献策。

纪检监察

【概述】 2018年，在市纪委监委和县委的坚强领导下，安泽县纪检监察干部牢固树立“四个意识”，自觉践行“两个维护”，坚持稳中求进工作总基调，充分发挥新体制治理效能，牢牢把握监督第一职责，忠实履行党章和宪法赋予的职责，不松劲、不停步，重整行装再出发，蹄疾步稳推动党风廉政建设和反腐败工作迈上新台阶。

【政治监督】 2018年进一步树牢“四个意识”，坚决践行“两个维护”，坚持把党的政治建设摆在首位，对学习贯彻党的十九大精神及习近平总书记视察山西重要讲话精神、党内政治生活状况、党的路线方针政策执行情况、民主集中制执行情况等进行专项督查，加强对政治纪律和政治规矩的监督，严肃党内政治生活，优化党内政治生态。协助县委开展“强化责任、严守纪律、树好形象”专项治理、彻底肃清腐败流毒影响、全县环保系统警示教育作风整顿等工作，增强了党员干部的纪律规矩意识。以“两个责任”为抓手，压紧压实各级党组织和“关键少数”管党治党主体责任，紧盯脱贫攻坚、涉黑涉恶、生态环保等重点领域，严肃开展问责追责，2018年全县共问责党组织3个、党员领导干部67人，给予党纪处分5人；问责领导干部96人，给予党纪政务处分12人，使失责必问、问责必严成为常态，持续保持安泽政治生态的绿水青山。

【体制改革】 紧扣“八个围绕”部署要求，继续发挥监察体制改革先行先试的“探路者”和“试验田”作用，不断推动制度优势向治理效能转化。一是加强党的领导。成立县委反腐败领导小组，研究制定《县委反腐败领导小组及下设两个办公室工作规则》、2018年度工作计划等；定期向县委汇报纪检监察工作，严格执行请示报告制度。二是推动全面覆盖。实现乡镇监察员、派驻机构和村级监督信息员全覆盖，成立10个派驻纪检监察组，对全县86家单位进行监督；在全市率先打造村务监督委员会、村级监督信息员、红白理事会“三支队伍”，按照每村1万元标准将全县村务监督委员会成员待遇资金纳入年度预算，通过强化待遇保障、加强学习培训、规范制度建设等措施，切实发挥“三支队伍”作用，初步探索出一条纪检监察工作向村居延伸的有效途径。三是促进规范运行。严格执行省纪委监委新修订的“4个一”工作制度，健全完善内部运行机制；主动适应以审判为中心的诉讼制度改革，加强与检察机关、审判机关的工作衔接，努力实现纪法有效贯通、法法高效衔接。

【监督工作】 2018年深入学习贯彻新修订的《中国共产党纪律处分条例》，坚持责任向监督压实，力量向监督倾斜，统筹发挥纪律、监察、派驻、巡察“四个全覆盖”监督力量，抓实扛牢监督首责。在日常监督上下功夫。全面掌握被监督单位和监督监察对象基本情况，为全县8857名监督监察对象建立“一人一档”，全面了解和把握被监督单位“树木”和“森林”情况，实施精准监督。综合采取列席会议、监督检查、线索处置、谈话函询等形式，推动日常监督提质增效。特别是，2018年村级监督“三支队伍”共提出监督意见建议1636条，其中问题线索47件，立案20件，给予党纪政务处分20人。在派驻监督上下功夫。探索制定派驻纪检监察组《日常管理制度》《监督监察工作试行办法》及《日常监督“七种方式”试行办法》等，推动监督常态化、制度化、规范化。在巡察监督上下功夫。修改完善《十四届县委巡察工作规划》，稳步推进巡察全覆盖，完成县委第五轮、第六轮巡察，对20个党组织开展政治巡察，对3个党组织开展巡察“回头看”，对35个村进行延伸巡察，共发现共性问题183个、问题线索58件。坚持发现问题与整改落实并重，将巡视巡察整改落实情况纳入日常监督内容，确保整改落到实处。

【办案数量和质量“双提升”】 坚持无禁区、全覆盖、零容忍，围绕办案数量和质量“双提升”目标，更加坚定、更加精准、更加有效的减存量、遏增量，使不敢腐的震慑效应充分显现，标本兼治的综合效应更加凸显。2018年全县纪检监察机关共接受信访举报75件次，同比减少31%；处置问题线索446件，同比增长43.9%；立案186件，同比增长63.2%；结案169件，同比增长49.6%；给予党纪政务处分167人（其中乡科级干部19人），同比增长56.1%；移送审查起诉8人，同比增长300%；留置2人，消除了留置空白点，持续保持惩治腐败的高压态势。坚持把“四种形态”贯穿于执纪监督监察全过程，2018年共运用“四种形态”处理624人次，各形态的比例分别为72.6%、23.2%、2.9%、1.3%。同时，牢固树立“没有安全就没有审查调查”的理念，严格“走读式”谈话全程管控，扎实开展安全演练，坚持每月开展办案安全检查，严格按程序办案，杜绝了安全事故的发生。

【正风肃纪】 聚焦“四风”新形式、新动向，紧盯重要节点、抓住“关键少数”，采取宣传教育、短信提醒、监督检查、明察暗访、通报曝光等举措，不断将作风建设引向深入。2018 年，全县共查处违反中央八项规定精神问题 53 件，同比增长 82%，处理 64 人，给予党纪政务处分 41 人，通报典型案例 23 起 29 人，持续保持了狠刹“四风”的高压态势。结合实际制定《关于集中整治形式主义、官僚主义的实施方案》，围绕 15 类突出问题，集中开展专项整治。特别是，对县政务大厅“集中审批受理”工作情况进行了专项督查，深挖工作中存在的形式主义、官僚主义问题。

【专项治理】 认真落实省、市要求，狠抓民生领域、扶贫领域、涉黑涉恶三项专项治理工作，着力推动整治群众身边腐败问题向纵深发展。严肃查处民生领域腐败，围绕民生资金、惠民政策、干部作风等六方面问题，查处民生领域案件 142 件 142 人，给予党纪政务处分 72 人。严肃查处扶贫领域腐败，着力解决形式主义、官僚主义和不担当不作为等作风问题，坚决查处贪污挪用、截留私分、虚报冒领、强占掠夺等腐败问题，查处扶贫领域案件 106 件 106 人，同比增长 140%，给予党纪政务处分 46 人。严肃查处涉黑涉恶腐败和保护伞，成立工作专班，完善与政法机关协调配合机制，以案件查办为主线，以抓早抓小和追责问责为两翼，加快惩腐挖根打伞问责，查处涉黑涉恶案件 2 件，处理 6 人。持续释放坚决推进基层反腐的强烈信号，2018 年全县共查处群众身边腐败案件 357 案 357 人，给予党纪政务处分 124 人，移送司法 2 人，群众满意度和获得感有效提升。

【自身建设】 全面加强机关党总支建设，开展“纪律作风集中整顿月”，并及时纳入县委“强化责任、严守纪律、树好形象”专项治理活动予以拓展深化，从县纪委监委班子做起，全面加强思想政治建设和作风建设。扎实开展“能力素质提升年”活动，全年共组织、选派 30 余人参加上级调训、专题培训等；以周一集体学习为载体，采取班子领学、岗位练兵、专题研讨、现场测试等方式，推动全县纪检监察干部政治素质和业务能力“双提升”。以党建工作为引领，积极开展机关群团工会工作。制定印发规范机关人员监督管理的多项制度规定，构建起用制度管人管事、激励约束的长效机制。坚持刀刃向内，严肃查处纪检监察干部违纪违法行为，2018 年全县共处置反映纪检监察干部问题线索 5 件，给予党纪政务处分1 人。

重要会议

2018 年 2 月 23 日，中共安泽县第十四届纪律检查委员会第三次全体会议召开。全会由县纪律检查委员会常务委员会主持。县四大班子领导，各乡镇党委书记、乡镇长，县直各单位主要负责人，县纪委委员、监委委员，各乡镇纪委书记，县纪委监委及派驻纪检监察组全体人员、县委巡察办全体人员共计 270 人参加了会议。县委书记李强出席会议并做重要讲话；会议审议通过晋红峰代表县纪委常委会所作的《以新思想引领新征程以新担当践行新使命坚定不移推动全面从严治党向纵深发展》的工作报告。

全会回顾总结 2017 年全县党风廉政建设和反腐败工作，并从 8 个方面研究部署

2018年党风廉政建设和反腐败工作任务。坚持政治统领，始终把党的政治建设摆在首位；强化责任担当，不断把监察体制改革工作引向深入；保持坚强定力，以钉钉子精神强化作风建设；坚持挺纪在前，全面加强党的纪律建设；保持力度不减，巩固发展反腐败斗争压倒性态势；突出政治巡察，让巡察利剑作用更加彰显；维护群众利益，坚决惩治群众身边腐败问题；持续传导压力，压紧压实全面从严治党政治责任。

群众团体

工　会

【概述】　2018年，县总工会在县委和市总工会的正确领导下，认真贯彻落实中共十九大、十九届三中全会精神，牢牢把握工会工作的政治方向；全面深化改革，推动工会工作不断创新发展；加强工会“三基建设”，激发工会组织活力提高服务能力；助力全省旅发大会，促进全县经济建设转型发展；全面推进工会会员普惠服务活动开展，凝聚职工力量，团结动员全县广大职工，充分发挥工人阶级主力军作用，为开创新时代安泽“全面振兴、绿色崛起”做出了新贡献。

【学习教育活动】　2018年根据县委安排部署，在第一时间，召开动员部署会议，制定发放实施方案、学习计划，将活动的各项任务分配到部室、落实到个人。在学习中，坚持以领导领学形式读写《中国共产党章程》《中国共产党廉洁自律准则》《中国共产党纪律处分条例》，增强党性意识，坚定理想信念，严守党的规矩，保持对党忠诚；以集体交流形式研读习近平总书记系列重要讲话，特别是习近平总书记在中国工会十七大上的讲话和针对工运事业和工会工作的重要讲话，大家都结合工作实际，谈认识、谈体会、谈发展、谈服务，努力用讲话精神统一思想、指导实践。同时，坚持领导带头、以上率下，到太岳行署旧址开展了“缅怀烈士事迹、重温入党誓词”主题党日活动，走访慰问了困难老党员、老劳模，深入开展各项专题讨论、坚持问题导向，对班子和班子成员中存在的问题进行了查找和整改，并建立了制度保障长效机制。通过“强化责任、严守纪律、树好形象”学习教育活动的开展，广大工会党员干部职工进一步坚定了理想信念，增强政治意识、大局意识、核心意识、看齐意识，进一步坚定了工作担当和为职工群众服务的信心和决心。

【党风廉政建设】　认真落实新时代党的建设总要求，进一步提高县总工会党支部党的建设水平。严格落实党内政治生活，民主集中制，管党治党的政治责任。强化工会经费、帮扶资金、评先评优、项目建设等领域廉政风险防控，推动落实中央八项规定常态化、长效化，持之以恒纠正“四风”，严明政治纪律和政治规矩，进一步推动县总工会干部队伍的思想作风建设。同时，根据县委《关于落实党风廉政建设党委（党组）主体责任和纪委监督责任的实施意见》有关规定和2018年省、市工会党风廉政建设工作总体要求，以压实“两个责任”为目标，以严明政治纪律和政治规矩为重点，以忠诚干净担当为标准，全面落实党风廉政建设主体责任，班子和班子成员分别建立责任清单，签订责任书，开展廉政谈话，真正把责任落到了人头，把工作落到了实处。

【工会改革】 继续在建机制、强功能、增实效上下功夫，推动改革任务全面完成，推动各项改革新制度的贯彻实施，研究探索改革成果转化的方式、途径和举措，发挥好各级工会兼职主席和工会代表作用，推动实现工会工作创新发展。深化职工队伍建设改革，落实目标任务，创新载体，突出重点，服务职工，使广大职工感受到改革的成果。大力推进网上工会建设，搭建线上受理、线下办理、一键通达的全方位、全时段服务职工工作平台，全力打造县总工会网站，实现信息全覆盖。

【工会组织“三基建设”】 切实加强基层组织建设，最大限度地扩大工会组织的覆盖面，提高广大职工特别是农民工、新生代职工的入会率，继续开展了“六有工会”“五星级工会”“模范职工之家”创建活动，推动基层工会规范提升。扎实有序地按照“三基建设”所规划的任务书、路线图、时间表做好各项基础工作，加强档案管理。加强工会队伍建设，对全县各级工会干部进行专业培训三次、培训人数200余人，提升了工会干部业务能力和工作水平，锻造高素质专业化工会干部队伍。

【助力旅发大会】 开展了“庆五一、助旅发”“十个一”系列活动。开展职工运动会，举办职工专场文艺晚会，“走进新时代、当好主力军”征文比赛，展示当代职工新形象、新风采。同时，以“劳模宣传月”为契机，召开劳模座谈会、劳模访谈、“重走当年造林路”，在全县上下大力宣传、弘扬劳模精神，争做时代楷模，形成尊重劳模、学习劳模、争做劳模的良好氛围。组织文化科技宣传队，深入企业、乡村开展“送文化、下基层”活动，持续开展职工志愿者活动，举行义诊、环保、帮扶、助力旅游等活动，搞好各项服务，为助力临汾旅游发展大会成功举办做出了积极贡献。

【开展工会会员普惠化服务】 2018年积极推动工会会员普惠服务工作，通过广泛宣传发动，有效增强了工会组织吸引力，提升了工会组织的影响力，让工会改革成果惠及广大职工群众，12月，完成发放3000张工会会员普惠卡，到2019年6月，工会会员普惠卡基本覆盖全县工会会员。持续开展职工“爱心驿站”“妈咪小屋”建设，今年在全县新增加汽车站、建行等四家“爱心服务站”，扩大了覆盖面，关爱行动向基层延伸，形成县、乡、企三级服务体系。

【开展社会主义劳动竞赛】 围绕县委建设“四个年”工作要求，在全县职工中广泛开展劳动竞赛活动。通过举办焊工、厨艺、晒账、赛奖等职工职业技能大赛，组织开展全领域、多层次的群众性技能比赛活动，拓宽技术工人职业发展渠道，培育更多高素质技术工人。以“安康杯”竞赛活动为抓手，积极开展了形式多样的安全生产竞赛活动，有效预防和减少生产安全事故。

【巩固深化“五小”竞赛】 继续拓宽竞赛范围，由工业企业向事业单位延伸，打造各行各业共同参与、整体推进新格局。提高竞赛参与率，建立常态化、长效化机制。注重提高竞赛科技含量，推进创新成果转化，激发职工的创新创造活力。推动创新工作室发展，重点打造了尉昌华、张高喜劳模创新工作室和郑海军职工创新工作室等。“五小”竞赛优秀项目带头人工作室，开展工匠进企业、进乡村等培训交流活动，推动竞赛活动、工匠技能的转化和成果运用。

【职工思想政治引领和素质提升】 2018 年开展“中国梦·劳动美”主题教育活动，引深“社会主义核心价值观大讲堂”等主题实践活动。建好管好职工之家、职工书屋等职工文化阵地，使之更好地服务职工群众。加大培训力度，开展 12 期各类技能技术培训。依托九大职工协会，开展丰富多彩的职工文体活动，各基层工会也积极组织开展了健康向上，喜闻乐见的文体活动，丰富广大职工的精神文化生活，传播正能量、展示新风采，发扬当代职工团结奋进，努力拼搏的精神，激发职工爱岗敬业的工作热情，营造健康生活，快乐工作的文化氛围。

【工会组织建设】 2018 年，新成立了安泽县农业合作社工会、安泽县林场工会、信用联社工会、税务局工会等多个工会组织，新吸收 600 余名职工加入工会组织。同时，还加快对新领域新阶层工会组建和会员发展工作，在工业园区、建筑项目、物流（快递）业、家庭服务业、农业专业合作组织等五大领域工会组建工作，努力推进工会组建扩面、提质。以农民工、劳务派遣工和货车司机等为重点发展对象，开展“货车司机入会集中行动”，切实将其吸收到工会组织中来。

【依法依规维护职工合法权益】 深入持续开展“农民工有困难找工会、拿不到工资找工会”专项行动、“集体合同与工资集体协商月”和“女职工维权行动月”等活动，促进集体协商提质增效。签订工资集体协商合同 32 家，其中单签 29 家，行业 1 家，区域性 2 家，覆盖职工 4815 人，签订率 100%，并完善了工资集体协商合同实名制档案。利用“12·4”法制宣传日，走上街头，走进企业，进行宣传，发放宣传资料 1500 余份。进一步提高了维权工作工作质量，推进维权工作向纵深发展。

【实施品牌帮扶】 以困难职工和农民工为重点帮扶对象，开展各类技能培训、就业服务、法律援助、劳动争议调解等活动，健全完善了帮扶保障长效机制，2018 年，共开展各类培训班 5 期，各乡镇工会开展种养殖业技术培训班 10 期，共培训困难职工和返乡农民工 1000 余人。在“夏送清凉”活动中，为环卫队、交警队等 500 余名一线职工发放价值 3 万余元的茶叶、白糖、杯子等防暑降温用品。在“金秋助学”活动中，为10名困难职工和困难农民工子女发放助学金5万元；

在开展第十一期职工大病互助活动中，共有91家单位7700名职工参与，共筹措资金27.88万元。2018年，共为70多名患大病职工发放互助金20多万元，完善了安泽县多渠道、多层次的社会救助体系，提高了全县职工医疗保障水平，缓解了职工因病致贫、因病致困而造成的经济生活压力。同时，加大力度开展困难职工摸底、建档工作，推动实现精准帮扶。深入实施女职工关爱行动，加大对女农民工、单亲困难女职工等群体的帮扶力度。

【工会队伍建设】 进一步加强工会队伍建设，开展业务培训班5期，提高工会干部的思想道德修养和专业文化素养，提高工作标准，抓好对标落实，把更多精力、更多资源用到一线职工身上，让职工群众真正感受到了工会“娘家人”的温暖。充分发挥工会队伍桥梁纽带作用，健全联系服务群众的制度机制，为职工群众排忧解难，促进工会队伍风清气正。

【工会财务和经费审查工作】 高度重视工会经费的“收、管、用”，对基层工会完善了法人资格登记、换证、设立账户，加大依法收缴工会经费的力度，完善税务代征、财政代扣经费工作，提高工会经费的收缴率。继续深入开展会计基础工作规范化竞赛活动，全面提升工会财务管理水平。各级工会组织要做好本级预、决算的审查审计监督工作，开展专项资金的审计监督，对工会送温暖、劳模补助、金秋助学、大病医疗互助等资金进行重点审计，严格规范专项资金的收入、支出、管理和使用。

【职工志愿者服务活动】 加强对职工志愿者服务队规范化管理，扩大服务范围，提高服务质量，通过开展助力旅发、助力创卫、帮收秋等多种形式的志愿服务，打造“情暖荀乡”职工志愿者服务队的新品牌、树立新形象，弘扬“奉献、友爱、互助、进步”的志愿精神，与时俱进、勇于担当，凝聚合力，用美德善行引领社会进步，增强了广大职工社会责任感和使命感，综合素质明显提升。（张超）

共青团安泽县委员会

【概述】 2018年，安泽团县委在县委和团市委的正确领导下，在凝聚青年、服务大局、当好桥梁、从严治团四维工作格局上同步发力，深入推进共青团改革重点工作，团结引领团员青年为建设大美安泽贡献青春力量。政治性是共青团的第一位属性，作为党的助手和后备军，要为党培养建设者和接班人。就安泽团县委而言，始终坚持从这一点出发，把加强政治建设作为团干部的必修课，把思想引领贯穿于各项工作中。

【开展好主题团日活动】 利用清明、“五四”、抗日战争胜利日等重要时间节点，组织团员青年来到太岳革命根据地旧址、烈士陵园等爱国主义教育基地，开展“缅怀革命先烈 传承红色基因”“入团四个一”等活动，上团课、重温入团誓词、重走革命先辈心路历程，让大家在团日活动中，铭记历史，感悟党带领人民追求自由和解放的艰辛之路，从小树立爱党爱国，立志报国的伟大志向。

【组织青年大学习】 按照“青年大学习”的有关要求，各基层团组织开展中共十九大、共青团十八大等主题宣讲活动60余场，撰写心得，座谈交流。开展以红色记忆为主题的读书活动，按照学校、乡镇、县直单位、企业四个类别开展演讲比赛，团员青年代表从自身出发，从本职岗位出发，抒发爱党爱国情怀，进一步凝聚团员青年听党话跟党走。

【青少年帮扶工作】 依托党政资源、自身资源、社会资源开展困境青少年帮扶工作，2018年，重点开展“共度假期　共享快乐”“中央彩票基金帮扶困境青少年”等活动。特别是针对全县11名孤儿，在县级领导帮扶的基础上，采取青年志愿者与孤儿一一对接的工作机制，签订了帮扶到成年的志愿书，连续两年，坚持为困境青少年雪中送炭，让他们切实感受到了党的温暖和关怀，让孩子们从小就萌生了感谢党恩的初心。

【助力全域旅游】 1. 开展“我的家乡我代言”青年讲解员选拔赛。为助力临汾申办山西旅发大会，策划实施了青年讲解员选拔赛，旨在引导安泽青年认识家乡，宣传家乡，活动从4月初开始筹备，五四青年节当天进行了汇报演出，全县2000余人在文体广场观看了选拔赛决赛，还发动县城广告公司赞助，为活动制作了精美的旅游宣传片，安泽青年助力旅游的青春风采得到充分彰显，受到党政领导和社会各界的广泛认可。2. 持续开展助力旅游志愿服务，为全县旅游景点招募培养青年志愿者，探索实施县级有偿志愿服务机制，与有关部门协商优秀青年志愿服务者的特殊待遇，进一步提高青年的服务热情，优化志愿服务的激励机制。

【助力污染防治】 1. 号召各乡镇团委和有关县直团组织发动本地区本部门青年积极投身到国卫创建中，把创卫工作升级为主题团日活动，广大安泽青年在劳动中得到教育，在奉献中感悟到集体主义精神。2. 开展环保公益宣传。重点开展了“手拉手　践行垃圾不落地　心连心守护安泽卫生城”公益宣传、“我为安泽蓝代言”等活动，用青年方式表达对美好环境的向往，用青年担当践行对生态环保的守护。

【助力乡村振兴】 1. 协调清华大学等三所高校开展民宿设计。按照县委和团市委的安排部署，先后与清华大学、同济大学、华中科技大学沟通协调，13名师生到安泽开展民宿设计，通过实地调研、座谈论证、设计创作，三所高校圆满完成了预期设计任务，团县委也积极做好善后工作，对三所高校进行了相应奖励，下一步将进入设计作品落地阶段，真正让三所高校超前的民宿设计理念能够在安泽落地开花。2. 协调山西师范大学开展暑期实践活动。15名山西师范大学学生走进安泽开展了为期5天的社会实践活动，为学生们安排了脱贫攻坚、全域旅游、农业转型等几个板块的调研行程，还邀请了扶贫局副局长跟队讲解，实践结束后，大学生们纷纷表示近距离感受到了安泽之美，通过走基层调研产业脱贫，回去将用青年视角解读安泽速度，传播安泽魅力。

【助力脱贫攻坚】 号召驻村青年干部、社会志愿者深入贫困户家中开展“三好”服务活动，宣讲党的好政策、传播自主脱贫好故事、义务帮忙办好事，激发贫困户内生动力，向自主脱贫户看齐，用勤劳双手改变家庭命运。在全县脱贫攻坚3+X队伍表彰中，由团县委推荐的张鹏飞等4名青年志愿者脱颖而出，受到县委县政府的嘉奖，同时他们的事迹被编写入《太行山最早的春天》安泽县脱贫攻坚战役纪事，这进一步激发了助力脱贫青年志愿者的热情。

【服务青少年健康成长】 2018年联合检察院、法院、公安局、司法局民政等团组织，针对重点青少年群体开展摸排、帮扶工作，重点做好重点青少年的帮教服务。6所初高中持续开展“法治广播”，在“12·4”宣传周，各级团组织开展法治宣传10余场。5所中学成立了“禁毒防艾志愿服务队”，开展禁毒防艾讲座、宣传、调查问卷15场。依托团省委、市委中彩专项基金政策，成立了安泽县首个省级标准性青年之家，为困境青少年举办各类服务活动13场，覆盖困境青少年600余人。

【服务青年创新创业】 团县委始终把服务青年创新创业当作团委工作的重点，在全县青年中发现挖掘帮扶创新创业典型，积极推荐马壁乡原国虎参加了第五届“创青春”山西青年创新创业大赛。为推进“双争双兴”工程（争当乡村产业振兴时代新人，争当乡村文化振兴时代新人），引导青年建功新时代，发展新作为，举办了双争双兴青年创新创业沙龙，邀请银行、税务等相关部门的工作人员现场答疑解惑，帮助创业青年理清思路，掌握运用好相关政策。

【服务特殊青少年群体】 在高考期间，组织10余名青年志愿者，在县城考点设立了爱心志愿服务站，为考生提供文具、矿泉水等用品，持续驻扎两天，帮助考生顺利完成高考。重点帮扶全县孤儿，组织青年志愿者与他们结对子，在生活和学习上对孩子们进行持续关注，开展“团团护航阳光自护”心理疏导，帮助孩子们改善学习和生活条件。服务青年身心健康，联合良马乡政府举办第三届户外运动文化节，提倡旅游+运动，号召全县团员青年选择健康生活方式，加强体育锻炼。

【团组织和干部队伍建设】 围绕中共十九大精神、习近平新时代中国特色社会主义思想、共青团十八大精神等，举办各类培训9期，覆盖各级团干部80余人。按照团市委安排，严格执行团委班子常态化下基层制度，提高团委班子服务青年、凝聚青年的能力。完善激励机制，2018年“五四”期间，召开全县青年工作会议暨表彰大会，系统总结安泽县青年工作总体情况，提出下一步工作重点方向，同时围绕安泽县工作大局，推出了一批具有较强凝聚力、战斗力和创造力的先进团组织，挖掘了一批勇挑重担、担当作为的新时代好青年，进一步增强团的号召力和凝聚力，激励广大团员青年为安泽实现全面振兴、绿色崛起作出更大的贡献。

【加强团员先进性建设】 坚持团员标准，严格入团程序，2018年控制新发展团员30名，提高团员发展质量。按照上级要求，全县所有团员基本完成“智慧团建”录入工作，在全县初高中进行违规团员的核查整改，摸排整改违规团员107名，初高中毕业班团青比例严格控制到30%和60%。强化团员意识教育，落实“三会两制一课”制度，引导广大青年团员牢记使命，增强团员的光荣感、责任感和使命感。

【选优配强少工委队伍】 2018年5月底，按照上级要求，召开了少工委换届工作安排会。6月底，中国少年先锋队安泽县第三次代表大会胜利召开，选举产生了安泽县少工委主任1名，挂兼职副主任各1名，全县所有学校实现少工委主任全覆盖，为服务引领新时代广大少年儿童听党话、跟党走，推进安泽县少先队事业新发展开启了新篇章。

【“一县一品”创新工作】 2018年，按照团市委关于共青团改革的要求，把创新载体作为改革的不竭动力，结合实际，创造性策划了“安泽县城乡儿童‘共度假期共享快乐’主题活动”。该活动由县级领导、包村青年干部、社会企业家、“情暖荀乡”青年志愿者组成“爱心家长团”，利用节假日休息时间，带着自己的孩子深入到乡村贫困儿童家庭，与那里的孩子们进行广泛联谊，经常性开展交朋友、送温暖、体验生活等活动，让城市孩子感受美好生活来之不易，让农村孩子感受党的关怀和社会的温暖，助力脱贫攻坚，全面提高农村贫困家庭的幸福感和满意度。主要特色活动有陪你过中秋、家庭聚餐、建立爱心相册、交换红领巾、心理疏导等，在两年的具体实践中，该品牌工作受到党政主要领导的高度关注，困境青少年家长和社会各界高度好评。

妇女联合会

【概述】 2018年，县妇联以中共十九大精神和习近平新时代中国特色社会主义思想为遵循，全面落实市妇联安排部署，按照县委、政府的中心工作，服务大局，服务妇女，持续深化妇联组织改革，全县妇女事业取得新成效，实现新突破。

【思想政治建设】 2018年，县妇联始终坚持把思想政治建设摆在工作首位，认真学习中共十九大精神和习近平总书记对党的群团工作、妇女工作的重要指示精神，1. 在全县广大妇女群众中开展“巾帼心向党·建功新时代”学习教育、“妇联干部大调研大培训”等活动，举办“巾帼心向党”庆“三八”文艺展演、“铭记党史”主题知识竞赛等多项形式丰富多彩、群众喜闻乐见的主题群众文化活动，夯实了广大妇女群众的思想基础。2. 迅速掀起中国妇女十二大精神热潮，中国妇女十二大召开后，县妇联11月6日举办安泽县学习传达学习中国妇女十二大精神专题培训班，培训妇联干部150人。12月18日组织各界妇女收看了庆祝改革开放40周年大会实况及全国妇联领导与杰出贡献女性代表访谈，及时组织学习了临汾市第三次妇代会精神，通过培训和学习，引导广大妇女增进政治认同、思想认同、情感认同、更加紧密团结在以习近平同志为核心的党中央周围，引领广大妇女听党话、跟党走。

【妇联工作和“互联网+”】 1. 安泽县妇联改革以来，全县7个乡镇，93个行政村，1882名执委，全县72个非公企业妇女组织11个，在全县机关事业单位组建妇委会46个，全县妇联系统建立巾帼志愿者队伍12支1000余人组成的妇联队伍，全县442个妇女小组（网格性小组304个，功能性小组138个），已全部将自己的信息及开展的各类活动上传至大数据平台，有效提升了妇联系统整体的网络影响力，使社会“正能量”凝聚起来传递下去。

2. 执委联系妇女群众“1+10”工作有效开展，每名执委同联系的10名妇女群众建立联系，及时了解妇女群众所思、所想、所盼，举办“厨娘、绣娘、巧娘”项目培训班，在“三无”人员集中安置点开展了巾帼志愿者“六个一”服务，妇联兼职副主席实行轮值制度，针对性领课题，这些活动的开展落实情况都实时上传，实现全县妇联组织架构和活动情况公开透明。

3. 在开展美丽庭院创建、助力污染防治攻坚战中，县、乡、村三级妇联通过网上转发“晒晒我家小院”照片120副、“最美庭院”创建倡议书2000余份、“环保十小事”、制作推送环境保护污染防治“微视频”25个，营造了美丽庭院创建、助力污染防治的浓厚氛围；网下通过开展执委进万家行动，到妇女家中发放宣传资料、讲解环保政策，动员妇女群众身先力行，发挥优势，自觉做好庭院环境卫生，庭院内外物品堆放整齐，争做参与者、实践者、维护者、监督者，通过大数据平台的信息录入，特色活动版块成为肯定妇联工作的新舞台，让基层妇联动起来、亮起来。

妇女群众通过平台随时随地找到组织，妇联号召力也更强了。妇联工作和“互联网+”的结合，使县妇联工作出现了“滚雪球”效应，全县各级妇联线上开展权益维护、法律援助、政策宣讲、就业指导、创业培训、亲子阅读等丰富多彩的主题活动，积极开展网络问需，不断增强妇联网上凝聚力，实现了妇联组织与妇女群众互动常态化、沟通零距离，使妇女群众对妇联组织的认同感、归属感、获得感切实提高。

【推进“创业创新巾帼行动”】 围绕创业创新，引导全县妇女抢抓新机遇，创新载体，通过资金扶持和信息服务，先后打造了安泽县森海人家、冀氏镇禾清源茶厂、旬乡煎饼厂“巾帼创业基地”等，开展技能培训、创业指导、产品设计等各项服务活动，促进带动千余名妇女创业就业，特别是森海人家巾帼创业基地，吸纳50余名贫困妇女、辐射家庭 200户参与松针枕的采摘制作，人均月增收1000余元，为妇女群众创业开辟了一条新路，被省妇联授予“省巾帼创业基地”，并在全市女性创业创新大赛决赛中荣获二等奖；妇联执委刘福平创建的旬乡煎饼厂带动了50名妇女致富，每人月收入3000余元。

【组织实施“乡村振兴巾帼行动”】 举办“厨娘、绣娘、巧娘”项目培训班8期，培训妇女260余人。在县妇联母婴月嫂护理培训班学到“真功”的府城镇武红霞现为上海舒月母婴讲师，在她的带领下，安泽

40余名妇女在上海从事母婴月嫂护理工作，月人均收入上万元。

【深化做实“三晋巾帼脱贫行动”】 为1000余名农村妇女进行了“两癌”免费检查，累计为32名“两癌”贫困妇女争取救助金32万元，为12名特困妇女儿童申请救助金1.5万元。在全县7个乡镇相继开展了59场“健康扶贫 与爱瞳行”为主题的光明公益活动，共筛查2000余人，治愈100余人。持续推动妇女小额担保贷款政策实施，累计发放妇女小额担保财政贴息贷款375万元，满足了城乡妇女尤其是贫困妇女对创业资金的需求。

【“最美家庭”活动】 开展“三个注重”和“树清廉家风·创最美家庭”宣传活动，在广大妇女群众中深度挖掘和展示“最美”元素，在“妇女之家”建起“光荣榜”和“笑脸墙”，将“最美家庭”照片和故事上榜上墙，将“家风家训集锦”展示在社区、楼宇，让群众看得见榜样、记得住名字、学得到文明。为传承红色文化组建了安泽县王光女子民兵班，参与2018年感动山西国防动员新闻人物评选，开展了家和万事兴家教家风主题展，5500余人参观学习。2018年，县妇联累计组织专题活动9次，参与“晒、议、讲、展、秀”活动的群众近万人次，晒出家庭照片近千张，收集到好家风好家训24条。在全县涌现出了背着残疾哥哥出嫁的冀氏镇村民李来梅、十年如一日照顾瘫痪在床的丈夫并独自一人承担家庭重担的刘云仙等“最美”家庭，通过层层选拔，评选出省级、市级、县级“最美家庭”20户。

【家庭教育指导服务】 把“立德树人”作为家庭教育的根本任务，组织专家、亲子导师深入到全县基层一线，举办家庭教育“进农村、进社区、进学校”巡回讲座6场，受益家长达800余名。举办“荀乡芳草园妈妈读书会”8期，参与家长1000余名，在全县开展《山西省家庭教育条例》宣传，7个乡镇普遍建立家长学校，最大限度发挥家庭教育在价值引导、道德教化方面的作用。组织开展“我爱我家·同悦书香”亲子阅读活动，为儿童健康成长营造良好氛围。

【维护妇女儿童合法权益】 始终坚持“一手抓发展，一手抓维权”的工作方针，坚持“以人为本”的维权理念，不断创新工作载体、加大维权力度，为创建平安安泽做出了积极贡献。1. 深入开展普法宣传。充分利用“三八维权”周、“七五”普法宣传、“12·4”国家宪法宣传日等重要契机，设立宣传咨询点，提供法制宣传、咨询、维权等方面服务，并发放《中华人民共和国婚姻法》《中华人民共和国反家庭暴力法》等法律法规宣传资料万余份，开展法律知识讲座10余场，引导妇女学法、尊法、守法、用法。2. 创新基层妇联维权模式。县级妇联借助法院家事审判改革契机，与法院共同为妇女提供婚姻指导、法律服务、心理咨询等多元化服务，及时解决矛盾，维护社会稳定，实现维权在源头、在基层、在妇女群众身边。3.健全基层维权网络。通过“12338”妇女维权热线开展维权服务，实现线上和线下维权互动；建立了县乡村三级婚姻家庭矛盾调解中心，将婚姻家庭排查化解工作列入平安家庭重点实施项目，共排查婚姻家庭矛盾纠纷6件，

有效化解 6 件。（刘娟）

文学艺术界联合会

【概述】 2018 年，安泽县文联在县委、县政府的正确领导下和县委宣传部的大力支持下，以中共十九大精神和习近平新时代中国特色社会主义思想为指导，紧紧围绕县委、县政府中心工作，始终坚持“为社会主义服务，为人民服务”的方向和“百花齐放，百家争鸣”的方针，充分发挥文联联络、协调、服务、指导的工作职能，团结带领各文艺家协会和广大文艺工作者，积极主动开拓创新，圆满地完成上级安排的各项工作任务，为实现安泽“全面振兴、绿色崛起”提供强大的精神动力和文化支撑。

【思想政治建设】 1. 以“四个意识”为政治标杆，自觉维护以习近平总书记为核心的党中央权威。严明党的政治纪律、严守党的政治规矩。自觉做到“四个服从”，单位一班人精诚团结、励精图治，保持了良好的政治生态。2. 在宣传党委、宣传部党支部的领导下各项工作顺利开展；班子和工作人员分工明确、责任到人，重要事项、重要活动、重点工作、大额支出都经过民主讨论、集体决定。班子和工作人员求真务实、踏实工作，各项工作有序推进。3. 认真落实十九大精神和有关方针、政策，认真落实上级交办的各项工作；在精准脱贫、国卫创建、扫黑除恶等重点工作上不折不扣地贯彻执行；落实县委、县政府的指示、决定。4. 集中学习《习近平总书记系列重要讲话读本》《习近平新时代中国特色社会主义思想三十讲》等政治理论知识。5. 开展“两学一做”“强严树”等活动，持续加强了全体干部职工的思想政治教育，做到了守土负责、守土有责、守土尽责；坚持党性原则，不该说的不说，不信谣不传谣，坚决同妄议党的现象作斗争。

【举办“送春联、送温暖、送图书”三下乡活动】 2018 年，县文联工作人员陪同临汾市文联到马壁乡海东村“送春联 送祝福”。市文联党组书记、主席李青萍，市书协主席贾双平、市画院院长贾岩鸿与王吉成、左晓明、侯文丽、张耀庭、贾罂薪等 10 余位书法家将一张张福字、一幅幅寓意吉祥的春联送给群众。活动后，市文联李青萍、县委书记李强、副县长刘合生等领导走访慰问了村里的困难群众，为他们送去米、面、油等慰问品以及新春的祝福。2 月 6 日，县文联组织书画家协会 10 名骨干深入包联村府城镇桃曲村开展三下乡活动。此次活动共送春联 1300 余幅，现场书写 1000 余幅。发放图书 500 册。慰问贫困户、老党员、老干部、高龄老人等 37 户，为他们送去节日问候和粮油用品。2 月 7—10 日，安泽县委宣传部，县文联组织县文化工作者先后在七个乡镇现场书写春联 7000 幅，发放图书 2000 册。

【举办元宵节灯谜竞猜活动】 2018 年安泽县“庆元宵·学习十九大快乐猜灯谜”活动在天安步行街灯谜区举办。活动为期 4 天，每天设谜面 510 条，奖项分普通奖和特等奖两大类，普通奖项里按猜题正确数量发放相应的奖品，每场设特等奖 10 个，猜对一道谜题即可得奖，奖项一样，不分等次。

活动内容相继在微信、黄河新闻网和新华社客户端发表，在新华社客户端阅读量突破45万。

【中国百名作家走进临汾安泽采风创作活动】 2018年4月17日至19日，著名散文家梁衡、著名诗人舒婷、杨牧、郭新民、敕勒川、李自国、周庆荣、曹宇翔等来自全国各地的103名知名作家走进临汾安泽进行采风创作。18日上午，“助力2018全省旅发大会·我们与你在一起”中国百名作家走进临汾安泽采风创作活动启动仪式在安泽国家森林公园——荀子文化园举行。《人民日报》原副总编、著名散文家梁衡，中国作协全委会委员、中国作家出版集团管委会副主任、《中国作家》主编艾克拜尔·米吉提，著名诗人舒婷，中国诗歌学会副会长、著名诗人杨牧，著名诗歌理论家唐晓渡，山西省作协党组书记、主席杜学文，临汾市委常委、宣传部部长李朝旗，临汾市人大常委会副主任王金珍、临汾市政协副主席梁清燕及安泽县四大班子领导出席启动仪式。18日晚，举办“行吟安泽”诗文朗诵会，马淑琴、曹宇翔、霍秀琴、朱鸿宾、张二棍等知名作家朗诵了自己的作品。山西电视台节目主持人史壮宁为大家送上了《沁河低吟》，用诗歌将大美安泽展现给大家。19日上午，中国作家协会会员、北京大学中国诗歌研究院研究员、著名诗歌理论家唐晓渡为大家作《新时期诗歌漫读》专题讲座。

【“美丽临汾”摄影展】 在太行山最早的春天——安泽县第二届黄花岭乡村旅游月期间，由临汾市委宣传部、临汾市文联主办、临汾市摄影家协会承办的助力2018全省旅发大会“美丽临汾”摄影展莅临安泽。根据县委、县政府的安排部署，由文联协办本次摄影展览，在黄河京都院内展出2个月，这次展览是在全市17个县市的百余名摄影爱好者作品中，选取300余篇作品做成了70多个展板，有风光、纪实、民俗、百姓生活和故事等。

【组织作协、音协进行采风创作活动】 2018年，文联组织作协和音协成员先后到和川镇安上村、唐城镇唐王寨文化园进行实地采风观摩活动。成员们参观芍药园、唐王寨文化园后留下10余篇佳作，音协成员在杜村乡首届山水文化节开幕式上表演了精彩的节目。

【成立“萍水诗社”】 2018年10月13日，文联组织诗词楹联学会会员30余人，在冀氏镇开展“龙门诗韵”采风活动，同时召开诗词楹联学会2018年工作会议。成立了“萍水诗社”，通过选举产生社长一名，副社长两名，成员20余名。

【成立“爱满荀乡”合唱团】 2018年音协开展广场合唱得到群众的普遍赞誉，在群众的呼声下，文联指导音协成立“爱满荀乡”总合唱团，下设四个合唱分团，全面开展合唱活动，带动群众参与人数达到500余人。连续在“水木清华”开展六次合唱演出。

【举办“消夏月”文艺晚会】 2018年组织音乐家协会代表宣传系统党委组织协会会员举办一场“消夏月”晚会，此次晚会共表演了16个节目，200余人参加晚会演出。这是一场丰富多彩、雅俗共赏的视觉盛宴，达到了历届晚会的最高水平，受到广大人民群众的一致好评。

【举办第三届“相约府城　红叶传情”红叶岭摄影大赛】　国庆期间，为进一步丰富国庆期间群众文化生活，营造欢乐祥和的节日文化氛围，文联组织摄影家协会和府城镇政府一起举办第三届“相约府城　红叶传情”红叶岭摄影大赛，参赛人员来自摄影家协会会员、全县摄影爱好者100余人，参赛作品分手机拍照和相机拍照两类。共收集照片160余幅，比赛设一等奖一名，二等奖两名，三等奖三名，优秀奖10名。

【出版四期《荀乡情韵》】　文联作为“文艺人才之家”，为广大艺术爱好者提供广阔的艺术展示平台，激发广大创作人员的创作热情，2018年出版了四期地方刊物《荀乡情韵》，共设置了“卷首语”“散文欣赏”“人间冷暖”“心灵感悟”“岁月悠悠”“印象安泽”等十几个栏目。收录了159篇作品，10余万字，印发8000册。

【出版《荀乡诗联集》】　自诗词楹联学会、“萍水诗社”成立以来，会员积极参与采风活动并进行创作，2018年诗词大征集，共征集作品95篇，经过筛选，评选出优秀作品65篇，编辑出版了《荀乡诗联集》。

科学技术协会

【概述】　2018年，在县委、县政府和省、市科协的正确领导和指导下，安泽县科协紧紧围绕县委、县政府的工作大局，认真落实中央、省委、市委、县委决策部署，按照上级的工作精神，努力把科协工作重心转移到提高全民科学素质、农村社会发展、脱贫攻坚服务，科普宣传等方面。在县委、县政府和省、市科协的正确领导和支持下，在各成员单位的积极配合下顺利完成了年度的工作计划，各项工作都取得了较好成绩。

【政治理论学习】　1. 按照县委的部署，为了全面深入推动学习贯彻中共十九大精神“两会”精神、省、市、县委的战略部署，科协在王家国主席的领导下，组织科协全体干部职工积极学习中共十九大报告，学习了上级文件精神，坚持每月开展主题党日活动。坚持政治统领，坚定干部队伍干事创业的信念。2. 根据县委安排，从今年4月初开始，组织干部职工，参加强严树专项治理活动。认真做好各阶段的学习。针对不同阶段的工作特点，有针对性地开展特色活动，力求治理活动取得实效。共安排集中学习9次，其中专题讲座3次；加强了平时自学力度；参观廉政教育警示基地1次；组织观看警示教育片2次；组织进行谈心谈话，做好会议记录，全体科协党员干部共写了三次心得体会，使干部职工理论素质得到了提升。3. 组织全体人员学习《科协基本知识与科协工作》《科普法》《科学素质纲要》《中国科协章程》，进行业务知识交流，有效地提高了干部职工的业务素质。

【全民科学素质工作】　2018年为推动安泽县全民科学素质工作，召开“全民科学素质工作”会议，制定《安泽县全民科学素质行动计划纲要实施方案》和考核办法，完善考核细则。使安泽县全民科学素质工作在省、市全民科学素质工作规范进行。围绕安泽县工作大局，各成员单位齐心协力、突出重点、求实创新，为提高安泽县全民科学素质开展了丰富多彩的活动，还组织全县干部、乡镇居民、农民参与《山西省公众科学素质网络竞赛》活动，在全县形成抓全民科学素质工作合力，把安泽全民科学素质提升推向新阶段。在年初年末抽调骨干力量对全民科学素质工作进行督查，全县七个乡镇全部成立了领导小组、并下发实施方案、积极动员开展各种各样的活动，全县共组织各类活动二十余次，发放宣传资料近万份。9月9日至10日，省科协党组成员、副主席郝建新带领省科协一班人对安泽县科协工作进行调研，对安泽县科协在为农服务方面，给予充分肯定。

【开展科技卫生“三下乡”活动】 根据省委、市委宣传部通知要求，4月24日在全县组织开展文化科技卫生“三下乡”集中示范活动。在“三下乡”活动中，为农村中小学送去一批科普书籍、进行一场科普主讲。共送书300本，发放资料1000份，彰显了“三下乡”的品牌效应。

【开展“全国科技工作者日”活动】 为进一步在全县营造尊重知识、尊重人才、尊重劳动、关心科技工作者的良好氛围，切实增加科技工作者获得感。5月30日，安泽县科协、安泽县教科局以“全国科技工作者日”为载体，组织“送教下乡”活动，分别将《青少年食品安全读本》《食品安全“谣”不可及》《创新改变生活》等专门针对青少年编印的书籍发放到冀氏中学、冀氏小学、马壁小学、杜村小学、良马八一希望小学、边寨小学、义唐小学5个乡镇7所学校同学们手中，此活动共发放科普书籍3360本。

【开展“科普日”系列活动】 2018年在全国“科普日”期间，县科协举行系列宣传活动，联合教科局、食药局、文化局开展以“创新引领时代，智慧点亮生活”为主题的2018年宣传活动，在县城繁华地段进行科普宣传，让科学知识进校园、进企业、进社区。此次活动共发放科普书籍7140余本，并进行现场进行咨询。通过科普宣传，让更多的群众了解科学技术知识和健康的生活方式，让创新走进生活，让生活充满智慧，为提高公众科学素质奠定良好基础。

【开展“青少年食品安全与环境保护”专题讲座】 2018年县科协在城关小学举办主题为“青少年食品安全与环境保护”的科普讲座。吸引了500余名小学生参加，进一步推动了全县青少年科普活动，提高了青少年的科学素质。

【科技报刊村村全覆盖与《大篷车》播出工作】 2018年县科协继续为全县102个行政村、4个社区居委会征订《山西科技报》《瓜果蔬菜报》，增加科普传播的渠道，为农民学科学、用科技提供便利。与安泽县电视台签订《科普大篷车》栏目的播出的协议。项目内容：农业种植、养殖、人生健康等科普资源的播出。每周提供一期《科普大篷车》电视节目，每期约20分钟，通过这些手段的实施，让全县公众学到了科普知识，极大地提高了全民科学素质。

【规范化管理乡村“e”站】 2018年为加大科普宣传力度，进一步解决科学传播“最后一公里”的问题，实现科普服务精心分类、精准推送，有效提高基层科普服务能力水平。在去年安泽县建设的科普e站的基础上，进一步完善了e站的管理措施。10月26日，按照山西省科协印发的《山西省科协加强科普中国e站规范管理工作方案》，制定《安泽县乡村e站考核验收实施方案》，从建设方式、组织管理、自查评估、信息报送等方面对全县各e站进行考核。

【芦笋种植】 2018年引进芦笋种植，翻印芦笋种植光盘，编印《芦笋种植技术手册》，在2个乡镇4个村投资150万元，种植芦笋300亩，填补了安泽县无芦笋种植的空白，共带动周边劳动力500余人，贫困户参与劳动力120余人，80余户，户均增收1400余元，为安泽县脱贫攻坚提供了产业支撑。

【创卫工作】 科协干部积极投身到“创建国家卫生县城”的工作中。共走访26户居民，发放明白纸52份，走访入户9次。清理“牛皮癣”10多条。清理杂草11次；清扫路面多次，累计清扫路面1280米，处理建筑垃圾5堆。为创建美丽县城做出自己的贡献。

【“手牵手帮秋收”主题党日活动】 2018年，科协驻村工作队积极响应县委号召，为帮助贫困户抢收玉米，确保粮食增产，农民增收，确保包联户的粮食颗粒归仓，汇同良马乡一同到帮扶村华寨村开展“手牵手帮秋收”活动。

【开展扫黑除恶专项斗争工作】 为深入贯彻中央关于开展扫黑除恶专项斗争的决策部署，2018年成立扫黑除恶专项斗争工作领导小组，科协主席王家国任组长，下设办公室，主要负责收集、整理、上报扫黑除恶专项斗争工作自查摸排情况，组织并开展宣传活动等工作。

红十字协会

【概述】 2018年在县委、县政府和市红十字会的正确领导下，紧紧围绕县经济工作会议总目标，认真履行红十字会各项职责，加强组织建设，加大宣传力度，深入开展备灾、救助、救护工作，建立红十字特色救助项目；强化初级卫生救护培训，全面实施全民自救互救工程；抓好红十字青少年工作，积极组织基层红会组织；发展红十字会会员；成立志愿者队伍，安泽县红十字事业有了较大的发展，为构建和谐社会做出了积极贡献。

【救灾帮困】 2018年2月10日，安泽县红十字会“博爱送万家”活动领导组成员，深入到包联村和川镇东洪驿村对特困户家庭进行慰问。向贫困家庭发放了慰问物品，并与贫困户群众进行了亲切交谈。3月5日安泽县红十字会联手安泽县文欣社区在安泽县开展“学习雷锋精神、弘扬奉献精髓”的活动。通过发动宣传，将“学雷锋”活动与《公民道德建设实施纲要》相结合，积极发动广大红十字志愿者，深入安泽县孤寡老人和残疾人家中，给他们“送衣送物、帮扶解忧”。共走访了20多户家庭，帮他们打扫卫生、收拾垃圾、宣传红十字法律法规以及一些日常伤害的处理办法和如何防范其他卫生疾病的医疗常识。

【“博爱一日捐”】 5月8日，举办以“开展博爱一日捐——传递博爱 共筑梦想”为主题的“5·8”红十字博爱周宣传，启动“博爱一日捐”活动。在泽民路悬挂条幅，营造“捐善款、献爱心”的氛围；设立咨询台和募捐箱，进行现场咨询和募捐，对预防艾滋病防治知识和捐献造血干细胞的有关知识进行了宣传；深入到文欣社区等周边社区对红十字会法、条例、章程等相关知识进行了宣传，让更多的人了解红十字事业，支持红十字会工作；发放宣传资料3000余份。“博爱一日捐”活动在安泽县的全面启动，为提升红十字会的救助能力和整体实力奠定了良好的基础。一共接收到社会爱心人士的捐款10.8万元。

【“红十字救助行动”】 安泽县红十字会在关于开展红十字会彩票公益金“关爱生命健康教育”项目培训中承担300人次任务。安泽县红十字会全年开展“关爱生命健康教育”知识培训5期，共计培训普及中小学教师职工384人，完成目标任务，下阶段安泽县红十字将继续把应急救护培训深入推广至安泽县其他行业岗位，让“人人学急救、急救为人人”生命健康理念更加深入人心，进一步扩大红十字会的社会影响力。

【强化领导，健全网络】 为保证红十字会工作有序开展，保持工作的连续性，结合各部门人员变动情况，及时调整红十字会领导小组，进行重新分工，对红十字会服务人员也进行了调整，健全网络组织，明确专人负责，使红十字会工作走上经常化、制度化、规范化的轨道。

【护林防火工作】 在护林防火期间，单位领导重视，克服人员少的困难，实行轮流值班，轮流下乡的办法，深入到所包联单位对护林防火工作进行督导。在特险期间，对重要山口、路口设卡进行严防死守，确保防火工作万无一失。同时，把10套护林防火工作服送到村委干部手中。

【申请救助来访接待工作】 随着红十字会社会知晓度的提升、社会影响力的扩大，来访对象也逐渐增多，对每位来访对象都耐心、热情接待，细心解释，认真答复，做到以人为本，把人民的利益摆在第一位，诚心诚意为人民谋利益，让人民群众满意，让领导放心。

【开展对外交往工作】 高度重视对外交往工作，积极选派人员参加中国红十字总会、省红十字会和市红十字会举办的各类培训和交流活动，采取轮流外出培训学习，通过培训，切实提高协会人员业务技能。

【驻村联户工作】 2018年包联单位是和川镇的东洪驿村，督查指导包联村春秋两季护林防火工作；在县开展党的各类教育实践活动以来多次深入包联村参与座谈、调研、征求意见；了解村集体发展中存在的各种问题及时和县有关部门协调联系解决。

【干部综合素质】 完善各项工作制度、学习制度，努力打造“学习型”机关，组织全体干部职工认真学习《中国共产党党内监督条例》《红十字会法》和《红十字管理条例》等有关法律法规。将协会每一项工作以及个人行为纳入制度化管理的轨道，进一步规范工作人员行为，筑牢反腐倡廉的制度防线，促进了协会廉洁型机关建设。

武装

安泽县人民武装部

【概述】 2018年，认真贯彻军分区党委和县委、县政府的决策部署，以建设“省级先进人武部”为目标，举旗铸魂把方向，聚焦主业谋打赢，正风肃纪树形象，攻坚克难创佳绩，从严治军保稳定，圆满完成了年度各项工作任务，人武部全面建设取得了新的发展进步，人武部被省军区表彰为“先进人武部”“战备训练先进单位”“民兵调整改革先进单位”。

【思想政治建设】 以学习贯彻中共十九大精神和习近平新时代强军思想为主线，按照“学懂弄通做实”的要求，持续深化党的创新理论武装。改进党委中心组学习方式，采取领导导学、专题研学、讨论促学的方法，严密组织党委中心组带机关理论学习，全年党委委员撰写心得体会50余篇，上报调研报告5篇。严密组织习主席强军思想学习宣传，专门购买下发学习资料，广泛开展手抄报告、党章活动，制作更新营区宣传版面，大力营造浓厚学习氛围。扎实开展“传承红色基因、担当强军重任”主题教育，采取辅导授课、集中自学、岗位实践等方式，推动教育落地见效。专题召开贯彻军委党的建设会议精神组织生活会，深刻剖析、认真汲取房峰辉张阳严重违纪违法案件教训，紧扣“六个必须”深刻反思整改，下力解决“四个不纯”“七个弱化”问题，通过集中宣誓、环境熏陶、体会交流、对照检查、人人承诺等一系列举措，官兵维护核心、听党指挥的思想根基更加牢固。

【练兵备战】 聚焦备战打仗这个核心使命，严格规范作战值班、信息报送，定期组织议战议训，在人少事多情况下保持了良好的战备秩序。坚持从实际出发修订战备方案，开展灭火、防汛和抗震演练，高标准参加省军区国防动员物资征召课题演练任务，受到军分区首长充分肯定。以省军区军事训练“四项活动”为牵引，研究制定《贯彻习主席训令加强练兵备战具体措施》，严格按新大纲组训施训，严抓和平积弊纠治，群众性岗位练兵比武广泛深入，优秀教练员评选组织严密，在参加省军区群众性岗位练兵比武竞赛中，表彰的前 20 名比武标兵，安泽人武部就有 2 名，占到全省受表彰数的 10%，在军分区库工岗位比武中，1 名职工取得了综合成绩第二的好成绩。

【主责主业开创新局面】 2018 年着眼夯实支援保障基础，调整国防动员组织领导机构，理顺指挥管理机制，完成 7 类 52 项固定潜力数据调查统计。着眼为部队选送优质兵员，专门组织征兵业务培训，先后 3 次召开工作协调会，圆满完成新兵征集任务，兵役登记率在全市率先达到了 100%，大学生征集比例达到 55%，征兵“五率”排名全市第三。着眼建强民兵力量，狠抓精编严训、器材配备和检查考评，严密组织 61 名基干民兵入队训练和基础训练，民兵调整改革成果得到省、市两级的充分肯定，被省军区表彰为民兵调整改革工作先进单位。特别是在民兵整组工作中，能够创造性开展工作，依托安泽红色资源优势，探索组建了安泽县王光女子民兵班，圆满完成乡村旅游节义诊、农民丰收节执勤、国卫创建等任务，荣膺“2018 感动山西国防动员新闻人物”。

【基础工作抓出新成效】 制定出台加强人武部党委班子建设的意见，修订完善干部休假、职工管理规定，建立并常态落实每周一大交班和每日交班制度，“一线战斗堡垒”建设标准进一步提高。以安全大检查、百日安全活动为牵引，采取日清理、周检查、月讲评等措施办法，强力推动安全管理制度规范落实。深刻汲取运城军分区“8·3”车辆事故教训，狠抓“两个经常性工作”落实，规范人武部一日生活秩序，组织驾驶员警示教育，从严从细堵塞安全漏洞、消除安全隐患、强化安全养成；深入开展“军车交通安全月”活动，严格执行省军区车辆安全管理规定，给所有公务用车加装行车记录仪和胎压监测系统，部队安全稳定基础进一步夯实。

【后勤保障能力建设】 按照“围绕中心保障、严格制度规范”的工作思路，持续抓规范、常态抓落实、从严抓整治，全面加强后勤保障能力建设。加强经费管理，严格规范经费预算编制执行，坚持行政运转费单列，加强对票据的审查审核，严格控制“三公经费”支出，大力纠治餐饮报销、虚开发票等问题。严格物资管理，制定出台《人武部固定资产管理规定》，对营产营具实行定人定位管理，最大限度解决跑、冒、滴、漏问题，全年节省开支近 2 万元。大力提升保障能力，高标准完成了全市 2018 年专武干部和民兵骨干业务培训保障任务，在此基础上，积极探索民兵集中轮训保障的方法路子，为下步高效组织训练保障奠定了坚实基础。

【军民融合迈出新步伐】 按照军分区部署要求，以“三个坚持”为抓手，积极为地方转型发展作贡献。坚持把落实党管武装制度作为融合的重要保证，通过落实党委扩大会、党管武装述职会、议军会、过军事日等制度，不断强化各级领导管武建武的责任担当。坚持把加强国防教育作为融合的前提基础，紧扣“传承红色基因、汇聚强军力量”这个国防教育主题，邀请军事专家为全县科以上领导干部宣讲国家安全形势，定期更新国防教育微平台的教育内容，严密组织山西省国防教育基地（太岳行署旧址）揭牌仪式，连续4年举办庆八一文艺晚会，大力营造了浓厚的国防氛围。坚持把组织民兵参建作为融合的实践平台，积极参与国家卫生城创建活动，圆满完成第八片区创卫任务。（史俊）

武警中队

【概述】 武警安泽中队的官兵分别来自山西、山东、河南、河北、四川、黑龙江等7个省份。2018年在支队、大队党委的正确领导下，中队党支部坚持以中共十九大精神和习近平新时代中国特色社会思想为指导，坚持战斗力标准，按照“聚焦中心强能力、蓄实底蕴提内涵、稳中求进谋发展”的工作思路，坚持抓支部能力建设为导向，抓人员思想为根本，抓实战化训练为方向，抓日常养成为基础，抓制度建设为重点，突出依法抓建，突出精细落实，全力打造“三支队伍”能力建设，朝着争创先进中队目标努力奋进，部队建设呈现稳步发展的势头。

【学理论，提高三个能力】 2018年，在支队、大队党委的正确领导下，中队党支部紧紧围绕建设全面过硬的基层队伍，按照“能打胜仗”的要求建队。5月份班子调整后，支部一班人很快磨合上路，以学习贯彻中共十九大精神为契机，深入抓好中共十九大精神、新党章、习主席系列重要讲话精神、党的建设会议精神的学习，在学懂、弄通、做实上不断下功夫，不断提升了中队官兵“四个忠于”“三个维护”的政治意识，党支部“三个能力”从根本上获得提升，中队官兵“以队为家”的思想观念更加牢固，凝聚力、荣誉感进一步增强，内部关系愈加融洽，各项工作开展有序。

【重培训，建强党员队伍】 中队党支部高度重视党员队伍建设，中队通过组织集体授课、学党章党规和系列讲话精神、党员公开承诺、专题大讨论和板报橱窗等形式，引导广大官兵适应新体制、履行新职能、担当新使命，特别是教育党员牢记党规党纪，弘扬党的优良传统和作风，不断强化党员意识，深入学习习主席系列讲话，教育引导广大党员“不忘初心，牢记使命”，以“铁一般的信仰、铁一般的信念、铁一般的纪律、铁一般的担当”，保持干事创业、开拓进取的精气神，为开创中队全面建设新局面贡献力量。

【抓民主，切实增强合力】 2018年，支部坚持议大事、抓大事，狠抓民主集中制建设，坚持从群众来到群众中去，特别是对战士敏感的问题，比如战士入党、考学、技术学兵培训、探亲休假等敏感问题，坚持先民主后集中，最后又回到群众中去的原则，支部正副书记不搞“一言堂”，不争谁说了算，一切以中队建设为主，以公开求公正，以公正求公平，以公平求发展。年初，中队发展党员1名，推荐技术学兵4名，预提指挥士官1名，转改一期士官3名，报考军校1名，都坚持阳光透明操作，得到官兵的认可。

【主题教育】 围绕“传承红色基因、担当强军重任”主题教育，按照大课教育、小课串讲、班级讨论消化、配合活动增效的方式，扎实开展了“赞辉煌成就、话职责使命”主题演讲、“阅读红色书籍、传承红色基因”等实践活动，组织观看电影《厉害了，我的国》，引导官兵铸牢“我辈奋发正当时”的爱国热情，进一步坚定了官兵坚定核心、维护核心的信心决心，强化了官兵大局意识、看齐意识和担当精神，确保官兵在学习领悟上有深度、在练兵备战上有硬度、在身体力行上有力度、在永葆传统上有厚度。

【经常性基础教育】 为丰富教育形式，拓展教育渠道，充分利用各种教育资源，以“最美士兵”评选活动为抓手，抓住增加“献身国防科技事业杰出科学家”林俊德、“逐梦海天的强军先锋”张超为全军挂像英模有利契机，持续掀起向英模学习活动，努力营造“学先进、当先进、争先进”的浓厚氛围；注重发挥图书室、荣誉室、网络学习室作用，使官兵随时随地接受思想熏陶，在潜移默化中感受教育。广泛开展“人人会谈习主席思想，人人会讲习主席故事，人人会唱习主席歌曲，人人争做习主席好战士”主题教育实践活动，不断铸牢官兵“三个维护”“三个绝对”“四种意识”的思想根基，激励官兵努力做有灵魂、有本事、有血性、有品德的革命军人；认真抓好官兵理论学习，突出抓好《习近平论强军兴军》《习近平谈治国理政》等相关资料的学习，帮助官兵掌握基本理论、基本观点、基本要求，帮助官兵端正世界观人生观价值观、不断强化职责使命意识，筑牢做好反恐维稳“压舱石”的思想根基。

【先进军事文化建设】 中队以落实“卫士风采”系列文化活动为抓手，大力开展观看红色电影、学唱战斗歌曲、文学创作等活动，八一建军节之际，积极同共建单位安泽县文体局、安泽县老干部活动中心联系，共同举办了“庆八一军民联欢会”，受到了驻地人民的广泛喜爱。持续开展“读书伴我成长”活动，推荐阅读《军委主席负责制读本》《习近平的七年知青岁月》等书籍，官兵读书氛围浓，热情高。结合军事职业教育活动，动员官兵广泛参与“微视频”拍摄活动，中队拍摄制作的微视频《战场救护》被总队军职网收录。

【狠抓预防工作落实】 中队严格落实思想骨干培训、定期讲评“三互”活动开展情况、召开思想骨干汇报会等制度，大力开展“真知兵、深爱兵、实帮兵”“预防自杀集中整治”、大谈心活动，充分发挥“三互”“双四一”等有效载体，深入细致地摸排思想工作，严格落实“三包一”措施，有针对性地做好一人一事的思想工作。依托法律援助工作站平台，大力开展“四反”教育和法纪教育，有效防范意识形态领域对官兵思想侵蚀，增强官兵明辨是非的能力和依法处理问题的观念。

【驻地文化建队】 中队高度重视官兵物质文化生活建设，为了活跃中队官兵的业余文化生活，满足官兵学习成才愿望，凝聚官兵士气，提高中队官兵整体素质，在大队党委的具体指导下，中队积极开辟“荀子课堂”，助推部队发展，引导官兵深入了解第二故乡的悠久历史和灿烂文化，进一步坚定官兵爱军习武、报效祖国的理想信念，实现“特色建队、内涵建队”的目标。

【练兵备战】 中队始终坚持中心居中，以万无一失的标准意识和一失万无的忧患意识，结合中队已撤勤的实际情况，认真贯彻军事训练“八落实”要求，大力强化教练员队伍建设。1. 突出能力建设。采取每周会操的方法，有效督促训练内容落实，实现部队实战化军事训练水平整体跃升，突出在大强度、超极限、高负荷、实战化训练中锻造“尖刀拳头”，每周组织好官兵学习《机动分队军事训练大纲》，全面实现由执勤中队向机动备勤中队的转变。2. 坚持制度落实。执勤工作中，严格规范每一个交接动作、每一句执勤汇报用语、每一本执勤登记的填写，网络查勤员对执勤哨兵进行不间断检查，每 15 分钟与所有执勤哨兵进行一次通话，每半小时进行执勤讲评，发现问题，及时纠正，每周扎实开展方案演练，确保在关键时刻能随时拉得出、打得赢。3. 大抓练兵备战。中队始终从战略的高度来认识练兵备战的重要性，采取每月对官兵进行一次军事训练普考，积极参加支队组织的强化集训，每名官兵在集训中都能刻苦训练，不断提高了自己的军事技能和身体素质。4. 建立健全场地。根据武警部队《军事训练“八落实”标准》，中队着眼满足实战化训练需求，本着“立足现有、布局合理、功能适用、设施配套”的原则，持续推进训练场地达标建设，下大力完成了 400 米障碍和攀登训练场的建设，在规范训练场地的基础上，根据支队首长指示和通知精神，中队积极联系驻地相关部门，在县城东北方向，距中队 20.5 千米黄花岭处建立了野外实战化训练场地，保证中队开展反恐怖、端黑窝子、实战化应用射击等课目训练时所需。

【从严治军，中队正规化建设】 1. 学习规定抓养成。结合“条令年”及“条令学习月”活动，严格按照制度要求，正规“五个秩序”，突出“五个强化”（强化条令意识、强化表率作用、强化履职尽责、强化制度落实、强化作风养成），扎实开展“四抓”活动（抓学习、抓职责、抓训练、抓规范），着力提升“三种意识”，使活动真正进思想、见实效，中队长李路平、士官李炳亿代表大队参加支队组织的新条令知识竞赛取得第一名好成绩。2. 依据条令抓奖惩。对照新条令《士官管理规定》《士官手册》等相关法规文件，着眼士官队伍作用发挥不明显等现状，加强日常管理，从“德、能、勤、绩、体”五个方面，结合双争评比和士官月考评机制，与年终评功评奖、士官称职等级评定有机结合，有效提升了部队正规化管理水平。3. 落实制度抓安全。以“条令年”为抓手，牢固树立安全发展理念，正确理解和把握“稳中求进”总基调，以“安全隐患大排查”“作风纪律整顿”“手机专项清查治理”“暑期百日安全竞赛”“枪弹安全专项整治”等活动为契机，按照“全面覆盖，彻底整治”的要求，通过撰写保证书、板报宣传、安全讲评等形式，浓厚氛围，有效增强了官兵抓安全工作的责任意识。紧盯勤务管控这个难点、枪弹管理这个险点、人员思想这个重点，反复学规定制度，深入查隐患苗头，研究制定防范措施，跟踪抓好整改落实。

【后勤综合保障】 1. 严格人员选拔，搞好技能培训。严格按照个人申请、班级推荐、民主测评、支部决议的程序把那些思想素质过硬，作风养成良好，热爱后勤岗位的战士选出来，2018 年总队培训军械员 1 名、炊事员 1 名。2. 严格制度落实，提升保障效能。中队严格落实伙食管理五项制度，建立健全监督机制，发挥好经济民主组作用，每月对中队账目进行审核，定期向中队党支部汇报伙食管理情况。严格落实武器装备管理制度，搞好管装爱装教育，规范各类登记统计，使武器装备数质量达到“三化”标准。加强对饮食卫生的监督力度，把好食品采购、洗切和留验关，及时了解和掌握官兵伤病情况，有针对性的做好官兵伤病的治疗和预防工作。3. 立足中队实际，抓好农副业生产。结合中队实际，支部一班人不等不靠，通过联系驻地育苗基地技术人员传授经验、农业部门专家现地指导等方式，搞好中队种养殖业。2018 年，中队养猪共 5 头（已宰割 3 头），各类蔬菜达十余个品种，收获喜人。

人民防空

【人防审批】 2018 年严格按照相关法律、法规、条例的要求，规范审批行为，简化审批手续，改进审批方式，提高审批效率。一是开设“一站式”服务窗口，将审批项目作为一个审批窗口进入审批大厅，成为城建项目审批的前置关口，通过集中受理，规范化管理，最大限度为办事群众提供优质服务。二是严格审批程序，制定严格审批制度和服务措施，减少环节、减少程序、压缩办结时间，提高效率。三是积极落实人防承诺制审批，编制企业承诺制流程图，制定相关配套政策，加强事中事后服务监管，使审批程序进一步规范。2018 年底，全县人防共收缴易地建设费 456.18 万元。

【人防应急处置】 将人防工作与县人武部紧密结合起来，紧紧依靠人武部的体系优势，推动人防工作建设。进一步完善了安泽县防空袭预案，每年定期召开各单位协调会，参加全省统一部署的“9·18”防空警报试鸣和演练活动，积极配合市办开展全省人防建设情况及工作机制调查。2018 年 5 月，由省人防办在安泽组织开展了指挥通信系统跨区支援保障训练，完成了移动指挥平台的开设和撤收、超短波单兵图传系统现场语音图像采集及本级应急指挥中心与省市应急指挥中心互联互通等相关科目，本次训练拉练时间长，地形复杂，参练人员训练科学、组织有序，对安泽县人防锤炼队伍素质，检验装备水平，提高协调能力，强化综合保障有着重要意义，同时，也进一步增强了全社会的国防观念和人防意识。

【人防信息化建设】 在移动指挥系统建设上，按照省、市配置清单，购置了本田 CR-V 2.4L 越野车，按照省、市配置清单，由北京天宇公司安装了移动通信指挥系统，同时在完成第一期装备的基础上，积极争取第二期设备的安装。在人防警报建设上，在城北、城南和政府楼顶安装了三台无线人防警报，和一台无线终端控制设备，三台警报器由无线终端统一控制鸣响。每年“9·18”前，我们对设备进行了调试，确保设备正常运行，并成功在每年的 9 月 18 日统一试鸣，鸣响率达到 100%。在短波电台建设上，按照上级要求，通过短波电台及时与市人防办取得联系，确保人防通信网络时刻保持通畅。在宣传教育上，深入开展人防宣传“五进”活动，通过网络、电视台、广播以及结合“9·18”人防警报试鸣活动向机关、学校、企业及社区宣传人防法律法规政策及防空应急措施，使广大群众了解防空知识和应急措施，增强和平时期人们的防空意识和应急能力。

【机关建设】 按照省、市人防办的要求，经过安泽县委、政府主要领导的安排，2018 年，安泽县人防办已经做到了“三有”，即：有人防专职副主任，副主任级别为副科级领导编制；有设备齐全的办公场所，办公设施齐全；有专兼职工作人员，同时，安泽县成立了人防信息保障中心，承担安泽县人防信息化建设、设备设施维护管理和演练保障以及全县防空警报系统的建设、管理维护和通信警报的应急等信息保障任务。

【安全工作】 为切实抓好人防安全工作，安泽县人防办成立人防安全领导小组，以“安全第一，预防为主，强化主体，标本兼治，综合治理”为核心，针对安泽县人防安全工作的特点，确定了以人防设施隐患排查为重点，对人防信息化设备进行全面检查，确保了人防设备安全无事故发生。

【反腐倡廉工作】 定时组织全体党员深入学习习近平总书记系列重要讲话精神及反腐倡廉建设的重要论述，把讲政治，守规矩放在首位，切实落实好“两个责任”，主要领导是党风廉政建设的第一责任人，分管领导认真履行“一岗双责”，各工作人员负起所在岗位职责主体责任，严格落实“中央八项规定”的要求，严明政治纪律、政治规矩，做到政令畅通、令行禁止。

（曹国洋）

法 治

政法委及综治

【概述】 2018年，在县委的坚强领导下，按照“把握政治方向、协调各方职能、统筹政法工作、建设政法队伍、督促依法履职、创造公正司法环境”定位要求，着力推进平安安泽建设、法治安泽建设、过硬队伍建设和智能化建设，有力地维护社会大局稳定、促进社会公平正义、保障了人民安居乐业。

【完成三级中心国标建设】 投资670万元，完成县乡村三级综治中心（矛盾纠纷调解中心）国家标准建设。1. 夯实硬件基础。县级综治中心，将原县社会服务管理指导中心设置成便民服务大厅，主要承担群众诉求接待、矛盾纠纷调处化解和网格化管理、手机直报、心理咨询服务等工作。同时，在县委四楼新建综治中心，作为全县监控研判室和指挥调度的总平台。乡镇（社区中心）综治中心由党委书记任主任，综治专干1~2名，高标准配备了80寸的电视一台，村级中心配备了综治专管员、综治信息员。为乡村两级综治中心统一配备了办公桌椅、文件柜、便民服务椅、茶几、饮水机等办公设施。标识牌、版面、机构、制度、工作职责都已上墙。2. 推进软件建设。以8项国标制度为基础，结合实际归整为综治中心12项制度。同时，建立了“平安安泽”群防群治微信公众号。2018年4月、7月、12月，对全县各乡镇（社区中心）综治（平安建设）工作全面督查，通报了问题并限期整改。3. 狠抓信息研判。继续坚持定期分析研判，掌握情况、做好应对，为每个月县委常委会研究稳定工作提供参考。对重大问题，按程序启动应急联动预案，相关领导第一时间进驻中心进行指挥，调配相关资源，依法妥善处置。4. 突出经费保障。三级中心经费纳入了财政预算，不与单位正常经费冲突。2018年，县财政下拨县综治中心运行及维护费30万元，乡（镇、社区中心）中心运行经费10万元，网格长工作经费38万元。县委政法委下拨乡镇（社区中心）综治经费18万元。三级综治中心建成以来，先后接待交口县、阳泉市郊区、长子县、太谷县、忻州市、陵川县、沁水县、吉县等县市观摩学习。

【网格单元治理】 全县2018年有网格311个（社区网格10个，农村网格301个）。网格长基本上由“两委”成员兼任，发现问题、上报信息体现网格长身份，协助解决问题时体现“两委”成员和调解员身份，发挥着“一格多员”“一员多能”作用。在实践中探索出了网格长“666”工作法。即网格长每月“六必访”，就是帮扶对象、困难群众、孤寡老人、残疾家庭、流动党员、失业人员每月必访；逢事“六必到”，就是红白喜事、家庭变故、生病住院、重大节日、邻里纠纷、涉法问题必到；网格信息“六必清”，就是家庭情况、人员类别、区域设施、隐患矛盾、群众服务需求、群众关注的热点难点清。

2018年，三级中心共接待群众诉求6036件6303人次，其中矛盾纠纷类99件231人次，政策咨询类112件114人次，便民服务类5825件5958人次。其中，县中心接待群众诉求44件125人次（不含复访）；网格长手机上报诉求821件。全县未发生重大矛盾纠纷事件和较大群体性上访事件。

【扫黑除恶专项斗争】 1. 召开全县扫黑除恶专项斗争动员大会，先后19次深入乡镇、村调研。全年共召开6次常委会研究部署扫黑除恶工作，召开领导小组会议12次，分析研讨会4次，督导会议4次。县财政拨付专项经费30万元，扫黑办办公经费25万元，专门保障扫黑除恶专项斗争。全县102个村全部设立了扫黑办。2. 传统宣传方式和新媒体宣传方式相结合，通过张贴公告、广播电视、短信平台、安泽公安扫黑除恶微信公众号、悬挂标语、走访入户、调查问卷等多种方式广泛开展宣传。临街电子屏滚动播放2万余次，刷写墙体标语218条，微信公号发布文章86篇。3. 印制张贴《举报奖励公告》《关于依法严厉打击黑恶势力违法犯罪的通告》1000余份，在各乡镇、社区设立线索举报箱，公布了举报电话、举报方式。4. 打掉黑社会犯罪组织1个、涉恶集团1个、涉恶团伙1个，共抓获逃犯10人，其中涉恶省督逃犯1名；核查中央督导组下发线索16条，查实13条，查否3条；核查涉及我县各类涉黑涉恶线索35条，已办结29条，另外6条正在进一步核查中。5. 县综治委将扫黑除恶专项斗争纳入综治工作（平安建设）考核体系。联合纪委监委、组织部、宣传部和公安局组成督察组，对各乡镇及县直单位扫黑除恶专项斗争工作落实情况进行全面督查，进一步压实了责任、补齐了短板。

【“六项整治”】 1. 加强旅馆业管理，旅馆业上传率94%；规范物流寄递业管理，办理寄递假烟案件2起、涉及假烟42条；对4家网吧、2家网站、20余个微信公众号备案登记；建设了覆盖全县中小学的护校安园一键报警系统；开展了深化打击食品药品农资环境犯罪、破坏生态环境违法犯罪、“利剑斩污”等专项行动。2. 对全县易肇事肇祸等级在3级以上的11名患者监护人签订有奖监护协议。加强对社区服刑人员的学习教育工作，组织社区服刑人员参与义务扫雪劳动、观看警示教育片、撰写心得体会、参与国卫创建劳动等，取得了良好效果。2018年，社区服刑人员在册41人，安置帮教人员在册125人，无脱管、漏管和虚管。3. 除环保、住建等六大领域外，农委、发改、民政等单位也结合实际开展矛盾纠纷排查调解工作，发挥出了调解组织的作用。4. 全县所有乡镇均达创建标准。5. 共立各类刑事案件157起，破106起，破案率67.5%，抓获犯罪嫌疑人82人，批准逮捕18案25人，移送起诉45案62人。抓获各类在逃人员28名。受理治安案件159起，查处案件155起，查处违法人员56人，治安拘留21人。严厉打击经济犯罪，抓逃2人。深入开展禁毒斗争，查获吸毒人员6名（其中毒驾3名）。启用无人机巡检，对辖区罂粟遥感监测，未发现种植毒品原植物情况。在城墙岭社区建设了禁毒康复中心。不定期对辖区7家易制毒使用企业进行检查，排查、整改安全隐患。严打黄赌毒犯罪。查处赌博案件6起，行政处罚31人、罚金10226元。

【县委法治办等涉法基础工作】 1. 落实《党政主要负责人履行推进法治建设第一责任人职责规定》，定期召开会议研究部署法治建设工作。以两办名义印发《贯彻落实党政主要负责人履行推进法治建设第一责任人职责规定的实施意见》和《建立乡（镇）、社区2018年度党政主要负责人履行推进法治建设第一责任人职责工作清单的通知》，明确2018年度党政主要负责人履行推进法治建设第一责任人职责工作台账及相关制度。围绕“法律监督、严格执法、公正司法、全面普法”和落实市委法治创建动员会精神，出台《安泽县2018年法治建设工作要点》《安泽县法治建设重要举措规划》。2. 将习近平总书记在不同场合引用荀子的经典言论编印成册。与县荀子文化研究会、文化局、教科局等单位联合举办了论文征集、“最是书香能致远”等活动。将法治教育内容纳入干部学习培训计划，将法治建设纳入年度目标责任考核体系。县直相关部门、各乡镇党委、社区中心党工委均成立了法治建设工作领导小组，各行政村、社区居委会也明确了负责法治建设的人员，三级法治建设工作机构日趋完善。此外，建立了安泽法治工作微信群。3. 建成了临汾市法治教育示范基地安泽荀子法治文化示范点、东里村、沁河庄等农村法治示范点。马壁乡东里村被评为全国民主法治示范村。4. 狠抓涉法涉诉信访和司法救助工作，共接待6起涉法涉诉信访案件（上级交办1件），除1件因终本执行外，均依法妥善解决。实施司法救助11起，救助21.7万元（法院4案10万元；检察院3案4.5万元；公安局4案7.2万元）。5. 按要求推进国家安全工作和防范工作，做到了外松内紧。

【依法惩治犯罪，维护社会公平正义】 县人民法院认真履行职能，严格落实最高法院立案登记制，扎实推进便民服务“最多跑一次”改革。对依法应当受理的案件，做到“有案必立、有诉必理”，当场登记立案率达到98%以上。全年共受理刑事案件60件，结案50件，判处罪犯61人，结案率83.33%。依法审理民商事纠纷，共受理民商事案件671件（含行政非诉案件1件），结案603件，未结68件，结案率89.87%。其中以调解方式结案202件，撤诉案件106件。依法加强执行惩戒。全年共受理各类案件477件，执结397件，执结率达83.23%。其中执结涉农民工等民生案件21件，涉银行、信用社等金融债权案件28件，执行到位标的2911.11万元。工作中，一是加强网络执行查控系统建设，着力破解查人找物难题。充分利用最高院“总对总”网络查控系统，查询案件400余件次，查控被执行人银行存款1500余万元、车辆10余辆。二是加大对失信被执行人联合惩戒力度。分批次公布失信被执行人219名，限制高消费321例，有力震慑了“老赖”。三是开展网络司法拍卖，着力破解财产变现难题。入驻网络司法拍卖平台以来，累计开展网络司法拍卖7件次。四是用足用尽强制措施，保障胜诉当事人合法权益。全年司法拘留13人次，扣押车辆4辆，查封房屋4套。6名被执行人主动履行义务或与申请人达成和解，到位标的额38万元。

县人民检察院把公益诉讼作为重点工作。全年办理行政公益诉讼9件，向水利局、国土局、环保局、林业局等行政机关发出诉前检察建议9份。案件办理过程中，严格对照公益诉讼的四大领域，围绕公益保护核心，以服务地方经济为出发点监督支持行政机关依法行政。其中7件已经通过诉前程序得到了圆满解决，2件正在整改。同时，狠抓立案监督、侦查活动监督、侦查、审判监督、刑事执行监督、民事行政诉讼监督等工作，有力地维护了法律权威、促进了公平正义。此外，还积极开展校园安全专项整治行动和未成年人刑事检察工作，共举办法制进校园巡讲活动3次。

【法律服务工作】 1. 统筹建立了县“法律服务所”、乡“法律服务站”、村“法律服务室”三级法律服务平台。工作人员由三级综治工作者、法学会会员、律师、法庭、派出所、司法所工作人员和有法律专业知识、热心法律服务工作的老党员、老干部、老教师、老法官、老检察官等“五老”人员及法律服务志愿者构成。2. 进一步加强公证律师行业的监管，整理权责清单，明确执业纪律。组织律师参与法治宣传、矛盾纠纷调解等社会活动，积极办理法律援助案件。2018年共承办各类案件12件，担任行政机关法律顾问20家。全面推行公证处业务综合系统办理公证业务，积极探索公证机制体制改革，加强对公证人员管理考核。共办理各类公证业务30件，接受咨询120余人次。3. 县中心矛调室加挂了心理服务室牌子，由具有心理服务资质的同志开展工作。聘请了2名政法部门退休老干部充实到调解队伍。乡镇（社区中心）吸纳了一批热心人士，提高了矛盾纠纷排查率和化解率。特别是杜村乡，在各村组织老干部、老党员等有才德有声望的贤达人士，组成了乡贤会参与民间纠纷，促进了人民调解与民间调处的有效联动。同时，结合实际制定了“以案定补”激励机制，实行化解矛盾纠纷与经济补助挂钩，一般矛盾纠纷调解一起奖励金额20元至100元，复杂矛盾纠纷调解一起奖励金额200元至300元，重特大矛盾纠纷每成功调解一起奖励金额400元至500元，极大地提高调解人员的工作积极性。2018年全县共有调委会111个，调解员422人。

【普法宣传教育】 2018年，在抓好传统宣传的同时，更加注重“一网两微”等新媒体宣传。开展法定宣传日、“创卫”“扫黑除恶”“反间谍”等主题宣传活动。县委政法委利用一年两次的物资交流会开展平安安泽、法治安泽宣传活动。城墙岭社区开设“安泽社区普法在线”微信公众号。县税务局创作了《大宪法进小课堂》宪法宣传视频。良马乡开展“法律知识进万家”活动，发放群众身边的法律法规普法宣传资料。司法局创作快板书《扫黑除恶快人心》和微动漫《宪法伴我成长》，邀请山西大学何建华教授来安泽上了一堂宪法专题讲座。同时，领导干部学法普法进入APP时代，全县78家单位通过“法宣在线”APP挂课学习，组织参与了宪法、监察法、公共法三次考试，参考率100%，及格率达到74%。

【政治建设】 旗帜鲜明地坚决同以习近平同志为核心的党中央保持高度一致，坚决维护党中央权威和集中统一领导，在大是大非面前始终保持坚定的立场。2018年，认真开展“强化责任、严守纪律、树好形象”专项治理活动和彻底肃清腐败流毒影响活动。坚持“刀刃向内”，认真开展政法系统队伍集中整肃活动和“以案为鉴、筑牢防线”警示教育活动。县委政法委以党支部建设为引领，在政治建设上出实招、求实效。1. 严格执行各项制度，规范党员党内生活。全年支部共召开支委会12次，开展谈心谈话23人次，民主评议党员1次，召开组织生活会4次，开展形式多样的党日活动12次。2. 狠抓党员理论学习，提升党员能力建设。全年支委及单位领导班子成员带头讲党课10次，组织集体学习习近平新时代中国特色社会主义思想、党章、党规党纪23次，组织各类专项知识测试6次。3. 扎实开展三个教育，筑牢党员思想防线。全年开展红色教育5次，开展群众观念教育2次，开展各类廉政教育活动5次。

【强化廉政建设】 2018年年初安排部署党风廉政建设工作之后，年中、年末集体约谈县委政法委、县法院、县检察院、县公安局、县司法局领导班子，要求政法系统领导班子要切实提升政治站位，坚决扛起主体责任，深刻汲取“小四毛”“侯氏兄弟”案件教训，按照《党风廉政建设约谈工作办法（试行）》相关要求，切实压实党风廉政建设主体责任，敢于发现问题，敢于刀刃向内，确保政法系统风清气正。一年来，集体约谈政法委及政法部门领导班子2次31人。政法委和各部门领导班子按要求层层约谈，将廉政建设的压力传导至了全体干警。

【纪律建设】 1. 认真遵守党的政治纪律和政治规矩，以政法委及政法机关党组重大事项报告为抓手，对重大问题、重要工作、重要动态，第一时间向县委请示，确保牢牢把握正确的政治方向。2. 坚决支持政法部门独立依法办案，认真贯彻落实《领导干部干预司法活动、插手具体案件处理的记录、通报和责任追究规定》《司法机关内部人员过问案件的记录和责任追究规定》等。同时，政法各部门认真贯彻执行最高法、最高检、公安部、司法部等各项禁令，树立起了政法系统的良好形象。

【三级中心培训】 1. 建立“安泽县综治网格化工作微信群”，群成员上至县委书记，再到乡镇党委书记、乡镇长、村两委主干，下至最一线网格长，通过微信群发布工作通报、进行业务培训、分享工作经验。全年共发布宣传报道、综治业务知识320余篇。2. 县中心将网格长召集到乡镇，围绕

《社会治安综合治理综治中心建设与管理规范》国家标准、新版山西省社会治安信息系统平台使用以及网格长工作职责等工作中的热点、难点问题，专门开展集中培训。为切实开展好“枫桥经验”学习和创建活动，与县委组织部共同牵头，在浙江大学举办“以法治思维助推社会治理（枫桥经验）培训班”，进一步提升新时代安泽政法综治干部综合素质。全年分批对网格长、综治专干和20余名综治工作人员进行了三次轮训。

【执法检查工作】 1. 根据安排赴汾西县法院开展执行工作执法检查。对该县2015年以后未执行案件10件案件、执结案件2件进行了评查。同时，也接受了兄弟县的执法检查，并根据市委政法委反馈意见认真整改。2. 对全县政法系统执法规范化建设进行专项督查。组织政法各部门开展案卷评查，共评查案件51起，涉及案卷60份。组成专班对政法各部门执法规范化情况进行督查，对政法各部门机关、窗口单位及基层法庭、派出所、司法所等单位进行了明察暗访，并将督查情况统一向政法各部门进行了通报。3. 政法各部门制定完善了各类岗位专业基本能力标准、训练大纲、评价标准、测评实施办法，推动系统标准化、管理科学化、行业规范化的专业能力提升机制运行。

【建成综治视联网系统】 县综治中心综治视联网会议系统已建成运行，除了保障上级综治视频会议外，还作为县委、县府视频会议系统，可与乡镇（社区中心）随时连线直通，以往乡镇人员必须回城开的会，现在直接通过视联网就可以搞定。全年共利用综治视联网会议系统召开全县平安建设、扫黑除恶、护林防火等会议8次。同时，租用39条视频会议和视频监控网络专线，将县公安局指挥调度平台所有公共视频监控以及全县17个重点学校、各乡镇综治中心的所有公共视频监控、新建的6个乡镇制高点高清视频监控系统（可视距离达到5千米）接入了县综治中心，为全面发挥县综治中心分析研判和指挥调度功能奠定了基础。2018年接入县综治中心的公共视频监控共504路，其中公安324路、学校168路、乡镇中心12路。

【以“雪亮工程”和“一级网安”为主的立体化防控】 “雪亮工程”建设上，按照“每年迈小步、年年即大步”的思路，全年新增137个高清视频监控点，把“天眼”的视角延伸至全县所有出入县境的大小公路、铁路沿线，并通过运营商链路接入公安平台和县综治中心。一级网安建设上，公安一级网安大队通过了省厅、市局验收。物证实验室采集数据16万余条，配侦案件23起；图侦系统处理案件3起。同时，加强情报分析研判和公安网机房、三台合一等改造升级，开展了多维身份认证，配发摄录一体设备109部。此外，订购50台4G执法记录仪，购置匹配新警综平台的电脑20台。指挥中心已具备网络派警、自接警录入、报警录音下载、移动电话报警定位等功能。

【“一网通、一次办”便民平台】 山西省公安厅联合腾讯公司率先以“互联网+公安政务服务”为支撑，通过充分运用大数据、云计算、人工智能等新型前沿技术，打通了服务群众的“最后一公里”。2018 年全县二维码扫描次数 33628 次，关注用户数 17732 户，实名认证用户数 12102 户，关注占全县总人口的 21.5%；办理平台业务 379 条，便民服务在线业务咨询 9 条，及时回复 9 条，无差评。同时，深化行政审批改革，认真落实各项便民利民措施。共办理二代身份证 4719 人，登记出生 697 人，死亡注销 374 人，迁入 501 人，迁出 791 人，办理临时身份证 466 人；办理护照 358 人、港澳通行证 208 人、大陆证 118 人；办理机动车注册登记 627 辆，机动车检验 1258 辆，监考驾驶人考试 34 场次、1236 人次，补、换证 773 本、驾驶人审验 740 人，注销机动车驾驶证 31 个。

【智慧法院、智慧司法建设】 围绕“全业务网上办理、全流程依法公开、全方位智能服务”目标，1. 积极推进庭审语音识别、电子卷宗随案生成等智能辅助办案系统建设应用。2. 加强院务管理网络建设，推进 OA 系统应用，实行网上请销假、网上阅文转批，最大限度的实现无纸化办公。3. 强化信息化基础设施建设，完成了执行指挥中心、标准化机房和局域网升级改造工程，机关所有网线全部更换为千兆网。4. 顺应互联网时代，充分运用审判流程公开、执行信息公开、裁判文书公开、庭审公开四大平台向社会公开法院信息。全年网上公开裁判文书 1102 件、审判流程信息及执行信息 1208 件。5. 完善了数字法庭建设，实现了“每庭必录”和公开审理案件的网络直播。全年网上直播案件 158 件。同时，通过 GPS 定位，加大对特殊人群的管控。此外，完善了“一网两微”等新媒体建设。

（王伟）

法治政府建设

【概述】 2018 年，在县委、县政府的正确领导和市委法治办的大力指导下，深入贯彻学习习总书记系列讲话精神，认真落实中共十九大精神，以学习贯彻省委《2018 年法治山西建设工作安排》和市委《2018 年法治临汾建设工作要点》为重点，以实现依法治县、建设法治政府为目标，创新工作思路，强化组织领导、夯实工作基础，健全规章制度，强化干部职工依法行政意识和全县人民法治观念进一步增强做出不断努力。

【建立法治建设第一责任人职责】 建立健全了安泽县 2018 年度党政主要负责人履行推进法治建设第一责任人职责工作台账及相关制度。将法治教育内容纳入干部学习培训计划，将法治建设纳入各级领导班子和领导干部年度目标责任考核体系。经常委会研究制定出台了《2018 法治安泽建设工作要点》，要求各乡镇、社区中心、县直各有关单位严格落实好文件要求，进一步提升法治安泽建设进程。2018 年年初，县财政专门为县委法治办预算工作经费 10 万元，用于保障法治建设工作。

【基层法治建设工作】 县委法治建设领导小组下发文件，要求县直相关部门、各乡镇党委、社区中心党工委成立了法治建设工作领导小组，明确了专抓法治工作的分管领导和具体人员，各行政村、社区居委会都明确了负责法治建设的工作人员，并结合乡镇自身工作实际制定了2018年度党政主要负责人履行推进法治建设第一责任人职责工作台账及相关制度。全县102个行政村、4个社区居委会全部明确了负责法治建设的工作人员，实现了县乡村三级法治建设工作机构全覆盖、全落实、全保障。

积极推行法律顾问制度和公职律师制度。县委系统9个单位聘请了法律顾问，实现了重大决策提供全程参与，县政府20个职能部门和事业单位聘请了法律顾问为依法行政和依法治理提供法律服务。多次开展以宪法、监察法、扫黑除恶、荀子法治思想等内容的专题讲座。办理各类代理案、辩护案件及非诉讼事务9件，其中法律援助8件，法律顾问提供法律咨询43次，共计服务对象232人次。建立了安泽法治工作微信群，进一步加强全县法治建设工作经验做法的交流与宣传。

【注重学习提升】 2018年是毛泽东主席批示“枫桥经验”55周年，为进一步提升新时代安泽政法干部运用法治思维方式谋划和推进工作，2018年11月，县委常委、政法委书记连忠武要求政法委组织各乡镇党委书记、法治联络员，县政法各部门相关领导、科室负责人，部分县法治成员单位相关工作人员等51人，参加在浙江大学举办的“以法治思维助推社会治理（枫桥经验）培训班”。分别在4月与12月带领县委法治办、县司法局、各乡镇分管法治工作人员赴大宁县、蒲县、曲沃县、翼城县观摩学习，学习借鉴兄弟县的先进经验和好的做法。此外，县委法治办积极参加市委法治办组织的各种培训学习，进一步提升了安泽法治建设工作水平。

【提升优质服务】 积极推进法治惠民项目建设，由县委法治办、县司法局及乡镇、社区中心等单位人员组成领导组，具体负责该项目的协调、组织、实施。投资2万余元，在县司法局建成了县级公共法律服务中心，分别在7个乡（镇）建立了公共法律服务工作站，全县102个行政村建立了公共法律服务工作室。并于2018年7月份已全部挂牌。在县中心与两个站点安装了远程视频系统，进一步提升了公共法律服务的服务能力。依托7站102室开展法律咨询、法律援助和矛盾纠纷调解等服务，共解答咨询50余人次，调解疑难纠纷20余件。

【法治保障脱贫攻坚工作】 2018年全县脱贫158户284人，剩余贫困户23户，贫困人口58人。县委、县政府主要领导扛起第一责任人职责，严格实行脱贫攻坚周例会、月总结、季报告制度，全面压实责任，确保易地扶贫搬迁、产业扶贫、驻村帮扶、问题整改、依法决策、巩固提升等各项重点工作有序衔接、整体推进。推动安泽县完善脱贫工作程序机制，健全脱贫重大政策、重大项目、重大资金使用合法性审查机制。要求全县各乡镇、社区、各单位做到精准帮扶、阳光扶贫、依法脱贫，确保脱贫攻坚工作在法治轨道上进行。

【支持法院解决执行难问题】 2018年共受理刑事案件60件，结案50件，判处罪犯61人，结案率83.33%。依法审理民商事纠纷，共受理民商事案件671件（含行政非诉案件1件），结案603件，未结68件，结案率89.87%。其中以调解方式结案202件，撤诉案件106件，调撤率达50%以上。依法加强执行惩戒。2018年，共受理各类案件477件，执结397件，执结率达83.23%。其中执结涉农民工等民生案件21件，涉银行、信用社等金融债权案件28件，执行到位标的达2911.11万元。工作中，加强网络执行查控系统建设，着力破解查人找物难题。充分利用最高院"总对总"网络查控系统，查询案件400余件次，查控被执行人银行存款1500余万元、车辆10余辆，极大地提高了执行效率。加大对失信被执行人联合惩戒力度，着力破解规避执行难题。利用电视媒体、新闻发布会、官方微信、微博和县城繁华地带中心电子屏等载体，分批次公布失信被执行人219名，限制高消费321例，同时对失信被执行人购房、贷款、购买飞机票、软卧、高铁动车一等座以上车票进行了有效限制，有力震慑了"老赖"，促使他们主动履行法律义务，促进了社会诚信体系建设。深入开展网络司法拍卖，着力破解财产变现难题。2017年入驻网络司法拍卖平台，2018年共开展网络司法拍卖7件次，有效提高财产处置成功率，提升司法公信力。用足用尽强制措施，保障胜诉当事人合法权益。2018年司法拘留13人次，扣押车辆4辆，查封房屋4套。6名被执行人主动履行义务或与申请人达成和解，到位标的额38万元。

【推进环境治理法治化工作】 与县环保局联系，协调解决环境治理过程中涉及的法律难题，建立环境法律知识学习培训长效机制，提升环境执法监管队伍运用法治思维和法律手段解决环境保护突出矛盾和问题的能力，提高执法效率。开展全县2018年环境保护"铁腕治污"专项行动。共出动1098人次，发现问题23个，下达行政处罚决定书7份，收缴罚款46.5万元。在全县所有乡镇、村庄及企业张贴了"铁腕治污行动"的通告。及时公布举报电话，接受群众对环保违法行为的投诉举报，推动建立健全环境监管体制，严格执法监督，不断加强环境治理法治化。

【开展扫黑除恶专项斗争】 采用张贴公告、广播电视、短信平台、开通"安泽公安扫黑除恶"微信公众号、悬挂标语、走访入户、调查问卷等多种方式广泛开展宣传。临街电子屏滚动播放2万余次，刷写墙体标语218条，微信公众号发布文章86篇。印制、张贴《举报奖励公告》《关于依法严厉打击黑恶势力违法犯罪的通告》1000余份，并在各乡镇、社区设立线索举报箱，并公布举报电话、举报方式。行动中，打掉黑社会犯罪组织1个、涉恶集团1个、涉恶团伙1个，共抓获逃犯10人，其中涉恶省督逃犯1名；核查中央督导组下发线索16条，查实13条，查否3条；核查涉及安泽县各类涉黑涉恶线索35条，已办结29条，另外6条正在进一步核查中。

【打造荀子文化园法治教育基地（临汾市法治教育基地）】 2018年5月份，投资五万余元，在荀子文化园山门内的步道两旁设置了包含荀子法治思想、宪法和依法治国等内容的荀子法治思想文化走廊。在山门外的小广场，以荀子"隆礼重法"的法治思想和社会主义核心价值观等内容为主，制作悬挂了图文并茂的宣传内容。2018年

7月市委政法委副书记、法治办主任张宁红带队深入安泽县调研荀子法治思想示范点建设工作，经过实地查看，听取汇报后提出要将安泽县荀子法治思想教育基地打造成临汾市法治教育基地。2018年12月份张宁红一行再次到安泽，在安泽县举行临汾市法治教育基地（安泽县荀子法治文化走廊）揭牌仪式。

【召开荀子法治思想研讨会】 示范点创建以来，充分利用荀子文化研究会为阵地成立荀子法治研究会，进一步加强与县荀子文化研究会、县司法局和师大荀子学院等单位的协调沟通、交流探讨，并认真整理习近平总书记在不同场合引用荀子的《大略》《劝学》《君道》等经典言论，感受到荀子文化的魅力，在重温历史经典中感受法治的重要性，在弘扬传统中更加自觉地投入到社会实践当中。

【开展荀子故里话荀子系列活动】 县委法治办和县法学会在全县范围开展以“荀子法治思想”为主题的论文征集活动，征集到论文30余篇，已将论文编印成册，并首次印刷1000册，向社会免费发放宣传，以便激励更多的人参与到荀子法治思想的研讨宣传中。还与县文化局、教科局等单位联合举办了“最是书香能致远诵读会”活动，让荀乡儿女通过诵读《荀子》经典，弘扬和传承荀子文化。

【乡村法治建设工作】 县委、县政府各级领导高度重视乡村法治创建活动，县委常委、政法委书记连忠武主持召开安泽县加强乡镇、村（社区）法治建设工作会议。并以两办名义同时下发了关于贯彻落实《在实施乡村振兴战略中加强乡镇、社区中心，村（社区）法治建设》的实施方案，要求各乡镇、社区中心结合自身工作实际、工作要求，落实好文件精神。

【开展基层群众法律服务】 与法学会联合在县、乡（镇）、村（社区）三级综治中心分别建立“法律服务所”“法律服务站”“法律服务室”，形成了1所8站99室（全县原有102个行政村、后半年合并后剩余99个行政村）的三级法律服务平台，深度参与基层社会治理，切实将律师、公证、法律援助工作进行整合，努力为人民群众提供法律事务咨询、矛盾纠纷化解、困难群众维权等服务，有力地推进了法律服务体系建设。

【乡村（社区）法治建设试点】 2018年，在乡镇选定和川镇沁河庄村作为法治文化建设的示范点。充分发挥沁河庄村自身优势，将法治建设与红色教育相结合，培养参观旅游的游客学法、懂法、守法、用法的意识。结合乡村自治、法治、德治理念，设置了关于乡村振兴战略、宪法、治安管理处罚法、孝劳爱亲“四字歌”和“扫黑除恶”等内容的宣传栏。在村中主干道两旁绘画了关于依法治国、社会主义核心价值观等内容的宣传墙，切实提升人民群众的法治意识。经过不断巩固，已被定为省法治乡村示范点。在社区选定城墙岭社区居委会作为法治文化建设的示范点。利用社区驻区单位多、小区多、人员集中的优势，开展形式多样化，内容多样化的宣传模式，建设完善市民学校、居民议事厅、文化活动室、图书室、心灵驿站、党员活动室、志愿者活动室等活动场所。

【法治宣传教育】 1. 充分挖掘本土文化内涵，弘扬荀子“隆礼重法”“法礼并用”的法治思想，加强对领导干部、青少年、基层干部群众等重点对象的普法教育。县级领导带头学法，县委中心组定期组织学法讲座。并邀请山西大学何建华教授为县委中心组及全县中层以上干部进行了一堂宪法讲座。同时，加强无纸化考试工作，全县 78 家单位全体职工通过“法宣在线”平台挂课学习，组织参与了宪法、监察法、公共法三次考试，参考率 100%，及格率达到 74%。开展送法进校园、进单位系列活动，特别是下到基层乡镇，到群众身边，利用快板书、广场舞、微动漫、传统戏等形式，推出了一系列法治教育节目。各执法司法机关严格落实“谁执法谁普法”责任制，成立普法领导组，制定普法规划和责任清单，以法律“六进”活动为载体，大力开展以案释法活动，将法治宣传教育渗透到具体执法环节，起到了良好的舆论引导作用。

2. 结合安泽实际，开展了以法定宣传日、“创卫”“扫黑除恶”“反间谍”等为主题的宣传活动，通过电子显示屏滚动播放、张挂条幅、发放宣传资料、开展法治文艺表演等多种形式的普法宣传活动外，还主动适应新常态，充分发挥互联网传播快捷、影响力大的优势，开展了形式多样的宣传方式。如：县委政法委在全年两次物资交流会期间，深入进行了平安安泽、法治安泽等法律法规宣传。县司法局围绕依法治国、宪法、荀子法治思想和扫黑除恶等县重点工作，制作版面 58 块，分别镶嵌于泽明南路、309 国道及南外环重要道路两侧公交站牌里。这些宣传标语言简意赅，通俗易懂，为广大群众学法、知法、懂法、用法提供了便捷的平台，也成为县法治建设一道亮丽风景线。城墙岭社区开设了“安泽社区普法在线”微信公众号，时时更新法治宣传信县。县税务局创作了《大宪法进小课堂》宪法宣传视频。良马乡开展了“法律知识进万家”活动，活动主要通过农村居民发放普法宣传资料的形式，宣传有关法律、法规的基本知识，共发放各类宣传资料 2000 余套，有效推进法律知识的普及。司法局创作了法治宣传快板书《扫黑除恶块人心》，宪法微动漫《宪法伴我成长》，法治教育宣传作品《学法童谣》被评为第十三届全国法治动漫微电影展播“三等奖”。

公　安

【概述】 中共安泽县公安局委员会紧紧围绕上级公安机关和县委、县政府的决策部署，坚持“小县也有大天地，小局也有大作为”的理念，始终聚焦群众满意的标准，主动服务社会发展大局，忠实履行维护稳定责任，维护了全县社会持续稳定、治安平安安定。2018 年，在全省县级公安机关群众安全感满意度测评中荣获第一名；先后被评为全省优秀公安局、全市优秀公安局，被授予省级文明单位、全市“五一劳动奖状”、全市“五四红旗团支部”、全县“城建品质提升年”活动先进党组织光荣称号等。

【党建工作】 1. 改选增强了六个党支部班

子，并对新成员进行党建业务知识培训；建立完善了党委主体责任工作制度，制定了《基层党组织建设目标管理责任书》《定期民主评议党员》等制度；建设党建工作室、完善充实荣誉室和廉政教育室并不断组织开展活动。

2. 共召开党委例会 36 次，开展党委集中学习 13 次，党委班子成员撰写交流发言材料 40 篇；每月确定集中学习日程和篇目，并建立学习档案；依托红色教育基地、廉政警示教育基地，开展活动 10 余次；班子成员带头讲党课；以主题演讲、朗诵、征文等形式，深化拓展学习活动。

3. 实施全员述职管理办法，建立明责、述责、考责、问责机制；积极选树典型，先后报功 2 个单位、4 名个人，嘉奖 1 个集体、15 名个人；选树 24 名先进人物，开展先进人物肖像摄影展；制定完善《各类岗位专业基本能力标准》《评价标准》，开展民警基本能力建设。

4. 坚决压实“两个责任”，制定出台《工作意见》，组织 26 个部门负责人签订了责任书；集中学习廉政会议精神 6 次，集中组织观看警示教育片 3 部，开展廉政党课 12 次；深入开展了“强严树”专项治理、队伍集中整肃活动，不断强化“四项整治”，开展谈心谈话 390 余次，发放征求意见表 800 余份，开展队伍建设和党风廉政建设专题调研 6 次，组织党员经常进行党性体检。

5. 严格执行《党内政治生活若干准则》，组织开展党委民主生活会、支部组织生活会 14 次；党委班子和全体民警严格执行重大事项和个人事项报告制度；分别邀请县人大代表和县政协委员召开了座谈会，汇报工作征求意见建议并积极整改反馈。

6. 把意识形态工作作为局党委一项重大政治责任来抓，与公安党建、公安队伍建设和公安业务工作一同研究、一同部署；将意识形态安全工作纳入全局情报信息研判内容并提出打防管控建议；及时删除网络有害信息 1000 余条，开展舆情引导 10 余次，妥善处置网上舆情 50 余条；全年在各类媒体发表稿件 700 余件，实施了《新闻宣传管理制度》，为全县意识形态领域持久稳定提供公安力量。

【扫黑除恶专项斗争】 2018 年局党委认真按照各级党委的安排部署，紧密联系辖区实际，以部署、宣传、打击、保障四个环节为抓手，深入发动群众开展，取得了阶段性成果。

1. 高站位部署，将“扫黑除恶”确立为中心任务。在战略部署上做到“四个到位”：思想发动到位。根据工作进程先后组织动员会、推进会、协调会、调度会等 20 余次，端正思想之源；安排部署到位。组织建立“6+1”专项行动工作队，划分七大区域，健全各项工作机制，组建专业扫黑队伍；聚焦合力到位。全县各有关部门分别与公安机关全面加强协作，保证步调一致、同频共振、研究督导到位。实行“一线工作法”，一月统筹部署一次，一周协调推进一次，一日情况通报一次，牢牢掌握专项斗争主动权。

2. 大密度宣传，坚持开展专群结合的人民战争。拓展线索举报通道。使群众可以通过信件、手机短信、电话、微信留言等多种方式举报涉黑涉恶线索；充分利用新媒体媒介。在官方微信和本地有影响的自媒体公众号对扫黑除恶工作进行报道宣传，动员号召全县人民积极参与；积极营造良好氛围。进村入户，散发《扫黑除恶入户告知书》36000余份。积极联合其他部门，形成了职能部门齐发声、扫黑联动共发力的强大声势；创新工作方式。各派出所与辖区村委和单位签订《扫黑除恶专项斗争责任书》；开展《扫黑除恶调查问卷》走访活动，收集“调查问卷”12600余份，得到市委政法委的肯定。

3. 精细化推进，不断挤压黑恶犯罪生存空间。高密度排查。对照十二类黑恶势力的犯罪表现形式，七大区域有针对性重点开展摸排工作；大力度深挖。对全县近年来发生的各类案件重新进行起底、梳理。2018年年底，核查中央督导组下发线索16条，查实13条，查否3条；核查涉及安泽县各类涉黑涉恶线索38条，已办结36条，另外2条正在核查中；稳准狠打击。先后打掉本地涉恶犯罪集团1个，外地涉黑犯罪团伙1个、涉恶犯罪团伙1个，抓获犯罪嫌疑人20余人，冻结涉案资金220余万元，扣押车辆8辆，查封房产1处、经营场所2处。

【打防管控】 1. 维护稳定坚持“主动为先”。扎实开展矛盾排查化解、涉法信访工作，强化情报信息搜集研判，狠抓重点人员稳控工作，开展诉求群体走访调查，落实各项稳控措施，没有发生非法集访事件，没有形成有影响的群体性事件；组织召开全县反恐工作会议，充实反恐处突力量，开展反恐演练；圆满完成“上合”组织青岛峰会安保、全国“两会”等安保警卫任务60余批次，完成全域旅游、央视“乡村大世界”录制、国际河灯节等大型安保活动100余场次，确保了绝对安全、万无一失。

2. 打击犯罪突出“机制为上”。在开展“扫黑除恶”专项斗争的同时，将打击侵财犯罪作为保障民生，改善民生的重要举措，全力侦破严重影响群众安全感的“民生小案”，深入开展打击盗抢骗、打击新型网络电信诈骗、打击文物犯罪等专项行动。2018年共立各类刑事案件165起，破102起，破案率61.82%，抓获犯罪嫌疑人91人，抓获各类在逃人员33名；受理治安案件183起，查处案件179起，查处违法人员53人；查处赌博案件6起，行政处罚31人。

3. 社会管理强调“安全为要”。始终坚持整治乱源不放松，加大扫黄禁赌、治爆缉枪力度，全力维护校园安全，坚决整治大型企业周边秩序。收缴气枪3支，子弹330发，迫击炮弹筒1枚、雷管426枚；集中销毁历年来收缴的枪支16支、零配件124件、子弹3317发、仿真枪2支、弩2把；加强特种行业管理，全年旅店业实名制上传率94%以上；审核刻制公章500余枚；进一步规范物流寄递业管理，加强道路交通管理，查处各类交通违法行为18170起，接处道路交通事故860起、人员伤亡一般程序事故29起，直接经济损失6.3万元；加强消防安全管理，整改火灾隐患1398处，责令三停15家，应急救援83起。

4. 民生建设注重“满意为止”。积极开展“一网通　一次办”推广行动。投入资金5.49万元，设立推广宣传窗口11个，群众关注3.5万次，实名认证1.2万人，办理业务379条，群众关注率占比全市第一；进一步深化行政审批改革，认真落实各项便民利民措施，共办理二代身份证4719人、临时身份证466人；办理护照358人、港澳通行证208人、大陆居民往台通行证118人；办理机动车注册登记627辆，机动车检验1258辆。

【规范执法流程】 1.“四个中心”建设全部完成。严格按照省厅市局安排部署，认真开展“指挥中心、案卷管理中心、涉案财物管理中心、办案中心”的升级改造工作。购置执法全流程平台设施设备，安装视音频管理一体机、系统应用及数据服务器两台服务器，并安装相关软件；新配备50台4G执法记录仪、匹配新警综平台的电脑20台。2018年年底，“四个中心”已全部实现与新版警综应用平台的对接，基本实现了全案统一入口、网上流转、自动提醒、全程监督的应用效果。

2. 信息化建设不断深入。先后投入1040余万元，完成“雪亮工程”建设，一级网安规范化达标建设，图像侦查系统、中心办案区执法音视频平台建设和公共场所无线上网安全管控系统建设；物证实验室采集数据16万余条，配侦案件23起；图侦系统处理案件3起；开展多维身份认证，配发警务通103步、摄录一体机109部；启用钉钉通讯通系统；开展无线图传演练14次。

3. 执法能力稳步提升。为各办案单位购置了新出版法律书籍124本；开展专业知识讲座和培训4次，受训400余人次；推行受立案制度改革。出台《受案、立案登记管理制度》《受案、立案、移交工作规定》等制度、流程。2018年年底，共审查警情2480起，发布整改通报9期，涉及案件177起；推行刑事案件“四统一”行政案件“两统一”。统一审核案件 47起，统一出口案件66起。

【“三位一体”综合评价工作】 以“四个三”为抓手，全力促进全省公安机关部署的“三位一体”综合评价工作，努力提高群众安全感满意度。1. 抓好“三个层次”，力求思想动员到位。召开党委扩大会进行动员部署。将各项工作任务分解到每个警种和部门，明确了分管领导，提出了具体要求；号召民警动员家属积极参与。通过“聊家常”“晒老公”等群众交流方式，从家属的角度讲公安故事，努力达到影响一批人、感召一批人的作用；开好警民恳谈会。分别组织县人大代表、政协委员、监督员、服务对象、辖区群众召开了座谈会、警民恳谈会，向大家报告工作，积极征求群众的意见和建议，并及时整改进行反馈。

2. 抓好“三个群体”，力求交流沟通到位。“进”学校，开展“小手拉大手”。带动学生家长，延伸知晓覆盖面；“联”企业，发动群众参与。主动走访沿街门面、经营业主和辖区重点企业，宣传安全防范、进行隐患排查、建立互信关系；“下”社区，开展问卷调查。结合日常工作要求，围绕社会治安、服务盲区等进行问卷调查，做好辖区居民的宣传发动工作。

3. 建设“三个阵地”，力求宣传引导到位。加强内部宣传。在内网网页上开设专栏，将省厅“三位一体”综合评价相关要求公开并对相关要求作出说明；做好新媒体宣传。在官方微信开办“警营”“警营人物”专栏，制作了“一切为人民”电视专题片，集中宣传近年来涌现出的先进集体和个人，释放警营正能量；做好社会宣传。局党委撰写了“合力打击各类犯罪，携手共建平安家园，致全县人民群众的一封公开信”，在辖区临街商铺 LED 屏滚动播放宣传标语，在各乡村适宜的地方刷写墙面标语、悬挂条幅等，营造浓厚的氛围。

4. 抓好“三个行动”，力求社会效果到位。深化行政审批改革行动。严格按照省厅市局要求，进一步简政放权，开通网络办理业务，打通服务群众最后一公里；持续抓好满意度测评行动，在前半年全省群众安全感和满意度测评中名列全省第二；开展队伍素质提升行动。先后组织开展综合性和警种系统性教育训练 20 余次；组织开展全警大培训。

【服务县域经济社会建设】 1. 认真开展环境治理，守卫碧水蓝天。积极开展散煤整治专项行动，严厉查处违规生产、运输、销售和使用散煤的行为；开展柴油货车和散装物料运输车污染治理，严把检验关，确保“示范区”内柴油货车减少；开展了深化打击食品药品农资环境犯罪、破坏生态环境违法犯罪、“利剑斩污”等专项行动，全面保护县域生态环境、食品安全环境。

2. 净化城区交通环境，积极创建国卫。施划机动车停车位 731 个、公交车停车位 43 个、标线 11606 平方米、非机动车停车线 1629 米；加大对机动车、非机动车停车秩序的管理，采集违法停车信息 3813 例，推移非机动车 2000 余辆，劝阻 8000 余人次，曝光交通违法 8500 例。开展了为期 6 个月的综合整治工作。对责任区私搭乱建、小区门店门前乱堆杂物、道沿破损、电线杆及门店墙壁上的小广告、乱贴乱画、乱停乱放等进行了综合整治。

3. 积极开展入村帮扶，巩固脱贫成果。实施了易地搬迁拆旧复垦，对杜村乡桑曲村原 13 户贫困户的旧房屋进行了拆旧复垦。持续投入基础设施建设，对坐落于该村的原“太岳军区司令部”旧址进行集中修缮，硬化美化旧址周边道路，支持发展红色旅游。在多年持续投入修建道路、机井等基础设施的基础上，又维修改造龙王沟自然村饮水工程，提升人居饮水环境，并争取资金硬化该村光伏发电站道路，为光伏电站维修保养提供便利。

交通警察大队

【概述】 2018 年，在县委、县政府和公安局党委的正确领导下，在交警支队的大力指导下，在县人大、政协的有力监督下，按照“对党忠诚、服务人民、执法公正、纪律严明”的总要求，以“压事故、保安全、保畅通”为主线，结合“强化责任、严守纪律、树好形象”专项治理活动，持续开展纪律作风教育整顿和“压事故、整秩序、保平安”活动，认真开展交通安全管理各项工作。

【队伍正规化建设】 在队伍正规化建设方面，始终坚持从严治警的方针，以党建工作为根本，以党建促队建，一如既往地贯彻“抓班子、带队伍、促工作、保平安”的总体思路，深入推进“强化责任、严守纪律、树好形象”专项治理活动，持续开展了纪律作风教育整顿，公安保密和执法规范化建设等活动，在工作中，充分发挥党员干警的先锋模范作用，认真贯彻落实中共十九大精神，努力提高广大民警综合素质，积极转变了广大民警的工作作风，增强了民警的敬业、服务、法纪意识，提高了队伍凝聚力和战斗力，确保各项工作任务的顺利完成。

【交通秩序整治】 2018年，共接处道路交通事故1059起，同比增加55起，上升5.248%。其中：涉及人员伤亡一般程序处理的道路交通事故31起，同比增加19起，上升158.33%；死亡16人，同比增加8人，上升100%；受伤31人，同比增加19人，上升172.72%；直接经济损失65053元，同比增加45993元、上升241.31%。2018年，全县发生统计范围内的生产经营性死亡道路交通事故4起，死亡4人。事故起数同比增加1起，上升33.33%；死亡人数同比持平。2018年，全县共受理简易程序处理的交通事故359起，造成72人受轻微伤，直接财产损失102670元。同比：事故起数增加49起，上升15.81%；受轻微伤人数减少23人、下降24.21%；直接财产损失减少87991元、下降46.15%。道路交通事故互联网在线快速处理364起，与简易程序占比101.39%。2018年共立刑事案件35起，其中：交通肇事案14起，危险驾驶案21起。逮捕2人，取保候审31人，移送起诉30起。吊销机动车驾驶证17本。行政处罚人269人次，罚款57940元。机动车无证驾驶9例，饮酒驾驶6例，醉酒驾驶2例，超速行驶15例，其他224例。非机动车6例。2018年，全县未发生一次死亡3人以上的道路交通事故。围绕道路交通事故预防工作，先后开展了“春运”安保、“两会”安保、交通秩序“春季行动”“夏季行动”“秋风行动”“压事故、整治序、保平安”“百日攻坚”等专项行动，共查处各类交通违法26486起，其中警告3569人次，罚款处罚22911人次，其中无证驾驶240起，行政拘留18人，无牌198起、酒后驾驶158起（醉酒6起），客车超员2起，货车超载34起，大货车未靠右行驶6066起，超速行驶3417起，扣留机动车503辆，扣留驾驶证254本，血液检查11人次，行人和非机动车交通违法1225起，采集非现场交通违法信息12158起。通过整治，严重交通违法行为大幅下降，辖区道路交通秩序明显好转。

【交通安全宣传】 2018年，紧扣预防交通事故这一主题，为了营造浓厚的舆论氛围，采取灵活多变的宣传方式，开展形式多样、内容丰富的宣传工作；利用微博发布3654条，微信发布2980条，手机短信发布2000条，开展主题宣传活动20次，专题宣传活动12次。悬挂宣传横幅25条，展出宣传展板20余块，发放宣传资料5万余份，《交警在线》栏目录制播放24期，利用十字岗及学校护学岗LED屏幕共播放提示语650余条，突出宣传货车公路严重违法行为及城市道路三种突出交通违法行为危害，曝光交通违法400条；开展中小学生假前交通安全教育20次；发布新闻通稿90篇；组织志愿者服务4次；利用农村大喇叭播放宣传50次，建设农村交通安全微信群52个，开展宣传300次，针对重点人群开展宣传44次，农用三轮车喷涂标语6600条。

【法制建设】 2018年秉承“法制建设是执法活动的安全带”的思路，完善12份民警执法档案，制定《2018年度规范执法教育培训工作计划》，分别于2018年4月20日对各中队负责人及内勤进行案卷质量培训，于2018年4月25日对一线民警及协管员进行执勤执法安全防护培训。严格按照《创建文明交通示范中队考核办法》和《执法记录仪使用制度》，每月都开展了执法质量考核工作，对发现的执法问题进行梳理、归类，限期整改。审核交回行政拘留案件5起，一般程序案件150起，共发现问题70处，下发法律文书通报10份，共发现简易程序处罚决定书存在的问题105处。坚持对办案区的使用每月进行严格检查，全年共在大队办案区办理行政拘留案件20起；刑事案件27起；一般程序案件150起；共发现问题32处。通过严格审核把关，及时纠正了执法中存在的问题，有效提高了办案质量，促进了执法规范。

【以危化品运输为重点，预防重大事故发生】 针对辖区道路交通呈现危化车车流量大、路况复杂的态势，采取了三项措施：1. 对309国道、326省道、第安线等危化品运输车辆必经路段，利用科技设备进行实时管控，限时、限速通行，确保道路交通安全。2018年，309国道安装监控设备5处，326省道安装交通安全监控设备3处。2. 联合安监、交通运输等部门深入辖区危化品生产企业，从装载源头对危化品车进行管控，督促企业对装载车辆查验资质和罐体、备案登记、严把出厂关，决不允许违法违规危化品运输车辆出厂上路。3. 依托交通安全检查站和设立的临时检查点，对危化品车进行重点检查，对危化品车交通违法行为从严查处。全年共查处危化品车交通违法1085起。4. 完善危化品运输事故应急处置、组织民警学习危化品运输事故处置相关知识，提高应急处置能力，为群众打开生命绿色通道，确保险情及伤亡人数降到最低。全年安泽县共发生涉及危化品运输车辆的事故3起，同比增加1起。

【城市街道交通秩序整治】 按照县委、政府创建国家卫生县城活动工作要求，坚持城市街道交通秩序整治的高压态势。进入迎检攻坚阶段后。按照县委、政府国卫创建攻坚工作要求，提前谋划，在3月12日提前对城市交通秩序开展了整治。共查处交通违法共计6098例，现场交通违法2285例，其中酒驾45例，无证驾驶79人，行政拘留9人，客车超员2起，超载6起，机动车不按规定行驶182例，机动车不礼让行人88例，机动车违法载人124例。共施划机动车停车731个，公交车停车位43个，实际施划标线11606平方米，非机动车停车线1629米，菱形块56个，非机动车图标30个，更换防撞桶56个。在此基础上，加大了对机动车、非机动车停车秩序的管理，采集违法停车信息4513例，推移非机动车2000余辆，劝阻8000多人次，教育群众1万多人次。利用微信微博、户外显示屏、有线电视曝光交通违法8500例。制作交警在线节目14期，定期播放。开展交通志愿者活动21次。

【便民利民服务】 2018年，按照公安部“放管服”改革20项措施要求，大队不断提升便民利民服务水平，落实申请材料“四个减免”、18类业务一证即办、普通业务一窗通办、个性服务自助快办等措施，加强车驾管业务的管理，在县委、政府的大力支持下，投入200余万元，新建综合便民服务大厅，极大地方便群众办理业务。全年共办理机动车注册登记、转移登记、变更登记、转入业务等共1003辆，其中小型汽车896辆，低速车75辆，摩托车32辆；机动车补换牌证合格标志77笔，补领登记证书20笔，档案更正1笔。机动车检验1479辆，其中小型汽车1219辆，低速车203辆，摩托车57辆。办理驾驶证初次申领、增加申请、补证换证、满分学习、年度体检、驾驶人审验、注销登记、信息变更等业务共2115笔。录入上架机动车与驾驶员档案共4000余份。安泽洪祥驾校报名参考人员1033人。

【科技强警】 为解决警力不足、管理线长面多的难题，大队确立了向科技要警力的思想观念，不断加大科技投入力度，申请了89万元，在326省道增设5处交通安全监控和违法检测设施，投入使用后，极大地降低了车速，有力的预防了交通事故，2018年，实现了“零死亡”；投入54万元，对城区的3处交通信号灯及交通违法监控进行了更换；投入18万元购置了2台车载交通违法抓拍设备，加大对城区交通违法和大货车不靠右行违法的查处；投入10万元，新增一台便携式移动测速设备，加大对危险路段超速违法的查处；向县局申请购置了两台移动警务车，加强对拟建高速路口车辆的查控，对全县道路上在用的道路监控和交通违法监测设备进行了检修并接入综合指挥平台，有效地推动了查缉布控系统的应用。 （宋国峰）

消防大队

【概述】 2018年，消防工作在县委、县政府和消防支队的正确领导下，以习近平新时代中国特色社会主义思想为指引，严格贯彻落实《中华人民共和国消防法》《消防安全责任制实施办法》，认真贯彻落实中共十九大精神和习近平总书记训词精神，按照“党政同责、一岗双责、齐抓共管、失职追责”“管行业必须管安全、管业务必须管安全、管生产经营必须管安全”要求，紧紧围绕防火监督和灭火抢险救援工作重点，深入开展了消防安全工作。

【开展集中教育整训、学习训词活动】 1.通过学习党中央关于深化党和国家机构改革的决策部署，增强了“四个意识”、坚定了“四个自信”。通过学习改革文件精神、队列训练和日常秩序评比、表决心、主题讨论，开展《部队体制改革主题教育宣讲提纲》专题授课及涉赌涉贷警示教育，预防网络赌博、违规借贷，增强了全体人员的法纪意识和敬畏之心。

2.开展集中教育整训活动，通过开展“感党恩、报党恩”“我奋斗、我幸福”主题讨论、“崇尚荣誉、珍惜荣誉、争取荣誉”主题讨论，全体人员撰写了决心书及心得体会，增强了官兵对于改革的信心决心，坚决做到严守政治纪律，不妄议改革，坚决拥护改革。学习贯彻习近平总书记授旗训词精神活动，召开全体人员大会，对学习训词精神进行动员部署，真正把“对党忠诚、纪律严明、赴汤蹈火、竭诚为民”四句话作为建队之魂、治队之要、兴队之本。

3. 开展“三位一体”“上评一级”及拓展训练活动，坚持带队出操、晚点名、查铺查哨，严格落实一日生活制度，加大了队伍管理力度。从实战需要出发，克服困难，努力完成各种高强度训练，安泽政府专职消防队荣获全市夏训考核第二名，专职队员吕龙飞荣获冬季练兵工作先进个人，较好地完成了各项工作任务。

4. 开展“牢记总书记训词 建设过硬队伍”专题教育活动部署会，制作了安泽大队集中教育整训活动版面，摆放在大厅明显位置。在营房楼顶、墙面、党支部会议室、荣誉室分别悬挂训词版面，在大厅电子屏悬挂了十六个字训词内容。大队通过了市级精神文明单位的验收，蝉联市级“文明单位”的称号。

【严格执法，落实监督检查职责】 1. 各乡（镇）政府、县直各部门和消防安全重点单位高度重视，把消防工作作为经济发展和社会稳定的重要保障，依法履行消防安全管理责任，将消防安全工作与业务工作同部署、同检查、同落实、同考核，并结合本行业系统特点，切实提升行业管理整体水平。县政府主要领导多次就消防工作做出重要指示，亲自带队深入实地检查指导消防工作；分管领导亲自部署和参加重要的消防工作和大型的消防活动。根据形势发展需要，召开全县消防工作会议，县政府与各乡镇、消防安全委员会成员单位，层层签订《消防工作目标责任书》，将消防工作纳入县政府目标责任考核和领导干部政绩考评，有力推动了全县消防工作的顺利开展。

2. 县直各部门认真履行消防监督职责，消防执法人员加大执法力度，先后组织开展了电气火灾综合治理、人员密集场所建筑消防设施、消防安全专项整治、公共娱乐场所、电动自行车违规停放充电行为、消防违法行为及火灾隐患排查、大型物流仓储场所、建筑工程施工现场、建筑工地临时用房消防安全排查整治、易燃易爆、住房和城乡建设系统、安全生产大检查等专项整治行动，春节、元宵节安全保卫工作、清明节、“五一”、国庆期间火灾防控工作，春夏季火灾防控工作。

3. 为进一步筑牢基层火灾防控基础，县政府大力推行乡镇消防安全网格化管理和“九小”场所标牌化管理作为年度重点工作，各乡（镇）、各单位，先后多次开展消防隐患排查工作，积极配合消除隐患，加大消防知识宣传力度，设立消防工作室，成立领导机构，实施“网格化”管理，切实推动乡镇、街道完善消防安全组织，实现网格化规范化管理，真正打通消防责任落实“最后一公里”。大大提升了工作效率，实施群防群治，努力实现消防工作全覆盖、无缝隙。派出所进一步加强了对消防安全一般单位、“九小”场所的消防安全监管，把消防监督检查和消防宣传教育作为专兼职消防民警职责的重要内容，切实扩大了消防监督工作的覆盖面。

4. 加大执法力度，严格落实监督检查职责，用足强制执行、临时查封、行政拘留等行政处罚手段，严厉查处消防违法违规行为。2018 年，大队执法人员共检查单位 1106 家（次），发现火灾隐患 1729 处，督促整改火灾隐患 1727 处，下发责令改正通知书 938 份，下发行政处罚决定书 24 份，下发临时查封决定书 14 份，责令三停 21

家，罚款 3.5 万元。在检查过程中针对检查发现的问题，执法人员针对存在隐患该当场整改的当场整改，不能当场整改的责令限期整改，促进了社会单位消防安全管理人的消防安全意识，做到防患于未然，从整体上提高了全县抗御火灾的能力。

【正规化管理，提升灭火救援能力】 1. 专职队基本能按照课程表进行训练，映像资料完整；工作中，分管司令部工作的人员配合默契，邮箱通知能及时上报，多次受到支队微信群表扬，并被作为模板；专职队能够坚持小黑板学习，主动抄写笔记，并将业务理论用于训练和救援。2018 年安泽政府专职消防队荣获全市夏训考核第二名。

2. 科学安排技能、体能和战术训练，提升官兵的整体素质。大队每周安排两个下午的“六熟悉”训练科目，针对辖区水源、建筑分布、建筑使用性质、重点的单位情况进行全面摸底，准确掌握辖区基本情况，开展“实战化演练”，为部队快速作战提供了强力保障。完善了“八本一表一册”，消防水源档案、六熟悉卡、数字化预案、演练熟悉记录台账、灭火救援预案等各类灾害事故预案。

3. 深入安泽县第一中学为千余名高一军训学生开展了一次消防安全知识教育培训活动，有效提升了广大师生的消防安全意识和自防自救能力，达到了“教育一个孩子、拉动一个家庭、带动整个社会”的预期效果。

4. 安全资料完整，每月有安全形势分析会映像资料，有安全教育等，安全资料已是大队的模板，考核时资料完整，资料基本没有指出问题，得到考核组的认可和好评。

5. 结合全县实际，完成了安泽县城城市消防专项规划修编工作，7 月 12 日召开县委常委会议汇报消防工作，研究解决没有专用消防训练场地、市政消火栓可用的少、消防经费不足等问题。

6. 严格落实“三位一体”上评一级，为提升队伍战斗力打下坚实基础。共接警出动 99 起，抢救被困人员 15 人，疏散人员 123 人，抢救财产价值 664 万元。其中发生火灾（火情）29 起，直接经济损失 21 万余元。

【提升经费保障，加强后勤管理】 1. 以落实财政部《地方消防经费管理办法》《山西省消防业务经费保障标准》等文件精神为突破口，加大向政府请示汇报力度，得到了县政府和财政等相关部门的高度重视和有力支持。政府投入消防经费 316 万元，确保了人员工资、伙食费、五种基本保险、车辆保险等人员经费开支，及水、电、燃油、车辆维修、办公经费等所需共用经费需要。投资 86 万元购买 17 吨水罐消防车已投入执勤。

2. 营房餐厅达到“明厨亮灶”要求，保证《伙食管理系统》正常运行。新购置古筝、电子琴、电吉他、电贝斯、口琴、小鼓、钗、锣、快板、笛子、架子鼓等乐器。丰富大队官兵的业余文化生活，使官兵能够在繁忙的执勤训练中缓解压力。

3. 各项重大开支都能通过支部会议形成决议，按照财务管理制度履行职责。

4. 全体人员通过总队体检，完善了体检档案。

【社会消防宣传】 1. 采取各种形式，通过各种方式，普及消防知识，宣传消防法律法规，教育引导广大群众树立消防安全意识，增强自防自救能力。

2. 在元旦、春节、元宵节、清明节、“五一”节等重大活动期间，各有关单位积极参加，设立咨询台，走上街头广泛开展宣传，或采取以会代训的形式教育广大人民群众关注消防，关爱生命，充分发挥电视台、广播、报刊等媒体主力军作用，面向社会大众普及消防法律法规和防火、灭火、逃生自救常识。

3. 多次宣贯《消防安全责任制实施办法》，11 月 9 日，在安泽街道繁华路段（十字街红绿灯处联社门前）举办了“全民参与、防治火灾”的“119”主题消防宣传活动，共向群众派发宣传资料 2000 多份、宣传册 500 册，消防宣传鼠标垫 50 个，书包 30 个。全面构建消防安全“防火墙”，积极营造全民参与、防治火灾的良好氛围。

检　　察

【概述】 2018 年，在县委和市院的坚强领导下，紧紧围绕市院“争创一流检察机关，进入全省第一方阵”的建设标准，以“全面振兴、绿色崛起”为奋斗目标，忠实履行宪法和法律赋予的法律监督职责，圆满地完成了各项工作任务。

【学习教育活动】 2018 年，在市院党组和县委的正确领导下，以习近平总书记新时代中国特色社会主义思想为指引，深入学习贯彻上级决策部署，认真落实全国检察长工作会议、全省、全市检察长会议精神，加强政治理论学习，认真组织开展“强化责任、严守纪律、树好形象”专项治理活动、“大学习、大调研、大落实、大提升”学习教育活动、集中整肃专项活动、警示教育活动等，制定实施方案，加强组织领导，干警撰写学习笔记、心得体会、剖析检查材料，深入法院、公安、审计、信访等单位征求意见建议 38 条，充分利用批评与自我批评利器，组织召开高质量民主生活会、组织生活会各 2 次，进一步提升院党组和干警的政治自觉。深入学习贯彻习近平总书记系列重要讲话精神和治国理政新理念新思想新战略。把学习贯彻中共十九大精神作为当前和今后很长一段时间首要政治任务，抓紧抓好、抓出成效。下发了《关于认真组织学习贯彻十九大精神的通知》，要求学习中做到“四个注重”，注重全面准确把握核心要义，确保入脑入心；注重不断创新学习方法，确保取得实效；注重结合检察工作实际，确保融会贯通；注重两级院领导率先垂范、做好表率，不断提高自身的政治站位和政治觉悟，强化政治责任和政治担当。党组中心组集中学习 6 次，全院干警集中学习 9 次，专家讲座 1 次，领导带头宣讲 5 次，党组成员专题研讨 3 次，党员学习心得交流 12 次，组织开展形式多样的党日活动 17 次。

【惩防并举打击各类刑事犯罪】 严厉打击暴力犯罪，保护人民群众的生命财产安全是人民检察院义不容辞的责任。2018 年共受理提请逮捕案件 39 件 64 人次，其中，依法批准和决定逮捕 29 件 49 人，不批准逮捕 9 件 13 人，尚未审结 1 件 2 人。受理提请延长侦查羁押期限 3 件 5 人。共受理审查起诉案件 62 件 94 人，审结 62 件 76 人。其中依法提请公诉59件73人，不起诉2件2人，附条件不起诉1件1人，尚未审结4件12人。一审生效判决46件49人。受理强制医疗申请案件1件1人。与此同时，积极开展校园安全专项整治行动和未成年人刑事检察工作，共举办全市法制进校园巡讲活动3次。此外，不断加强涉检信访工作力度，坚持属地管辖原则，就地化解矛盾。

【检察监督职能】 立案监督方面：监督纠正公安机关不应当立案而立案2件，经监督公安机关撤案1件；监督公安机关应当立案而不立案2件，经监督公安主动立案1件。建议行政执法机关移送案件2件3人，起诉2件2人。

侦查活动监督方面：纠正漏捕1人，纠正漏捕后起诉2人，提出书面纠违6件，均已纠正。

审判活动监督方面：提出书面纠违2件次，均已纠正。纠正起诉遗漏同案犯3人，纠正起诉遗漏罪行2人。

刑事执行监督方面：积极维护监管场所秩序，加强检查监督，纠正违法减刑、假释、暂予监外执行等问题，保护在押人员的合法权益。羁押必要性审查5件；刑事执行活动违法纠正13件，书面提出纠正意见14次，已纠正13件；监外执行和社区矫正监督41人，已纠正41人；书面提出纠正意见30件，已采纳30件。

财产刑核查罚金金额82.3万元，核查罚金人数128人。财产刑执行监督，提出纠正意见30件，已纠正30件。

民事行政诉讼监督方面：深入贯彻实施修改后民事诉讼法和行政诉讼法，积极构建工作机制一体化、监督手段多元化的立体监督格局。受理对民事调解书申请监督1件，不支持监督申请1件。受理民事审判活动违法监督案件3件，提出检察建议1件，采纳1件；不支持监督申请1件；终结审查1件。受理民事执行活动监督13件，提出检察建议11件，采纳11件；不支持监督申请1件；终结审查1件。受理支持起诉10件，采纳9件。

未成年人刑事检察方面：2018年审查逮捕未成年人刑事案件1件2人，批准逮捕1人，不批准逮捕1人；审查起诉未成年人刑事案件3件4人，起诉2件2人，不起诉1件1人，附条件不起诉1件1人；开展管护帮教2次；围绕办案中发现的问题发出检察建议2份；利用未检检察开放日活动，邀请师生和家长参观未检办案区，普及未成年人刑事检察基本知识，按照上级检察机关的统一部署到唐城、和川中小学、幼儿园开展法制进校园活动，全年共开展法治教育6次，发放宣传资料800余份。

控告申诉检察业务方面：受理举报线索3件，已分流。受理非民行申诉案件3件；受理民行申诉案件10件，已分流。受理赔偿信访类案件1件；受理其他信访案件3件。办理不服法院生效判决刑事申诉案件1件，司法救助案件5件。

2018年共公开程序性信息155条，法律文书36份。

监管涉案财物25件次，其中涉案物入库21件，出库18件；涉案款入库25.9772万元，出库25.9772万元。

接待律师21件次，其中申请阅卷15件次，要求听取意见2件次，申请变更强制措施2件次，申请会见2件次，均已经安排。

【公益诉讼工作】 2018年，紧紧依靠县委、县政府的领导支持，把公益诉讼作为检察机关重塑形象的重点工作来抓，共办理行政公益诉讼11件，向行政机关发出诉前检察建议11份，提前4个月完成市院下达的办案目标。案件办理过程中，严格对照公益诉讼的四大领域，围绕公益保护核心，以服务地方经济为出发点监督支持行政机关依法行政。截至年底已全部整改。针对在沁河和其支流第五河河道违法倾倒垃圾，严重影响水源安全和泄洪安全的现象，向安泽县水利局发出了2份诉前检察建议，督促行政机关加大巡查力度，对违法行为及时查处。发出的2份检察建议引起县委县政府的高度重视，投资369万元清理河流11条，河道长度76千米，清除河道垃圾4.5万余吨；在办理两企业欠缴国有土地出让金的案件中，向安泽县国土资源局发出诉前检察建议2份，督促其依法履职，收取企业欠缴的国有土地出让金，国土局迅速行动将两企业起诉到人民法院，法院全部支持了其诉讼请求。在全市煤矸石污染环境专项整治公益诉讼活动中，及时向环保部门发出2份诉前检察建议。环保部门高度重视，规定期限内原企业负责人投资100余万元对矸石山进行了规范治理。针对长临高速路施工方弃渣场非法改变林地用途的情况，向安泽县林业局发出诉前检察建议2份，督促林业部门依法履职，林业局已监督责任单位恢复林业生产条件1处，恢复林地1处。针对网络餐饮服务第三方平台美团外卖、味到家外卖服务部未依法公示餐饮商户相关信息，向安泽县食品药品监督管理局发出2份诉前检察建议，食药监局高度重视，利用半个月的时间进行查处和整改。

【扫黑除恶专项斗争工作】 自1月份中共中央、国务院发出《关于开展扫黑除恶专项斗争通知》以来，院党组迅速组织干警认真学习习近平总书记对扫黑除恶工作作出的重要指示和郭声琨书记、骆惠宁书记对办理扫黑除恶专项斗争的指导意见精神。设立机构，制定方案，广泛动员，统筹谋划，扎实推动扫黑除恶专项斗争不断向纵深方向发展。4月份制定出台《关于扫黑除恶专项斗争工作方案》，成立了领导小组。检察长亲自深入包联村、司法所、厂矿、乡镇进行深入调研，撰写调研报告一篇。宣传方面，充分利用“两微一端”、悬挂标语等形式，加大宣传力度，积极主动拓宽线索收集渠道，通过“进企业、进农村、进社区”，以发放宣传资料等方式，让群众熟知扫黑除恶专项斗争工作，共印发宣传册1500册，单页资料2000份，《致全县人民群众一封信》100余份，在城区、309国道张贴条幅9条，在309国道显眼位置悬挂巨型宣传喷绘1幅，电子屏滚动播放宣传标语28条，干警深入包联村、长临高速指挥部、超市、社区、唐城矿区等地进行了广泛的宣传。案件办理方面，由检察长牵头组成办案团队，办理涉黑涉恶案件。2018年办理涉恶案件1起，并于2018年11月23日，将涉案5人一并提起公诉。

【巡察整改】 2018年5月份，临汾市人民检察院第四巡察组展开为期一个月的政治巡察，通过走访、调阅资料、谈话等方式，提出在党的领导弱化、党的建设缺失、全面从严治党不力三个方面存在11个问题。

针对巡察组反馈的意见和提出的要求，认真研究制定整改措施，建立并实施“台账式管理”和“销号制落实”制度，逐项梳理归类，明确整改内容、整改目标、责任人和整改时限，强化跟踪督办，对照意见和建议的具体内容逐个细化整改方案，提出整改措施并认真落实，做到整改一个销号一个，11 个问题已全部整改。

【党建工作】 1. 提高全体干警对党建工作重要性的认识，理顺机关党建工作与检察业务工作之间的关系，将党建工作与业务工作同安排、同部署、齐推进、都考核，实现两者的共同促进相互作用，教育干警做一名学党章、讲党性、遵党纪的合格党员，打造一支素质高、业务强、作风硬的检察队伍，保证检察事业发展的正确方向；2. 注重党建工作实效，提高党建工作的质量和水平，不断严格规范“三会一课”、“两学一做”学习教育、民主生活会、组织生活会、民主评议党员、主题党日活动、警示教育活动等，使每名党员都受到党内生活教育，找到自身的党员身份，增强党员意识、提高组织生活质量。

法 院

【概述】 2018 年，安泽法院在县委的坚强领导下，在县人大和上级法院的监督指导下，在县政府、县政协和社会各界的大力支持下，认真学习贯彻中共十九大和十九届二中、三中全会精神，以习近平新时代中国特色社会主义思想为指导，以“努力让人民群众在每一个司法案件中感受到公平正义”为目标，以司法为民、公正司法为主线，忠实履行宪法法律赋予的职责，圆满完成各项工作任务。全年共受理各类案件 1246 件，与上一年相比收案量上升了 16.44%，审结 1214 件，结案率 97.43%，审限内结案率 100%。共受理诉讼案件 754 件，审结 739 件，结案率 98%。其中受理刑事案件 65 件，结案 62 件，判处罪犯 75 人，结案率 95.38%；受理民商事案件 689 件，结案 677 件，结案率 98.25%。

【履行刑事审判职能，依法惩治各类犯罪】 扎实开展扫黑除恶专项斗争，严厉打击黑恶势力犯罪，审理涉恶案件 1 件，撰写调研报告 1 篇，发放公开信、各种知识手册 6000 余份；严厉打击危害公共安全刑事犯罪及故意伤害、寻衅滋事等犯罪行为，审结抢劫、盗窃、诈骗类案件 16 案 26 人，审结危险驾驶、交通肇事案件 31 案 31 人；依法惩处贪污、贿赂、渎职等职务犯罪，审理审结贪污贿赂案件 4 案 4 人；全力支持配合监察体制改革，向监委移送查办党员及国家工作人员涉嫌违法犯罪案件线索 4 条，移送 4 人。依法审理监察委查办案件 4 件，办理各类人员违法犯罪记录查询 600 余人次。

【依法审理民商事纠纷，服务经济发展新常态】 妥善审理合同纠纷、民间借贷、金融纠纷案件 369 件，维护了当事人合法权益，减少了社会不安定因素；审慎处理土地经营权流转、承包地确权案件 35 件，通过审判完善农村土地承包关系、规范引导承包经营权有序流转，为保障农民合法权益、促进国家政策施行、维护安泽县农村社会稳定起到了积极作用；及时审理道路交通事故责任纠纷等涉民生案件 89 件，通过繁简分流，缩短赔偿款到位时间，解决当事人燃眉之急；妥善处理离婚、抚养、赡养、继承等婚姻家庭及乡邻纠纷案件 116 件，通过案件审理弘扬孝老爱亲睦邻的传统美德，促进了和谐安泽建设。

【规范执行工作】 2018 年是“基本解决执行难”的决胜之年，对照第三方评估体系要求全面规范执行工作。全年共受理执行案件 492 件，执结 475 件，执结率 96.54%。其中执结涉民生案件 54 件，涉银行、信用社等金融债权案件 50 件，执行到位标的 3205 万元。1. 加强网络执行查控系统建设，着力破解查人找物难题。充分利用最高院“总对总”网络查控系统，全年查询案件 1500 余件次，查控被执行人银行存款 1680 余万元、车辆 13 辆，极大地提高了执行效率。2. 加大对失信被执行人信用惩戒力度，着力破解规避执行难题。利用电视媒体、新闻发布会、官方微信、微博和县城繁华地带电子屏等载体，分批次公布失信被执行人 243 名，限制高消费 376 例，同时对失信被执行人购房、贷款、购买飞机票、软卧、高铁动车一等座以上车票进行了有效限制，有力震慑了“老赖”。3. 深入开展网络司法拍卖，着力破解财产变现难题。入驻网络司法拍卖平台，开展网络司法拍卖 8 件次，有效提高了财产处置成功率，提升了司法公信力。4. 用足用尽强制措施，保障胜诉当事人合法权益。全年司法拘留 23 案 23 人次，移送布控 6 人，移送拒执审查 3 案 3 人。

【司法为民】 2018 年，围绕司法为民宗旨，创新便民举措，不断优化提升司法服务。扎实推进便民服务“最多跑一次”改革，推行了刷卡支付、扫码支付、网点支付诉讼费缴纳和窗口一站式标的款发放、退费办理服务，实现了让信息多跑路，让群众少跑腿；加大司法救助力度，为确有困难的当事人缓交诉讼费 15 万余元，司法救助 10 万元；推进案件繁简分流，全院 80%的速裁案件在 7 天内审结，10%的速裁案件在 3 天内审结，简单民事案件办案周期长、效率低的问题得到解决；加快智慧法院建设，完成了执行指挥中心、标准化机房和局域网升级改造工程，机关所有网线全部更换为千兆网，推进了电子卷宗随案生成、OA 系统应用等智能办案、办公系统的建设及应用，全力提升信息化工作能力水平。

【审判管理】 2018 年通过严格审判管理，强化司法公开，提升了案件质效。认真落实院、庭长办案制度，每月定期召开审判工作例会，深入一线总结工作经验、调研分析存在的问题，并对办案过程办案质效等约束性指标实行网上动态管理，针对存在问题及时向法官推送提醒信息，提高审判工作质量，保证了全院全年均衡结案。强化司法公开，2018 年网上公开裁判文书 1307 件，公开审判流程信息及执行信息 1000 余件，网络直播案件 166 件，实现了“每庭必录”。2018 年，全院综合案件结案率一季度 72.68%，二季度 74.02%，三季度 85.02%，全年综合结案率 97.43%，均衡结案水平进一步提高；案件改判率同比下降 3.12%，发回重审率同比下降 3.59%，审判质量大步提升。

【队伍建设】 2018年，深入开展“强化责任、严守纪律、树好形象”“队伍整肃”“彻底肃清腐败流毒”“以案为鉴 筑牢防线”等专项活动，狠抓意识形态教育，努力建设过硬队伍。1. 加强学习宣传工作。每天坚持晨会学习，每月组织一次党组中心组学习，每季度一次专题党课，每半年进行一次工作评述。重大节日坚持举行升旗、宣誓活动，常态化组织干警参加在线学习，积极运用网站、微博、微信等新媒体手段开展各类信息宣传。全年举办各类讲座13次，组织干警外出培训学习36批89人次，参观教育基地90余人次，编辑转发各类宣传教育信息2000余条，人均在线学习60余课时、撰写心得体会7篇、学习笔记2万余字。2. 加强党风廉政建设。细化落实党风廉政建设“两个责任”，贯彻执行廉政建设各项工作制度，坚持节点廉政提醒，审判执行过程监督，纪律作风日常督导。组织学习相关通报16次、观看专题教育片6部，开展干警集体廉政约谈2次、个人谈心谈话活动80余人次。3. 认真落实上级法院关于司法体制改革的工作部署，顺利完成了第二批员额制法官遴选工作。4. 积极开展精神文明创建活动，顺利通过“市级文明单位标兵”第三方验收检查。先后组织开展道德讲堂、全员阅读、法治宣传、主题节日、志愿服务等各类活动，丰富了干警文化生活，弘扬了社会主义核心价值观。

【自觉接受监督，促进法院工作科学发展】 始终坚持党的领导，坚持重大事项及时向县委请示汇报，定期向人大常委会报告工作，主动把工作置于人大、政协、监察、检察机关及社会各界的监督之下。邀请人大代表、政协委员到安泽法院视察指导工作、旁听庭审、参与案件执行5次；主动到县两会讨论现场征求意见70余人次；人民陪审员陪审案件99件，陪审率达100%，进一步增进了人民群众对法院工作的监督、理解和支持。

2018年，安泽法院各项工作呈现出整体提升、健康发展的良好局面，多次获得各级表彰。先后被省高院荣记“集体三等功”一次，被评为“全省法院党建工作先进集体”；法院团支部被省人社厅、共青团山西省委授予“全省五四红旗团支部”。

司法行政

【概述】 2018年，在县委、县政府的正确领导下，认真贯彻落实中共十九大精神和全国两会精神，紧紧围绕中心工作，以主体工作为抓手，以履行职责为己任，以夯实基层基础为重点，以强化队伍建设为保障，充分发挥司法行政职能作用，为法治安泽建设提供了优质高效的法律服务和坚强有力的司法保障。

【思想政治教育】 2018年是贯彻中共十九大精神的开局之年，以习近平新时代中国特色社会主义思想为指导，认真贯彻落实中共十九大、十九届二中、三中全会精神，是今年的重要任务。积极开展“强化责任、严守纪律、树好形象”专项治理活动，将习近平新时代中国特色社会主义思想、最新宪法修正案、十九大报告、十九届二中、三中全会精神等列为学习内容，确保全体干警紧跟时代潮流，汲取最新理论思想指导实践。采用“三结合”的方式，即：集中学习和分散学习相结合，每月集中学两次，增加个人自学时间；线上学习和线下学习相结合，利用“法宣在线”“干部大学堂”等在线平台学习政策理论和法律法规，线下学习报纸、半月谈、求是等书刊；理论学习和实践教育相结合，除了传统的书本学习，开展了红色教育、参观廉政教育基地、重温入党誓词、慰问困难党员等活动，提高了党员的党性修养。同时，在学习期间，为加强学习效果的检验，局长亲自检查学习笔记，每月至少上交一篇心得体会，组织知识测试，确保干警能够学得深、记得牢、用得上。

【干警综合素质】 2018 年，在开展“大学习”活动提升干警思想政治素养的基础上，1. 在选人用人方面突出政治标准和责任担当，在 3 月份研究拟调整任用一批股级干部上报人社部门，确保选准用好干部。2. 在业务素质上强化提升能力，鼓励干警参加司法考试、心理咨询师等自学考试，有三名干警拿到了心理咨询师证书，两名干警成功申报了基层法律服务工作者；10 月份开展学习交流活动，组织 6 个司法所工作人员集中到唐城司法所参观学习，并召开整改提高会，要求各所按期整改。3. 在党风廉政建设上健全监督机制，认真落实党风廉政建设责任制，履行“一岗双责”。年初召开局委会完善单位的各项纪律制度，尤其是财务制度，报账、收支、公车使用等履行完备程序，确保财务公开透明；与各股室、站所签订党风廉政建设目标责任书；结合“队伍集中整肃”活动，严肃纪律、整顿作风，机关作风得到了明显改善。

【法律服务】 1. 在 2017 年取得的成果基础上，继续推进公共法律服务实体平台建设。2017 年年底县级法律服务中心已经成立并运转，2018 年七个乡镇公共法律服务工作站已全部建立，全部挂牌。每个乡镇优选两个村已先一步建立了公共法律服务工作室，形成示范引领。公共法律服务热线的升级改造工作也在积极筹备中。2. 推进律师和公证队伍建设。进一步加强公证律师行业的监管，整理权责清单，明确执业纪律。组织律师参与法治宣传、矛盾纠纷调解等社会活动，积极办理法律援助案件。2018 年共承办各类案件 12 件，担任行政机关法律顾问 20 家。全面推行公证处业务综合系统办理公证业务，积极探索公证机制体制改革，加强对公证人员管理考核。全年共办理各类公证业务 30 件，接受咨询 120 余人次。

【普法依法治理工作】 1. 2018 年认真总结“七五”普法开始以来的工作成效，查漏补缺，总结提升。制定 2018 年普法规划，对普法内容、普法方式、普法对象等做了详细的规定。深入开展“法律六进”活动，开展“3·15”宣传、扫黑除恶、安全生产月等普法活动 12 次，悬挂条幅 50 余条，发放宣传资料 2 万余份；开展宪法专题宣传，做了“四个一”：定做最新宪法读本，为基层送出一本书；制作了一部《宪法伴我成长》动漫视频；开展“小手拉大手活动”，举办一次“宪法在我心中”演讲比赛；邀请山西大学何建华教授为县委中心组及全县中层以上干部进行一堂宪法讲座。2. 加强无纸化考试工作，要求全县 78 家单位全体职工通过“法宣在线”平台挂课学习，组织参与了宪法、监察法、公共法三次考试，参考率100%，及格率达到74%；还利用安泽县荀子文化园打造法治宣传阵地，营造了浓厚的普法氛围；3. 积极上传法治创建典型案例，“平安安泽先进县”案例被省司法厅选中录入案例库。普法工作正在由“一家独唱式”普法向“集体合唱式”普法转变。

【社区矫正严管控】 充分利用社区矫正中心的平台，全面加强对社区矫正和刑释解教人员的监管。1. 落实好春节、国庆等重大节日活动期间的管控措施，确保无意外事件的发生；2. 加强对社区服刑人员的学习教育工作，年初组织社区服刑人员参与义务扫雪劳动，3 月份组织社区服刑人员观看警示教育片，并撰写了心得体会，7 月份组织社区服刑人员参与了国卫创建劳动，取得了良好的教育效果。2018 年社区服刑人员在册 41 人，安置帮教人员在册 125 人，无脱管、漏管、虚管现象的发生。

【人民调解强基础】 1. 人民调解委员会在各司法所的督导下完成了换届，并完善了人员档案。新上任的人民调解员 145 人，目前全县共有调委会 111 个，调解员 422 人；2. 配合扫黑除恶工作开展了矛盾排查活动，制定矛盾纠纷应急预案，按时上报周报、月报，力争将矛盾化解在萌芽；3. 举办全县调解主任培训，增强了调解骨干的业务能力；4. 完善调解案例上报制度，要求司法所将调解的案件，写成案例，定期上报。2018 年，七个司法所共调解案件 156 起，调解成功 133 起，成功率达 85%，撰写典型案 18 篇。

【扫黑除恶促平安】 1. 加强扫黑除恶宣传，借助普法节日、“三下乡”等活动，开展大型宣传活动 10 余次。共悬挂宣传标语 100 余条，制作“扫黑除恶”公交站牌 58 块，巡回展览版面 20 余块，《扫黑除恶知识手册》2 万余份。开展入户问卷调查，走访 341 户，发放宣传资料 12000 余份，宣传手册 5000 余册，发放致全县人民群众、司法行政系统干警及特殊人群的公开信共计 3600 余份，大力营造扫黑除恶的法治环境；组建“扫黑除恶宣传小分队”，自编自演《扫黑除恶快人心》快板书，县扫黑办号召全县所有单位收看学习，受邀为马壁乡政府举办的丰收节晚会进行义务演出，得到广泛好评。2. 动员各行政村调解员加大矛盾排查工作力度，密切关注黑恶势力容易滋生的重点地区、重点行业、重点领域；加大对特殊人群的管控，安排专人负责社区矫正监控系统、通过 GPS 定位，着力打造全天候、全方位、全过程的社区矫正监管安全“天罗地网”；扎实开展以案说法活动，提高群众法治观念，营造扫黑除恶舆论环境。（苏欢）

经济管理

发展和改革

【概述】 2018年全县地区生产总值1—9月完成46亿元，增长3.9%，全市位列第五；固定资产投资1—11月累计完成投资10.67亿元，同比下降53.5%，全市17个县市排名15；单位地区生产总值能耗降低率年度任务是3.2%，三季度增长3.12%；社会消费品零售总额，三季度安泽县累计完成8.06亿元，增速8.8%，增速位列全市第四；外贸出口，截至11月份国源进出口贸易有限公司将耐火粘土出口至俄罗斯13.4万元人民币；工业增加值实现39.3亿元，同比增长6.07%，全市排名第五。1—11月全县生产焦炭216.6万吨，同比增长17.9%，生产洗精煤267.7万吨，同比增长5.02%。

【机构改革】 2018年，“根据中央部署，依托原粮食整合，发改委组织实施国家战略物资收储、轮换或管理，管理国家粮食、棉花和食糖储备等职责，以及民政、商务等部门的组织实施战略和应急储备物资收储、轮换日常管理职责，安泽县组建粮食和物资储备局，不再单独保留粮食局”。安泽县按照国家、省、市改革方案，于5月24日由县委、政府召开发改、粮食、商务全体工作人员大会，正式宣布将粮食、商务并入县发展和改革局，但粮食局、商务局的牌子仍然保留，主要业务划归发改局综合股。其他原有的科室和人员逐步分流到县发改局新定编的科室里边。

【项目审批工作】 在山西省投资项目在线监管平台，实现受理、办理、监管“一条龙服务”。2018年，共审批项目51项，总投资15.02亿元。其中：审批类13项，总投资3.41亿元；备案类38项，总投资11.61亿元。

【企业投资项目承诺制改革工作】 赴侯马市政务服务中心就企业投资项目承诺制改革试点工作和并联审批工作进行参观学习，在此基础上，拟定了安泽县企业投资项目承诺制改革试点工作方案，细化任务，明确责任分工，对原有的报建审批管理模式进行全面优化。

【争取资金及项目谋划工作】 争取到以工代赈资金270万元。2018年已谋划2019年项目27个，总投资242.18亿元，其中市重点项目6个，总投资97.49亿元，县定项目5个，总投资101亿元。

【采煤沉陷治理工作】 安泽县100%完成治理任务，在省市排名第一。

【生态建设】 1. 从项目审批入手，首先制定《关于暂缓受理安泽县新增大气污染物排放建设项目审批事项的通知》对高污染项目严格审批，限制准入，杜绝了高污染项目。2. 出台《关于工业企业用煤标准公示的通知》，各类工业企业依标用煤。3. 2018年，严格落实重污染天气调度令和工业企业错峰生产要求，对企业实施24小时驻厂监管，按照大气办的限产要求随机抽查，预警期间限产到位，效果明显。

【安全生产监管】 与企业签订《安全生产目标责任书》，进一步健全完善了安全生产监管责任体系；扎实开展"两会"期间、汛期、"反三违"、"大排查、大整顿"等各项安全生产专项整治活动；为企业建立了《企业安全检查台账》，包括28大项49小项内容；先后40余次深入企业开展安全大检查活动，共排查出安全隐患60条，并全部整改完毕，确保年内安全无事故。

【物价工作】 成本调查监审工作。1. 完成了种植意向、存售粮、农资购买专项调查及玉米成本预测和直报调查工作。2. 完成了城北农贸市场商铺租金的成本估算工作；协助县幼儿园向市局提请调价标准，已进入成本监审环节；协同财政局对城中村改造中涉及的房屋拆迁评估金额进行审核。价格认证工作。完成认定涉案财物16起，认定金额19.26万元。

【商务工作】 1. 电子商务有了新进展。大力开展电商扶贫工作，全县7个乡镇102个行政村有86个村建有村级电商服务站（点），占比率84%，其中39个贫困村实现了全覆盖。截至10月底，供销e批、农芯乐、晋朵儿等电商交易平台交易额257.7万元。2. 开发区申报已获省政府批复，现已进入实质性启动阶段。3. 商务执法取得了预期效果。开展严厉打击取缔黑加油站点专项行动，开展联合执法检查5次，出动执法人员60人次，圆满通过了全市成品油专项治理交叉大检查。4. 做好分内创卫工作，对安泽县4个再生资源回收企业进行了规范，对不达标的收购站进行了取缔清理，从而规范了安泽县废旧品收购脏乱差现象。5. 加油站油罐改造正在全力推进。全县17个加油站的油罐改造任务中，民营加油站已全部完成，中石化的11个加油站目前只改造完成5个加油站，另外6个中4个正在改造，1个还未动工已停业，1个在高速引线工程中已经拆除，预计2019年6月底全部完工。

【粮食工作】 按期完成粮食轮换工作。粮食直属一库和二库共存储市级储备小麦1500吨、县级储备小麦2500吨，其中，直属一库储粮1000吨，直属二库储粮1500吨。2018年9月24日，根据《安泽县储备粮管理暂行办法》规定，完成了对2500吨县级储备小麦的轮换工作。有效维护粮食市场秩序。2018 年 5 月，在全县 7 个乡镇重新确定设立了粮食应急供应网点 7 个、应急粮食加工企业 1 个、应急配送中心 1 个，夯实了安泽县粮食应急保障供应体系。做好粮食安全宣传工作。以悬挂横幅、发放宣传资料、张贴宣传画等形式，以爱粮节粮、合理膳食、科学选粮为内容，有声有色地做好了 2018 年 10 月 16 日第 38 个粮食宣传周系列活动。

【脱贫攻坚】 2018 年承担府城镇风池村、神南村、良马乡上寨村、宋店村四个村的脱贫攻坚任务，以全面脱贫为目标，以产业扶贫为抓手，主要做了以下民生实事。1. 完善基础设施，方便出行。为良马乡上寨村改造田间道路 8 条，花费 131 万元；打通府城镇东庄村 120 米水泥路，拓宽了南岭庄田间道路，改善了群众出行条件。2. 改造饮水，解决民忧。建设完成府城镇神南村 1000 余米自来水改造工程，铺设府城镇枣庄沟至风池村 1000 余米饮用水管道，解决群众吃水困难。3. 整治卫生，改善环境。投资 50 余万元打造神南村卫生乡村，集中整治辛庄垃圾站，优化群众生活环境。为宋店村投资 2 万元修缮村委院落、围墙和大门；投资 1 万元购置图书、健身器材，丰富群众文化娱乐生活。4. 调整产业，促民增收。宋店村发展佛手瓜、辣椒等经济作物，辣椒平均亩产 2500 公斤，经济效益可达 7500 元；神南村发展蔬菜、水果种植基地，为村民增收打下良好的基础。5. 手拉手，帮秋收。用实际行动暖民心，解民忧。

【创卫工作】 2018 年粉刷墙面 623 平方米，改造旱厕一处，亮化楼体 3 幢、打造花园式院落，总计投资 100 万元。

【重点项目】 1. 永鑫焦化新建 340 万吨/年焦化及 2×20 万吨/年乙二醇项目。该项目现处于前期手续办理阶段，总投资 65 亿元，已累计投资 6000 余万元，其中：征地 2300 亩，征地费用 4500 余万元，征地工作已基本结束，下一步更改土地证性质、调整用地规划；焦化、乙二醇等专项初步设计和可研报告已完成，费用 1500 余万元。2. 太岳焦化新建 200 万吨/年焦化配套 20 万吨/年甲醇及 7 万吨/年合成氨项目。该项目总投资 25 亿元，已累计投资 8600 余万元，其中：2018 年完成交易 80 万吨；投资 1000 万元，征用唐城、李家沟土地 512 亩；并投资 500 余万元对征地附着物进行了赔偿；可行性研究报告已编制完成，正在办理环评、安评等前期手续。3. 永鑫铁路专用线项目。项目总投资 23 亿元，已累计投资 4 亿元。2018 年，安泽站接轨工程已完工，专用线全线七个标段同步开工建设，预计于 2021 年 10 月建成通车。4. 风电项目落地。中禾慧荣能源公司 40 兆瓦风力发电项目，于 2018 年 7 月获得发改委风电开发建设指标。该项目建设区域位于良马乡、杜村乡境内，总投资 4 亿元。2018 年，手续办理已接近尾声。预计 2019 年 1 月开工，2019 年年内完成。项目建成后预计年发电量 8000 万千瓦时，年销售收入 4560 万元。该项目的落地是安泽县有史以来唯一投资过亿的非煤项目。

（范艳丽　黄洁盛）

国土资源管理

【保护耕地，改进占补平衡】 1. 严格落实耕地目标责任，确保安泽县30.63万亩耕地（任务27.76万亩）和20万亩（任务20万亩）基本农田总量不减少，用途不改变。2. 大力推进土地整治，2017年8300亩高标准基本农田建设项目2018年12月下旬即可完成施工进行验收。安泽县马壁乡唐村等6村省级耕地开发基金项目大部分片区已进行扫尾工程，2018年年底进入申请验收阶段，项目完成可新增耕地2200亩。

【服务县域经济发展】 1. 上报2018年三个批次建设用地，项目涉及安泽县经济技术开发区、唐城工业园区、孔村医药园和城中村改造等重点工程，共计面积1169.07亩。供应土地5708亩，近5年农转征项目平均供地率为94.81%，排名全市第三，收取出让价款1.0806亿元，保障了长临高速、永鑫铁路线、站前广场等重点项目用地。2. 完成安泽县7个乡级土地利用总体规划初稿和唐城、孔村两个村级土地利用规划的编制工作。3. 第一批《安泽县城乡建设用地增减挂钩府城镇等6个乡镇项目区实施方案》已取得省厅批复，项目区涉及38个行政村，共86个图斑，可复垦耕地500余亩，可全部用于省内交易，2018年底正在抓紧对第二批500亩任务进行调查并编制方案。

【矿政管理】 2018年按时完成4座煤矿的储量年报编制和11个矿业权人基本信息网上公示工作。开展压覆矿产资源试行承诺制实行无审批管理工作，编制完成《山西省安泽县矿产资源调查报告》等待上报评审。

【执法监察】 1. 开展卫片执法监督检查，2017年度部下发安泽县土地变更调查遥感监测图斑105个，2018年经过审核判定，违法用地图斑3个，占地面积27.2亩，其中耕地面积19.3亩，违法占用耕地比例2.5%，已全部立案查处，查处率、结案率均100%。未下发安泽县矿产卫片疑似违法图斑。2. 严厉打击国土资源违法行为，查处土地违法行为5起，面积37.1亩，落实罚款37.48万元。扎实开展“亮剑行动”和“大排查大整治”，结合“扫黑除恶”专项斗争，在全县范围内深入开展巡查，未发现私挖滥采行为。

【不动产统一登记】 完成5522条房产数据和1534条土地数据的整合工作，已完成自检待上报市局。2018年共颁发不动产证书99本，不动产证明197本。

【地质灾害防治】 编制完成安泽县2018年度地质灾害防治方案和宣传培训演练方案，组织开展应急演练2次。完成安泽县2018年度36户农村地质灾害治理搬迁项目，竣工率、入住率均达100%，有力保障人民群众生命财产。

【开展扫黑除恶专项斗争】 1. 对府城镇高必村、桃曲村、上寨村等涉及长临高速、中南铁路等项目征地补偿的重点区域开展入户排查，未发现工作人员插手补偿安置、贪污截留、挪用资金等问题，未发现有涉黑涉恶“保护伞”等违法犯罪线索。2. 对全县2010年以来74宗执法案件卷宗进行了线索甄别，并对近年来国土资源信访案件进行“大起底”、开展“回头看”，未发现有涉黑涉恶线索。3. 对全县7个乡镇国土所扫黑除恶专项斗争工作进行督导检查，进一步发挥基层战斗堡垒作用，推动扫黑除恶专项斗争向纵深发展。

【服务基层群众】 2018年开展“国卫创建”“助力脱贫攻坚”等活动，服务基层群众。以党员先锋服务队为排头兵，机关30名党员深入服务点开展义务劳动11次，在包联村向群众发放宣传资料200余份，并为包联户送去米、面、油等慰问品51份，受到广大群众好评。同时实施资金帮扶、救助救济、土地开发项目倾斜等具体工作措施，为贫困户购置鸡苗、饲料1000余份，实施土地整理项目1个，切实提高了土地产量，改善了农民耕作环境。

【“党建业务深度融合”】 2018年在组织生活上，时刻提醒督促工作目标，在工作例会上必讲“党性”“担当”“作为”。共开展“红色教育”“深化扫黑除恶”“国卫创建”“手拉手助秋收”“脱缰而去的能人厅长”警示教育等主题党日活动，以思想教育作为推进工作的坚实保障，以工作成效检验思想教育成果。通过一系列得力措施，安泽县国土资源主要任务指标均排名全市前列，特别是在地质灾害搬迁治理工程上，提前87天实现搬迁率、入住率全部100%，部门形象在全市有效提升。

【厚植国土资源文化】 开展“讲我的国土故事”主题活动，通过讲述自己的工作经历，在全系统弘扬真抓实干、履职担当、脚踏实地、默默奉献的正能量，完成了“讲出国土特色、讲到灵魂深处、讲出经验教训”的总要求，为全系统干部树立真担当、真负责、真实干的精神提供有力思想保障。

【工作台账管理】 开展“大落实、大推进、大检查、大督导、大调研”活动，通过系统梳理基础性工作、全面推行台账式管理的工作模式，全系统13个股室、7个基层站所的108份工作台账得到完善，为促进安泽县国土资源事业高质量发展奠定坚实基础。

审　计

【概述】 2018年结合本单位实际，全面按时保质保量地完成了各项审计任务。全年共安排审计项目42项，其中：审计署安排的审计项目2个，省厅统一组织实施的审计项目1个，县级安排审计项目39个。审计署安排的2个项目中，保障性安居工程审计已完成，政策落实跟踪审计已完成一、二、三季度工作，现正进行第四季度跟踪审计工作；省厅统一组织实施的供热系统2016年、2017年建设运营管理情况审计调查已完成；县级安排的39个审计项目中已全部完成，具体包括预算执行审计11个，乡镇决算审计2个，经济责任审计21个，领导干部自然资源资产离任审计2个，复审项目2个，政府投资决算项目1个。共查处违规资金83783.41万元，罚款17.85万元，移送案件13起，提出各类审计意见和建议148条，提交各类审计报告、审计信息和调研论文127篇。

【跟踪审计】 2018年按照省市统一安排部署，抽调业务骨干组成审计组对防范化解重大风险、精准脱贫、污染防治、放管服改革等多项内容进行跟踪审计，特别是在精准脱贫工作审计中，审计人员深入农户实地调查，密切关注扶贫资金和相关实施管理过程中出现的新情况新问题，积极提出对策建议，促进建立完善体制机制，确保扶贫项目顺利实施和资金安全运行。全年严肃查处安泽县回收的散煤没有及时处置、东里村生猪养殖场化粪池未做防雨（水）处理、安泽县农村电子商务平台建设进展缓慢、重点工程没有按时完工等问题，针对问题提出合理化意见和建议，并移送主管部门案件线索1起。

【预算执行审计】 2018年，初步探索运用大数据，努力扩大审计覆盖面，积极依托财政及相关外部数据进行集中分析、分散核查，关注经济转型升级、产业结构调整、扶贫脱贫和科教事业等财政资金绩效，密切关注部门预算编制口径、内容等方面的规范性。按照年度审计项目计划安排，对财政局、地税局等11个单位开展了县本级预算执行审计。通过审计，共查出违纪违规资金81021.71万元，罚款11.25万元，移送案件3起。针对存在的突出问题，向被审计单位提出了有针对性的意见和建议，促进了财政资金的规范化管理，提高了资金使用效益。在县十六届人大常委会第十六次会议上，常委们听取和审议了安泽县2017年度本级财政预算执行和其他财政收支的审计工作报告，并对审计工作成果给予了充分肯定和很高的评价。

【经济责任审计工作】 2018年，按照“积极稳妥，量力而行，提高质量，防范风险”的原则，稳步推进经济责任审计工作。首先是科学制定项目计划，合理确定审计对象。结合相关经济责任审计规定，年初与经济责任审计领导组各成员单位进行沟通，根据领导干部任职年限和以前年度审计情况，有计划地安排了21个经济责任审计项目。其次是在审计过程中，把经济责任审计与财政预决算审计、专项审计、政府投资审计等有机结合起来，整合资源、科学组织、采取一次进点、协同审计、成果共享、分别报告的组织方式，实现“一审多果”，提高了工作效率。完成的21个经济责任审计项目，共查出违规金额2753.95万元，其中：应负主管责任的1178.88万元，应负领导责任1575.07万元，决定处以罚款6.60万元。

【专项资金审计】 以解决关系群众切身利益为出发点，按照县委、政府和上级审计部门的安排部署，对涉及民生的重大政策措施落实情况跟踪审等项目资金预算管理和使用情况开展专项审计调查。重点关注“三大攻坚战”相关政策落实、“三去一降一补”任务落实，“放管服效”改革推进，县扶贫重点工作任务完成情况和涉农资金统筹使用情况等。2018年，已完成重大政策措施落实情况跟踪一、二、三季度审计、安泽县2017年保障性安居工程跟踪审计，对污染防治方面、安居工程建设管理方面、安居工程住房分配等方面存在的问题提出了审计建议，移送主管部门案件线索1起，并责令相关部门追回违规发放资金7.75万元。

【政府投资审计】 认真贯彻落实上级部门

的要求，组织局投资审计人员到临汾市审计局学习政府投资审计开展方式、政府投资项目审计管理实施和质量控制、风险防控等方面的具体做法；并与财政部门就如何加强项目管理、严控财政支出联合下文，要求各级部门在工程实施中必须严格执行《中华人民共和国招投标法》《中华人民共和国政府采购法》及省、市、县关于工程项目规范管理的有关规定，严格履行工作程序。2018 年，已安排政府投资结算审核项目 37 个，已完成结算审核项目 26 个，送审金额 15151.31 万元，审定额 13220.10 万元，审减 1931.21 万元，审减率达 12.75%，有效控制了建设工程造价，提高了财政资金的使用效率。

【自然资源资产离任审计】 依据《临汾市 2018 年领导干部自然资源资产离任审计工作方案》要求，专门成立审计组，对冀氏镇党委书记和镇长两名同志的自然资源资产管理和生态环境保护责任履行情况进行审计试点，严肃查处了生态文明建设相关制度不健全、自然资源管理存在漏洞等方面问题，针对问题划清责任，要求冀氏镇逐项排查、逐一销号，以推动领导干部守法、守纪、守规、尽责，切实履行自然资源资产管理和生态环境保护责任，促进自然资源资产节约集约利用和生态环境安全。

【开展扶贫资金使用及扶贫项目专项检查】 2018 年 3 月，审计局、纪委、财政局、农委四部门组成专项检查组对 2014 年至 2017 年扶贫资金使用及扶贫项目进行专项检查，审计调查 7 个乡镇 16 个县直单位，涉及扶贫资金 33858.98 万元，查处六大类 43 个方面的问题，针对存在问题和原因向县主要领导做了专题汇报，领导高度重视批示相关单位限期整改。

【审计监督】 在预算执行审计、扶贫专项检查等项目中，发现部分乡村旅游、国卫创建项目未履行招投标手续等违反程序问题，及时向县委、政府、纪委领导反映，根据县委主要领导安排，联合财政局下发《关于进一步加强项目管理、严控财政支出的通知》，规范投资行为，防范投资风险。

【交叉审计检查】 高效完成县委政府交办的任务，在认真完成日常审计工作的基础上，加大各级领导交办和批示事项的办理力度，先后派人配合省审计厅进行了运城市夏县扶贫资金审计，配合市委巡察组进行巡察工作，配合县委、政府完成了蒲县扶贫领域交叉检查，主导完成了县本级 2014—2017 年扶贫资金使用及扶贫建设项目专项检查。

【服务县域经济】 2018 年服务领导决策。紧贴经济建设重点、社会关注热点和被审计单位内部管理难点加强审计综合分析，提出审计建议。向县委政府报送审计报告和审计信息 37 篇，县委政府领导批示 3 件（次）。特别是在跟踪审计中，针对查出的阻碍安泽县经济发展的一些问题县领导高度重视，批示相关单位认真整改落实，取得良好效果；助力脱贫攻坚，贯彻落实县脱贫攻坚工作会议精神，专题研究，统筹安排，局领导多次与村委班子座谈，共谋发展计划，为改善荆村交通条件，积极协调争取建设项目资金，铺设了水泥路7.8公里，帮助该村建立了连翘基地，抚育荒山连翘420亩，解决荆村和崖底两个自然村的饮水安全问题，配合村委完成垃圾处理厂2期建设，协助安装100吨收粮地磅一座，解决农民售粮难得问题。由于工作队成绩突出，县委组织部在全县100多个驻村工作队中选取本单位一家工作队进行实地采访和专题报道，制作微电影宣传审计工作队助力扶贫的感人事迹，在全县助力脱贫攻坚中宣传了正能量，树立了良好的审计形象。

【审计执法】 2018年，认真贯彻落实审计署以及省市审计机关会议精神，履行审计法赋予的法定职责，创造良好的审计执法环境，提高审计监督权威。

1. 规范程序。结合实际补充和完善审计权力责任清单，细化优化审计调查了解组织、审计实施方案制定、审计结论文书出具等审计执法流程，形成“依法确定权力、科学配置权力、制度约束权力、阳光行使权力、合理监督权力、严惩滥用权力”的审计执法机制。

2. 提高质量。新形势下要求审计人员转变观念，牢固树立发现问题是水平、推动解决问题是本领的审计质量提升理念。年初依据省市下达的审计计划和本单位实际，层层签订工作计划目标责任书，形成一级对一级负责的工作机制；加强审计过程的控制，所有审计项目尽量实行送达审计，严格落实《审计现场管理办法》的同时，建立健全《审计工作流程图》《经济责任审计操作规程》等机制，将审计质量责任落实到每个环节，做到全过程、全员质量控制。建立完善质量责任追究制度，倒逼审计机关和审计人员强化风险意识、责任意识，切实加强质量控制；严格执行审理制度，在审理复核的基础上，对审前调查、审计方案、审计工作底稿、审计取证、审计报告等各个环节实行“节点”控制，提升审计质量；每个审计项目的审计小组定期汇报进展情况汇报会，重大问题班子集体研究，2018年召开专题审计项目进展汇报会议21次，重大事项班子集体研究会议14项，进一步防范审计风险，全面提升了审计质量。

3. 督促整改。审计执法的目的最终是为了规范经济行为，在审计项目问题整改过程中，就以“清单”方式，列出审计查出的突出问题、责任单位和整改情况，提出了问题“账本制”、整改“限时制”、落实“规范制”的“三制”模式，各审计组对审计整改情况进行跟踪督促，加强与被审计单位的沟通交流，及时全面了解被审计单位审计整改工作进展情况以及取得的成效，针对被审计单位在落实审计整改过程中遇到的困难与问题，积极给予指导帮助，及时整改落实到位，进一步提高整改工作效率，增强审计监督执行力。

4. 加大案件移送力度。在依法查处财政收支、财务收支、工程建设等领域的违法行为过程中，对于发现违法事实涉及的金额、违法事实的情节、违法事实造成的后果等，及时召开审计业务班子会议，研究处理处罚办法，该罚款的罚款、该约谈的约谈、该移送的移送，绝不姑息迁就，2018年罚款17.85万元，移送案件13起，有力地提高了审计监督的权威性和政府公信力。

【"三基建设"】 2018年重视"三基建设"，按照"一年解决突出问题、初见成效，两年不断深化拓展、显著改观，三年实现整体提升、全面进步"的总体思路，结合审计工作实际，积极进行制度创新，注重党建工作的制度化、规范化和长效性机制建设。1. 健全制度。为抓好组织建设，进一步建立健全了支部组织生活会、民主生活会、政治学习、民主评议党员以及限时办结制、过错追究制等多项党建规章制度，用制度管人、用制度管事。2. 严格落实各项制度，加强"三基建设"，增强基本能力，定期召开支部党员大会、支部委员会，按时上党课。在"三会一课"制度执行中，力求规范有序，做到时间、人员、内容和效果四到位，努力提高组织生活质量。在落实"党员活动日"中，制定了每月党日安排，活动日不仅仅是交党费、宣誓入党誓词，而且把道德讲堂、警示教育、审计核心价值观等有机结合起来，使政治性、知识性和活泼性融为一体，增强党组织凝聚力和战斗力。3. 丰富内容，提高支部凝聚力。因地制宜开展有特色的党建活动，采取"周一学业务周五学理论、每月一测试、每季一总结、半年一汇报、全年总兑现"的办法定期对党员开展教育，特别注重双向互动，从过去以灌输、说教式教育转化为互动式、开放式教育。同时结合安泽县创建卫生文明县城，对办公楼进行了亮化、绿化和美化，成立"审计书屋"、打造新时代实践站，并组织党员开展"读书月"活动和乒乓球、羽毛球等各种形式的健身比赛活动，以提高审计干部的身体素质，陶冶情操，缓解大家的工作压力，使集体主义观念和团结协作意识进一步加强，党支部的凝聚力进一步提高。

【党风廉政建设】 2018年，多措施强化党风廉政建设，积极落实全面从严治党的要求。1. 严格落实党委主体责任和纪委监督责任，局党组书记自觉履行"第一责任人"责任，坚持将党风廉政建设和审计业务工作一同纳入重要议事日程，多次专题研究部署，层层分解任务，层层传导压力，层层压实责任，形成一级抓一级，层层抓落实的工作格局，确保责任的有效落实。2. 抓好党风廉政建设宣传教育。坚持把党员干部的教育放在首位，先后组织审计人员赴安泽县廉政教育基地和沁河庄红色教育基地进行再教育，组织了党纪党规知识测试，观看典型案例教育警示片，结合实际开展了纪律作风专项整治月活动，通过局党组和党支部讨论学习、机关学习参阅材料、内网、审计微信群、电子显示屏、办专栏等形式学习《中华人民共和国宪法》《中华人民共和国监察法》《中国共产党问责条例》等内容，推进全面从严治党落到实处。3. 强化从严治党责任约谈，局党组把对党员干部开展落实全面从严治党责任约谈作为践行"四种形态"的重要抓手和关心爱护干部的具体体现，特别是2018年县委第一巡察组反馈的关于落实全面从严治党主体责任不到位问题，结合权责清单，重新修订制度规范15项，并结合实际进行了问责和约谈，充分发挥约谈的提醒警示作用。4. 加强审计现场监督检查。根据局党组安排，由局组成廉政巡查工作组对全局所有在审项目现场进行督查，通过召开审计人员座谈会、审计现场了解情况、约谈审计组负责人、听取被审计单位对审计工作的意见和建议，对审计组是否按审计工作程序开展工作、执行工作纪律、廉政纪律情况及遵守“八不准”审计纪律等情况进行检查，确保全面从严治党责任落到实处。

统　计

【概述】 2018年，面对错综复杂的经济形势，安泽县经济发展实现稳中有升、稳中有进。全县地区生产总值再创历史新高，实现63.2亿元，比2012年的51.1亿元高出12.1亿元，按可比价计算，比上年同期增长3.3%（全市2.8%），位列全市第9。规模以上工业增加值实现43亿元，同比增长1.3%，比全市平均水平高5.3个百分点（全市-4%），位列全市第7；社会消费品零售总额实现10.4亿元，同比增长8%，增幅高于全市平均水平0.5个百分点（全市7.5%），位列全市第3；城镇居民人均可支配收入实现29252元，比上年增长7.6%，比全市平均水平高1.3个百分点（全市6.3%），位列全市第3；农村居民人均可支配收入实现9846元，比上年增长7.3%，比全市平均水平低1个百分点（全市8.3%），位列全市第10；固定资产投资累计完成11亿元，同比下降52.2%，增速比全市平均水平低22个百分点（全市为-30.2%），在19个县市区排17位（含2个开发区）。三次产业结构比为6.7∶73.9∶19.4。

【第四次全国经济普查】 按照省、市普查办要求，认真落实机构、人员、经费、场所，为农业普查顺利开展奠定了良好的基础。1. 根据省、市要求以县政府名义印发《安泽县人民政府关于认真做好安泽县第四次全国经济普查工作的通知》（安政发〔2018〕4号）文件，对全县第四次经济普查工作进行了安排部署；2. 将经济普查经费列入了年度财政预算；3. 组织业务骨干参加省、市经济普查业务培训，参加了在侯马举办的经普试点工作；4. 按照普查要求，选调经普“两员”280余人，并于9月份在黄河京都分两期对“两员”队伍进行了单位清查业务培训；5. 单位清查工作圆满完成，根据省、市要求的时间节点按时完成了安泽县四经普的单位清查工作，安泽县的单位清查进度和清查率均位居全市前列，在历次的清查进展通报中，安泽县多次获得市局的表扬。

【统计管理体制改革】 2018年，根据国家、省、市关于统计管理体制改革的文件精神，起草了《关于深化统计管理体制改革，提高数据真实性的实施意见》，以县委办公室和政府办公室的名义联合下发，进行贯彻落实。利用每周一上午的集体学习深入学习贯彻习近平总书记视察山西重要讲话精神和对统计工作的重要指示批示精神，以及中央《意见》和山西省《实施意见》的精神编辑印发了《统计知识100问》和《领导干部应知应会统计知识手册》，向县委、政府领导和党政机关免费发放进行学习宣传。10月25日和12月5日，以县委组织部举办的“学习贯彻习近平新时代中国特色社会主义思想读书班”为契机，为参训的科级干部讲了题为“深化统计改革、坚持依法统计”的统计法律法规知识讲座，使统计法走进党校，有效提升了领导干部的依法统计意识。按照市局《关于加强临汾市统计信用建设的通知》要求，所有统计干部职工签订了《统计从业人员守信践诺承诺书》并建立了安泽县统计局统计从业人员信用档案。同时对“四上”企业统计员也全部签订了《统计从业人员守信践诺承诺书》，实现责任到人。5月16日，组织乡镇统计员、四上企业统计从业人员举行了“争做诚信统计人”大型签名活动。

【首席统计员制度】 关于乡镇首席统计员派出制，6月21日，县政府党组会研究通过了《安泽县推行乡镇首席统计员管理制度实施方案》，并以县人民政府办公室印发《安泽县推行乡镇首席统计员管理制度实施方案的通知》。6月27日，专门召开各乡镇书记会议，对推行乡镇首席统计员工作进行了安排，7月份，乡镇首席统计员管理制度全面推行，聘任乡镇首席统计员7名，发放了聘书。在政府购买服务方面，积极争取投资专业统计公益性岗位2人，充分保证投资统计工作顺利开展。

【统计服务】 2018年对主要经济指标运行实时监测预警，每月一期《安泽经济运行监测》，对完成难度较大以及经济运行中存在的难点问题及时向责任部门进行反馈，并提出针对性的合理化建议；主动作为，努力提升统计分析水平，每季一期《安泽统计》，针对制约经济社会发展的苗头性、倾向性问题，注重发现统计数据背后的深层次原因，从细节中找亮点，从危机中看转机，在困局中找希望，深入基层、深入一线，对工业、煤炭、投资、贸易等领域进行专项调研，及时把脉经济运行情况；积极整理编印年度统计资料，建立统计数据库，收集整理了2017年各专业和主要部门的统计数据和被各类媒体、杂志采用的统计分析、信息编印了《安泽2017年县情概览》和《安泽县统计分析报告选编（2010—2017）》；各类统计产品从不同角度、不同层面解读、分析、反映、预测经济发展状况，较好地发挥了经济社会发展的“晴雨表”“温度计”“指示器”作用，统计部门的职能作用显著增强。

【统计基层基础规范化建设】 根据省、市统计局的安排，2018年将对县统计局和四个镇统计站统计基层基础规范化建设工作进行达标验收，2019年底进行达标验收全覆盖。为切实开展好此项工作，根据双基建设验收标准制定下发了《关于开展统计基层基础工作规范化建设活动的通知》对规范化建设工作进行安排部署，5月16日，组织乡镇统计站召开了“安泽县统计基层基础规范化建设推进会议”，对乡镇统计基础工作规范化建设验收标准的相关验收内容和考核指标进行了详细的讲解，经过全县统计工作人员的不懈努力，于10月25日，顺利通过了临汾市统计局对安泽县统计基层基础规范化建设的达标验收。

【党风廉政建设】 为切实开展好党风廉政建设工作，落实好“一岗双责”，在年初召开的全县统计工作会议上，对党风廉政建设工作进行安排部署，并根据部门实际对党风廉政建设工作任务进行了责任分解，实行责任到人；根据县委出台的《贯彻落实中央八项规定实施细则》，局党组紧密结合统计工作实际，从改进调查研究、精简会议活动、切实改进文风、规范出国（境）

行为、严格公务接待、厉行勤俭节约、严守廉洁纪律、严肃生活纪律、加强督促检查等方面对落实八项规定进行了修订，制定符合实际的贯彻落实中央八项规定精神实施细则，细则针对性强，可操作性强；作为县委巡察办第五轮政治巡察的被巡察单位，于5月11日召开了县委第二巡察组巡察统计局动员部署会议，在巡察期间，局党组坚持直面问题不足，敢于亮丑揭短，积极主动配合巡察工作，巡察结束后，根据巡察反馈意见，及时出台整改方案，制定整改工作清单，明确问题整改的责任人、完成时限及目标成效，确保整改工作落到实处，成效明显。

【获奖】 2018年2月，被山西省统计局和山西省人社厅联合授予“绩效考评先进集体”；2018年3月，在临汾市统计系统的综合考评中，全市统计系统共设5个优秀单位，荣获“2017年度综合考评优秀单位”；2018年5月，被山西省第三次全国农业普查领导小组授予“第三次全国农业普查省级先进集体”。 （李剑）

国家统计局安泽调查队

【概述】 2018年以来，安泽队认真贯彻全省调查工作暨党风廉政建设会议精神和全县经济工作会议精神，按照山西总队、市队和县委县政府的总体部署，认真学习贯彻中共十九大精神和习近平新时代中国特色社会主义思想，扎实推进统计体制改革各项要求；突出党建引领，全面落实从严治党各项要求；完善制度机制，全面履行党风廉政建设责任；服务地方决策，确保数据准确；提升服务水平，打响调查品牌。

【突出政治建设，提高政治站位】 及时组织开展中共十九大精神学习贯彻，以实际行动在学懂弄通做实上下功夫，1. 认真落实国家局和山西总队学习宣传贯彻中共十九大精神动员部署视频会议精神，组织开展学习中共十九大精神，迅速掀起全队学习高潮，营造浓厚的学习氛围，重点学习了习近平总书记系列讲话精神、《习近平新时代中国特色社会主义精神三十讲》等相关内容，2018年，累计开展专题学习9次，开展专题讨论2次，开展专题知识测试1次，在全队形成了真学、深思、实做的良好氛围；2. 扎实推进统计体制改革各项要求，进一步贯彻落实中央《关于深化统计管理体制改革提高统计数据真实性的意见》《统计违纪违法责任人处分处理建议办法》等重要统计改革精神，层层落实防范和惩治统计造假弄虚作假责任制，严格执行《关于统计机构负责人防范和惩治统计造假弄虚作假责任制规定（试行）》及有关文件精神要求，不断增强统计调查人员依法统计意识和统计责任担当，层层签订责任书，建立全员责任制，开展责任人“签字背书”承诺，加强目标责任管理，以防范促责任落实，将防范和惩治统计造假弄虚作假纳入目标考核，进一步强化压力传导机制，筑牢责任防线，建立健全领导干部违规干预统计调查工作台账。实现违规干预记录台账全体干部职工、所有专业全覆盖。

【党建引领，落实从严治党各项要求】 1. 深入推进“两学一做”学习教育常态化制度化，深入开展“强化责任、严守纪律、树好形象”专项治理活动。坚持每周一组织实施集中学习。2018 年，党支部、队务会班子集体学习 6 次，组织全队集体学习 36 次，讲党课 4 次，学习笔记每人累计抄录 2 多万字；巩固网络自学平台。充分利用国家统计局在线学习平台开展自学。正式干部平均学习 30 学时以上。积极参加安泽“干部大学堂”培训学习。参加组织部门、党校举办的干部大学堂讲座 13 期，参加中共十九大精神专题学习 2 次，参加三基建设基础能力提高培训 3 次，班子成员参加县委组织部组织太行学院培训 8 天。通过学习，将全队干部职工的政治站位提高到与党中央保持一致上来、思想认识统一到适应新形势的统计调查工作要求上来。

2. 制定了 2018 年党建工作要点及责任分工，落实党建工作责任制，确保党建主体责任具体到人、具体到事。严格执行“三会一课”等制度规定，规范党内政治生活。积极部署安泽队警示教育月活动开展，2018 年，召开 8 次党员大会、9 次支委会，开展党课教育 3 次，其中支部书记讲党课 2 次（其中廉政党课 1 次），普通党员讲党课 1 次，红色教育基地实践党课 1 次，召开专题组织生活会 1 次，开展反思剖析会 1 次，进行专题研讨交流 3 次，支部书记与党员干部进行了 2 次谈心谈话。党支部活动推行 3+X 模式，“3”即手持党费证现场交纳党费、学习党章党规和习近平系列讲话、通报安排支部工作为规定内容，“X”即结合实际，开展学习研讨、组织生活、政治生日、党课教育、志愿服务、主题实践、评议党员等自选内容，增强活动针对性和实效性。

3. 组织开展主题党日活动，确定每个月 15 日为主题党日活动日。2018 年，共开展 10 次党日活动，包括走访慰问贫困户、走访困难党员和感动安泽人物、参加“博爱一日捐”活动、组织端午节诗歌朗诵、“七一”演讲比赛、观看警示教育片、帮贫困户收玉米等活动，既从内容和形式上丰富了党的组织生活，也增强了党员的身份认同。

【完善制度机制，履行党风廉政建设责任】 2018 年，安泽队坚持“2468”工作方法，即履行好“两个责任”，严防四风问题，运用好执纪四种形态，遵守六大纪律，严格执行中央八项规定，全面落实党风廉政建设责任。

1. 全面落实总队党廉工作视频会议、市队党廉政工作会议和全县政府系统党风廉政建设工作会议，召开全队党廉工作会议，制定了 2018 年党廉工作要点及任务分工，明确主管领导、分管领导和责任人。先后签订了党风廉政建设承诺书和防范和惩治统计弄虚作假岗位责任承诺书，做到了承诺书全覆盖。

2. 安泽队全年党廉教育不放松，党廉教育全覆盖，10 月份积极开展安泽队警示教育月活动，确保党廉教育取得效。切实筑牢党员干部思想防线，先后 6 次集中学习廉政规定，开展了党风廉政建设专题党课辅导；及时传达全国统计部门警示教育视频会议精神，深入推进安泽队全面从严治党，切实增强党员干部纪律规矩意识；先后组织全队干部职工观看警示教育片《蝇贪之害》《权》《守住第一次》《代价》，及时收看山西总队《统计调查讲堂》，收看《把纪律挺在前面》《为了政治生态的海晏河清》警示教育片，接受了生动的廉政警示教育；深入廉政警示教育基地接受警示教育，敲响警钟，加强教育；到杜村乡太岳革命根据地旧址开展红色教育，通过观旧址、听讲解、上党课等形式，使干部职工增强了责任感和使命感。

3. 坚持“三重一大”民主决策制度。凡属队内“三重一大”事项，必经集体讨论作出决定；加强“人、财、物、数”等方面的队务会决策管理，进一步完善了公务接待、公务用车、政府采购等制度。开展廉政风险防控机制建设，加大对关键环节和重点岗位风险防控；加强制度建设，完善规章制度，提升制度执行力，以制度要求管人管事，严格执行队领导节假日值班带班制，公车派单封存制，公务接待登记制，婚丧事宜报告审批制，财务采购公开制，出差下乡派单制，集体研究决策制，个人事项报告制，主要数据上报审批制。完善机关日常监督管理，提振队伍士气，塑造良好队伍风貌；注重抓早抓小，加强常态化监督，时刻保持警醒，慎独慎微，让日常监督成为咬耳出汗、扯袖脸红的重要方式。队务会班子定期对分管范围开展监督检查，听取汇报，开展谈话谈心。

4. 严格执行中央八项规定精神，严格恪守六大纪律，紧盯重点人员、重点部门、重点领域、重点时节，持续收紧严查“四风”问题的“紧箍咒”，队领导以身作则，少数带动多数，带头遵守纪律规定，带头做到廉洁自律，带头保持优良工作作风，深入数据采集一线，解决突出问题，走实基层调查“最后一公里”；根据总队党组部署，在全队开展集中整治形式主义、官僚主义工作，制定集中整治形式主义、官僚主义工作实施方案，召开全体人员会议及时布置整治各环节工作，并结合工作实际，逐项查找原因、剖析根源、堵塞漏洞、补齐短板、举一反三、建章立制，保证集中整治行动落地见效。

【服务地方决策，确保数据准确】 2018年以来，安泽队坚持党对统计调查工作的全面领导，以党建工作为引领，促进统计调查工作全面提升、落地生根。

1. 年初召开了7个专业的业务培训会议，并对2017年度优秀记账户和辅调员进行了表彰；结合日常下乡，对调查户、调查单位开展一对一、点对点、面对面培训，做到调查三级培训全覆盖；积极利用微信群、QQ群等“互联网+”手段进行业务指导，及时答疑解难，保证调查对象疑问能够得到及时准确解决。

2. 将电子记账作为全年重点工作着力推进，在全队职工干部中开展了“我当一月电子记账户”活动，在住户收支调查户中积极宣传住户电子记账工作，2018年，安泽县开通“E记账”调查户达到98户，电子记账率达到81.7%，提前完成全年电子记账率达40%的目标任务；农民工监测调查从2018年二季度开始，全部使用“E调查”开展调查工作，“E调查”覆盖率达到100%。

3. 2018年前三季度，安泽县城乡居民人均可支配收入稳步增长。据国家统计局山西调查总队反馈，2018年上半年安泽县全体居民人均可支配收入为13136元，比上年同期的12052元，增加1084元，增长9.0%。其中：城镇居民人均可支配收入为

21871元，比上年同期的20345元增加1526元，增长7.5%；农村居民人均可支配收入为7924元，比上年同期的7317元增加607元，增长8.3%。

2018年，城镇居民人均可支配收入增幅6.5%左右；农村居民人均可支配收入增幅7%左右。

4. 完成7个调查点70户的贫困监测调查前三季度季报，加强数据审核评估，对贫困监测主要数据进行严格的源头入户审核、编码录入审核、逻辑性审核，对各种指标进行对比性、匹配性、衔接性和趋势性评估，保证数据真实可靠。

5. 按照县委、县政府的要求部署，扎实开展"三联两报到"活动。安泽队与马寨村委和镇包村领导争取县民生工程资金26万元，为马寨村改造饮用自来水管道、污水管道4000余米，开展帮助贫困户收玉米、帮助智残人士收玉米活动，完成贫困户信息定位工作，积极配合村两委开展护林防火工作；开展马寨村帮扶脱贫工作。与马寨村委制定未来三年规划，在2018年连翘基地发展90余亩的基础上，预计在三年后达到300余亩，通过开展入户走访，为贫困户测算2018年收入情况，做到收入支出统计不重不漏，巩固脱贫成果。

【调查服务】 安泽队围绕大政方针抓品质，聚焦热点难点显特色，做好调查服务，强化数据解读，在提升服务水平上下功夫，打响"统计调查品牌"。1. 编辑出版了《安泽调查》刊物，现已出版11期。在展示地方经济社会发展情况的同时，宣传了调查工作，普及了统计知识，调查品牌逐步树立。2. 围绕总队约稿和安泽县委县政府中心工作开展了一系列专题调研，将调研报告上报总队和县委县政府。2018年，全队共报送信息52篇（条），其中，报送工作信息40篇（条），采用11篇（条）；报送经济分析9篇（条），采用4篇（条），调查文化2篇（条），工作交流1篇（条）。报送约稿33篇（条），累计采用89篇次，其中总队采编26篇次、省委省政府采编21篇次、国家局采编29篇次、领导批示9篇次。

工商和质量监督管理

【概述】 2018年以深化商事制度改革为抓手，不断优化营商环境。全面推进"多证合一"登记改革，共有各类企业774户，新开业登记106户，变更登记企业195户。合作社共有457户，新开业登记26户，变更登记合作社45户。应参加年报的企业674户，已年报的企业644户，年报率95%。应参加年报的专业合作社450户，已年报的391户，年报率86%。应参加年报的个体工商户3105户，已年报2940户，年报率94%。基本完成了市局下达的年报任务。按照相关规定已将未参加年报的企业、合作社、个体工商户列入了经营异常名录，企业29户、合作社60户、个体工商户166户。

【专项活动】 应季开展各类节日、旅游、农资市场的专项规范整治，结合"红盾护农"加强打击农资市场侵权假冒行为，配合省局抽检农资肥料经营户1户；开展农村和城乡接合部假冒伪劣专项整2次；开展重点行业格式条款专项整治；开展商标专用权质押融资宣传工作，组织“4·26”知识产权宣传，开展2次“双打”专项行动；在支持微企业发展上，为企业融资办理抵押登记2起；指导连翘地理标志商标注册事宜；加强广告监管，先后开展了节日期间广告、户外广告、互联网广告，非法集资广告等专项检查，开展“双随机广告抽查”1次，净化了安泽县广告市场环境。

【“双随机一公开”】 2018年按照国家局、省局、市局下发的双随机企业、合作社、个体工商户抽查名单，开展不定向抽查3次，抽查企业45户，合作社23户，个体户189户，检查完毕后均将检查结果通过国家企业信用信息公示系统向社会公示。

【专项执法】 开展春节、元旦、沁河水生野生动物等专项执法15余次，共出动执法人员30余人次，检查各类经营户360余户。配合银监办拆除悬挂有“粮食银行”字样牌匾4户，开展有机挥发物检查10余次，检查个体户300余户。

【质量监督】 1. 先后开展危化品领域特种设备安全专项整治，电梯质量安全专项整治，大型游乐设施安全整治，气瓶安全专项整治，安全生产大检查专项整治，“保两节，保旅发”安全整治，汽车加气站和充装点大检查等多次专项特种设备安全检查。安全生产月期间，我们在第五加油站开展了“应急演练”活动；在永鑫煤焦化公司开展了“应急救援演练”活动，通过演练不断提升全民安全防范意识。2018年，共开展安全专项检查18次，日常监督检查90余次，检查特种设备使用单位20家；下达《特种设备安全监察指令书》10份，帮助督促特种设备生产使用单位整改隐患10个。2. 标准化质量管理体系是质监工作的重点之一，2018年重点对永鑫、太岳两家焦化公司进行扶持，帮助建立科学的质量管理体系。在全县开展的生态环境整治中，加大散煤煤质管控力度，按照县政府办的安排，先后对8家企业或散户的散煤进行了抽样检测。2018年，共抽样检测13个批次，检测结果全部上报。配合省局开展产品质量监督抽查，对不合格产品进行了处理，共处罚1家企业，罚没款3.5万元。3. 共检定加油机132台；压力表540块；血压机84台。检查加油机12台，通过检查进一步提高了全县油品、煤质、甲醇的合格率。

【消费维权工作】 开展“3·15”宣传月活动，通过开展咨询展台宣传、发布“消费警示”，开展服务单位公开承诺和对服务单位进行满意度测评等活动。现场接受各类咨询70人次，回复70人次，“311”便民服务室及12315申诉举报中心共受理消费投诉举报10余起，调解消费维权案件10起，府城监管所处理消费者投诉5起，接待群众来人来访30余人次，切实维护了消费者的合法权益。

【非公党建工作】 2018年在全县75户企业中，单独建立党组织10个，联合建立党组织8个；选派了8名非公经济组织和社会组织工委委员担任各非公企业党组织的党建工作指导员，实现了党的工作全覆盖。选优“领头雁”，配强支部书记，鼓励企业出资人担任书记。打造“先锋队”，充分发挥党员作用，在企业设立党员责任区、党员示范岗，发挥党员先锋模范作用。

【党建工作】 在县委的正确领导下，深入践行科学发展观，认真贯彻落实中共十九大精神，深入抓好各项党建活动载体，从严从实加强班子和队伍思想政治建。组织党员观看了党风廉政有关警示教育片，参观了安泽县廉政教育基地，落实意识形态工作责任制，对意识形态工作领导坚强有力，社会主义核心价值观进单位、进头脑工作有序开展。开展“强化责任、严守纪律、树好形象”专项治理活动推进党内政治文化建设，结合“整治群众身边腐败问题”专项治理活动，深入开展党风廉政建设，管党治党主体责任得以全面落实。

【创卫】 按照县委、县政府国卫创建统一安排部署，继续完成创卫任务，2018年共拆除破旧大型广告牌371块，已更换312块，清理破旧大型广告牌17块，条幅218条。和经营户签订卫生责任状2700份。制作门前五不准责任牌3000块，发放倡议书2500份。单位工作人员深入个体户，对建材市场和汽修市场个体户按照创卫标准进行了多次专项检查，开展柴油货车和散装物料联合执法行动，清理309沿线经营户橱窗贴纸和清洗油污墙体卷闸680间，美化了经营环境，经营户店内外环境卫生状况明显改观，创卫期间共下达责令整改正书160余份，促进了全县创卫工作的开展。

【环境保护】 配合县政府开展散煤治理、不洁燃料取缔和成品油质量专项整治：取缔散煤经营户3户，注销2户，出动执法人员120人次，实行网格化管理，对8户不符合环保标准的生产企业实行“两断三清”，清理废旧收购点14户，对建成区经营户燃煤锅炉和煤球炉进行摸排，共摸排1600户，整治取缔大型气锅炉8台，燃煤锅炉36台，煤球炉127个。配合商务、环保部门加强成品油市场监管，全年共开展成品油抽检油品经营户10次，车用尿素4次，开展煤质检测12户，对1户不合格油品经营企业进行处罚，罚款2.2万元；充分发挥工商质监职能作用，开展柴油货车和散装物料运输车污染治理联合执法专项行动，在全县范围内对可疑黑加油窝点进行排查，加强成品油市场监管，为打赢蓝天保卫战提供基础保障。

【扫黑除恶】 结合监管职能，制定张贴《鼓励全县广大个体经营者积极举报涉黑涉恶涉霸违法行为的通告》、张贴《临汾市工商局积极鼓励经营者举报涉黑涉恶违法犯罪线索的公告》3780余份，深入企业、个体户中进行广泛宣传，共同学习中央精神，全面掀起扫黑除恶宣传高潮。县局组织了各业务股室深入到太岳、永鑫焦化厂、玉华、玉和泰煤矿等企业，全县各乡镇走访调查，张贴、发放宣传材料3780余份，走访摸排村委会18家，走访全县企业26户、个体经营户1292户，在县局、基层所、超市、宾馆、酒店、车站设立举报箱12个、公布举报电话12个；悬挂条幅50余条；在局机关、企业、村委会电子屏上滚动播放“扫黑除恶”宣传标语500余条；向手机用户推送相关信息227条；针对群众提出的意见和建议，召开党组专题会议、扫黑重点部门负责人会议，专题进行了深入细致地分析和研判。

配合其他部门做好经营者综合整治工作，加强对消费品市场的监管，积极配合有关部门开展打击制售假冒伪劣商品、“扫黄打非”、反垄断等专项整治活动，严厉打击不正当竞争行为，通过开展打击传销、“双打”专项行动、“两节”市场整治、户外广告、房地产广告专项整治、特种设备安全检查、成品油质量监管等执法行动，认真开展扫黑除恶的线索摸排。

安全生产监督管理

【概述】 2018年，认真贯彻落实中央、省、市、县关于安全生产工作的一系列会议精神和决策部署，牢固树立安全红线意识和底线思维，认真宣贯新安全生产法，推进依法行政、依法治安，深入开展安全生产执法年、安全生产大检查、安全风险隐患排查整治和“反三违”等行动，持续推进“基层基础管理年”活动，有效防范和坚决遏制各类事故的发生，全力确保全县安全生产形势的持续稳定好转。按照“总体安全观”的要求，强化“红线”意识、底线“思维”，认真贯彻落实省、市、县关于安全生产工作的一系列决策部署，深入开展安全生产大检查专项治理等活动。全县共发生各类生产事故3起，死亡3人。其中：生产经营性道路交通事故2起，死亡2人；其他行业领域发生生产安全事故1起，死亡1人，全县安全生产形势总体平稳。

【安全生产责任体系】 按照所属关系层层签订安全目标责任书，做到了县委县政府、7个乡（镇）、102个行政村党政同责全覆盖、安全目标责任书签订全覆盖，构建了“党政同责、一岗双责、齐抓共管”的安全生产责任体系。同时，全县工商登记在册的生产经营单位3911家，全部明确了具体监管部门和监管责任人，其中：煤矿3家、非煤矿山6家、建材生产3家、轻工商贸3家、交通运输154家、建筑施工建材191家、化工21家、烟花爆竹6家、宾馆酒店67家、旅游景点21处、民爆1家、其他行业3443家。目前已全部挂牌。

【“安全生产执法年”活动】 自“安全生产执法年”活动开展以来，认真贯彻省、市和县委、县政府部署要求，全面排查、严格执法、强化监管，全县安全生产形势持续保持稳定。按照安全生产执法年活动工作部署，结合行业领域工作实际，扎实推进了安全生产执法工作。2018年全县共成立督查组4个，检查组128个，出动检查534人次，检查企业401家，发现隐患3030条，已整改3009条，整改率达到99%，无重大安全生产隐患。全县行政执法案例已报33期，行政执法案例38件，其中停产整顿18家，安全约谈5人，纠正“三违”现象1928起，行政罚款49.2万元。

【安全生产大检查活动】 以安全隐患排查治理为主线，狠抓企业自查、部门检查和县政府督查三条主线，环环相扣，层层推进，确保隐患排查无死角、隐患整改有跟踪。安全生产大检查期间全县共出动检查组175个，出动检查人员1083人次，抽调专家3人次，检查企业1051家，排查一般隐患269条，已整改256条，限期整改13条。企业自查情况：企业自查隐患978条，其中一般隐患916条。企业自改隐患893条，其中一般隐患865条，投入整改资金13.7万元。

【安全生产文化宣传】 在全社会大力弘扬“生命至上、安全发展”的思想，普及安全基础知识，增强全民应急意识，提升公众安全素质，提高防灾减灾救灾能力，以宣传贯彻新的安全生产法为主线，通过在县电视台播放安全标语，在县城区、各乡镇、各企业悬挂宣传条幅、刷写安全标语等形式，大力开展安全宣传“七进”活动。同时，在县城主要路段开展宣传咨询活动，共出动工作人员350余人，摆放各类宣传版面65块，印发各类宣传材料2.6万余份，出动各类宣传车辆20辆，悬挂安全标语28余条，在全县营造了良好的安全生产氛围。另一方面，6月11日，第一届“安全生产杯”篮球赛在青少年活动中心灯光篮球场正式开赛；6月21日上午，“太岳杯”危化行业知识竞赛在太岳焦化公司举行；6月21日晚，安泽县“玉和泰杯”双预控安全知识竞赛在黄河京都大酒店金色大厅举行；6月27日，在安鑫煤业有限公司开展安全发展主题宣讲活动，县局工作人员、安鑫煤业、玉华煤业、玉和泰煤业、登茂通煤业相关人员参加此次宣讲活动；6月28日上午，在永鑫煤焦化有限责任公司组织开展了危险化学品泄漏事故应急演练。这些活动对于提高职工群众的安全素质，牢固树立安全意识，进一步弘扬安全生产文化，推动各项安全生产措施的落实，起到了积极作用。

【安全基层基础工作】 2018年持续推进“安全基层基础管理”活动，重点督促各部门、各企业加强安全机构建设，加大安全投入，提升监管人员素质，健全落实各项安全管理制度，完善各项安全工作台账，切实夯实安全基层基础工作。

【科技强安工作】 狠抓安全生产“科技强安”工作，在县财政紧张的情况下，投资175.8万元，建成了全县安全生产综合监管平台建设，进一步提升了全县安全监管水平。

【“三基建设”工作】 按照安泽县全面推进“三基建设”工作的部署和要求，精心组织，切实加强组织领导，将“三基建设”作为重要工作内容，结合自身实际，按照相关法律法规和政策依据，建立完善相关工作机制和制度，大大提升了基础工作的质量和水平。

【党风廉政建设责任制】 落实责任是做好党风廉政建设工作的前提条件，始终把党风廉政建设工作作为“一把手”工程，放在突出位置切实抓好抓实，把责任制的全面落实贯穿到党风廉政建设和反腐败各项工作之中。按照“谁主管，谁负责”“管行业必须管行风”的原则，制定了《廉政建设责任书》并层层签订落实，主要领导与分管领导签，分管领导与所分管的单位负责人签，单位负责人与单位干部职工签，全面落实了党风廉政建设责任制。

【“创卫”工作】 2018年结合本局实际，开展创建国家卫生城市的各项活动。在创建花园式机关方面，单位摆放绿化摆放花盆100余盆，大大美化了机关环境和办公环境。城市亮化工程是城市环境景观的重要组成部分，在单位亮化方面，积极响应对单位主楼进行亮化工作，改善了环境景观。

【精准扶贫工作】 2018年是安泽县的脱贫巩固之年，确保贫困户不返贫稳定脱贫成为重中之重。1. 和川村人均土地面积小，只有大力发展特色种植才能改变其农作物收入低的局面。2. 和川村贫困户就近务工人数已超过100余人，人均增收收入3000余元。大大增加了贫困户的收入实现了稳定脱贫。3. 工作队配合村两委、第一书记今年已完成对和川街主道路进行改造、东沟排水渠的建造和路面硬化，对施工方进度和质量工作队进行监督。在丰富群众生活方面，工作队利用大屏幕经常晚上给群众放映电影。4. 帮扶责任人、工作队继续引导贫困户克服“等、靠、要”的思想，树立“宁愿苦干、不愿苦熬”的观念，激发贫困群众脱贫致富的信心和决心。利用村级广播平台播放脱贫致富的典型，和农村实用技术。驻村工作队和村委在全村开展“五类示范户”的评选，从而带动群众各方面的积极性。5. 工作队为符合条件的贫困户争取3年内免息贷款5万元，办理贷款20余户，为贫困户的生产生活奠定了良好的经济基础。6. 完成和川村499户贫困户的位置采集工作。工作队按照要求在一周时间完成和川村所有贫困户的位置采集工作。7. 工作队和第一书记一年来时刻把群众的诉求和困难放在心上，调解纠纷2起，家庭纠纷1起。通过工作队、第一书记的调解，在群众身边得到了一定的认可。

【大气污染防治工作】 按照要求督促各涉煤企业按照安全环保各项标准要求，继续完善安全环保各方面设施建设，并加强厂容厂貌的日常清扫、管理。深入开展散煤整治工作，通过建立健全“产、购、销”台账，强化现场核查等方式，严格进行煤炭产品源头管控。

食品药品监督管理

【概述】 2018年认真贯彻落实县委、县政府及市局的工作部署，以提高食品药品质量安全水平为核心，强化基层基础，加强机制建设，提高监管能力，加大监管力度，全面落实“四个最严”和“四有两责”，严厉打击食品药品违法行为，不断提高食品药品安全治理能力。

【网格化监管】 按照“纵向抓延伸，横向抓覆盖”的工作思路，横向将全县7个乡镇划分为9个网格，分别落实责任人，由责任人对管辖范围内所涉及的食品安全各项监管任务进行包干。纵向将全局监管网格分为五级。通过“以网定格、以格定人、以人定岗、以岗定责”的工作模式，实现了对全县1152户食品安全监管对象（食品餐饮480户、食品流通590户、生产企业6家、生产加工小作坊76户）的无缝衔接监管，有效防止和消除了执法盲区和监管空白。

【食品安全监控】 1. 为切实保障群众“菜篮子”安全，根据国家食品安全办和国家食药监总局统一部署，集中力量打造安泽县九洲超市商贸有限公司为示范典型，树立食用农产品销售行业标杆，对其经营的肉菜从来源、运输、进货查验、检验、销售、售后全程进行质量监控，同时严把“三关”，实施关键点过程控制，确保肉菜来源可溯、质量可靠、群众放心。2. 在省局的统一要求下，认真学习相关细则，对辖区内10家婴幼儿配方乳粉经营者进行培训，确保其熟练掌握系统操作，并将企业相关数据和自查情况进行系统录入，形成重点品种可追溯，完善重点品种体系建设。3. 以加强和创建餐饮服务食品安全社会管理为核心，以鼓励餐饮服务单位积极打造“透明厨房、阳光操作”为措施，以学校食堂为重点，按照“试点先行，重点突破，因地制宜，逐步推进”的原则，促使餐饮服务提供者守法经营、诚信经营，保障公众饮食安全。2018年安泽县共有9所学校食堂和7家餐饮服务单位按要求达到了“明厨亮灶”要求。

【食品安全知识培训】 1. 在全县七个乡镇分批次举办3期食品从业人员培训班；2. 组织全县中小学校负责人和食堂从业人员开展食品安全春季和秋季两期培训，参训人数共计310余人。对新食品安全法等法律法规和操作规范进行讲解，对食品安全管理与控制、采购、查验索证台账记录、“三无”产品辨识能力等做了重点解读，并与各单位负责人签订《食品安全承诺书》1400余份，有力强化了食品经营单位法人的责任意识和安全意识；3. 开展食品生产企业食品安全知识培训。为规范食品生产企业的监督管理，食药监局对食品生产企业开展多次现场业务指导，同时对76户生产加工小作坊负责人进行食品安全知识培训，有效提高了企业诚信守法意识。

【“三小”条例培训】 自《山西省食品小作坊小经营店小摊点管理条例》颁布以来，先后组织开展“三小”条例的培训学习、召开了“三小”许可备案培训会等，对“三小”许可备案工作、监管信息系统的操作等内容进行了重点培训，监管人员的食品安全监管理论水平得到进一步提升。

【食品安全专项整治】 1. 结合节日消费特点，针对重点区域、重点单位、重点环节、重点品种开展监督检查工作，对餐饮环节、流通环节、生产加工小作坊进行了隐患排查，突出整治无证经营和经营“三无”食品、劣质食品等问题，严查各生产经营单位采购验收环节索证索票、台账登记管理制度的落实情况，严查各生产经营单位加工制售环节非法、违法添加经营行为。2. 2018年春节期间承办“年夜饭”供餐单位共30家，从“关键环节、关键对象、关键措施”三个关键入手，围绕易引发食品安全事故的重点产品和重点环节，对申报的餐饮单位进行备案登记并加强监督检查。3. 监管辖区内有供餐学校共32个（含托幼机构）食堂。在检查过程中，执法人员按照实施方案要求，以学校食堂许可情况、食堂环境、健康管理及培训、食品原料采购索证索票、饭菜留样、加工制作、餐用具清洗消毒、餐厨废弃物、“三防”设施使用情况等各项制度的落实为重点，逐项检查，全力排查食品安全隐患。4. 按照省市局要求，开展包装饮用水中铜绿假单胞菌不合格问题集中整治工作，在专项行动中，重点对包装饮用水生产企业的生产环境、人员健康状况、原料进货查验登记、生产过程控制等环节进行有针对性的检查，对冀氏清爽泉、和川孔旺山泉的生产环境脏、乱、差和未认真落实原料进货查验登记、生产过程控制未落实到位的问题责令当事人限期整改，通过开展专项整治，促进了安泽县食品生产行业经营者落实主体责任意识的提高，有效规范了食品生产加工市场秩序。5. 对辖区内肉品批发市场、超市等区域从事肉品经营及肉品仓储（冷库）、运输、物流行为的企业和个体户等肉类产品经营主体进行一次清查，对无照无证经营的，依法查处取缔；对超范围经营或未经许可从事肉及肉制品经营的，依法查处，并限期整改，确保肉品经营者主体资格合法，辖区内未发现不合格的走私冻肉。6. 为维护安泽县肉类市场秩序，2018 年 4 月至 7 月，开展了肉及肉制品专项整治行动，执法人员深入全县 7 个乡镇 70 余家肉类食品经营单位及小摊贩展开拉网式检查。重点对肉类的来源渠道、检疫持证、销售人员的主体资格和产品的外观质量等情况进行了解，同时对加工熟肉的场所及去毛原料进行排查登记，排查中发现加工熟肉的经营单位全部使用国家明令禁止的松香进行去毛处理，立即行动，对肉类食品经营者进行了宣传教育并对检查中发现的问题及时督促改正，已全部整改到位。7. 为进一步加强校园及周边食品安全监管，对全县范围内 33 所学校周边 50 余家食品经营户开展了整治，检查食品生产者是否按许可条件生产加工，是否符合食品安全标准等问题；严查食品经营户不履行或不正确履行进货查验义务的行为，无证经营、超范围、超限量使用食品添加剂和违法添加非食用物质等违法违规行为；严查无标签（无厂名、无厂址、无生产日期等）、无中文标示、超出保质期限、腐败变质等感官性状异常以及假冒生产厂家、生产许可证号的“五毛食品”。按照方案要求，还开展了抽检工作，在全县范围内对幼儿园、小学、初中学校周边的食品经营户共抽取 6 批次样品，抽检报告结果为合格。8. 在“中高考”期间，为确保中高考期间广大考生饮食就餐安全，早安排，详部署，制定了保障工作方案和应急预案，召开了专项工作会议，全面落实高考期间监管人员监管职责。同时在校内设立宣传咨询台，面向考生发放《高考期间饮食注意事项》和《谨慎选择“五毛食品”保障青少年儿童身体健康》宣传单共 1000 余份，张贴中高考学生食品安全风险提示海报 20 余份，有效提示广大考生中高考期间合理饮食。9. 按照市局要求，开展了食品添加剂专项行动，在检查中执法人员结合安泽县食品生产加工小作坊的具体情况，重点对安泽县范围内粉条粉丝、油炸面制品加工经营单位使用的添加剂认真对照 GB2760-2014 国家标准进行检查，经检查未发现安泽县食品生产企业存在违法使用非食用物质和滥用食品添加剂的行为。

九类专项整治共检查主体家数 512 家，出动执法人员 393 人次，出动执法车 151 辆次，发放责令改正通知书 216 份，共清理无证经营户 9 户，查处各类案件 50 起，立案 50 起，结案 50 起，罚款 5.5225 元，有力打击了食品生产、经营、流通各环节的违法违规行为，食品安全监管取得明显成效。

【药械日常监管】 安泽县共有药品经营企

业35家（批发企业1家，连锁企业1家，零售企业33家）；药品使用单位137家（县直医疗单位4家，乡镇卫生院10家，农村卫生所97个，个体诊所17家，社会办医9家），2018年，组织全县药品经营使用单位召开了动员部署会议及药械使用安全培训会议，规范各经营单位药品购进、销售和使用等行为，为安全监管提供有力保障。1. 抓经营环节监管，开展打击假劣药品、非法“回收”药品、中药材及中药饮片、药品安全隐患大排查大整治、含特殊药品复方制剂、“阴凉冷藏”药品、药品广告和互联网药品信息、终止妊娠药品的购销行为、经营企业“飞行”检查、医疗器械等专项行动，保障市场的繁荣稳定。2. 抓使用环节监管，开展疫苗、基本药物使用情况等专项检查，体外诊断试剂、无菌与植入性器械、义齿等专项检查，保障药品与器械使用的合理、规范。3. 抓药品与医疗器械安全监管，开展药品医疗器械监管责任体系建设，指导、督促各乡镇监管站完成目标任务，保障安全责任落实到人。

【药品监督抽验】 按照上级下达的年度监督抽验任务，重点对生物制品、违法广告药品、中药饮片、非法添加化学物质的中成药进行监督抽验，提高抽验的靶向性和准确率，为执法监管工作提供有力的技术支撑，全年共抽检14个批次全部合格。

【药品、医疗器械违法广告监测】 认真落实药品、医疗器械广告审查监管责任，加强广告备案管理，充分发挥广告监测作用，坚持全程监测，并按时全面移送违法广告；积极配合有关部门违法广告专项整治，认真执行违法广告药品暂停销售制度，经检查，2018年未发现违法广告。

【药械安全专项整治】 1. 开展疫苗专项检查。针对药品流通领域中涉及面广、易造成恶劣影响的品种，组织开展了专项检查，重点检查了疫苗的购进、分发、供应渠道；疫苗的储存、养护情况；冷藏设施设备和冷藏运输工具的配置、使用、养护情况。检查发现安泽县共有脊灰疫苗、乙肝疫苗、乙脑等一类疫苗12种，二类疫苗1种。2. 开展药品质量安全集中整治和医疗器械违法违规经营使用专项检查。严查执业药师不在岗、抗菌类药物以及含特殊药品的复方制剂等药品经营企业违规销售处方药、“挂靠走票”、非法渠道购进、超范围、超方式经营和票、账、货不一致等行为，有效规范了药品经营秩序。3. 开展药品市场专项检查。为加大对药品违法违规行为的打击力度，保障公众用药安全，净化药品市场，执法人员开展了药品市场检查工作，深入乡镇村各级药店、诊所开展检查工作，对涉药经营单位药物品种展开抽样检查，重点检查药品购进记录，供货商资质，进货台账、票据及进货查验登记记录等。

2018年共出动执法人员224人次，检查药品经营、使用单位112家，查处各类案件25起，立案25起，结案25起，罚款0.5万元，有效地整顿规范了全县药品市场秩序。

【保健食品化妆品安全监管工作】 1. 加强监管力度，继续完善、健全保化经营企业档案。安泽县2018年共有保健食品经营单位33家，化妆品经营单位18家，为全面掌握辖区内保化经营企业情况及市场产品质量状况，确保全县保健食品经营企业的经营活动正常运行，对申请新开办保健食品经营企业实行保健食品企业备案制度，通过列出重点保健食品、化妆品企业监管名单，建立健全重点企业监管档案，全面摸清底数，为有针对性加强保化市场监管做好基础工作。2. 加强保健食品化妆品虚假违法广告监管。为切实加强安泽县保健食品、化妆品的监管工作，坚决打击违法广告行为，积极行动，加大监管力度，全年未发现有虚假违法广告行为。3. 推进化妆品风险等级分级管理和信息化追溯体系建设。按照《山西省保健食品化妆品生产经营风险分级管理工作规范（试行）》的要求，对辖区内的化妆品经营企业开展了风险级别的评定，建立企业风险分级档案，2018 年 9 月底完成了本辖区内经营单位的首次评定。4. 扎实开展专项整治活动。组织开展了以声称减肥、增强免疫力、缓解体力疲劳、改善睡眠、辅助降血糖等功能保健食品和以宣称美白祛斑、祛痘、防晒、染发、烫发等化妆品为重点品种的专项检查。

2018 年共出动执法人员 434 人次、136 车次，检查保健食品、化妆品经营单位 60 余家次，责令整改 26 家。大部分企业都建立并完善了产品台账，并能够合法经营。同时，查处化妆品案件警告 4 起，罚款 0 元。

【稽查办案工作】 1. 健全“12331”投诉举报机制，保证稽查办案顺利开展。进一步规范了投诉举报电话接听、受理、办理、回复等工作程序，完善登记台账，明确业务流程，细化工作分工，同时确立了“12331”受理人员，确保投诉举报工作依法依规有效运行。2018 年，共接到各类投诉举报 11 个，其中上级交办 2 个，已书面答复举报投诉人，并上报市局举报投诉中心。立案 2 起，其中办结 1 起，罚款 1820 元；另一起正在办理中；其他关于油烟、噪音、饭菜价格 7 个，均已按照职能范围和相关程序进行了回复和办理。2. 凝心聚力，切实做好稽查办案工作。以群众投诉举报案件为线索，严格落实各项稽查办案工作机制，以查办典型违法案件、强化稽查办案能力为抓手，从重快速查处食品药品违法案件，有效震慑了食品药品违法行为。2018 年，全局“四品一械”共立案 102 起，结案 102 起，共计罚没款 7.93 万元。案件数在全市 17 个县（市、区）中排名第五，罚没款金额排名第七。3. 坚持问题导向，充分发挥抽检监测作用。以满足人民群众美好生活，以食品安全抽检为抓手，以发现食品安全问题为导向，制订了 2018 年食用农产品抽检计划，聚焦群众关切、突出农兽药残留、重金属生物毒素等重点指标，紧盯风险程度高、合格率较低以及消费量大的重点品种、瞄准农贸市场、城乡接合部等重点区域，加大抽检力度，提高问题发现率。经采购中心招标，确定山西中谱质检服务有限公司为中标单位，2018 年，食用农产品抽检 300 批次，不合格 6 个批次，已核查处置完毕。

另外，针对辖区内重点品种、高风险食品及人民群众密切关注的食品进行抽验，重点对粉条粉丝、学校周边“五毛”食品、火锅底料、豆制品、面制品、油炸食品等品种开展抽样检测。共完成食品抽检任务

60批次，不合格1个批次（油条铝含量超标）。同时及时向群众公告检测结果，有效保障了辖区内人民群众的饮食安全。

【严格规范行政许可审批】 1. 认真学习《中华人民共和国行政许可法》《山西省食品经营许可管理实施办法（试行）》及相关的法律、法规等，深刻领会，努力掌握行政许可的规范要求、程序、流程，以此规范和指导平时的审批服务工作。2. 为进一步规范食品药品监管的行政审批工作，提高行政审批效率和服务质量，制定了《首问首办负责制》《限时办结制度》《一次性告知制（副食品经营许可证办理一次性告知单）》《AB岗工作制》等4项工作制度和《行政许可工作流程图》，规范了审批流程，提高股室人员的行政审批服务水平。3. 对许可提交资料进行了进一步梳理，以口头白话的方式标注在窗口的醒目位置，通俗易懂，方便群众理解；严格落实一次性告知工作制度，对到窗口咨询的人员全部实行一次性告知制；认真做好许可资料登记，改为电子表格记录。分为食品经营餐饮类、食品经营流通类、生产加工小作坊类三种，分门别类，便于查阅。

2018年以来，共受理“食品经营许可证”247家，许可236家，不予许可11家，其中：食品经营餐饮类受理101家（含学校16家，机关企事业单位6家），许可91家。因环境卫生及经营面积不符合食品经营许可证审查要求，不予许可10家，改为办理“小经营店备案证”；食品经营流通类受理146家（含网络经营1家），许可145家，因1家存在许可证号，进行了重复申请，不予许可；受理“小经营店备案证”申请544家，全部进行备案。

【科普知识宣传】 2018年，组织开展了“3·15”食品药品安全知识宣传、“12331——助力健康中国梦　食药安全伴你行”宣传、《山西省食品小作坊小经营店小摊点管理条例》宣传周、“5·25”护肤日宣传、“尚德守法，食品安全让生活更美好”宣传周以及重阳节“防范欺诈虚假宣传，维护自身消费权益”主题宣传活动。活动共出动执法车辆40车次，执法人员241人次，发放各类宣传资料、海报及宣传品14070余份。进一步普及了“四品一械”安全相关法律法规知识，增强广大群众的法律意识。

【“创建国家卫生县城”工作】 2018年召开专题会议，制订实施细则，成立八个片区相应的八个工作组，并与各片区签订目标责任书，形成了强有力的工作责任落实机制；广泛宣传，营造氛围，利用食品安全宣传周等向广大人民群众宣传法律法规及用药安全等知识，营造全民参与创卫工作的良好氛围，全年共发放倡议书、承诺书3000余份；自测自评，示范带动，对照迎检要点，按照《安泽县创建国家卫生县城检查评分标准》，通过自测自评和交叉互评，以点带面，示范带动，确保创卫工作顺利开展；组织食品经营单位人员进行培训，先后举办专项培训会6期，培训322人次，发放创卫宣传资料600余份，将创卫工作的要求普及到每个经营户，特别是“三小”行业，从持证情况、人员着装、三防设施、消毒保洁设施、内外环境、餐厨垃圾处置、油烟净化装置使用情况、水生野生动物保护等方面作了具体的要求，对整改落实不到位的经营单位依法进行了行政处罚。2018 年，共出动执法人员 312 人次，检查餐饮单位 630 家次，创卫工作成绩斐然。

【生态环境治理工作】 1. 结合安泽县开展的创卫工作，召开了专项安排部署会议，制定了具体的实施方案，划分了责任区域，网格化到人，2018 年，全县范围内安装油烟净化器 460 家，产生油烟的餐饮经营单位已全部安装到位。已将此项要求列为行政许可的前置，新开办的餐饮户必须安装油烟净化器后方可正常营业，确保环境治理工作取得成效。2. 按照《安泽县 2018 年散煤污染专项整治实施方案》的要求，开展了燃煤污染专项整治行动，发放《安泽县人民政府关于开展燃煤污染综合整治的通告》及《安泽县 2018 年散煤污染专项整治实施方案》578 份，下发告知书 319 份，使每一个经营户第一时间了解并支持安泽县环保工作，全面落实散煤治理要求。2018 年，排查餐饮经营户 319 家次，禁煤区燃煤锅炉 5 家，煤球使用户数 16 家；禁燃区燃煤锅炉 54 家、燃煤铁炉 7 家、煤球炉 5 家、房东供暖 22 家（唐城 39 家，和川 22 家，冀氏、马壁 19 家）。全年出动执法人员 235 人次，检查餐饮单位 429 家次。

【非洲猪瘟疫情防控工作】 1. 在县城区域内划分 8 个片区，各片区对辖区内的肉品流通市场进行了地毯式排查，监管站负责各自辖区的排查，重点排查农贸市场、餐饮单位及肉食品经营单位的管理、采购、存储、查验、“索证索票”、餐厨废弃物等方面；2. 给全县 480 家餐饮服务单位下发餐厨废弃物规范化处置告知书、餐厨垃圾处置台账，严禁“泔水饲喂生猪”。并和住建局协调，县城所有餐饮单位与收运餐废弃物者签订协议，餐饮单位留存了收运者的资质证明，明确了餐饮单位和收运方应履行的职责和义务；3. 为提高全县餐饮、流通从业人员对非洲猪瘟疫情防治工作的应对能力，全体人员认真学习防治措施相关知识，并组织全县餐饮行业和肉类经营户召开了防控非洲猪瘟专题培训会。截至 12 月 10 日，共出动执法人员 300 余人次，出动执法车辆 100 台次，检查肉类经营单位 180 家次，餐饮单位 290 家次，发放告知书和承诺书各 300 余份。

【落实党风廉政建设和党建工作主体责任】 2018 年先后开展“强化责任、严守纪律、树好形象”和“整治群众身边腐败”两项专项治理活动。按照活动实施方案精神，领导班子带头，精心谋划、周密组织，充分发挥引领作用，以发现问题、剖析问题、解决问题为出发点和落脚点，进行全方位、多角度剖析，深入查找并解决存在的突出问题，以专项治理活动促进工作的推进。在局机关科室、乡镇监管站和行政审批大厅食药局窗口等重点部门开展集中整治。通过自查自纠、设立举报箱、公开投诉举报电话、信箱和调查办事群众满意度等多种方式，发现群众身边腐败问题，集中整治扶贫领域、涉黑涉恶领域、民生领域腐败和影响公权力行使的不正之风，严惩“微腐败”，破除“中梗阻”，促进党风政风持续好转，推动人民满意度不断提升。通过自查、群众反映、党员之间互相提意见等方式将问题集中，班子、机关各股室、各党员进行反思剖析。在“强化责任、严守纪律、树好形象”反思剖析专题会议和民主组织生活会上，党员领导干部、党员干部建立个人问题清单。在此阶段我局全体党员共查找出问题33条，并针存在问题进行分析，提出个人整改目标、整改时限和整改措施。根据党员及班子存在的共性问题，对照整改效果，建立了“两随机一公开”实施细则、执法检查人员名录和检查对象名录并定期在单位微信平台上公开工作信息，保障公民、法人和其他组织对食品药品监督管理行政事务的知情权、参与权和监督权，促进依法行政。坚持“强化政治、严守纪律、树好形象”活动的五项原则，促使领导班子、领导干部和党员干部在责任担当方面、纪律规矩方面、树立形象方面进一步提升。切实以活动促进工作推进，用工作成果检验活动，为推进人民群众饮食用药安全的工作目标提供有力保障。

工业经济

中小企业

【概述】 2018年，在县委、县政府的正确领导下，在市中小企业局正确指导下，以十九大精神指引，认真学习贯彻习近平总书记系列重要讲话精神及省、市党委政府各项决策部署，紧紧围绕全县发展战略，咬定全县中小企业创业创新和转型发展不放松，积极适应经济发展新常态，提出了中小微企业“满天星，遍地花”的工作思路，结合“大众创业、万众创新”扶贫攻坚，开展了“百村千户万人创新创业”活动，努力采取有效措施应对中小企业民营经济发展中各种困难和问题，使各项重点工作进展顺利，呈现出良好的发展态势。截至11月底，全县中小企业民营经济完成工业总产值320839万元，同比增长3.23%；实现营业收入437058万元，同比增长11.9%；利润总额24503万元，同比增长25.62%；实现上缴税金59512万元，同比增长11%。各项经济指标呈现平稳增长态势。

【“小升规”企业】 2018年市定目标任务是新发展“小升规”企业项目1个。按照市定目标任务要求，积极开展培育发展和储备“小升规”企业工作。储备“小升规”企业2个，力争完成市定目标任务“小升规”企业1个。储备企业分别是安泽县炬能供热有限公司和安泽县宏泰建材厂。这两个企业将按照小升规企业目标要求，积极跟踪培育发展。积极主动地为储备企业提供融资服务、创业辅导、市场开拓等多方面的服务，力争使这些企业上规模，提质增效，完成年内实现市定“小升规”企业的目标任务。2018年，开展“小升规”帮扶工作，安泽县炬能供热有限公司正在进行“小升规”企业录入的初审及储备工作。据企业上报截至10月底企业营业收入完成1955万元，11月初在税务局申报营业收入1140万元，距离“小升规”目标2000万元的营业收入还有860万元的距离，预计12月底可以完成“小升规”目标任务，2019年2月在统计局进行“小升规”审核工作。

【中小微企业发展】 中小微企业发展是安泽县中小企业民营经济发展的重要组成部

分，通过安泽县旗舰企业永鑫、太岳等重点企业的引领示范带动，继续推进“百村千户万众齐创业”活动，引深开展“大众创业、万众创新”活动，增强发展新动力，推动企业经济结构调整，打造中小微企业新引擎，各乡镇新创办小微企业81家，主要以农业企业为主，从事农产品的开发及经销，为小微企业的发展增加了新的发展活力。大力宣传省、市、县发展中小微企业的优惠政策，积极争取中小微企业项目发展资金用于支持、扶持和鼓励小微企业发展，2018年为安泽县耀阳能源科技有限公司申请奖励资金30万元，以此实现中小企业“满天星”发展格局，为县域经济发展培育孵化新的经济增长点。

【银企合作】 强化银企协作支撑，进一步加强银企合作，帮助企业拓宽融资渠道，积极帮助企业解决发展中融资难的问题，规范中小企业经营能力、提升中小企业管理水平。努力搭建政银企服务平台，为企业解决融资难问题提供有效服务。进一步推动“助保贷”业务在安泽县的业务开展，更快地将“助保贷”业务落实到实处，帮助企业解决融资瓶颈。

【企业品牌建设】 组织开展实施创品牌、育名牌工程，建立中小企业品牌培育、工作评价、奖惩激励机制，支持引导企业品牌和产业集群品牌在省内主要媒体进行宣传推介，扩大影响力，提高美誉度，通过对县和川酒厂、禾清源连翘茶、孔旺山泉等企业宣传，扩大安泽县主要的农产品加工企业品牌、产品品牌传、鼓励企业参加商品的市场准入认证，进一步帮助企业宣传品牌，扩大我县中小微企业产品的销售范围及销售量，促进企业扩规提效、提质增效。

【中小企业经济规范化报表工作】 中小企业报表始终坚持及时上报各项经济指标，无论是国家直报还是临汾市系统报表都采用网上系统直报的方式，保证了月、季、年报规范化操作的准确性，并严格要求各乡镇统计工作按照要求认真做好报表台账，做到了整个做表工作的标准化运作管理。做到数出有源，数出有据，规范运行。2018年，为克服统计工作难度大、任务重、人员少等种种不利因素，为更好地完成统计工作，对安泽县网上直报企业统计人员和7个乡镇的中小企业统计人员各进行集中培训1次，为全县中小企业经济工作的开展奠定了基础。

【中小企业平台建设】 利用山西省中小企业公共服务平台，进一步推动我县企业的发展。推荐安泽县企业参加山西省中小企业促进会临汾分会，进一步搭建政府与企业的桥梁，对企业实行精准帮扶。积极为民营企业提供全方位、多功能、深层次的优质服务，组织培育、协调推荐安泽县优秀民营企业参加市中小企业系统评定。

【重点企业安全生产工作】 面对当前的安全生产形势，高度重视安全生产工作，认真学习贯彻国家、省、市电视电话会议精神及县委、县政府、县安委会的文件精神，不断强化安全教育，切实克服了全局人员特别是安全监管人员在监管安全生产工作中的松懈情绪和侥幸心理，提高了全局人员对安全生产重要性的充分认识。进一步明确安全工作责任，强化领导，责任到人，真正把安全工作落到实处，切实加强了对全县规模以下重点企业的安全监管。由分管领导带队，抽调由安环科、办公室、法规科等相关科室工作人员，每月深入到全县规模以下重点企业2次进行全面细致的跟踪监管和检查，并积极组织和严格要求企业开展安全生产自查。对润祥农贸有限责任公司、泽林醋业有限公司、和川蔺泉酿酒有限公司等规模以下重点农副产品加工企业和府城镇禄祥建材有限公司、安泽县环通混凝土有限公司等建材加工企业进行安全生产专项整治。对安泽县禄祥建材有限公司、泽林醋业等部分企业仍存在着规章制度不完善，安全检查台账不健全的问题，我们责令这些企业在限期内尽快完善各项规章制度，切实解决这些小微企业在安全生产中的薄弱环节和突出问题，狠抓隐患排查治理工作，逐步完善了档案资料及安全管理台账。同时，对各企业贯彻执行国家安全生产方针政策和法律法规情况、安全生产主体责任、全员安全生产目标责任制、安全生产状况、安全应急能力落实情况进行了认真督查。2018年，多数企业落实安全生产政策方针及完善责任比较扎实。全县规模以下重点企业没有发现重大安全事故隐患，没有发生任何安全生产事故，为全县民营企业的安全稳定发展夯实了基础。

【“散乱污”企业集中整治工作】 按照县委、县政府《关于环保部约谈暨安泽县环保突出问题整改工作实施方案》、安泽县环境保护工作领导小组《关于开展散乱污企业专项整治的实施方案》文件精神及生态环境治理攻坚行动督查工作对全面整治“散乱污”企业工作的具体要求，结合中央环保巡察组及市巡察组查出的安泽县“散乱污”企业环保突出问题清单，中小企业局对全县各乡镇已整治“散乱污”企业情况进行了回头看，对2017年10月份已取缔的1个“散乱污”企业安泽县兰村预制板厂很行了彻底取缔，达到了“两断三清”要求，确保了安泽县无散乱污企业反弹。

【帮扶工作】 按照县委的统一部署，认真开展包联村帮扶工作，扎扎实实帮助指导所包扶的村理清思路、强化措施、夯实基础、排解难题、办好实事，使该村整体工作有了新的起色，取得了初步实效。2018年扶贫驻村工作队，以包联村实际存在的困难和急需解决的问题着手，采取有效措施，切实为包联村民解决实际问题。积极协助李家沟村修建唐城至李家沟村水泥路，帮助群众解决行路难；协助李家沟村打造深度230米的深水井，为李家沟村民解决用水难；发放面、油、防火服等生活慰问品、防火用品1.5万余元。

电力工业

【概述】 2018年，山西地方电力有限公司安泽分公司在县委、县政府的正确领导下，认真贯彻落实晋能集团、晋能电力集团公司和地电公司工作会议精神，以“三个年”为抓手，以“四个规范”为重点，以经济效益为体，展开文化引领、技术引领两翼，增压人才、服务、管理、党建四驱动，积极适应经济发展新常态，锐意进取、主动作为、攻坚克难，经过公司上下的共同努力，2018 年供电量累计完成 35120.24 万千瓦时，完成年计划 31579 万千瓦时的 111.21%；售电量累计完成 33372.71 万千瓦时，完成年计划 30000 万千瓦时的 111.24%。

综合线损率完成 4.98%，与计划指标 5.00%降低 0.02 个百分点；平均电价完成 60.77 元/万千瓦时，比计划指标 60 元/万千瓦时增加 0.77 元/万千瓦时；累计应收电费 21737.61 万元，实收电费 21737.61 万元，电费回收率 100%，当年无欠费，历史无欠费；利润总额累计完成 1334.23 万元，同比增加 282.21 万元，完成年计划的 758%；主营业务收入累计完成 17000.41 万元，同比增加 1410.44 万元，完成年计划的 113.34%；购电费累计完成 9694.76 万元，同比增加 949.01 万元，完成年计划的 108.91%；职工薪酬累计完成 1967.48 万元，同比减少 90.47 万元，完成年计划的 113.28%；材料费及一般修理费累计完成 357.31 万元，同比增加 22.07 万元，完成年计划的 99.65%；折旧、摊销累计完成 2761.18 万元，同比增加 92.81 万元，完成年计划的 102.27%；制造费用累计支出 460.48 万元，同比增加 67.53 万元，完成年计划的 97.24%。

【各类安全培训活动】 2018 年，开展了“安规”“两票”培训学习、触电急救培训、企业停送电联系人培训、交通安全等各类培训累计 12 期，特别是为全面落实“员工技能提升年”工作要求，结合实际，制定了《全民技能提升工程实施方案》，分别于 5 月 24 日和 9 月 6 日举办了两期技能提升培训班。同时，开展了安全生产大讨论、大排查、大整顿专项活动，“一线职工话安全”“安全真的是第一吗?”为主题的安全日活动，宣贯“十不干”、演讲比赛、知识竞赛、安全知识下基层、安规调考等活动，通过活动落实各级安全责任，切实增强了全员安全责任意识，筑牢了安全生产基础。

【安全标准化建设】 2018 年，公司领导对开展安全标准化建设工作极为重视，为切实保证安全标准化工作深入开展，印发了《深入开展安全标准化建设实施方案》，成立了以公司经理为组长，各部门负责人为成员的安全标准化工作领导小组，并对建设任务进行分解，落实责任，分步骤实施，着力推进常态化、制度化和长效化的安全标准化管理。9 月 17 日至 18 日，地电公司安全监察部副主任工程师胡晓力带领安全生产标准化达标评级专家组对安泽电力公司安全生产标准化达标评级工作进行了初审，针对检查中发现的问题提出了具体整改意见，各专业正按照整改措施进行整改中。自 2016 年起，公司在安全标准化建设基础上，开展了安全文化示范企业建设工作，经过两年的创建，11 月 28 日，公司被山西省人民政府安全生产委员会授予“山西省安全文化建设示范企业”称号。

【风险管控管理】 针对春检预试、迎峰度夏、雨季“三防等工作实际，严格落实到岗到位监督要求，加强安全管理和现场管控，合理安排工作任务和计划，强化标准化作业。按照晋能电力、地电公司隐患排查治理工作要求，认真开展了安全生产事故隐患排查治理工作，建立健全隐患排查治理长效机制。截至 2018 年共排查隐患 1 项，整改 1 项，整改率 100%，无 2017 年遗留隐患，所有设备运行正常。

【执行“两票”管理】 对各班组两票的执行情况进行认真考核，进一步规范、统一“两票”签发、执行、管理工作，坚决杜绝了无票工作和无调度许可的行为。严格执行智能签票、网上审票，切实减少了填票、签票过程中的人为失误，便于各级管理人员对“两票”的监督，防止了违章的发生。2018 年整体电网运行良好，未发生任何考核性事故，安全运行天数累计达 6433 天，未发生责任考核事故。

【经营绩效管理】 强化线损管理，分区、分压、分线、分台区将各项指标分解到部门和人，对线损率波动大的线路、台区逐个分析，认真研究降损节能措施，制定并严格实施技术降损计划。通过理论线损计算软件，全面进行了理论线损计算指导指标管理和降损节能工作。加强电费管理，加强对基层营销人员电费回收考核力度，严格执行电费日清、月结，杜绝违规现象发生，将电费回收工作责任切实落实到人，有效防范电费回收风险，确保考核指标按期完成。结合实际工作，重新修订了《山西地方电力有限公司安泽分公司电能量采集管理办法》，进一步规范电能量采集工作管理，努力提升电能量采集“三率”。

【计划和预算管控管理】 严格执行计划闭环管理和审批程序，减少预算外支出。项目实施过程管控，切实规范项目支出范围和渠道，及时办理结算、决算，保证已完工项目的正常闭环。

【计量管理】 通过严把质量技术关，开展电能表的首检工作和周校工作，加强了专变、公变总表（包括集抄器的安装和调试）的校验、轮换和调试，杜绝了跑、冒、滴、漏现象；结合春检工作对变电站各条柜线进行 PT 二次压降测试，对不符合《电能计量装置技术管理规程》要求的贸易结算电能表和 PT 二次压降的计量装置进行了改造。并通过县工商和质量监督管理局聘请专家对公司的专项授权考核，颁发了“专项计量授权证”。

【用电管理】 制订了用电检查计划，统筹安排安全隐患排查、非（违）法生产、特殊保电、营业普查、用电异常等各项检查。上半年配合主管部门对辖区内的焦化、煤矿、洗煤、搅拌站等重要用户和大用户开展了检查，通过检查对用户存在的安全隐患、问题及时下达了书面整改通知书，并上报安全生产管理和行业主管部门。

【优质服务工作】 在优质服务建设中，坚持以客户满意为目标，致力将优质服务贯穿于日常生产经营活动中，通过开展明察暗访、“96598”客户服务系统以及各种宣传等方式，及时了解客户需求，解决客户疑难。1. 客服人员按停电检修计划、临时计划、故障停电及时通知重要用户，各项业务按规定、流程及时规范办理，全部在承诺时限内予以办理，无超时限现象存在。2. 圆满完成春节、县经济工作会、元宵节、“两会”“五一”、高中考、消夏月等各项重大活动保电、挂灯等任务，积极履责助力乡村旅游发展，对罗云车道村进行电力规划，对乡村线路进行整修，圆满完成“安泽县第二届黄花岭乡村旅游”、“国际河灯节”、国庆旅游节保电任务。3. 积极响应县委、政府“创建卫生县城”的号召，积极参加并部署创卫工作，完成政府街架空线路入地工程，对电力设施进行卫生清扫，先后对多处剥落、有小广告的墙体进行粉刷、恢复，对锈蚀路灯杆进行喷漆处理，清理废旧电杆以及对创卫建成区亮化美化情况进行了摸排、亮化。4. 根据县政府下发《关于做好2018年“煤改电”工作的通知》文件，及时与规划设计单位沟通，与县、乡、村相关人员对接，共同进行现场规划，于2018年9月27日全部完成“煤改电”项目再核准工作，共计勘查45个台区、1587户。该项目于10月26日完成核准批复，截至11月30日，配电网改造工程完成853户，组立电杆59基，新建及改造变台13个，10千伏接续线路完成0.8千米，0.4千伏低压线路完成2.671千米，接户线完成8.84千米，完成户数与县政府当前煤改电取暖设备安装户数基本同步推进。5. 积极响应政府“清理规范转供电环节收费工作”，公司成立领导小组，由各供电所将责任落实到人，对辖区内商业综合体、居民住宅小区等转供电单位进行了全面摸排，已通过改造清理规范转供电主体6户（终端用户191户），清理金额3.57万元。6. 及时响应政策，完成电价的调整及城乡低保、五保户的电费返还工作。7. 积极参与“学雷锋”“清明祭扫”“青年志愿岗”、义务植树等志愿服务活动。

全年公司未发生违反《供电服务“十项承诺”》和《员工服务行为“十个不准”》的事件，未发生无服务质量问题，未发生投诉举报事件。

【项目工程建设】 1. 安泽和川35千伏输变电工程，该项目于2018年4月17日取得接入系统批复，6月28日取得初步设计批复，批复投资3866.72万元，截至10月底完成全部招标工作，并于10月25日全面开工建设，截至12月底，和川35千伏变电站土建总体进度完成75%，35千伏输电线路总体进度完成70%。2. 安泽（唐城）220千伏输变电工程，该项目于7月27日完成接入系统编制单位竞争性谈判，8月2日完成可研编制单位竞争性谈判，在此期间，公司积极组织人员对该项目前期资料进行搜集，开展变电站土地手续的办理、项目立项资料的整理上报、变电站及线路路径协议等相关工作，努力推进该项目有序向前进展。3. 上报2019年农网改造升级工程项目，本次上报严格按照地电农网改造升级规划要求，在地电安泽分公司“十三五”电网规划项目库中进行项目选取，并按照项目实施紧要程度进行编排，于6月27日完成了项目上报工作，于11月14日取得了山西省发展和改革委员会关于山西地方电力有限公司2019年农网改造升级可行性研究报告的批复（晋发改审批发〔2018〕736号）。

【党风廉政建设】 2018年积极推进“两个责任”落实，公司与各部门、各班组层层签订了党风廉政建设目标责任书，将党风廉政建设目标责任层层分解，落实到人头；严格制度约束，坚持“三会一课”等制度，在以往的基础上不断完善企务公开、党务公开。制定出台了《党政联席会议制度》《中基层干部管理办法》《周例会工作制度》《领导干部外出报备规定》《车辆管理制度》《公务接待管理办法》等办法制度，切实增强了党组织工作严肃性。从制度和源头避免“两张皮”现象。严格按照程序召开了一次党员领导干部民主生活会、组织生活会和民主评议党员工作，开展批评与自我批评，使班子及广大党员干部的廉洁自律意识明显提高。党建工作切实做到了年头有计划、半年有检查、年终有总结，使党风廉政建设责任制得到认真落实；创新党员学习交流活动载体，发挥好“互联网+党建”的优势，通过党员微信群和“学习交流微平台”等微信公众号、公司OA办公网络，党员活动日等多种形式，拓展学习的平台和途径。始终把政治理论学习作为强化党性锻炼的重要载体来抓，把学习计划上升到制度的高度来执行，做到每月有计划、有检查，每周有侧重、有领学。组织班子成员和党员干部深入学习习近平系列重要讲话精神，中共十九大、十九届二中、三中全会和省委十一届六次全会、市委四届三次全会、县十四届三次党代会精神，集团公司党的建设和纪检监察工作会议精神以及落实党风廉政建设责任制有关规定的基础上，围绕学习贯彻《中国共产党章程》《中国共产党党员领导干部廉洁从政若干准则》《中国共产党党内监督条例》《中国共产党纪律处分条例》，重点开展了一次“鉴史问廉”为主题的道德讲堂活动，不断增强职工清正廉洁意识，先后组织观看廉政教育片5次，开展学习贯彻习总书记系列重要讲话精神讨论会2次，党支部中心组学习会3次，通过搭建党员微信群和“学习交流微信平台”采取红色教育、专题研讨会、知识测试等多种方式，拓展党建学习的平台和途径。把主题党日活动与专业特色有机结合，结合传承“红船精神”、开展体验式红色教育、服务群众深入田间地头等形式开展了主题党日活动，并在中国共产党成立97周年之际，公司在县文体中心举办了“信仰之光”消夏月电力专场晚会。同时把安全学习纳入到支部的各项工作和活动中，在“三会一课”和党员政治学习时都加入了对近期发生的安全事故事件通报的学习和讨论，让党员时刻绷紧“我要安全”这根弦，让普通员工参与支部生活，将党风廉政建设与职工思想道德教育有机结合，做到了学习教育有特色、见实效、接地气，有效激发了学习主动性，使自觉学习蔚然成风。

集体工业联合社

【概述】 2018年，在县委、县政府的坚强领导下，在上级党委的关心指导下，城工联社全体干部职工深入贯彻中共十九大报告精神，全面落实“习近平总书记系列重要讲话”，积极做好本职工作，围绕县委、县政府的工作部署，齐心协力，迎难而上，较好地完成了各项工作目标和任务。

【学习教育活动】 根据县委组织部要求，认真召开“强化责任、严守纪律、树好形象”专项治理活动动员会，会上传达了县专项治理活动动员会精神，讨论通过活动实施方案并成立活动领导组。单位全体党员干部集中学习、撰写笔记、心得体会、集中观看警示教育片和廉政教育党课等方式，进一步增强了“强化责任、严守纪律、树好形象”的思想自觉和行动自觉。积极开展扫黑除恶专项斗争活动的学习及宣传工作。

【“创卫”工作】 2018年成立卫生、健康、控烟等领导组，多次召开全局会议，专题研究和部署创卫工作通过办宣传栏，张贴创卫宣传标语，组织开展形式多样的宣传活动，广泛宣传，大造声势，营造了良好的创卫氛围。通过开展创卫活动，全体干部养成了良好的卫生习惯，不随地吐痰，乱丢垃圾；各股室卫生状况得到明显好转，营造了一个优美、舒适的生活、工作环境；通过健康知识教育，提高了干部的爱卫意识，增强了干部的自我保健能力。

【“脱贫”工作】 2018年与村两委、第一书记协调配合好，积极发展村集体产业，帮助贫困户增加发展动力，组织开展走基层、送温暖活动。1. 在春节和中秋节前，分别组织党员干部对结对帮扶的贫困户家庭进行了走访慰问，并给予该家庭慰问品及生活救助，及时帮助解决他们当前家庭生活上面临的暂时困难，帮助他们重树致富的信心；2. 为了壮大村集体经济，协助村两委安装光伏发电50千瓦及割灌漏翘120亩；村里修建好枣园地拦河坝、莫凹山漫水桥各一；村里修建好入村文化墙，配合安泽县全域旅游，增加文化特色。3. 年初在了解到贫困户袁长海种植经济作物樱桃灌溉有困难时，单位主动给他送去水泵，并一起安装好，让他真切感受到党的关怀和温暖。坚持既扶贫，又扶志，积极做好政策宣传与群众思想工作。2018年，单位组织党员干部深入贫困户家中，采取面对面交流等方式，一方面切实宣传好中共十九大一系列新观点、新部署；另一方面积极引导他们树立勤劳致富、创业致富，自强自立的意识，增强他们对改革发展的信心，帮助他们提高素质，学会一技之长，增强就业本领和创业能力。

【党建工作】 领导班子和领导干部坚持“一岗双责”，承担起做好单位干部职工的思想政治工作的责任，将党建工作的主体责任细化实化，形成责任落实的压力传导机制。坚持每周三上午的集中学习，撰写学习笔记。按照“三基”建设要求优化内设机构设置，编制了基础工作目录、工作运行流程图和“三个手册”，为开展基础工作提供制度保障，进一步加强了党支部建设。

【助力旅发工艺美术】 通过配合市工美协会领导对安泽县目前的工美大师进行的摸底，对会员的作品、证书进行了统一的整理和分类，有利于发掘出民间工匠大师。为了进一步推进全县工美工作的开展，助力山西旅发大会在临汾召开，4月28日至5月8日，协会组织县协会会员参加了市城工联社和市工美协会在曲沃晋园举办的“2018临汾工艺美术精品展”，参展作品有布艺、根雕、泥塑等，市领导和各界人士给予了较高的评价；积极推荐组织县协会会员参加市工美大师评选活动，9月25日至27日在临汾市群艺馆组织市工美大师相关作品进行展示，并参加了工艺美术大师的颁奖活动，安泽县在2018年新评了一名临汾市工艺美术大师。

【安全及稳定工作】 对制鞋厂下的租房户安全工作进行了检查，并下发了用水、用电安全宣传资料，在发现问题后进行了及时纠正，并安排专人进行监督整改，确保了全系统健康安全运转。对下属企业装潢公司的安全进行了检查，并帮助企业对查出的排水困难问题我们积极协调对下水道进行了维修，有效地消除了安全隐患。在两节期间筹资9000余元对企业下岗职工进行了慰问，送去了温暖。

【党风廉政建设工作】 单位领导班子坚持不懈地抓好干部理论学习，制定了党支部集中学习制度、学习规划和干部学习制度，提出了学习目的与要求，坚持每周三学习日制度。认真学习了《中国共产党章程》《中国共产党党内监督条例》《中国共产党纪律处分条例》等规定。记写学习笔记，撰写心得体会文章，举办学习专栏，开展学习交流活动。在抓好政治学习的同时，开展生动活泼的思想教育，组织党员干部观看警示教育电教片，用正反面的题材教育大家明是非，辨善恶，提高拒腐防变能力。通过学习和教育活动领导干部和机关工作人员提高了对党风廉政建设和反腐败斗争必要性、重要性和长期性的认识，增强了党员干部自重、自省、自警、自励的自觉性，廉洁自律的意识和拒腐防变能力有了进一步提高。

农业经济

农　　委

【概述】　2018年，县委、县政府高度重视农业生产，在落实中央惠农政策的基础上，加强农业基础设施建设，改善农业生产条件，实施科技兴农战略，推进粮食高产创建工程，开展防灾减灾，粮食生产克服前期干旱、局部暴雨冰雹宠害、后期病虫害等诸多不利因素影响，全县粮食生产持续稳定发展，经县统计局核定后公布，2018年全县秋收粮食总产最达到16.11万吨，比上年的15.5万吨增长3.93%。

【农业经济建设】　据县统计局反馈，2018年农村居民人均可支配收入为9846元，比上年同期的9176元增加670元，增长7.3%，比山西省增幅（8.9%）低1.6个百分点，比临汾市增幅（8.3%）低1个百分点。

全年农林牧渔业总产值累计完成79212.3万元，比上年增长0.49%。其中：农业产值完成62516.4万元，同比增长2.52%；林业产值完成3670.6万元，同比减少2.6%；牧业产值完成9821.7万元，同比下降5.23%；农林牧渔服务业产值完成3200万元，同比增长10.84%。

全年农林牧渔业增加值完成43981.2万元，同比增长0.14%。其中：农业增加值完成34515，7万元，同比增长2.19%；林业增加值完成2033万元，同比下降2.8%；牧业增加值完成5917.8万元，同比下降79%；农林牧渔服务业增加值完成1512.8万元，同比增长10.74%。

畜牧养殖业存栏减少，出栏略增。生猪累计存栏9005，同比减少2.17%；牛存栏3528头，同比减少2.78%；羊存栏61608只，同比减少0.39%；家禽存栏32.45万只，同比减少0.31%。出栏肉猪累计达到8932头，同比增长0.64%；出栏牛2246头，同比增长1.91%；出栏羊18174只，同比增长0.55%；出栏家禽33.66万只，同比增长0.3%。

【种植业】　据县统计局反馈，粮食播种面积略减。安泽县2018年农作物总播种面积378776.5亩，比上年的379543亩，减少0.2%。粮食作物总播种面积336302亩，比上年的345580亩，减少9278亩，减幅

2.68%。其中：玉米播种面积为316802亩，比上年的334204.5亩减少17402.5亩，减幅5.21%。谷子播种面积为10964亩，比上年的7015亩增加3949亩，增幅56.29%。豆类种植面积为2043亩，比上年的693亩，增加1350亩，增幅达到194.81%。薯类种植面积5230亩，比上年的2608.5亩增加2621.5亩，增幅为100.5亩。

油用牡丹今年种植面积为8750.5亩，比上年的8358亩增加392.5亩，涨幅为4.7%。

烟叶今年没有种植面积，主要是由于安泽县受国家政策影响，不予扶持烟叶种植，另外烟叶销售渠道也非常紧张，烟叶收购行情不稳定，所以农民不再大量种植烟叶，而是改种其他经济作物。

中药材播种面积为18023亩，比上年的12642亩增加5381亩，增幅达到42.56%。

粮食产量略增。全县2018年完成秋收粮食产量161123.3吨，比上年的155030吨增长3.93%。其中：玉米产量157930.6吨，同比增长3.6%，亩产493.5公斤。谷子产量1083.3吨，高粱产量406.5吨，豆类产量259.2吨。薯类产量7218.5吨，比上年的4750吨增长55.02%。

【农村土地确权工作】 开展农村土地承包经营权确权登记颁证工作是在现有农村土地所有权确权登记发证材料为依据的基础上进行完善，解决承包地块面积不准、四至不清、空间位置不清、登记簿不健全等问题，为开展土地经营流转、调处土地纠纷、完善补贴政策、进行征地补偿和抵押担保提供重要依据。经摸底调查安泽县二轮承包面积（在册）148008.61亩；机动地面积14020.84亩；自留地7626.2亩；其他地28296.77亩。

2014年开展确权试点工作2个村；涉及确权面积1.14万亩，农户413户；2015年开展确权工作全面开展涉及72个村，确权面积20.79万亩，农户11746户；2016年开展剩余的30个村、涉及确权面积8.44万亩，农户5309户。

2016年，2014年、2015年74个确权村已全部完成二轮公示；2016年确权的30个村完成一轮公示；17个村完成二轮公示；完成二轮公示的村两年合计91个；符合公示“零错误”标准，可以签订合同的村32个；其中2个村，签订合同190份。

2017年年底，104个行政村全部完成清查摸底、二轮公示，并全部通过第三方质检，涉及1.74万户，30.5万亩，签订合同16694份，确权面积18.5495万亩。按照山西省质检软件要求，104个村全部通过质检，数据通过省、市第三方审核验收，汇交农业部。

2018年底全县完成单户信息核实，打印发放证书15610份，农村土地承包经营权档案整理工作进行扫尾。

【发展新型农业经营主体发展】 针对安泽县农民专业合作社普遍存在发展规模小，财务管理不规范的情况，积极引导农民专业合作社发展壮大规模，按照《农民专业合作社财务管理》进行规范管理，对发展规范、具有带动性、社员收入高于当地人均收入的合作社进行推荐，发展2个省级、2个市级、5个县级示范合作社和2个市级示范家庭农场。

【强农惠农富农政策落实】 严格程序核实

农业支持保护补贴面积，通过“一卡通”发放补贴资金，发放2018年农资三项综合补贴资金共计1190.58万元，涉及7个乡镇103个村、场，15987户，17.77万亩。并为全县26.8万亩玉米投保，投保金额121.94万元，为全县403座设施蔬菜大棚投保19.9万元。

【农村集体产权制度改革工作】 2018年，开展农村集体产权制度改革工作的66个村，都确立了改革工作组、清产核资工作组和成员身份确认工作组，初步制定了改革实施细则、清产核资工作办法和成员身份确认办法，占全县行政村的64%。其中，61个村（包括16个试点村）完成成员身份确认工作，28个村完成清产核资工作。

【创建蔬菜示范区】 2018年，创建3个集中连片露天蔬菜示范区：和川镇法井村、罗云村辣椒200亩；良马乡司马村、英寨村、曹家沟村辣椒200亩；马壁乡卫寨村、郎寨村、东里村辣椒200亩。

【农业投入品废弃物回收工作】 2018年各乡镇村级网点共回收农药瓶59万个，通过联系有处置资质的陵川金隅水泥有限公司，进行运输销毁处置。

【农产品品牌建设】 2018年认证“三品”产品数量8个，发展“三品一标”产地面积9600亩。新认证三家企业接受内检员培训（安泽县安上古槐小杂粮有限责任公司认证2个，安泽县居山红山楂树种植农民专业合作社认证1个，安泽县融创绿色蔬菜种植农民专业合作社，复查换证5个）。

【农业执法建设】 2018年，共出动执法人员220余人次，检查经营门店70个次，检查生产经营单位230余个次，整顿市场10个次，普法宣传2场次，印发宣传材料3万余份，立案查处6起，已全部实施行政处罚，罚款10300元。检查四个屠宰厂（场）16次，下发整改通知书9份，关停4个屠宰厂（场）。

【乡村振兴战略规划情况】 由山西省财经大学专家团队对安泽县乡村振兴战略进行全面规划设计，高质量编制《安泽县乡村振兴战略规划（2018—2022年）》，明确了安泽乡村振兴的时间表、路线图、任务书。2018年确定1个乡村振兴示范乡镇（府城镇）、6个乡村振兴示范村（沁河庄村、冀氏村、固县村、郎寨村、英寨村、小李村）。

（韩军）

水　利

【概述】 2018年，根据年初市定目标指标任务分解，承担“用水总量控制指标0.2亿立方米；万元地区生产总值用水量降低率与去年保持一致；全面推进水保重点工程建设，完成水土保持初步治理面积3.3万亩；全面推行河长制，完成年度目标任务5项市定指标任务，指标任务全部完成。

【农村饮水安全巩固提升工程】 2018年年初针对水源水量不足、工程管网老化严重、供水设施年久失修、工程建设资金投入不足等问题进行普查，经统计全县44个自然村需要解决饮水问题，规划筹建工程34处，由于资金有限，将急需重点解决的4

个乡镇9个行政村10个自然村5600口人的饮水问题列入2018年工程，筹建工程10处并上报县委、政府。县委、县政府高度重视，多次召开会议研究，为保障群众吃上“安全水、放心水”，决定在资金上倾斜，围绕水利脱贫，将34处工程全部纳入农村饮水安全巩固提升改造工程，并列为2018年全县重点工程，其中：巩固提升工程25处、管网改造9处，受益村庄44个，受益人口2.08万人，总投资988万元。2018年底塑料管材采购已完成；巩固提升工程已完工24处；完成工程量80%以上的10处因天气原因，2019年进行扫尾工作2处；完成工程量50%以上的5处。

【义唐河县城段治污工程】 该工程是以建设义唐河两岸景观为主线，从河道行洪、城市环保、城市景观等方面着手，对四通加油站至沁河入河口的污水管网、河道的引水管道进行改造，因义唐河位于县城中心，为了美观在河道内布设人字闸进行蓄水，蓄水面积达28000平方米，工程总治理长度2500米。主要建设内容是：河道疏浚1700米；排污管道2500米；布置液压式人字闸3座及河道补水等，已全部完工。

【沁河治理工程】 该工程位于和川镇，分为堤防工程及桥梁工程，工程总投资1700万元，4月份完成了工程施工农作物，树木补偿等项目，7月份工程开工。2018年，完成投资1000万元，占总投资的59%，护地坝工程完成临时过路桥1座，临时施工道路1300米，土方开挖11135.25立方米，土方回填2507.5立方米，基础C25混凝土浇筑3577.69立方米，M7.5浆砌石挡墙4587.43立方米，面板钢筋混凝土浇筑1209.92立方米，排水闸1座，公路混凝土浇筑600米；桥梁工程完成灌注桩造孔242.4米，预制及吊装C50混凝土桥板351.48立方米，混凝土382.96立方米，钢筋制作安装88.788吨，曲面模板120.57平方米，平面模板3216.09平方米，波纹管1420米，钢绞线11748公斤，张拉锚具224套等，为了保证桥梁混凝土工程的质量该工程于2018年10月4日已暂停施工。

【防汛抗旱】 1.利用3月22日世界水日活动宣传防洪知识，在县步行街悬挂宣传横幅，水利局领导班子成员齐上阵宣传防洪法，设立宣传咨询台，热情地为市民宣传咨询防洪知识，向过往行人发放宣传材料。2.根据县级领导分工情况，调整了新的防汛抗旱指挥部成员及职责分工。3.结合全县实际，制定并完善了防汛应急预案，同时制定了城区内涝抢险预案，对城区雨污水管道进行了清淤整治，对低洼地带安排了专人监测。4.储备编织袋3000条、编织袋1.3万条、照明设施50台、救生衣81件、水泵65台、泵管2盘、铁锹80把、雨伞10把、雨衣68件、雨鞋60双、耙子18把、镰刀21把、雨裤15条、对讲机10对、手持导航终端3台、拖车绳10条、万用军铲15个、安全绳10条、防滑链9套、应急发电机3台、检修工具2套，集中专库管理，由防汛指挥部统一调配，以备抢险急需。县组建了一支100人、各乡镇组建了七支共1019人的应急队伍，做到汛期防洪抢险招之即来、来之能战。同时又投资50万元，将防汛会商系统延伸至七个乡镇，这一举措为安泽县开展防汛会商、作出决策提供了便捷的信息平台。5. 结合“清河行动”工作，对全县所有河道、堤防、水库、排灌设施等进行了拓查，并对库房内现有防汛物资进行了清点，对检查出的安全隐患实行整改“销号制”，确保不漏部位，不留死角，对存在的问题登记造册，建档立卡备案。对全县157座漫水桥，采取设置警示牌、拉警戒线等方式进行严防死守，对沿河施工单位，进行了宣传和管理。6. 工作人员深入抗旱一线，依据旱情分类指导，根据全县实际现状，2018年投资15万元为7个乡镇14个村配备了流动泵24台，离心泵1台，深井泵1台，深受群众欢迎，圆满完成了年度灌溉任务。

【水资源管理工作】 1. 继续加强远程监控系统管理。继2017年对9家规模以上的企业全部更换远程监控水表后，2018年对剩余5家企业的老式机器水表也全部进行了更换，真正实现了对全县重点水资源使用的实时监控。2. 继续落实责任包干、定期巡查制度。对全县所有取用水企业进行了划分，实行责任包干，确定了各企业水资源管理责任人。责任人严格依照“一法两条例”要求，全年对责任范围内的企业执法巡查200余次，有效推动了相关问题的及时处理和整改。3. 认真落实各项改革要求。自山西省实行水资源“费改税”政策以来，积极与税务部门协调合作，开具出了临汾市第一张水资源税票，2018年征收水资源税1546.3万元，费税制度转换顺利，费税改革运行平稳。4. 着力推进取水许可。依法对全县取得水权的14家企业进行了认真排查，期间协调永鑫煤焦化和安鑫煤业两家企业在临汾市政务大厅换发了取水许可并进行了登记。同时根据下达的年度水量分配方案和年度用水计划，制订了全县用水计划，认真做好取水许可台账、用水户档案、计量设施管理等工作，全县取水用水工作逐渐步入科学化轨道。5. 扎实做好排污监测。对主要入河排污口进行了彻底摸排，摸清了目前存在的5个入河排污口现状，对每个入河排污口的污水来源、排放方式、排放规律等进行了认真调查，建立了入河排污口档案，并对水量水质状况进行逐月监测，为全县水环境治理提供科学依据。

【河长制工作】 1. 2018年安泽县出台了《安泽县河长巡查工作制度（试行）》等四项制度，并与去年的《安泽县河长制县级会议制度》等六项制度一起装订成册编辑为《安泽县河长制十项制度》，转发了《临汾市河道巡查管理办法》为全面推进河长制各项工作奠定了基础。2. 设立各级河长。按照《安泽县全面推行河长制实施方案》（安办发〔2017〕45号）成立了由县委书记、政府县长任双河长，县委常委及副县级以上领导任县级河长的领导机构。各乡镇也相应成立由党委书记和乡镇长任双河长的领导机构，落实了县、乡、村三级河长。2018年，共设立河长163名，其中：县级河长13名、乡（镇）级河长41名、村级河长109名，县、乡、村三级“河长制”管理体系初步形成，境内25条河流实现河长制管理“全覆盖”。3. 设置河道巡河员。根据《临汾市河道巡查管理办法》，安泽县于6月份在全县设置巡河员88名，其中：沁河22名，其余24条河流66名，7月1日起全部上岗开展工作。全年县级河长累计巡河达 97 人次，乡级河长巡河达 356 人次，村级河长巡河达 1744 人次，全县各级河长都在以身作则、在岗履职。4. 召开例会。为保证各项制度的贯彻落实，县委、政府多次召开专题会议进行安排部署，要求每月召开河长工作例会，听取各河长工作汇报，部署工作方案，并采取定期或不定期抽查的方式检查各级河长的履职情况。

【移民工作】 2018 年移民工作紧紧围绕县委、县政府的安排部署，认真执行有关移民工作的各项法律法规，做好稳定工作，在县移民工作领导组的领导下，团结、协调镇、村干部群众，全力推进和川移民安置工作，严格按照移民程序，认真做好马壁移民的后期扶持工作，完成马壁移民后期扶持项目海东村机耕路 900 米，和川移民新村巷道亮化工程 220 盏路灯，完成 2018 年后扶人口核定工作，并及时发放后扶直补资金，确保水库移民利益，真正做到后期扶持资金不错发、不漏发。

【水行政执法】 2018 年，安泽县抽调公安、水利、工商等部门组成联合执法组，制定出台了《安泽县水生野生动物保护专项整治行动实施方案》，实施联合巡查制度，采取突查、暗查、开展“零点行动”等方式，严厉打击“乱采乱挖”“乱占乱建”“乱捕乱杀”等行为。对全县主要支流做到每周巡察不少于 2 次；每月突击巡查不少于 4 次；严格落实“禁渔期”制度，发布实施禁渔令。先后开展渔政执法 104 次、参加人员 350 人次，累计查处电鱼行为 6 例，罚款两万余元，对其他违法违规行为分别给予了警告或行政处罚；制定了《河道执法工作方案（2018—2020 年）》，共查处非法采砂 1 起、非法制砂 2 起，下发《责令停止水事违法行为通知书》10 份，下发《责令整改通知书》3 份，对河道非法制砂立案一起、水行政处罚 2 人，罚款 3000 元，下发《安泽县河道治理专项行动通知单》5 份，下发《关于加强汛期涉河项目管理，确保我县河道行洪畅通、安全度汛的通知》5 份，下发清障令 2 份，下发规范涉河项目审批通知 7 份，检查生产建设项目 7 处，征收水保补偿费 102 万元。同时为改善沁河水生物多样性，先后在和川镇沁河庄段、府城镇飞岭段以及冀氏镇大渠段等地放流草鱼、鲫鱼、鲢鱼、鲤鱼等鱼苗 5 万余尾，荣获农业部表彰的“亮剑 2017”系列渔政专项执法行动工作成绩突出集体荣誉称号，执法工作在全省名列前茅。

【水质监测工作】 2018 年水质监测人员积极开展学习如何规范从水样采集、贮存运输到检测化验、报告分析，各个环节技术要求，共化验水样 182 份，同时还密切关注水质变化情况，遇到特殊情况及时处理，为保证农村安全饮水提供了可靠依据和保障。

·水资办·

【概述】 2018 年，在局党委的正确领导和上级业务部门的大力支持下，安泽县水资源管理工作紧紧抓住实现水资源可持续利用这个总目标，严守“三条红线”，紧扣“两项指标”，认真落实最严格水资源管理制度，创新思路，规范管理，扎实做好对全县水资源的保护宣传、管理控制等各项工作。为进一步做好全县水政监察工作，年初及时对已注销和有效取水许可证情况在安泽政府网进行公示，于1月29日对各取用水户下达《2018年全县用水计划》。

【征收管理】 1. 2018年继2017年对9家规模以上的企业全部更换远程监控水表后，对剩余5家企业的老式机器水表也全部进行更换，真正实现了对全县重点水资源使用的实时监控。平时，可以随时观测各企业取水用水状态，为水资源税征收工作提供了科学有效的数据。2. 对全县所有取用水企业进行划分，实行责任包干，确定各企业水资源管理责任人。责任人严格依照“一法两条例”要求，全年对责任范围内的企业执法巡查200余次，有效推动了相关问题的及时处理和整改。3. 自山西省实行水资源“费改税”政策以来，积极与税务部门协调合作，开具出了临汾市第一张水资源税票，全年征收水资源税1696万元，费税制度转换顺利，费税改革运行平稳。

【取水许可】 1. 依法对全县取得水权的14家企业进行认真排查，并新申请办理了四家企业的取水许可证。2. 根据市水资办下达的年度水量分配方案和年度用水计划，结合全县用户的取水申请制定了用水计划，坚决做到科学计划、取水合理。3. 做好取水许可台账、用水户档案、计量设施管理等工作，全县取水用水工作逐渐步入科学化轨道。

【排污监测】 根据落实最严格水资源管理制度与全面推行河长制工作需要，联合局河道办对安泽县主要入河排污口进行摸排，摸清了2018年存在的5个入河排污口现状，对每个入河排污口的污水来源、排放方式、排放规律等进行认真调查，建立入河排污口档案，并对水量水质状况进行逐月监测，为安泽县水环境治理提供科学依据。

【员工学习培训】 为进一步提高执法人员素质，提升依法办事能力，我办通过集中统一学、科室交流学、外出取经学等方式，重点对工作职责、执法程序、文书规范等进行重点学习，全年开展集中学习12次，聘请县律师事务所律师为全体工作人员讲解行政诉讼法等法律法规3次，外出参加省、市两级执法培训5批次。通过不间断的学习培训，机关干部职工职业素养均有了较大提升。

【水资源宣传工作】 2018年充分利用醒目位置、重要节点、网络平台等多种形式开展宣传工作，形成了全民关注支持水资源管理的浓厚氛围。1. 在第26个“世界水日”和第31个“中国水周”来临之际，举行以“严格水资源管理、建立节水型社会”为主题的宣传活动。2. 在府城镇百亩滩景区制作大型壁画一幅，鱼形浮雕1个，刷写保护水生动物、节水用水、禁止丢弃废弃农药空瓶宣传标语50多条。3. 在全县沿河村庄及非法捕捞多发易发区域的河道设立了系列宣传警示牌，旨在宣传渔文化和相关法律法规，引导广大人民群众摒弃污染水环境的不良陋习。4. 在全县七个乡镇悬挂了监督举报牌，明确了对未经批准擅自取水、未依照批准的取水许可规定条件取水的及对擅自为未办理取水许可的单位或个人凿井的施工单位的处罚办法和措施。5. 制作3个“保护水资源”专题宣传视频上传至腾讯网，并发动群众广泛在微信朋友圈转发，倡导全县人民共同保护安泽的宝贵的水资源。宣传视频点击率达到2000余次，微信转发500余次。

【用水制度】 按照安水资〔2018〕2号《关于开展企业用水专项检查的实施方案》文件要求，水资办成立两个督查组对全县取用水情况进行了全面督查。6月，先后对两家远程监控计量设施安装不合理的企业限期进行了整改；在黄花岭旅游月开幕前夕，对309国道沿线未经许可擅自打井的7家用水户进行调查，并下达了停违告知书；此外，还对长临高速安泽段所有工程进行了取用水检查，按照规定对已完工标段的水井进行了回填；对府城镇百亩滩浮桥景区、长临高速良马收费站、擂鼓台搅拌站三处擅自打井进行了立案和整改。

【渔业管理工作】 1. 2018年成立了以县委常委、常务副县长李峻石为组长，分管副县长刘合生和公安局局长崔军任副组长的县级领导组，制定出台了《安泽县水生野生动物保护专项整治行动实施方案》，李峻石、刘合生二位副县长多次强调并亲自带队参加“零点行动”，带领公安局及其他各相关单位执法人员对沁河沿岸非法捕鱼现象进行多次突击检查，有效遏制了非法捕捞行为。

2. 继续实施巡察监管常态化制度，对全县主要支流做到每周全县巡察不少于2次；实施联合巡查制度，采取突查、暗查、开展“零点行动”等方式，每月突击巡查不少于4次；严格落实“禁渔期”制度，发布实施禁渔令。为改善沁河水生物多样性，4月26日开展了渔业增殖放流活动，先后在和川镇沁河庄段、府城镇飞岭段以及冀氏镇大渠段等地放流草鱼、鲫鱼、鲢鱼、鲤鱼等鱼苗5万余尾。为保证鱼苗在沁河流域安全存活，我办全体人员在集中投放点安营扎寨，不分昼夜，进行了为期一周的看护，累计劝阻前来垂钓者300余人，有效地保护了鱼苗的存活率。

3. 工作中，由水利部门牵头，联合公安、工商质监、食药监、各乡镇及电视台组成执法队，先后开展渔政执法104次、参加人员350人次，累计查处电鱼行为6例，罚款两万余元，对其他违法违规行为分别给予了警告或行政处罚；由工商质监部门牵头，对全县农贸市场进行了集中整治，对兜售沁河野生鱼的小商小贩予以罚没和劝诫处理；由食药监部门牵头，对全县所有餐饮单位及储存经营沁河野生鱼的个体户进行了全覆盖、地毯式的入户宣讲、教育引导和排查，促使经营者放弃购买、制售沁河野生鱼及菜品的行为。

4. 充分调动群众积极性，通过正向引导、正面宣传，着力构建“全民关注、全民参与、全民监督、全民共治”管理格局。县团委组织广大垂钓爱好者成立了“保护母亲河、志愿者在行动”协会，通过开展自行车骑行宣讲、义务沿沁河巡查等活动，共同投身“2018亮剑”行动；渔政部门建立了“我是母亲河保护者”微信平台，动员全民参与巡查监督，社会齐抓共管，在全县构筑群防群治的大格局。 （李玲）

林　　业

【概述】 2018年，认真贯彻落实县经济工作会议，县委农村工作暨脱贫攻坚会议，以及省、市林业工作会议精神，坚持和实践“绿水青山就是金山银山”理念，以建设山水田园城、精品旅游县为目标，将造林绿化、资源保护、脱贫攻坚、林业产业发展等林业重点工作，实施清单化管理，稳步推进落实。

【造林绿化】 2018年省、市下达营造林任务共计6000亩，已全部完成。2017—2018年国家太行山绿化防护林工程3000亩；重要水源地造林绿化工程2000亩；未成林补植项目1000亩。分别投资100万元、160万元、80万元，在马壁乡下石村和石槽村、马壁乡刘村，良马乡边寨村和府城镇小黄村实施。

在此基础上，2018年秋季在马壁乡刘村和石槽村，提前实施2018—2019年太行山绿化防护林工程3000亩，已全部完工。

【森林防火】 坚持预防和管控相结合，重点落实宣传动员、巡查管控、监测预警、应急值守等工作，2018年未发生大的森林火灾。县、乡（镇）、村、国有林场严格执行森林防火行政首长负责制，县、乡、村、户、组、场、点层层签订责任状，一级对一级负责，在全县形成了纵向包片、包村，横向交叉的责任体系。年度出动宣传车400余台次、印制悬挂宣传条幅1100余条，印发禁火令、明白纸8万余份，做到了明白纸、禁火令、责任书全部上墙，营造了全民防火的浓厚氛围；森林防护大队3支巡查组不间断巡查，深入山庄窝铺、防火重点区，形成高密度，高强度的巡逻体系。重点地段设置检查卡哨，严格管理野外火源，把好入山检查关口，切实把火种火源堵在了山下林外；同时，全县专业、半专业防火队及巡查组共124支，村级瞭望哨168个，4个瞭望台，13个远程监控点，各负其责严密瞭望监测，加强了应急值守，对重点时段、重点区域、重点人群进行监测防范，做到了火情早发现、早报告；加强了应急预案的完善修正，并及时查找问题，不断整改完善，加强工作落实。

【林业有害生物防治】 加大全县松材线虫病、美国白蛾等林业有害生物的监测，逐月进入信息系统报送监测情况。2018年6月份通过悬挂诱捕器，防治兰村分场油松林松梢螟危害；春、秋两季对全县52.91万亩油松林进行了松材线虫病普查，未发现危害情况；对重点绿化工程所用苗木进行跟踪检疫，严格产地检疫调运管理，严禁感染病虫的苗木出圃、栽植和调运，共检疫各种苗木60余车。

【行政审批】 坚持林地“一张图”和“生态红线”管理，加强森林资源监督监测，严格执行林木采伐限额管理制度，规范林地征占用审批程序，受理、审核审批通过木材采伐申请214份；受理、审核审批通过临时使用林地2份。对已审批到期的临时占用林地恢复情况实施了跟踪监管，14处已恢复到造林条件。按照全省森林督察工作相关要求，8个督查小组现地查验165个疑似改变林地用途和采伐林木等林地变化图斑。2018年，已合法办理使用林地手续51个；误判86个；违法使用林地28个。经公安森林派出所核实查处，行政处罚21个；下达决定书6个；涉及刑事案件1个

（已移交市森林公安分局）。

【依法办案】　组织开展“春雷2018”“双六”和“禁种铲毒”行动，打击破坏森林和野生动植物资源违法犯罪行为。截至2018年，共查处林业行政案件32起，罚款25.25万元。其中：毁林开垦林地案件13起，擅自改变林地用途案件3起，非法采石案件1起，非法收购木材案件1起，非法出售、利用非国家重点保护野生动物案件1起，非法狩猎案件2起，盗伐林木案件1起，滥伐林木案件5起，违规野外用火案件4起，未按规定建立、保存种子生产经营档案案件1起。此外，查处非法占用农用地案件1起、森林火灾案件1起，构成刑事案件，已移交临汾市森林公安分局；查处非法狩猎案件1起，移送人民法院强制执行。

同时，召开深化扫黑除恶专项斗争部署会议，确定八个打击重点，四项工作举措，严厉打击涉林领域涉黑涉恶违法犯罪。以公安森林派出所为主力，从案件、日常工作及群众反映情况中梳理，深入摸排，确保第一时间发现涉黑涉恶线索，及时查处，全面扫除涉林黑恶势力，维护林区社会和谐稳定。

【林业产业】　持续发力重点做好连翘产业。1. 充分利用安泽连翘资源优势，在巩固6000亩野生连翘抚育示范基地基础上，2018年度在国有林场三个分场范围内完成3000亩野生连翘精细化管理，通过精准抚育、精细管理，逐步提升连翘的品质和产量。2. 推进山西安泽国家森林公园总规编制，严格对照标准，按照程序完成了招投标工作，确定国家西北院为中标单位并签订合同，总规编制工作预计12月完成。4月27日，全省连翘特色经济林提质增效综合管理长子现场推进会上，临汾市安泽县做典型发言，介绍发展连翘产业的经验做法。5月8日，在2018年度贵阳国家级森林公园申报培训班、山西省临汾市安泽县做典型经验交流发言。

【“五个一批”精准扶贫】　1. 规范合作社管理。进一步规范合作社运行，加强全过程监管，在议标落实、质量监管、工程拨付、劳务支付等环节完善了政策，强化了制度落实。2. 加强生态管护脱贫。依托1.5万亩未成林造林地管护项目，聘请工程区所在4个乡镇15名贫困户担任管护员，并签订管护合同，12月进行工程验收并支付专项资金。3. 推进干果经济林提质增效。3000亩干果经济林提质增效项目整形修剪、化肥和农药的采购发放和技术培训已全部完成。12月项目验收之后，落实60万元资金兑现工作。4. 巩固新一轮退耕还林成果。在巩固1.43万亩新一轮退耕还林成效的基础上，已发放2018年度补助费用214.5万元。11月底前完成自主造林地块验收，验收合格后发放造林费用。5. 加强生态治理脱贫工作。2017年度合作社承担的营造林工程补植补栽已全部完成，待上级资金到位后，进行验收并支付工程款。2018年度6000亩造林绿化工程与2018—2019年3000亩太行山绿化防护工程，12个扶贫攻坚造林合作社承担实施，涉及贫困户303户，通过劳务付出，贫困户户均可增收4068元。

【党建及党风廉政建设】　1. 明确“一岗双

责”，压实工作责任。与各股、站、室及直属单位签订了党建和党风廉政建设责任书，相关的工作任务和责任分解全部清单化，层层压实了工作责任。积极配合县纪委监委和派驻纪检监察组工作，主动接受监督检查。2. 积极开展专项治理活动，提升廉政建设水平。先后组织开展“强化责任、严守纪律、树好形象”专项治理活动，“贯彻落实中央八项规定精神实施办法”专项活动，“民生领域腐败和不正之风”“扶贫领域腐败和不正之风”专项整治活动，对照活动内容和要求，开展纪律、作风、反腐专项治理，通过自查自纠发现的问题，已整改到位。通过开展专项治理活动，党员干部职工强化了责任担当，增强了自我监督，提升了自我净化，推动了工作落实，确保了专项治理活动与推进工作两不误、两促进。3. 完善廉政风险防控机制，确保权力运行规范化。调整班子成员分工，制定“三重一大”事项集体决策制度（试行），进一步完善了内部控制管理制度，加强了风险预警、风险控制和动态管理，廉政风险防控工作更加标准化和规范化，逐步形成权力运行前期预防、中期监控、后期处置有机结合的长效机制。4. 驻村帮扶壮大集体经济，巩固脱贫攻坚成效，确保全县脱贫摘帽。解决帮扶资金 2 万元，协助村委种植连翘 50 亩，助力集体经济增收；帮助村集体发展芦笋 50 亩，增加巩固户经济收入；打井一眼解决村民饮水安全问题；维修排水沟 300 余米，实现整治环境和防汛安全双赢；开通增收绿色通道，巩固户纳入参与造林工程范围，通过劳务增加经济收入。五是继续加强“三基”建设，提升干部职工履职能力及服务水平。紧紧围绕“三基建设提升年”活动，确保基层组织全面加强，基础工作全面夯实，基本能力全面提升。建立干部职工能力提升档案，参照通用基本能力标准和专业基本能力标准，制定切合实际的能力提升计划，通过学习培训、实践历练，实现能力提升目标。聘请县委党校老师每月专题授课，开展“能力提升培训”，基层党支部负责人和机关工作人员参加，全面提升政治理论水平；对基层党支部开展专项活动进展情况，以及所属事业单位“三基建设”工作情况进行督查，发现的问题，已整改到位。

【国有林场改革】 对 2017 年度国有林场改革工作进行“回头看”，查缺补漏、完善提高，准备迎接国家和省级验收。2018 年度国有林场现有编制内人员经费全额纳入县级财政预算，五险一金已全部落实到位；部分管护站的水、电、暖、路已修缮完成。另外，按照省、市主管部门要求，1.18 万亩集体公益林已委托国有林场经营管理。

【集体林权制度配套改革】 严格按照《山西省森林保险保费补贴试点实施方案》要求，完成了与中国人寿财产保险股份有限公司安泽支公司的投保、签单工作，为林业生产经营者增强抵御自然灾害的能力。根据市局《关于加快落实集体林地确权颁证工作的意见》，制定林权不动产移交工作方案，明确不动产资料移交范围、内容、程序，已完成林权不动产登记资料移交的准备工作，待上级下发通知后即可移交。

【申报山西省重点花文化基地和山西省特色花海】 按照申报要求，3 月底报送相关资料，4 月中旬评审专家到安泽县实地考察，对安泽县花卉给予高度评价。9 月 13 日，省花卉协会下发《关于确定首批山西省特色花海基地的通知》（晋花协字〔2018〕4号），“安泽”榜上有名；10 月 17 日，“安泽连翘花花海基地”荣膺首批山西省特色花海基地称号。

【申报全国森林旅游示范县】 按照申报要求，5 月份已完成申报材料编写、高清视频制作和高清画册印制等工作，报送国家林业和草原局森林旅游管理处。2018 年等待考察评审结果。

【安全生产】 坚持“安全第一，预防为主”的工作方针，严格推行“谁分管，谁负责”的安全生产责任制，按时召开安全生产例会，安排部署安全生产工作，层层分解任务，抓好工作落实。建立健全了安全监管、值班巡查、宣传教育、安全培训和森林资源管理等方面的规章制度，多措并举强化制度落实。组织开展了安全生产宣传教育，设置咨询台，发放宣传资料，广泛宣传安全生产知识，以及做好安全生产工作的重要意义，进一步提升了广大职工群众的安全意识，形成了全民动员、全民参与，保护森林资源安全的浓厚氛围。

【国卫创建】 认真落实县委、县政府创建国家卫生县城工作要求，分工明确、各负其责，第六片区环境卫生，美化亮化发生了实质性改观。创卫工作领导小组实时召开工作推进会，研究部署创卫工作，明确各股、站、室卫生片区、创卫任务和职责，与股、站、室负责人签订责任书，督促创卫工作落实。各责任片区每天“三巡查”“一报告”，及时发现并处理问题，协调相关单位进行卫生整治，改变了脏、乱、差的状况；结合实际，因地制宜开展绿化、美化、亮化，提升了责任片区的对外形象。

畜　　牧

【概述】 2018 年，在县委、政府的正确领导下，在市畜牧局的大力支持下，贯彻落实全县经济工作会议和全县农业农村工作暨脱贫攻坚会议精神，结合安泽县畜牧业的现状，确立“1112”畜牧工作思路：加强一项建设，即全面加强党的建设；深化一项合作，即深化与山西新大象集团的合作；打赢一场攻坚战，即坚决打赢畜禽粪污治理攻坚战；打好两大战役，即全力打好重大动物疫病防控和畜产品质量安全监管两大战役。

【专项治理活动】 2018 年，按照县委的统一安排部署，高度重视，提高站位，4 月 8 日，成立了领导组，制定了实施方案，召开了动员会，在全县畜牧兽医系统广大党员干部中扎实开展“强化责任、严守纪律、树好形象”专项治理活动。在活动中，坚持把学习贯彻始终；坚持把问题导向贯彻始终；坚持把从严从实贯彻始终；坚持把立查立改贯彻始终；坚持把正向引导贯彻始终；坚持把统筹推进贯彻始终，扎实开展了学习讨论、查找问题和整改落实等工作，按照活动要求，完成了规定动作，每名党员干部撰写了两篇心得体会，领导班子认真开展了“四个反思”，党员干部认真进行了“四个剖析”，并联系实际制定了整改方案和措施，明确了整改责任人和整改时限，做到了活动和学习“两不误”，实现了活动和工作“两促进”。

【党的建设】 1. 狠抓思想建设。扎实推进“讲政治、知敬畏、守规矩”专项治理活动、“两学一做”学习教育常态化制度化，认真开展维护核心见诸行动主题教育活动，把学习教育融入日常，抓在经常，坚持周二、周五集中学习不动摇，通过全面系统学、及时跟进学、融会贯通学，深入学习领会政策法规、党的理论知识及习近平新时代中国特色社会主义思想的科学体系、精神实质、实践要求等内容，教育引导全体党员牢记党的宗旨，挺起共产党人的精神脊梁，解决好世界观、人生观、价值观这个“总开关”问题。2018 年，党支部组织专题党课 12 次，观看警示教育片 3 次。单位每名党员干部职工已撰写各类学习心得6 篇，平均每人学习笔记达 2.6 万字以上，政治鉴别力和政治定力明显提高。2. 狠抓意识形态工作。将意识形态工作作为党的建设的重要内容，定期研判意识形态领域形势，大力宣传畜牧工作亮点和成功经验，全面提升畜牧系统对外形象，持续凝聚畜牧系统正能量。全年编发“安泽畜牧”10 期，被省级报刊采用 2 篇。3. 狠抓队伍建设。大力实施素质提升工程，狠抓畜牧系统干部职工业务能力和专业技术培训，不断提升县、乡、村三级技术服务水平。全年，举办 3 期业务技术培训班，培训 410 人（次），共有 51 人（次）外出参加省、市培训。4. 狠抓组织建设。落实“三会一课”和党员活动日制度，严格党内组织生活，组织召开专题民主生活会和组织生活会，党员紧密结合自身实际，认真开展了批评与自我批评，对党员干部提高党性修养起到了积极推动作用。此外，以“三基”建设为契机，制定了基础工作目录、管理手册、应知应会手册，科学界定局机关服务经济社会发展、服务基层和群众的主要职能，使局机关内部管理和日常工作进一步规范化和制度化。5. 狠抓党风廉政建设。支部坚持把党风廉政建设和中心工作同安排、同部署、同落实，坚持挺纪在前和作风建设永远在路上，从严从实狠抓党风廉政建设。首先，认真开展“纪律作风整顿年”活动，坚决惩治“虚、假、漂、浮、庸、懒”的行为，切实转变工作作风，推动各项工作落实，进一步提高了工作效能，提升了管理水平，营造了“风正、气顺、心齐、劲足”的良好氛围。其次，深入开展反腐倡廉教育，进一步构筑了党员干部思想道德防线，做到了讲政治，守规矩，严纪律，纵深推进了全面从严治党，不断提高了群众的满意度和获得感。

【国卫创建】 2018 年，投资 5.7 万元，于 6 月 7 日完成了机关旱厕改造和墙体粉刷等任务；主动配合冀氏镇、马壁乡创建国家卫生乡镇，投资 8.3 万元，对冀氏畜牧兽医中心站院内硬化 610 平方米，粉刷墙体 489 平方米，绿化 96 平方米，维修办公用房 3 间，改造站内旱厕；投资 3.1 万元，对马壁畜牧兽医中心站进行维修、粉刷、绿化等，站容站貌焕然一新。

【养殖企业粪污治理】 中共十九大明确把“绿水青山就是金山银山”的科学理念写进了党章，基于这样的认识，2018 年，认真贯彻习近平总书记视察山西重要讲话精神，按照中央、省、市、全县有关规定及部署要求，遵循“源头减量、过程控制、末端利用”基本思路，扎实推进畜禽粪污治理及资源化综合利用，科学指导全县养殖企业健康发展、生态发展，建立畜禽粪污治理设施，推广资源化综合利用模式。全县已有8家养殖企业完成了粪污处理设施，占市定目标任务的100%；畜禽粪污综合利用率达到81.04%，超出市定目标任务11.04%；规模养殖场设施配套率达到80.92%，完成市定目标任务的80%。同时，按照县委、政府的统一安排部署，针对市委、市政府环保督查反馈的养殖企业环境突出问题，和有关乡镇、环保局、林业局、水利局联合行动，采取措施，合力推进。

【种猪繁育基地项目】 2018年，继续深化政企合作，加强与山西新大象集团的密切合作，奋力实施郎寨村6000头种猪繁育基地建设项目，积极做好各方协调与配合，主动提供便利，促其早日建成投产，发挥应有的示范带动作用。已修建猪舍3300平方米，修建办公用房、产房、库房等117间，项目基建工程于11月底全部完工，办公用房正在加紧装修，12月底已完工，2019年3月开始投产养殖。

【动物疫病防控】 2018年，坚持把畜牧安全生产作为重要工作来抓，不仅认真落实规模养殖场行政、技术双包责任，切实做到“应免尽免，不留空当”，3月10日，重大动物疫病春季集中防疫拉开序幕，5月8日，全县完成了重大动物疫病春季集中防疫，高致病性禽流感、牲畜口蹄疫、猪瘟、布病、小反刍兽疫、高致病性猪蓝耳病、鸡新城疫等应免免疫密度均达到了100%。扎实开展H7N9流感防控工作，及时储备抽样试剂、防护用品等物资，按照省、市统一部署，于4月22日至27日，集中时间、集中人力，对全县存栏2000只以上的23个家禽养殖场（户）进行了425份的H7N9检测，检测结果均为阴性，全县重大动物疫病防控形势稳定。而且不断强化畜产品质量安全监管，持续加大执法监督力度，严厉打击非法从事经营伪、假、劣兽药、饲料经营者，持续保持高压态势，维护正常的畜牧生产经营活动。

自8月3日辽宁沈阳发生首例非洲猪瘟以来，按照全国、全省、全市关于进一步做好非洲猪瘟防控工作的要求，多措并举，联防联控，在“查、防、控、稳”四项重点工作上下足功夫，抓实、抓牢、抓严、抓紧，合力推动全县非洲猪瘟防控工作。1.抓实全面排查。县畜牧局组织七个乡镇畜牧兽医中心站和全县103个村级防疫员全面开展非洲猪瘟大范围、地毯式排查，重点对规模养猪场（户）认真细致排查和逐场逐户登记，严格实行日报告和零报告制度，共对全县157个养殖场（户）、9628头生猪开展了24轮摸底排查，没有发现疑似非洲猪瘟疫情。2.抓牢消毒灭源。县畜牧局结合动物秋季集中防疫，坚持生猪规模养殖场一周消毒三次、生猪散养户一周消毒两次，重点对全县规模养猪场（户）进行全方位、无缝隙消毒灭源，共发放使用消毒液2.6吨，做到了乡不漏村、村不漏户、户不漏猪和消毒灭源无死角、无盲区。3.抓严生猪监管。及时对全县26个泔水喂猪户下发了整改告知书，已全部整改到位，改用饲料喂养。同时，县动物卫生监督所严格执行全省生猪暂行调运规定，杜绝外地生猪调入安泽县。4. 抓紧正面宣传。坚持疫情、舆情两手抓，县畜牧局对全县养猪场（户）进行多形式、全方位宣传，发放张贴公开信、非洲猪瘟宣传挂图、现场排查手册、公开信和非洲猪瘟防控技术明白纸共计1700余份，做到养殖场（户）人人皆知。

农　　机

【概述】 2018年，在县委、县政府的正确领导下，以促进农业增效、农村发展、农民增收为中心，以提高农机装备水平为前提，以快速推进玉米机收和深松整地为重点。全县新增玉米收获机10台；玉米生产全程机械化作业面积达到4万亩；认真落实党风廉政建设主体责任确实履行“一岗双责”，确保单位人员全年无违规、违纪问题。

【农机具购置补贴政策】 2018年已落实国补资金248.32万元，补贴农机具222台，受益农户130户。农机补贴正成为推进全县农机化发展的强力引擎，大大加速了现代农业发展进程。

【农机新技术推广工程】 大力推进深松整地项目，2018年在安泽县的7个乡镇20个行政村实施深松整地项目面积2万亩，补贴资金60万元。深松整地项目在安泽县实施多年，取得了明显的经济、生态和社会效益，该技术逐步被群众认识，具有明显的发展前景。就是要通过农机项目的实施，推广农机新技术新机具，改善农业生产条件，提高农业生产综合能力，促进农民增收、农业增效。

【新型农机具推广工作】 安泽县玉米全程机械化收获还处于示范推广阶段，2018年安泽县完成玉米全程机械化作业面积4万亩，玉米秸秆还田作业面积达全县玉米种植面积的75%。同时积极抓住玉米收获机的补贴工作，新增玉米收获机11台。

【农机社会化服务】 1. 农产品产后处理及初加工装备技术项目（属于安泽县整合资金原渠道使用）。2018年用于农产品加工项目资金6万元，用于扶持安泽县四季农业综合开发有限公司购买黄花菜烘干设备一台。四季农业综合开发有限公司正在购买烘干设备已购买，经过验收后，补贴资金已兑付。2. 完成2018年农机社会化服务建设项目中的农机合作社资产收益扶贫项目（属于安泽县整合资金原渠道使用）。项目资金10万元，项目要求用于农机合作社资产收益扶贫工作。该项目由府城镇飞岭村的惠农农机服务农民专业合作社具体实施，利用项目资金购买农机具及配套机具，合作社对机具作业收益进行单独核算。年终纯收益的60%用于贫困户的分红，40%用于合作社的发展。局里重点对扶贫项目申报、实施、验收和扶贫资金管理、使用、收益等方面进行全方位的监督。12月18日，冀氏镇的半道村，冀氏村以及府城镇的飞岭村共20户贫困户得到农机资产收益分红共计15360元。

【农机监理水平】 2018年，为营造安全稳定生产的目标，强化底线思维和红线意识，坚持运用法治思维和法治方式加强法治农机建设，从源头管理、宣传教育、执法监控等方面筑牢农机安全生产防线，确保了全县农机安全生产形势平稳。全县共年检拖拉机330台。拖拉机注册登记99台，新核发拖拉机驾驶证87本。

农业综合开发

【概述】 2018年，农业综合开发主要围绕国家、省、市、县会议精神，立足“三农”、服务“三农”，以项目建设为依托，以推进农业农村现代化为目标，以促进农业可持续发展为主线，紧紧围绕农业供给侧结构性改革，明确思路、突出重点，加强管理、提升效益，创造性地推进了农业综合开发工作。全体干部职工深入学习中共十九大精神、全国“两会”精神和省委十一届六次全会精神，以“强化责任、严守纪律、树好形象”专项治理活动为契机，按照“围绕大局，服务民生，突出重点，打造亮点”工作思路，推进脱贫攻坚加快全面建成小康社会工作，在项目建设上大力推行“精细化、规范化、电子化、图片化、影像化”管理理念，以高标准农田建设为平台，大力推进田园综合体试点建设，以农业增效、农民增收为目标，强化农业基础设施建设和农业综合生产能力，强化产业培育与扶持，强化项目与资金管理，推进体制机制创新，促使安泽县农业综合开发工作取得新进展。

【建设高标准农田】 建设高标准农田，确保国家粮食安全，是新时代农业综合开发的主要任务，也是实现农业农村现代化的基础保障。2018年，完成2016年农业综合开发奖励资金车道村高标准农田建设项目，项目总投资90万元，高标准农田建设面积0.06万亩。项目工程全部完工后，将新增节水灌溉面积0.026万亩，年新增粮食产量8.20万公斤，农产品总产值增加34.60万元，平均亩产值增加576.67元，平均亩产值是项目开发前的1.92倍，项目区农民纯收入增加总额25.93万元，项目区人均收入增加1234.76元。

【田园综合体创新试点项目】 2018年，紧扣安泽由“量”到“质”的发展新方位，坚持“山水田园城、精品旅游县”建设目标，全力加快田园综合体创新试点建设步伐，打造“青山环城、沁河穿城、绿园缀城”的“山水田园城”。2018年农业综合开发田园综合体项目，该项目涉及府城镇小黄村、冀氏镇南湾村，项目总投资600万元，建设高标准农田0.11万亩。

【特色产业基地】 2018年，按照农口汇报会精神，重点发展以连翘为主的中药材加工和医药物流产业，充分挖掘安泽多品种中药材的资源优势，做大做强中药材产业，构建农村一、二、三产业融合发展体系，从而为农业综合开发转型升级、创新发展打开突破口，不断推进脱贫攻坚工作进程。2018年农业综合开发优势特色产业下石中药材基地建设项目，该项目涉及马壁乡下石村，项目总投资230万元，建设高标准农田0.09万亩。该项目已完成规划设计和招投标；正在开工建设；计划于2019年3月完成全部工程任务。

【乡村振兴战略试点项目】 2018年，充分发挥农业综合开发的综合优势，按照“村庄美、产业兴、农民富、环境优、治理好”的总体建设目标，围绕农业增效、农民增收、农村增绿，积极拓展农村新业态、农业文化旅游“三位一体”，带动农民生活、农业生产、农村生态的全面提升，促进乡村全面振兴。2018年农业综合开发乡村振兴战略试点项目，该项目涉及和川镇车道村1个行政村（含车道、西小庄2个自然村），总投资600万元，建设高标准农田0.2万亩。

【特色产业集群】 2018年，紧紧围绕乡村振兴战略总体布局，全力打造农业综合开发精品项目，坚持以市场为导向，强化政策引导，及时调整农业发展策略，坚持优质玉米小杂粮、农产品深加工、草食畜生态养殖的链条循环产业发展，构建农村一、二、三产业融合发展体系，让农民合理分享全产业链增值收益，从而推进脱贫攻坚工作进程。在今年，扶持的2017年国家农业综合开发产业化发展财政补助项目的7家合作社，总投资755.38万元，其中：财政资金375万元（中央财政资金250万元，省财政资金112.5万元，市财政资金7.5万元，县财政配套资金5万元），自筹资金380.38万元。2018年7家合作社均已按照项目实施方案完成实施，全部通过验收。通过对产业化发展项目的规范管理和实施，不仅把合作社引入到现代农业发展的轨道上，而且带动了农业提质增效和农民、贫困户持续增收。

【脱贫攻坚】 2018年紧扣安泽国卫创建的总体目标，深入开展美丽宜居乡村创建，加强村容户貌和农村面源污染治理，改善农业生产条件和农村人居环境。积极争取上级资金150万元，协助包联英寨村实施建设2座漫水桥、安装路灯72盏和315米河道整治工程，并想方设法帮助农民进行种植调产，推广优质辣椒200~300亩等，切切实实为群众办一批实事好事，对促进该村经济的发展起到了一定推动作用。

【机构改革工作】 农发职能的调整，有利于加强县委、县政府对农业农村工作的集中统一领导，有利于加强农业综合开发工作的统筹协调。认真按照机构改革方案和“编随事走、人随编走”的原则，在重大改革考验关头，安抚好职工情绪，自觉服从改革大局，主动保障农发工作，确保工作不出现空档期，实现平稳过渡。

【争取农发项目资金】 机构改革后，农发的工作领域变宽了，财政的保障也会更加精准聚焦。充分发挥农发部门职能优势，切实加大政策研究力度，围绕国家鼓励和扶持的关键领域，全力做好项目资金争取工作，为安泽县项目建设和经济社会发展提供有力支撑。

果业服务中心

【概述】 2018年，根据省、市、县农业农村工作会议精神和县委、县政府工作安排要求，结合安泽县中药材产业发展实际，积极开展中药材产业和水果产业，推广各种新技术，开展产业发展技术服务。

【中药材发展】 2018年协助山西井泉中药材种植有限公司在安泽县完成5000亩中药

材基地建设，主要品种有白芍、射干、党参、桔梗、黄芩等。

【实用技术推广】 2018年，聘请临汾农业专家，分别在府城镇高壁村、和川镇罗云村及安泽县农乐网络科技服务有限公司，针对安泽果园春、秋、冬三季管理进行实地培训，培训人数多达300余人。

【专项治理活动】 中心组织广大党员干部扎实开展“强化责任、严守纪律、树好形象”专项治理活动。此次专项治理活动自上而下严格落实从严治党主体责任，进一步加强纪律作风建设，紧紧围绕“责任担当、纪律规矩、树立形象”三个方面，通过学习讨论、查找问题，整改落实、总结提升四个阶段，对领导班子和领导干部进行了四个反思，四个剖析，确保达到解决问题、严明纪律、转变作风、推动工作的目的，取得实际成效。

【《安泽县中药材标本图册》的出版工作】 2018年，为善始善终完成中药材普查工作，中心在完成《安泽县中药材普查大全（上册）（下册）》的基础上，将中药材调查队近几年采集、制作的标本进行整理后，由中国质检出版社出版发行。此画册的出版发行为安泽进一步保护、开发、发展中药材产业提供了可靠依据，为更好的发展中药材产业奠定了坚实的基础。

【创卫工作】 为积极响应创卫号召，把安泽建设的更加美好，完成单位楼整体亮化工程，为建设美丽安泽贡献一份力量。根据安创卫办整字〔2018〕16号文件《安泽县创建国家卫生县城领导组办公室关于对果树中心院内的旱厕进行整改的通知》的精神，国家卫生县城创建标准“建设区无旱厕”的要求，通过招标的形式，于2018年5月10与投标公司签订合同，5月底旱厕改造如期完成。接通大暖，院内损坏严重，为开展好创卫工作，对院内地面、墙面进行了重新铺装及粉刷，机关面貌焕然一新。共处理垃圾5处，清理小广告30余处，清理商铺门面对联及门字20余家，统计需换路沿石及路面罩面300米，路面罩面面积，3300平方米，发放《创卫宣传明白纸》《倡议书》《创卫国家卫生城市责任书》40份，入户走访8次，粉刷墙面3200平米，出动志愿者3人53天。

【樱桃产业发展研讨会】 2018年5月3日，樱桃产业发展研讨会在安泽县召开，省农业科技院党委书记、山东省农业科学院果树研究所研究员、山西省农业科学院果树研究所、山西省果业总站、临汾果桑站专家等20余专家和企业代表参加会议。专家通过实地观摩基地，对安泽县种植的樱桃展开充分研讨，为安泽县樱桃产业发展奠定了坚实的基础。

【引进河北泽丰农业科技有限公司】 2018年3月26日，河北泽丰农业科技有限公司落地安泽，该公司主要组建连翘高值化研发中心、建设冷藏库、原料库、预处理车间、粗加工车间（杀青、烘干）、提取车间等项目。

【山西晋南（安泽）中药材物流基地落地安泽】 2018年9月3日，第四届中国中药材物流大会，山西晋南（安泽）中药材物流基地项目获专家组全票通过，将在安泽落地建设，为安泽县中药材发展起到良好推动作用。

【安全生产工作情况】 在全县中药材和水果产业发展中，按照“安全第一、预防为主、综合治理”的工作方针，重点围绕农药残留、涉氨冷库、生产过程和项目安全开展安全生产工作。1. 加大宣传力度，提高安全意识。及时传达上级农业主管部门有关农业生产安全政策知识，特别是国家关于禁用农药品种和允许使用的农药用量限定。2. 加强检查力度，监督到位，及时纠正错误。定期对生产经营大户和涉氨冷库及农业项目进行安全检查。3. 鼓励引导农户响应国家号召，使用更加科学有效的农药产品。2018 年安泽县水果和中药材产业未发生一起安全事故和产品毒害问题。

下乡办

【概述】 2018 年根据省、市干部帮扶工作领导小组的总体部署，按照县委、县政府的总体要求，积极落实干部驻村帮扶工作机制，组织包村干部及驻村工作队深入开展“六大行动”，进一步巩固提升了脱贫攻坚成果。

【强化组织领导，精心安排部署】 2018 年为了切实抓好帮扶工作，年初成立了由县委常委、组织部部长张曙光为组长，分管县长刘合生为副组长和有关单位为成员的干部驻村帮扶领导小组，具体负责干部帮扶工作的实施，签订帮扶责任书 273 份，确保此项工作取得实效；按照省市县不得重复选派驻村工作队的要求，结合安泽县的实际，制定并引发了《安泽县关于优化调整驻村工作队进一步加强帮扶力量的实施方案》的通知；同时为体现对驻村工作队干部的关怀，经县干部驻村帮扶工作领导小组研究，要求各派出单位为驻村工作队员办理人身意外伤害和重大疾病保险，人身意外伤害和重大疾病保险每人每年保费 500 元。将全县 102 个村基本情况、一村一品、种养殖情况、重大项目等，以表格形式印发到每个下乡工作队手中，为他们尽快熟悉情况、进入角色提供了第一手参考资料。

【实行“三制”要求，夯实帮扶责任】 为夯实帮扶责任，巩固脱贫攻坚成果，实行“三制”工作法。实行单位一把手包村、班子成员和工作队员联户责任制，机关干部建立联系点的责任制；县干部驻村帮扶工作领导小组办公室在原有制度基础上，完善了干部驻村督查问责制度、考勤请销假制度等；大力宣传干部下乡的相关情况，并利用市干部驻村信息管理平台大力宣传，强化正面舆论引导，树立驻村帮扶工作典型，推广经验做法，以点带面，示范带动，巩固脱贫攻坚成果，营造人人理解、人人支持、人人参与脱贫攻坚的舆论氛围。

【运用创新思维，多种形式搞帮扶】 2018 年为使帮扶责任尽快取得实效，采取多种形式开展帮扶工作。部分包村领导主动提出干部出资为贫困户购买鸡苗、化肥、种子等物资帮助贫困户脱贫；探索推行“党建+扶贫”和“党建+企业（合作社）+扶贫户”的双发展、双驱动模式，明确把各村产业脱贫的效果作为帮扶单位年底考核的首要内容；帮扶单位办合作社、村办企业等多种方式解决贫困户就业，增加贫困户收入；组建“3+X”帮扶队伍。在充分发挥原有包村领导、驻村工作队和“第一书记”三支队伍作用的基础上，组建“3+X”帮扶队伍，动员全社会力量参与脱贫攻坚；加大督查力度，确保帮扶工作落到实处。2018年工作队驻村以来，安泽县组织相关人员组成督查组先后30余次深入到全县7个乡（镇）102个行政村，对驻村工作队的工作落实情况进行常态化、全覆盖督导检查；运用大数据先进技术实时掌握驻村工作队动态。利用市干部驻村帮扶信息管理平台，实时监督管理安泽县39个贫困村的118名驻村工作队员的驻村在岗情况。

【工作扎实推进，帮扶成效显著】 2018年，通过整村推进、就业脱贫、异地搬迁、产业扶贫等帮扶工作的开展，驻村帮扶工作取得了显著成效。1. 基础设施建设不断加强，农村生产生活条件明显改善。如：府城镇第五村包联单位县住建局，针对村民出行不便的问题，投资1.5万元，调运挖掘机对田间道路进行修整，共修缮5条田间路共计3.5千米，解决了40余户贫困户和村民拉运玉米难题，助力第五村产业发展。马壁乡马壁村包联单位县交通局积极争取了5万元的资金为村里改造巷道2.5千米，方便村民出行。2. 加强对一线帮扶人员的培训力度，使他们懂政策、会帮扶。针对驻村工作队、第一书记等人进行脱贫攻坚专题培训，提升其工作能力，全县312名驻村工作队队员以及53名第一书记均参加了基本能力培训，累计培训2000余次，通过培训，使其进一步明确了精准扶贫、精准脱贫的重点和方法，对政策的了解更加深入，增强了下一步工作的针对性和实效性。3. 进一步调整产业结构，促进农民增收。马壁乡下石村包联单位市委老干部局以村集体和妇女骨干为带动，2017年7月，成立了草编祥瑞责任有限公司，纳入贫困户11人，培养巧手30余人。2018年，全村共卖出草编精品近500余件获利8万余元。4. 促进了农村经济的进一步发展。全县驻村帮扶工作队有102支，其中县直工作队93支，市直工作队9支；29名县级领导，共为群众办实事好事300余件，引进项目60余项，引进帮扶资金2405余万元。

烤烟开发服务中心

【概述】 2018年，在县委政府的正确领导下以中共十九大精神及习近平新时代中国特色社会主义思想为指导，紧紧围绕全县中心工作，充分调动机关党员干部争先创优的工作干劲，确保了各项工作的顺利推进。

【抓学习，着力提升干部素质】 2018年，紧紧围绕中共十九大精神要求，1. 深入开展学习习近平新时代中国特色社会主义思想，采取依托书本学原著、集中讨论学精髓、撰写文章谈体会，使十九大精神在干部中入脑入心。2. 认真学习省、市、县会议精神，联系部门工作实际，及时制定科学合理的工作计划。3. 开展党员党性教育及法律法规系列学习活动，使党员干部对党的理论、制度、道路、文化更加自信，大局意识、政治意识、核心意识、看齐意识更加坚定。从而确保了党员干部的理论水平的提高。

【扶贫攻坚】 2018年采取“两个倾斜、两个保障”，首先是资金倾斜，即资金优先保障扶贫工作队生活补助按月足额发放，解除工作队后顾之忧，确保他们安心工作、踏实扶贫；资金优先倾斜包联村扶持工作，为帮扶村购置了村两委办公空调、部分办公设施，为村护林防火队员购置了防火服装，并对包联村“美丽乡村”建设提供了一定的资金支持，为扶贫工作提供了财力保障。同时坚持在传统节日对全村60户贫困户进行送温暖行动。其次是工作精力倾斜，为防止扶贫工作简单化、形式化，坚持驻村人员每月至少两次进村调研、解决问题。关键阶段住村攻坚克难，为扶贫工作走在前列提供人力保障。

【创卫工作】 2018年在本单位责任片区内走家进户搞宣讲、发放资料搞宣传、自力更生清死角、积极开展了创卫工作，共清理片区大小广告70余处，拆除私搭乱建8处，清理拉运建筑垃圾8车，维修风化墙30余平方米。

【常规工作】 2018年面对业务停止、人员思想混乱、人心浮躁的现实状况，在做好日常工作的同时，1. 与职工开展谈心活动，进一步掌握职工思想动态，积极开展思想疏导工作，确保职工情绪稳定。同时积极为职工出主意、想办法，谋取就业渠道，确保单位整体稳定未出现上访、闹访事件发生。2. 积极与河北中烟集团沟通，将该集团欠单位150万元货款全部要回，确保国有资金无损失。3. 重点做好退休职工的安置稳定工作。

气　象

【气象防灾减灾方面】 2018年，将气象防灾减灾工作纳入对乡镇党委政府目标任务绩效考核。推进一体化预警信息发布系统应用，省市县短临预报系统应用，提高预报预警服务能力，拓宽气象服务覆盖面，信息发布平台增加了驻村工作队、第一书记、网格员、旅游景区负责人，实现气象信息发布全覆盖。发布预警信息83条，发送短信3万人次。

【决策气象服务方面】 围绕全县重大活动、重点项目和重要民生问题认真做好为政府的决策气象服务，及时向各级党委政府和相关部门报送决策服务材料28期。汛期与国土局联合会商，共同发布地质灾害风险黄色预警3次。与水利局开展山洪灾害预警4次，与林业局开展森林防火气象服务3次，春季连翘防霜冻气象服务1次，与环保局开展重污染天气应对工作。

【公共气象服务方面】 不断拓宽公共气象服务领域，气象服务多点开花，全方位融入百姓的日常生活。组织“安泽气象”微信公众号建设，开展“黄花节”“小黄飞乡村旅游节”等旅游专业气象服务。在春节、“两会”“五一”、端午、高考等重要节假日提前做好节日天气预报，并通过网络、电视、电子屏、手机短信、微信公众号、美篇等渠道发送，遇重要天气增加短时临近预报和乡镇预报的发布频次。全年共制作专题气象服务127期。

【特色气象服务方面】 围绕全县农业开发重点项目、设施农业、特色农业等新型生态农业，积极开展特色气象服务。在春耕春播关键农时，根据农业生产的需求，向农民专业合作社、种植大户、镇政府及村委会提供专业农业气象服务，1—10月共制作专题农业气象服务材料46期；深入田间地头开展“直通式”气象为农服务4次。安装设施农业大棚温湿报警器2套。与林业部门配合在春季对连翘花防霜冻开展专业气象服务1次。

【中国天然氧吧创建】 积极配合县委县政府申报安泽中国天然氧吧。在荀子况山和马壁段峪河风景区分别安装了负氧离子建设设备两套，对安泽县负氧离子浓度实施监测。与省气象服务中心、县环保局、林业局合作共同制作了一份内容翔实、有理有据、结构清晰的“中国天然氧吧”申报材料，9月26日，在2018年“中国天然氧吧”创建活动发布会上，安泽县荣获“中国天然氧吧”称号。

【观测场迁建方面】 2018年3月，长临高速安泽连接线开工，安泽国家基本气象站观测场在征地范围内。为保证国家重点工程顺利进行，积极推进观测场迁建项目，经过多次选址勘探，拟选定府城村浪家岭山头为观测场新建地址，省气象局专家对拟选新址进行了评估，一直认为拟选址符合国家基本气象站建设建设要求，已经完成征地、可研制作、迁站审批国家局上报等工作，迁建工作正在按程序紧锣密鼓中进行。

【气象科普活动】 积极推进气象宣传教育，增强新闻敏锐感，采取多种渠道，获取气象消息、新闻，加强自身写作水平，写出深度、写出力度。全年宣传报道共完成中国气象报任务1篇，完成省局网站信息50篇在“3·23”世界气象日、“5·12”防灾减灾日、安全生产月、“12·4”法制宣传日，围绕主题、创新理念，深入推进气象科普进乡村、进社区、进学校、进企业、进机关和进单位等“六进”活动，营造社会各界广泛关注气象工作的良好氛围。

【驻村扶贫方面】 驻村工作队脚踏实地认真帮扶，勤勉尽责攻坚克难。春季与村两委一同上山防火排查隐患，共同整治村级环境卫生；汛期入户排查危房，宣讲扫黑除恶，秋季“手牵手，帮收秋”提高群众满意度；冬季一对一送温暖，整理扶贫档案、巩固脱贫措施，通过一年的帮扶，取得了阶段性成果，现在全村所有贫困户脱贫摘帽，工作队的同志也得到了全村人的认可。

【党风廉政和文明创建方面】 认真履行全面从严治党主体责任，党支部及领导班子分别制定了落实党风廉政主体责任台账；扎实开展“强化责任、严守纪律、树好形象”专题教育活动、党风廉政宣传教育月活动和党风廉政集中警示活动。制定全年党建工作计划，做实“三会一课”。接受市局巡察组对县局的巡察，对巡察组提出的问题，认真剖析，查找原因，按时整改取得实效。将文明创建列入全年工作计划，积极开展“道德讲堂”“志愿者活动”“四德教育”等一系列文明创建活动，全面深化精神文明创建工作。

【社会化管理方面】 利用“3·23”“5·12”“安全生产月”等主题宣传日进行气象法治宣传，增强公众气象法制观念；共计发放宣传资料和手册2000余份，接受咨询30余人次，对全县36家防雷安全重点单位开展专项安全检查，并建立全县危化企业防雷安全台账，强化防雷安全事前事中事后管理。

【“微气象”为公众服务】 当下新媒体已成为信息发布的主阵地，为不断适应新形势，组建了创新服务团队，以公众需求为导向，精心谋划，利用新媒体拓展气象资讯服务渠道，打造了富有特色的“安泽气象”官方微信平台。2018年9月被中国气象学会评为“全国优秀气象科普自媒体”。

采用推陈出新，诙谐幽默的语言加上各种表情配图，打造出一条条别具特色的“动感”天气预报。让安泽公众更爱看天气预报，更想看天气预报。为公众搭建了一条获取气象预报服务的便捷渠道。

【中国天然氧吧助力生态旅游乡村振兴】 近年来，安泽县全力推进全域旅游发展，以旅游助力乡村振兴。为主动融入地方发展，服务生态文明建设，积极申请地方财政资金，在况山风景区内和段峪河瀑布安装两套负氧离子监测仪，在强化气象监测能力同时，加强了数据的分析评估。在省、市气象局的指导下完成了天然氧吧申报报告的编写，制作了天然氧吧创建专题片《天然氧吧润安泽》。为迎接专家实地复核做了充分准备。2018年9月26日，在2018年“中国天然氧吧”创建活动发布会上，安泽县荣获“中国天然氧吧”称号。在成功创建“中国天然氧吧”之后，到安泽旅游、吸氧的游客明显增多，2018年国庆小长假安泽县共接待游客80.1余万人次，比上年同期增长62.5%，旅游综合收入再创新高，给安泽县带来了实实在在的效益。

【针对连翘开展特色农业气象服务】 连翘是安泽县脱贫三件宝之一，抓住这一服务重点，针对连翘开展了一系列的特色气象服务。在良马乡黄花岭野生连翘抚育基地，安装了连翘生长全周期气象监测系统，并分析观测资料及冻害资料，建立了连翘低温冻害等级指标和连翘生长服务预报指标，还与林业部门合作，将连翘种植户纳入气象服务数据库，建立点对点气象服务信息传送渠道。同时，尝试制作花期预报服务产品，为安泽县打造国家连翘加工基地以及每年的黄花旅游月提供更优质的气象服务。

【获奖】 2018年2月，安泽县气象局被临汾市气象局授予“2017年度全市气象部门综合考评特别优秀单位先进集体”和“2017年度全市气象部门气象服务先进单位”荣誉称号。

城乡建设

【概述】 2018年，紧紧围绕国卫创建这一目标，在县委、政府的坚强领导下，在上级业务部门的大力支持和兄弟单位的密切配合下，进一步提升县城规划建设管理水平，加快重点工程建设，强化行业管理，城市功能不断完善，城镇体系不断健全，城镇建设展现出新的面貌、新的气象。

【城乡建设】 2018年，按照政府要求，从提升县城规划品位入手，在做足山水文章的同时不断完善城市功能。正在申请采购《黑臭水体排查整治规划》《海绵城市规划》《综合管廊规划》等三项规划编制项目；《安泽县城市开发边界划定》已完成初稿；《安泽县城乡总体规划》正在招标中；《安泽县总体城市设计》已完成招标，正在资料收集中；完成了《安泽县中小学校、幼儿园建设规划》《安泽县县城消防专项规划》《安泽县十三五建设专项规划》的公示工作及《安泽县县城控制性详细规划》D-7地块、《安泽县县城供热专项规划调整》的编制、评审、报批工作。共核发"一书两证"18份，其中，《选址意见书》3份、"建设用地规划许可证"4份、"建设工程规划许可证"8份、"乡村建设规划许可证"3份。

【工程建设】 结合创卫工作及环保督察项目要求，2018年承担建设项目共5项，其中续建1项、新建4项，分别为：

1. 县城生活垃圾处理场渗滤液处理工程：该工程总招标价925.326万元，占地667平方米，属垃圾填埋场范围内，不新增用地。垃圾渗滤液处理系统工程建设规模为50立方米/天。建设内容包括综合水处理车间、浓液池、回用水池等。工程于2018年9月30日开工建设，2018年年底，土建工程部分综合水处理车间、浓液池、回用水池、墙体砌筑、道路路基、砌筑石坝已完成，完成工程量95%，渗滤液设备已进场安装完毕，正在审批硫酸溶液，预计12月底进行试运行。道路硬化、绿化等扫尾工作将于2019年3月复工后完成。

2. 污水处理厂处理规模扩容提标工程：该工程总招标价1756.06万元，将现有污水处理厂的日处理3000吨规模扩容到6000吨、将现有的一级A排放标准提高到地表水五类标准（总氮仍按一级A标准执行）、并新建一座粪便集中处置站及配套设施、改造更换部分设备。工程于2018年10月初开工，截至2018年年底土建工程已完成粪便车间、调节池、氧化沟、在线车间主体建设，正在进行墙体保温及深度处理车间的改造，现已完成工程量95%，设备工程部分正在采购中，下一步将全力推进深度处理车间工艺设备安装调试及在线车间检测、设备移动工作。

3. 综合住宅楼建设工程：该工程建设内容包括：新安花园项目：拟投资29547万元在一中北侧修建4栋高层商住户楼，占地总面积38384.55平方米，总建筑面积112809.19平方米；锦绣大厦项目：在人社局南部新建以综合楼和办公楼为主体的锦绣大厦，总投资3000万元，占地3500平方米，建筑总面积9778.20平方米。两项工程现已进入冬季停工期，截至11月中旬，新安花园八栋建筑主体已完成，2#、3#楼装饰工程已完成，地下车库正在进行主体建设；锦绣大厦2#、3#楼主体已完成，土方回填已完成。

4. 县城旱厕改造提质工程：按照创卫工作要求，结合县城实际，共拆除小区旱厕13座、公共旱厕5座，五一渠、一中家属院、清华巷西口、城墙岭移动公厕等4座已投入使用。共修建公厕5座，分别为位于南山根、城北农贸市场、苗圃、原林业局、原种子公司等地，已全部投入使用。

5. 县城绿化工程：7月中旬，309国道路牙石已更换完成，309国道补栽月季19906株，泽民路补栽月季2790株，古建筑群补栽月季2132株。

【市政公共设施管护】 2018年，结合创卫工作，加强市政管理，实施了街面改造、管网建设等工程。1. 对府后街两侧路崖石及人行道进行改造，更换路崖石约619米，人行道面砖更换约1877平方米，并对府后街高空架线进行入地改造，铺设线路管道约387米；安装府北街线杆19根，拆除府后街线杆24根。2. 完成石桥沟排水渠东污水管网铺设、排水渠钢筋混凝土封闭工程，铺设污水管网约334米，钢筋混凝土封闭约1045平方米。3. 小桥混凝土硬化约43平方米、大理石面砖更换42平方米，红绿灯西路崖石更换约432米，人行道面砖更换约329平方米；实施了一横东小桥头东侧文化墙古瓦加帽约284米；拆除了小桥头大型宣传牌、岗楼、电子屏；小桥西侧至西外环汉白玉栏杆安装约370米，石柱约227根，砌筑石方约390立方米；铺设小桥头粮贸书卷周围砖约145平方米；修补府后街、二中路沥青路面坑槽约110平方米；维修城南加油站南路路面约130米，硬化路面混凝土约750平方米。4. 完成了一横东路污水、雨水管网铺设工程，铺设雨水管网约245米，污水管网约194米；清理神南桥至隧道口路北河道垃圾约3500立方，路边围防护网约213米；更换路灯883个、马路灯120套、更换灯罩112个。5. 清理神南桥东侧至月亮湾北口污水管网箱涵约330米；清理、疏通污水管网月亮湾段污水管网约530米、清理新星巷下水道污泥约360米，下水道改造114米；改造泽明南路东三巷下水道约28米，改造土桥沟巷下水道约65米，清理排水渠约50米；完成风池河污水管网改造工程，砌筑石坝约13立方米，管道铺设约11米，砌筑污水井一座；

清理新窑沟巷垃圾、杂土约120立方，清理下水道4800余米，更换下水道盖板97个，更换下水道井篦82个，清理下水道检查井堵塞186座。

【待建场地整治】 2018年10月底，原种子公司、原林业局、原面粉厂停车场已投入使用。喷泉广场已完工。共平整场地18300余平方米，垃圾外运5400余立方米，土方回填12000余立方米，硬化场地16000余平方米，人行道花岗岩铺设1800余平方米，安装高杆灯8座，修建凉亭1座，提供停车位350余个。此外，县社院内、黄河京都南等地待建场地平整及停车场建设将按照县领导安排予以实施。

【建筑业管理】 严格市场准入门槛，严把规划审批、放线、验线以及竣工验收四大关口，加强监督管理，确保开发质量，完成工程项目报建6件，办理非国有资金勘察设计直接发包备案项目1件，办理施工合同备案5件，办理监理合同备案5件，办理施工许可9件；受理施工图审查工程备案7个，受理建筑节能备案工程4个。在环保督查工作落实整改中，定岗定责专人督促完成环保督查整改内容，严把环保关，县城所有建筑工地严格执行环保“6个100%”标准。

【质量安全监督】 安泽县工程项目自四月初始陆续进行复工，2018年，全县共受监工程项目8个，其中，续建工程3项，新建工程5项，全部办理了建筑工程监督注册手续，工程监督覆盖率100%。在此期间，开展“春季复工建筑安全生产检查”“安全生产专项整治”及“安全生产月”等活动，同时加大对隐患的排查、督查和督促整改及执法处罚力度。一年来，督查检查工程16次，出动督查检查80人次，下发安全隐患整改通知单6份，停工通知书8份，工程质量局部停工通知书4份，向上级提交行政处罚建议书4份，整改率100%。全年未发生任何质量安全生产事故，伤亡人数为零，受监工程中住宅工程3个，无群众信访投诉。

【市政运营安全】 制定防汛应急预案并签订了防汛目标责任书，制定道路、桥梁、市政安全的实施方案及应急预案，对安泽县自来水公司、安泽县污水处理厂进行了市政安全运营检查，下发整改通知书6份。在燃气及供热企业管理上，全年共现场安全隐患排查58次，下发了33份整改通知书，共113条一般安全隐患。

【环卫园林工作】 1. 开展公园绿地管护工作。对县城区内公园、绿化带开展垃圾清扫，枯草等杂物清理、绿化带灭蝇灭蚊喷药等工作，修剪绿化植物隔离带6000余米，喷洒农药3万余平方米，清理杂草约4万余平方米。2. 加强县城区域内的日常保洁管理工作。集中人员和车辆对城区28条街道和5个广场及背街小巷、城市出入口、空闲地、城乡接合部卫生死角清理清洗20余次，清理绿化带垃圾等地死角垃圾160余处，清运垃圾1100余吨。3. 完成了县城内所有露天垃圾池的拆除工作，新增2辆勾臂车，4辆翻桶车，先后购置垃圾桶350个，果皮箱300个，垃圾收容器60个，分类垃圾箱20个，合理配置在县城主次街道及小区。

【市容整治工作】 2018年，对泽民北路、泽民南路、聚源街等20余条主次干路两侧以城市“脏乱差”为重点的市容环境进行全面深入治理。下发《门前五包责任书》2000余份，发放《创建国家卫生县城市民告知书》1500余份；取缔店外、占道经营2500余处，清理乱堆乱放1500余处，清理乱悬挂条幅1700余处，清理8路12街道路两侧小广告8500余处，清理建筑物乱涂乱画10000余平方米，拆除违章牌匾、落地灯箱500余处。此外，加大对县城规划区的巡查力度，严查违章建筑，下发停工整改150余份；在老城区内全年共拆除私搭乱建100余起约3000余平方米。

【创卫迎检攻坚工作】 按照创卫迎检工作要求，将破损路面、路沿石、人行道彩砖修补等工作按照八大片区分解至各责任股室，组织工作人员进行维修。共维修硬化街巷14000余平方米，更换路沿石800余米，更换破损彩砖4400余平方米，树坑修补100余个，维修下水道3000余米，完成管道铺设1100余米，粉刷翻新外墙12400余平方米，2018年9月初，已全部完成维修改造任务。

【作风建设】 工作作风是凝聚力量、体现精神、推进工作的关键因素，高度重视，采取有效措施，强化自身建设，不断转变工作作风。1. 推进“强化责任、严守纪律、树好形象”专项治理活动。围绕方案要求，开展了学习讨论、查找问题、整改落实等阶段专项治理活动，持续学、深入学，扎实开展“四个反思”“四个剖析”，组织参加党员廉政教育基地，并制定了以创卫为主题的党支部活动，坚持领导带头、以上率下，深入查摆存在问题，开展谈心谈话，建立整改台账，落实整改责任人、整改时限和整改措施；开展全面对标落实行动，坚持立行立改，从具体问题改起，做到思想问题和实际问题一起改。2. 精准扶贫扎实开展。全面贯彻落实精准扶贫工作要求，组织驻村工作队做好包联村第五村帮扶工作，每月坚持深入走访调研，逐步帮助解决该村交通问题、环境治理问题和贫困户住房问题，鼓励村集体发展中药材和辣椒种植产业，巩固脱贫成功。3. 信访维稳有效推进。认真做好新形势下信访积案化解工作，全年共答复市长热线、县长信箱等90余件，2018年城乡建设领域重点信访矛盾化解攻坚工作已圆满完成，房地产领域信访问题化解专项行动正在有序推进，为安泽县健康发展营造良好环境。

房地产管理

【概述】 2018年，在县委、县政府以及住建局的正确领导下，积极贯彻落实党的十九大精神、按照年度工作安排，各项工作全面、有序、稳步开展，为全年工作任务的完成奠定了良好基础。

【商品房预售许可】 对申报商品房预售许可项目，确保商品房依法依规销售；严格执行商品房销售明码标价制度，对检查中发现的擅自预售行为，责令停止违规销售，立即整改。2018年度共为3家房地产开发企业办理了商品房预售许可，预售房屋面积共计107663.67平方米。

【预售资金监管】 对全县所有的房地产开

发项目，与银行，房地产开发企业共同签订预售资金第三方监管协议，预售资金全部纳入监管账户确保重点监管资金用于项目开发建设。2018 年对 3 家开发企业进行了预售资金监管，监管资金余额 1407.2 万元。

【房地产市场监测】 实行房地产市场交易数字统计月报制，日报制，每月按时向市住建局上报房地产交易数字统计月报表，向市房管局上报房地产交易数字日报表，对报送的数据认真查核，并确立专人进行填报，确保统计数据的质量和准确性，使政府更好地掌握房地产动态，促进房地产市场健康稳定发展。

【完善信息平台系统】 继续加强新建商品房预售、网签备案、资金监管等信息系统开发建设，持续开展对业务人员操作人员系统培训，保障信息录入准确及时；将资金监管与银行系统进行对接，确保资金监管业务正常运行。依法维护房地产秩序。2018 年度新建商品房预售网签备案 23 宗，存量房（二手房）交易合同网签备案 6 宗。

【规范涉房业务流程】 不动产登记工作启动以来，排除时间紧任务重，交易和登记业务分开办理衔接程序上的困难，在与不动产登记中心充分的沟通协调下，积极理顺并开展业务，全年共办理房产交易业务 38 宗、其中二手房交易 6 宗，预抵押业务 52 宗。

【物业行业监管】 始终把物业行业当做一项重点工作常抓不懈，充分发挥行业监管的职能作用，监督指导业主委员会成立，协调物业企业与业主之间的关系，经努力，各物业企业的服务行为得到了进一步规范，服务质量和水平不断提高。

【受理投诉、化解矛盾】 2018 年，共接到市长热线、随手拍、政府信箱、政府办转来以及来人来访案件 15 起，涉及房地产销售、物业管理、房产纠纷、行政诉讼等方面问题，都通过调查、走访、协调甚至参与仲裁诉讼，一一进行回复解决。

【房屋租赁管理】 努力提高租赁登记备案覆盖面，进一步规范房屋租赁市场。积极参与户籍制度改革工作，强化同公安、工商等部门协作，加强对《商品房屋租赁管理办法》以及《临汾市房屋租赁管理办法》的宣传。2018 年共完成房屋租赁合同备案 67 份。

【中心工作】 按照市县关于城市创卫要求，先后组织全局干部职工特别是雨季来临时期深入 22 个小区拆除小区旱厕，打扫卫生死角，完成并验收三片区内 11 个民生项目工程。

【“扫黑除恶”专项斗争】 开展涉及房地产行业“扫黑除恶”专项斗争。及时召开会议，传达和学习上级“扫黑除恶”专项斗争系列文件，使干部职工深刻认识扫黑除恶是事关社会大局稳定和国家长治久安，事关人心向背和基层政权巩固大事，深刻理解扫黑除恶斗争的重大意义，深刻理解扫黑除恶的重要性和必要性，提高思想认识，树牢“四个意识”，强化政治担当，支持扫黑除恶工作，宣传扫黑除恶工作，参与扫黑除恶工作，做好住建局安排的扫黑除恶相关工作，切实把思想和行动统一到党中央部署上来，树立打赢扫黑除恶专项斗争攻坚仗的信心和决心。

投资建设管理中心

【概述】 2018年，在县委、县政府的领导下，在县有关部门大力支持下，中心紧紧围绕县委、县政府的目标要求，坚持稳中求进工作总基调，牢固树立和贯彻落实新发展理念；坚持以提高发展质量和效益为中心，认真贯彻落实中共十九大会议精神，把握精神实质，用新思想指导新实践。结合中心实际，安排部署，细化任务，分解到人，科学管理，集中时间、精力、资源，保证了各项工作顺利进展。

【工程建设】 安泽县旧城改造“一纵一横”项目是2014年全县重点工程之一，该项目以“一纵”（泽民南路）和“一横”（义唐河街）两条街道拓宽改造为重点，通过集中拆除改造、让利于民的还迁安置、完善基础设施、精品景观建设等方式，大力改善民生，打造宜人、宜居、宜业的优良环境，提升县城综合承载能力，为推进山水园林城，精品旅游县建设夯实基础。工程建设时间紧、任务重、标准高，中心制定出台对施工单位、监理单位的考核办法，充分调动施工人员和项目管理人员的积极性、主动性，为工程快速有序推进奠定了基础。2018年“一纵”工程已全部完工。“一横”工程7#购物中心已全部完工；8#楼主体已完工，正在装修；9#楼主体完工；义唐河街道路、管线、照明、给排水、行道地面铺装全部完工。

【精准扶贫】 在扶贫工作的过程中，中心工作人员始终把贫困群众当作朋友，倾听他们的诉求和想法，设身处地地谋划、实事求是地规划，维护他们的人格尊严，保护他们的脱贫愿望和发展生产的积极性。扶贫包联村是良马乡劳井村，中心领导干部多次走访入户，驻村队员经常帮助贫困户整理家务，中秋节送去慰问品，开展“手拉手、帮收秋”活动，同时以大病救助、民政救助等方式帮助生病的群众渡过难关，让贫困户对生活充满希望，充满正能量去面对现在的问题，加大智与志的帮扶力度，永久脱贫。

【创卫工作】 2018年，在片区整治工作中，中心集中清理生活垃圾、建筑垃圾1000余立方米，动用两台挖掘机，一台装载机，大型土渣车8辆，累计清理80余车，拉回60余车鹅卵石平整场地；中心职工全员出动，用小铲子等工具，清理小广告100余处；对小桥头以东，南北两侧墙面进行修补，粉刷墙面2868平方米；拆除违规搭建2处，拆除外贸家属院东侧旱厕1处；修建停车场文化墙59米；铺设1390平方米的停车场，动用两台压路机，一台摊铺机。对乱倒垃圾、乱停乱放的住户和门店进行整治，采取专项治理和落实“门前三包”责任制相结合的办法，对街道环境卫生及垃圾死角进行了全面清理，增强了居民的创卫意识。

环境保护

【概述】 2018年，在县委、县政府的正确领导下，在市环保局的精心指导下，在各级各部门的通力配合下，坚定不移贯彻落实习近平生态文明思想，牢记初心和使命，全力落实各项工作和任务，推动安泽县生态环境质量持续改善。以实施全县大气、水、土壤三大污染防治战役为重点，开展了一系列工作。2018 年 1 月 1 日至 12 月 31 日，共监测天数 365 天，其中一级 38 天，二级 205 天，二级以上 243 天，优良天数比例为 67.7%。SO_2 同比下降 46.3%，$PM_{2.5}$ 同比下降 12.3%，综合污染指数 5.29。全市排名第五。沁河出境断面水质保持在Ⅲ类以上。由于安泽县各项工作完成度较好，2018 年安泽县空气环境质量和水环境质量均获奖励，奖励金额约为 1900 余万元。

【大气污染防治方面】 按照 2018 年全县生态环境攻坚行动的要求，结合安泽县实际，制定并下发了《安泽县大气污染防治 2018 年行动计划》。1. 工业企业深度治理。按照临汾市针对焦化、洗煤、混凝土搅拌站、砖瓦等行业的深度治理及标准化建设方案，督促各行业各企业加紧落实。永鑫、太岳 2 家焦化企业已完成焦炉烟气深度治理、泄漏检测与修复、物料全封闭、VOCs 等无组织排放收集改造，其中永鑫焦化 3 台 75 吨燃煤锅炉污染物排放已达到火电厂特别排放标准，太岳焦化完成了 3 台燃气锅炉污染物特别排放限值改造；4 家煤矿保留燃煤锅炉全部完成特别排放限值改造，所有储售煤场全部完成全封闭建设并安装喷淋设施，并且均安装了车辆进出厂区冲洗平台；全县 5 家洗煤企业全部完成全封闭煤棚及洗车平台建设，并取缔了所有燃煤锅炉；2 家混凝土搅拌站全部完成料场全封闭以及车辆冲洗平台建设；2 家砖厂全部进行停产治理。2018 年，2 家焦化、4 家煤矿、4 家洗煤、2 家搅拌站已完成深度治理，其他企业正在停产整治过程中。2. 燃煤锅炉特排改造。安泽县工业企业保留的 18 台燃煤锅炉全部达到特别排放限值要求。3. VOCs 治理。两家焦化已完成 VOCs 治理工作，首轮泄漏检测与修复（LDAR）工作已完成，焦化冷鼓、粗苯、脱硫、硫铵工段各储罐工艺过程无组织排放全部完成治理；同时组织行业专家对全县涉喷漆的汽修行业 VOCs 治理设施进行了认定。4. 加油站污染防治。加油站油气回收治理及双层罐改造工作，5 家个人加油站全部完成了油气回收治理工作及双层罐改造工作，并进行了现场验收。5. 散煤污染防治。完成“禁煤区”“禁燃区”划定工作，并在全县范围下发了《关于开展燃煤污染综合整治的通告》，建立了环保、交通、公安、交警多部门联合执法监管机制，严格落实运煤车辆煤质检查和过境柴油车辆尾气排放检查，同时制作了《治理散煤保卫我们共同呼吸的蓝天》《坚决打赢柴油货车和工程机械污染防治攻坚战》宣传单，在全县范围内开展宣传。对全县散煤生产、流通、使用等环节进行综合整治，加大城乡散煤替代和清洁利用，规范煤炭经营，严格煤质管控，彻底取缔劣质煤销售和使用行为。6.清洁取暖改造。在原有清洁取暖集中供热改造 148.2 万平方米基础上，今年新增集中供热居民 560 户，煤改气 820 户，煤改电 202 户，清洁燃煤居民 6962 户。7.餐饮业油烟治理。全县所有餐饮单位均安装了油烟净化装置并正常运行。

【水污染防治方面】 1. 工业废水深度治

理。结合安泽县实际，制定并下发《安泽县水污染防治2018年行动计划》，安泽县2家焦化已全部完成熄焦废水深度处理工程、焦化废水深度处理回用工程；山西安鑫煤业有限公司、山西玉和泰煤业有限公司、阳煤登茂通煤业有限公司、山西玉华煤业有限公司等4家煤矿全部完成矿井水深度处理工程，出水水质达到地表水环境质量三类标准并全部回用。2. 全面落实“河长制”。完成安泽县高壁集中饮用水水源地的评估报告编制工作。3. 全面整治和规范河流排污口。8家规模化畜禽养殖场污染设施治理工程已开工建设。4. 水环境监管。加强河流水质监测，每月配合省市监测部门进行地表水跨界断面监测，确保地表水质达标，在蔺河段设置断面监测，保证企业排放的净废水达标，同时加强焦化企业及县污水处理厂废水外排口在线监控系统的运行及维护，确保实时掌握企业水污染防治设施运行状态及废水排放情况。

【土壤污染防治方面】 结合安泽县土壤污染防治实际情况，编制《安泽县土壤污染防治2018年行动计划》；编制完成《土壤污染防治方案》；印发地膜适期揭膜技术明白纸、合理使用农药明白纸等各类保护土壤、保护环境宣传资料，并向全县发放“回收农资废弃物品，携手共建生态家园”倡议书，积极回收农药瓶等农资废弃物品50余万个；与山西永鑫煤焦化有限责任公司签订土壤污染目标责任书，制定全县土壤污染治理与修复规划；按要求完成土壤污染状况详查序时进度任务。

【秋冬防工作方面】 制定《安泽县2018—2019年秋冬季大气污染综合治理攻坚行动方案》。1. 建立周例会月报告季总结制度。每周召开一次秋冬防攻坚工作例会，建立政府牵头、部门分工落实的责任体系，听取有关责任部门和乡镇的秋冬防攻坚情况，分析工作推进中存在的问题，研究切实可行的措施。2. 扬尘和低空面源综合治理方面，加强施工工地扬尘管控，要求建筑施工工地在停工期间严格按照施6个100%措施落实，同时水利部门承担的施工工程已全部停工；加强加油站污染防治及油品管控，全县所有加油站均已安装了油气回收装置并正常使用，并对加油站定期进行年度油气监测工作，质监部门对10家加油站油品进行了检查，查处不合格油品2例，罚款总计57000元；加强餐饮业油烟治理，全县所有产生油烟的餐饮单位全部安装了油烟净化装置，共463家；加强秸秆禁烧工作，在秋冬季秸秆焚烧易发生季节，农委及各乡镇加强秸秆还田及禁烧工作，加大宣传力度，通过张贴通知、发放明白纸等形式加强宣传，营造秸秆禁烧良好社会舆论氛围，形成了秸秆禁烧长效工作机制。3. 秋冬季错峰生产差异化管控方面，根据《临汾市2018—2019年工业企业和建筑施工工地差异化错峰生产实施方案》要求，对安泽县工业企业实施差别化错峰生产，2018年已对安泽县2家焦化、3家洗煤、4家建材共9家企业以及6处建筑施工工地下达了停限产通知，实施时间从2018年11月15日至2019年3月15日，并要求发改、安监、住建等主管部门对各企业停限产进行严格监管。4. 柴油货车管控方面，持续柴油货车和散装物料运输车污染治理联合执法，严格落实运煤车辆煤质检查和过境柴油车辆尾气排放检查，进一步提升入境柴油货车污染物排放达标率。5. 重污染天气应对方面，自秋冬防以来，安泽县按要求响应橙色预警，预警期间迅速传达预警信息到各乡镇、社区和有关职能部门并要求落实各项预警措施，包括加大停限产企业监管、加大散煤专项整治力度、加强柴油货车管控、加强国、省道及县、乡公路扬尘污染控制，组织实施各项应对措施的落实及督查工作。6. 开展冬防攻坚联合执法专项行动，为全面落实市委、市政府关于冬防攻坚的决策部署，切实做好重污染天气应对工作，冲刺完成全年空气质量目标，从 12 月 21 日晚 22：00 起，安泽县召开了全县秋冬防攻坚联合执法专项行动启动仪式，由公安、交警、环保、住建、食药、交通、发改、安监等部门抽调精干力量组成联合执法组，将围绕冬防攻坚和重污染天气预警要求开展检查，持续时间至 2018 年 12 月 31 日。

【农村环境综合整治工作】 对飞岭村、小黄村、冀氏村、马壁村和海东村进行农村环境综合整治，按整治要求农村饮用水卫生合格率达 90%以上；农村生活垃圾无害化处理率达 70%以上；农村生活污水处理率达 60%以上；畜禽养殖污染防治，畜禽粪便综合利用率达 70%以上。目前飞岭村生活污水处理率 46%，生活垃圾无害化处理率 78%；小黄村生活污水处理率 38%，生活垃圾无害化处理率 80%；冀氏村生活污水处理率 60%，生活垃圾无害化处理率 85%；马壁村生活污水处理率 27%，生活垃圾无害化处理率 61%；海东村生活污水处理率 27%，生活垃圾无害化处理率 61%。项目村庄周边均无大型养殖企业。饮用水卫生方面飞岭村、小黄村、马壁村和海东村水样化验结果合格，符合《生活饮用水卫生标准》。

【生态保护红线】 向市局递交《安泽县人民政府关于调整山西省临汾市安泽县部分生态保护红线的请示》，5 月份上级部门初审划定的第一次生态保护红线总面积为 564.53 平方公里，占全县面积的 28.79%。结合安装在县实际及经济发展需要，安泽县向上级部门申请了生态保护红线二次调整。目前相关工作已上报省厅，正在等待省厅批复。

【矿山生态环境恢复治理试点示范工程项目】 申报“山西安鑫煤业有限公司矿山生态环境恢复治理试点示范工程项目”为安泽县矿山生态环境恢复治理试点示范工程，该项目总投资 1436.53 万元，于 2018 年 3 月 5 日开工建设，2018 年 12 月完工，该项目设计图纸范围内主体工程完成度已达 100%。

【水源地规范化建设】 编制完成县城高壁集中饮用水源地年度评估报告，更换高壁集中饮用水源地标示标牌 12 块，督促对高壁饮用水源地范围内的 3 处违法建筑进行了拆除，完成县城及 6 个乡镇饮用水源地现状调查工作，并开展对发生变更的乡镇饮用水源地进行调整和重新划分。

【中央环保督察问题整改情况】 临汾发现问题涉及安泽县共计 5 大类计 11 个，均为全市共性问题。针对 5 大类 11 个问题，逐一分析研究，逐项制定整改方案，明确牵头领导、责任单位、整改时限、整改措施，严格推行台账化、清单式管理，日汇报、周例会、月调度，全力推进问题整改。2018年，所有反馈问题全部按照序时进度有序推进。

【中央环保督察移交举报案件问题整改情况】 中央环保督察组督查山西期间，安泽县共接到中央环保督察组移交举报案件6批6件，现已全部整改完成。

【生态环境部强化督察发现问题整改情况】 涉及安泽县问题21个（工业企业8家、汽修店2家、锅炉5家、文印店3家、喷漆1家、渣土车1家，居民焚烧垃圾1家），21个问题均已整改完成。

【中央环保督察“回头看”整改工作】 涉及安泽县2个案件（举报案件1个，暗查案件1个），举报案件正在整改过程当中，暗查案件已整改完成并按规定进行行政处罚罚款80万元。

【环境监察执法工作】 1. 开展全县2018年环境保护“铁腕治污”专项行动。共出动1098人次，发现问题23个，下达行政处罚决定书7份，收缴罚款46.5万元。在全县所有乡镇、村庄及企业张贴了“铁腕治污行动”的通告。每周五按时上报“铁腕治污行动”工作进展情况、工作报表及行动简报。及时公布举报电话，接受群众对环保违法行为的投诉举报。2. 开展查处违法排污百日行动。在全县范围内从2018年5月5日到8月15日开展为期一百天的查处违法排污百日行动。开展夜查2次，开展30人以上的联合行动2次，联合其他执法单位开展专项行动2次，出动检查人员418人（次），检查企业74家（次），发现环境违法问题49个，已全部整改完成。3. 开展“利剑执法”专项行动。从2018年9月1日至10月31日，在全县开展为期60天的“利剑执法”专项行动。自开展“利剑执法”专项行动以来，共出动执法人员628人次，检查企业314家（次）。

【第二次污染源普查工作】 1. 普查资金落实到位。2018年度经费预算为121万元，已于6月21日通过县政府常务会议，资金已全部到位，普查办现已实现集中办公；2. 制定普查实施方案。印发《安泽第二次污染源普查实施方案的通知》。3. 强化宣传工作。制作普查版面、印发普查宣传单，深入企业、乡村、学校展开一系列宣传活动，并结合“6·5”世界环境日积极开展第二次全国污染源普查工作；4. 落实“两员”选聘及管理意见，建立普查队伍。完成两员（普查指导员、普查员）的选聘工作，参加市污普办组织的工业源、农业源和市政入河排污口的普查指导员培训会；5. 普查工作有序推进。已完成县、乡、村三级联络员工作；生活源锅炉清查工作（3台）；集中式污染设施的清查工作（2家）；生活源锅炉清查工作（1台）；集中式污染设施的清查工作（2家）；市政入河排污口的清查、采样、监测工作（5家）；工业企业和产业活动单位数量：266家；规模化畜禽养殖场数量：105家（含新增2家并纳入普查）；建议纳入系统的工业企业和产业活动单位数量为49家、规模化畜禽养殖场14

家，集中式污染治理设施2家、生活源锅炉1台、入河排污口5个，基本完成清查建库工作，建立全县重点污染源档案。认真重新梳理清查名录库底册。全面理清国家、省级补充、市级补充及县级增补底册情况，共计清查污染源379个。全面核实关闭或其他未纳入单位信息。6. 完成全面入户调查工作。已按照国家、省、市的普查方案要求，完成安泽县第二次全国污染源普查全面入户调查阶段的相关任务。

【党建、纪检工作】 1.“强、严、树”专项治理活动开展情况。落实“第一责任人”责任，认真开展“强、严、树”专项治理活动，局领导班子坚持先学一步、深学一层，认真学习《环保法》《中华人民共和国监察法》《党章》《准则》《条例》及习近平新时代中国特色社会主义思想和中共十九大精神，并规范“三会一课”、强化“三基建设”及效能建设，建立八项制度，增强局班子凝聚力、战斗力。2. 警示教育作风整顿工作开展情况。召开环保局警示教育作风整顿动员会，成立警示教育作风整顿领导组和督察组，专门抽调人员设立了办公室，制定《安泽县环境保护局开展警示教育作风整顿的实施方案》和学习计划，设立学习专栏和征求意见箱，悬挂了警示教育宣传标语，组织全体人员进行每天不少于一小时的学习，展开了专题讨论并撰写心得体会，观看全市“三维集团违规排污事件”警示教育片，参观了廉政警示教育基地，接受警示教育。3. 围绕党建发展、严抓纪检工作。在“七一”期间，结合安泽县建党系列活动开展讲党课、重温入党誓词等活动。同时，严格按照“一岗双责”“党政同责”要求，制定《安泽县环保局党风廉政建设及反腐败工作实施方案》，将党风廉政建设各项目标任务细化分解，责任到人，并纳入年度考核体系，对完不成目标任务的科室，实行“一票否决”。建立健全了集体领导和分工负责制度，完善了领导干部述廉、职工民主评廉、党内情况通报和重大决策征求意见等制度，全面推行人事、财务、工程、采购等党务、政务公开，有效杜绝了腐败行为。在群众身边腐败问题上，进一步明确职责分，并严格按照“七项机制”查找问题原因、深刻剖析根源、补齐制度短板，努力从源头上预防环境保护工作中侵害群众利益的腐败问题和不正之风。

【宣传教育和法制工作】 1. 宣传工作情况。参加生态环境部2018年环保主题曲《让中国更美丽》MV的编排和制作工作，视频被生态环境部选中，发布在“六五”当日的官方微博上；在全县范围划定“禁燃区”和“禁煤区”，分别在相应位置设置相应的标识牌；把环保与“创卫”工作积极结合，刷新神南桥东侧墙体标语；发动宣传车以“保护生态环境　共建碧水蓝天”为主题在全县范围开展为期一个月的循环宣传；印制《安泽县县城环境综合整治入户告知书》《保护生态环境　共建碧水蓝天倡议书》《关于严禁露天焚烧秸秆落叶荒草垃圾的通告》5万余份；张贴、悬挂标语100余条、出动宣传车100余次、出动人员200余人次进社区、进农村、进学校、进企业、进商场、进家庭等，走村入户、设立咨询台，开展宣传。开通微信公众平台、设立举报信箱和举报电话，建立“环保宣传工作动态群”“安泽环保工作动态群”“环保监督群”。2. 行政处罚案件办理情况。2018 年行政处罚案件共 9 起，共处罚款 191.18 万元。

【国卫创建工作】 1. 建立环境保护工作机制。完成 2017 年市政府下达的主要污染物减排指标，编制并印发《安泽县环境保护局突发环境事件应急预案》《安泽县人民政府突发环境事件应急预案》，辖区内重点企业分别编制《突发环境事件应急预案》，并进行了实地演练。近三年内未发生较大（Ⅲ级）以上级别环境污染事件。2. 水质量达标情况。沁河入境、出境断面符合地表水体三类标准。蔺河 5 处断面均无超标现象符合水体要求，集中式饮用水水源水质符合饮用水水质标准。安泽县连续三年开展集中式饮用水水源地评估工作，评估结果按时上报。3. 片区及单位卫生整治情况。清理饭店油渍 10 处；月亮湾路破损路沿石更换；出动 120 余人次对月亮湾路商铺发放整改事项通知书 50 余份；进行三次大规模的橱窗广告清理行动，使月亮湾路橱窗广告全部清零。对巷内、路边堆存垃圾清运 50 余方。对 7 处电线混乱现象规整。局机关完成 700 余平方米内、外墙粉刷工作；废旧宣传版面更换（10 块）；拆除机关外墙处停车棚 1 处；完成亮化、美化工作；通过上述整治，机关、责任片区国卫创建工作已完成。

【扫黑除恶专项斗争】 制定《安泽县环境保护局扫黑除恶专项斗争边督边改工作方案》，并采取多种宣传形式，动员社会各界广泛参与。结合了严厉打击违法排污百日专项行动。对辖区内企业采取分片排查，划分为三个片区，由 2 个副局长和 1 个总工程师进行包片督查，各职能单位分行业对全县所有企业进行日常检查并采取包厂督查。同时运用联合执法、交叉执法、零点执法行动等形式，采取明查与暗查相结合、日常巡查与突击检查相结合、昼查与夜查相结合、工作日查与节假日查等多种方式开展查处违法排污专项行动。

【脱贫攻坚工作】 切实加大帮扶力度，采取帮秋收、帮卖农产品，助力群众生活改善、卫生改善等，获得了群众的广泛认可。包联村冀氏镇柳树沟村的建档立卡，贫困户 10 户中 9 户贫困户实现脱贫，1 户因年龄太大社会兜底。贫困户实现人均增收 2000 元，村集体增收 5.9 万元。

【开展红泥寺省级自然保护区摸底调查工作】 对生态环境部下发的卫星遥感监测疑似问题和自然保护区内发现的违法违规环境问题进行处理。

【放射源和射线装置检查工作】 严格按照市局要求每季度对放射源进行现场检查，对涉及射线装置的单位进行两次例行检查。

【矿山恢复治理】 与国土资源局联合编制《安泽县县域矿山生态环境恢复治理方案》。四家煤炭开采企业已全部完成了方案的编制，并按方案要求完成了部分项目工程。

【煤矸石、粉煤灰环境污染治理】 安泽县涉及煤矸石、粉煤灰的企业共 11 家，其中煤矿4家、洗煤厂5家（3家停产）、焦化2家。各企业已建成拦矸墙、底部两侧排水边沟、竖井及涵管、消力池等工程措施，同时对原有矸石堆放处进行了覆土、绿化工作等措施。

【危险废物规范化管理】 对全县汽修行业危险废物进行了全面检查，配合农委对全县范围收集的废气农药瓶进行了处置，合计处置量达到13吨。

【环境影响评价管理工作】 2018年共审批环评文件8件。

【污染物总量控制】 制定《安泽县2018年大气主要污染物区域削减方案》。

【排污许可证管理工作】 指导企业确定和计算申请排放污染物种类、浓度和排放量等许可事项，2018年，全县4家煤矿企业、1家洗煤企业正在开展排污证申领工作。

【污染减排工作】 按照临汾市下达安泽县2018年污染物减排指标开展污染减排工作，2018年安泽县大气污染物减排项目4个，水污染物减排项目7个。

【开展市旅游发展大会期间环境治理行动】 加强活动期间空气质量预测预报。安泽县空气质量连续3个月排名全市第一。建立了5个柴油货车、散装物料运输车和散煤联合执法检查点，沁河水质达地表水Ⅲ类标准。

财　政

【概述】　2018年，在县委、政府的坚强领导下，认真贯彻落实中共十九大精神和习近平总书记系列重要讲话精神，紧紧围绕建设“山水田园城、精品旅游县”战略目标和“四个年”活动要求，突出“防风险、稳增长、惠民生、激活力、严管理”工作重点，认真履行财政职能，实施积极的财政政策，基本完成年初既定的各项工作任务，为全县经济健康有序发展提供了财力保障。

【财政收入超额完成】　2018年，紧紧锁定年初任务目标不放松，与税务部门紧密配合，逐月抓进度，按季保增长，做到应收尽收。截至12月31日，全县一般公共预算收入累计完成60181万元，占预期指标45013万元的133.70%，按进度超收15168万元，同比增长47.50%，增收19381万元，顺利实现首季“开门红”“双过半”，提前167天完成全年财政收入预期目标任务。在全市收入进度排队第2名，增长排队第3名，总量排队第6名。

【支出】　2018年，全面强化预算执行，对预算单位支出情况进行跟踪分析和督促指导，加快形成实际支出，并加强预算绩效管理，在项目审报阶段要求各单位必须进行绩效，做到了先绩效后支出，财政资金效益进一步提高。截至12月31日，全县一般公共预算支出累计执行为121378万元，占预算指标124304万元的97.65%。2018年3月—11月，安泽县财政支出进度在全省排名一直位列前10名，全市排名位列第1名，受到省、市财政部门的表彰通报，并下达安泽县支出进度考核奖励资金1020万元。

【三基建设】　充分发挥财政职能，不断加大“三基建设”投入力度，2018年共投入“三基建设”保障资金7082万元（其中县财政配套2616万元），重点用于改善乡镇机关工作和生活条件、提高乡镇干部福利待遇、加强基层组织运转保障能力等方面。特别是：在支持全县乡镇周转房建设方面，2017—2018年累计投入财政资金6420万元，共设计新建乡镇周转房6栋，每个乡镇的周转房都按照规模适度、经济实用、功能齐全的原则，配有卫生间、厨房等设施，并配套规划了新时代文明实践所、餐厅、澡堂、阅览室、文体活动室、洗衣室等。2018 年，6 个乡镇周转房建设项目已全部竣工入住，走在了全省前列。

【助力全域旅游】 2018 年，牢固树立绿水青山就是金山银山的理念，紧紧围绕县委、县政府建设“山水田园城、精品旅游县”战略目标和打造“全域旅游”的战略部署，充分发挥财政职能，多渠道筹措资金 10622 万元，重点以红色文化游、乡村休闲游、康养生态游等为切入点，进一步调整财政支出结构，大力支持特色旅游项目建设，为全县全域旅游的快速发展提供了强有力的资金保障，助力安泽县成功创建了“全国森林旅游示范县”“国家级森林公园”“2018 年中国森林旅游美景推广地——最美花海·山西安泽黄花岭金色花海”“中国天然氧吧”等国家级荣誉，全年旅游综合总收入达 6.2 亿元。

【党建联合创新开展】 以“政治引领、教育管理、问题导向”为原则，创新载体，搭建“机关+农村”帮扶型党建联合体建设平台，以局属单位矿区称重计量中心党支部为试点，与东湾村党支部联合成立“党建联合体”，按照“联学、联办、联建、联抓、联培、联做”的“六联”标准开展活动。通过新颖灵活的形式，充分激发基层党组织的内生动力，推动党建活动共联、资源共享，形成整体联动、互联互助的长效机制。

【防控并举，打好“三大攻坚战”】 1. 打好防范化解重大风险攻坚战。加强政府债务管理，制定《安泽县化解政府债务风险中长期（2018—2020 年）实施方案》和《安泽县政府性债务风险应急处置预案》，进一步规范政府举债、使用、偿还、风险防范等各个环节。认真做好政府债务化解工作，加快收储土地出让进度。2. 打好精准脱贫攻坚战。统筹整合涉农资金 8189.89 万元，用于全县旅游、光伏、连翘等扶贫产业和基础设施建设，进一步激发贫困村和贫困人口内生动力，助力安泽县顺利实现脱贫摘帽。3. 打好污染防治攻坚战。2018 年，拨付资金 6361 万元，用于县城及各乡镇国卫创建；投入资金 2712.96 万元，用于支持大气污染防控和全县清洁取暖“煤改电”工作，全力护好荀乡大地的绿水青山。

【多管齐下，促进经济高质量发展】 1. 强化收入征管。围绕财政收入预期目标，定期与税务部门沟通联系，认真分析掌握各项减收增支因素和变化情况，积极研究增收节支措施，做到应收尽收。将非税收入全部纳入预算管理，加大非税收入稽查尤其是清欠力度。2. 积极争项引资。加强与省市财政部门沟通联系，积极跑项目、争资金，全年共争取上级财政资金 10400 万元，有效弥补了安泽县财力不足。3. 落实清费减税政策。全面落实国家结构性减税降费政策，取消、停征、免征涉企行政事业性收费 2 项；取消排污费征收 4.65 元/吨，全年共为企业减负 2562.15 万元。4. 推动产业转型发展。以唐城工业园区建设为主体，投入资金 10152 万元，重点支持工业园区土地补偿及永鑫、太岳焦化公司、安鑫煤业技术改造提升、生态环境治理等，助力企业创新发展、转型升级、提质增效。5. 支持实施乡村振兴战略。投入 14218.92 万元，重点支持了各乡镇旅游产业、美丽乡村建设、田园综合体建设、农村环境整治、基础设施建设等。同时，严格落实国家各项惠农政策，发放农业支持保护等补贴资金 2560 万元；发放一事一议财政奖补资金 261 万元。六是支持中小企业发展。拨付中小微企业扶持资金 1129.29 万元；充分发挥中小企业担保服务中心融资担保作用，与邮政银行合作发放再就业小额贷款 830 万元。

【务实增效，加大民生保障】 始终把改善民生、解决民生问题作为工作重点，不断加大民生领域资金投入。2018 年，全县民生支出达 96133 万元，占一般公共预算支出的 80.74%。1. 支持教育优先发展。拨付资金 16524 万元，用于全县普通中小学及普通高中学费、住宿费、书本费、膳食补助、交通补助、春秋季公用经费等。2. 推进社会保障事业发展。拨付社会保障和医疗卫生资金 22181 万元，全面落实城乡居民医保补助和基本公共卫生服务补助标准，兑现养老金、城乡低保、优抚对象等提标政策，加强对特困人员、残疾人的兜底保障等。3. 持续保障全县民生实事。拨付资金 2490 余万元，继续实施数字电视全免费、全县居民意外伤害保险全免费、教育全免费及膳食补助交通补助、教育“三优”建设、全县职工免费体检等民生实事。4. 全力支持重点工程建设。拨付资金 43955 万元，全力支持长临高速引线工程征地拆迁、集中供热、乡村旅游公路及沿河步道、污水管网改造、国道 309 线沁河大桥等重点工程建设。

【深化改革，激发财政政策活力】 1. 强化预算管理。扎实推进预决算公开，严格落实预决算公开各项规定，自觉接受社会监督。完善预算支出定额标准，全面实施政府支出经济分类科目改革。2. 强化绩效管理。制定《安泽县部门预算项目支出绩效目标管理暂行办法》和《安泽县财政局预算绩效管理内部工作暂行规程》。安装预算绩效管理信息系统软件，开展绩效目标评价和预算绩效管理信息系统培训，为绩效评价工作开展奠定了扎实的基础。3. 强化财政监督。在投资评审、政府采购、集中支付等方面与预算管理事前、事中、事后有机结合，逐步形成集中支付覆盖全部财政性资金、投资评审覆盖全部政府性项目、绩效管理覆盖全部财政性资金的财政运行格局。

【党建引领，提升财政队伍水平】 1. 认真落实管党治党主体责任，以党的十九大精神武装头脑、指导实践，扎实开展“强化责任、严守纪律、树好形象”专项治理活动，推动“两学一做”常态化制度化。2. 全面落实党风廉政建设“两个责任”，建立责任清单，加强廉政教育，开展廉政约谈，规范内控机制建设，有力推进了党风廉政建设。认真落实中央“八项规定”精神和习总书记关于纠正“四风”重要批示精神，深入开展纠四风专项整治，推动干部作风持续好转。狠抓巡视反馈意见整改落实，举一反三，建章立制。3. 结合财政工作拓展教育方式和丰富教育内容，定期开展财政干部教育培训班和道德讲堂活动，提升了财政干部的政治能力、理论水平、业务素质和道德素养。

税 务

【概述】 2018年，国家税务总局安泽县税务局党委带领全体税务干部始终以习近平新时代中国特色社会主义思想为指导，认真贯彻落实中共十九大，十九届二中、三中全会和总局、省局、市局税务工作会议及党建工作会议精神，县委经济工作会议精神，毫不动摇推动全面从严治党向基层延伸、向纵深发展。尤其是在国税地税征管体制改革期间，始终坚持把讲政治摆在首位，把税务机关首先作为政治机关，以党建工作为统领，全面加强党对税收工作的全面领导，坚持做到改革、工作“两不误、两促进”，全局上下勠力同心、攻坚克难，打好了征管体制改革“三大主攻战”。

【党建工作】 2018年，狠抓思想政治建设，管党治党责任进一步加强。牢固树立“抓好党建是最大政绩”的理念，进一步强化使命意识、担当意识，认真履行管党治党主体责任，严格执行民主集中制、党委议事规则。先后6次专题研究部署党建暨党风廉政建设工作，圆满完成新机构挂牌、三定工作。主动履行“一岗双责”，班子成员严于律己，以身作则，切实管好了分管领域各项工作；组织召开党委中心组学习6次；深化运用监督执纪“四种形态”，认真落实中央八项规定精神，实行“四必查”的监督检查机制；积极开展“以案释法·以案明纪”警示教育活动，开展反腐倡廉专题教育，集中学习新修订的《中国共产党纪律处分条例》，落实重要时间节点教育提醒、明察暗访、通报警示等。

狠抓基层组织建设，先后召开专题组织生活会、机构改革专题民主生活会，开展谈心活动，及时了解了党员干部思想状态；运用多种方法夯实理想信念基石，组织全员到党校培训，围绕“不忘初心、牢记使命”开展系列讲座；通过民主选举产生了机关党委、机关纪委、工会、妇联、团委，健全了党的组织及群团组织；成立了5个基层党支部，全面推广“1+20+1”支部工作法，严格党费收缴，让党建工作在全系统遍地开花。

【税务机构改革】 2018年，对税务人来说，关键词一定是“改革”，改革工作贯穿了全年工作的始末。面对这场史无前例的改革大考，县局党委带领全体税干在市局党委、县委县政府的坚强领导下，上下齐心，砥砺奋进，矢志不渝推改革，蹄疾步稳抓落实，新机构顺利挂牌、“三定”工作部署到位，社保费和非税收入征管职责划转稳步推进，实而又实担好改革之责，细而又细干好改革之事。

【人员情况】 新设立的税务局党委共8名委员；班子配备1名局长、6名副局长、1名纪检组长；科级干部9人（不含局领导）。在职税干92人：其中，行政编制85人、事业1人、工人6人。在职党员66人，占比72%；35周岁以下税干28人，占比30%；40~50周岁34人，占比37%；50周岁以上税干26人，占比28%。男女比例53:39。共有退休干部26人。

【机构设置情况】 1. 局机关内设股室13个，包括办公室、法制股、税政股、社会保险费和非税收入股、收入核算股、纳税服务股、征收管理股、税收风险管理股、税源管理股、财务管理股、人事教育股、机关党委（党建工作股）、纪检组。2. 派出机构 5 个，包括副科级分局 4 个：第一税务分局、第二税务分局、府城税务分局、唐城税务分局；冀氏税务所。3. 事业单位 2 个，包括信息中心、票证管理所。

【组织收入】 2018 年不断强化税收分析，牢牢掌握收入主动权，确保了收入不受机构改革影响，合理把握收入节奏，保持平稳增长，收入总量在全市排名第 5。各项收入共计完成 16.43 亿元，上年同期完成 11.95 亿元，同比增长 37.43%，增收 4.48 亿元。其中：税收收入完成 15.8 亿元，上年同期完成 11.39 亿元，同比增加 38.98%，增收 4.4 亿元；其他收入完成 5897 万元，上年完成 5572 万元，同比增加 5.83%，增收 325 万元。县级税收收入完成 4.7 亿元，上年同期完成 3.29 亿元，同比增长 43%，增收 1.4 亿元。

【煤焦企业税收管理】 2018 年，紧盯煤炭的市场价格，预测煤炭行业走势，给政府、企业建言献策。6 户重点税源共计完成 13.48 亿元，占全部税款的 85%，其中：4 家煤矿完成 11.23 亿元，占全部税款的 71%；两家焦化厂完成 2.25 亿元，占全部税款的 14%。

【税种管理】 扩展存量房评估范围，加大对县城各个社区以及居民单元楼的评估；对达到土地增值税清算条件的 2 个房地产开发企业项目完成清算工作；完成 4 家房地产企业城镇土地使用税清查工作，共清缴城镇土地使用税及滞纳金 117 万元；对全县的“契耕”两税进行清查，入库税款 2700 万元；个人所得税全员全额明细申报月申报率均达 100%；完成全县所有行政事业单位扣缴登记 122 户，涉及人数 4101 人。

【征管质效】 对企业税务注销程序进行深入解读；完成了原国、地税金税三期系统的机构调整和岗责、人员配置；做好 3410 户管户迁移和管户交接工作；完成管户对照工作；按照征管数据平台系统并库工作安排，对 5 项数据完成清理；通过双轨测试，班子成员一线指挥、亲力亲为，业务骨干利用 8 小时外紧锣密鼓，提高双轨系统的业务录入率。

【优化服务】 提速减负，在打造效能税务上，增设自助领用发票机、外网申报电脑，实现办理发票领购和申报的纳税人即办即走，简并涉税资料报送，压缩办税时限；创新服务，在积聚智慧税务上，优化发票领用方式，推行税邮合作，为纳税人提供足不出户领用发票、代开发票服务；扩宽渠道，在发票开具方式上，全面推广增值税专用发票网上代开预申请功能；委托邮政代开起征点以上、5 万元以下的普通发票；精准发力，在唱响便民税务上，创建“纳税人维权和咨询中心”，保护纳税人权益。落实总局、省局办税事项“最多跑一次”清单和办税指南，推广办税事项“全程网上办”清单；公正执法，在营造公平税务上，开展纳税信用评价工作，全县共有 3 户 A 级纳税人，0 户 D 级纳税人；强化纳税信用管理运用，深化税银合作，与农村信用联社签订《银税互动战略合作协议》，对A级纳税人实行优惠的贷款政策，支持诚信企业信用融资。

与此同时，还组织大企业高层论坛、举办纳税人学堂、税务大讲堂；践行领导干部驻厅服务工作，驻厅党委委员扎实做好陪同办理涉税业务、时刻关注涉税舆情、及时处理涉税矛盾；开展万名税干入企服务专项行动，组织50名税务干部，深入30户企业开展走访调研；先后10余场民营企业座谈会，共商共谋“税企一家亲、税企共发展”的安泽力量。

【环保税、水资源税征收管理】 积极沟通“强”协作，多次和环保局、水利局进行联席会议；税法宣传“优”服务，举办环保行、税企趣味比赛；严谨分析“促”征收，服务税收征管决策。2018年，环保税纳税人共25户，共入库税款1427万元，减免税款54万元。水资源税纳税人共22户，共入库税款2051万元，减免税款36万元，疏干排水税款1569万元。

【社保费和非税收入职责划转】 通过集中办公等方式完成1715条、324户单位及企业数据清洗比对工作；选派业务骨干赴侯马局、侯马农业银行实地调研社保费的代征工作；分批次开展针对机关事业单位、企业以及税务干部的社保费及非税收入政策培训；开展金税三期社保费征管信息系统联调测试；不断加强与县政府沟通协调，促进工作部署逐一落实。

【个税改革推进】 成立个税改革领导小组、挂牌设立个税集中办公区、设置个税咨询专线，统筹各职能部门力量，扎实做好各项改革工作。打造专业的个税宣传队伍，先后选派两名业务骨干到省市局学习3次，累计接收个税视频培训会6场，对税务干部集中培训4场，针对不同纳税人主体进行4场集中培训，对联社、检察院、法院上门集中培训3场。选取32家工资薪金较高的企业，辅导填报《个人所得税专项附加扣除信息表》，全力确保个税改革工作的有效精准推进。

【风险应对工作】 共接收市局下发风险3个批次，其中总局风险2个批次，查补税款0.4万元；省局风险1个批次，查补税款124万元。县局应对风险纳税人2户，查补税款89.13万元，实现了全年风险应对任务完成率100%。

【内控平台运用管理】 共录入有效风险点8个，筛选疑点数据1012条，实地核查整改执法疑点问题316条；持续深化法治创建，优化法治环境，利用“法宣在线”平台加强法律学习、组织法律考试；开展2018年税收执法督察，开展自查自纠，进行实地调研，自查面达100%。

【基础工作】 认真落实“三定”后绩效管理新任务新标准新要求，将全局绩效管理工作确定为“一把手”工程加以推进；完善财务管理体系，强化预算管理，确保了新的财政一体化平台系统运行正常，改革后财务的顺利衔接、平稳过渡；坚持依法依规，严格控制经费支出总额，严格实行“三公”经费预算指标控制；对原国税、地税资产进行全面清查审计，加强国有资产管理；积极做好网络安全管理、系统运行维护等各项工作，2018 年数据准确率达到 100%；顺利完成了金税运维系统调整测试工作，完成府西办公区、唐城分局并网改造；维护了人事管理、津补贴、教育培训管理、工资管理系统工作；组织全员进行中国税务网络大学学习；关心关爱离退休干部，摸清全局退休干部情况，及时为 2 名到龄干部办理退休手续。

【新税务队伍建设】 原国税、地税分开 24 年后合并为安泽税务局，为了让全体税务干部拧成一股绳、铆足一股劲，让税收事业蒸蒸日上，建立谈心谈话制度，做到对干部思想动态心中有数，并有针对性地疏通、化解思想疙瘩；坚持从严标准，建立健全各项制度；坚持教育培训和实践锻炼相结合，不断提高年轻队伍的素质和能力。为适应税收业务融合的需要，通过举办多期、多主题干部培训，促进了业务的融合、进步；开展丰富多彩的集体活动，全局上下将创建文明单位工作与“创卫”工作结合起来、与创建良好的营商环境工作结合起来、与支部共建工作结合起来，形成了“主次结合、互促互进”的工作机制，为继续推进精神文明单位和青年文明号的建设奠定了坚实基础。2018 年，尤其是新机构成立之后，先后组织道德讲堂、青年说、慰问、志愿、环保行、户外拓展、元旦联欢会等 20 余项各类活动。完成讲述改革故事《税月》拍摄、《大税法走进小课堂》微电影拍摄，均被山西税务、临汾税务采纳发布。通过活动，拉近了彼此间心的距离，凝聚起了人心，增强了集体荣誉感。

国库集中支付

【概述】 2018 年，以“强化责任、严守纪律、树好形象”专项治理活动为抓手，围绕年初制定的工作目标，树立大局意识、服务意识、创新意识、不断提升服务水平，切实推动国库支付工作再上新台阶。

【预算内外集中支付业务】 2018 年，共审核原始凭证 82443 张，办理业务 39749 笔，支付金额 17.87 亿元，其中办理退款更改业务 347 笔，涉及金额 546 万元，拒付不合理支出 262 笔，金额达 368.4 万元。

【严把报账“受理关”】 在报账受理过程中，从原始凭证把关入手，做好源头监管，对不合规、不完整、不真实应补充和更正的凭证予以退回，要求纠正和补充后再报账，并向报账员做好解释和业务辅导工作。

【严把报账“政策关”】 会计核算是一项政策性很强的工作，严格按照有关财经法律、法规和制度，严把政策关，对单位未按规定办理政府采购手续的、不遵守八项规定的支出事项坚持不予受理。

【实行支付“交叉复核”】 每笔支付业务都必须经过分管会计初审、主管会计复审，真正形成事前事中有效控制、事后跟踪问效的资金支付使用监控模式。

【控制好开支】 坚决贯彻落实党中央“八项规定”“六项禁令”以及提倡节约制止浪费等规定要求，严控一般性行政开支，特别是加强对“三公经费”、招待费的控制，要求外出符合公务卡使用范围的必须使用公务卡进行结算。

【国库支付数据自动对接工作】 积极做好银行、财政之间的数据自动对接问题，提高国库支付工作的质量和效率，做到及时清算。为安泽县财政资金管理把好关。

【党风廉政建设】 结合“强化责任、严守纪律、树好形象”专项治理活动，组织全体党员重点学习《党章》《监察法》《中国共产党问责条例》等，抄写笔记3万余字，撰写心得体会5篇以上，并多次组织学习交流研讨会，结合业务工作开展大讨论，围绕工作实际谈学习、谈认识、把“强、严、树”活动贯穿到日常的工作生活中去；认真执行廉政建设的有关规定，杜绝“吃、拿、卡、要”，报人情账、关系账现象。规范日常管理，严格纪律作风考核，使支付工作忙而不乱，有条不紊，维护好窗口形象；让干部职工时刻保持高度的廉政意识，保持良好的机关作风，保持清正廉洁的支付队伍形象。

国际资金管理

【概述】 2018年，在县委、县政府的正确领导下，在市国际资金管理局及县财政局的业务指导下，认真贯彻落实中共十九大精神、学习领会习近平新时代中国特色社会主义思想，认真完成市、县下达的各项工作目标任务。

【落实党建工作责任制】 严格落实领导班子“一岗双责”，坚持“三会一课”制度。召开党员大会4次、支委会8次、党小组会6次，共讲党课12次。坚决贯彻落实民主集中制，集体研究决定，提高科学决策、民主决策水平。认真执行民主生活会制度，积极开展批评与自我批评，年内召开4次专题民主生活会，对照《党章》《准则》《条例》和正反典型案例，剖析问题，改正不足。深入贯彻“强化责任、严守纪律、树好形象”活动精神，围绕纠正“四风”，召开年度组织生活会，全体党员联系工作、生活和学习实际认真查摆出问题32个，并深刻剖析原因、列出问题清单，负面清单，责任清单，制定整改措施，达到了红脸出汗、互促提高的目的。进一步加强和改进意识形态工作，成立活动领导小组并结合实际对加强党员干部意识形态建设、维护核心意识等工作做出具体安排。

【党风廉政建设】 年初参与财政系统党风廉政建设会议，对全系统重点是本单位的党风廉政建设工作进行全面安排部署，组织全体党员参观廉政警示教育基地观摩学习，进一步提升党员及员工的自律意识和自觉意识。与财政局签订《党风廉政建设责任书》，把业务风险责任到人、责任到岗，构建廉政风险防控长效机制。推进“一岗双责”具体化，坚持预防为主，对各股长、股室负责人谈话，筑牢拒腐防变思想道德防线。

【干部素质建设】 在抓好日常工作的同时，按照县委统一部署，结合本单位情况，开展“两学一做’学习教育常态化制度化”学习活动、“强化责任、严守纪律、树好形象”学习教育。两周进行一次集中学习；一月写一篇工作日志；一季度集中评比检查；一年写心得体会数篇。组织集体，集中学习6次，系统学习领会了习近平新时代中国特色社会主义思想、习总书记系列重要讲话精神、中共十九大、十九届二中全会精神，并撰写心得体会加深理解。将学习心得主动融入实际工作中。坚持读原著与悟原理相结合、系统学与深入学相结合、学而信与学而行相结合。通过不断深化学习，切实增强党员“四个意识”，做到在思想上拥戴核心、在政治上维护核心，在行动上紧跟核心；党支部以“三会一课”为主要形式，按年度作出学习安排，按月作出学习计划，支部书记带头学，党员干部齐用力，形成良好的氛围。综合运用专题讨论、学习交流、主题党课、理论宣讲、网络学习、现场体验、党性实践等形式，不断提升学习效果；组织党员到党性教育实践基地和廉政教育基地开展体验式学习，提升学以致用能力，提升学习常态化水平，党员干部深入包联村讲党课。

【落实还贷工作】 落实还贷工作是2018年度的一项重点工作。为确保项目引得进、用得好、还得起，维护政府信誉，防止形成累欠积多，采取各项措施，确保2018年还本付息工作的顺利完成。主要措施有：全面落实责任，对国际金融资金回收工作采取分组包片的办法，实行局机关人员包联乡镇、乡镇财政所人员包联到户责任制，签订回收任务目标责任书；统一印制催款通知书，由包片责任人进村入户，送到贷款户和项目单位；想方设法对贷款户基本情况进行了解，变通方法督促他们及时还款。

【项目管理】 2018年，本着规范项目管理的目标，结合“中心下移、着眼基层、突出服务、加强基础”的工作方针，加大对项目的监管力度，全面提高监管水平。已引用国际资金的项目单位的财务状况、偿债能力、项目财务效益、投资进度等进行调查摸底，加强项目的跟踪问效，进一步规范了账务，提高了资金使用效益。及时转发省、市有关国际金融贷款项目的办法、通知，让一些企业和项目单位尽快了解相关情况，使项目单位了解上级政策，有章可循，有据可查，规范操作。

【脱贫攻坚】 2018年是脱贫验收年，对包联村进行入户调查，防止返贫、防止复贫。单位实行专职人员驻村制度，吃住在村，更贴近地了解贫困户的生活，巩固脱贫成效。1. 抓好精准识别、建档立卡这个关键环节，为打赢脱贫攻坚战打好基础，为推进城乡发展一体化、逐步实现基本公共服务均等化创造条件。按照扶持对象精准、项目安排精准、资金使用精准、措施到户精准、因村派人精准、脱贫成效精准的要求，使贫困户通过产业扶持、转移就业、易地搬迁、教育支持、医疗救助等措施实现脱贫，其余完全或部分丧失劳动能力的贫困人口实行社保政策兜底脱贫。对建档立卡贫困村、贫困户和贫困人口定期进行全面核查，建立精准扶贫台账，实行有进有出的动态管理。根据致贫原因和脱贫需求，对贫困人口实行分类扶持。建立贫困户脱贫认定机制，对已经脱贫的农户，在一定时期内让其继续享受扶贫相关政策，避免出现边脱贫、边返贫现象，切实做到应进则进、应扶则扶。2. 制定贫困地区特色产业发展规划。统筹使用涉农资金，重点支持贫困村、贫困户因地制宜发展种养业和传统手工业等。依托贫困地区特有的自然人文资源，深入实施乡村旅游扶贫工程。3. 加大劳务输出培训投入，统筹使用各类培训资源，以就业为导向，提高培训的针对性和有效性。加大职业技能提升计划和贫困户教育培训工程实施力度，引导企业扶贫与职业教育相结合，鼓励职业院校和技工学校招收贫困家庭子女，确保贫困家庭劳动力至少掌握一门致富技能，实现靠技能脱贫。

非税收入征收

【概述】 2018年在县委、政府和财政局的正确领导下，深入贯彻习近平新时代中国特色社会主义思想，紧紧围绕财政工作会议精神。坚持以组织收入为中心，以“依法征收、应收尽收、纳入预算、统筹安排、规范管理”为目标，齐心协力，强化举措，合理使用资金，服务县域经济发展。

【加强学习、提升服务水平】 推进“强化责任、严守纪律、树好形象”专项治理活动，学习《党章》《中国共产党廉洁自律准则》《中国共产党纪律处分条例》《宪法》《监察法》等，全体党员积极按日程表写笔记，心得体会8篇，使广大党员干部不断增强廉洁从政意识和自觉接受监督的意识。坚持周二、五集中学习和自学结合，并组织学习讨论，畅谈感想体会，从而提升业务能力和服务水平。

【征收工作】 2018年加强非税收入分类预算管理，完善非税收入征缴制度和监督体系，定期深入煤焦企业进行调研，重点加大土地出让收益、国有资源有偿使用、政府性基金等征管清收力度，拓宽增收渠道。各项收入累计完成11592.77万元。全年完成原煤551万吨，完成计划131.2%，焦炭完成236万吨，完成计划118.47%，确保了税费收入的足额入库。

【票据监管】 充分利用票据管理在收费工作中的源头控制作用，加强对票据的购领、发放、保管、核销、各个环节的管理。实行了专人保管、专人领购制度，防止票据流失，实施了核旧领新制度，要求各单位在领用新票的同时，对已用票据进行核销，对各收费单位的票据做到了及时核查，有效地防止了滥用票据现象的发生。

【煤副产品监装工作】 由非税收入稽查大队牵头，实行驻站轮班制，派人到煤矿进行监装，保证24小时无空档，严格把关，杜绝“跑、冒、滴、漏”现象发生。煤炭副产品累计监装24.79万吨，其中：中煤23.4万吨，煤泥1.39万吨。

【清理规范收费项目】 在全面清理规范涉煤税费项目、降低收费标准的基础上，进一步对行政性收费项目进行全面清理，严格执行省政府取消相关收费项目的政策，对保留的收费项目严格按照现定标准收取，为企业营造了宽松的经营环境。

【驻村工作队情况】 在县财政支持下顺利完成非税局包联北崖底村饮水工程，投资21.2万元，2018年5月13日完工。驻村工作队积极配合村两委制定环境卫生整治方案，通过红纸上墙公开招聘的方式，分村、分片责任到人搞好“村容村貌”工作。在总结精准扶贫工作经验的基础上，以农民增收为核心，以改善群众生产生活条件为落脚点，以加强责任核心为抓手，以“四个不摘”（摘帽不摘政策、摘帽不摘监管、摘帽不摘责任、摘帽不摘帮扶）为主体，大力改善农村生产生活条件，美化亮化农村环境，积极发挥中心优势。驻村工作队以“促膝谈心、交朋友、走亲戚”等恳谈方式，深入群众家中讲解政府扶贫政策与群众拉家常、谈变化、谋发展，真抓实干，努力取得工作的更大成效。

政府采购中心

【概述】 2018年，在县委、政府的正确领导下，在财政局的领导支持下，在纪委的监督指导及各单位的大力配合下，始终坚持“公平、公正、公开”的原则和“重服务、重规范、重创新”的工作思路，以服务全县经济和社会事业发展，确保政府采购资金安全高效运行为目标，强化措施，规范程序，凝心聚力，扎实工作，各项工作有序开展，均达到预期目标。

【采购情况】 2018年接受委托项目共106项，涉及财政资金6919万元，实际采购资金5683万元，节约资金1236万元，节约率18%。分项情况为：工程类采购完成33项，涉及采购资金3163万元，实际采购资金2863万元，节约资金300万元；服务类采购完成34项，涉及采购资金1917万元，实际采购资金1263万元，节约资金654万元；物品类采购完成39项，涉及采购资金1839万元，实际采购资金1557万元，节约资金282万元。另外，废标项目12项，终止项目4项。

【规范采购程序】 2018年严把“五个关口”在“规范运行”上实现新突破。1. 严把协议签约关。对部分采购资金不落实、采购手续不完善、化整为零规避采购和先干后采等不符合采购要求的项目，一律不予签订协议，从源头上避免“带病”项目进入采购程序，切实为后续采购工作奠定坚实基础；2. 严把文件编制关。进一步规范政府采购文件编制，根据《中华人民共和国政府采购法》《中华人民共和国政府采购法实施条例》和财政部87号令相关法律法规，科学编制采购文件，确保采购文件编制合法、合情、合理。3. 严把信息公告关。严格按照《政府采购法实施条例》规定时限，及时将采购信息、变更（补遗）文件中标公告等相关信息在山西省政府采购网等媒介上进行公告，切实保证采购信息真实、准确、可靠。4. 严把开标评标关。严格开标评标程序，强化开标评标纪律，统一各类开标、评标记录表格及“规定动作”。同时，将招投标会议现场纳入“一网多平台”电子监控系统，对评标现场实行全过程监控，同步录音录像，刻录光碟存档备查，确保评标公开、公平、公正。5. 严把环节质疑关。安排专人负责解答质疑人提出的相关质疑问题，坚持做到有问必答、有疑必解，答必满意，解必合理。同时，按照《政府采购法》等相关规定，对违规供应商，采取禁止一至三年内参与安泽县所有政府采购活动的处罚，并列入不良行为记录名单，大力营造诚信守法、有序竞争的采购机制。

【“阳光采购”】 创新“六项制度”，在“阳光采购”上获得新成效。1. 新增采购方式制度。在现行的询价、竞争性谈判、公开招标、单一来源、邀请招标五种采购方式基础上，新增了竞争性磋商采购方式，着力实现在需求标准完整的基础上合理报价的公平交易规则，将政府采购制度功能聚焦到“物有所值”基本目标上来。2. 改革专家抽取制度。按照市、县监管部门要求，从 2018 年 11 月开始，采购项目评审专家抽取由采购中心直接从中国山西政府采购网专家库管理系统中直接随机抽取，减少中间环节杜绝监管漏洞。3. 健全评审复核制度。要求中心工作人员对评标委员会在评审过程中的有关记录进行复核，查缺补漏，发现问题当场向评委指出或报告监管部门处理，确保评标委员的公正。4. 坚持每周例会制度。及时了解、协调项目采购过程中存在的问题，共同研究，制定措施，督促问题尽快解决。5. 实行信息公开制度。严格按照要求，在项目采购中做到采购预算、采购文件、评标办法、评标标准和评标结果等全部在省政府采购网上发布，使采购信息能够及时公开。同时，对前来办理采购业务的人员发放一次性告知单，以方便采购人、供应商操作，在增加采购透明度同时，大大提高了采购效率。6. 完善内部管理制度。根据《采购法》及相关规定，进一步健全内部管理制度，推行内控机制（即采购项目受理、采购文件制作、报名审查、采购会议相分离）完善采购程序，把流程规范化、目标细化、责任强化，以方便采购人、供应商操作，进一步增加采购透明度，提高服务质量。

【队伍建设】 打造“三型人才”，在“队伍建设”上实现新提升。1. 打造“素质型”人才。始终坚持把学理论、学作风作为一项重大政治任务。通过学习《党章》《中国共产党廉洁自律准则》《中国共产党纪律处分条例》《中国共产党问责条例》《中国共产党党内监督条例》等党规党纪及习近平新时代特色社会主义思想、习近平总书记视察山西重要讲话精神、省委十一届六次全会精神等，切实提高了党员干部素质和服务群众能力。2. 打造“业务型”人才。紧扣《政府采购法实施条例》及中央、省、市等政府采购有关规定，采取“请进来、走出去”相结合的方式，邀请市政府采购中心货物采购科王蕾科长为相关单位采购业务主干 100 余人讲授政府采购专业知识，先后组织中心人员 14 人次参加省、市业务培训，并外出到市采购中心等先进县市学习，借鉴采购先进经验，有效提高了中心人员的整体业务素质。3. 打造“服务型”人才。严格实行中心首问负责制、明白卡、按时办结制，及时高效为采购单位服务。

【廉政建设】 强化“三种意识”，在“廉政建设”上获得新进展。1. 强化廉洁自律意识。认真学习《廉政准则》、中央“八项规定”“六条禁令”等规章制度，定期组织中心党员干部深入县廉政教育基地，开展党性廉政纪律教育，特别是坚持用好“道德讲堂”这一教育平台，先后开展了一系列主题活动，切实以榜样的力量教育引导全体干部职工，使干部职工的党风、政风、作风在潜移默化中得到转变。2. 强化红线制度意识。工作中着力强化以廉政准则为红线的廉洁意识、以法律法规为红线的法制意识、以《政府采购法》《政府采购法实施条例》等规定以及《政府采购货物和服务招标投标管理办法》《政府采购质疑和投诉办法》等新内容为红线的制度意识，强化学风作风，强化党风政风。3. 强化纪律规矩意识，坚决把政治纪律、政治规矩挺在前面，始终做到政治信仰不动摇、政治立场不含糊、政治方向不偏移。严格实行党风廉政建设责任制，一切按党性原则和党纪法规办事，在采购工作中规范权力运行，确保廉洁采购。

【“强、严、树”专项治理活动】 按照县委、财政局党组对“强化责任、严守纪律、树好形象”专项治理活动安排部署，高度重视，迅速落实，2018 年 4 月 12 日召开了动员会议，成立了领导小组，制定了实施方案，对活动开展进行安排部署。组织党员集中学习和个人自学的形式，深入学习中共十九大、十九届二中、三中全会精神、全国“两会”精神、习近平新时代特色社会主义思想，集中学习了《党章》《中国共产党廉洁自律准则》《中国共产党纪律处分条例》《中国共产党问责条例》《中国共产党党内监督条例》等党规党纪及《宪法》《监察法》。通过开展抓好学习教育、召开交流座谈、广泛征求意见、反思剖析专题讨论、列出问题清单、制定整改方案及整改措施等活动，使党员干部提高思想站位，切实增强开展专项活动的责任感，准确把握治理活动的目标和要求，专项治理活动取得实效。

【驻村帮扶工作】 根据县脱贫攻坚会议安排，为做好包联村脱贫攻坚工作，调整驻村工作队员，新工作队积极与原工作队做好对接工作，本着“为民得实惠，帮扶见实效”的原则，工作队深入包联村走访调研，与村两委班子及党员代表座谈，按照 2018 年发展计划和帮扶重点，做好扶贫档案完善和脱贫巩固工作，帮助建设村戏台，争取资金 23 万元，对去年年底开工建设的村戏台进行完善、粉刷，并对看台和庭院硬化、美化。此外还积极开展了春节、“七一”送温暖、雨季安全隐患排查、协助村集体种植葫芦、“手牵手、帮秋收”等活动，改善包联村生活环境，提升村民生活质量。全年为帮扶村制作护林防火、环境治理、扫黑除恶、青翘看护、物资交流等标语 20 余条，印制护林防火、扶贫帮扶等宣传资料 500 余份。

【国卫创建工作】 根据县委、政府和县创卫办的统一安排部署，结合中心实际，精心组织安排，成立领导小组，制定工作实施方案，全力投入责任区开展“创卫”工作，定期组织党员干部职工到第二片区责任区清理巷道、墙面和乱堆的物品，使责任区的环境焕然一新。并且在创卫活动中结合主题党日活动和志愿者服务等，组织党员干部同城墙岭社区共同开展活动，到责任区粉刷墙面小广告，清理门外堆积的物品，彻底消除了小广告等。组织党员干部职工利用周末空闲时间，深入到责任区住户家中，发放创卫宣传单，向住户宣传全县国卫创建活动，让住户提高思想认识，积极配合，人人都参与到创卫活动中，为安泽县创国卫县城做出了努力。

矿区称重公正计量中心

【概述】 2018年，在县委、县政府的正确领导下，在人大、政协的监督下，在社会各界及矿区企业的大力支持下，围绕年初确定的“12142”工作目标，保持常抓常紧，不懈怠、不动摇、不留情，以加强监督管理为己任、提升服务质量为准绳，坚持做到煤焦计量的公开化、公平化、公正化，得到了被计量企业和个体煤炭运输车主的一致认可。截至10月31日累计过煤5820595.05吨，其中：原煤892979.21吨（登茂通原煤892979.21吨）；精煤2697739.85吨（安鑫精煤699737.94吨；登茂通精煤174549.14吨；玉和泰精煤726330.41吨；玉华精煤797752.62吨。洗煤厂过站情况分别为：通祥精煤97751.79吨；东宝精煤25614.37吨；祥霖精煤129.66吨；天一精煤162.06吨；凤山精煤175711.86吨）；中煤203336.68吨（安鑫中煤14831.85吨；中煤833.09吨；玉和泰中煤41696.48吨；玉华中煤137259.12吨；通祥中煤4947.28吨；凤山中煤3226.14吨；东宝中煤542.72吨）；焦炭2026539.31吨（太岳焦炭564409.27吨；永鑫焦炭1462130.04吨）；煤副产品：煤泥11300.52吨，煤矸石3518.82吨。联合县非税收入局稽查大队对煤副产品适时实地进行监装，全年累计监装量为241184.34吨，其中：中煤量为201960.02吨，矸石量为29363.14吨，煤泥量为9861.18吨。通过中心公正称重计量，为全县煤、焦及副产品的税费征收提供了精准依据。

【聚焦主责，“压实责任+强化服务”】 煤焦计量票据的查验是各煤焦企业依法缴纳税费的重要依据，也是各执收单位依法执收的重要依据，计量查验工作的好坏直接影响到全县煤炭税费能否足额征收，直接影响到全县财政收入的完成和全县经济的发展。为此，1. 在煤焦计量和票据查验工作中，必须坚持“以事实为依据，以规章制度为准绳的原则”，以煤焦计量法律法规辨别是非、判断正误的唯一标准。在工作中继续推行“零差错、零失误、零三乱”的工作标准，坚决杜绝乱收费、乱罚款，全力实施免费计量的服务理念。2. 严格落实党风廉政建设主体责任，把从严教育、管理、监督作为干部队伍建设的重中之重，进一步健全干部监督管理机制，切实把权力关进制度的“笼子”里。认真落实“一岗双责”，对一些苗头性、倾向性和群众反映强烈的问题，要主动约谈打招呼，严肃批评教育，及时予以纠正。要坚持以上率下，从班子成员做起，带头遵守党纪党规，带头清正廉明、公道正派，为广大计量干部树标杆、做榜样。3. 树立为地方经济服务的思想，为煤矿、用户、运输户服务的思想，为基层服务的思想，提高服务质量，以服务促效益，做到计量准确无误，审验公平规范。在酷暑季节，对过往车辆免费发放矿泉水15万余瓶，司机朋友遇到的困难，各站及时给予帮助，得到了客户的认可和赞誉。牢固树立了“服务第一，服务至上”的思想，切实为煤焦企业、运输户排难解困。使他们懂得计量工作的重要性，让他们支持和关心计量工作。

【固本强基，“严格监督+强化管理”】 健全监督机制，加大执行力度，是搞好各项工作的前提。1. 稽查队继续发挥监督作用，采取明察暗访、蹲点守候、线人举报等办法，不定期对各站磅点进行全方位的督查，对偷、逃税费车辆开展稽查，确保无税费流失。同时，加大对职工工作纪律和行为规范的检查力度，累计稽查出勤 168 次，处罚 4 人次，罚款 250 元。2. 监控室实行领导带班、24 小时专人值班制度，盯死看牢过站车辆，对过站车辆办理手续全过程和站点人员工作纪律情况实施“双监控”，监控室值班人员利用实时通话设备与稽查队联合，对违规违纪现象及时制止。3. 正确运用手中的权力，不苟私情，不放人情车，要严格执行廉洁从政的各项规定，特别是中央“八项规定”“六项禁令”以及县委“十项规定”，坚决杜绝铺张浪费、迎来送往的庸俗风气，坚持公务接待中能俭必俭的原则，坚决制止工作中吃、拿、卡、要等不良风气，要牢固树立过紧日子的思想，形成节约光荣、浪费可耻的良好风尚。制度执行无例外。领导带头，率先垂范，严格执行“制止吃拿卡要、漏计漏查、违规操作、涉煤经营”等规章制度，特别是副站长以上人员，要模范带头，遵守中心制定的有关规章制度，要做制度执行的带头人、引领人，真正做到用制度管人、管权、管事。

【对标提质，“细化标准+强化素质”】 以求真务实的态度，从加强学习型机关建设着手，建立健全队伍建设激励机制，对全体干部职工进行分层、分级、分类培训，大幅度提高队伍的整体素质。1. 深入学习习近平新时代中国特色社会主义思想，贯彻落实中共十九大和省、市、县工作会议和指示批示精神，作为一项重要的学习任务来抓。同时，加强制度建设，充实完善“三会一课”制度、报告工作制度、目标管理制度、入党积极分子培养考察制度、党员干部双重组织生活制度、谈话谈心制度。2. 以学习十九大精神、“强、严、树”专项治理活动为契机，坚持开展年度集中学习培训，加强“三基建设”。中心共组织集体学习 40 余次，其中班子成员领学 4 次，专题反思剖析会 2 次，党课辅导 8 次，集中学习系列讲话及各项精神政策条例 12 次，组织观看廉政警示教育片 2 次，收回研讨材料 40 余篇、心得体会 42 篇。3. 围绕“国家卫生县城”的创建，大力开展了站容站貌的整治工作，重点在美化、绿化、净化上下功夫。2018 年对各站钢架网棚进行维修粉刷，磅站周围环境进行了美化、净化。按环保要求对各站原燃煤灶具改造成节能环保燃料的灶具，改善了职工的就餐环境。并随着长临高速的开通，对中心唐城计量站地磅进行了扩建，更好地服务于县域经济发展。结合站容站貌整治工作，加大抓好改变全员精神面貌工作的力度。组织全体干部职工围绕职业道德、职业美德、职业情操开展“争先创优”活动，使全体干部职工精神面貌焕然一新，全神心地投入到工作中去。

【严格考核，“制度约束+强化行为”】 2018 年对中心所有规章制度进行健全完善补充，并由全体职工审阅后，做成版面上墙。加大规章制度的执行力度，全方位、多角度、多层次的开展督查工作，对队伍中存在的“庸懒散”现象，进一步严格绩效考核制度，通过量化考核指标，硬化考核标准，强化考核措施，加大奖惩力度，进一步调动干部职工的工作积极性，转变工作作风，提高工作效率。1. 将全年计量工作目标任务逐项进行分解，坚持符合实际的原则。各站点将当月工作任务完成情况及下月工作计划由分管领导签字后报回办公室（电子版发至中心公共邮箱），作为考核依据，形成驻站领导指导抓、站长负责抓、各站具体抓的工作机制。继续推行了综合考核制度，将学习、工作、行风、党风廉政建设、综合治理、安全、出勤等全部纳入考核范围及时下达到各站点。2. 量化考核指标，继续推行“百分制”考核办法，把中心属各站的工作量化、细化、目标化，做到每项工作都有考核分值、考核标准、考核措施。3. 每月、每季、半年、全年对各站工作任务完成情况逐项进行考核评分，把年度考评结果作为评先选优晋级等的主要依据，坚决打破平均主义，实施考评末位通报批评制度，加大对各站工作的考核力度，促进了各项工作的有序开展。

金融监管

·中国人民银行安泽县支行·

【概述】 2018年，在中支党委和县委、政府的正确领导、大力支持下，支行认真贯彻中心支行工作会议精神，围绕贯彻执行稳健中性的货币政策、维护金融稳定、提供金融服务以及中支党委提出的树立“党建统领，文化润心”等80字管理思路。密切结合辖区实际，紧密围绕支行年初确定的“133”工作思路。以学习贯彻好中共十九大精神和“两学一做”制度化常态化学习为主要内容狠抓政治业务学习、班子队伍建设、内部管理等项工作，圆满完成了各项任务，有力支持了安泽经济发展。

【财税入库情况】 2018年12月底，国库累计完成各项预算收入50322笔18.20亿元，较上年同期增加5.72亿元，其中：中央收入完成6.30亿元，较上年同期增加1.60亿元；省级收入完成3.68亿元，较上年同期增加0.97亿元；市级收入完成1.32亿元，较去年同期增加0.38亿元；县级收入完成6.90亿元，较上年同期增加2.77亿元。预算支出39751笔18.00亿元，更正调库业务14笔，金额为0.12亿元，退库100笔0.009万元。均做到严格按制度要求处理业务，无超计划、无计划支拨，做到了“三无“即无损失、无事故、无案件”标准，确保了库款支拨的准确、及时和预算资金的安全。

【存款】 2018年12月末，全县金融机构各项存款余额43.28亿元，较年初增加2.46亿元，增长6.03%。其中：住户存款余额30.21亿元，较年初增加3.45亿元，增长12.88%，占全部新增存款的139.96%；非金融企业存款余额7.12亿元，较年初增加1.22亿元，增长20.57%；广义政府存款余额5.95亿元，较年初减少2.20亿元，下降26.97%；其中：财政性存款0.48亿元，较年初减少2.27亿元，下降82.65%。

【贷款】 2018年12月末，全县金融机构各项贷款余额25.68亿元，较年初减少1.20亿元，下降4.45%。分类看，住户贷款余额

6.44亿元，较年初减少0.8亿元，降幅11.06%；非金融企业及机关团体贷款余额19.24亿元，较年初减少0.40亿元，下降2.01%。

【贯彻执行稳健中性货币政策方面】 1.主动汇报，形成合力，进一步强化窗口指导作用。临汾市中支2018年工作会结束后，在组织支行、辖内金融机构进行学习贯彻的同时，还积极向县委、政府相关部门汇报总、分行及中心支行金融工作会议精神，结合县经济工作会议提出的经济发展要求，督促各金融机构主动适应经济发展新常态的大环境，在搞好金融服务、加强信贷投入、实施金融扶贫、维护全县金融稳定等方面积极工作，支持实体经济发展，把稳健中性的货币政策传达到位。2.广泛宣传，营造氛围，进一步提升民众金融素养。重点开展“3·15”人民币反假、打击预防经济犯罪暨金融法制宣传、“节能减排，保卫蓝天”、“6·14”关爱征信记录日宣传、《金融与诚信》进校园的督促和效果评估，普及金融知识，守住“钱袋子”等金融知识普及等，制作宣传版面50余个，设立宣传柜台20余个，散发宣传材料、金融知识手册等1万余份，现场接受群众咨询1000余人次，使更多的群众了解金融、关心金融、应用金融、支持金融发展；开展《金融与诚信》进课堂效果评估工作，六一前夕，在县北门小学组织进行了知识测试、问卷调查，吸引小学生讲诚信、爱诚信、爱金融。上半年，还先后深入良马小学、边寨小学、城关小学、义唐小学等学校对去年以来开展的进校园暨“春蕾工程”活动开展情况进行了督促，要求各学校在学习教材的衔接、学习效果的提升上多出主意、想办法。让进校园工作取得明显成效。3.搭建桥梁，相互沟通，进一步密切良好银企、银政关系。全年，组织金融机构和相关企业、经济主管部门等开展了金融形势分析会暨政银企座谈会3次，专题向政府分管领导汇报金融脱贫攻坚、小额扶贫贷款的发放等4次，在为承办金融机构争取风险补偿、财政贴息、产业选择、项目范围等方面做了积极的努力。同时也把货币政策支持的方向、服务重点和企业需求、市场信息进行了面对面的对接，进一步密切了银行和企业之间的关系，有力地促进了全县小额扶贫信贷的发放和金融扶贫攻坚工作的开展。

【维护金融稳定方面】 1.认真组织开展好调查研究。支行坚持把“大调研”工作放在重要的位置来抓，先后深入信用社、农村金融综合服务站等地开展专题调查研究8次。并重点围绕县域金融支持供给侧改革情况、小额信贷扶贫工作开展情况、利率市场化、乡村振兴与现代农村支付服务体系建设等课题进行了专门深入的研究。并完成了调研文章，支行共完成上报各类调研文章24篇，为调研工作上水平奠定了坚实基础。2.确保存款保险工作有序推进。完成安泽农村信用合作联社2018年上半年保费核算收缴工作，应缴保费58.06万元按期上划存款保险业务中心，同时，按季开展对辖内地方法人金融机构（安泽县农村信用合作联社）2018年度的存款保险核查工作。3.加强监督，确保执法检查工作稳步开展。组织辖区金融机构开展了统计工作自查，并抽调人员完成对安泽县农村信用合作联社的统计工作执法检查；配合临汾中支金融稳定科，完成对临汾市2家地方法人机构存款保险评级工作。4. 突出重点，确保征信管理工作落到实处。2018年12月，共查询个人征信报告1539人次，企业征信报告39份，发放机构信息代码证380户。在办理业务的同时，认真为客户讲解信用报告情况，为客户排忧解难，得到客户的广泛好评。5. 开展金融业务执法检查，促进了金融机构合规经营。截至2018年12月底，按照“双随机一公开”的原则，对辖内建设银行进行了综合执法检查，对农村信用联社进行了金融统计、征信、信贷、存保业务检查，对邮储银行金融统计、征信业务检查，对农业银行征信信息安全业务进行了巡查，对辖内银行业金融机构重大事项报备情况进行了检查。6. 加强征信信息安全基础工作，信息安全工作规范化水平不断提高。信息安全管理工作在今年的中心支行的考核工作取得了2018年临汾市征信业务资料展评结果第三名的好成绩。

【金融服务方面】 1. 认真履行经理国库职能，加强国库资金管理。2018年12月底，国库累计完成各项预算收入18.20亿元，办理预算支拨金额18亿元。2. 认真做好了反洗钱工作。主要是结合全县深入开展的“扫黑除恶”专项斗争，成立了领导组，开展了专题培训，组织开展反洗钱业务培训、宣传各1次，建立了大额交易和可疑交易备案制度、客户身份识别制度等，督促金融机构依法尽职履行好反洗钱工作任务。3. 账户管理得到加强。到12月底，共核准开立账户303户，核准变更账户153户，核准撤销账户118户，所有的账户的手续全部严格按照银行结算账户管理办法执行，做到程序合规、资料齐全、审批合法。4. 认真做好了反洗钱工作。主要是结合全县深入开展的“扫黑除恶”专项斗争，成立了领导组，开展了专题培训，组织开展反洗钱业务培训、宣传各1次，建立了大额交易和可疑交易备案制度、客户身份识别制度等，督促金融机构依法尽职履行好反洗钱工作任务。5. 人民币管理工作进一步加强。召开反假货币工作联席会议2次，开展全县范围内的反假人民币知识宣传活动2次，通报辖内假币发案特点和应对措施，2018年12月底共收缴各类假币37张，金额3390元。

【金融扶贫工作】 主要是坚定不移加大扶贫再贷款的发放。截至2018年12月末，共办理扶贫再贷款展期、收回共6笔，其中：办理扶贫再贷款展期2笔，金额3500万元；收回扶贫再贷款4笔，金额为4500万元。截至12月末，督促辖内安泽县农村信用合作联社发放使用扶贫再贷款3342万元，支持有带动作用的能人大户142户2416万元，带动了232户贫困户脱贫。支持扶贫产业2户748万元，带动建档立卡贫困户180户，支持建档立卡贫困户发展光伏产业327户1150.8万元。

【品牌亮点工作方面】 根据中心支行关于支部联建创品牌工作的要求，经过认真研究、充分沟通，确保了联建品牌工作：1. 精准防范化解金融风险。主要是对问题投保机构早期纠正工作进行了规范完善，对促进问题投保机构稳步改善经营现状，逐步减少问题投保机构降低风险程度，有效防范和化解金融风险，充分发挥存款保险“早发现、早介入、早处置”的职能作用。4月15日前圆满完成了早期纠正工作的制度建设，根据6月底的监测显示，安泽县农村信用合作联社各项早纠措施指标均圆满完成，达到了预期目标。真正发挥了存款保险“早发现、早介入、早处置”的职能作用。临汾中支对安泽县农村信用合作联社2018年1—6月的存保业务进行了核查，确定将安泽县农村信用合作联社于2018年7月1日退出问题机构。此项工作在临汾中支《情况通报》（2018年第26期，《安泽支行多措并举抓早纠 化解风险有成效》）中进行了交流。2. 持续加强农村支付环境建设，力促服务站效能发挥和功能延伸。支行秉承“支付为民”理念，以发挥服务站效能建设为重心、电商扶贫为引擎，着力打造农村地区惠民强农的现代化支付“畅通工程”，为助推精准扶贫提供了强有力的金融保障。工作主要做法：《精准发挥支付结算功能，全力支持光伏脱贫产业》在临汾市中支支付结算科网页采用。《依托金融服务站改善贫困地区支付服务》在太原中支《山西省农村支付服务环境建设工作简报》（2018年第3期）经验交流。《支付服务与乡村振兴契合度》调研被太原中支支付处调查研究采用（2018年9月7日）。3. 参与《中国人民银行临汾市中心支行监督检查发现问题整改管理暂行办法》制定和出台2018年，支行参与制定的《中国人民银行临汾市中心支行监督检查发现问题整改管理办法》被天津分行内审处作为辖区重点、创新工作进行推广，相关信息《临汾中支采取四项措施促进审计发现问题整改》、《临汾中支出台〈监督检查发现问题整改管理办法〉提升问题整改实效》分别被天津分行内审工作双周报2018年第5期、第14期刊发。

【落实党建、党务工作的各项生活、制度】 1. 根据工作安排，组织开展学习贯彻中共十九大精神专题组织生活会。2. 制定中心组学习计划、按季开展党课教育、2个党小组上半年组织党员学习12次，重新改选支部，明确分工，召开支委会6次，对新形势下党的政策、方针、文件等进行了传达、学习。3. 继续深入开展了“强严树”专项治理活动、严明政治纪律和政治规矩，杜绝“七个有之”专项治理、落实中央八项规定精神和纠正“四风”专项治理活动。引导全员牢固树立坚定、正确的政治方向和立场。

在学习中，支行将每周二、三、四列为学习日，坚持班前学习一小时“雷打不动”，制定了支行学习、会议制度，采取多种形式开展学习教育，力求通过学习，提升全员政治业务素质，改造员工思想，打造团结、和谐、求实、奋进的班子队伍。

【完善各项规章制度】 主要是对各项规章制度进行了梳理修订，力求更加科学、有效。具体包括绩效工资考核分配办法、差旅费管理办法、督查督办制度、会议管理制度等，规范了公务出差、临时外出、会议签到、请休假等办法，促进各项基础工作规范化、制度化。由各部门、专业对照年初专业考核细则拉出清单，按任务时限进行考核督促。

【大安全文化建设工作】 1. 认真落实安全、

守卫、应急管理制度，完善各项应急预案，全年开展防恐应急演练一次。2. 认真落实安全保卫值班制度、行领导带班制度、重大节假日安全检查、安全教育制度等。

【社会管理综合治理工作】 1. 完成保密、计算机安全、从严治党责任书和岗位（廉政）风险防控责任书，层层压实责任，落实好工作任务。2. 认真开展保密安全宣传周活动，通过观看警示教育片等多种形式引导全员时刻把安全保密放在重要的位置。

【工会工作】 1. 举办“庆五一、迎五四”“身边榜样”系列文化活动，通过活动的开展，有效地凝聚了人心、提升了队伍的整体向心力。2. 为支行女职工办理了大病救治保险。3. 组织员工开展了“我运动、我健康、我快乐”和“节能降耗，保卫蓝天”的集体活动，为员工身心健康、减压提供帮助。

【从严治党和反“四风”工作】 1. 根据上级行党风廉政建设工作会安排意见，全面落实从严治党主体责任和监督责任，把规矩和纪律挺在前面，积极营造风清气正、作风优良的基层央行队伍。2. 加强岗位（廉政）风险防控工作方面。围绕政治思想教育、落实内控制度、季度监督考核检查三个环节制定完善了案件防范工作实施办法，行长与各分管行长、分管行长与各部室负责人、各部室负责人与一般员工签订“四位一体”岗位（廉政）防控责任书。3. 在纠正行业不正之风方面。坚持把纠正行业不正之风同精神文明建设和创建文明单位有机结合起来，树立良好的行业风气。4. 继续强化监督问责主业，积极构建“内部审计、纪检监察、督办、考核评评比”四位一体的监督体系，形成强有力的监督约束机制。

【包联村帮扶工作】 在2017年全县脱贫摘帽的基础上，继续根据县委、县政府的安排派驻工作队进行帮扶巩固。1. 开展包联村困难群众慰问3次，充分了解包联村在产业发展等方面的困难和问题，共同与村两委班子出主意、想办法，解决难题。2. 积极与县财政协调解决帮扶专项资金10万元已到位。3. 督促和帮助发展贫困户种植蔬菜12亩，2户贫困户开展养羊、养蜂项目。

·银监办·

【概述】 2018年，根据分局党委要求，坚持以中共十九大精神为指导，以深入学习贯彻党章、党规和习近平总书记系列重要讲话精神为主线，始终坚持“全面从严治党、强化党性意识、发挥组织功能”的工作思路，认真落实中央、银监会和山西银监局的部署要求，努力防控银行业风险，全面加强和改进银行业监管，各项工作取得明显成效。

2018年12月末，安泽县辖区银行业金融机构共23个，各项存款为446949万元，较年初增加38754万元；各项贷款300787万元，较年初增加32041万元；截至12月末，不良贷款余额10033.49万元，不良率3.34%。

【党建及党风廉政建设工作方面】 根据分局党委要求，办事处党支部坚持以中共十九大精神为指导，以深入学习贯彻党章、党规和习近平总书记系列重要讲话精神为主线，始终坚持“全面从严治党、强化党性意识、发挥组织功能”的工作思路，组织全体党员召开了组织生活会3次和民主评议党员工作；按月组织开展了13次主题党日活动及警示教育活动；按季召开了四次谈心谈话活动；按季开展了4次党课；开展“重温入党誓词、践行入党誓词”主题活动，并且开展了专题研讨，认真撰写心得体会，向分局上报活动开展情况；组织全体党员学习文件精神，紧扣主题，在本支部开展“关于迈进新时代　展示新气象——你我他唱响监管正气歌”交流活动，其次通过交流，以“身边人讲身边事”为主要形式，撰写以“平凡人”为主题的交流材料上报分局，同时认真撰写“庆祝改革开放四十周年”征文一篇上报分局；完成了《山西银监局工作人员遵守纪律情况报告表》；根据《关于组织开展学习践行新思想宣讲活动的通知》开展学习践行新思想宣讲活动，认真撰写一篇宣讲材料上报分局同时积极学习习近平新时代中国特色思想三十讲；认真完成一月一汇报工作。

【内部监管工作情况】　1. 全面开展三次排查。根据分局安排“干部出国（境）管理”和“反邪防邪工作开展情况进行排查，无此情况；对办事处的电子设备及线路进行了一次细致的排查，经排查，未发现有线路及插线板老化、布线混乱、电子设备接触不良等问题。开展固定资产清查。按照有关的制度规定，结合实际，制定固定资产清查计划，逐类逐物逐一清查盘点，分类登记，并按时上报分局。

2. 开展学习研讨《中国共产党纪律处分条例》。为切实做好《条例》的学习宣传工作，进一步强化作风建设，提升工作人员纪律意识，通过学习研讨、加强宣传教育《条例》活动，同时将把此项工作作为一项重要的政治任务，认真抓紧落实，并且积极参加分局测试。

3. 开展“保密宣传月活动”。为更好地将工作细致化，办事处按类整理了档案，在此基础上，为强化保密意识，办事处所有工作人员签订《保密协议书》。同时根据分局工作要求，办事处高度重视，结合本部门实际，开展“保密宣传月”活动，对《规则》内容逐项进行全面梳理，对部门实有项目认真开展自查自评，得分为93分，同时对此次活动进行总结上报分局。

4. 开展学习、测试《监察法》。为加深办事处人员对《监察法》法律条文的理解和掌握，引导大家形成统一认识、凝聚共识，进一步做好党风廉政建设和反腐败工作，组织所有工作人员利用集体学习时间认真学习《监察法》，并且应分局工作要求，组织全体人员认真开展《监察法》测试，积极答题上报分局。

5. 完成六项征求意见。对分局2018年重点工作事项和工作计划表；对分局下发修订后的行政许可、处罚实施细则及其文本格式；对监管一科牵头制定的《临汾银监分局现场检查实施细则（讨论二稿）》和《临汾银监分局现场检查操作流程图》；对分局《中资商业银行行政许可事项实施办法》；对《银保监会系统工作人员与监管对象非公务交往的规定（试行）（征求意见稿）》；对《中国银保监会关于在监管工作中激励担当尽职免责的意见（试行）（征求意见稿）》，均对以上办法、意见等认真学习讨论，均无意见，一切按照分局安排执行。

【非现场监管方面】 始终坚持按时审核1104非现场报表未出现过迟报、漏报现象。按照分局工作要求，为了切实维护公平竞争、有序竞争的市场环境和正常的金融秩序，结合当前工作实际，向辖内银行业金融机构下发“关于规范办理存款业务的监管意见书”；向辖内银行机构下发关于2018元旦和春节放假期间安全保卫和应急值守工作监管提示书，并提出了几点工作要求；为切实做好全国“两会”期间的应急值守工作，向辖内银行业金融机构下达了关于做好2018年“两会”期间应急值守、信访舆情等工作监管提示书；根据2017年末非现场监测情况，对安泽联社存在的：部分监管指标不符合审慎监管标准、支农支小规模持续萎缩、同业融出资金超比例、投资非标资产、票据业务增长速度过快的问题、约见联社领导班子谈话并且下达了监管意见书；为进一步规范金融许可证管理，落实金融许可证公示要求，根据《临汾银监分局关于印发金融许可证公示检查方案的通知》（临银监办〔2018〕235号）安排部署，于2018年11月1日至14日对安泽县银行业金融机构进行了金融许可证管理情况进行现场检查，并将检查报告上报分局，同时就检查中存在的问题向辖内银行业金融机构下发了提示书；为切实做好节日放假期间各项安全工作，向辖内银行业金融机构下发了提示书。要求各行要认真部署放假期间的安全防范工作，具体到岗到人，做好工作安排，保证假期前后的正常办公秩序。

【现场监管方面】 1. 联合开展“两节”期间安全评估检查工作：配合县公安局对银行业机构进行了全面的安全评估和检查，并对检查中发现的安全问题联合印发“通报”，要求机构在规定的时间内整改；案防评估：根据分局《银行业金融机构案防工作办法》要求，深入辖内银行业金融机构，就各行（社）2017年度案防工作，现场进行了认真、细致的考核、评估，按照实际情况，如实进行打分、评估，撰写评估报告并按时上报分局。安全评估：配合县公安局对辖内银行业机构安全设施进行评估，并且配合市公安局验收组对辖内银行业金融机构安全工作进行验收，并通过对各机构开展的2017年度案防评估、安全评估发现的问题，向辖内银行业金融机构下达了“关于强化案防安保工作的监管意见”。

2. 对辖内银行业金融机构开展员工轮岗交流情况调查。按照分局工作要求，深入辖内银行业金融机构，就各行（社）的员工轮岗交流等情况进行认真调查，现场检查后，认真撰写排查报告并上报分局；同时对农发行“开展监督管理办法宣传月活动”和安泽联社“在春节期间认真开展金融知识宣讲工作”进行了督导，要求该行按照文件要求进行宣传活动，按时上报活动总结。

3. 对安泽联社开展2017年度监管评级工作。根据评级标准和银监会要求，成立评级工作组，认真对照各项监管指标进行测算打分，初评为AAAAA级，与2016年评级结果相同，并针对存在的问题提出了监管意见及整改措施。

4. 抓好三个现场考核。根据分局工作安排，对联社监管统计、小微企业金融服务工作认真进行现场考核，对考核中发现的问题要求按期整改落实，同时对县扶贫工作进行考核。

5. 为了严格监管统计报送和各项监管工作制度落实和执行，确保监管统计工作报送的规范性和及时性，向辖内银行业金融机构下发《安泽银监办关于辖区银行业金融机构2018年度监管报表报告报送的通知》。

6. 开展大型银行专项抽查工作。按照分局《临汾银监分局转发关于做好中国银保监会对我省大型银行、股份制银行专项安全检查抽查》要求，积极对辖内农行、工行、建行三家大型银行专项安全自查工作进行抽查，同时认真撰写报告上报，要求三家银行按照要求按时整改。

7. 对联社进行监管谈话。就上级监管部门的相关监管政策要求，结合日常监管发现的问题，对安泽县农村信用合作联社存在的风险及问题，进行监管谈话，并提出监管意见和后续监管要求。

8. 对安泽联社不良贷款违规处置问题情况的排查工作进行督导。2018年12月26日，根据《临汾银监分局关于转发不良贷款违规处置问题监管提示的通知》要求，到安泽联社对不良贷款违规处置问题情况的排查工作进行督导，要求联社列出的典型违规案例逐一对照排查，真实反映，同时要强化整改问责，推动不良入表，同时排查工作要在2019年1月15日前完成。

【强化督导各项工作】 1. 对辖内银行业金融机构普惠金融工作进行督导，各银行业金融机构积极服务普惠金融；2. 对辖内银行业金融市场乱象自查工作进行了督导，2018年，各机构已上报自查报告，对自查中存在的问题要求建立台账，及时整改；3. 2018年12月末小微企业贷款发放14294.49万元；4. 2018年12月末民营企业贷款发放14294.49万元；5. 针对安泽联社上报《案件风险信息快报》，经过对实地督促并认真分析研究，于4月27日最终确定为案件信息报告上报分局；6. 按照县政府要求，督导辖内机构对大额资金及非法集资进行自查，各机构已按时上报自查报告，未发现有非法集资情况，并且督导机构在营业场所醒目位置张贴警示标示；7. 积极开展P2P网络借贷督导。召开专题会议，对辖内银行业金融机构认真开展“P2P网络借贷专项排查”进行了督导，2018年，各机构已上报排查报告；8. 对整治银行业市场乱象及对安泽联社同业业务案件风险及资金业务工作进行督导，各银行业金融机构已上报市场乱象自查报告；9. 组织辖内银行业金融机构积极开展“网络宣传周”活动；10. 抓实案防工作分析会，为了更好地抓实机构案防工作，按时参加辖内金融机构案防工作分析会。

【改制化险督导】 2018年，对安泽联社“农商行改制”筹建工作进行了督导，要求联社定期向银监办报送改制工作进展，待山西银保监局筹备组的审查结果及最终反馈问题后，安泽联社将对照逐项进行整改，并及时将整改情况上报省局进行验收。

【精准扶贫工作督导】 根据分局及县委县政府扶贫工作的安排，积极发挥引领作用，不断督导辖内机构深入开展扶贫工作，到基层调研、摸底，开展专题会议等，要求扶贫工作落到实处，2018年12月底小额扶贫贷款发放2066.56万元，已完成目标任务。

【“扫黑除恶”专项工作】 根据中央、省、分局、县政府“扫黑除恶”工作要求，积极组织辖内银行业金融机构召开“扫黑除恶”专项斗争专题部署会及推进会，同时制订方案，成立领导组，要求各银行业金融机构高度重视，要做到不断学习、认识扫黑除恶专项斗争工作的重要性，要明白扫黑除恶工作是以习近平同志为核心的党中央作出的重大决策。办事处及辖内机构按时上报宣传和相关工作。同时组织办事处人员进行扫黑除恶专项斗争工作知识测试和签订个人承诺书上报分局。（王学军）

银　行

·中国农业银行安泽支行·

【概述】 2018年，安泽支行在县委、县政府以及上级行的正确领导下，深入学习贯彻中共十九大精神和习近平新时代中国特色社会主义思想，全行上下励精图治、强基固本、攻坚克难，坚决贯彻总行“六维方略”，紧紧围绕省分行“稳、调、精、严、进”五字要求，以党建工作为统领、以基础管理为重点、以专项治理为抓手，推进各项工作有序开展，业务经营取得显著成效。2018年综合经营计划中，财务、存款、贷款、中间业务收入、客户建设五大类30项指标的完成情况总体来看：利润计划、对公存贷款、个人贷款完成较好，个人核心存款、“三农”业务、小微企业、客户建设计划指标完成较差。

【财务计划】 拨备前利润1964万元，完成年初计划的98%，成绩比较理想，主要得益于各类贷款的发放，建立了稳定的利润来源。

【存款计划】 人民币日均对公核心存款总体任务完成，日均存款余额为22027万元，较年初增长4382万元，日均个人核心存款发展缓慢，始终没有实现上台阶目标。

【贷款计划】 2018年12月底，个贷发放1111万元，完成计划的37%。其中：农户贷款累计发放265万元，扶贫贷款240万元，住房贷款606万元。

【中间业务计划】 代理保险收入160万元；掌银5725户，完成2017年的3倍；信用卡1727张，完成2017年的4.18倍；有效收单商户净增128户，完成2017年的3.87倍；E管家核心商户2户，实现了零的突破；E管家终端商户24户，创造了新的纪录。

【客户计划】 个人加权贵宾客户净增、私人银行客户金融资产、企业网银活跃客户、惠农卡客户数、信用卡分期等几项指标完成较差。

【主体业务】 1. 强化“日均”“份额”发展理念，夯实客户基础。尤其是P、C客户营销系统的运用及日常维护与营销。在元旦、春节等重点时节开展了送春联、送鲜花等形式多样的主题营销活动，提升了支行的知名度。

2. 持续开展“六进”活动。“送金融知识进学校”，组织业务骨干组成营销团队，深入安泽县北门小学、城关小学、石桥沟小学等学校，宣传农行掌上银行等最新产品，“送金融知识进乡镇”，开展以公务卡业务为主的金融服务活动；“送金融知识进企业”，开展企业电子银行绑定及结算套餐业务为主的金融服务活动；“送金融知识进市场”，开展手机银行业务为主的金融服务活动；“送金融产品进楼盘”，宣传农民安家贷产品，推动个贷业务发展。另外还通过微信、营业大厅LED显示屏、宣传海报等方式宣传重点产品和主题活动内容。

3. 充实客户营销团队，建立分管行长+业务骨干营销队伍。强化上下联动、团队营销，组建了个人客户、对公客户、个贷、贴现贷款等专项营销团队，强化营销考核和奖励，提升团队营销竞争力，有力的促进对公存款、个贷等主体业务的发展。

【党建】 1. 开展“党的十九大精神和习近平新时代中国特色社会主义思想”专题教育工作，把“两学一做”学习教育作为全年党建工作的重中之重，将支行党委学习教育常态化，落实到实处。开展新党章知识演讲比赛、交流研讨等活动。在2018年6月28日，举行主题党日活动。为纪念中国共产党成立97周年，进一步贯彻落实党的十九大精神和习近平新时代中国特色社会主义思想，更好地发挥党组织的政治核心作用，增强党组织的凝聚力和战斗力，激励全行党员干部坚定理想信念，充分发挥先锋模范作用，组织全体党员在杜村乡郭庄村进行了“迎七一”主题党日活动。活动期间，为郭庄村党员发放了十九大精神图书——《党的十九大报告辅导读本》、《中华人民共和国宪法》四十五册和党员学习笔记本。并邀请安泽县委党校刘辉刚老师为支行和郭庄村全体党员干部讲解了“不忘初心、牢记使命”的专题党课。课后一同参观了太岳革命史陈列馆和山西军民抗战史实巡回展览，在太行行署旧址门前，面对党旗重温入党誓词。随后前往冀氏县区长王光烈士陵园进行扫墓，听取了老党员讲解她坚贞不屈、英勇抗日的伟大事迹，并敬献了花圈。

2. 建立“党员示范岗”“党员责任区”，开展“三亮四比三评”活动。组织开展党员营销竞赛活动，激励党员积极营销十万元以上存款客户、电子银行产品等业务，充分体现党员先锋队作用，激发全行员工的工作积极性，营造“立足岗位做贡献”的良好氛围。

3. 通过党员组织关系排查、党费收缴专项检查等工作强化党员干部本色，把党建工作纳入各条线和网点年度考核，与业务工作同安排、同部署，切实把党建各项工作落在实处。安泽农行应上级行要求，运用“三线一网格”系统，从党建线、纪检线、运营线入手，将全行党员干部纳入网格化管理。

【网点建设】 1. 开展以“双核五力 金钻行动”为主题的网点效能建设工作。2018年支行正式启动“双核五力”金钻网点效能建设，并对网点工作进行现场督导，重点检查网点对效能建设1~8号令内容的落实情况，从员工出勤出力到出业绩的各方面工作。

2. 根据市行统一安排，强化网点基础管理。完善网点绩效考核办法，强化日常考核，并将考核结果与网点主任、副主任绩效挂钩，督促网点管理团队履职尽责，坚持晨夕会制度，提升网点管理水平。加强劳动纪律，对支行员工工作时间运用钉钉系统每日定位“四签”，以钉钉系统定位签到、签退为准考核。

【扶贫工作】 1. 2018年，在县委县政府的大力支持下，组织六名客户经理对安泽县和川镇、冀氏镇、府城镇、马壁乡、杜村乡5个乡镇，27个自然村的308户建档立卡贫困户实地入户走访调查，从中筛选出符合条件的、有生产发展能力的、具备相关产业要求的60户建档立卡贫困户进行授信，最终为48户建档立卡贫困户发放金融扶贫贷款240万元，支持他们早日脱贫，过上幸福的生活。

2. 根据县委、县政府扶贫工作调整驻村单位通知，从杜村乡郭庄村调整到马壁乡辛庄村驻村扶贫。派驻人员入村后立即开展“金融知识进万家”活动，随后又对杜村乡郭庄村和马壁乡辛庄村建档立卡贫困户进行实地入户走访了解贫困户的相关金融需求，从中筛选出符合条件的、有生产发展能力和意愿的、具备相关产业要求的4户建档立卡贫困户发放金融扶贫贷款20万元。

3. 在驻村扶贫工作期间积极开展工作，在清扫村委卫生、查看全村危房、参与危房改造、进行环境卫生治理、改善辛庄村生态环境、进行扫黑除恶宣传之余，还开展两项活动、一件实事。开展“一对一”手拉手活动，组织全行党员为贫困户郭秋山、索秋法收玉米；发动捐款活动，积极响应上级行《关于开展驻村帮扶专项捐赠活动的通知》，组织全行员工为扶贫村困难村民郭秋山2018新考上大学的女儿郭欣玲捐款2000元；资金支持，争取五万元资金，为马壁乡辛庄村弥补了修路资金缺口。同时，在中秋和新年之际，组织党员捐款，为贫困户送上节日的慰问品和过冬物资。

【风险管控】 1. 结合合规网点建设、三化三铁、制度执行年活动，加强员工合规文化理念，组织全行员工统一学习《歧路年华——青年员工违法案件警示录》、“查教结合学案例 筑牢防线促发展”案例警示教育宣讲活动，并邀请省农行宣讲团成员马泽芳、卢曌璐等成员为支行员工进行了的案例宣讲。

2. 结合内外部案防监管要求，落实银监局“双录”工作要求，设置双录专区，明确专人管理，严防操作风险，相继完成案防、员工行为管理、投资产品销售、银行相关业务、社会治安风险等自查工作，积极落实内外部检查整改工作。

3. 运用“三线一网格”系统，从党建线、纪检线、运营线入手，将全行员工纳入网格化管理。

4. 建立与外部监管部门、政府机构建立信息沟通机制，每半年与安泽县人民法院、安泽县公安局、安泽县纪律检查委员会、安泽县工商和质量监督管理局进行一次外调走访，排查员工行为。

【员工队伍建设】 1. 加强管理，强化中层干部及员工履职尽责。定期召开行务会落实重点工作，建立谈心谈话制度督促行为规范，开展员工行为排查及时发现苗头性问题等员工基础管理。

2. 以人为本，关心员工成长、关注员工发展、关爱员工生活。组织员工积极参加各类组织培训，开展中年员工办公电子化培训，提升全行员工工作水平，调动工作积极性进一步发挥潜能；持续落实“六件实事”，深入开展“五小”建设；注重人文关怀，建立员工家访制度，建立困难员工档案，扶贫济困，体现组织温暖。

【扫黑除恶工作】 2018年，支行对扫黑除恶工作予以高度重视，先后召开专题会议三场，动员全体员工加入到扫黑除恶专项活动中来，发放宣传折页2000份，告知书3000份，并在营业室LED显示屏上滚动播放宣传标语八条，同时安排专人负责扫黑相关工作的周报、季报等日常工作，大力宣传扫黑除恶工作，深挖扫黑除恶根源，大大激发员工扫黑除恶的热情，凸显打击成效，对黑恶势力形成强大的震慑作用。

·中国农业发展银行安泽支行·

【概述】 2018年，在上级行的正确领导下，在县委县政府的大力支持下，以防范风险为重点，以规范基础管理为核心，以提高制度执行力为抓手，积极开展各项工作，实现业务顺利推进，效益不断提高的良好局面。

【信贷质量及经营总体情况】 2018年11月末，内部考核贷款余额19414.39万元，全部为正常贷款。其中：中长期固定资产贷款1.23亿元，为棚户区改造贷款；短期流动资金贷款7114.39万元，包括：政策性财务挂账贷款6880.39万元，市级储备粮贷款234万元。11月末已实现利润413万元，预计年末实现利润494万元。

【扶贫贷款、中长期贷款营销办贷情况】
1. 清洁取暖项目已对调查评估补充意见落实完成。安泽县清洁取暖项目项目总投资2200万元，包括煤改气补贴和煤改电补贴，涉及府城镇的9个村，完工后将惠及贫困人口1677人，占项目覆盖区域范围内总人口6800人的24.66%，贷款期限三年，还款来源为中央、省、市安排的涉农整合资金，利息按季度由县财政据实拨付，符合项目精准扶贫认定条件，通过扶贫过桥贷款方式予以支持。2018年已经市分行初评并报省分行基础设施处审核，根据省分行补充意见，已完成发改委备案，同时项目建设主体安泽县扶贫开发有限责任公司已通过招投标方式完成招标程序并在山西省招投标公共服务平台进行了公示，农发行贷款政策正在进行微调，待政策明确后上级行进行调查审查。

2. 棚户区改造（二期）工程项目政府正在研究。根据政府会议有关精神，县政府计划实施府城镇城中村改造（二期）工程，总投资预计5亿~6亿元，具体实施方案县政府正在研究，将密切关注进展情况，条件成熟后积极介入。

3. 连翘中药材基地项目。据了解，安泽县经济开发区医药园区项目已经获批，如：安泽县政府采取PPP模式实施连翘中药材基地项目建设，在PPP项目有关审批手续完成后，可以通过土地流转和规模化经营贷款予以支持。

【存款情况】 2018年11月底，各项存款日均存款余额1.93亿元。

【党建、党风廉政建设、队伍建设工作】
1. 着力加强学习制度的执行和落实。把学习贯彻十九大精神、加强党纪行规教育作为近一段时间支部学习的主要内容。把年初确定的每周三集中学习日制度、部门每日班前晨会制度雷打不动地坚持下来。坚持开展微型党课制度，支部班子成员带头、全行党员干部参加每周一次轮流讲党课。

更加重视加强对新员工的培养和教育，让他们从一入行起就养成对党纪行规各项制度学习的良好习惯。

2. 严格“三会一课”制度，组织开展丰富多彩的主题党日活动。以安泽县国卫创建活动为主题开展党日活动，党员干部带头坚持每周至少2次卫生责任区保洁，对县国卫创建的重视和参与受到县委主要领导的表扬和肯定。秋收季节组织党员干部与市分行驻村工作队及杜村乡苏村两委班子帮贫困户秋收玉米，完成秋收劳作，圆满完成了“手拉手帮秋收”主题党日活动。

3. 加强党建基本制度落实情况的督导和检查。支行每周开展集中学习之前都要对上周召开的支部会议、行务会议、党组织活动、党员学习笔记进行一次检查，让基础工作没做到位的同志当场红脸出汗、脸上挂不住，促使全行党建基础管理工作落实在日常工作中，逐步制度化、规范化，形成习惯自觉。

【案防工作】 2018年持续加强案防工作，从思想上、行动上对全行员工严格要求，要求每人针对本职工作要充分自查，不等不靠，提早下手。制定扫黑除恶专项行动方案，领导班子带头，全行参与，形成整体合力，明确各部门职责分工，摸排案件线索，配合当地政府打击涉黑涉恶势力。成立征信信息安全和应急处置工作领导小组，制定应急预案，有效落实征信信息安全制度的落实。

【劳务用工管理】 高度重视对劳务用工的思想引导和日常管理，开展经常性的谈心谈话活动，工作生活上多关心，在制度允许的范围内尽量帮助他们解决一些困难，对一些苗头性的问题及时介入，确保劳务用工队伍思想稳定。在充分做工作的基础上对2名在业务辅助岗位上的劳务派遣员工进行了岗位调整，1名由会计部门调整到办公室从事食堂管理，1名从信贷部门调整到办公室从事党建基础工作。

【内控制度建设】 1. 利用每天早上学习时间，加强对职工的爱岗敬业教育、廉政教育、安全教育，并不定期进行督促检查，杜绝违规行为发生；2. 坚持不懈地抓好队伍建设，塑造政治坚定、作风优良、业务精通、工作高效的队伍形象，完善服务功能，提升服务水平；3. 进一步推进企业文化建设，创新学习途径，开展丰富多彩，适应支行实际的竞赛活动，树立“精品”意识，使员工学有榜样、干有目标，高起点、高效率、高质量地推动支行各项工作健康发展；4. 从落实党建工作基本制度入手，扎实推进“两学一做”学习教育常态化制度化建设，并认真做好十九大精神的学习、宣传和贯彻执行工作；5. 进一步加强团支部建设，定期组织团支部成员开展政治理论学习，开展经常性的谈心谈话，及时掌握年轻人的思想状况和所盼所求，通过有针对性地思想政治工作，打打气、鼓鼓劲，使年轻人保持积极向上的工作热情。

【基础管理】 针对近期内外部检查发现的问题制定多项整改措施，包含党建、轮岗休假、岗位设置、食堂财务、信贷、安全保卫、人行重大事项报告、案防等内容。重点对市场乱象、十大突出问题、违规担保方面进行全面自查，未发现以上问题，但给每个员工敲响警钟，要始终按照规矩办事，严格规章制度落实。为进一步加强基础管理工作督导和落实，召开党建及基础管理工作推进会，先由各部门负责人、各整改责任人分别书面汇报整改情况，支行对党建工作的各种会议记录、问题整改落实情况进行现场检查，会上整改工作不到位的同志红了脸、出了汗，现场表态下一步工作具体措施和完成时限。

·信用联社·

【概述】 2018年，安泽县联社紧紧围绕县委、县政府各项工作部署，在联社党委书记、理事长的带领下，全县全体干部员工不忘初心，牢记使命，积极推动改制转型，在内控管理上有了新提升，综合实力上有了新突破，在监管指标上有了新变化，在支持“三农”和地方经济发展上有了新作为，各项工作得到稳步推进。截至11月末，全县各项存款余额达238069万元，较年初净增19593万元（其中：储蓄存款净增20460万元，对公存款下降867.63万元），市场份额为55%；各项贷款余额133809万元，其中：支农贷款余额44372万元，占总贷款的33.16%；不良贷款余额为3938万元，较年初绝压8544万元，不良占比为2.94%；不良贷款占比较年初12.06下降9.12个百分点，实现了资产质量的趋稳向好；各项收入达17148.65万元，较同期11040.62万元多收6108.03万元，增幅55.32%，较既定目标超完13500万元；实现经营利润1900万元。依据省联社临汾办事处管理考核办法，安泽县联社在全市16家农信社综合管理经营考核中，连续三季度排名第一。贷款损失准备金达到6255.46万元，拨备覆盖率达到174.09%，较年初增加105.12个百分点；资本净额达到13549.81万元，资本充足率达到10.6%，较年初增加3.77个百分点。各项监管指标较年初均有不同程度的提高。

【党的建设】 1. 持续转变基层党建工作理念。进一步引导广大党员要增强抓好基层党建工作的责任感和紧迫感。从“重业务轻党建”的观念转变到“抓党建、促发展”上来。牢固树立“党建统领一切”的指导思想，把基层党建工作与业务工作紧密结合起来，把业务工作的难点作为党建工作的重点来抓，以党建工作促进各项业务工作的开展；从“抓队建轻党建”的观念转变到“抓党建带队建”上来。以“抓党员队伍素质带动提高整体队伍素质”为抓手，把加强党员队伍建设放在核心位置；从“党建工作只是务虚”的观念转变到“党建工作思想务虚与工作务实相结合”上来。

2. 加快推进党支部“三基”建设。以“建堡垒、创特色、增活力”为主线，以“有组织、有标准、有特色、有作为”为基本要求，年初，依据人员变动，机关党支部、府城党支部进行党支部书记提名、选举，完成党支部换届；发展12名入党积极分子，进一步提升队伍的干劲和活力；在联社党委的指导下，加快推进府城党支部、冀氏党支部两个标准化党支部建设，配置图书室、党员活动室、党员发展室、解压室、荣誉室等，实现基层党支部建设标准化、完善化，全面打造具有安泽县联社特色的基层党组织活动阵地。

3. 创新开展党组织特色活动。一季度，组织广大党员深入开展了学习十九大、谈心谈话、撰写心得体会主题活动，要求大家自觉把思想和行动统一到党的十九大精神上来，把智慧和力量凝聚到落实十九大提出的各项目标任务上来；清明节之际，联社党委班子带领广大党员前往烈士陵园，开展扫墓活动，缅怀革命先烈的丰功伟绩，学习先烈的革命精神；“六一”儿童节联社党委班子深入包联村慰问贫困儿童，送去节日礼物；在举国上下欢庆党的97岁生日之际，特邀请省委党校李秋实教授开展了“不忘初心跟党走　同心共筑农信梦”党课培训；8月份，组织各支部召开了“强化责任担当，落实岗位责任”组织生活会，联社党委委员以普通党员身份参加到所在支部的组织生活之中；8月22日，开展“学习刘文清先进事迹”党日活动，有效提升了全体党员干部思想、政治、行动上的自觉性。同时，还在全辖开展“党员示范岗”及“党员挂牌服务”活动，使广大党员亮身份、强素质、争优秀、当先锋，激发了基层党组织和广大共产党员创先争优的巨大热情和活力。

【班子建设】　1.“学”字当先提素质。深入开展学习十九大、学习习总书记系列讲话、学习各类文件材料等学习教育活动，每周二、五组织进行了多种方式的学习，每年“七一”前夕，组织召开了党委书记上党课，班子成员与广大员工一道，认真聆听，深入学习，净化党魂，提升了班子成员的政治理论水平，始终引领全县农信事业沿着正确的政治方向向前发展。

2.“合”字为要讲团结。工作中，以党委为核心，科学分工，切实做到工作上分、思想上合，任务上分、目标上合；职责上分、力量上合；思想上合心、工作上合力、行动上合拍。始终贯彻执行民主集中制的原则，切实做到条线工作分管负责，重大事项集体研究，2018年，共形成党委会议纪要9期20余项内容，班子会议纪要31期80余项内容，坚持做到每周周一召开一次班子碰头会，及时通报情况、交流信息、解决问题。

3.“干”字为本当表率。班子成员始终以一名党员干部的标准严格要求自己，不搞特殊、讲例外，白天基本上都是下乡调研、参加会议、与政府部门对接推动各项业务，晚上集体研讨，集思广益制定举措，努力推动各项工作，用求真务实的实干精神给广大的干部员工树标杆、做表率，要努力用业绩和数字证实新一届班子的工作能力。

【强化管理】　1.内部管理上“抓”。为了树立“管理职责化、工作标准化、办事程序化、形象品牌化”的管理理念，2018年年初，县联社对各项管理制度进行了全面盘点梳理，先后修订完善了内控制度12大类，各类岗位职责55个，流程图79个，权力清单57个，各类内控制度185项，编制了《安泽联社2018年制度汇编》，做到了内控制度覆盖面100%，使各项规章制度更加精细严谨、科学适宜；同时，为转变工作作风，二季度，扎实开展了为期100天的“整风肃纪”活动，着力解决了干部职工队伍在思想作风、工作作风、生活作风等方面存在的突出问题，通过正面引导，切实增强广大员工参与活动的自觉性和主动性，营造出人人转变作风、处处提高效能的浓厚氛围。通过树立反面典型，切实达到全县干部员工思想作风明显改善、工作作风明显改进、纪律观念明显增强、执行能力明显提升、服务水平明显提高、工作行为明显规范的实效；三季度，组织各网点负责人、机关全体员工开展“大堂经理日”活动，深入包社每月当值一天大堂经理，了解员工思想动态和客户需求，及时发现、反馈和解决基层网点各项工作中存在的问题；8月10日至11月20日，在全县开展为期100天的“优质服务大提升”活动，各条线部门联合制定培训计划，由人力资源部组织分“南中北”片定期进行培训、测试，进一步提升服务水平。

2. 落实执行上“推”。力戒“以会议落实会议、以文件落实文件”等形式主义和官僚主义，全面树立“马上就办，真抓实干”的执行理念，创新实施“常态化”旬推进会，建立逢“2、5、8”汇报制，为确保联部包社工作充分落地，联社对季度的前两个月持续实施部室经理包社工作周汇报制，对季末的最后一个月采取高强度的逢“2、5、8”汇报制。逢“1”召开推进会，对各信用社的工作，在按月考核力度不减的前提下，同步制定“532”（不良指标完成50分、到期贷款收回率完成30分、欠息90天以上指标完成20分）旬考核办法，逢“1、11、21”召开“532”通报推进会，考核最后一名的首次由信用社主任剖析，连续两次最后一名的由信用社正（副）主任一起剖析，连续三次最后一名的由信用社班子及包社部室经理一同剖析，连续四次最后一名的由信用社班子、包社部室经理加联社分管领导进行剖析。同时，增设了当月到期贷款收回率奖励机制，严格按月排队奖励，使得“比学赶帮超”成为一种良性的竞争机制。

3. 案件防控上“督”。深植“审慎致远，稳健久长”的案防理念，督导全员始终把案防放在工作第一位，严格内控筑牢堤坝。突出明责，坚持实施了案防基层网点“一把手”负责制，分层逐一签订了案防责任书，构筑了横向到边、纵向到底、经纬交织的案防责任体系；突出检查，创新开展了“双随机”常态化检查，按月随机抽选两名部室经理，对随机筛选出的重点业务展开全面检查，增强了一线人员的合规经营意识，提升了风险防控能力；突出整改，始终坚持“边查、边改、边教育、边提升”的原则，形成“四通报”工作机制，即按月对违规整改率、优质服务、双随机检查、柜面业务差错情况等四项重点工作进行专项通报，通过文件下发、幻灯回放、现场剖析、签订责任状等手段，倒逼全员把责任扛在肩上，把合规抓在日常，按照时间表，保质完成整改任务。2018年底，内外部检查共发现问题198笔4108.8万元，已整改195笔3373.81万元，笔数、金额整改率分别为98.48%、82.11%，涉及违规人员41名，经济处罚4100元，扣除违规积分106分，并对相关责任人通报批评，增强了合规经营意识，提升了风险防控能力。

【业务发展】 1. 资金组织稳健扩张。在整体经济低迷、同业竞争白热化的形势下，安泽县联社“三导”带动促进组织资金工作稳健扩张。按季制定下发了业务竞赛活动方案，层层分解任务目标，压实责任，保证了资金组织工作顺利推进；抓住每一个传统节日的时间节点，适时推出了一系列迎合大众心理及需要的存款、银行卡营销活动，吸引客户前来办理业务；将存款指标作为每季业务竞赛目标考核的重点来抓，对各项存款考核实行专项奖励，充分调动全社员工抓存引存积极性，保证各类存款“颗粒归仓”。

2. 服务县域倾力倾为。县联社始终将服务“三农”放在工作重要位置，以转变工作思路为切入点，以严格目标考核为突破口，在延伸金融服务上下功夫，持续引深支农惠民行动计划，加大投放支农、小微、个体工商户贷款，形成了农民增收、信用社增效、政府增誉多赢局面。2018 年，对全县进行了摸底，全县共有 20779 户，符合准入条件的有 14223 户，调查面 100%，已评级授信 17384 户，已用信 4612 户、金额 51387.08 万元，其中：正常贷款 4382 户、金额 47449.23 万元，不良贷款 230 户、金额 3937.85 万元；建档立卡贫困户 3361 户，符合准入条件 1508 户，有贷款需求且已授信 880 户金额 3506.5 万元。在这一基础上，为延伸金融服务广度，通过四项举措加大扶持力度。坚持立足农村、服务农民、支持农业的方向不动摇，在推广小额信用贷款的基础上，结合市场定位及不同客户群体的需求，2018 年创新推出“量体裁衣”式的新型信贷系列产品，“工薪贷”“惠商通”“贤淑贷”贷款，仅八个月的时间，已授信 3055 万元。5 月 9 日，在良马乡边寨村召开了“信用体系”建设现场会暨新型小额信用贷款授信业务启动仪式，通过现场交流、现场授信等方式，将新型信贷产品全面推开。2018 年底，开办的“惠民贷”及“惠企兴农贷”产品，投放贷款 2671 万元，满足了可带动贫困户脱贫致富的家庭农场、合作社、产业项目的信贷需求；“光伏贷”是依托政府提出的扶持项目及脱贫政策，专门研制的信贷产品，投放了 1206 万元支持贫困户；为确保安泽县联社扶贫小额信贷工作顺利开展，2018 年年初，科学制定年度扶贫小额信贷工作计划，合理把握贷款投放进度，从工作领导、工作部署、工作协调等各个环节做到强有力的落实。在推进扶贫攻坚过程中，合理分解目标，压实责任，持续督促客户经理进村入户与贫困户精准对接，强化考核力度，按月通报扶贫进度，确保全年目标任务顺利完成。截至 2018 年，主动上门收集客户信贷基础资料，掌握贫困户信贷资金需求，共调查 3361 户，对符合条件的 1508 户进行了授信，使他们在最短的时间内获得信贷支持 4258.65 万元，实现扶贫小额贷款快速、便捷投放，为脱贫攻坚奠定了基础；县联社在当地政府及监管部门的帮助与指导下，以“服务三农，发展小微，回归实体”为导向，结合县域经济情况，在深入调查与分析的基础上，创新“惠商通”产品，重点支持“正常生产、符合国家产业政策、发展前景好”的小微型企业以及个体工商户，解决其融资难问题。截至 11 月末，共投放小微企业贷款 11953.89 万元，占各项贷款的 8.93%；以社保卡为载体，扩大银行卡客户覆盖面，全县共有 8 万余人，2018 年，已成功发行社保卡 4.6 万张，其中：2017 年发行 3.3 万张，2018 年发行 1.3 万张；6 月份已配合县人社局、教育局入校园对全县 1.3 万中小学生社保信息采集完毕；在安泽县联社发行社保卡之前，邮局发行社保卡 1.8 万张，经与社保局沟通协调，年末之前将逐步更换邮局社保卡，基本做到全县各年龄段人口人人有一张安泽联社银行卡。

3. 各项收入再创新高。紧紧围绕省联社“稳中求进”的工作总基调，坚持新发展理念，牢牢把握办事处“开源节流”这一基本要求，不断转变思想观念、拓展经营环境，强管理、增收益、降费用，实现了资产收益最大化。

【改制】 2018年4月9日，省联社批复同意了安泽联社改制山西安泽农村商业银行股份有限公司的申请，拉开了农商行改制的“大幕”。5月16日，安泽县委县政府牵头召开了筹备大会，成立由县长任组长，两位副县长任副组长，相关部门“一把手”任成员的山西安泽农村商业银行股份有限公司筹备领导组。

在筹建领导小组的领导下，2018年底，12个营业网点办理土地确权手续，其中两证齐全的8处，另外6处将在年末之前补办完毕。股金计划募集1亿元，其中：职工股1910万元，法人股7800万元，非职工自然人290万元。5月8—9日聘请会计事务所人员对照4月份的数据进行了预评估，5月17日，临汾银监分局监管三科领导专程到安泽县联社就农商行改制筹建前期工作政策进行了辅导，掌握了农商行改革的重点。同时，邀请北京大成律师事务所刘希乔律师进驻安泽联社开展工作，并依照法律程序于5月23日召开了第二届第三次社员代表大会，审议通过了相关改制议案，会后，通过安泽电视台、《临汾日报》、安泽联社微信公众号、张贴公告等不同方式对原股金的处置进行了公告；已将期初的12245户老股金数全部清理处置完毕，转增为拟发起人所持有的股份。6月25日，会计师事务已进入安泽县联社，以6月30日为基准日，对全县的资产、负债和所有者权益进行清产核资，重点做好老股金的处置、与意向发起的自然人及法人签认购承诺书、存贷款函证、股金面签等工作；在此期间，经过多次与政府沟通，得到了县政府的大力支持，给予改制扶持资金500万元，2018年到账400万元，预计月末全部到账。7月16日，资产评估入驻安泽县联社，对全县所有实物资产开始进行评估，此项工作已经结束。9月2日至7日临汾银监分局初验工作小组进行了初验，9月18日至19日进行了复验。9月28日完成了不良贷款的出账工作，改制资料已送到省银监局等待验收结果。

【不良贷款清收】 2018年，安泽县联社正处于改制的关键时刻，不良贷款清收处置是阻碍农信社改制农商银行的重要瓶颈。为此，加大不良贷款清收处置力度，通过“五项举措”全力清收不良。1. 突出“办法与方式”，把全员纳进来。班子成员名片制按月督导包片信用社清降任务目标完成情况，机关部室人员名单制按季定额认领所包信用社清降任务目标，形成上下联动的清收互动新机制。5月14—17日，11月11—15日，分别两次组织开展了不良贷款“清收风暴”专项活动，三个队15个小组8天共清收不良贷款124万元；2. 突出“激励与惩处”，使清收活起来。对清收处置不良贷款完成好、成绩优、成效显著的网点，从绩效工资、手续费、特殊贡献奖等方面进行奖励，让大家在清降不良上享实惠、有动力；对不能按图索骥完成清收任务的，按照预先制定的措施进行惩处。3. 突出

"分类与方法"，将不良压下来。对于表内不良贷款，采取高强度全员清收；对于表外不良贷款，重点依托清贷大队实施强力清收，合作联盟清收表外不良贷款；4. 突出"清旧与控新"，防绝压弹起来。严控新增贷款风险管理，对新增贷款严格准入与投向管理，采取"谁放、谁收、谁管理"的贷款终身责任追究制，全面提升新放贷款质量；坚持"堵、管、清"一体化，对逾期90天以内及欠息90天以上隐形不良贷款，采取月初监测、月中督导、月末考核的清收管理措施，确保新增不良贷款控制在2%的容忍度之内；5. 突出"借力与用力"，将资产优起来。通过灵活运用"政府+农信""司法+农信""律师+农信"等多种方式，借助政策优势，拿起法律武器，依法维护农信社的合法权益。

【宣传工作】 2018年，安泽县联社借助各级平面媒体，及时跟进信息报送，开展了不同形式的。1. 持续强化广泛宣传。把握"宣传为中心工作服务"的宗旨，挖掘先进经验、典型实例，对外刊发稿件100余篇，其中：省联社一报一刊刊发24篇，全市排名第一；中国农村信用合作报1篇，临汾银行业协会刊发3篇，《山西日报》2篇，《山西经济日报》8篇，临汾农信微信平台刊发130余期等；2. 持续强化重点宣传。围绕安泽县联社的中心工作，通过抢抓时机，利用春节、端午节、母亲节、中秋节等传统节日，向广大客户送上祝福，并积极开展宣传活动。同时，与县电视台建立合作，每月1号、15号开辟《农信声波》专题栏目，再通过联社微信公众号展示给广大客户，深入宣传报道安泽县联社各项工作推进的最新信息、支农典型、信贷政策、新产品、新业务等。2018年底已推送11期，通过不断的形象宣传，形成安泽农信社是"最佳本土银行"的印象。3. 持续强化专题活动。"以文化铸就品牌，用文化丰富内涵"是联社新一届领导班子着力提升企业形象的一把利器。在企业文化的培育上，以活动凝聚人心，以VI视觉识别系统增强视觉冲击力，以回馈社会赢得客户信赖。1月1日晚，组织开展"筑梦新农信 共创新辉煌"文艺晚会，通过丰富文化生活缓解了员工员工紧张的工作压力，增强了广大员工凝聚力、向心力和归属感；3月18日，组织人员参加义务植树活动，用双手再造绿水青山；4月18日，组织开展"博爱一日捐——传递博爱，共筑梦想""送温暖 献爱心"活动，捐款金额3560元，向社会传递爱心，展示农信新形象；5月4日，开展"释放青春活力，彰显农信魅力"趣味运动会，丰富员工文化生活，全面激发全县农信干部职工干事创业的激情和热情；6月1日，领导班子一行带着精心为贫困儿童准备的节日礼物走进河阳小学校园，为7名贫困学生送去了节日礼物；6月7日至8日，积极参与"助力高考献爱心"公益活动，进一度增强了安泽农信美誉度；7月1日，在党的96华诞之际，安泽县联社组织开展了"七一"党委书记上党课、参观刘少奇路居党日活动；8月1日，在"八一"建军节前夕，走访慰问驻地武警中队和消防中队官兵，进一步加深军民共建的鱼水之情；8月下旬，参与由县经贸系统组织的消夏文艺晚会，主办"农信河阳手牵手 脱贫致富心连心"杜村乡消夏文艺晚会，用实际行动拉近了农信社

与广大群众之间的距离，树立起金融利民、惠民、便民的良好形象。（周云）

保　险

·中国人寿保险·

【概述】 中国人寿保险股份有限公司安泽县支公司在市公司党委、总经理室大力支持和亲切关怀下，通过全体员工团结一致、共同努力，打造了一个各项业务齐头并进、共同繁荣发展的局面。截至 2018 年年底总保费收入 2532.04 万元，同比上年增加–23.18%；新单保费 810.35 万元，同比上年增加–59.36%；首年期缴 453.40 万元，同比上年增加–19.30%；10 年及以上收入 93.40 万元，同比上年增加–68.28%；短期险 205.97 万元，同比上年增加 17.79%。

【明确目标，实现业务快速发展】 业务发展是公司的生存之本，安泽公司一直把提高业务作为工作中的重点，积极推进业务结构调整，严抓基础管理，拓宽业务渠道，优化业务结构，提升业务质量，通过成立帮扶小组，实行内勤人员分组督导，促进了业务有效发展。在开门红、五六联动、八九联动战役中坚持领导带头，精英引路，和谐奋进的方针，做好做活公司业务发展。走党员、干部带头之路，从经理室成员到内勤人人以身作则，内外员工劲往一处使，使公司凝聚了人气，增添了活力。

【队伍发展】 制定队伍发展思路，强化增员、突出培训，健康发展，坚持“早谋划、早沟通、早部署”，以稳定队伍、增加产能为抓手，使队伍建设平稳有序发展。在制度经营下，在基本法管理下，2018 年底个险队伍架构人力有 73 人，其中季度有效人力 30 人，月均举绩 20 人，月均新人三晋率 12.10%，月人均收入到 540 元。

【加强政治学习，提升公司文化】 通过开展学习和实践党的群众路线教育活动，组织员工参加党支部工作会议，参加下乡帮扶贫困家庭活动，有效地增强了员工凝聚力，提升了公司文化品位，增强了从业人员的荣誉感，提升了公司社会知名度。

·中国人寿财产保险·

【概述】 2018 年，在县委、县政府及上级公司的正确领导下和有关部门的大力支持下，安泽县支公司认直履行职责，积极加强管理与引导，努力协调各项工作的健康发展，取得一定成绩。完成保费 887 万元，其中农险 429.41 万元，非车险 93.92 万元、车险 363.9 万元。赔款 363.3 万元，综合赔付率 40.95%。

【发展非车险】 随着第三次商车费改的实施，车险的保费充足度将进一步下降，公司在保证车险业务规模平稳过渡、稳定增长的基础上大力发展非车险，在县委县政府的大力支持下，公司 2018 年成功办理了全县民生救助保险，为荀子文化园，望岳楼、文体文场、刘少奇路居 4 处公共场所保了公众责任险。极大地维护了社会经济秩序，保障了公众切身利益，提升了社会整体安全度，为安泽县安全保障增添了浓墨重彩。

【赔付农业保险】 在农业保险方面，深知农民的事无小事，2018 年春正值春暖花开之季，突降寒流，致使全县 95%的核桃颗粒无收。主动联系各乡镇领导和受灾核桃种植户，共计赔款 59 万元，受益农户 539 户。夏季暴雨，风灾也先后为 568 户玉米种植户赔款 28 万元，14 户 77 座蔬菜大棚赔付 9.44 万元。

【全民营销】 2018 年，将“三进三万”工作作为一项重点工作来抓，实现万人、万村、万店，进企业进政府，要求全体员工人人开拓咨询点，将目标分解到每一个员工，发动全员利用个人社会接触面，发现身边具备保险观念、所经营项目与保险业务相契合的经营者。年底，“三进三万”团队已初具雏形，录入系统三万门店 43 人，三进 4 人。“三进三万”工作的开展覆盖了全县各个角落，既宣传了保险，又增强了全民的保险意识。

·中国人民人寿保险·

【概述】 中国人民人寿保险股份有限公司临汾市中心支公司安泽营销服务部在临汾中支的正确领导下，2018 年，公司所有内外勤员工秉承“人民保险，服务人民”的宗旨，积极为安泽的劳动人民提供优质的保险售前和售后服务的同时，加强自身的经营管理取得不俗的成绩。

【客户服务】 2018 年在为客户的服务上，做到了诚信经营，专业胜任，为客户提供保全、理赔、满期服务达到 342 人次。

【新单销售】 2018 年新单销售上严格按照合规经营的宗旨，为客户提供周到细致的产品解读和全方位的风险规划服务为 362 个家庭送去了风险保障。实现保费收入 900 余万元。收到中支的“业务达标”奖励。

·中国人民财产保险·

【概述】 2018 年的面对保险市场中主体的增多，压力倍增。中国人民财产保险安泽支公司迎难而上，依法合规经营，全力以赴每一笔业务的争取。一年来在县委、政府的正确领导下，在人大、政协的监督指导下，结合上级确立的工作总体要求和目标任务，深入学习贯彻中共十九大及各级会议精神，围绕服务地方经济、保障一方风险这一中心，攻坚克难，业务稳定健康的发展。内抓管理、外树形象，服务水平进一步提升，确保了安泽财险市场的主导地位。2018 年全年全险种保费完成 1457.09 万元，总赔付 640.12 万元。

【保险保费】 2018 年全年全险种保费完成 1457.09 万元，同比增长 169.37 万元，同比增幅 13.15%，车险保费 784.47 万元，同比增长-1.83%。其中私家车完成（404.62 万元）增量 38.95 万元，营业货车保费 223.57 万元。

非车非农险保费收入 205.69 万元，同比增长 17.84%，其中货运险保费 2.34 万元，家财险保费 20.07 万元（新增的驾考不过保险），健康险保费 44.8 万元，企财险保费 50.38 万元，意外险保费 20.98 万元，责任险保费 67.08 万元。

农险保费 466.93 万元，同比增长 110.8 万元，完成企划目标的 131.53%。其中期货保险为 80.61 万元，养殖为 2.6 万元，种植为 338.68 万元，农险保费的主要增量是玉米+期货，森林保险为 30 万元。

【保险理赔】 2018年，总赔付640.12万元。其中车险案件累计结案共368起，共赔付金额207.52万元，26.4%。学生幼儿意外、农村意外险案件共计482件，理赔金额共计46.82万元，赔付率204.29%，意外险受益群众482人。财产险赔付43万元，61.4%。能繁母猪案件52件，累计赔款5.2万元，赔付率200%，养殖户6户和2个养殖场受益。玉米受灾面积8097.39亩，理赔金额61.58万元，共计三个乡镇32个自然村1248户玉米种植户受益。未决赔款林木保险116万元，其他全险种108.91万元。

【惠农保障工作】 2018年积极响应国家惠农政策，“三农”投入进一步加大，随着安泽县农业现代化水平不断提高，农户、种养大户、农业产业化龙头企业和农村经济合作组织的投保意愿与需求日益增强。开展政策性农业保险，建立政府支持的农业保险制度，创新了支农方式，构建了市场化农业支持保护体系，增强了农户抵御风险的能力，实现了农业保险持续稳定的发展；提高了安泽县农产品市场竞争力和农民收入水平。

1. 完成全县三个乡镇13.5万亩玉米保险承保，由县财政统一投保，惠农玉米保险政策贯彻落实到位，为安泽县农户的玉米风险保障金额高达4860万元。

2. 承保全县政策性能繁母猪439头，为全县能繁母猪风险保额43.9万元。

3.响应国家精准扶贫工作的号召，配合县委政府安排驻村，员工脱产驻村，时时了解贫困户的动态，为顺利开展精准式扶贫工作提供了坚强的组织保障。人保财险安泽公司根据公司自身优势，帮扶人自费给桃寨村建档立卡贫困户19户43人，“五保户”3人，每人办理人身意外伤害保险一份，每份保额3万元，保费50元，共计2150元。切实地为贫困户办好事、办实事。按县委指示，结合县域“旅游、光伏加连翘”的政策，人保财险安泽支公司向省、市人保公司申请扶贫资金2.78万元，出资购买连翘苗，分发贫困户和一些边缘贫困户种植，由人保财险安泽支公司全程跟踪，2018年4月底所有连翘苗已种植完毕，这样确保每一个连翘苗的经济效益到位，确保扶贫项目的落地。由于玉米市场上价格起伏不定，针对种植玉米的贫困户的保险项目“扶贫+期货”的落地，此险种的是对贫困户种植玉米风险的一道保护墙，降低风险服务于民是人保公司的责任，更是人保公司对精准扶贫工作的体现。对资金缺乏的农户，帮助协调小额扶贫贴息贷款。贫困户刘秀萍家建房资金紧缺，驻村工作队得知后立即帮她联系邮储银行办理惠农贷款3万元，帮扶人申东亮经理自己出钱为其购买了石子、沙子各20立方米，并带去慰问品招待建房工人。

4. 按照扫黑除恶专项行动的安排部署，驻村工作队配合专项行动小组相关人员在各辖区内进行全面摸排。领导小组全体成员及驻村工作队成员共同走访桃寨村289户，发放资料共计289份，全年尚未发现黑恶势力现象。驻村工作队与村委开会总结经验，查找缺漏，加强措施，突出重点，全力推进“扫黑除恶”工作。

【宣传工作】 加大宣传，提升知名度。多年来，安泽公司始终坚持打响人保品牌优势这一王牌，积极营销政府，利用参与政府及社会各类活动，提升公司在县域内的知名度。积极参与安泽县乡村文化、红色革命路居地等旅游活动，公司全员牺牲星期天休息时间下乡宣传，在安泽县冀氏镇槐花节上展现安泽人保的风采，在府城镇飞岭村有安泽人保的身影，并放置带有公司 LOGO 的遮阳伞，使 PICC 标志遍地开花。积极参与安泽县文化活动，加强企业文化。在 2018 年足球世界杯开幕之际，文体广场参与足球友谊比赛，在“乐在周五”消夏晚会上，全体人员表演的晨操《相信自己》更是展人保风姿，书靓丽风采。

【创卫工作】 响应安泽县委、县政府创建文明城市的工作。努力夯实创卫工作基础，成立创卫工作小组，由公司申经理挂帅，公司全员参与，从而建立创卫工作的基础。进一步完善创卫工作方案，具体到每个团队，每个员工。对安泽公司的卫生片区专人管理，天天进行巡视打扫，轮流执勤的办法，让片区无卫生死角，让片区时时洁净。在全体员工的努力下，获得县创卫办颁发的卫生文明单位，这是对人保财险安泽公司创卫工作的高度认可、身体力行的奖励。

【农村道路安全保障工作】 人保财险安泽公司参与了安泽县农村道路交通安全工作暨“两站两员”的建设，协同交警大队全力提升安泽县农村道路交通安全工作能力与水平，切身预防和减少农村道路交通事故发挥保险应有的社会“稳定器”的作用，更好地促进农村道路交通安全形势持续稳定向好，促进道路交通安全更好的发展。利用“两站两员”建设契机，发挥人保财险的优势，更好地突出保险补偿功能，提供应有的风险保障，扩宽营销渠道，扎实提升保险服务质量，确保道路安全畅通，并积极联手交警开展交通宣传，提高农村交通安全意识。

【培训工作】 随着国家对“三农”问题的重视，不断出台了各类农业保险补贴政策，我们公司紧抓机遇，共计 10 次开展了针对各村专兼干及协保员的培训工作。在培训中推广人保 V 盟让协保人员体会到投保的便捷，从而扩大宣传力度。在 7 个乡镇中的 50 个村刷写了近 100 条宣传标语。坚持在行政村发展保险代理人员，以此促进农网建设。在冀氏镇投入资金设立三农营销服务部，在两个服务部设立协保员之家，更方便在乡镇开展工作。

【队伍建设】 内强素质，外树形象一直是公司管理中的一项重要工作，落实“依法治司、人才强司”理念，完善管理制度，健全考评、培训机制，稳定销售队伍，创新和谐、公平竞争环境，增强公司核心竞争力。完善内控体系，优化工作流程，简化办事程序，建立公开、透明、畅通的诉求渠道，平等交流意见，提高公司凝聚力，共建和谐企业。以精品服务窗口公司为标准，对各项制度紧抓不放，形成长期的有效成果，年如一日，是对安泽公司树立人保品牌数十年如一日的肯定。以人保良好的品牌优势、人才优势、产品优势、技术优势、服务优势竭诚为安泽县提供全面、周到、优质、高效的风险保障服务，为安泽县的平安和谐建设做出应有的贡献。

交通　邮电

交通运输

【概述】　2018年，在县委、县政府的坚强领导下，坚持以习近平新时代中国特色社会主义思想为统领，认真贯彻落实党的十九大会议精神、全国“两会”精神，省市重要会议精神和县委会议精神，以建好“山水田园城、精品旅游县”为目标，攻坚克难，推进交通基础建设全面开局；履职尽责，重点难点工作扎实推进；不忘初心，党风廉政建设再上新台阶。

【长临高速安泽连接线景观道路建设工程】 2018年可行性研究报告编制、立项及批复（安发改字〔2018〕27号）、勘察、初步设计编制、施工图设计、工程预算已全部完成，并于11月5日进行了招标。道路全长2400米，按照城市主干道建设，建安费8770万元。拆迁工作有序推进。征地拆迁面积为6350平方米，现工程完成清表62280平方米，填土方14860立方米。

【白村桥工程】　桥长106.5米，桥面宽度：净6.5米+2×0.5米；设计荷载：公路-Ⅱ级；5孔20米空心板桥，总投资370万元，2018年该项目已竣工验收。

【石栈至义唐生态旅游公路（国道309安泽县城过境公路改线）工程】　起点位于安泽县东侧的石栈村，与原有国道309顺接，路线向北绕过县城规划区后向西布设，终点位于义唐腰庄以南，顺接国道309，全长7.973公里。本项目为一级公路，总投资估算为50633.3767万元，用地规模为687亩，截至2018年年底已完成“两评一案”、初步设计，投入1500万元进行征地拆迁工作，征用土地180亩，迁移坟墓115座，部分居民房屋也已拆迁。

【唐城工业园区东外环道路建设工程】　全长3.882公里，总投资8910余万元，2018年已完成项目可研评审、工程勘察和设计。

【“四好农村路”建设工程】　2018年，所有的建制村通村道路硬化率100%，通车率100%，全市年度排名第五的好成绩。1. 苏村至326线全长1.96千米，路基宽5.0米路面宽 4.5 米，水泥混凝土路面，投资规模 97 万元，2018 年已完工；2. 桑曲至陈家沟全长 4.1 千米，路基宽 5.0 米路面宽 4.5 米，水泥混凝土路面，投资规模 208 万元，2018 年已完工；3. 窑上至 326 线全长 4.9 千米，路基宽 5.0 米路面宽 4.5 米，水泥混凝土路面，投资规模 278 万元，2018 年已完工；4. 神南至东庄全长 4.3 千米，路基宽 5.0 米路面宽 4.5 米，水泥混凝土路面，投资规模 80 万元，2018 年已完工；5. 法井村级道路改造全长 1 千米，路基宽 5.0 米路面宽 4.5 米，水泥混凝土路面，投资规模 47 万元，2018 年已完；。6. 下石村级道路改造全长 1.7 千米，路基宽 5.0 米路面宽 4.5 米，水泥混凝土路面，投资规模 62 万元，2018 年已完工；7. 马壁乡唐村至荆村完善提质工程，全长 12 千米，投资 415 万元，已全部完工；8. 高壁—马连圪坻道路改造工程全长 5.081 千米，路基宽 5 米路面宽 4.5 米，水泥混凝土路面，投资规模 120 万元，2018 年已完工；9. 小黄旅游路沥青混凝土路面工程全长 0.548 千米，路基宽 8.5 米路面宽 8 米，投资规模 50 万元，2018 年已完工；10. 飞岭旅游路沥青混凝土路面工程全长 0.412 千米，路基宽 6.5 米路面宽 6 米，投资规模 40 万元，2018 年已完工；11. 关庄—326 线路面改造工程全长 0.460 千米，路基宽 7.5 米路面宽 7 米，沥青混凝土路面，投资规模 40 万元，2018 年已完工；12. 第安线—湾子路面改造工程全长 0.540 千米，路基宽 6.5 米路面宽 6 米，沥青混凝土路面，投资规模 51 万元，2018 年已完工；13. 安上—宋店道路改造工程全长 10.015 千米，路基宽 6.0 米路面宽 5.0 米，水泥混凝土路面，投资规模 528 万元，2018 年项目正在施工当中；14.冀氏—沁水界养护提质工程全长 10 千米、高壁—交口河养护提质工程全长 27 千米、第一川—安泽养护提质工程全长 40 千米，投资 200 余万元，进行了道路养护提质；15.安全生命防护工程，总里程 59.708 千米，投资 1131 万元，2018 年已全部完成。

【国卫县城创创建工作】 2018 年始终将国卫县城创建工作作为一项政治任务抓紧、抓实、抓常。1. 自县委、县政府召开了县城创卫工作动员会后，承揽了县城 16 条街巷路的改造任务，分别为街巷路的路沿石更换、补修，街巷路的罩面、修补。接到任务后，局党组高度重视，立即召开工作部署会，抓好工作安排，聚全局之力，硬抽人、抽硬人，组成以局长为总指挥的街巷路改造指挥部。分南、北、中三个片区进行攻坚，组织有实力、诚信高的施工企业进行施工。采取系列行之有效措施，保质量、保安全，责任到人、到科室、到片区，形成了主要领导亲自抓，分管领导分工抓，科室人员具体抓的工作格局。制定路线图，排出工期表，针对任务大，时间紧的实际，逐街、逐巷、逐路制定任务，倒排工期，指挥部成员跟班作业，加班加点，城内创卫总投资 730 万元，改造了政府街、林场路、新开路、新开丁字路、建材街、二中路、西沟路、乡镇局路、粮局路、新安花园路、老纤维板厂巷道及 309 国道两侧 12 条街巷道，沥青混凝土罩面 24777.26 平方米；更换路沿石 6844.14 米；修补坑槽 7164.8 平方米；硬化路面 4123.02 平方米；更换彩砖 1346.6 平方米；新换下水道 68 个；处理翻浆 50 平方米；西环安装波形护栏 1136 米，防眩网 949.12 米。2. 在安泽县创卫活动如火如荼开展中，为全面优化城乡公交停发车场地，局党组成员和运管所相关人员在县创卫办的大力支持下，对县城周边进行考察、调研，经过大家的努力，把全县城乡公交停车场由原来的大桥头、神南桥头、小桥头 3 个停车点全部集中到县城原老看守所停车场，从而使城乡公交停放成为“安全、统一、便捷、利民”的大好事，从根本上消除了安全隐患，方便了群众出行，也使城乡公交停放更加规范化，为安泽县创卫工作打好了前战。3. 在做好县城主次干道整治的同时，举全体之力做好八片区卫生整治工作，共出动人员 300 余人次，农用车 15 台次，清理死角、生活垃圾 200 余立方米；清理乱贴小广告纸 500 余处，刷新民房墙体 1000 平方米；100 余商户门面房，统一更换门面牌匾 2000 余平方米；彻底刷新祥和小区的门房和车库；清理胡同走廊内煤池、沙池、建筑材料 30 多处；清理街面个体户、门面房、广告纸 300 处；清理路边菜园地 3 户；清除胡同内私搭乱建车库、鸡舍 4 处；铺设水泥硬化 300 平方米。4. 开展汽车站周边环境及客运市场秩序专项整治行动。坚持“疏堵结合、标本兼治、综合治理、依法监管”的原则，采取“政府牵头，部门履职，联合执法，综合整治”的方法，建立健全科学、合理、长效工作机制，改善汽车站广场及周边客运秩序、交通秩序、卫生环境和治安环境，彻底改变乱停车、乱摆摊、乱拉客、乱倒垃圾、乱贴广告的“五乱”局面，进一步净化安泽县辖区内汽车站广场及周边环境，强化客运市场管理，规范客运市场秩序，保障旅客的乘车安全以及广大经营业主的合法权益，为全县人民创造一个良好、整洁、有序的乘车和出行环境，切实提升安泽县城市窗口形象。

【农村公路养护】　公路管理三分建、七分养，采取措施，在建好路的同时，抓好管护工作。在日常养护提质上下功夫，共清理排水渠 15 万余米；道路喷划标线 140 公里；排除第安线、冀沁线、罗和线共计 13 处塌方隐患路段；清除落石渣土 710 余立方米。在集中治理上加力度，结合环境整治工作，举全局之力利用一个月时间对第安线至南湾路段集中清理垃圾 780 余立方，清洗护栏 23000 余米；新挖排水渠 400 余米；修补坑槽 5330 余平方米。在重点养护提速上求实效，冀沁线补坑槽 1200 平方米；罗和线补坑槽 300 余平方米；高交线补坑槽 400 余平方米；冀沁线维修护岸 2 处，处理隐患弯道 1 处，马壁至石槽十字路口两侧硬化 440 平方米，绿化 750 平方米。将农村公路养护真正抓在手上，落实到工作上，坚持建养结合，建养并重，农村公路养护管理纳管率达到 100%，养护好路率 79%，道路养护综合值 75，县级养护道路基本达标，从根本上解决了“重建轻养”“只建不养”的难点问题。

【运政管理】　1. 加强对监管企业的监督力度，对汽车站、场的监督管理，运政执法人员全年驻站监督，确保客运市场规范有序。2. 在城市公共交通上，不断加大城市公交站牌维护力度，对全县 6 个公交候车亭，83 个招呼牌进行了系统维护。3. 在道路运输市场管理上，认真履行“三关一监督”职责，实行“一岗双责”与“四不两直”相结合，责任落实到个人，努力营造“人人讲安全，事事讲安全，时时讲安全”的良好安全工作氛围。大力开展安全生产宣传，在“安全生产月”宣传期间，深入企业进行安全生产法律、法规的宣传，使企业真正认识到企业负责人是安全生产的第一责任人，从而更好地履行企业自身的安全管理职能。同时认真组织开展“全市安全生产大检查”和“平安交通百日攻坚”等安全专项行动，收到了应有效果。4. 在驾培、维修及汽车租赁市场整治上，结合质量信誉考核工作，对全县三类维修企业进行了全面摸底排查，对达不到维修开业条件的企业一律不予考核。为更好地保护安泽县生态环境，根据县委、县政府及创卫办的要求，积极选址对全县维修企业进行外迁；集中对维修企业中具有喷涂作业的业户进行全面整治，要求企业安装“活性炭吸附+光催化氧化脱附组合废气净化系统”，对废气、废机油等维修垃圾进行集中处理，2018 年底此项工作已接近尾声。

【路政管理】 1. 强化执法力度，有效抑制路面扬尘。不断加强公路运输车辆货运源头及路面管控，对造成“抛、洒、滴、漏”污染公路的行为严肃查处，发现损坏路面违法行为 3 起，罚款 4308 元，发现未遮盖篷布车辆 12 辆，现场进行了整改；查处货运车辆不按规定加盖篷布造成抛洒污染违法行为 12 起，教育放行。2. 在营造舆论宣传方面，5 月，开展了“路政宣传月”活动，出动宣传车 17 余台次、人员 70 余人次，发放宣传材料 1000 余份、宣传教育司乘人员达 3000 余人，更好地杜绝货运车辆的“抛、洒、滴、漏”违法现象。3. 在柴油货车和散装物料运输车污染治理专项行动中，共派出执法人员 10 人，固定站点 8 人，流动站点 2 人，累计出动执法人员 700 余人。排查辖区内散装物料源头企业共计 17 家，累计联合执法检查 70 余次；查处未采取有效封闭措施造成污染的车辆 35 辆，处罚金额 3500 元，对过境柴油货车检测 5500 余辆，劝返车辆 5 辆；查处尾气排放不达标柴油货车 12 辆，配合环保部门检测不合格车辆 5 辆；现场检查中发现排放不合格且未按照规定加装、更换污染控制装置的车辆 5 辆，有效地遏制了不达标车辆排放尾气污染环境现象。

【治超工作】 1. 对政府公示的 17 家货运源头企业进行摸底排查，宣传政策法规，明确企业治超主体义务和责任，提高企业治超相关人员自觉履行治超义务的主动性。2. 强化主要道路口的宣传，在 309、326 沿线包括县乡道路上树立悬挂超限超载宣传条幅和标语 50 余条，给公路沿线的货运车辆车主和广大人民群众发放宣传资料 1200 余份。从而形成了全社会都来关心关注和支持治理双超的良好环境，有效遏制了辖区内超限超载行为发生。

【扫黑除恶专项斗争】 按照县委统一安排，召开扫黑除恶动员会，制定实施方案，成立以局党组书记、局长为组长，副局长为副组长，各科室负责人为成员的领导组，对工程领域、道路运输领域、行政执法、超限超载治理、生态环境治理等领域开展宣传工作和开展认真细致的线索摸排，深入各客、货、维、驾企业进行扫黑除恶线索摸排，每月不少于2次。共悬挂条幅70余条，发放宣传单、告知书500余份，张贴通告50份，出租车滚动播放标语1100余条。按照“有黑扫黑、有恶除恶、有乱治乱”的原则，深入排查线索问题，通过强势宣传，细致摸排，形成高压震慑，深入推进了扫黑除恶专项斗争工作。

【安全生产监管】　严格落实“一岗双责”制度，不断强化安全生产监管，严格执行公路巡查制度，定期对管辖道路及桥梁进行检查，确保道路安全畅通。在各节假日特殊时期，组织执法人员开展安全检查，确保不出现任何安全问题。组织参加安全生产月等活动，通过现场咨询、发放资料等形式宣讲安全生产知识。2018年，累计出动执法人员200余人次，督导检查45次，检查运输企业78家，客货运车辆、出租车辆500余辆次，发放宣传资料1000余份。

【政治理论学习】　坚持以习近平新时代中国特色社会主义思想为统领，全面学习贯彻落实中共十九大精神，深入推进“两学一做”学习教育常态化制度化，深入推进“强化责任、严守纪律、树好形象”专项治理活动。局党组以上率下，认真组织全体人员利用周一“学习日”开展政治理论学习，形成上行下效、整体联动的良好效应。2018年，局党组集中学习10次，干部职工集中学习40次。

【党风廉政建设】　局党组始终将党风廉政责任制作为反腐倡廉的有效载体，始终把各级党员干部对党风廉政建设的思想认识放在首位，严格落实党风廉政建设责任制，强力推进廉洁从政各项规章制度的落实。局党组把党风廉政建设工作纳入了全局工作的重要议事日程，在强调中心工作任务的同时落实了廉政责任制，坚持经济任务和党风廉政两手抓，年初与各科室全部签订了年度党风廉政建设目标责任书，做到层层定任务，层层抓落实，认真制定年度《党风廉政建设和反腐化工作要点》和《党风廉政建设和反腐化工作暨惩防体系建设任务分解表》。1. 统一认识到位，凝聚思想到位。2018年，局党组共召开了3次会议专题研究党风廉政建设，积极传达学习上级党风廉政建设工作会议精神和相关要求，并结合自身实际提出贯彻落实意见，切实把党风廉政建设任务落在实处。以“三会一课”为载体，不断把“强、严、树”专项治理活动引向深入，坚持从严从实，坚持问题导向，加强学习教育，狠抓整改落实，真正做到政治上讲忠诚、思想上知敬畏、行动上守规矩，全面引领交通各项工作走在前列。2. 以“两学一做”教育常态化制度化为抓手，从集中性教育向经常性教育延伸。2018年，将开展“两学一做”教育常态化制度化工作作为加强党的思想政治建设的重大政治任务，坚持学做结合，突出问题导向，强化整改落实，更好的发挥了“关键少数”示范带动作用，用有效制度机制推动领导干部以身作则、当好表率，带头旗帜鲜明讲政治、带头强化党性修养、带头严格自律，切实做到忠诚干净担当。精心谋划，组织党员职工深入学习领会，把党章、习近平总书记系列讲话、治国理政、中共十九大会议精神等作为“两学一做”学习教育的重要学习内容，通过集体学习、分散学习、党员领导干部带头领学帮学、组织党员干部观看警示教育片、举办廉政教育专题讲座、专题讨论等方式，形成廉政教育的长效机制，更好的发挥了“关键少数”示范带动作用，用有效制度机制推动领导干部以身作则、当好表率，带头旗帜鲜明讲政治、带头强化党性修养、带头严格自律，切实做到忠诚干净担当。以示范教育和警示教育，促使广大干部职工廉洁从政，提高全体党员干部拒腐防变能力和廉洁自律意识。在学习的同时引导广大党员职工把“学”与“做”结合起来，引导党员干部以学促做、学做结合，把学习成果转化为履职尽责、服务群众的实际行动。在秋收农忙时节，为确保单位包联村的贫困户秋收工作顺利完成，10月23日，局领导班子组织单位在岗职工深入马壁村贫困户的田间地头帮助贫困户抢收“秋粮”。不仅为贫困群众解决了当前的实际问题，有效促进了精准脱贫帮扶工作的扎实开展，拉近了与贫困群众间的距离，还引导党员职工发扬吃苦耐劳、勇往直前的精神，让广大党员职工在工作中，敢担当、有作为，在打赢深度贫困脱贫攻坚这场硬仗中充分发挥战斗堡垒和先锋模范作用。

运输执法

【概述】 山西省临汾交通运输执法局于2010年正式挂牌成立，该分局是实施成品油价格和税费改革后，由山西交通征稽安泽所改制而成。位于山西省安泽县荀乡西大道五里庙。山西省临汾交通运输执法局安泽县分局在山西省交通运输厅授权和委托范围内组织实施交通运输行政执法，围绕重点公路和干线公路的审计监督、围绕加强治超监督、围绕安全生产监督、围绕依法行政开展执法工作，并逐步向综合执法过渡。2018年，临汾交通运输执法局安泽县分局围绕年初市局制定的工作目标和发展战略，在各级领导和分局同志们的大力支持配合下，团结进取，克服困难，奋力开拓，扎实工作，圆满地完成了各项工作任务。

【抓学习、提素质、强队伍】 安泽分局年初制订学习计划，利用每周二、五时间，采取政治理论、法律法规和业务知识相结合，集中学习和个人自学相结合的方式，结合每个阶段工作重点和上级的部署要求，对每月的学习计划、重点内容进行调整完善和充实，开展研讨交流，展评学习笔记，测试学习成效。

【执法监督工作】 2018年，安泽分局以规范交通系统执法行为，以动态监督、日常监督、明察暗访、重点检查为手段，寓监督于服务之中，着力发挥免疫系统功能，努力改善监督环境。开展客运市场专项监督、水路交通安全督查专项行动。全年共向被监督单位下达《行政监督意见书》5份，办结涉及运政、路政案件5件。其中省局优秀案卷2件。

【创建市级文明单位】 按照市县文明办的部署和要求，定期开展文明创建知识和“四德”教育培训，打造楼道文化，开展文明餐桌和网络文明传播活动，大力培育和践行社会主义核心价值观，大力培育交通执法特色文化。全年共开展道德建设活动

7次，学雷锋系列志愿服务活动5次，积极开展“我们的节日”5次、文体活动4次。积极有效推进了文明单位创建活动常态化。

【服务民生实事】 根据安泽县脱贫攻坚工作要求，2018年，安泽分局驻村工作队狠抓产业培育，拓展扶贫产业，为帮扶村府城镇花车村引进中药材小米草，拓展油用牡丹、木耳培育种植。资助贫困户药材籽种、木耳菌种，购置化肥农药，解决贫困户在生产发展中的资金不足的瓶颈，在减轻贫困户负担的同时，保证了各产业持续增产。花车村饮用水供水设备年久失修，为改善花车村引水条件，保障村民引水安全健康，交通运输执法局驻村工作队出资帮扶花车村修缮饮水设施，使村民全年用水得到了保障。2018年，该村已脱贫摘帽，脱贫攻坚任务基本完成，安泽分局将根据县政府要求，贫困户增产增收进行持续巩固。

【党建工作】 安泽分局领导班子自始至终严格落实党内生活制度作为落实党组织领导责任、教育责任、管理责任、检查考核责任、示范责任。不搞家长制、一言堂，坚持“三会一课”。2018年，支部委员会共召开20次，平均每月1~2次，重大事项支委会集体讨论决策，一般事项提前沟通。支部党员大会每季度1次，特殊情况随时召开，及时传达上级文件和会议精神，部署工作。党小组会共召开22次，每月2次，党课每季度开展一次，民主生活会和组织生活会今年已经召开一次（目前正在准备年底再召开一次），民主评议党员一次。支部党员自觉、按时、足额交纳党费，党费由支部组织委员管理，每季度统一上交市局党群部。在发展党员制度上，2018年，分局党支部新增预备党员一名。

公路管理

【概述】 2018年，在分局的正确领导下及当地政府的大力支持下，认真落实分局八届二次职代会和分局党委党的建设暨党风廉政建设会议精神，不断强化党建工作，深入学习中共十九大二中、三中会议精神和习近平总书记新时期重要讲话的思想内涵，以支部建设为统领，不断加强“主题党日”和“三基”建设，扎实开展“不忘初心、牢记使命”主题教育和“奋斗书写光荣”主题实践，狠抓公路日常性预防性工作力度，确保各项基础性工作的正常运行，圆满完成了全年养管工作任务。

【基本情况】 安泽公路管理段担负着国道309线45千米、省道326线53千米国省干线公路的养护管理任务。全段有干部职工83人，在编职工为20人，编外职工63人。段机关规范设置了两股一室一队。段下设五个养护道班和两个路政中队，拥有筑（养）路机械设备17台（件）和700型沥青拌和站一套。

【养护生产】 2018年养护工作以养护管理“八比八看”活动为载体，以精准养护理念为引领，以“高、严、细、实”管理工作为主线，积极开展“畅、洁、舒、安”公路创建工作，努力推进养护管理工作向规范化、标准化、精准化、机械化、信息化方向发展。按照“党性锤炼在路上、党智迸发在一线”主题活动和以县委、县政府创建全国卫生县城为契机，充分发挥党员模范引领作用，实行党员带头包路段，有效保持了路况质量稳定。累计完成：1. 日常养护：疏通边沟 216100 米；整修路肩 57 千米；清扫路面 5360 千米；清理垃圾杂物 2297 立方米；清理塌方 668 立方米；疏通涵洞 109 道；栽植紫穗槐 1 万株；绿化平台剪草 26000 米；备运防滑料 245 立方米；扫雪打冰 1939 平方千米；抛撒融雪剂 64 余吨。2. 路面保洁：完成清扫路面 21438.6 平方千米；出动人员 7600 余人次、清理垃圾 2297 立方米；出动洒水车 75 车次、养护车 500 余台班；路段洒水除尘 740 余千米；清洗沿线设施 200 余千米；清洗标志牌 200 余块；有效抑制了公路二次扬尘现象和改善了路域环境。3. 公路安保设施：补载、更换标志牌 16 套；补栽护柱 360 根；维修、更换护墩 106 个；补载道口标柱 80 根；维修边沟 900 余米；新建浆砌片石边沟 300 米；新增、维修波形护栏 1150 米；粉刷设施 1.2 万余平方米；粉刷路缘石 98 公里；划设标线 28300 余平方米。4. 路面病害处治：全年完成填补坑槽四次 4208.4 平方米、刷油 38656.4 平方米、灌缝 48268.5 米；处理基层 315.8 平方米；5. 养护工程：完成国道 309 线罩面 10.7 千米/74900 平方米；完成国道 309 线六棱块路面处治 200 米/1500 平方米；新建 SA 级防撞护栏 120 米。6. 道班建设：投资 2 万元新建桃园道班应急物资储备库一座，投资 21.5 万元对郭都道班停车区进行改造，对义唐道班料场进行硬化 900 余平方米。7. 冬季养护：积极完善了冬季养护方案和冬季应急预案，成立了领导组，结合路况实际对所辖路段内陡坡、急弯、背阴路段采备了防滑料 350 立方米，并按要求装袋堆放，储备融雪剂 45 吨，确保了冬季养护任务落实到位。

【路政管理】 结合生态环境治理和县政府创建全国卫生县城工作部署，深入开展路域环境治理工作。积极发挥县直部门职能作用，与相关部门开展联合执法活动，对占道经营、乱堆乱放、广告标牌、加水点洗车等影响环境卫生重点予以整治。完成拆除非公路标志 6 块，过村镇路段综合治理 4500 米/3 处，整治加水点 11 处，清理路障 460 平方米，设置路段隔离 1 处。与沿线乡镇、村委、门店签到爱路护路协议书 59 份，下达责令整改通知书 26 份。不断加大公路巡查力度，结合春夏公路沿线群众堆放建筑材料较多和秋季沿线群众占用公路晒粮的情况，强化公路法律法规宣传力度，发放宣传材料 5000 余份、悬挂爱路护路宣传条幅条幅 12 条，书写墙体宣传标语 2 处，出动宣传车 30 余次，沿路所有村庄均张贴了公路法规宣传海报，提升了公路沿线群众爱路护路意识。强化平交道口管控力度，严格管控车辆带泥行驶公路行为，有效防止公路二次扬尘现象。强化路政案件查处力度，收回路产赔偿费 13 万元，路政案件查处率、结案率均达到 100%。积极配合中央环保督导组反馈意见整改工作，联合相关部门重点开展了公路扬尘污染专项整治行动。按照县政府工作安排，自 8 月份以来配合相关部门深入开展了柴油货车及散装物料运输车联合整治行动和散煤污染专项治理行动，联合开展行动 35 次，检查车辆 11697 辆次。

【党的建设】　紧紧围绕全面从严治党“一条主线”，党支部切实发挥管党治党主体责任和严格落实党风廉政建设主体责任，并层层签订责任书，压实责任。认真履行“一岗双责”，不断强化“三基”建设，党支部把“三基”建设作为提高各项工作的基础环节，结合实际认真编制了“一目录三手册”，并做到了人人熟悉岗位职责。认真开展“不忘初心、牢记使命”主题教育和“奋斗书写光荣”主题实践，不断强化学习教育，严格落实学习内容和学习计划，观看警示教育片，认真书写学习笔记和心得体会，通过各项活动向基层的纵深开展，从而引导了职工积极向上、奋发作为的精神状态。扎实开展主题党日活动，按照县委要求认真开展了“手牵手、帮秋收”主题党日活动，组织全段职工对包联村贫困户和老党员帮助秋收。认真落实彻底肃清系统性塌方式腐败流毒影响工作部署，及时对全段职工进行了传达和安排，要求全段职工要以巡视整改为契机，强化责任意识，提高政治站位。认真开展严格落实八项规定和“三重一大”集体决策制度，规范“三公”经费使用，规范招投标、物资采购和公务用车使用管理，严格公务活动纪律和工作纪律，两节期间对车辆进行封存。深入开展精准帮扶和精神文明建设，认真开展了学雷锋志愿服务活动，不断夯实精神文明创建工作。

【廉政建设】　切实加强党风廉政建设，领导班子结合分工认真做好分管工作的党风廉政建设工作，把廉政建设作为突出工作来抓，完善各项廉政制度，强化领导干部的教育监督和廉洁自律工作。认真落实党风廉政建设责任制和《中国共产党党员领导干部廉洁从政若干准则》，严格执行领导干部重大事项报告规定和领导干部收入申报规定。不断推进惩治和预防腐败体系建设，大力弘扬崇尚清廉之风，深入开展“廉政文化进机关”活动，完善工作机制，引导党员干部切实履行岗位职责，认真落实党风廉政建设责任制。加强廉政风险防控和预防职务犯罪工作，所有工程全部提前签订廉政合同，层层签订党风廉政责任书，把党风廉政工作、预防职务犯罪工作和养护管理工作同部署、同落实、同检查、同考核，保证各项责任制的落实。严格执行中央“八项规定”，引导领导干部要正确树立权力观和事业观，坚决反对特权思想，筑牢拒腐防变的思想防线，特别是加强了对关键岗位、关键人员的廉政教育，建立了廉政风险防控体系，梳理了各个岗位容易发生廉政风险和制定了预防措施，全面强化廉政风险防控工作。严格“三公经费”支出，来人接待按标准执行，反对铺张浪费。加强党风廉政监督机制，扩大民主监督的范围，坚决制止大操大办歪风，严格责任追究，进一步增强了党员领导干部责任意识和自身修养。

【安全生产】　在安全工作中始终坚持“安全第一、预防为主、综合治理”的方针，面临养管路段危险路段较多的实际情况，不断加强国省干线公路安全管理。认真落实安全生产“党政同责”“一岗双责”工作责任，进一步完善安全生产管理机制，强化公路安全“红线”意识，把安全工作以安全生产责任重于泰山的精神贯彻到各项工作，有力保障了国省干线公路安全畅通。班子都能认真履行“一岗双责”安全责任制，层层签订安全责任书，逐级细化分解目标管理责任指标，落实安全生产责任，形成了全员把安全工作放在首位落实，责任人之间相互督促，齐抓安全的工作格局。不断加强对全段干部职工安全意识、安全操作技能方面的培训，提升了全员安全生产意识。深入开展安全专项整治，全面加大安全检查力度，组织开展了雨季、汛期、应急等专项安全生产工作，对特种设备、机械设备、班站消防、养护作业现场等进行了专项大检查，及时发现并消除各类安全隐患，避免了安全生产事故的发生。完善安全生产责任体系和事故预防控制体系，认真开展公路隐患排查，每月底按时召开安全生产列会，不定期进行安全检查，在每月的养护路政考核中把规范填写巡查日记、生产作业日志等涉及安全工作内容作为主要目标任务进行考核。加强突发事件应对，在应急方面从组织保障、人员装备、交通保障等方面进行了细化、量化，提升了全段应急反应和抢险的能力。

邮　政

【概述】 2018年，深入贯彻落实山西省邮政分公司党组、临汾市邮政党委和安泽县委、县政府的部署要求，切实履行党支部的主体责任和监督责任，加强党的统一领导，严肃党的政治生活，强化监督、主动担当、积极作为，把从严治党的各项任务落到工作全过程。

【组织建设】 2018年4月，对支部委员会进行改选，明确分工，现有支委5名。为进一步促使支部工作更加科学、规范，不断建立健全党建工作制度，强化规范管理。支部始终坚持“三会一课”、组织生活会、讲党课和谈心谈话等制度，从严肃和规范支部组织生活抓起，增强每名党员从严治党意识，增强每名党员积极参加组织生活、发挥党员作用的自觉性。组织全体党员学习研讨党的十九大精神、习近平系列讲话精神以及党规党纪，共组织党员集中学习32次，研讨8次，每位党员撰写心得体会4篇。为弘扬爱国主义革命精神，组织全体党员到红色革命根据地杜村乡小李村开展“重温红色记忆，缅怀革命先烈”的党员主题教育活动。党员活动日组织全体党员观看《铭记初心》故事，在一个个历史故事中感受时代精神，激发党员时刻树立“不忘初心、牢记使命”的意识。通过规范党支部的各项组织生活，2018年被临汾市邮政分公司党委评选为先进基层党支部。

根据市分公司《关于开展“三查两清两深挖”专项自查自纠活动的通知》（临汾邮分纪〔2018〕7号）文件要求，成立检查小组，进行“三查两清两深挖”专项活动，对2017年工会经费、职工食堂费用、三产（后勤）账务管理进行彻底清查、深挖。

【储蓄存款业务】 2018年10月底，储蓄完成804万元，完成全年计划的86.51%。保险收入127.59万元，完成全年收入目标98.15%。短信收入32.69万元，累计完成全年计划的77.54%。

【文化传媒收入】 函件专业全年目标32万元，累计完成17.60万元，完成全年收入目标的55%。报刊专业全年目标67万元，累计完成49.49万元，完成全年收入目标的73.86%。集邮专业全年目标45万元，累计完成28.56万元，完成全年收入目标的63.46%。

【渠道平台收入】 电商专业全年目标12万元，累计完成2.7万元，完成全年收入目标的22.5%。分销专业全年目标47.7万元，累计完成49.67万元，完成全年收入目标的104.12%。

【包裹快递专业收入】 标快专业全年目标18.4万元，累计完成11.65万元，完成全年收入目标的63.31%。包快专业全年目标31.1万元，累计完成8.21万元，完成全年收入目标的26.39%。

【脱贫攻坚】 1. 建章立制，规范工作管理。驻村以后，工作队从建章立制入手，制定了四项工作制度：例会制度。每周一主动参与村委例会，对上周开展的工作进行交流，讨论工作存在的不足，并安排部署下周工作；学习制度。为尽快熟悉各项帮扶政策制度，每天晚上八点到九点，工作队员学习有关的理论、方针、政策，以提高自身的政策理论水平；工作制度。严格按照县里的统一要求，工作队员坚持吃住在村，坚决做到不吃请、不扰民，和群众同吃、同住、同劳动，每月做到天天驻村和请销假制度。切实做到有事请假，不迟到、不早退。

2. 深入走访，掌握真实资料。在未脱贫的26户走访工作中，工作队逐门逐户的了解致贫原因，对当前的生活状况面，面临的困难等，做到精准识别。并为其讲解国家帮扶政策，发放明白卡，为贫困户制定帮扶计划，建立脱贫信心。2018年，工作队前往未脱贫户家中走访累计已达百余次；在已搬迁的28户走访工作中，工作队与村支两委召开党员大会，号召全体党员、致富带头人共同加入走访的队伍，并要求每名党员对已搬迁的帮扶对象每月不少于一次走访，了解搬迁后的生产生活情况，保持时刻关注，确保已搬迁户不再返贫。

3. 结对帮扶，惠及群众。对扶贫工作的重视程度非常重视，将扶贫工作纳入企业党建工作重点计划中。认真研究、督促落实，研究制定一系列扶贫工作规划和实施方案。村情户情的基本情况全面掌握，已进行备案。研究出的扶贫方案充分体现出了因户施策、因人施策，明确阶段性扶贫目标。按照时间与地方党委政府部门做到及时对接，与扶贫点村委会有效融合共同开展脱贫工作。登记扶贫点基础信息，以及扶贫人员工作日志和工作现场，走访部分贫困户，调查扶贫人员在村里每天进行实实在在的蹲点、明明白白谋划、认认真真扶贫。为贫困户发放米面油各28户，梨每户一箱挂历每户一本、暖心门帘每户一条，毛毯每户一条，粉条每户12斤，与村民及村干部上会经常研究扶贫工作和贫困户增收问题，并且对相关材料进行存档，在“五个一批”脱贫工程中，党员个人提供贫困户住院花销，给养殖户提供养殖资料，为其进行技术和材料支持，给老人送冬季保暖衣服、被子，在贫困户住院期间，每两天为其送去食用品，每周进行五天驻村帮扶，建立扶贫工作档案。给贫困人口提供更多就业机会（如采摘青翘、种植木耳、养鸭、养鸡、养猪），为种养殖户提供商品通过寄递渠道发往各地销售。农民每年将卖玉米款存入邮政储蓄200余万元，为金融创收、企业增效让各项业务稳步发展。让工作队陪同7名长期身体欠佳的贫困户前往市爱康医院进行免费体检，为贫困户健康脱贫保驾护航。

4. 创新方式，记录工作点滴。自入村以来，工作队在认真记录好工作日志的同时，创新工作方式，开通了名为《扶贫记》的微信订阅号，将工作的心得，每月的总结，扶贫新闻、政策、知识等内容在平台发布。开通以来，受到单位以及乡镇各级领导的一致好评。

【安全生产】 1. 为确保2018年度安全生产工作目标，于1月16日召开《安全生产工作自查通报及重点工作安排部署》会议，就市分视频会议安全生产工作通报现象及问题进行再次强调与安排；1月23日召开《关于1月18日安全检查问题通报会议及后期工作安排与部署》，会议之后，经理与各部门负责人和6个金融网点支局长分别逐一签订《2018年度安全生产、消防安全、金融案件防控、社会治安综合治理责任书》，并组织大家认真学习了今年的安全工作计划，以“一条主线、四项重点”为指导思想，逐级落实各部门安全生产责任制。将安全生产目标层层分解落实到各个生产岗位，引导全体职工牢固树立“安全第一”的思想，不断提高安全生产意识，从本质上抓好安全工作，使安全工作进一步做深、做细、做实，为实现全年各项生产经营目标奠定坚实基础。

2. 为了找出各网点安全管理存在的关键薄弱环节，有重点、有针对性地开展安全生产工作。结合实际，每月组织支局长和班组长召开一次安全工作汇报会议。每月县分管领导、办公室主任、安全员都会到各网点与班组进行安全检查，通过现场与非现场调阅监控的方式进行随机抽取，按照员工规程掌握执行情况、操作技能、遵章守纪等情况，对每名员工进行考核，形成首问负责制的安全管理机制。还在3月23日的安全周例会上专门成立了党员一对一网点帮扶会议，对安全生产落实情况采取由各生产部门一对一包保的形式，对其存在的问题和不足之处，进行有针对性的整改，直至其达到安全生产工作标准要求。为进一步增强全体职工的安全消防意识，提升安全防护能力，5月22日晚开展了一次全员的安全教育知识培训。

3. 对监控设施、报警设施、灭火器材、自卫器具等基础设施进行更新，为三个城市网点配备了保安人员，进一步提升了网点防范风险能力；严格执行监督检查，加强窗口收寄验视；对投递组充电区域在3月份进行改造，做到一车一插座，并安装定时充电设备，提高投递电动车充电区域安全充电。

4. 定期开展安全隐患排查活动，采取各支局、班组自查，县分管领导不定期重点抽查相结合的方式，加大对各类邮政设施的隐患排查，并下发《安全隐患整改通知书》，做到查出问题，及时整改，切实消除安全隐患，有效避免安全事故的发生。

5. 为切实加强营业网点的安全防范工作，于5月中要求各网点开展了防抢预案演练，使员工从思想上认识安全防范工作的重要性。

移　动

【概述】　2018年面对激烈的竞争与人民群众更高的通信服务要求，安泽县分公司加强党建统领，注重行为培养与细节管控，筑牢风险防控篱笆，紧紧围绕省市公司2018年工作报告与工作部署，以“攻坚克难”的姿态强化各项工作的推进与落实。通过落实“开门红”“红海行动”“流量风暴”“百日行动”等一系列行动，县公司党员与全体员工冲锋在前，攻坚克难，强有力地推进了各项工作的完成。

【规范支部组织建设】　1. 在年初的支部会议上，支部就全年党建、反腐倡廉及纪检工作进行研究部署，为全年支部工作定基调，明责任，定任务。主要内容包括：高举习近平新时代中国特色社会主义思想伟大旗帜，积极学习贯彻党的十九大精神及相关文件要求；学习并践行党章党规、准则条例等各类党的规章制度，严明纪律、明确责任；积极学习落实公司对党建、反腐倡廉及纪检工作的原则、要求与考核方法，组织支部“三会一课”及民主生活会，确保要求到位，执行到位；进一步强化“两个责任”的认知与落实，促进县公司和谐、稳定、团结；进一步落实反腐倡廉教育、嵌入式风险防控及扶贫工作，积极夯实廉洁氛围，履行社会责任。

2. 结合省市公司开展的一系列教育实践及培训活动，县公司支部在提升组织生活质量，加强支部“六好”建设方面持续努力。在参加培训后对照自查，检查提出问题后规范整改。赴侯马党支部学习交流、在微信群进行日常提醒，通过各种方式提升组织生活质量，规范会议流程与记录。经过近一年的努力，目前支部生活质量明显提高，党的理论学习、生产融合、党员意识等方面都取得明显进步，党支部的建设工作进一步增强。

3. 通过支部会议将全体党员的职责及生产经营任务与责任进一步明确，结合“党员积分”及“党员测评”对落实情况兑现考核。使党支部在推动生产经营突破方面发挥了更多更积极的作用，县公司的经营业绩目标进一步提升。

【思想教育与廉洁提醒】　1. 始终保持热度不减、力度不减、投入不减，以支部“三会一课”为主要载体，县支部坚持把强化党员教育学习作为支部重点工作之一，大力加强党员干部队伍学习，努力提升能力素质。从集中学习、书籍及网上学院自学、参加视频讲座等方面对中共十九大精神及相关文件进行系统的学习，全体党员的政治站位及理论水平进一步提升，对中共十九大以来所提出的新思想，新判断、新方略，新部署有了进一步的领会和落实。坚持把“两学一做”学习教育制度化、常态化，积极落实“强化责任、严守纪律、树好形象”专项治理活动，通过与市场经营发展同步融合安排，党员思想进一步解放，为各项目标与任务的达成奠定了基础。

2. 通过支部组织生活对党风廉政和反腐倡廉内容、条例进行学习。通过县支部党工群将纪检监察网站通报的违规事项进行转发，提醒大家引以为戒，警钟长鸣。在2018年各节日中提醒广大党员、员工过节不忘廉洁自律，把好自己的关，把好配偶、子女关，把好亲戚朋友关，过一个文明、节俭、祥和的节日。日常工作和生活中要求全体员工学习榜样精神，严格要求自己，厉行节约、绿色消费、文明过节，崇廉拒腐，营造节俭文明、健康廉洁的工作氛围。在办公用房、差旅费、业务招待费、车辆管理等方面的要求与注意事项通过宣贯会和网上学院学习使管理人员能够做到心中有数。通过有效监督，全年工作及节假日期间，安泽县分公司全体员工都能够自觉遵守党风廉政建设工作的各项规定，没有发生一件违规行为。

3. 落实责任清单、问题清单和任务清单“三个清单”制度。以清单形式细化各项任务，跟踪完成情况；落实“13710”工作法，健全干部日常管理制度，支部书记充分发挥教育、监督、惩处、保护四项职能，坚持抓早抓小，常抓常严，前移监督关口，强化监督合力，确保干部认真履职、规范用权、担当作为；在支部管理方面，切实严肃党内政治生活，严格落实民主生活会、组织生活会和“三会一课”等制度，规范党内生活的开展形式、开展内容和开展程序。认真开展党员组织关系排查、党费收缴专项检查等工作，坚持每月确定不同主题开展党日活动，明确集中学习、党员议事、缴纳党费、工作汇报及讨论等任务，不断增强党内政治生活的政治性、时代性、原则性和战斗性，促进党内政治生活的经常化、规范化和制度化。

【发挥支部战斗堡垒及党员先锋模范作用】 1. 在党日活动的开展上下功夫、动脑筋，创新活动内容，将“三会一课”、党日活动等同文明单位建设、安全生产、市场经营、扶贫等工作紧密联系，推动各项工作量质并举。

县公司的重点经营工作和弱项工作进行党员包片制和负责制，要求党员凡事冲在前，发挥作用在前，切实履行自我担当。对于未履行到位的党员通过支部会议评议和年度绩效否决两个方面追究问责。从全年的经营情况看，党员片区责任和先锋模范作用的发挥对县公司的经营起到了促进作用，特别是在年度县公司两个份额发展的推动作用方面效果明显。

2. 强化责任落实，从严履行基层党建“第一责任人”职责。深入贯彻“抓好党建就是最大政绩”的理念，认真落实党支部抓基层党建目标责任制，切实履行支部“两个责任”，推动支部在保密与法制，意识形态建设方面起到带动和监督作用。各党员通过学习新知识，了解新要求，紧紧围绕生产经营发挥先进及带头作用，推动全县各中心全体人员“争先恐后”的落实责任。

【反腐倡廉及嵌入式风险防控】 1. 紧跟公司一系列活动安排，强化组织提升，确保教育与警示作用的切实发挥。积极参加集团公司 4 月组织的“反腐倡廉月”教育活动，持续推进“两学一做”学习教育常态化、制度化，扎实开展“强化责任、严守纪律、树好形象”专项治理活动，提高全员的廉洁意识与拒变能力。在组织建党 97 周年活动之际，支部组织全体党员到和川沁河庄刘少奇路居红色教育基地学习，提醒广大党员时刻不忘初心，充分发挥党员的先锋模范作用，树立良好形象。

2. 2018年组织全体员工集中或分中心对市公司下发的嵌入式风险防控要求进行学习落实。要求全员对自己的风险点要做到心中有数，并结合自身工作开展自查、整改、提升工作。对于和县公司相关工作有出入的风险点及时收集反馈至分公司主管部门。9月份县公司汇总各中心上报的自查问题，专门召开会议进行了通报，并对今后嵌入式工作的要求和整改时限进行了明确。12月结合市公司各主管部门下发的嵌入式工作安排对整改情况进行再检点、再安排，确保该项工作的真正落实。

3. 县公司根据市公司各专业部门安排及8月底市公司领导调研中抽取部分风险点进行了流程穿越，进一步清晰和了解了各风险点中的要求和注意事项、所在风险。对县公司进一步落实好流程，规避好风险起到了良好的作用。县公司会继续结合经营环境的变化组织好流程穿越工作，确保风险防控工作的时代性、有效性。

【巡视整改】 1. 对于本年度集团及省公司巡视整改工作，县支部思想上高度重视，切实将梳理及整改工作列为党支部首要政治任务进行落实，作为支部重点工作进行提升。县公司先后就支部工作与《2018年度临汾分公司党支部基础工作任务清单》《临汾分公司党委2018年落实党的建设主体责任清单》《临汾分公司2018年纪检监察工作要点》等文件进行对照反思，针对性进行专题学习、研究及安排。全体党员对党支部的薄弱工作有了进一步的认知，有效地推动了整改落实的效率与效果。

2. 行动上紧凑，对约谈提到的问题支部会议安排查缺补漏，全体人员立即开展整改。通过全体学习反思、对照整改等回头看工作，对党的要求和自身差距有了进一步的认识，为下一步提升提供了标准与目标。

3. 借助本次整改工作，支部从“加强学习、提升认知，严格要求、争当表率，敢于发现、善于解决”三个方面对下一步党建工作提出要求。以勤奋的态度学习和掌握党的最新知识与要求，以打铁自身硬的态度落实责任，以主人翁的意识解决县公司存在的各项问题。

【客户使用流量提升工作】 安泽县分公司根据市公司2018年经营工作安排，逐项完成县公司经营目标。全面强化放心用套餐的覆盖，对“四类高危”客户进行精细营销。放心用及“四类客户”营销完成情况均在山区县位居前列。公司2017年通过咪咕视频激发及100M+客户提升工作大大提升了全年流量份额，导致2018年流量提升方面面临的难度更大。为提升流量份额，县公司增强“送流量、加提醒、下应用”的执行力度，通过线上线下全面开展流量激发工作。

【家庭市场发展】 2018年在去年家庭市场大发展的基础上继续夯实拓展，不断提升市场占有率。通过在小区发放宣传单页、张贴海报、悬挂条幅、悬挂楼宇宣传牌、楼层宣传牌、现场营销等方式提升宽带业务的宣传力度；根据收集的小区通讯录、市公司下发的WIFI模型数据开展电话精准营销；同时根据市公司“红海行动”“百日跨越”“万场地推”等一系列活动，对已覆盖区域进行全方面营销。

【重点产品推广】 2018年按照市公司明确的发展主线，以提升收入贡献为抓手，进一步落实2018年集客市场的各项业务发展。借助“红海行动”及“走近集团活动”，全面发挥集客战线队伍的突击力和战斗力，结合不限量套餐打折、云企信网内通话不限量等多种活动开展营销活动，取得一定效果，推进了公司整体战略目标的实现。项目拓展方面，以“清单推进”“项目必争”为中心，持续开展商机挖掘、项目推进等营销工作。

【网络建维】 2018年安泽县公司根据公司安排进一步加快工程建设步伐，提升网络承载能力及设备更新，为县公司市场发现提供新的爆发点。新建4G宏站1座、乡镇汇聚机房2个。传输配套工程施工4.76千米，城域网工程施工21千米。2018年3月开始对全县NB进行替换，6月中旬全部完成替换，网络覆盖及承载能力进一步增强，网络满意度进一步提升。加强网络维护巡检，提升应急响应能力。按要求组织开展重要存量节点站及重要传输干线巡检工作，对跨路、倒杆、歪杆等问题及时处理，防止危险事故发生，有力保障了安泽传输安全。面对安泽全国首届农民丰收节、劳井村森林火灾等突发事件，紧急配合，迅速响应，提供通信保障。

【宽带建设及增值业务】 2018年紧跟公司宽带工程建设脚步，积极配合现场勘察、紧盯施工进度，与市场人员、工程部主管充分协同，确保宽带工程稳步有效推进。增值业务方面，全年紧盯营业务发展、代维资管接单、安装派单、现场安装、资管归档、投诉回访等各个环节，有效确保了市场的发展。

【节能减排】 为降低运营成本，提升价值效益，实现企业可持续发展，通过对电费精细化管理，2018年电费同比下降5%，达到了公司降本增效的预计效果。通过对老旧设备退网下电、不定期上站巡检、节约使用办公用电三个方面来降本增效。特别是从办公用电节能及安全用电方面出发，年初制定县公司制度，要求全体及时关闭用电设备。每日由网络中心检查用电设备关闭情况并进行通报。切实有效推进和落地降本增效方案，将节约意识和提效观念融入日常生活中。

【运营管理】 1.借助每季度财务及安全检查等公司安排，进一步提升基础管理能力，消除风险事项。确保县公司在安全生产、财务及资金管理、资产管理、业务办理、库存管理等方面严格执行市公司管理办法与流程，积极为公司市场经营提供有效的保证。2.开展“强化责任、严守纪律、树好形象”专项治理活动，进一步督促全员转变工作作风，提高应变能力。在活动期间，更加注重员工的日常行为管理，从考勤管理、经营任务攻关、工作作风转变等方面加大对员工的教育和提醒，鼓励和帮助，督导和问责。

每周通过县公司目标沟通讨论会，研究部署县公司各项工作，分班组进行攻关提升。每月根据完成情况严格绩效清单考核。县公司“事事有反馈，件件有落实”“真抓实干，马上就办”“没有任何借口”的理念进一步深入人心，对工作效率的提升作用日益明显。县公司8月份制定并下发了县公司工作目标落地执行细则，从安排，督办，约谈，整改等多方面做出了要求，进一步提升了全员责任意识。

【脱贫攻坚】 1. 派驻工作队在农村开展服务工作，发挥企业的带动作用，积极协助村两委搞好农村经济建设及信息采集工作。2. 落实集体经济发展职责，协同乡政府，村两委积极落实连翘扶贫项目的实施情况。3. 节假日期间开展送温暖帮扶工作，组织“手拉手，帮秋收”活动，提升贫困户与包联村的满意度。（柴云青）

电　信

【概述】 2018年在市公司的正确指导和县委县政府大力支持下，在市公司各部门同事的全力配合、协作下，深入学习贯彻十九大精神，盯目标、不放市场，认真履行岗位职责。截至11月底，累计净增移动用户230户，宽带用户327户，高清286户，专线新增13条。

移动业务累计出账用户数1469；固网宽带业务累计出账用户数是1105户；高清达到589户；电话达到41部，专线达到42条。累计出账收入147.2万元，同比增长24.1%，完成全年80.9%，增量收入29.9万元。

【业务发展紧跟公司指导思路】 2018年根据分公司实际情况，以固网宽带发展为抓手，结合公司新业务发展，努力提升用户感知。将宽带发展作为提升公司知名度、美誉度的强有力手段之一。

【明确职责，严格考核】 对一些有混日子思想、不思进取的员工进行单独沟通、绩效辅导，对多次沟通仍无改善的员工根据考核办法进行劝退、淘汰。2018年度安泽分公司依据考核规则，末位淘汰劝退1人。使员工从思想上意识到“今天工作不努力，明天努力找工作”，团队执行力得以大大提高。

【绩效调整，传导压力】 有牵有推，提升员工内生动力：根据实际情况，调整制定县分公司的内部绩效分配办法，体现多劳多得原则。

【执行力提升】 从大处着眼、小处着手，工作上从细节抓起，首先在出勤、晨会考评、个人计划等开始制定规则，严格执行，形成记录，闭环考核，让大家逐步形成好的工作习惯。通过定期集中学习、专题会议、开展讨论等形式传达市公司精神，使员工思想上认识到企业发展和个人价值提升的密切相关。

【主动营销】 根据公司实际情况，外场营销常态化开展：鉴于电信公司在县里用户群体偏少的现状，所有员工全部突出一线，每周进行常态化外场营销。主动走出去增加用户触点，得到了一定的效果。主动对各管辖范围内的渠道多次展开炒店活动，通过炒店增加人流量，吸引用户进厅，为最后的成交奠定良好的基础。

【队伍建设】 常态化绩效辅导，加强安排、布置、业务学习。通过经典案例剖析、具体经营事件实操、轮流培训授课、营销实战套路演练等方式，提高员工个体和团队整体的业务能力，推动业务发展。建设团结协作，积极向上、强业务能力的员工队伍；通过多元化激励政策如：积分制、提成制、认购制、竞赛制激励等，提升团队积极性、竞争性。

联　通

【概述】　2018年，认真贯彻省市工作会议精神，深入落实聚焦创新合作战略，全面推进互联网经营，公司经营业绩持续提升，继续保持行业领先优势。业务收入完成1636万元；2I业务完成3484户；“冰激凌”业务完成3497户；宽带业务完成2535户；移动网业务完成7661户。宽带业务新增用户份额达到23.61%，出账用户达到10121户，累计出账净增577户，完成率达到140.73%，全市排名第五。

【业务发展】　先后开展了岁末年初“冰激凌”突破业务和2I业务争先活动，在经营工作中进一步加强宣传、提升大王卡、“冰激凌”业务知晓率，利用各种阵地加强宣传。1. 在开展2I地推营销活动中，提前宣传通过沃门电子栏、员工微信朋友圈开展宣传活动，并对客户经理集中开展营销话术、营销技巧、拦截技巧、业务政策培训、实施小组PK等，实时通报营销战果，现实管理营销奖励，确保了地推业务的完成。2. 在大王卡发展中，在超市、门店设置宣传台，通过去联通化，突出腾讯形象、统一服务，吸引客户驻足，同时营造热烈氛围，与格格屋合作，举办联通杯篮球赛活动，开展腾讯王卡线上线下活动，使大王卡订单形式规模。3. 在紧盯项目发展，通过大项目引领，加速ICT业务发展，政务钉钉、警务通、WIFI覆盖等大项目签约发展4. 在冰激凌业务发展，通过对冰激凌业务套餐全方位的宣传造势，大范围布局，各大商圈、高速施工地、社区等，使冰激凌套餐实现更好又快的发展。5. 在宽带业务发展中，部署深挖目标行业，策反异网，多渠道进行宣传，使宽带市场得到保有。6. 在流量经营工作中，对业务精耕细作，实施专业维系营销，将用户进行分类分析，针对抵销业务推出全渠道激励政策，促进了业务规模发展。1—12月业务收入完成1636万元；2I业务完成3484户；冰激凌业务完成3497户；宽带业务完成2535户；移动网业务完成7661户。2I产品发展3484户，占比达到47%，其中驻地网、唐城中心、府西街营业厅已提前完成全年计划，其中手厅渗透率开成常态化动作，通报全市排名前列。宽带业务新增用户份额达到23.61%，出账用户达到10121户，累计出账净增577户，完成率达到140.73%，全市排名第五；大村突破共计突破3个千人村，现阶段正在进行2个500人小村突破，2个千人村突破同步进行。

【网络建设】　1. 完成了村村通工程方面。2018年对大黄村、苏村架设了线路，安装了设备，精心组织施工人员抓紧工程进度，于8月份按时完成村村通工程项目。2. 传输方面，新增综治委大客户ATN950B一台，中心局机房新增ATN950B一台，配合工程队对峰火ONT的安装和验收工作，对原北三交ATN950B传输业务割接亢驿ATN950B拆除北三交ATN950B，对马必、郎寨机房S320、红泥寺基站180传输进行下电删除了网管拓扑。3. 数据方面，对亢驿、唐城、和川 ONT 上行中进行扩容，配合工队对唐城、良马、冀氏接入点交换机进行更换，保证网络稳定运行。4. 机房整治方面对中心局 OMBF 等跳纤进行整治，OLT 标签粘贴工作；5. 在资源管理方面，对楼宇地址进行修正完成了沃互联小区两达图导入工作。6. 集团客户维系工作方面，完成了公安网金盾 12 个网点的改造，综治委会议 11 个网点开通，配合完成了政府 171 条 OA、143 条公安雪亮工程，综治委 45 个监控网点的开通维护等工作。7. 发挥主导运营商作用，完成了红叶岭旅游节、黄花节中央七台录制节目保障工作。为支撑安泽创建“山水田园城”，做出了安泽联通积极的贡献。8. 配合县创卫办对县城、冀氏镇、马必乡电杆、线路进行整治，组织人员加班加点，加大了县城等区域的线路、设备整治工作，通过近半年时间努力，确保了线路设施达到创卫要求。

【企业管理】　1. 进一步深化落实集团省市公司全面深化改革部署，围绕企业面临竞争形势，加快市场营销体系建设，推行了全生产场景划小改革工作，促进激发基层单元活力改革有效落地。2. 建立了以增收利为导向的绩效考核机制，通过激励体系向小 CEO 充分赋权赋能转变，充分赋予了各基层单元当家作主的权利与能力、员工活力得到了大大激发。3. 开展效能建设工作，建立了岗位责任制、服务承诺、首问负责制、限时办结制、AB 岗制、一次性告知制、工作计划规范管理制度、“13710”工作督办制度等效能建设八项制度建立执行，在 8 月份县上组织的督查中得到好评。4. 加强企业安全生产工作，加大监督检查力度，每月坚持一次安全检查，每逢节假日期进行一次大检查，认真落实安全责任制，进一步加强安全防范化管理，强化安全防范措施。5 月份还邀请太原政安消防科教中心进行了一次知识讲座和消防演练一次活动，8 月份市公司安全领导组和县发改局每月检查中对我公司安全工作取得的成绩予以肯定。使安全工作得到加强。

【企业综合素质】　1. 党建工作取得新成绩。推动了公司各项工作的开展推动了党员学习热潮。推动党支部组织力提升，加强了公司基层党组织建设，坚持“三会一课”制度，狠抓基础资料建立，加强党员学习教育，完善支部各项制度，狠抓了支部改选、支部生活会、党员亮身份树形象、支部创建等工作，运用互联网手段推动党建工作的开展；组织党员开展到太岳行署旧址参观学习，组织党员、职工观看“厉害了，我的国”等教育活动；加强精准扶贫工作，公司坚持选派工作队员进驻秦必村帮扶工作，协助村委开展了党员帮扶，环境整治、森林防火、河道清理及贫困户帮扶等工作，使帮扶工作取得了一定的成绩。开展了彻底肃清腐败流毒影响工作，召开了动员会，制定了活动方案；开展了反思活动。学习研讨、警示教育，对照反思等活动，使活动取得实效。2. 从严治企责任得到落实。切实履行主体责任，认真学习新的“纪律处分条例”、“准则”，严格执行“三重一大”制度，强化纪律意识，从严管理各项工作，持续开展廉洁防控工作，查找发现管理缺陷，对重点部门、重点岗位、重点环节加监督检查工作力度，严格执行中央“八项规定”、“中国联通20条纪律、12条禁令”、员工处分规定和市公司9条纪律等规定，坚持每月一次警示教育，每次支部会都研究党风廉政建设工作，自觉落实党风廉政责任制置于领导班子集体和全体员工监督之下，2017年未发生一起违反党纪政纪案件。3. 职工素质稳步提高。加强混改思想教育，深入宣贯集团混改精神，深入学习贯彻习近平新时代中国特色社会主义理论和中共十九大精神，落实上级全面深化改革决策部署的具体要求，增强了广大员工改革的紧迫感和责任感，让广大员工在混改中增强了持续健康发展的活力。开展了“弘扬劳模精神，建设五新联通”为主题学习宣传活动，通过学习，使员工以劳模为榜样，在公司加快发展“五新联通”的征程中建功立业。坚持每月一次业务培训，每天一次晨会制度，使员工业务素质大大提高，适应了当前企业发展的需要；组织开展了集团查处的一起官僚主义形式主义案例大讨论、联通员工违纪违规行为处分规定等学习讨论活动，使公司各部门、各专业加强了作风建设。4.“强严树”活动取得实效。去年按照县委和市公司部署，公司认真开展了“强严树”专项活动，召开了动员会，制定了方案，按照三个阶段要求，按部署、分阶段开展了各项活动，使公司纪律作风得到转变，推动了各项工作的开展，使活动开展的有声有色，并取得了阶段性成效。5. 创建国家卫生县城成效显著。2017年按照县创卫办安排，积极开展创建国家卫生县城活动，组织员工坚持对责任区光华巷卫生清理工作，清理地面垃圾100余处，粉刷墙面310平方米，清理小广告100余处，发放创卫宣传单100份，清除炭池8处，除杂草50余处，同时，还对本单位创建机关花园式单位进行整治，粉刷公司大门道，院内墙面等，还加强了通信线路、电杆迁改，使线路达到美观、整洁。

商贸

招商引资

【概述】 2018年，在县委、县政府的正确领导下，紧紧围绕安泽县“1142”工作思路，依托安泽县生态优势、资源优势、区位优势和唐城工业园区产业优势，主动适应经济发展新常态，按照年初确定的工作目标和工作实际，不断提升招商引资工作水平，全县招商引资引进项目10个，总投资102.9亿元，完成目标任务的102.9%。2018年落地并开工项目4个，计划投资额18亿元。

【目标任务完成情况】 2018年全县招商引资引进项目10个，总投资102.9亿元，完成目标任务的102.9%。分别是：1. 安鑫煤业永乐区块煤层气勘探项目，总投资3亿元；2. 永鑫煤焦化三期焦化建设项目，总投资50亿元。3. 太岳焦化200万吨焦化建设项目，总投资25亿元；4. 中石油煤层气开发项目，总投资9.5亿元；5. 安泽南区块煤层气勘探项目，总投资3亿元；6. 井泉中药材产业项目，总投资3亿元；7. 永乐区北块煤层气勘探项目，总投资2.5亿元；8. 安泽绿地开发项目，总投资2.1亿元；9. 县域发展365天展销超级平台项目，总投资2.8亿元；10. 连翘高值化开发项目，总投资2亿元。

2018年落地并开工项目4个，计划投资额18亿元。分别是：1. 中石油煤层气开发项目，总投资9.5亿元；2. 安泽南区块煤层气勘探项目，总投资3亿元；3. 永乐区北块煤层气勘探项目，总投资2.5亿元；4. 井泉中药材产业项目，总投资3亿元。

【加强领导，完善机制，抓好工作落实】 县委、政府始终高度重视招商引资工作，把招商引资工作纳入全县目标管理考核的重点内容，不断完善招商引资领导协调机制、部门责任机制和跟踪服务机制。县委、政府主要领导亲自组织，亲自参加重大项目洽谈，亲自协调解决招商引资工作中遇到的难题，实行专人跟踪服务，加强项目督查、督办，提高质量，加快进度，强化招商引资工作的考核督查，确保招商项目的顺利实施。

【太原市安泽商会揭牌暨招商引资签约大会】 2018年1月31日，安泽县自主举办的“荀乡·乡思乡忆——太原市安泽商会揭牌暨招商引资签约大会”在太原隆重举行。会上，县长牛庆国介绍了安泽县如火如荼的发展趋势，丰富的自然矿藏、优美的自然景观、天然的连翘基地。高速、铁路等交通基础设施的建设，将彻底打破制约安泽经济发展的瓶颈，安泽将迎来更加辉煌的发展。

签约仪式上，涉及安泽未来发展最有潜力的煤焦、药材等9个项目成功签约，总投资100多亿元。太原市安泽商会的成立和多个项目的成功签约，必将为安泽经济“高质量发展”注入新的活力。

【招商活动】 坚持走出去，请进来，积极参加各种形式的招商活动。以市政府组织的系列招商活动和市局组织的大型节会为平台，积极开展小分队招商，坚持走出去；通过举办招商项目推介会、专项招商活动，大力宣传安泽县优势，捕捉企业战略布局、投资动向，邀请一批优质企业到我县考察，加快引进一批污染少、能耗低、技术新、贡献大的大项目、好项目；依托现有招商引资企业优势，积极开展以商引商，扩大信息资源，采取“上门推介、邀请考察、异地会晤”等方式开展招商。

全力以赴做好“走出去”工作。今年以来，县委书记李强、政府县长牛庆国高度重视招商工作，亲自赴外参加招商活动和考察项目。先后参加了能博会、临汾市（北京）招商引资推介会、临汾市（晋都曲沃）招商引资推介会、临汾市（尧都）招商引资推介会、临汾市（襄汾）招商引资推介会、临汾市（侯马）招商引资推介会、洪洞招商引资签约仪式等招商会，会议期间，充分利用各种平台，广造声势，积极组织对外洽谈和交流，进一步扩大了安泽的知名度。实地考察对接了中国联合网络通信集团有限公司云政务、智慧城市管理项目、南京医药股份有限公司中医药生物萃取项目、晨光生物科技集团股份有限公司中药材深加工项目、上海东方龙商务咨询有限公司委托合作招商项目、中国第十二冶金建设有限公司融资、代建合作项目、河北金沙河面业有限责任公司三产融合项目。听闻了关于园区建设和企业经营、管理、发展等方面的详细介绍，并就新型工业园区建设、医药产业发展和生物制药等方面，与考察地进行了富有成效的学习交流和沟通对接，捕捉到一批有重大投资意向的项目信息，目前正在全力跟踪。

想方设法做好“请进来”工作。先后邀请了中粮海优、中国网库、碧桂园集团、河北建投集团、山西古冶集团、北京京新新能源、安徽井泉集团、武安泽丰农业科技公司等十余批次企业代表来安泽考察投融资环境、洽谈合作，多个项目达成了合作协议，一批有投资意向的项目得到了有效推动。

【产业链招商】 发挥优势，优化模式。依托现有产业基础，实行产业链招商。“立足煤、延伸煤、超越煤”，安泽靠煤不唯煤。立足安泽县煤炭资源丰富且多为优质主焦煤的优势，进一步延伸煤炭产业链条，增加产品附加值，逐步将唐城精细煤化工业园区打造成以煤焦产业为主、高附加值产业为辅的综合性工业园区。

【资源招商】 发挥药材资源优势，实行资源招商。以“绿”色产业为主，充分发挥安泽县野生连翘产量大、知名度高并通过国家地理标志产品认证的优势，用好“安泽连翘”金字招牌，千方百计地引进更多制药企业落地安泽，实现安泽县各类药材就地深加工，切实增加药材产品附加值，努力将资源优势转化为经济优势，全力打造国家级连翘加工基地和现代生物医药产业园区，让全县的绿色宝藏成为富民强县的有力支撑。

【旅游招商】 融合自然人文环境，实行旅游招商。充分发挥安泽县自然环境优势和荀子文化、红色革命文化等人文底蕴优势，结合安泽县建设山水田园城、精品旅游县的宏伟目标，利用安泽县三市交界的区位优势，依托建成的山西中南部铁路、在建的长临高速和拟建的安沁高速等便利交通设施，积极引进旅游开发方面的企业项目前来洽谈合作，共同开发安泽县自然景观旅游区、人文景观旅游区、红色革命旅游区等旅游项目。

【政策招商】 创优招商环境，实行政策招商。要突出优化招商引资环境，加强服务，以优质服务促进投资环境的改善。在提高办事效率的原则下，执行好有关程序，简化审批手续、减少办事环节、履行服务承诺、提高服务效率，为充分发挥招商环境对招商工作的巨大作用；积极协调相关单位修订完善《安泽县招商引资优惠政策》，力求在政策上有特色、有含金量、有操作性、有比较优势。同时，不断借助传统媒体和新兴媒体力量，宣传安泽优惠政策、基础条件和发展前景，营造浓厚的亲商、安商、扶商、富商的氛围。

供销合作

【概述】 2018年，深入贯彻落实中共十九大精神，积极落实上级社及县委、政府的决策部署，紧紧围绕供销社综合改革这一核心，改革创新、不断完善为农服务体系，着力拓展经营服务范围，加快电商网络体系建设，在服务安泽县农民生产生活、促进农民增收致富、实现乡村振兴战略中发挥了独特作用。截至10月底，全系统销售1585.9万元，比上年同期1297.5万元增加了22%。其中：销售肥料1500吨，比同期增加了11%；氮肥700吨，同比增加了27%；尿素200吨，比上年同期增加了33%；磷肥600吨，与同期持平；销售复合肥200吨，与同期持平。

【综合改革工作】 自供销社综合改革工作开展以来，得到了省、市社和县委、政府各级领导的精心指导和大力支持，今年年初出台了《安泽县供销社综合改革实施方案》，对改革任务做了具体的部署安排，任务具体分配，责任落实到人。县社先后出台了《项目管理办法》《专项资金管理办法》《社有资产管理制度》等一系列具体的管理措施，在综合改革工作中得到了安泽县委、政府的大力支持，在开展农村电子商务工作中，大力扶持农村电子商务公司，县财政扶持资金330万元，与省农芯乐公司开展投资合作，新注册成立了安泽县乐农网络科技服务有限公司，公司各项电子商务业务正在有序、正常实施。通过各级领导的支持，综合改革各项工作都有很好的成效。

【农村电子商务工作】 整合农村商业资源，以安泽县105个农村便民店为载体，与省农芯乐实现有效对接，业务上通过供销大集，集中配送，集中销售，大大降低了成本，打通了农村最后一公里。2018年10月底，网上购销额累计完成177余万元。价廉物美的商品，快捷及时的配送让老百姓得到了实惠，感受到电商带来的好处。进一步完善了农村电子商务物流配送体系，围绕工业品下乡、农产品进城和农村电商综合服务需求，整合社会物流资源，依托“农芯乐”网络服务平台，通过围绕县级电商管理运营服务中心和村级体验店设立农村物流专线，构建县级服务中心为中转、仓储、分拣中心，村级体验店为配送末端的农村物流配送体系，有效解决县域到村物流的“最后一公里”难题。积极与农村特色产业合作社合作，参与安泽县供销社有机农作物示范基地（有机蔬菜、红谷米、糯玉米）、安泽县野生羊肚菌种植实验基地、安泽县野生连翘精细化孵育基地建设，发挥电商优势，在“农芯乐”商城销售推广我们自己生产、培育的有机产品。在“农芯乐”商城开展农村特色产品销售活动，依托村级体验店，农村合作社和土特产加工企业，把农村特色农产品包括红谷米、面粉、熏醋、小杂粮、煎饼以及和川的孔旺水和大曲的纯净水等挂到网上，进行宣传销售，虽收效甚微，但对特色农产品走出安泽，销往全国提供了销售平台及宣传渠道。积极开展贫困村电商人才培训，有力推动了电商扶贫进度。供销社农村电子商务公司共先后20次共组织了1000余人参加了电商人才培训，培训对象主要是有意愿从事电商的建档立卡贫困户，引导贫困人口积极参与电商创业或者成为网店从业人员。提高贫困户就业创业能力，实现对农村贫困户从“输血”扶持到提升“造血”功能的转变，为日后节约政府资源奠定了基础。

【农业社会化服务体系建设】 1. 加快农业社会化服务体系建设，提升土地托管及服务面积。根据省、市供销社综改总体要求，创新为农服务方式，扩大为农服务规模，继续发力实施“农业社会化服务惠农工程”。通过流转土地，试种了红薯、有机蔬菜、红谷米、小杂粮、扫帚、糯玉米等农作物。围绕农资供应、精准施肥、统防统治、代耕代种、农机作业、收储加工等关键环节，提供耕、种、管、收、加工、贮藏、销售等“保姆式”“菜单式”系列化服务，为农民提供全要素供给、全产业链服务。2018年累计土地托管4000余亩，服务面积达到4万余亩。

2. 加快惠农服务中心建设。在上级社的任务分解以及县社领导班子研究决策下，新建7个惠农服务中心、43个惠农服务站，并完善了已建惠农服务中心的设施及功能，旨在帮助农业经营主体，降低农业生产成本，提高农业生产效率与效益。完善土地托管、农资供应、测土施肥、统防统治、代销代种等主要功能。使得为农民提供“一站式”服务的乡镇惠农服务中心、村级惠农服务站能够真正发挥作用。

3. 完善庄稼医院功能建设，推进建立农业社会化服务体系。在庄稼医院建设了农资营销队伍、农业服务队伍；突出了庄稼医院农业技术咨询与农作物病虫害防治测报、农业科普知识宣传与农资产品和农机新技术信息推广等公益性功能；形成了定期聘请土肥和植保专家进行田间指导，庄稼医生进行日常维护相结合的运行模式。

【专业合作社发展】 规范发展供销社创办领办的城关“绿洲苑”农产品生产加工、杜村“塬上绿”农副产品购销、参办参股和川“云祥”养殖、和川“博远”黑山羊养殖和杜村“玉祥”苗木种植3个农民专业合作社。投入资金，扶持专业合作社发展，壮大供销社集体经济。其中：城关供销社领办的“绿洲苑”农产品生产加工专业合作社，供销社占股75%，主要生产加工有机小麦粉、玉米糁、玉米粉、红谷米、豆类、野生菌类等有机农产品。杜村供销社领办的“塬上绿”农副产品购销专业合作社，供销社占股70.85%，主要生产加工红谷米。2个合作社将形成种、养、加一体化、产、供、销一条龙服务模式，效益将会实现大的突破，将带动全系统实现跨越式发展。

【农村综合服务社建设】 把农村综合服务社建设放在重要位置，重点做好唐城综合服务社，城关综合服务社，基础设施提档升级工作。1. 唐城综合服务社购置活动设施、制度牌匾，院内公厕改造，聘请常年法律顾问、会计师、经济师等，做到便民服务系列化。2018年已完成全部提升工作，综合服务社服务项目增至9个，服务于当地广大群众，解决了广大消费者购买商品难，住宿、洗浴、饭店、理发、榨油、农业科技咨询等方便了更多群众，法律援助、会计咨询、科学技术推广使农民群众得到更多实惠，帮助农民解决生产生活中遇到的各种困难和问题，真正实现便民、利民、富民和安民。

2. 城关综合服务社拓展经营服务领域，进一步完善综合服务社经营性服务和公益性服务并举的功能。城关综合服务社开展了多种服务，为城中居民提供便捷的服务，帮助农民解决生产生活中遇到的各种困难和问题，真正实现便民、利民、富民和安民。形成了集公益性、经营性服务于一体的服务载体，构建便捷通畅、质优价廉、安全放心的城市消费环境，让居民购买便捷、安全、优质的产品。

【基层社改造】 积极推动良马、马必这两个被撤销了的基层社的恢复重建工作。基层供销社是农村工作的前沿阵地，是提升为农服务水平的平台与支撑。县社领导班子多次深入良马、马必两个乡镇进行实地调研，并深入群众进行走访，了解供销社在当地的群众基础及恢复重建的可行性条件，为推动基层社重建工作铺垫了道路。现在两个基层社新组建完成，基层社乡镇覆盖率达到100%。

【全系统安全大排查工作】 认真开展节前安全大检查工作、打非治违工作、安全生产宣传月活动、安全生产五化一杜绝工作等各项安全检查工作。并以“全覆盖、零容忍、严执法、重实效”为总要求，认真开展安全检查20余次。查出安全隐患15条，其中：一般隐患14条，已整改完成。县社办公楼年久已属危房，由于各种问题，现在还未整改。

【烟花爆竹市场管理】 多次开展烟花爆竹安全专项整治活动，积极配合公安、工商、安监、质量技术等部门进行安全检查，打击非法违法生产经营和取缔不符合安全的产品，严格规范全县烟花爆竹安全经营秩序，坚决遏制和有效防范安全生产事故。同时，不断强化对重点区域，烟花爆竹库区消防设备使用和管理、维护工作，确保消防设施随时保持完好状态。

【食盐安全稽查】 在全县食盐销售点开展一次地毯式排查活动，对发现的臭脚盐全部没收。在食盐储存方面，加大市场监管检查力度，重点检查各项制度执行落实情况、从业人员操作行为和“三个”环节（进货、储存、销售）是否规范等，严禁采购、销售私盐、散装盐、工业盐或其他非盐业专营公司的食盐。

【综合治理宣传月活动】 制定综治预案和平安创建工作实施方案，成立了预防和处理突发事件领导组，全年完成矛盾排查工作11次，全系统没有上访、矛盾纠纷事件。

【机关效能建设】 结合“两学一做”常态化、“强化责任、严守纪律、树好形象”、“扫黑除恶”、专项治理、基层党组织集中整顿等活动，主动适应新常态，积极转变工作思路，结合供销社实际，认真开展了党员干部作风集中整顿自查自纠活动，深入开展学习中共十九大精神，进一步增强了机关全体党员干部的政治觉悟，有效促进了机关效能工作的不断提升。共开展专题民主生活会3次，组织生活会3次，组织学习中共十九大精神41次，党员撰写心得体会48篇，制定个人学习计划15篇，党员承诺12篇，廉洁承诺书15篇。

【主体责任落实】 坚持将从严治党主体责任和党风廉政工作与具体业务工作同研究、同部署、同落实，结合安泽县从严治党主体责任落实工作总体要求，对2018年度主体责任落实工作进行专题研究部署，研究制定2018年度党风廉政工作要点，年初与社有企业、基层社负责人签定了党风廉政建设目标责任书，确保党风廉政主体责任得到层层落实。严格执行“三重一大”事项，从严落实项目落实情况。根据供销社实际情况，开展了对相关科室、相关人员廉政风险点的防控工作，认真做好廉政谈心提醒教育工作，共开展廉政谈心提醒谈话18人次，突出抓好了财务人员、重点岗位、重点环节相关人员的日常廉政谈心提醒教育。

【机关廉政建设】 认真学习中共十九大精神，深入贯彻落实全面从严治党要求，建立健全党建工作责任制，扎实开展“三基建设”，不断纠正“四风”，推动构建作风建设的长效机制。认真开展“两学一做”学习教育常态化制度化，严格落实“三会一课”制度，健全主题党日、党员活动日等制度，组织开展形式多样的党员活动，以开展座谈会、学习会等形式学习先进典型，用先进典型引领干部。观看警示教育片，用反面典型预警提醒干部。组织机关党员干部学习参观安泽县廉政教育基地，并邀请县委组织部、县纪委的相关领导为供销系统全体人员进行专题培训，通过一系列的活动形成了全社共同推进党风廉政建设和反腐败工作的整体合力，做到了警钟长鸣，为供销合作社各项工作的顺利开展提供了强有力的组织纪律保障。

【完善机关各项制度】 对单位各项规章制度重新进行梳理，共重新梳理相关规章制度 21 项，研究制定社有资产管理办法、项目资金使用办法，进一步加强了对社有资产的监管力度，于年初召开了供销系统项目资金和财政资金使用专题会议，对项目资金和财政资金制定出了具体的使用流程，通过严格的审计制度，提高了廉政防线。同时结合供销社工作实际，健全完善了财务管理、物品采购、公务接待、请销假制度等薄弱环节的管理制度。组织机关全体人员开展规章制度学习，进一步强化了用制度管人、管物、管事的工作理念，在机关内部组织开展规章制度落实情况监督检查工作，切实提升了制度执行力。

【机关作风整】 结合“强化责任、严守纪律、树好形象”专项治理活动，针对机关人员考勤、请销假制度、节假日值班纪律等方面进行了检查，对检查中发现的问题及时督促相关股室和相关人员落实整改，对违反组织纪律的同志进行了行政警告处理。通过整改进一步强化了机关干部纪律规矩意识，引导机关干部改进了工作作风、树立了担当有为意识。

【脱贫攻坚工作】 包联村贫困户朱银林已于 2017 年 11 月脱贫，但本着脱贫不脱政策的原则，驻村工作队定期到贫困户家走访慰问，帮助其打扫庭院，并在节日期间为其送去食用面粉和食用油。在驻村工作中，坚持以民为本，深入走访群众，宣讲党的政策；修建水窑，解决群众吃水难问题；修建光伏发电、铁丝厂、停车场等惠民生、创收益的项目；组织了“手拉手帮秋收”活动，为唐城镇三交村贫困户、残疾户群众带去温暖；同三交村两委一起入户宣传扫黑除恶知识、三轮车安全知识、冬季防火知识；帮助村两委完善村级档案；配合村两委迎接各方参观、检查；协助医疗集团为 65 岁以上老人检查身体；日间照料所 11 月起正常运营。

【国卫创建工作】 根据国卫创建要求，成立国卫创建领导小组，精心组织部署，明确责任主体，细化职能分工，强化责任落实，有效推进了国卫创建工作的顺利进行。1. 确定了以安泽县再生资源回收中心为主体，负责废品收购站方面的具体工作，对县社后院再生资源回收站进行了清理整顿，并制定了安泽县再生资源回收体系实施方案。2. 对所包的欣荣巷和单位周边进行了整改，并建立了整改台账，实行一日一报制度，确保了国卫创建工作有序开展。

【巡察整改工作】 2017 年 12 月下旬至 2018 年 2 月上旬，县委第二巡察组对单位进行了两个月巡察，并于 4 月 3 日进行了意见反馈，实事求是、客观公正地指出在党风廉政建设等工作中存在的问题和不足，有针对性地提出了改进意见和建议。自县委第二巡察组反馈意见后，单位领导高度重视，成立以供销社党总支书记、主任为组长，党总支副书记、副主任为副组长，各股室单位负责人为成员的整改落实工作领导小组。要求全体党员干部把做好巡察整改工作作为当前及今后一项重要政治任务来抓，按照党要管党、从严治党的要求，坚持问题导向，将任务分解细化，明确时间节点、牵头领导、牵头部门和责任人，扎实做好了反馈意见的整改落实工作。巡察组反馈意见 11 条，已整改 10 条，正在整改 1 条。整改中，共采取整改措施 39 项，制定和修订制度 4 项，开展专项治理 7 次。

烟草专卖

【概述】 2018 年，认真学习贯彻习近平新时代中国特色社会主义思想和中共十九大精神，全面贯彻落实市局各项决策部署，围绕市局确定的目标任务，安泽烟草全体干部职工紧密联系安泽实际，围绕中心，攻坚克难，集中精力，尽心竭力完成各个阶段的目标任务。全年实际销售卷烟 3280.12 箱，同比下降 7.54%，完成市局下达目标 3288 的 99.76%；销售额 6918.26 万元，同比下降 8.9%；完成毛利（不含税）1676.68 万元，同比下降 9.32%，完成市局下达目标 1604 万元的 105.51%；结构 84.32 元/条，同比 85.60 元/条下降 1.49%，完成市局下达结构目标 83.51 元/条的 100.97%；人均消费量 9.88 条，同比 10.69 条下降 7.58%。

【精准营销】 坚持稳中求进工作总基调，紧扣“精准调控、精准对接、精准预测、精准投放、精准培育、精准服务”，进一步提升精准营销水平。1.经济运行质量较好。2018 年实际销售卷烟 3280.12 箱，其中，一类卷烟销 305.91 箱，占比 9.33%；二类卷烟销售 252.32 箱，占比 7.69%；三类烟销售 1572.25 箱，占比 47.93%；四类烟销售 787.01 箱，占比 23.99%；五类烟销售 359.95 箱，占比 10.97%；无价类卷烟销售 2.68 箱，占比 0.08%。同比下降 7.54%，完成市局下达目标 3288 的 99.76%；销售额 6918.26 万元，同比下降 8.9%；完成毛利（不含税）1676.68 万元，同比下降 9.32%，完成市局下达目标 1604 万元的 105.51%；结构 84.32 元/条，同比 85.60 元/条下降 1.49%，完成市局下达结构目标 83.51 元/条的 100.97%；人均消费量 9.88 条，同比 10.69 条下降 7.58%。从数字反映虽销量、销售额、毛利、人均消费条数都不同程度下降，但毛利、结构完成了市局下达目标，一定程度上体现了高质量发展需要，客观上也贴近了安泽市场实际。

2. 自律互助小组建设有序推进。按照市局方案部署要求，自 5 月 14 日从宣传到启动，积极开展零售客户自律互助小组建设。截至 12 月底，自律互助小组 20 组已全部启动完成（城区主干道 5 组，城区 2 组，乡镇 9 组，农村 4 组），已纳入小组成员 294 户，占辖区总户数（354 户）的 83.05%，其余偏远零散客户，已全部宣传到位，并签订承诺书，全面纳入自律互助小组管理。同时，持续巩固零售客户自律互助小组建设成果，维护卷烟市场良好秩序。强化引导，将帮助客户算账、引导客户守价，纳入客户经理日常服务的首要内容，每季度向城区、乡镇客户发放并讲解盈利率情况对比表；交流沟通，城镇客户由客户经理集中宣讲，讲政策、讲形势，由规范经营意识超前的客户，现身说教，谈感受、谈经验，偏远客户由客户经理上门讲解指导；齐抓共管，采取由客户经理、市管员、小组组长交叉检查，县局市场督查组检查及暗访组检查的相结合的方式，每月进行价格执行情况检查；加强摸排，通过客户经理日常走访，对市场反馈价格执行不到位的客户，建立档案，重点走访，重点检查；营造声势，每季度首月邀请兄弟县对摸排客户进行针对性的暗访，并严格按照奖惩办法进行相应违约品规停供。通过以上一系列措施，确保自律互助小组建设运行质量。

3. 终端建设不断推进。按照“关于推进全市现代零售诚信终端建设的通知”的要求，对目标客户进行逐户摸底调查和评价，选出符合条件的诚信终端客户 23 户，对于评价合格的诚信终端目标客户，客户经理组合入户，根据客户柜台环境、品规数量，合理选择、发放价签盒和标价签，并帮助客户整理柜台、卷烟陈列，确保终端客户价签对应、签盒对应，截至 12 月底，已维护诚信终端客户 23 户。按照要求，通过前期县局筛选 10 户、后期客户意愿跟踪，确定了示范终端目标客户 1 户，2018 年年底，该示范终端客户已建设完成。

4. 社会库存持续优化。客户经理在拜访客户中，了解客户库存结构和库存量，结合当前货源，引导客户订购替补品规和新进品规，确保客户卷烟销售稳定和社会库存优化合理。

5. 市场状态持续改善。安泽县以农村市场为主，消费水平低，四、五类烟市场空缺，由于市局货源较紧平衡调控措施有力及自律互助小组工作的开展，市场价格稳定，综合毛利率在 10%~12%。加强价格督查：县局价格督查组对小组成员进行价格抽查，通过客户填写“零售客户自律互助小组部分品规零售价格督查表”的形式，检查价格执行情况，对价格执行不到位的客户，进行再次讲解和引导，并按照自律互助小组公约进行处理，确保卷烟市场价格稳定。增进客户惜售意识：通过自律互助小组建设工作有序开展，客户惜售意识很强，库存结构优化合理，卷烟周转很快，市局限价品规零售价执行也很到位，零售价格上扬，客户盈利水平提升，经营积极性提高。提升客户盈利：入户指导客户计算毛利率，通过 5 月、8 月和 10 月对比讲解客户盈利，分析盈利提升情况，增强了客户经营信心，提高了客户卷烟经营积极性。

【专卖管理】 紧紧围绕市局工作报告，以目标管理为主线，以量化考核为抓手，以大户监管为重点，持续加大打假破网力度，持续强化非法流通治理，坚决实现卷烟市场秩序的根本好转和长期可控。2018 年累计查处涉烟违规案件 23 起，共查获各类非法卷烟 20.54 万支，涉案金额 5.54 万元。全年量化任务 20.41 万支，完成比例 100.63%；其中真烟案件 21 起、19.64 万支、案值 5.09 万元；物流寄递案件 2 起（均为假烟）、0.9 万支、案值 0.45 万元；罚没款 0.4 万元；涉案卷烟品牌主要为芙蓉王、红河、红梅、延安、红旗渠等；结案率 100%；市场净化率明显提升，保持在 98%以上，为卷烟销售工作起到了保驾护航的作用。

1. 强化市场监管。落实市局“尧风”系列专项行动，采取错时查、相互查、集中查、联合查等方式，加强日常检查，确保辖区守法经营率始终保持在 96%以上。同时，进一步健全完善市场监管快速响应机制，坚决做到露头严查、露头狠打，打出气势、打出声势、打出声威，把“假私非”烟冲击挤占市场的空间压缩到最小范围。

2. 强化案件经营。要对全县七个乡镇交流检查，对城区市场进行不定期检查，对沿边区域良马、杜村等地进行突击检查，不断扩大市场检查的辐射面，又要加强片区联合，紧密协作，联合公安、工商、交警等部门，加大路查路堵，在实战中锤炼本领，提升线索分析能力，强化案件经营。

3. 强化大户治理。明确重心、加大力度，密切跟踪大户货源流向，扎实开展规范大户治理专项行动。对诚信合法大户要维护其合理利益，对一般违规大户要教育在先、查处在后、限期整改，对二次批发、左右价格、竞价销售、扰乱市场、屡教不改的钉子户，以“零容忍”的态度依法严管、坚决查处。

【降本增效】 1. 坚持把精益管理、降本增效作为经营管理的重头戏，明确短板、抓住关键，拧紧螺丝、加强管理，最大限度推动降本增效，围绕精益管理，注重源头管控，促进形成作风简朴、办事俭克、做人俭德的良好氛围，多管齐下做好挖潜增效、提质增效、降本增效各项工作。2. 切实增强安全意识，加强安全值班自查，抓好安全生产管理，层层签订安全生产责任书，压实安全生产责任，有效防范安全责任事故发生。3. 按照省、市局（公司）关于三供一业分离移交改造要求，坚持“因地制宜、强化责任、快速推进”的原则，将家属区水、电、暖和物业管理职能从国企中剥离开来，切实解决了企业负担。

【基层建设】 1. 发挥县局二次考核正激励、正能量、正作用，不断研发县局自身建设。按照市局 2018 年绩效考核实施方案（试行）的通知，制定考核细则，力求客观公正，突出基础工作、注重核心指标、强化工作督查、落实责任追究，发挥县局二次考核正激励正能量正作用，进一步激发全员工作积极性、主动性，确保各项工作指标圆满完成。

2. 以“五好”县局创建为主线，不断加强县局基层建设。安泽县局将结合省市局基层建设工作安排，以“五好”创建为主线，以“双基”工作为重点，研讨交流、取长补短、力促达标。同时，按照省市局部署安排，着手谋划推进“五好”县局创建工作，全面提升干部员工的政治素质、业务能力和工作水平。

3. 继续按照市局要求和地方党委、政府的部署安排，积极协调，努力做好扶贫、党建等工作，以党建工作为统领，着力推进党建工作与业务工作、规范管理、企业文化、队伍建设“四个深度融合”，发挥基层党组织战斗堡垒作用，不断加强县级局基层建设。

石化供销

【概述】 2018 年按照分公司整体工作目标和要求，以销售为中心，制定目标，明确措施，精细管理，灵活经营。在油品、直销、非油品销售、安全、员工队伍建设等方面做了大量工作。根据分公司制定下达的各项促销管理办法以及各种促销活动，为提升销量提供有力保障。通过开展“大干 100 天事先开门红”销售竞赛活动，调动了员工的销售积极性并对市场进行了调研，采取有力措施，努力扩销增量，确保各项经济指标的完成。中石化安泽石油公司下辖 11 座加油站，分布在 309 国道 4 座，326 省道 2 座，城内郊区 1 座，乡下区域 4 座，员工共 35 人。年销成品油在 6435 吨左右，其中：汽油 2579 吨，柴油 3856 吨，市场占有率在80%左右，属系统的中控区。

【零售】 2018年上半年主要受几个方面的因素影响和制约零售进度。1. 安泽县域经济仍处于萧条状态。2. 竞争加剧。安泽县境内有21站2家、东明石化1家、私人加油站3家他们采取赊欠、低价销售、行政强制、冲抵运费、发送礼品等促销手段抢占了一定量的市场份额，对销售（特别是汽油）带来较大冲击；3. 煤焦行业仍不景气，间接导致运输业用油量的减少；4. 工程用油量锐减。县内两大主要工程中油钻井探气和高速路修建工程竣工，柴油需求量大幅减少。5. 运煤专业线国道309、省道326上受山东、河北及长治系统内外加油站柴油低价的影响，固有的部分客户流失。

面对零售市场的严峻局面，积极主动创造性地开展工作，取得了较好的经营业绩。1. 开展重点加油站点对点营销，站长锁定大客户群体，进行一对一的走访，根据用油量实行加油优惠返利政策。对长期固定到站加油的个体客户推荐使用柴油联名卡，保持热线联系，定时回访。通过以上办法，使公司位于309国道线上的三里桥站销量基本稳定。2. 按照上级公司要求积极健全和完善路圈图建设，开展客户走访和排查工作，根据客户用油量的排名，客户从高到低确定由县公司班子分级维护，上门走访系统外客户10家，宣传油品品质，充值优惠等情况，使客户流失现象得到遏制。3. 针对流散客户，以加油量赠返非油礼品（抽纸、卓玛泉水、手套等）的手段吸引司机，向其承诺油品数质量，耐心讲解劣质油品给车辆造成的危害性，吸引用户到加油站加油想方设法增销量。4. 对用油量一次在3000升上的用户坚持小油罐车小额配送送货上门服务，提升销量。5. 积极和县职能部门沟通配合，利用成品油市场整顿的有利时机端掉3个黑加油窝点，净化了市场空气。6. 开展IC卡和油非互动促销活动，提升销量。

【非油品销售】 1. 层层分解销售任务，传递经营压力。严格按目标分解落实到每个加油站，并着重分解重点商品的销售任务。2. 搞好非油商品的要货调进，抓好市场分析，组织适销对路的商品，合理安排站间调拨，优化商品周转率，降低商品库存积压，确保俏销商品不断档，为加油站解决后顾之忧。3. 活用上级公司制定的各种促销办法，开展行之有效的促销活动。4. 在日常巡查过程中，加大对员工促销返利的督查，检查员工是否知道商品返利明细，站长是否严格兑现返利，以此提高员工销售非油品的积极性。5. 落实上级公司组织的微信营销工作，加大员工开口营销。

【管理工作】 1. 加大数质量管理。对加油站的加油机、油罐、进货等进行了拉网式检查杜绝了违规违纪事件的发生。使每名站长树立了红线意识，2018年全年未发生一起违规事件。

2. 与加油站签订了安全目标责任书，建立隐患台账（未遂事故）及应急预案。将风险排查落到实处，每月排查，落实整改，无力整改的及时上报；定期组织消防和安全预案演练，在历次督导检查中注重现场管理，并留下安全检查记录做到事事有记载；在节假日期间，执行领导代班、值班制度，节前对所有加油站进行安全检查，确保加油站正常运营。

教育科技

【概述】 2018年，安泽县有中小学39所，其中：初中4所，小学21所，小学教学点12所，职高1所，高中1所；在校生8432人（其中：小学5258人，学龄儿童入园率99.6%；初中2010人，职高48人，高中1116人，高中阶段毛入学率95.9%）；有专任教师879人（其中：小学485人，初中251人，职高38人，高中105人）；有幼儿园18所，附设幼儿班26个，专任教师99人，在园人数2549人。2018年，在县委、政府的坚强领导下，全面学习贯彻落实中共十九大精神，以习近平新时代中国特色社会主义思想为指导，认真贯彻省、市、县经济工作和教育工作会议精神，落实新发展理念，以“三优”工程为抓手，以“师德师风”为主线，奋力推进“全面从严治党，全面提升教育质量，全面加强机制创新，全面优化教育生态”“强化科技创新”的“四个全面、一个创新”，推动学前教育规范化奠基，义务教育一体化均衡，高中教育标准化提升，努力办好人民满意的安泽教育，建设全省山区教育十强县。

【党组织工作】 2018年，教育工委各支部和全体党员干部把学习中共十九大精神作为首要的政治任务，按照时间表、任务书，通过领导班子带头学、支部组织学、专家讲解学、专题辅导学、个人自学等方式，原汁原味、全面系统、持续深入地学习，达到了多形式、分层次、全覆盖式的全员培训，学习笔记、心得体会、警示教育、剖析材料一应俱全，切实用习近平新时代中国特色社会主义思想武装头脑，推动教育各项工作扎实开展。组织教育工委全体党员300余人，扎实开展了“强化责任、严守纪律、树好形象”专项治理活动，按照时间安排、学习要求，认真笔记、手写心得体会、剖析材料，认真组织落实，以活动的开展推动素质的提升和工作作风的转变。严格落实县委、县政府《关于进一步贯彻落实中央八项规定精神的实施办法》，制定责任清单、问题清单、整改清单，与学校签订了《党风廉政建设目标责任书》。组织开展了“严查借婚丧嫁娶、大操大办敛财行为，严查乱办班、乱补课等行为，严查工作日期间饮酒、形式主义和官僚主义、参赌涉毒性质、滥发津贴补贴等”四种行为。

【队伍素质】 把校长教师队伍建设作为重中之重，放在教育发展的首要位置，开展高水平、大规模强师工程。加强队伍管理，校长队伍扎实开展了“十个一”活动和“校（园）长座谈会”，提升校长队伍管理和服务水平；加强教师队伍业务培训，扎实开展“三优”选拔工程，2018 年县级表彰奖励优秀班主任 8 名，优质高效课 9 节、优秀教研团队 4 个，高考、中考、小考“优秀集体”6 个，先进教育工作者和模范教师 15 名。在肯定成绩的同时大大调动了教师的工作积极性，不忘初心、乐业奉献、团结协作氛围明显加强。积极参加县人大对师德师风的专项评议，于 2018 年 11 月 27 日召开了“县人大师德师风建设专项工作评议动员会”，通过动员、调查、评议三个阶段对全县各学校的教师进行评议，进一步推动师德师风建设。

【基础教育】 把振兴高中教育作为全县教育的关键环节，作为提升安泽形象的重要任务来抓。实施安泽一中标准化建设工程，进一步完善各种功能设施设备；开展“院县共建”、精细化管理，各项工作逐步走向规范化、制度化管理的轨道；面对新课改，组织教师分批次参加人生生涯规划的全员培训，开设生涯规划课程，专人负责，为学生选择课程做准备，完善办公和学习条件，配备教学设施设备，以信息化为支撑，建立走班制校园管理平台，为走教打基础。2018 年，高考达二本 B 类分数线以上的 110 人，达线率 25.1%，再创佳绩。特色发展职业教育：面向市场办学，拓宽发展空间，在原先的计算机应用、化学工艺、汽车应用与维修等专业的同时新开设了美发与形象设计、旅游专业，为服务安泽、发展安泽的全域旅游打基础。紧紧围绕经济转型发展，紧跟市场需求，与当地的永鑫、太岳煤焦化公司合作发展。积极采取措施，加强职教中心建设。加快推进乡镇幼儿园“全覆盖”：和川镇中心幼儿园已完工。马壁乡中心幼儿园财政投资评审已完成，正在进行报建审批。扎实落实免费补助政策：投入 1100 余万元，认真落实县委、政府住宿生膳食补助、交通补助、“五类困难家庭学生”资助等“十二年教育全免费”政策，让群众真正得到了实惠。信息化建设稳步推进：组织骨干教师参加信息技术专题培训和教育资源公共服务平台建设，积极为教育资源公共服务平台提供师生信息，做好平台建设工作。

【家庭教育】 在家庭教育微信公众平台资源共享文章，同时各学校通过座谈会、家长作业、家长教育小报、学校开放日、家长进课堂等形式增进沟通，家长的参与度明显提升。

【校园文化建设】 成功举办了第十九届校园艺术节，并建立了音乐器材、美术学习、象棋围棋、体操体育等兴趣小组活动，充分利用“阳光大课间”、体艺“2+1”、文艺晚会、班级活动等充分展现个人风采，校园文化异彩纷呈。

【教育督导工作】 扎实落实“‘七个一’

工作要求”，加强自身建设，提升业务水平；按照《安泽县学校综合考核指标体系》，从教学管理、学校安全、教学研究、后勤服务、队伍建设五方面量化打分，形成了督导评估报告，力促学校步入正规化、规范化轨道。

【国卫创建工作】 成立创卫工作小分队，保证每天平均有 20 人对片区进行巡查。2018 年已投入 53 万元对教科局、育新幼儿园、职业中学、北门小学内部清洁、墙体粉刷及育英街清洁改造等，保障了片区和单位的清洁卫生。全县各学校广泛动员，积极响应县委、政府号召，安泽二中、城关小学、北门小学及各乡镇中小学走出校园、走上街头，擦栏杆，扫垃圾，撕小广告，制止不文明行为，为安泽的美化、绿化、净化做力所能及的事。在学校，主动承担中小学健康教育的使命和责任；在机关，一起努力争创“花园式机关”和卫生文明单位，营造了整洁、文明规范的学校生活和社会生活环境。

【德育工作】 利用“学雷锋活动月”“敬老孝亲”等主题活动，牢记和践行社会主义核心价值观；在清明节、劳动节、国庆等重大节日开展各项活动，加强了爱国主义教育；各学校在心理咨询室配备兼任教师对学生进行心理咨询和指导，加强心理健康教育。

【精准扶贫】 筛选出 793 名建档立卡贫困学生，全部落实“一对一”接力帮扶。所有帮扶教师从物质上、精神上给予建档立卡贫困学生必要的帮助，增强了孩子们认真学习的信心。建档立卡幼儿贫困学生可免收幼儿管理费，同时优先享受 500 元/生·学期的“贫困幼儿资助”。高中建档立卡贫困学生免除普通高中的学杂费。继续落实教育十项免补政策，惠及安泽学生。护林防火期，检查进山登记，分发“防火宣传页”，并为村里防火队员购买了防火胶鞋、迷彩服，共计 3000 元。进入汛期，多次同村两委、第一书记，制定防汛预案，并检查落实。深入住土房、窑洞的农户家中，查看墙体、提示注意事项、安置困难群众。

【科技工作】 积极推动落实“边远贫困地区、边疆民族地区和革命老区”的“三区”人才支持计划，安泽县瑞达养殖农民专业合作社的肉牛育肥技术、安泽县大木梨原生态种植有限责任公司的中药材种植与加工技术申报和实施了该“三区”人才支持计划。先后在和川镇组织开展了“文化、科技、卫生”三下乡宣传活动，在县十字街开展了“全国知识产权宣传周”活动，在府城镇平坡村金玉种子公司、和川沁河庄村中药材种植公司和养牛合作社、飞岭科技示范园区、职业中学开展了科技宣传活动周活动，进一步推动了科技工作的有效开展。

【安全治理】 巩固完善“一校两制、一岗双责”工作机制，坚持领导包联制度、安全例会制度，不断完善校园安全风险防控、意外伤害协调处理机制。做好“两会”期间的学校安全稳定工作。落实“968”食品安全管理，联合食药监局对杜村乡、良马乡中心幼儿园进行食品安全、档案管理检查指导，对全县各学校进行消防安全、反恐演练检查指导，联合县卫生监督所对全县中小学、幼儿园进行水质监测。开展了“预防溺水”“周末节假日预防溺水提醒”主题教育活动。做好汛期预案制定、物资储备、充实应急小分队、落实汛期值班制度。坚持安全教育进课堂、安全演练不间断，2018年，全县各中小学共进行安全演练160次，每次1万余人。下发督查通知书、检查记录、整改通知书3份。积极开展扫黑除恶专项斗争行动，建立了领导组，制定了实施方案，召开了动员会，发放宣传资料1.2万余份，推动扫黑除恶专项斗争引向深入。（谢刚）

学校选介

·安泽一中·

【概述】 2018年，在县委、县政府的正确领导下，在县教科局的大力支持下，在社会各界的关爱和关怀下，在全体教职工的共同努力下，学校的各项工作得到了长足发展。

【党员队伍建设】 2018年始终把党建工作放在首位，全体党员干部认真学习党的路线、方针、政策，学习习近平总书记系列重要讲话精神，以习近平新时代中国特色社会主义思想武装头脑，积极推进“两学一做”学习教育常态化、制度化。围绕提升教师素质、规范学校管理、提高办学质量这一目标，坚持自主学习和集体学习相结合、理论学习和业务学习相结合、思想认识与实际行动相结合，充分发挥党组织的战斗堡垒作用和党员教师的模范带头作用，有力促进了学校各项工作的开展。

【扶贫攻坚】 2018年由12名党员干部与冀氏镇李庄村12户（21人）贫困户“结对子”，建立了帮扶台账，摸清了他们存在的困难以及急需解决的问题。侯勇军书记兼任李庄村第一书记，带领下乡驻村工作队，长期深入李庄村，严格遵守下乡工作的各项规定，认真做好扶贫攻坚的各项工作任务。全体党员每人捐款100元，为贫困户购买慰问品，全体教职工参加县上组织的“献爱心、送温暖”活动，共捐款6350余元。一年来，不仅多次给贫困户送上米买油、衣服、被子等生活必需品，还在农忙时节帮一些收秋等力所能及的农活。坚持既扶贫又扶志，采取同贫困户面对面交流等方式，宣传中共十九大以来的方针、政策；引导他们树立勤劳致富、创业致富和自强自立的意识。同时，还帮助李庄村搞好乡村旅游，修路；给村委会议室安装电子屏、电脑、打印机、桌椅、文件柜等办公设备。帮助他们尽快摘掉“软弱涣散支部”的帽子，大力宣传“扫黑除恶”知识，做好当地防火、防汛等工作，确保李庄和谐稳定，人民安居乐业。

【教学管理】 制度是抓好管理的依据，落实制度是做好工作的保障。在长期的实践中，学校形成了以领导值班制、全员签到制、上午坐班制、自习跟班制、大周例会制等“五制”为核心的常态化、规范化、制度化的管理模式。

学校在常规教学管理方面主要实行分工负责制，即以分管校长为主的常规教学管理负责制、以教务处为主的教学督导负责制、以年级主任为主的教学实施负责制和以教研组长为主的教学研究负责制，强化班主任管理职能和教务处的监督职能，进一步加强了教研组常规教学教研活动的管理力度。

在抓教学常规管理方面，主要落实好“八项坚持”。即：坚持周一、周三集体备课和周四大教研活动；坚持在集备、上课、批改、辅导、教研活动、公开课、优质课、教案作业检查、听课笔记检查、每学期学生对教师评价十项工作的认真落实；坚持组织好35周岁以下年轻教师参加省、市组织的高三年级模拟考试，本年度共有16名教师获得了成绩优胜奖；坚持参加临汾市高中名校组织的期中、期末考试和五校联考，对比成绩、寻找差距；坚持严肃考风考纪和成绩分析会，将每次考试成绩和分析表发到班级和教师手中；坚持鼓励教师外出培训，2018年，先后共派39人次到临汾、太原、浙江参加培训，邀请师大实验中学特级教师、晋城一中学科备课组长、市教研室专家团队来我校进行教学指导并做了相关专题讲座；坚持开展“三优”工程评选活动，本年度成功举办了第七届优质课赛讲活动，教研组推荐出的15位教师进行赛讲，有三位老师参与县市级优质课评选，推荐英语组参与县市优秀教研组评选。坚持在教师节期间进行表彰。每年教师节对优质课教师、模范班主任、优秀教育工作者、35岁以下专业考试优秀教师等进行表彰。这八项常规教学工作的坚持，确保了教育教学工作的稳步提升，收到了良好的效果。

【德智教育】 针对学生品德教育，学校采取各种措施，1. 充分利用国旗下讲话和班会，对学生进行爱国主义、集体主义和安全教育。2. 不断加强班主任队伍建设，坚持班主任例会制，通过对班级一日三操、升旗、纪律、卫生、班级管理、宿舍管理等各项工作的量化、细化考核，督促班主任强化学生管理，促进学生养成良好的行为习惯。3. 继续开展好每月28日安全卫生大检查，排查安全隐患、治理环境卫生，创建文明校园。4. 加强学生会干部队伍建设，切实提高学生自主管理能力，本学期学校顺利完成了第九届学生会的换届工作，为学生自主管理注入了新的力量。

立德树人是教育的根本任务，全校倡导年级文化、教室文化、廊道文化氛围的营造以加强对学生各方面的宣传教育。学校依法依规对学生校园使用手机和校园网购进行了疏导，学生违规使用手机和网购现象得到了改善。按照《中学生守则》的各项要求，强化对学生的常态化管理，促进了学生良好习惯养成。

学校工作规律性较强，按照学校文化建设总体规划，我校每学期开展一次大型活动，每月一次小型活动。2018年2月26日举办“2018年高考百日冲刺誓师大会”，激发了高三学子奋斗的热情；从4月1日起举办为期一个月的“第八届校园科技文化艺术节”，包括密集型跑步比赛、篮球对抗赛、英语限时作文比赛、校园剧比赛、拔河比赛、大合唱比赛、校园朗读者、舞蹈比赛等丰富多彩的文体活动，充分体现了“注重个性、培养特长，为学生的多元发展铺路”的办学理念；4月4日，举办清明节扫墓活动，增强了学生的爱国主义情怀；4月18日，举办应急逃生演练，增强了学生的安全防范意识；4月28日与县老年书协联合举办“迎高考、抒壮志、圆梦想、效国家”书画展，丰富了校园的文化生活；6月3日晚7点30分，在学校操场举行2018年高考壮行晚会，为高三学子加油鼓劲；10月17日至19日成功举办第十一届秋季田径运动会；11月23日举行“第九届家长、学校合作交流沟通会议”；12月25日，组织全校师生及家长参与助力“王光女子民兵班”评选“2018感动山西国防动员新闻人物”活动。这些活动的开展，提升了学生的能力、丰富了师生的生活、提升了学校的文化品位。

【校园环境建设】 按照县委、县政府的总体部署，积极投身于“国卫创建”活动的各项工作中。学校成立了“国卫创建工作领导小组”并专门设立了“国卫创建工作办公室”负责整个学校的创卫工作的协调和安排，使创卫工作任务明确，层层落实。出台了《安泽一中创建“国家卫生县城”实施方案》《安泽一中国卫创建工作管理制度》，通过不断完善各项制度，使创卫工作制度化、常态化。同时我们还采取了一系列措施加大宣传力度，让广大师生能了解创卫工作的重要性、必要性，并积极参与到创卫活动中来。

具体做法：1. 强化舆论宣传；2. 举办健康知识讲座；3. 组织师生广泛开展爱国卫生、环境保护等活动，多次组织师生走向街头打扫卫生，清理墙上的小广告，为创建卫生县城做出自己应有的贡献；4. 完成了校园围墙外硬化、校园内建筑外墙、围墙以及石桥沟小学对面6个胡同和一中家属院墙面的粉刷等工作；5. 完成了宿舍楼、办公室等楼顶防漏水加盖维修工程；6. 完成操场西南角360平方米旱厕改造工程；7. 教学楼加装饮水设备等。

【安全工作】 1. 建立学校安全工作网络机构，坚持校级领导周一至周五负总责、亲自抓，政教处和值班领导具体实施的安全领导机制，层层签订安全工作责任书，做到“一岗双责”。2. 加强安全教育，增强自我保护意识。利用班会、旗下讲话、电子屏、黑板报宣传等形式对学生进行防震减灾、疾病预防、交通法规等方面安全知识教育。3. 加强安全演练，每学期都要对学生进行防震、防火灾等安全疏散演练，这些演练，使学生掌握自救、互救逃生技能和抵御、应对应急突发事件的能力。4. 加强餐厅管理，严把食品进货渠道，做好48小时饭菜留样，确保师生身心健康。5. 在校园、教学楼道、餐厅、宿舍楼道等安装监控设备，做到人防技防相结合。安全大于天，责任重于泰山，在全体教职工的共同努力下，十年来，安泽一中多次被省、市、县评为“创建平安校园先进单位”。

【廉政建设】 1. 要求党员教师和领导干部认真学习《党章》，学习《中国共产党廉洁自律准则》和《中国共产党纪律处分条例》，积极参加县上组织的法律法规考试。2. 抓好廉政建设，认真贯彻落实中央“八项规定”，进一步树立“四个意识”，增强“四个自信”。从思想上牢筑拒腐防变的思想防线；3. 抓好领导班子思想作风建设和廉洁自律工作，带领班子成员以身作则、严于律己、为人师表，敢于担当。4. 加强教职工队伍纪律作风建设，努力形成“讲作风、守纪律、敢担当、争奉献”的良好风气，推动学校各项工作又好又快发展。

【多元发展结硕果】 近年来，学校发扬“锲而不舍、追求卓越”的校训精神，按照“学会学习，学会做人，为学生终身发展奠基；注重个性，培养特长，为学生的多元发展铺路”的办学理念，坚持“用制度抓管理，向管理要质量，以质量铸品牌，靠创新谋发展”的工作思路。各项工作都取得了显著的成绩，特别是高考成绩连年攀升。2018 年高考参考人数 435 人，达二本 B 类线以上 110 人，达线率 25.3%，比上年提高了 1.1%。

·安泽二中·

【概述】 2018 年，继续全面贯彻中共十九大精神全国教育大会精神，以习近平新时代中国特色社会主义思想为先导，把立德树人作为教书育人之魂，紧扣县委、县政府创建“全省山区教育十强县”的目标，按照县教科局“四个全面”工作思路，围绕学校年初“131”工作思路和“一保障二落实三塑德”工作举措，在“安全保障、课程育人、能力培养、灵魂塑造”上很下功夫。不忘初心，牢记使命，为创建“山区名校，让普通孩子也优秀”而奋力前行，以新时代适合的教育，办好新时代适合孩子学习生活的“新”二中。

学校实行十二轨制，设 32 个教学班，2018 年有学生 1309 余名，在校教职工 170 人，其中专任教师 120 人，学历合格率达 100%，有中学高级教师 16 人，中学一级教师 45 人，中学初级教师 59 人。

【“131”工作思路】 2018 年工作思路总体讲：就是抓好一项工程，出好三张牌，力争一个新起色。“1”——抓好一项工程：按照县上创卫要求，实施旱厕改造，新建了一处可供 1300 学生使用，占地 407 平方米的“水冲式”生态公厕，于 7 月启动建设，12 月被顺利通过检收投入使用，彻底改变优化了校内环境。“3”——出好三张牌：1. 以“四色”诵读为主题的书香校园引深活动，旨在塑造灵魂，凸现校园文化底蕴；2. 以体艺“2+1”为主线的过程性实践拓展活动，旨在培养学生的能力和素质，凸现“教改转型、智慧教研”的教学研讨活动以及人本教育的可塑性；3. 以“三优”创建为载体的业务素质提升活动，旨在变革理念，创新方法，突现教师品牌效应。“1”——力争跻身全市第一方阵。就是“抓好初一基础养成，巩固初二整体成效，细化初三学生激励”的中考目标。2018 年中考，600 分以上优质生达 24 人，占全县的 85.7%，王振宁同学以 679.5 分的成绩位居全县第一；首次达市优质重点学校临一中、临三中人数比上年翻两番，实现优质生人数、达重点统招人数、市优质学校录取人数“三多”趋稳向好的中考成效，创历史最好。

【“一保二落实三塑德”工作举措】 一保就是保安全，坚持所有保障制度不能变；靠“人”抓“人”，第一个人是教职工，第二个人是学生，要靠大家主动作为，自觉革命，按章作为；坚决把安全工作的“一岗双责”落到实处。这是铁的纪律要求，也是守住育人生命红线的宗旨；二落实就是坚决落实“两委会”的主体责任和监督责任，谁主管谁负责，谁的区域有事就处理谁；还有就是大家每一位的“一岗双责”，即工作责任和安全责任、主体担责和相互监督责任，有了事，直接责任就是你的；三塑德就是立品做人，先立品做人再立德树人。即要在制度上规范，又要在行动上践行，还要在活动上提升。

【完善“两个修订”】 1. 班主任补贴实效化考核，不能不疼不痒，要体现真、实、严、细；2. 按德能勤绩考核的绩效办法，要加大工作量权重，要加大按政策办事的力度。要坚决禁止借双休和假日补课、变相补课恶习；要坚决禁止借代课平台推销、变相推销教辅现象。坚决防范体罚或变相体罚学生，坚决防范带有黑恶性质的校闹扰师的事件。

【支部建设工作】 1. 以支部建设为龙头的“三基建设”推进工作。以“支部建设”为龙头，夯实“三基”，充分发挥各类组织和各处室潜能，在常态化、制度化、有效化上下功夫；以“学通、弄懂、做实”为目的，深入学习十九大的精神实质和内涵，把讲政治作为教书育人之魂，提升师德品格，以人为本，立德树人，在培养合格建设者和接班人上下功夫；2. 以师德师风为抓手的党风廉政建设工作。以党风廉政建设为抓手，落实“两个责任”。一靠制度上刚性约束。严格执行中央“八项”规定和反“四风”要求，严守党的政治纪律、组织纪律、工作纪律、财经纪律和生活纪律，按照一《准则》、一《条例》的刚性约束，弘扬求真务实、厉行节约的工作作风，倡导积极向上、团结协作的昂扬正气、强化勇于探索、创新改革的工作锐气，提高党性修养，为人师表的优良品质。上设高压线，即不违法、不违纪；下设警戒线，即不违规，不违德。在全校形成了“爱岗敬业，用心工作”的浓厚氛围。二靠领导层率先垂范。遵照党风廉政建设责任制的要求，进一步落实了工作主体责任。首先是始终坚持“一把手总抓，分管主抓，各系统负责”的工作原则，分层要求，相互连带，一岗双责、全员参与。分别建立完善了《24 小时工作流程责任制》《全体员工“七个禁止”承诺书》《安泽二中“一岗双责”及党风廉政建设工作目标责任书》《安泽二中 2017—2018 学年第二学期教师师德师风考核方案》《安泽二中开展“学守则、提素质、创文明”活动实施方案》《安泽二中关于教育民生领域资金专项整治工作实施方案》《安泽二中关于在全校开展“强化责任、严守纪律、树好形象”专项治理活动实施方案》，公布了监督电话，设立了校长信箱，做到了“有报必查，有访必查，有责必追，有失必纠”。其次是要求大家做到的，校委会成员身体力行。按照班子成员工作分工，一方面要亲力亲为，坚决抓好各系统的责任落实、工作督查、实效访谈，及时纠正工作过程中漏洞、偏差和盲点，杜绝了“送人情、做好人、看表象、不督查”的不良现象。另一方面是班子成员率先垂范，把《准则》立为纵向标杆，把《条例》立为横向标尺，要求在这个“坐标系”中洁身自好，上不负党和组织，下不愧社会和百姓。杜绝了铺张浪费及个别教师乱补课、乱发教辅等不良现象。三靠工作中践行职业操守。针对个别教职工缺乏创新，工作松懈；个别教师变相导购教辅现象；管理松懈，用水用电及物品有浪费现象。2018年具体采取以下举措：每学期都在全体教职工中深入开展“三风”专项整治活动；召开纪律作风建设集体约谈会。只要是发现不良的苗头，两委班子及时进行约谈，把问题消化在萌芽状态；严格落实学校“七个禁止”，不该办的不能办，不该做的不要变相做，有效遏制了“变相体罚学生，变相导购教辅，变相参与赌博、变相假日补课”等不良现象；坚决制止大操大办和“慢作为、等着看”现象，人人承诺，人人担责，公开办事程序，检点事前、事中、事后社会反应，及时予以制止；强化廉洁自律的“归属”感。为使各项整治活动落到实处，学期末对全体教职工进行“师德师风测评”活动，成立七、八、九年级组及后勤和综合五个活动小组，由校委会班子成员任组长，按照“反思剖析、讨论帮扶、公开测评、整改提升”四个环节，扎实推进，严格程序，并将测评结果同评优评职和教师交流相挂钩。这一系列活动的开展，提振了广大教职工的工作自觉性和主动性，有效促进了教育教学工作，保障了一方校园平安和谐。

【师德师风建设】 1.开展“晒教风，亮水平”为主题的“师德师风”演讲赛，所有选手用心声诠释师德，用激情铸就师魂。活动评选出一批年轻骨干，与会教师纷纷表示，受到了一次心灵的净化，得到了一次灵魂的洗礼，将努力做一名有理想信念、有道德情操、有扎实学识、有仁爱之心的好老师。带动了整体教师队伍的自律意识的提升。2.开展师生“讴歌新时代，舞动迎新年”为主题的“中华魂”演讲活动。活动共分为三个篇章，分别是七年级学生励志经典诵读比赛、教师组励志经典诵读比赛、八年级学生韵律操比赛。活动得到领导的肯定和家长的点赞、社会的认可。3.举行“优质课”赛讲活动。比学赶超，争创“三优”。为全面推进课堂改革，充分发挥“老帮青”团队合作精神，在上学期各教研组听评课的基础上，择优推选出骨干教师的培养对象。于本学期初，学校又为他们遴选出帮扶指导的师傅，精心打造，助力成长，最终由14名选手参赛，共同谱写了“高效复习课”的新篇章。（贡俊宏）

·职　高·

【概述】 安泽县职业中学是全县唯一的一所职业学校，占地面积6000平方米，建筑面积6700平方米，拥有一支教学经验丰富的“双师型”教师队伍，学校开设有计算机应用、化学工艺、社会文化艺术、汽车应用与维修、旅游与管理、中医康养等专业。2018年有教职工39人，初级职称10人，中级职称22人，高级职称7人，现有学生42人，5个教学班。2018年，在教科党委的正确领导下，抢抓机遇，乘势而上，全面提升教学质量，拓展就业渠道，实行多元化办学，与永鑫焦化公司、太岳焦化公司、振鑫汽修厂签订了校企合作协议，确保学生知行合一，学用结合，就业率达96%以上。

【党建工作】 为了适应新形势下工作需要，2018年，始终把党建放在重要位置，共讲党课5次，心得体会5次，全体党员植树节植树，清明节到烈士陵园扫墓，到王光墓、太行行署等红色教育基地学习红色文化，全体教职工到罗云村帮扶秋收。通过深入学习十九大会议精神，进一步增强全体党员的党性意识，提高政治洞察力，牢固树立全心全意为人民服务的宗旨和正确的世界观、人生观、价值观以及社会主义荣辱观。本着“干中学、学中干、边干边学”的态度，要求全体教职工利用电脑、书本、报纸等了解专业知识，不断更新知识结构，拓宽知识层面，弥补理论、实践经验的不足，增强工作能力。

【教学管理】 学校牢固树立“安全为根本，教学为核心”的指导思想，不断强化学校内部管理，规范办学行为，加强教师队伍管理，全体教师实行签到制、坐班制。2018年，与振鑫汽修厂签订了实训基地实习协议，并且已有多名学生在该基地进行实习，为今后的招生和学生学习提供了很大的保障。

学校积极开展教研活动，成立听课小组开展听课活动。在普遍听课的基础上，选出三名优秀教师进行公开课教学，并给予奖励。同时学校出资鼓励教师外出参加各种培训。6月份，牛有根老师到青岛参加了培训专家团队建设的国培项目学习，成晓晖、尹晓玲、陈欢等三名老师分别两次到市里、县里参加班主任的培训，另外还有六名老师参加了远程教育的国培项目学习，大大提高了教师素质。

针对学生基础差、底子薄的情况，因材施教，实施分层次教学，提高学生兴趣，使学生学有所获。强化专业教学，从而使学生能够学有所得，学有所用，100%的学生拿到了计算机等级证及学历证书，96%以上的学生都能就业。大力推行产融结合，校企合作等模式。积极组织学生参加国家、省、市举行的文明采风活动。

为了突出职校学生就业能力，学校一改传统教学管理模式，实行了高一学基础，高二学专业，高三顶岗实习或半工半读的办学模式，以便让孩子形成专业技能。

【校园环境】 2018年县委、县政府对职业教育高度重视，县教科局将职业教育工作纳入了全县教育工作的重要议事日程。投资制作标语、版面、美化校园，营造出良好的学习氛围，为校园文化建设创设良好的环境。对学校的环境卫生、校容校貌进行了改造，粉刷了全部墙壁，重新布置了楼道文化。又多方筹措资金对师生的饮用水进行了改造，方便了师生的生活。这些措施极大地调动了广大教职工工作的积极性，使他们能够全身心投入到教育教学工作中去。

【安全工作】 学校将安全工作放在各项工作的首位，坚持安全第一的宗旨，制定了校领导值周制度，中层以上的领导轮流值班，每人一周，吃住在校，保证24小时在岗。保安、门卫配合，空间段衔接紧凑，实行无缝连接，杜绝校外闲杂人员进入，保证学生在校期间的安全。实行“首问制”，坚持“一校两制”“一岗双责”，全体教职工人人有责，人人有权过问，把问题消灭在萌芽中。加强对学生的安全教育，开设安全教育课，定期不定期进行紧急避险演练，对学生家长发放“交通安全教育公开信”，利用国旗下讲话和晨会、班会对学生进行安全教育。2018年，两次聘请校外人员到校为学生进行禁毒、防艾的知识讲座。又配备消防器材，改造用电线路，维护电子监控设备，同时又与公安“110”实行了一键联通；严把食品安全关，建立食品安全台账，坚持饭菜留样48小时。坚决杜绝腐烂变质和不合格食品进入灶房，确保师生饮食安全；及时排查和消除各种安全隐患，确保师生的生命和财产安全，为创建平安校园，和谐校园奠定了坚实基础。近年来，多次荣获县委、县政府“学校安全工作先进单位”荣誉称号。

【学生管理】 学生是学校的主体，是学校的生命，以《中学生日常行为规范》为依据，建立考核制度，严肃校纪，严格管理，每班每天都认真填写教室日志，对每个学生的请假、销假、课堂考勤都登记在册，同时，成立了学生会，共青团等学生组织，机构健全，分工明确，成为学校管理的好帮手。

学校采用多元化，互动评价模式，促进学生多元化发展，使学生的德、智、体、美、劳全面发展，并对每个学生的学习、体质、模范、先进和不足及时登记在册。

【招生就业工作】 始终坚持以服务为宗旨，以就业为导向，加大招生宣传力度，适时开展培训，深入基层学校和中考现场宣传党的惠民政策。由校长挂帅，副校长包片，走村入户进行招生，2018年共招21名学历教育新生，比上一年有了较大幅度的提升。对每一名学生实行信息化管理，严格执行招生资格、招生计划与学生学籍电子注册等制度，确保招生录取结果的真实性。

在就业方面，学校实行多元化办学，走联合办学之路，在2008年与永鑫焦化、2013年与太岳焦化厂签订校企合作的基础上，2018年又与振鑫汽修厂签订了校企合作协议，实行订单培养，即入学就意味着就业，努力实现“进的来，学的好，出的去”的良性循环发展轨道，使今年的就业率达96%以上，并且对就业情况长年进行跟踪调查与服务。（王丽萍）

文化 旅游

文　化

【概述】 2018年是具有特殊意义的一年，是全面贯彻中共十九大精神的开局之年，是改革开放40周年，也是安泽县助力旅发大会、推动文旅融合发展的重要之年。今年，在县委、县政府的正确领导和上级主管部门的精心指导下，深入贯彻中共十九大精神，以开展“文化惠民”活动和提升公共文化服务为主线，以增强文化创新、文化自信为工作目标，全县文化体育事业取得了显著成效。

【免费开放各个场馆】 文化馆、图书馆、多功能厅、体育训练厅、舞蹈排练厅、图书阅览室、电子阅览室、广场、篮球场、多媒体活动室、报刊资料信息查询等场馆项目，全年免费开放，群众可直接入馆活动。各个场馆共接待上万余人次，同时我局坚持“服务第一”的宗旨，将免费开放文化惠民工作落实到实处，使得场馆免费开放有了显著的成果，受到了广大市民的一致好评。

【免费开展各项培训】 1. 图书馆开设公益书法培训班。每周四、周六下午进行书法培训，旨在传播民族文化，弘扬书法艺术，培育书法人才，充分发挥图书馆开展社会教育、传播公共文化的职能，同时为营造“书香安泽”的文化氛围起到积极的推动作用。2. 文化市场组织开展全县文化市场消防安全培训会，邀请省消防专业人员对全县歌舞娱乐场所、网吧、电影院、书店、印刷制品有等经营人员进行消防安全培训，通过培训，各经营单位负责人明确了文化市场经营场所消防安全主体责任、日常防火措施、自救逃生、火灾扑救防范规范等知识，确保全县文化经营场所消防安全形式持续稳定。3. 文化馆开设钢琴、古筝、舞蹈培训。每周六下午进行培训。各种公益性文化培训的开展，不仅为广大热爱艺术的群众提供了优质的服务，丰富了老百姓的精神文化生活，还进一步提高了文化服务水平。4. 开展2018年高考填报志愿公益讲座。由山西省图书馆、安泽县文化局主办的大型高考填报志愿公益讲座于2018年6月9日在安泽县委党校二楼举办。特邀王涛老师（国内著名升学规划专家、高考志愿规划专家、山西省升学规划研究院系列丛书总编、北京师范大学管理学硕士、中国教育学会高考报考学普及工程高级讲师，新浪教育权威认证高考报考咨询师，《山西教育招生考试》杂志特聘专家，CCDM职业规划师，长期从事高中生学业规划、填报志愿以及大学生职业生涯规划、就业指导等相关研究和咨询工作）为广大考生讲解如何正确认识高考报考、科学的高考报考流程和方法、如何避免报考误区及高考报考中各个流程节点风险控制等系列问题。此次活动受到了广大考生和家长的热烈欢迎，现场人数多达300余人。

【开展“同筑中国梦　共度书香年”春节主题活动】　1. 春节前分别在包联村陈家沟村在和图书馆一楼借阅室及二楼阅览室举办“迎新春、送春联”活动，组织并邀请了县书法协会的8位书法爱好者在现场挥毫，为贫困户及老百姓共送出对联1000余幅对联，活动受到广大群众的热烈欢迎，大家既欣赏了名家现场书写，得到名家墨宝，又收到新年祝福。2. 在图书馆一楼大厅举办新春年俗文化展线上线下活动。展览通过历史典籍和近现代名家描述春节的作品，来梳理春节的历史，以及自腊八开始到正月十五期间中国传统的民风民俗文化之魂。并在每个日子配以应时应景的楹联，让大家从书香中品味春节这个中国最为传统、隆重的节日。共展出45块展牌使大家对楹联了解更加深入，期间陆续参观人数约2500余人。

【党建工作】　1. 坚持“定方案抓指导、定目标抓落实、定制度抓管理”的工作思路，在和班子成员共同商讨下，实行局长责任制，层层签订目标责任书，使人人身上有担子，肩上有责任。2. 始终将党风廉政建设作为工作主项，常抓不懈、警钟长鸣，时刻教育党员干部牢记宗旨，严格执行“八项规定”，坚决抵制一切不正之风，按照“五个不直接”和严禁大操大办的要求，共制定、完善制度33项。3. 实行“谁主管、谁负责”“一级抓一级”，每项工作分管领导是第一责任人，具体到各馆校队办，年终根据完成工作情况，实行奖惩制度，对于完不成任务的，追究其责任。

【帮扶工作】　1. 在文欣社区开展“驻区单位共驻共建驻区党员奉献社区”活动，并签订了《共驻共建协议书》，社区根据每位党员的工作性质和特长，安排了合适的服务岗位，每个党员领导干部明确了一名联系对象，并到社区服务中心文化活动室实地考察，做到服务社区，服务百姓的宗旨。2. 派驻下乡队深入包联村陈家沟村开展“精准扶贫”工作，并有工作人员长期驻扎包联村，对贫困户进行了入户了解，并掌握其具体情况，开展了产业、连翘采摘、光伏安装、外出务工、基础设施、实事帮扶等帮扶工作，春节期间县政协副主席与局领导班子一同到杜村乡陈家沟村，为包联的贫困户送上春节慰问品及新春祝福等实事帮扶工作的开展，得到了老百姓的高度认可，也将精准扶贫精神落实到了实处。

【廉政建设】　局党组始终坚持以学习贯彻习近平新时代中国特色社会主义思想为主线，切实把党的建设、廉政建设主体责任扛在肩上、抓在手上、落在实处，全力推动政治学习规范化、组织生活规范化、干部选拔规范化、廉政建设规范化、工作秩序规范化。上半年，把开展“强、严、树”活动融入中心工作，与局各项常规工作结合起来，采取集中学习、个人自学、讨论交流等形式多样的学习活动，统一思想，提高认识，教育引导党员、干部牢固树立宗旨意识，树立群众观点，弘扬优良作风，着力解决“四风”方面存在的问题，始终站稳群众立场，以文化服务民生，让群众文化工作更接地气，切实增强贯彻党的群众路线的自觉性和坚定性。

【文化活动】 1. 举办2018年元宵节“美丽新安泽”社火表演。为充分展示荀乡传统文化，全力打造精品旅游县，山水田园城，进一步提升传统文化影响力，不断丰富群众文化，安泽县举办了社火表演节目会演，形成了县乡村三级同乐闹元宵，红红火火过大年的喜人景象，把荀乡新春佳节的喜庆气氛推向了高潮，为广大群众献上了一道丰盛的民俗文化大餐。2. 3月8日由安泽县妇联和县文化局举办了庆“三八”“助力旅发·舞动安泽”比赛。此次活动的成功举办不仅能够丰富安泽县人民群众的精神文化生活，增加广大妇女的幸福感，更能够带动她们以更充沛的精力和高昂的斗志。3. 为深入贯彻落实中共十九大精神，大力实施乡村振兴战略，助力精准扶贫，4月24日，由临汾市文明办、安泽县委县、县政府牵头主办，县委宣传部、教科局、文化局、卫计局等16个部门联合承办的文化科技卫生“三下乡”集中示范活动在和川镇和川村正式启动。此次活动以“五个一”为主要内容开展：即送一批图书、送一系列服务、送一台节目、送一次慰问、送一场讲座。不仅丰富了老百姓的科学文化知识，还满足了他们的精神文化生活，受到了广大农民群众的普遍欢迎。4. 为丰富全县人民业余文化生活，更好的服务群众，文化局坚持公益电影放映，在特殊节日向特殊人群播放公益电影，旨在宣传十九大精神，弘扬传统、红色文化，增加全县人民的幸福指数、提高老百姓的满意度。在“六一”国际儿童节当天，安泽县文化局、关工委特组织城关小学学生观看爱国主义教育片《红海行动》。这不仅能丰富爱国主义教育形式，向小学生宣传爱国主义知识，激发学生爱国主义情感，更能让小朋友们度过一个快乐且有意义的节日。在九九重阳节当天，组织老年朋友观看电影《智取威虎山》，旨在丰富老年人精神文化需求，弘扬中华民族传统美德，营造尊老、爱老、助老的浓厚氛围。5. 为讴歌党的光辉历程，培育和践行社会主义核心价值观，助力2018年全省旅发大会，进一步满足人民群众日益增长的文化需求，配合县委、县政府和各党政系统，举办了13场消夏月广场文艺晚会。通过丰富多彩的文艺演出，弘扬主旋律、传播正能量、树立新风尚，鼓励和激励全县广大党员干部群众为创建省级文明县城贡献力量。6. 为庆祝首届“中国农民丰收节”，在飞岭村举办“天安地泽·安泽国际河灯艺术丰收节”活动，与广大农民共赏丰收景、共享丰收喜，旨在弘扬中华农耕文明和传统文化，进一步提升农民的幸福感和获得感。7. 为解决贫困户实际问题，同时扎实推进精准扶贫帮扶工作，文化局组织全体党员职工开展“手拉手 帮秋收”活动，帮助贫困户收玉米，将脱贫攻坚的力量用到最需要的地方。8. 举办“梨花奖·我是舞王”大赛，从村级舞王到乡镇舞王到县级舞王层层选拔，7 月县级“舞王”代表安泽县前往临汾参加“梨花奖·我是舞王”总决赛。9. 带领安泽县空竹协会前往临汾参加“新百汇杯”广场舞健身交谊舞比赛获得三等奖。

【组织体育赛事】 1. 举行助力 2018 年全省旅发大会——“美丽临汾”万人健步走暨第二届“春行安泽、低碳生活、走遍荀乡、强健体魄”线上健步走活动，总赛程共计 450 千米（约 75 万步），活动期间共有 208 人参与，有步数记录的参与人员共 158 人，截至活动结束，共有 25 人到达终点。举办此项活动旨在宣传低碳环保理念，促进城市可持续发展，倡导低消耗、低污染和低排放的绿色出行方式。希望大家继续积极参与全民健身，提高身体素质和健康生活。2. 举办“庆‘五一’·助旅发”职工运动会。4 月 19—26 日，由县总工会、县文化局主办，职工篮球协会、羽毛球协会、乒乓球协会、足球协会、钓鱼协会等协办举行了“庆‘五一’·助旅发”职工运动会。此次职工运动会不仅丰富了全县职工的文化体育生活，而且培养了团队协作意识，增强了各部门的号召力、凝聚力、战斗力，同时进一步促进了安泽县职工体育运动的发展，掀起了全民健身运动热潮，为全面推进全县各项事业跨越发展提供了强大的精神动力。3. 为庆祝农民丰收的喜悦，9 月 22 日举办安泽县首届“中国农民丰收节”系列运动会。举办精彩的“农信杯”五人制足球赛和安泽县首届“中国农民丰收节”篮球、足球、羽毛球、乒乓球和门球五种球类比赛。

【全民阅读活动】 1. 在“全民阅读书香安泽阅读会”开展线上活动。上半年开展了“三八”妇女节和“五四”青年节两期专题线上活动，在特殊的节日，用特殊的方式向广大妇女同志及青年朋友送上了节日的问候和祝福。2. 举办“伴你成长”读书会活动。为培养儿童的阅读兴趣，提高儿童早期阅读能力、理解能力和表达能力，获得丰富的课外阅读知识。安泽县图书馆特举办“伴你成长”读书会活动。2018 年共举办了两期活动，1 月 1 日第一期（幼儿版）新年新愿望，活动邀请县幼儿园两位优秀老师为小朋友们带来声情并茂的小故事，并不断与孩子们互动，旨在让小朋友爱上阅读，培养阅读习惯。5 月 13 日第二期“情浓五月天、感恩母亲节”。此次活动，不仅让孩子们了解了妈妈在养育我们时的辛苦不易，而且拉近了孩子与妈妈之间的距离，使孩子在今后的生活中懂得关爱妈妈，学会感恩。3. 开展“引领数字阅读，掀起读书热潮”活动。在 4 月 23 日世界读书日，局领导班子成员及图书馆全体工作人员在县新华书店门口开展“引领数字阅读。掀起读书热潮”活动，通过现场挂条幅，摆放宣传版面、倡议书、经典图书展览等方式，让市民们了解并积极参与活动，受到了广大读者的热烈欢迎，活动现场气氛高涨，参观人数达四百人左右。4. 全民悦读——书香安泽阅读会走进唐王寨景区。10 月 2 日，图书馆到唐城镇唐王寨景区，举办了以“助力旅发 庆丰收”为主题的全民阅读 书香安泽线下阅读活动，几位朗读者清耳悦心的朗读为此增添了一缕别样的书香情。

【文化市场监管】 文化市场是文化事业发展的重要组成部分，在新的形势下，主要从以下几个方面开展了工作：1. 加强日常监管，努力维护文化市场经营秩序。执法队工作人员严格遵守文化市场执法人员“八不准”规定，廉洁公正执法，加强自律，树立执法队良好的执法形象；在工作上切实转变作风，努力做到市场管理日常化、制度化、规范化。每月开展监督检查网吧不少于4次，对歌舞娱乐场所、新闻出版（书店、印刷业、音像制品）等不少于两次日常巡查，并配合市执法大队进行了两次文化市场检查行动，到2018年，共出动检查300余人次。并与文化市场经营单位签订了安全目标责任书，要求文化经营单位制定文化场所突发事件应急预案。以增强经营户的法律意识和安全意识，确保文化市场工作顺利有序推进和落实。2. 以行政审批法规为核心，行政工作有效开展。依法办理文化市场、新闻出版物市场行政审批15件，其中网吧4件，娱乐场所（KTV）4件，新闻出版经营5件，电影放映2件，全面、真实、准确填写业务资料，无任何违法行政收费现象，无群众行政投诉、举报反映行政不作为、乱作为的案件，严格按照规定流程操作，全面、真实、准确填写业务资料。3. 治理整顿校园周边文化环境。我局根据省、市、县统一部署和要求，深入开展了校园周边文化环境集中整治，不断规范文化娱乐场所经营秩序，落实综合治理各项措施，取得了显著的成效，受到了广大群众的一致好评。2018年校园周边文化环境集中整治中，共出动人次20多人次，车次10多车次，共检查互联网上网营业场所12家次；书刊、音像制品店7家次，有效的遏止了校园周边的文化娱乐场所向学生乱伸“黑手”的现象，为青少年创造一个良好的学习和生活环境，确保他们的身心健康，提供了强有力的保证。4. 扎实抓好“扫黄打非”工作。“扫黄打非”是文化市场管理工作的一项重点，根据省、市“扫黄打非”工作领导组的总体部署，结合安泽县实际情况，集中开展了“扫黄打非”“护苗”“秋风”“清源”等专项整治行动。对县辖区内的文化市场，尤其是歌舞厅、网吧、音像制品经营场所等人员密集场所进行重点检查，严厉查处政治性出版物，对互联网上网服务营业场所接纳未成年人等违规行为进行从严查处，此次行动共检查经营场所42家次，出动120人次，有效遏制了违规行为，确保安泽县文化市场文明、健康、有序发展。5. 开展文化市场卫生整治工作。在创建卫生县城工作期间，对安泽县文化市场经营单位开展了全面卫生排查，尤其对网吧、娱乐场所进行集中整治，通过整治，有效地解决了文化市场经营场所存在的脏、乱、差等突出问题。6. 开展文化市场安全生产集中整治专项行动。根据省、市文件精神要求，进一步强化安全生产意识，提高安全生产效率，在“五一”节期间对全县文化市场和新闻出版市场开展了安全生产大检查专项行动。7. 切实抓好扫黑除恶各项工作。为进一步营造扫黑除恶专项斗争浓厚氛围，有效净化社会环境，确保专项行动有序开展。执法队全体人员为扫黑除恶领导组成员，主要负责扫黑除恶专项斗争日常工作，对扫黑除恶工作进行了深入广泛宣传，并积极对文化市场歌舞娱乐、网吧、黑恶案件进行细致排查。做到心中有数、目标清晰，切实为文化市场大局稳定“保驾护航”。

【创卫工作】 1. 全局总动员，改善办公环境，每天打扫各自办公室，保持窗明几净，整洁干净。2. 志愿者走上街头、深入社区，清理城市“牛皮癣”。3. 在楼道张贴各种内容的宣传图片和座右铭，对文化馆、图书馆外墙有小广告的地方进行了清理及粉刷，操场和楼前都进行了责任划分，派专人清扫，督促车辆摆放整齐。4. 办公楼的亮化及周边硬化，营造了良好的工作氛围，为进一步打造“花园机关”奠定基础，为创建国家卫生县城贡献力量。5. 完成文体广场的整体提升改造工作，铺设了塑胶跑道和人工草皮，改善了文化活动场所的环境。6. 开展责任片区专项卫生整治，并做好日常督促检查工作，确保了各巷道的卫生和商家店面的整洁。

【创新工作】 2018 年按照年初的“12345”创新工作目标认真完成各项工作，完成情况：“一个主题”：紧扣中共十九大精神和习近平新时代中国特色社会主义思想这一主题，开展了各种学习，使得每位文化工作者都能牢牢把握文化工作的正确方向。

“两个围绕”：紧紧围绕全省旅发大会在临汾召开、围绕全县四个年建设目标，充分开展文体活动，力争促进文旅结合。

“三项工程”：1. 正在完善“乡村文化记忆工程”的后续工作。并将全力完成杜村乡小李村和和川镇沁河庄村的“乡村文化记忆工程”展厅，进一步促进文化旅游的融合发展。2. 为贯彻落实好民生实事工程，推进县文化惠民工作有效开展，让群众在家门口就能看上戏，享受文化发展的成果，截至 9 月份完成“免费送戏下乡”公益演出 57 场。3. 完成七个行政村体育设施的更新。分别对冀氏镇半道村、和平村、关庄村和沟口村，马壁镇荆村，杜村镇窑上村，府城镇府城村，良马乡上寨村，和川镇和川村和东洪驿村各配置体育设施 6 件。

“四项赛事”：完成情况：为助力 2018 年山西省旅发大会成功举办，丰富安泽县人民群众精神文化生活，增强广大妇女同志的工作积极性和创造性，3 月 8 日由安泽县妇联和县文化局举办了庆“三八”、“助力旅发·舞动安泽”比赛、“农信杯”五人制足球赛和安泽县首届“中国农民丰收节”篮球、足球、羽毛球、乒乓球和门球五种球类比赛。

“五进景区”：文艺演出进景区、非物质文化遗产内容进景区两项工作还在筹备中，已完成四项：1. 体育赛事进景区：4 月 17 日在荀子文化园成功举办“棋开得胜、马到成功”全国象棋名人安泽邀请赛。此次大赛特别邀请到中国象棋名手、国家特级象棋大师柳大华，国家特级象棋大师汪洋和国家一级象棋大师孟晨。来自全国各地的 60 余名参赛选手相聚安泽，近距离聆听柳大华老师精彩的挂盘讲棋，与三位大师当场对棋，领略大师风采、体验象棋奥妙、学习博弈技能。此次大赛旨在弘扬传统文化，弘扬国粹，通过象棋文化来促进精神文明建设，推动乡村旅游发展，为全面建设小康社会作出积极的贡献。2. 文化活动进景区：4 月 6 日，安泽县第二届黄花岭乡村旅游月盛大启幕。“CCTV-7《乡村大世界》——走进临汾黄花岭”在临汾市安泽县黄花岭景区进行了节目录制，给广大游客带来了一场精彩的文化盛宴。3. 文艺演出进景区：在 4 月 7 日上午，安泽县文化局文化基层行“乡村振兴、文化先行”演出活动走进黄花岭景区。为山上络绎不绝的游客们带来了一场精彩的文艺演出。乡村振兴首先是文化振兴，通过系列活动的开展来促进文化旅游的深度融合，为乡村振兴加油呐喊，为建设“山水田园城、精品旅游县”做出应有的贡献。4. 体育设施进景区：4 月为良马乡英寨村黄花岭景区配置体育设施 7 件；市文化局为安泽县配备体育设施 7 件，将器材转赠给和川镇上县村，并安装完全投入使用。8 月，为唐城镇唐王寨景区和和川镇沁河庄刘少奇路居景区各配置体育设施 6 件。共为全县增加 $70m^2$ 的体育场地。

·图书馆·

【读书会活动】　2018 年为培养儿童的阅读兴趣，提高儿童早期阅读能力、理解能力和表达能力，获得丰富的课外阅读知识。安泽县图书馆 1 月 1 日举办“伴你成长”读书会活动——第一期“幼儿版”新年新愿望。活动邀请县幼儿园两位优秀老师为小朋友们带来声情并茂的小故事，全程两位老师与孩子们的互动十分活跃，中间穿插的亲子小游戏也为这次活动增添了不少开心的氛围。5 月 13 日举办以“情浓五月天　感恩母亲节”为主题的“伴你成长”第二期读书会活动。活动的开展，不仅让孩子们了解了妈妈在养育我们时的辛苦不易，而且拉近了孩子与妈妈之间的距离，使孩子在今后的生活中懂得关爱妈妈，学会感恩。

【迎新春“送温暖、送春联”公益活动】
在 2018 年春节期间响应党的十九大精神增强中华民族文化自信的号召，大力弘扬中华传统文化，根据山西省图书馆学会关于组织动员全省图书馆联合开展同筑中国梦，共度书香年春节主题活动的通知，致力于为广大市民奉上文化盛宴，共庆新春。按照上级部署和要求，2 月 3 日，安泽县文化局、图书馆举办“迎新春送温暖、送春联”公益活动，县政协副主席和文化局领导班子及成员一同到杜村乡陈家沟村，为包联的贫困户送上春节慰问品。在杜村乡陈家沟村委会的送春联现场，邀请县书法协会的 8 位书法爱好者在现场挥毫，现场送出 300 余幅对联将新春祝福送到广大群众的心中。2 月 9 日邀请安泽县著名书法家到图书馆为广大读者书写春联，读者可自编春联内容图书馆为其免费提供书写，持读者证者可优先领取。活动当天现场送出大小春联 600 余副。

【新春年俗文化展】　2018 年举办“同筑中国梦　共度书香年”为主题的新春年俗文化展线上线下活动。展览通过历史典籍和近现代名家描述春节的作品，来梳理春节的历史，以及自腊八开始到正月十五期间中国传统的民风民俗文化之魂。并在每个日子配以应时应景的楹联，让大家从书香中品味春节这个中国最为传统、隆重的节日。共展出 45 块展牌使大家对楹联了解更加深入。假期陆续参观人数约 2500 余人。

【读书日活动】 1. 在“4·23”世界读书日，举办“引领数字阅读，掀起读书热潮”活动，现场悬挂条幅，摆放宣传版面、倡议书，经典图书展览，群众积极参与到活动中来，图书馆工作人员耐心为大家讲解，群众拿出手机尝试扫码答题赢大礼，本次有奖扫码活动受到广大读者的热烈欢迎，活动现场气氛高涨，参观人数达400余人。2. 举办全民悦读书香安泽阅读会微信平台以九九重阳节浓浓敬老情、荀乡人民庆丰收农耕文化焕新姿为主题的线上阅读活动，组织阅读十余名读书会的阅读爱好者走入唐城唐王寨景区开展以助力旅发庆丰收为主题的线下阅读活动。

【农家书屋配送工作】 2018年对40个重点农家书屋，各配送图书149种。其中：国家总局目录中采购82种图书，山西省目录中67种，40个农家书屋补充更新的图书全部发放完毕。

【高考填报志愿公益讲座】 2018年举办大型高考填报志愿公益讲座。特邀王涛老师(国内著名升学规划专家、高考志愿规划专家、山西省升学规划研究院系列丛书总编、北京师范大学管理学硕士、中国教育学会高考报考学普及工程高级讲师、新浪教育权威认证高考报考咨询师、《山西教育招生考试》杂志特聘专家、CCDM职业规划师）为广大考生讲解如何正确认识高考报考、科学的高考报考流程和方法、如何避免报考误区、高考报考中各个流程节点风险控制等一系列问题。通过“现场讲解+体验”的形式，为高三家长及学生提供专业、细致、全面的高考报考服务。

【图书智能阅读管理】 自2016年超星移动图书馆引进以来，读者可在自助设备上完成个人借阅查询，馆藏查阅、图书馆最新资源浏览、海量报纸文章供用户自由选择，为用户提供了方便快捷的阅读平台。1. 新增超星少儿电子阅读机以来，到馆的小读者更是络绎不绝，孩子们可以通过现场操作阅读机可以看到美丽的绘本故事、听到有声读物，电子阅读机里还有生动的教学动画和互动游戏，有喜欢的电子书还可以微信扫描下载带回家。同时每月自动更新图书。2. 新增图书流通典藏室，对室内环境重新装饰粉刷，配备了阅览桌椅40个、设立读者休闲区，完成2.2万余册图书的分编工作、并按照总分馆要求将每本图书进行条码登录，进行倒架、排架、按顺序分类上架，并引进自助借阅系统，导入数据库，为读者提供了优美舒适的阅读学习环境，实现全省图书资源共建共享。3. 2018年度新增办证读者128人，全年订阅报刊80余种，并按月装订整理，登记过期的报刊入藏。暑期新增一批适合青少年、成人阅读的新书1300册。4. 开展“我的书屋我的梦”农村少年儿童阅读实践征文活动并上报市局8位学生的阅读征文。

·新华书店·

【概述】 2018年，在省、市集团的正确领导下，在当地县委政府的支持下，以中共十九大精神为指导，特别是以习近平新时代中国特色社会主义思想为引领，全面落实出版传媒集团党委、董事会的部署安排，按照“尊重历史、循序渐进、夯实基础、开创未来”的总要求，以推进供给侧结构性改革为主线，以实现高质量发展为目标，以“培育增长型文化、探求细节性改变、供求跨越式变革”为路径，坚持“一个引领”，把握“三个突出”，构建“四大支撑”，抓好“六项重点”，上下精诚团结，克服了政策环境带来的发展困难，开拓创新，积极发行、销售，利润又一次创了新高。

【图书发行】 2018年总发行营业收入585万元，比年初任务575万元超额10万元，在安泽县政府对义务教育免费的优惠政策下多方协调利用文件足额发行了教材教辅以及相关的重点品种，通过读书活动，开展企业、团委以及中小学的读书演讲赛，发行不但增加了还取得了好的社会效益，受到了各界的好评，同时还利用宣传部的大力支持，通过职工的努力发行了《习近平新时代中国特色社会主义思想三十讲》4700册，码洋136300元，圆满地完成了发行任务，另外也努力争取了安泽文化局的农家书屋，18.6万册的发行权力，通过和县委组织部沟通协调发行了20万册的一般图书用于乡镇的文化建设。

【各项指标完成情况】 1. 营业总收入任务575万元，实际完成585万元，超101.7%；2. 利润总额任务36万元，实际完成36万元，完成100%；3. 集团当年“两教”货款承付达到了100%；4. 货款回收率达到了95%；5. 全店POS机传媒任务672000元，实际完成了706539元，完成了105.1%。

【创建学习型企业】 将建设学习型党组织和建设企业文化纳入2018年重点工作，制定了学习计划，规定了学习制度、学习内容、认真学习十九大精神和习近平系列讲话，把这一活动纳入日常管理工作，坚持周二、五学习，领导带头，全员参加做到了人人有笔记，个个有学习心得，建立学习园地，园地内容设有组织机构，学习目标，学习内容和学习心得全部上墙，营造了一个良好的学习氛围。把学习与创先争优活动有机结合，通过学习法律法规，十九大精神以及习近平新时代中国特色社会主义思想三十讲和集团“一个引领”、“三个突出”，构建“四大支撑”，抓好六项重点等措施，在党员干部职工中开展了新使命新作为，讲政治、明方向，全面落实政治责任和政治任务，突出以员工为中心的发展理想，加快建设学习型企业，维护员工的切身利益，共享改革发展成果。通过学习全员职工进一步明确了责任和义务，有力促进了书店各项工作的落实和推进，今年春秋两季的发行工作实行征订、发行、收款一条龙的工作机制，政府采购付款在发行结束后尽快上报争取极早将书款收入到书店账务中，通过密切配合制度制约，做到了发行速度快，货款回笼快，满足了学校学生课前到书的要求。

【党风廉政建设】 保证和落实了四项工作：1. 组织分解党风廉政建设的主要任务，由支部书记负总责，支部成员分工负责的办法，严格履行责任书中规定的十项职责，工作中逐项对照落实，凡不符合廉政责任规定的坚决纠正和坚决不做。切实担负起职责范围内的党风廉政建设和反腐败工作，为构建和谐企业，促进企业健康发展提供了有力保证。2. 继续贯彻集团规定的一系列规章制度，并结合实际完善店内各项工作制度和约束机制。3. 将廉洁自律工作贯穿到业务工作中，从征订到销售再到财务管理严格执行省集团的规定，提出严禁在报订和销售中利用书店发行渠道发行盗版和非法出版物，所有销售部门和人员严守集团十六条发行纪律。财务管理做到相互制约特别是费用支出，购物程序都严格执行财务制度。4. 大力开展廉政文化建设，把职工的思想教育，纪律教育、职业道德教育和家庭美德教育社会公德教育结合起来，营造“以廉为荣，以贪为耻”的社会风尚。班子成员要求做到自重、自省、自警，自励，不断提高拒腐防变能力，真正做到权为民所用，情为民所系，利为民所得的公仆意识。

【社会治安综合治理】 综合治理工作是确保一方平安的一项重要工作。也是企业平安和谐发展的保证，为此，以责任书要求认真落实，全面执行，制定了安全方面的各项管理制度，各部门都定有安全职责，建立了门卫制度和节假日值班制度，小区管理防范制度，建立了由小区家属广泛参与的综治防线，使社会治安综合治理的“八无”目标得到了落实。

广播电视

【概述】 2018年，中心坚持广播电视创优创新，从编排、制作、播出三方面入手，以拍摄内容和拍摄角度为突破口，改进报道方式、提升信息量、提高趣味度，使节目更加接地气、更加吸引观众，更受广大观众欢迎，社会反响强烈。全年共采制电视新闻3000余条，编制安泽新闻300余期，拍摄制作各类专栏10个。

【便民利民栏目】 中心坚持利用新闻片头片尾空间，播出各类公益宣传标语，每日免费播出政府通告、公众公示、天气预报、空气质量报告、用电用水通知等群众关注的信息，方便广大人民群众生产生活，收到了良好的社会效益。

【微信平台】 为了更好地展示安泽各项事业建设，多渠道全方位宣传安泽，“安泽广电”微信平台设安泽新闻、诗歌美文、生活向导三个板块，2018年共编发247期，关注人数已达1万余人。

【安全播出】 中心通过采取对有线信号传输层层签订责任书，实行24小时值班制度、播控机房工班制度、24小时联络机制等，以及“0秒发现、当即切换”的措施，使安全播出工作成效明显，连续12年未发生任何安全播出事故，安全事故为零。

【网络维护】 中心在2018年继续加大数字电视运行维护力度，大力提高服务工作质量和效率，全体干部职工进一步强化了服务意识、端正了服务态度、提升了服务水平，做到了一般情况接到故障电话后10分钟内到达现场处理故障，4小时内处理完，特殊情况不超过8小时，重大故障不超过24小时。经过我们以电话回访的形式调查，用户的满意度达到了100%。

【国卫创建】 根据安泽县深入开展创建国家卫生城市活动有关要求，充分利用电视媒体，大力开展创建全国卫生城活动的宣传报道，开设《创卫在进行》和《创建国家卫生县城》专栏节目，共计20余期；中心还清理垃圾5吨，发放创卫告知书1000余份，打扫了府西街、步行街及周边小巷，出动志愿者600余人次，粉刷墙面约3500平方米，拆除破旧牌匾一块，清理乱悬挂条幅20余条，拆除乱搭乱建3处，清理橱窗广告1200余条，清除破损宣传牌20余块。通过广泛宣传、大力提倡文明卫生行为，引导群众从自身做起，做到不乱吐乱扔，不乱倒垃圾、污水等，创造干净、整洁、卫生、优美的生产生活环境。

【包联帮扶】　中心与包联村府城镇高壁村开展了共创共建活动，大力支持该村各项建设，中心选派了3名工作人员驻村帮扶，高效地完成了县上交付的工作任务，做到了定期走访慰问，积极开展脱贫帮扶各项工作，保障已脱贫的贫困户不返贫。截至2018年年底，高壁村33户贫困户已全部脱贫，圆满完成了脱贫攻坚工作任务。

【派驻帮扶】　为确实做好农村第一书记相关工作，中心按照要求选派了一名工作经验丰富、责任心强的党员脱产驻村工作，与马壁乡辛庄村结对帮扶，充分发挥桥梁作用，影响和带动全村党员群众共同脱贫致富奔小康。2018年中心走访指导工作6次，调研2次，提出对口帮扶方案2项，考勤考核2次，并提供了派驻工作人员必要的生活和办公经费，确保了农村第一书记正常开展工作，在脱贫攻坚、基层党建、村域发展等工作中发挥作用。

·新闻网络中心·

【概述】　2018年，县新闻网络中心紧紧围绕县委、县政府的中心工作，在县委宣传部的领导下，认真贯彻习近平总书记关于新闻舆论工作的重要论述，围绕中心、服务大局、牢记使命，弘扬主旋律，传播正能量，积极宣传党的路线、方针、政策，认真贯彻县委、县政府的新决策新举措，倾听群众的呼声，发挥舆论监督作用，为全县的经济社会发展营造一个健康向上的良好舆论环境，起到了积极作用。

【网络宣传工作】　2018年，始终坚持唱响主旋律、弘扬正能量，紧紧围绕县委县政府中心工作，充分利用互联网宣传阵地，发挥新闻舆论作用，形成网上正面宣传的强大声势，有效凝聚了网上正能量。全年，共编发各类网络宣传信息650余条。其中人民网发稿13条，中国新闻网发稿14条、新华社发稿62条，新华网发稿6条，其他中央媒体发稿58条，在山西新闻网、山西经济网、黄河新闻网、临汾新闻网等省、市级媒体发稿105余篇，编发微信公众号信息400余条；配合CCTV-7完成了《乡村大世界》的录制工作；多家媒体对安泽河灯艺术丰收季活动进行了报道，现场网络直播了元宵社火表演、乡村大世界、全国象棋名人邀请赛、河灯艺术丰收节等大型活动，为全县经济、社会、旅游、文化等进行了全方位宣传推介，积极地扩大和提升了安泽对外知名度和影响力。

【政府网站建设】　2018年，县政府网站管理和维护逐渐规范化、制度化，日常维护也逐步推进，首先对网站栏目进行了分工，责任到人，保证了信息上传的及时有效，并定期进行日常检查维护，消除安全隐患；其次，及时与相关单位沟通联系，针对重大活动、重要会议进行专题报道，扩大影响力。全年县政府网站共采编信息 500 余条，转发信息 1200 余条，充分发挥了宣传窗口的作用，也成为公众获取信息、沟通交流的首选渠道。

【网络舆论引导工作】 按照市委网信办和县委宣传部的安排，严格按照网评员的管理标准，组建了一支政治过硬、素质较高、能力较强的网评员骨干队伍，用贴近实际、贴近生活的语言引导网络舆论，加强网上正面宣传，扩大话语权；定期召开网评员工作会议，开展政治思想教育、提升能力，保证网评员政治坚定、工作积极、业务精炼，为全县营造了健康向上的网络舆论环境。

【网信工作】 联合各相关单位举办第五届网络安全宣传周活动，通过发放资料、讲座、接受咨询等多种渠道增强全县人民网络安全意识，提高网络安全防护技能，推进网络信息安全建设，营造安全、健康、文明、和谐的网络环境；为加强网络舆论阵地管理，对全县“两微一端”26 家政务新媒体进行了登记、管理、培训，进一步规范了其信息采集、发布、审核工作，保障了信息发布的权威性、准确性、严肃性和安全性，促进了新媒体的健康有序发展，营造了和谐健康的网络氛围。

【涉县舆情监管】 面对日益复杂的网络舆情环境，坚持守土有责，认真执行 24 小时值班制度，发现舆情时，对信息进行初步分析、整理，并第一时间上报主要领导，联合涉事单位进行分析研判，按照指示进行处置，做到了早发现、早上报、早处置。2018 年安泽县共监测网络舆情 41 起并成功处置，无一起网络舆情形成事件。

文　物

【落实文物保护工作】 1. 为进一步加强文物保护、管理和利用工作，根据安泽县文物工作实际，2018 年制定《安泽县文物安全保护工作方案》《安泽县文物保护工作三年行动计划》，指导全县的文物保护工作。2. 在全国第三次文物普查成果的基础上，开展全县不可移动文物核查，对全县的 273 处文物保护单位进行详细的核查，摸清不可移动文物家底，建立不可移动文物电子档案，加强对全县不可移动文物的动态管理。3. 加强各级文物保护单位的日常巡查工作，特别是加强对安泽县两处国保、两处省保及一处市保的安全检查工作，随时发现问题，及时解决问题。4. 巩固第一次全国可移动文物普查成果，加强国有可移动文物管理，2018 年，将配合省文物局做好《山西珍贵文物档案》编辑出版和全省可移动文物信息管理系统及数据共享平台建设工作。5. 为贯彻落实全省文物安全暨打击文物犯罪专项行动电视电话会议精神，进一步摸清安泽县文物家底，推进不可移动文物动态管理，提升行政管理能力，确保文物安全，促进活化利用，开展为期三年的打击文物犯罪专项行动。

【文物保护管理】 1. 安泽县人民政府办公室制定下发了《安泽县文物安全保护工作方案》，要求各乡镇、各相关部门一定要正确处理经济建设、社会发展与文物保护的关系，确保文物安全。2. 认真开展探矿权、采矿权、建设项目用地范围与不可移动文物保护范围重叠情况核查。严格按照上级文件要求，对企业进行项目用地范围与文物保护单位重叠情况的核查，核查方式是与“三普”数据比对与现场核查相结合。同时，按照上级部门的要求，要求企业必须作出在建设（施工、采矿、探矿等）时如发现文物要及时上报文物部门，决不擅自处理的承诺，并要求企业法人签字。通过严格的核查及企业的承诺，对安泽县的文物保护单位进行有效的保护，最大限度地避免了人为破坏。3. 做好第六批省级文物保护单位和第八批全国重点文物保护单位推荐报送工作，争取更多的市级、县级文物保护单位进入省级以上文物保护单位行列。根据临汾市旅发委的通过要求，为做好安泽县的第六批省级文物保护单位的申报工作，邀请已退休的文物专家逯秀珍，结合安泽县文物保护单位的实际和文物价值，在省专家的帮助指导下，推荐安泽县市级文物保护单位海东摩崖造像及县级文物保护单位上寨摩崖造像两处上报第六批省级文物保护单位。2018 年，第六批省级文物保护单位的申报材料已报上级文物部门审核，等待专家评审。4. 实施“文明守望工程”，引导社会力量开展市保、县保及般不可移动文物的保护利用工程。安泽县和川镇罗云村的毋国栋老师修缮观音庙，带动全村保护文物的事迹在黄河电视台进行了录制。他的行为将进一步带动安泽县人民群众参与到文物保护工作中。5. 实施文物保护单位修缮保护工程。今年，省级文物保护单位太岳军区司令部桑曲旧址在 2015 年完成一期维修工程的基础上，完成了二期维修工程，确保了文物本体安全。6. 根据市旅发委通知，不可移动革命文物的报送填报工作关系到下一步国家实施革命文物集中连片保护利用工作。根据全县第三次文物普查数据及 2018 年全县文物核查结果，将全县的 21 处红色旧址按照《不可移动革命文物基本信息表》的要求进行如实填报完成。

【文物合理利用】 2018 年多措并举让文物“活”起来，实现文化价值与实用价值的有机统一。在可移动文物利用方面，根据临汾市博物馆关于调拨安泽县馆藏文物的通知要求，安泽县的 32 件（套），35 件文物调拨至临汾市博物馆进行布展，让深藏于文物库房的文物让更多的人看到，并了解文物背后的历史和价值，真正让这些文物“活”起来。在不可移动文物利用方面，安泽县的麻衣寺砖塔和郎寨砖塔是国家级文物保护单位，通过进一步完善二塔的周边环境、基础设施，游客可以近距离地观察到安泽县的国家级文物保护单位风采，了解二塔的建筑特色。太岳行署小李村旧址和太岳军区司令部旧址是省级文物保护单位，它们与沁河庄刘少奇路居是安泽县红色旅游的代表，自开放以来，接待了无数社会各界人士到此接受红色教育与洗礼。

【文物资源数字化】 2018 年通过第一次可移动文物普查，安泽县的可移动文物已经建立了电子档案，并将信息上传至国家文物局信息平台，全面记录文物的名称、类别、级别、年代、尺寸、重量、完残程度、照片等信息，对于文物的信息保存与查询提供了极大的便利；通过第三次可移动文物普查，安泽县的不可移动文物已建立起了电子档案，详细记录了每一处文物保护单位的名称、地点、保护级别、现状、照片等信息。安泽县的两处国保、两处省保建立起了完善的电子档案，详细记录了文物的简介、描述、价值、历史沿革等文字信息，详细录入了图纸、照片等图片信息、详细录入了保护规划、调查发掘等各种文件信息，详细录入了电子档案等电子信息，档案由总目录卷、主卷、副卷、备考卷组成，极大地方便了信息保存与查询。

旅　游

【概述】　2018 年，继续以中共十九届二中、三中全会精神以及习近平总书记系列讲话精神为指导，以安泽县经济工作会议精神为统领，以构建和谐社会为中心，以“建设山水园林城、打造精品旅游县”为目标，按照“政府主导、市场运作、企业经营、社会参与”的原则，全力整合文物、旅游资源，齐心协力、开拓进取。今年安泽县共实现旅游综合收入 5.9686 亿元，旅游人数达 235.8 万人次，完成了市定目标任务。

【全域旅游】　2018 年山西省旅游发展大会将在临汾市举办，这是一件展示临汾形象，提升临汾市知名度，引爆全市旅游市场的历史机遇，对于安泽县文化旅游产业发展来说更是一个难得的良好机会。安泽县委、县政府高度重视，召开专门会议对安泽县宣传推介活动内容进行了深入的研究和探讨，在广泛征求意见的基础上，于 2018 年 4 月 6 日至 5 月 6 日举办了“太行山上最早的春天——安泽县第二届黄花岭乡村旅游月”活动。活动中，良马乡在黄花岭景区有瞭望塔赏黄花美景、体验高倍望远镜，走步道、寻谜语猜谜，科普中药、树木知识，品特色小吃、赏摄影作品、看书画表演等系列活动；府城镇举办了“大美府城·四季不同”主题活动；唐城镇举办了“游自然景观·忆唐古遗风”主题活动；和川镇举办了“畅游和川·回归自然”主题活动；冀氏镇举办首届青松岭旅游槐花节系列活动；马壁乡举办“龙门福地、美丽马壁”主题活动；杜村乡推出三条特色旅游线路：红色文化之旅、生态康养之旅、休闲美食之旅，同时以东唐第二届“芍药节”为主题举办休闲美食之旅活动等。此外，在旅游月期间，还有丰富多彩的其他大型活动，如：CCTV-7《乡村大世界——走进临汾黄花岭》录制；中国百名作家走进安泽采风活动；“棋开得胜·马到成功”——全国象棋邀请赛；安泽县连翘杯全国钓鱼邀请赛；弘扬传统文化·助力书法教育——山西省书法教育高峰论坛；第二届“春行安泽”健步走活动；“美丽临汾”摄影作品安泽巡展暨“太行山水·美丽乡村”摄影大赛；中国连翘发展交流大会；太行山山珍野味烹饪大赛；“赞美春天”山西师范大学安泽县歌演唱会等。2018 年，安泽县的旅游注入了国际元素，9 月 23 日至 10 月 7 日举办的“天安地泽·安泽国际河灯艺术丰收季”在府城镇飞岭村隆重举行，河灯祈福、梦幻村落灯光秀、超级月亮、艺术建筑展、丰收之舞、河岸集市等六大亮点呈现给广大游客，让广大游客享受了一场视觉盛宴，更让家门口的老百姓在农忙疲惫之余得到了精神的放松。9 月 23 日，“天安地泽·安泽国际河灯艺术丰收季”开幕式拉开了

2018年安泽县全全域旅游的秋节模式，各乡镇的活动如火如荼。

2018年乡村旅游各乡镇借鉴了此前的成功经验，全面整合安泽县旅游资源，形成点面结合的旅游一盘棋，全方位、深层次地开展着全域旅游活动，活动方案更加合理、活动内容更加丰富，把安泽县的乡村旅游推向了一个新的发展水平。

【导游讲解员队伍】 作为安泽县窗口行业的服务机关，导游人员的讲解、接待显得尤为重要，规定每周二、五为导游讲解员培训辅导日。在辅导日负责旅游的分管领导会亲自到景区指导讲解员讲解，跟着讲解员一遍遍往返景区，查看讲解情况，遇到有不合适的地方就当场指正，以增强讲解水平，更好地为大家服务。

【旅游宣传】 在安泽县旅游宣传网上及时有效地对四季美景进行了及时性报道，2018年争取财政资金支持，在太原南站的地下通道内设置安泽县的宣传版面，向更多的人宣传安泽县迷人的风景和良好的自然生态，以扩大安泽县知名度和美誉度，使更多的人了解安泽，吸引他们参观游览。

【旅游安全工作】 始终把旅游安全工作排在重中之重，成立旅游安全工作小组，对各旅游景点进行一次全覆盖地毯式大检查，对存在的隐患进行登记造册，同时召开各景点负责人会议研究解决存在的安全隐患工作。向各景点配备了安全消防用具，悬挂了禁烟、防火标识，每月两次向安委会报送安全排查工作情况，高标准严要求全力以赴做好旅游安全工作，为旅游安全工作奠定了坚实基础。

【安全监管】 2018年，按照国家和省、市、县关于安全生产活动的精神要求，努力做到日常安全监管不放松，节假日和特险期间开展重点部位重点宣传，实行拉网式安全大排查，明确安全责任，坚决杜绝安全隐患，确保辖区内旅游安全无事故。强化文物安全责任制，落实四级文物保护网，积极开展文物安全大检查等专项活动，确保文物保护单位再获安全年。

【扶贫攻坚工作】 原木村共有贫困户24户63人，2016年脱贫5户21人，2017年脱贫18户41人，保留1户1人。2018年，以巩固提升贫困户收入目标，根据原木村适发展核桃的自然条件，进一步扩大核桃的栽植面积，优化核桃品种，2018年共发展核桃4200余株，其中芽接3000余株、扦插1200余株；鼓励有条件的劳动力打破“靠天吃饭”的固有思维，利用农闲时节外出务工。2018年原木村贫困户中共有10户10人在外务工，进一步开阔了视野，增加了收入；结合原木村现有的资源，在发展优质玉米的同时，鼓励有条件的农户在蜜蜂养殖、养牛、养羊等方面下攻夫，发展起真正能够巩固其收入的产业。现原木村共有小规模养殖户8户，其中养蜂户5户、养羊户2户、养牛户1户。在村集体经济方面，原木村已安装的50千瓦光伏发电设备已开始收益，因原木村地理位置高，日照时间长，光伏发电设施的发电效果很好。下一步，驻村工作队与村“两委”班子将一起探索更多的增收渠道，增加农村集体收入，增加老百姓的收入。

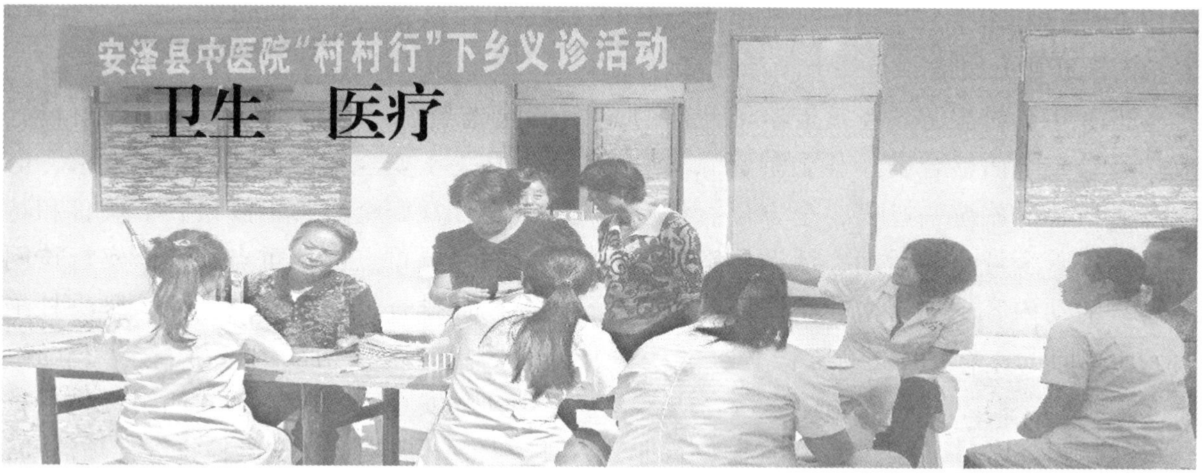

卫生　医疗

卫生和计划生育

【概述】　2018年在市卫计委和县委、县政府的正确领导下，以建设健康安泽为重点，努力加强党的建设，全面深化医疗卫生体制改革，不断增强人民群众幸福感和获得感，圆满完成了2018年的各项工作任务，进一步促进了全县医疗卫生水平大发展、大提升、大跨越。

【党建工作】　1. 制定详细的学习计划，重点学习党章党规、中共十九大精神、习近平新时代中国特色社会主义思想和扫黑除恶等相关知识，把推进“维护核心见诸行动”学习教育融入日常、抓在经常。严格执行“三会一课”制度，定期召开支委会以及党员大会，书记带头讲党课。2018年，开展集中学习35次，专题讨论4次，观看警示教育片4次，参观廉政教育基地1次，每人撰写心得体会4篇，书记讲党课5次。

2. 将党风廉政建设工作摆在重要议事日程至上，与业务工作同部署，同安排，同落实。年初，组织召开卫计系统党风廉政建设专题会议，严格要求各级领导干部切实履行“第一责任人”职责，带头改进作风、带头廉洁自律、带头接受监督，与各医疗卫生单位签订党风廉政目标责任书，确保党风廉政建设工作任务落到实处。年中10月份，进行检查评估，结合人大医德医风评议工作，对全县卫生系统党风廉政建设工作进行回头看。

3. 高度重视意识形态工作，将意识形态工作作为党的建设的重要内容，纳入了重要议事日程，明确了党组书记是第一责任人，分管领导是直接责任人的工作制度。先后3次召开专题研讨会议研究部署意识形态工作。2018年成立“强严树”专项治理活动领导组，召开专题会议研究部署，深刻对照检查，查找问题，剖析根源。局班子查找出问题10个，制定整改措施10条，党员个人建立三个清单、查找问题96条，制定整改措施96条，个人整改计划30个，对查找出来的问题全部进行整改。

4. 围绕“三基建设”任务，扎实开展“三基建设”活动，持续提升基层党组织管理水平，精准确定提升目标弱项，明确责任，建立工作台账；规范“三簿一册一台账”，规范党费收缴工作；认真执行“三会一课”制度，加强党员经常性教育、管理、监督；同时充分应用山西干部在线学院、OA办公系统等“五个平台”；做好山西“智慧党建”的前期基础性工作；落实岗位责任制、服务承诺制、AB岗制等效能八项制度；确保了卫计系统党委“三基建设”工作扎实开展。

5. 严格执行《中国共产党党内监督条例》和《关于领导干部报告个人重大事项的规定》，以制度建设为核心，以廉洁从政为重点，将领导干部报告个人重大事项内作为重要内容，纳入党风廉政建设责任制，确保了制度落实，监督到位。

【深化医药卫生体制改革】 1. 2018年是深入推进卫生体制改革年，不断加强对医疗集团的监督管理工作，深入推进医药卫生体制改革，督导规范临床路径工作管理，使各项医疗核心制度和诊疗常规落到实处，控制不合理医疗费用；全面坚持推行“优质护理”，坚持“以病人为中心，以质量为核心”的服务理念，推行严格的床头护理交接班制度；加强药品供应管理，以国家、省药品供应保障综合管理信息平台为依托，加强督导医药采购工作；完善医疗服务机制，完善医疗费用查询、医疗服务及各项制度；加强人才培养力度，多渠道积极开展高学历人才、技术型人才的培养工作；加强医联体建设，发挥县级医院引领作用，建立促进优质医疗资源上下贯通的考核和激励机制，增强基层服务能力，方便群众就近就医；落实医保总额打包付费。按照“总额管理、结余留用、超支合理分担”的原则，推行了“总额预算、按月拨付、年终结算”的方式与县医保中心进行协调。

2. 统筹抓好前期规划、资金保障等要素管理，着力推进卫生领域重点工程项目建设。2018年，县人民医院门诊医技综合大楼建设项目正在实施内部装潢，2019年投入使用；县中医医院住院楼建设项目已完工，正在进行审计决算；县中医院综合楼附属工程暨综合能力配套建设项目已投入使用。冀氏、马璧两个乡镇卫生院的旱厕改厕（为水冲式厕所）全面完成。

【医政、中医工作】 1. 加强医疗机构管理，制定了临床路径管理、医疗质量安全管理专项检查、医疗生活垃圾分类管理、医师定期考核管理、临床药品使用等工作实施方案，成立了领导组，进一步保障了群众就医安全。2. 强化医疗废物管理，各个医疗机构都有健全的医疗废物管理组织和各项规章制度，工作布置科学合理，有明确的职责及记录材料，医疗废物分类收集及废弃物产生地点、贮存地点有醒目标识，运送废弃物处理人员有规范的交接详细登记，并按规定时间专人运送至临汾市特种垃圾焚烧处理厂焚烧处理。3. 强化医疗质量管理、提升医院服务能力，2018年开展医疗质量专项检查，规范医疗服务市场秩序、净化医疗服务环境是一项常抓不懈的工作，为期3个月的监督检查，安泽县卫生监督所执法人员将严查、细查、有效地遏制了不良执业行为。4. 加强医护人员的资质管理，依照《医疗机构管理条例》《执业医师法》《护士管理办法》等法律法规及国家医学考试中心的统一安排，组织安泽县符合条件的医务人员参加执业（助理）医师资格报名考试，共接受报名人员

63人，专业技术人员资格考试115人，15名医护人员通过了副高级职称考试。5. 加强麻醉药品、精神药品的安全管理，强化麻醉药品、精神药品的管理、严格按照有关规定做好麻醉药品的采购入库登记、使用登记及保管等各个环节。6. 大力推进抗菌药物临床应用专项整治行动，积极开展抗菌药物临床应用专项整治行动的动员、责任状签订、抗菌药物的遴选和合理应用的监测及相关医务人员的培训工作。7. 全方位强化医院监管职能，规范执业行为，对全县医疗机构进行了校验工作，117家医疗机构通过了校验，并为每个医疗机构建立了医疗机构校验档案，保障了安泽县医疗机构安全正常运行。8. 中医工作，全力提升中医药服务能力。县中医医院的脑病科被列入省级中医特色专科，骨伤科、肛肠科被列入市级中医特色重点专科建设。全面加强中医药人才培养。2018年安泽县举办基层医疗机构中医药适宜技术培训班三期，培训400多人次，培训率要达到了100%。顺利通过了全国基层中医药先进县得验收。

【落实计划生育政策】 1. 增补叶酸预防缺陷工作。深入开展向育龄妇女免费发放叶酸片和举办健康孕育讲座活动，不断增强育龄妇女健康孕育意识，为每个家庭生育健康孩子起到了保驾护航的作用，2018年安泽县增补叶酸预防神经管缺陷项目任务为650人，给农村育龄妇女免费发放603人，城镇农村妇女发放100人，完成率为108.15%；

2. 开展妇女宫颈癌筛查工作。根据省、市工作要求，2018年上级下达安泽县的免费宫颈癌筛查任务为1000人，免费检查1005例，任务完成率100.5%，其中TCT356例，25例ASG-US，1例CINII-III，有问题的已经进行了治疗并且做好了随访工作。

3. 开展乙肝、梅毒、艾滋病检查工作。为县医院和中医院配备了开展乙肝、梅毒、艾滋病项目所需高压灭菌锅、离心机、酶标分析仪、洗板机等医疗。2018年早孕检测率任务为30%，截至2018年，早孕检测率41.86%。

4. 开展产前筛查与诊断项目。今年的产前筛查诊断任务为470人，2018年安泽县筛查总人数505人，任务完成率107.45%，其中38人高风险，并对高风险孕妇全部进行了召回和转诊。

5. 免费孕前优生检查项目。今年的免费孕前优生健康检查任务数600对，2018年录入平台419对，任务完成率70%。

6. 积极推广母子健康手册的使用。2018年安泽县已全面启动使用母子健康手册，从7月份启动开始使用后，共发放517本，建立了发放台账，按时上报母子健康发放信息报表。

7.《出生医学证明》管理工作。此项工作委托妇幼计生中心实行专人管理，并做好登记发放及库存管理工作，按照相关要求配备了铁门铁窗及保险柜，做到了证章为离。2018年共发放《出生医学证明》372份。

8. 继续开展新生儿疾病筛查工作。新生儿疾病筛查490人，筛查出现3例异常，2例复查未通过，通知复查甲功系列，1例串联质谱异常已确诊，建议上级医院就诊。

9. 计划生育工作。2018年全年全县出生人口581人，比上年减少81人，人口出生率6.51‰、自增率3.39‰，同比下降了

0.87个、0.74个千分点，出生性别比为106.03。开展各种计生家庭奖扶工作。其中：“4+2”累计确认奖扶对象2940人，奖励扶助金213.87万元；城镇独生子女父母奖励，确认300人城镇独生子女父母奖励对象，奖励金17.91万元。2018年共办理生育服务证113个、独生子女证14个。完成省考核平台上报工作。

10. 贯彻执行计划生育“一票否决”制，党员干部及国家工作人员评先评优、录用工作、提拔重用、干部考核、委员或代表资格审核中严格把关，确保无差错。2018年，审查干部提拔29人；审查精神文明单位18个，劳模7人，其他先进单位2个，先进个人3人；审查入党发展对象96人；审查党代表及其他资格审查共632人。

【监督执法】 1. 医疗服务监督工作。认真落实“两随机、一公开”制度，加强对医疗执业行为的监督和指导，规范医疗机构的诊疗活动，出动执法人员57人次，出动车辆26辆次，监督检查各级各类医疗机构187户次，下发了监督意见书187份，对全县辖区内140家医疗机构依照相关法律、法规进行了监督检查，提出了监督意见，使其建立完善了相应的制度。对在检查中发现的问题依法进行了查处，立案1起，罚款1.5万元，没收违法所得1487元。2. 传染病防治监督。对全县12个疫苗接种点，141个传染病防治管理单位进行了监督检查，针对存在的问题下达了卫生监督意见书，共立案14件，处罚金额25100元，保证了各类传染病防控工作的落实。3. 放射卫生监督工作。重点检查放射诊疗机构的“放射诊疗许可证”“放射工作人员证”办理情况，现已完成了今年的放射工作人员体检、放射工作场所检测工作，放射剂量检测按预定程序完成三个季度的检测。4. 消毒产品。对消毒产品经营单位3家进行了监督检查。对餐饮具集中消毒单位进行了监督检查，共抽检样品15份，全部符合标准，对该单位因高速路引线修建而搬迁后面积不达标情况，已责令停业整改。5. 环境卫生监督工作。本年度共受理公共场所卫生许可申请76件，新办理“卫生许可证”69户，复核7户；2018年共出动卫生监督人员260人次，出动执法车辆113辆次，监督160户次，对公共场所进行了全覆盖。立案查处3家，罚款3000元，免费发放公共场所监督信息公示栏76余块，公共场所卫生管理档案100余份，《公共场所人员培训教材》《戒烟手册》《公共场所卫生知识宣传手册》460余册。住宿场所及美容美发场所量化分级管理率达100%，制作了执法文书132份，签订创卫承诺书100份，签订美容美发行业禁止开展医疗美容服务承诺书60余份，填写创卫工作督导表100份。举办公共场所“创卫”专项整治暨卫生知识培训会一期。县城区域的公共场所从业人员共100余人参加了会议。委托有检验资质的单位对公共场所进行空气质量、客用物品的检测。共检测各类场所179户，复检30户。6. 学校卫生监督工作。对全县44所学校、幼儿园进行了学校卫生专项监督检查工作，监督覆盖率达100%。同时圆满完成国家下达的双随机监督检查工作。共出动执法人员80余人次，执法车辆36余辆次，下达监督意见书80余份。7. 生活饮用水监督工作。以市政供水为重点，对县自来水公司进行了监督检查，同时对自来水公司的水源水、出厂水、末梢水进行了抽检。5月份，委托有检验资质的单位对全县中小学校、幼儿园生活饮用水进行了检测，共计检测水样42份。8月份对县城自来水公司出厂水及“创卫”乡镇马壁乡、冀氏镇村委会生活用水进行了采样，由国家城市供水水质监测网太原监测站进行了106项全分析，出具了检测报告，水质均符合《生活饮用水卫生标准》（GB5749-2006）。对县城监测点分两次（5月份、9月份）进行了末梢水水质检测。共检测水样13份。于7月、9月分别对住宅小区直饮水进行详细调查，建立相关档案，并对其水样进行了监督抽检，共抽检水样5份。其中3份符合生活饮用水卫生标准，2份水样不达标。对不达标水样责令其经营者查找原因，重新检测合格后方可经营。

【公共卫生服务】 1. 建全辖区居民健康档案。2018年，安泽县基本公共卫生服务工作取得了明显成效。全县辖区内常住居民84869人，建立城乡居民健康档案71432份，健康档案建档率为84.63%，建立电子健康档案63143份，电子健康档案建档率为74.81%。有动态记录的档案48829份，健康档案使用率68.36%。

2. 强化人员培训，提升服务能力。针对乡村两级从事基本公共卫生服务人员素质不高，能力不强的问题，严格按照《国家基本公共卫生服务规范（第三版）》的要求，对全县各乡镇卫生院院长、分管院长、负责公共卫生服务工作人员、全县村医等140余人进行了专题培训，通过培训工作人员的服务能力得到了较大提升。

3. 加强贫困村卫生室标准化规范化建设。不断加大对全县村卫生室标准化建设力度，完成了全县村卫生室业务用房标准化建设，村卫生室建筑面积均达到了规定要求，预防保健、诊断、治疗、药房四室分开，开展静脉输液业务的卫生室还设有留观室；每个村卫生室至少拥有1名合格的乡村医生，能开展基本公共卫生和基本医疗服务，满足群众基本医疗卫生需求，实现了行政村卫生室标准化建设全覆盖。

4. 巩固家庭医生签约成果，提高服务质量。优先做好老年人、孕产妇、儿童以及高血压、糖尿病、结核病等慢性病重点人群签约服务和严重精神障碍患者的健康管理服务，优先推进贫困人口签约，建档立卡贫困户签约。2018年，全县应签约3385户8281人，已签约3340户8036人，未签约45户245人（死亡167人、迁出11人、外出67人），签约率达97%。其中“因病致贫、因病返贫”应签约1239户2507人，已签约1212户2402人，未签约27户105人（死亡79人、迁出9人、外出17人）。

5. 深入开展义诊工作。组织医疗集团骨干医生先后深入和川镇卫生院、杜村乡卫生院、冀氏卫生院和唐城镇卫生院开展义诊活动。义诊项目包括：量测血压，血糖、心电图、妇科彩超等，共计义诊人数3245人、发放《健康素养66条》8000余份。

【疾病防控工作】 1. 认真开展计划免疫。全县适龄儿童“七苗”接种率均在99%以上。2. 稳步开展结核病防治。登记活动性肺结核病人25例，筛查师生5000余名，发放宣传资料8000余份。3. 不断加强地方病防治。深入有序地开展了碘缺乏病、人间布病、疟疾、克山病和大骨节病的检测和治疗工作。将掌握的疫情动态按规定进行了规范管理，并及时上报，且全部做好个案调查。4. 积极落实传染病防控。完善传染病网络直报和监测预警系统，共报告乙丙类传染病 236 例，发病率为 254/10 万。按月上报报表，2018 年上报 17 期疫情分析，17 期风险评估报告。5. 全面开展食品安全风险监测。哨点医院县人民医院共采集病例 122 例，中医医院共采集病例 9 例，网报准确率、审核及时率、审核准确率均为 100%。食源性疾病县乡村一体化工作已完成了全覆盖，2018 年，全县无食源性疾病聚集性事件发生。共采集食源性致病菌监测样品 9 种 18 份，食品化学污染物及有害因素监测样品 9 种 32 份。

【健康扶贫工作】 1. 全面实施贫困户“先诊疗后付费”和“一站式”服务。制定印发了《2018—2020 年脱贫攻坚巩固提升实施方案》和《2018 年健康扶贫行动计划》，全面巩固了脱贫攻坚成果，建立了稳定的脱贫攻坚长效机制。同时，继续推行贫困户就诊“绿色通道”“一站式”综合服务窗口、完善健康扶贫“一站式”结算管理平台等便民服务项目。“一站式”服务 1739 人次，统筹基金 9980270.8 元，大病保险 2008614.39 元，兜底 2182931.5 元，医院承担 37352.82 元，补充保险 931404.49 元，个人支付 1892822.61 元。

2. 持续开展“三个一批”。大病集中救治一批，按照“两定三加强”原则，即确定定点医院、确定诊疗方案、确定单病种付费标准，加强医疗质量管理、加强责任落实，分病种、分批次对患有大病的贫困人口进行集中救治。共筛查出 51 名大病患者，现全部救治。慢病签约服务管理一批，全县共筛查出 445 名慢性病患者，并为全部慢性病患者开展健康体检，将建档立卡贫困人口作为家庭医生签约服务重点人群，量身制定针对性的健康管理方案，优化方式内涵，提升服务质量，强化贫困家庭慢性病患者健康管理。重病兜底保障一批，对医疗费用负担重、患有重病的因病致贫、因病返贫人员，通过医疗救助、倾斜医保政策、健康扶贫补充保险等措施，实行兜底保障。

3. 继续实施光明工程。继续对建档立卡贫困白内障患者进行免费救治。努力实现到 2020 年对安泽县建档立卡贫困户白内障患者免费救治全覆盖，并建立长效机制。今年共筛查上报 68 名白内障患者，其中 31 名白内障患者已经治愈。

4. 认真开展结对帮扶工作。结对帮扶包联村为两个村，分别为冀氏镇白村和良马乡郭都村。驻村工作队工作人员长期驻村，经常性深入贫困户家中探望贫困户，与贫困户同吃同住，为贫困户排忧解难，积极开展“手牵手帮秋收”活动。

5. “三保险、三救助”政策落实工作。认真落实《山西省农村建档立卡贫困人口医疗保障帮扶方案》，“三保险、三救助”政策覆盖全部建档立卡贫困人口，建立了重症兜底保障长效机制，为全县贫困人口购买了每人 18 元的扶贫医疗补充保险；县人保财险公司将大病保险起付线由原 1 万元降低到 5000 元；全县建档立卡贫困人口新农合参合率达到了 100%，个人缴费部分由财政通过医疗救助给予全额补助。建档立卡贫困户孕产妇在县内住院正常分娩的费用全部由医保基金支出。县人社局对建档立卡贫困户医疗费用做到应保尽保，参保人员因患大病住院或门诊大额疾病发生的医疗费用，城乡居民基本医疗保险按规定支付后，个人自付超过1万元以上的部分，按比例分档给予赔付，年底内最高支付限额为47万元。对建档立卡的贫困人员起付标准降低到5000元，支付提高3个百分点。全力做好残疾人健康扶贫工作，全县共有残疾人4074人，其中建档立卡贫困残疾人939人，已全部签约。残疾人辅助器具免费发放126人，其中：轮椅62辆、腋杖16根、单手杖47根，助行器21个，共计39870元。对特殊困难患者进行医疗帮扶救助。截至9月底，全县城乡医疗救助累计救助555人次，发放救助金163.8万元，其中城市困难患者救助24人次，发放救助金11.2万元；农村困难患者182人次，发放救助金60.5万元，“一站式”患者救助327人次，发放救助金81.1万元，大病关怀患者救助22人次，发放救助金11万元。在救助的农村困难患者中，救助建档立卡户有37人次，共发放救助资金12.2万元；救助“一站式”建档立卡户有165人次，发放救助金15.2万元。救助大病关怀建档立卡户19人，救助9.5万元。

6. 巩固签约成果提高服务质量。全县应签约3385户、8281人，已签约3340户8036人，未签约45户245人（死亡167人、迁出11人、外出67人），签约率达97%。其中“因病致贫、因病返贫”应签约1239户2507人，已签约1212户2402人，未签约27户105人（死亡79人、迁出9人、外出17人）。通过三项措施提升家庭医生签约服务质量：在稳定签约数量、巩固覆盖面的基础上，将提升签约服务质量放在首位，做到签约一人、履约一人、做实一人，不断提高居民对签约服务的获得感和满意度；做实做细家庭医生签约服务。优先做好老年人、孕产妇、儿童以及高血压、糖尿病、结核病等慢性病重点人群签约服务和严重精神障碍患者的健康管理服务，优先推进贫困人口签约，建档立卡贫困户签约；全面落实家庭医生签约政策。按年签订家庭医生签约服务合同，杜绝“签而不约”“为签而签”现象发生。加强绩效考核，合理调整签约服务有关项目收费价格标准，提高家庭医生积极性，扩大家庭医生服务供给侧，采取多种形式满足群众多层次多元化的服务需求。

【爱国卫生】 1. 积极实施健康教育工程。创建国家卫生县城，健康教育知识宣传工作尤为重要。创办微信公众号，努力营造宣传氛围。建成健康教育主题公园、健康步道、健康教育一条街各一处，健康知识宣传栏147余处，制作村级健康教育宣传墙150余处。使健康理念潜移默化地深入到群众的生活中，提高了群众的健康素养。

2. 深入实施“六进”工程。通过深入永鑫焦化厂、安泽县冀氏镇中学、县城墙岭社区和安泽县发改局等20余处，完成“六进”工作。向群众免费发放《健康素养66条》系列读本9500余册。

3. 广泛开展宣传教育工作。以提高人民群众生活质量和健康水平为目标，广泛开展各种形式的健康教育宣传，在电视台每周播放《专家来了》等宣传健康教育知识。累计播放200余期，其中中老年常见疾病预防知识、小儿常见疾病预防知识受到群众积极反馈、好评。以第31个“世界无烟日”为契机，在县城十字街举办“烟草和心脏病”为主题活动，进行了烟草的危害、科学饮食的健康知识宣传。同时，为县城区各单位、门店（含冀氏镇、马壁乡）制作“禁烟标识”4000个，逐户进行张贴，入户宣传吸烟的危害，严禁公共场所吸烟。

4. 积极实施花园式机关工程。全局上下以各自办公室为单位开展卫生大清扫和张贴禁烟标志活动，完成机关办公楼外墙美化1600余平方米，亮化200余平方米；组织全体干部职工坚持每日不间断清扫责任区卫生。

·妇幼计生中心·

【概述】　2018年，在县委、县政府的坚强领导下，在市妇幼保健院的正确指导下，以提高出生人口素质、保障妇女儿童健康为基础，以完成重大公共卫生妇幼项目，落实国家各项惠民政策为重点，奋力进取，真抓实干，圆满完成各项工作任务，为全县妇女儿童健康保障做出了应有的贡献。

【增补叶酸预防神经管缺陷项目】　预防新生儿神经管畸形的重要手段之一是育龄妇女要科学地服用叶酸片。为了取得良好的效果，做了大量的工作，在确保叶酸及时发放到各乡镇卫生院，卫生所及育龄妇女手中的同时，要给他们进行细致耐心地讲解，认真登记和随访。在“看服第一片”的基础上，实行“311”管理模式，有效防止领而不服或漏服现象发生，确保了叶酸片服用效果，为每个家庭生一个健康孩子起到了保驾护航的作用，2018年安泽县增补叶酸预防神经管缺陷项目任务为650人，中心给全县农村育龄妇女免费发放603人，城镇妇女发放100人，完成率为108.15%，从而降低了安泽县的神经管缺陷发生率。

【农村妇女宫颈癌筛查项目】　根据省市工作要求，农村妇女宫颈癌筛查项目已在安泽县启动7年。为了使妇女同志们认识到宫颈癌是一种可防可治的癌症，增强她们的健康防治意识，也能得到他们的积极配合，使这项关乎家庭和谐妇女健康的民生工程落到实处，深入到各乡镇，各村上门服务，今年，省、市下达安泽县的免费宫颈癌筛查任务为1000人，2018年，为全县35—64岁农村妇女免费筛查1005例，完成率100.5%，其中TCT356例，25例ASG-US，1例CINII-III，有问题的已经进行治疗并且随访。通过早期筛查，有效地预防了宫颈癌前期病变，为妇女的健康，家庭的稳定做出了积极贡献。

【乙肝、梅毒、艾滋病项目】　2018年早孕检测率任务为30%，安泽县早孕检测率32.18%，完成率达107%，已超额完成任务。为了更好地完成此项工作任务，中心为县医疗集团免费发放梅毒检测试剂1180份、乙肝检测试剂800份、艾滋病检测试剂1000份，梅毒TRUST检测100份，配备了开展乙肝、梅毒、艾滋病项目所需高压灭菌锅、离心机、酶标分析仪、洗板机的仪疗设备，口罩、手套、防护衣等防护设备，并及时拨付检测和咨询补助费，按时向上级部门报送信息。

【产前筛查与诊断项目】　自产前筛查项目

工作启动以来，中心对此项工作高度重视，选用业务优，责任心强的同志负责此项工作，每一个血样标本都要快速安全地送到临汾市人民医院，并且由专人负责反馈结果，及时转诊，今年的产前筛查诊断任务为470人，2018年，安泽县筛查总人数505人，任务完成率107.45%，38个高风险，对高风险全部进行了召回和转诊，对杜绝安泽县新生儿智力障碍做到的关口前移。

【业务宣传】 2018年，中心共制作国家免费孕前优生、宫颈癌免费筛查、免费产前诊断与服务、叶酸主题、控烟主题、母乳喂养主题宣传栏共计31块，并且投放到乡镇、街道、廉政文化广场，每季度定期更换宣传栏主题，包含国家基本及重大公共卫生项目，儿童微量元素知识、母乳喂养等健康知识。同时，还印制了健康教育处方和健康教育宣传折页等资料，面对面的给群众讲解预防保健知识和各项惠民政策，切实提高健康意识；2018年因地制宜的制作宣传用品，夏天印制扇子、手提袋、围裙，冬天印制新年健康教育挂历、台历，广受群众欢迎，即实用又提高了健康知识知晓率，为安泽县完成各项妇幼计生惠民工作做好铺垫。

【托幼机构健康体检工作】 2018年，中心免费为全县城内托幼机构儿童入园体检1877人，并且对所有孩子进行了健康评估，对孩子的健康成长提出了建议。为了保证幼儿园的安全卫生工作，还为全县的托幼机构从业教师进行相关体检工作，体检176人，全部发放了健康证，为幼儿园的健康管理做出了应有的贡献。

【新生儿疾病筛查工作】 加大宣传力度，发放宣传资料，力争使《新生儿疾病筛查疾病管理条例》家喻户晓，深入人心，从而提高家长的认知度，进而得到家长的配合，新生儿疾病筛查490人，筛查出三例异常，2例复查未通过，通知复查甲功系列，1例串联质谱异常已确诊，建议到上级医院就诊。

【推广母子健康手册】 2018年，安泽县已全面启动使用母子健康手册，母子健康手册的使用将有力助推安泽县更好地完成这项惠民政策，通过宣传手段多样化，孕产妇系统管理的推广，从孕前优生、叶酸发放就开始对产妇进行告知，来达到关口前移的效果，尽最大的努力来保证每一个产妇都能享受到这项惠民政策中来，为安泽县的出生缺陷率持续降低做出贡献。从7月份启动开始使用后，共发放395本，建立了发放台账，按时上报母子健康发放信息报表。

【避孕药具的发放工作】 2018年，中心以“畅通渠道、满足供应、服务群众、提高效益”为指导方针，免费为县乡两级发放避孕药具243人，为服务群众，开展便民利民服务通道，全县共设避孕药具免费发放点124个，其中乡村111个，县城13个，从而更好地服务群众。

【证件发放】 加强《出生医学证明》等法律证件的管理和使用工作，此项工作实行专人管理，保留存根。按相关法律法规出具《出生医学证明》，严格把关，杜绝出具虚假、违法证明。2018年共发放514份。

【妇幼卫生信息工作】 继续做好妇幼卫生信息统计、培训、下乡督导等工作，2018年中心按时完成妇幼卫生信息的上报工作，做到了完整、准确、及时。根据工作需要聘请临汾市妇幼保健院专家对安泽县从事妇幼儿童保健的医务工作者进行业务培训，全年共组织培训2次，同时市级专家对医疗集团的妇幼保健业务工作进行全面的督导，并且对安泽县的产科、儿科建设提供合理化建议，提高了产科、儿科的服务质量。

·卫生监督所·

【概述】 2018年，在县卫计局的正确领导下，在市监督所的业务指导下，全所干部职工以中共十九大精神和习近平新时代中国特色社会主义思想为指导，按照“全覆盖、零容忍、严执法、重实效”的总体要求，以责任网格化、检查格式化、管理痕迹化、监管信息化的工作方式，紧紧围绕2018年卫生监督执法工作重点，全面推进以人为本、执法为民的理念，积极开展各项工作。全年共出动执法人员397人次，出动175辆次执法车，监督626户次，查处案件18起，处罚金额43100元，没收违法所得1487元。

【医疗服务监督工作】 加强对医疗执业行为的监督和指导，规范医疗机构的诊疗活动，出动执法人员57人次，出动车辆26辆次，监督检查各级各类医疗机构187户次，下发了监督意见书187份，对全县辖区内140家医疗机构依照相关法律、法规进行了监督检查，提出了监督意见，使其建立完善了相应的制度。对在检查中发现的问题依法进行了查处，立案1起，罚款1.5万元，没收违法所得1487元，有力地震慑了违法违规行为，促进了医疗机构的规范化运作。配合卫计局医政科对全县医疗机构进行了年度审核校验工作。

【传染病防治工作】 加强医疗机构传染病防治卫生监督检查，重点开展了预防接种管理、医疗废物处置、疫情报告管理、消毒隔离制度、疫苗接种专项监督检查，对全县12个疫苗接种点，141个传染病防治管理单位进行了监督检查，针对存在的问题下达了卫生监督意见书，共立案14件，处罚金额25100元，保证了各类传染病防控工作的落实。

【职业卫生监督工作】 加强职业卫生监督检查，规范职业健康体检行为，重点检查是否在批准的资质范围内开展工作，管理制度是否健全，出具的报告是否符合相关要求，是否依法履行职业病、疑似职业病报告职责，有关档案是否健全，人员、仪器、设备是否满足工作要求，针对存在的问题当场下达意见书两份。

【放射卫生监督工作】 重点检查放射诊疗机构的“放射诊疗许可证”“放射工作人员证”办理情况，设备检测和放射工作人员的健康监护、个人剂量监测情况、辐射危害告知、辐射危害警示标志设置情况、有无擅自变更放射诊疗项目或者超出批准范围从事放射诊疗工作情况、是否按规定购置、使用个人防护用品等行为进行了监督检查。现已完成了2018年的放射工作人员体检、放射工作场所检测工作，放射剂量检测按预定程序完成三个季度的检测。

【消毒产品】 对消毒产品经营单位3家进行了监督检查。对餐饮具集中消毒单位进行了监督检查，共抽检样品15份，全部符合标准，对该单位因高速路引线修建而搬迁后面积不达标情况，已责令停业整改。

【环境卫生监督工作】 2018年，共受理公共场所卫生许可申请76件，新办理“卫生许可证”69户，复核7户；截至目前共出动卫生监督人员260人次，出动执法车辆113辆次，监督160户次，对公共场所进行了全覆盖。立案查处3家，罚款3000元，免费发放公共场所监督信息公示栏76余块，公共场所卫生管理档案100余份，《公共场所人员培训教材》《戒烟手册》《公共场所卫生知识宣传手册》460余册。

创卫工作是政府一项十分重要工作，也是为民办实事、办好事的一项“民心工程”，为助力创建国家卫生县城工作，按照县创卫办对县城划分的八大片区进行了划片区管理并责任到人，加班加点，对辖区内经营单位进行循环监督检查。通过监督检查，使五小行业无证单位，按照规定办理了卫生许可证，规范了公共场所市场秩序和经营行为。对有问题的经营单位，提出整改意见。并进行“回头看”，查看公示栏的上墙、卫生许可证的亮证经营、卫生管理档案、消毒设施及消毒操作流程，室内外环境卫生等情况，存在的问题基本整改落实到位。

住宿场所及美容美发场所量化分级管理率达100%，制作了执法文书132份，签订创卫承诺书100份，签订美容美发行业禁止开展医疗美容服务承诺书60余份，填写创卫工作督导表100份。

举办公共场所“创卫”专项整治暨卫生知识培训会一期。县城区域的公共场所从业人员共100余人参加了会议。培训以抓硬件、完善基础设施，抓整治、改善门店环境，抓标准、完善档案管理为主线，对创建国家卫生县城工作中公共场所的标准要求进行了深入的讲解，收效良好。

委托有检验资质的单位对公共场所进行空气质量、客用物品的检测。共检测各类场所179户，复检30户。

【学校卫生监督工作】 5月份集中对全县44所学校、幼儿园进行了学校卫生专项监督检查工作，监督覆盖率达100%。同时圆满完成国家下达的双随机监督检查工作。共出动执法人员80余人次，执法车辆36余辆次，下达监督意见书80余份。6月份，委托有检验资质的单位，对全县44所中小学校、幼儿园的教学环境、宿舍空气和环境卫生等17个项目进行了检测。在监督检测的同时，对学校相关信息进行详细核实，及时对卫生监督网络信息进行核实更正，确保各项信息真实准确。

【生活饮用水监督工作】 以市政供水为重点，对县自来水公司进行了监督检查，同时对自来水公司的水源水、出厂水、末梢水进行了抽检。5月份，委托有检验资质的单位对全县中小学校、幼儿园生活饮用水进行了检测，共计检测水样42份。8月份对县城自来水公司出厂水及“创卫”乡镇马壁乡、冀氏镇村委会生活用水进行了采样，由国家城市供水水质监测网太原监测站进行了106项全分析，出具了检测报告，水质均符合《生活饮用水卫生标准》

（GB5749-2006）。对县城监测点分两次（5月、9月）进行了末梢水水质检测。共检测水样13份。

按照“2018年生活饮用水卫生随机监督抽查工作计划”，对城市集中式供水、农村集中式供水、二次供水、小型集中式供水、涉水产品经营单位等进行逐项摸排，及时完成相关数据的录入及上报资料。

于7月、9月分别对住宅小区直饮水进行详细调查，建立相关档案，并对其水样进行了监督抽检，共抽检水样5份。其中3份符合生活饮用水卫生标准，2份水样不达标。对不达标水样责令其经营者查找原因，重新检测合格后方可经营。

【卫生稽查及网络信息工作】 认真开展网络化管理工作，2018年建立有效的被监督单位信息卡共计422张，其中公共场所93张，生活饮用水2张，职业卫生1张，放射卫生2张，学校卫生37张，医疗机构140张，传染病防治140张，消毒产品单位3张，餐饮具集中消毒单位1张，计划生育2张，质控错误数量为0，自动监控信息错误率为0，无重卡现象。注重信息录入的实时性和真实性，填报信息均有档案对应。报告严格遵守卫生监督信息报告真实性原则，无虚报谎报情况。

【专项整治情况】 1. 根据安人口领导组〔2018〕4号文件、安卫妇幼发〔2018〕19号文件、安人口领导组〔2018〕5号文件、安卫妇幼发〔2018〕20号文件要求，对开展怀孕14周以上人工终止妊娠术及b超使用情况进行两次专项检查，规范了我县相关医疗机构及从业人员开展人工终止妊娠术及b超的使用规范。2. 根据临卫监督转〔2018〕3号文件、安卫监督发〔2018〕2号文件要求，对全县的美容机构等经营单位开展了专项检查，共签订承诺书60份。3. 根据临卫监督发〔2018〕6号文件要求，对辖区内部分医疗机构进行了传染病防治分类监督综合评价。4. 根据安卫监督发〔2018〕1号文件要求，对校园卫生专项整治工作开展监督检查。 （赵岚）

·爱国卫生工作·

【概述】 自2016年8月创建国家卫生县城动员会召开以来，安泽县始终坚持以人为本，从激发群众创建意识入手，以改善城乡人居环境为突破口，扎实开展了一系列国卫创建工作。尤其是2018年进入迎检冲刺阶段以来，安泽县更是举全县之力、集全县之智，横下“一条心”、上下“一盘棋”，决战决胜国家卫生城镇创建工作、全面落实爱卫工作、高效推进城乡环境卫生整洁行动、积极开展旱厕改造工作。2018年10月25日至26日顺利通过省爱卫办组织专家对安泽县创建国家卫生县城工作的暗访。《国家卫生乡镇（县城）标准》52项指标体系、15项达标证明、10项1票否决指标已全部完成。

【健全创卫领导机制】 县委、县政府高度重视国卫创建工作，成立了以县委书记为组长、县长为常务副组长、副县级以上领导为成员的领导组，对创卫工作全面部署、科学安排、精心组织，大力实施了城市净化、蓝天碧水、绿色魅力、街道畅通、亮化提升、市容美化、花园机关、健康教育“八大工程”。同时，按照《安泽县创建国家卫生县城工作实施方案》要求，制定印发了《安泽县创建国家卫生县城工作任务分解表》，细化为114项具体任务，分别成立了八大工程的领导组，制定了具体的工作方案，将各项任务层层分解落实，进一步明确了职责、夯实了责任，形成了有人管创卫，有人抓创卫，层层抓落实的工作格局。

【环境卫生整治】 2018年是国家卫生县城、乡镇的申报年，也是接受省、市爱卫专家暗访明察的关键之年。对焦暗访的重点城区交通秩序、旧城区、老旧社区、背街小巷、城中村、城乡接合部、餐饮业、“五小”行业、建筑工地九个重点场所，将县城建成区划分为“八大片区”，六个县委常委和人大常委会主任、政协主席亲自带队，深入片区动员部署，细化任务，带领全县广大干部职工，包片集中整治，实行网格化管理，在每一个片区内都打了一场聚焦九个场所的环境卫生整洁战。从2018年5月6日全县国卫创建攻坚工作推进大会以来，两个多月的时间，县城基础设施建设明显加快、城市功能进一步完善、环境卫生不断好转、市民卫生意识逐步提高，创卫各项工作取得了很大的成效。共下发《门前五包责任书》5000余份，发放《创建国家卫生县城市民告知书》8000余份，发放《垃圾倾倒时间告知书》4000余份，发放《创卫宣传明白纸》6000余份，发放《健康教育知识宣传单》5000余份，下发占道经营整改通知300余份，取缔店外、占道经营3000余处，清扫路面2580余千米，清洗公路设施3万余米，清理乱堆乱放6000余处，清理垃圾800余立方米，清理乱悬挂条幅3000余处，清理8路12街道路两侧小广告1万余处，拆除违章牌匾、落地灯箱500余处，拆除破旧牌匾300余处，清理条幅、广告布5000余处，清理玻璃3000余平方米，拆除私搭乱建共300处，粉刷墙面面约30万平方米，修建围挡3140米，清理橱窗广告800余家，全县志愿者出动6000余人次，整治空中线路286余条街巷，清除破损宣传牌420平方米。为提升城市品质，完成19条街巷改造，硬化路面30377.26平方米；绿化15000余平方米；拆除危旧建筑修建大型停车场5个，其中生活用停车场3个，市政用停车场1个，城乡公交停车场1个；对文体广场进行塑胶、草坪铺设；新增无害化卫生公厕15座。

在环卫设施上，购置垃圾桶350个，4辆电动挂桶车、60个密闭垃圾收集容器、2个中型勾臂车、2辆餐厨垃圾收集车、移动厕所4座、高压清洗车一辆、掏粪车5辆、路灯巡查车1辆，这些环卫设施的到位，极大地推进了安泽县的环卫保洁工作；在绿化方面，通过对南外环道路两侧、派出所至大桥头309国道路段两侧、泽明路、一中南北街、文体广场等公共场所需绿化、补栽的面积进行测量后，共完成补栽面积约为8000平方米，并加大新补栽树苗的管护力度，确保栽一棵活一棵，绿化一片美化一片。

【创卫宣传发动工作】 安泽县始终坚持“共创国家卫生城，共建美丽新家园”的宣传理念，采取巾帼志愿行、创卫倡议书、小手拉大手、电视网络专栏等群众喜闻乐见、富有成效的方式，全方位、多视角开展出创卫宣传和健康教育活动，最大限度调动群众参与创卫积极性，引导群众养成良好生活、行为习惯，提升群众健康素养。1. 组织力量在电视台利用黄金时段在向全县人民发出倡议的同时，以曝光不文明行为、电视讲话、建立微信公众号等多种方式方法，积极开展垃圾不落地文明督促活动，积极宣传创卫动态，提高群众的创卫意识，发动全社会的力量共同参与创卫工作。2. 社区网格长、信息员等深入辖区发放环境卫生整治活动倡议书和“门前五包”责任书，进一步增强居民的环保意识和门店的环保责任，向广大居民宣传保护环境的重要性。3. 加强了对单位职工和社区居民的宣传教育，动员全社会力量参与环境集中整治，形成了全县群众共同关心、支持、参与创卫工作的良好局面。全县各乡镇（村）均召开了专题会议，对全县人民群众进行了创卫工作的宣传动员；住建、交通等单位号召全县施工企业开展“文明工地”活动，各中小学校组织开展了“文明校园”活动，交警大队在全县开展了“文明交通你我他，创卫工作靠大家”专项整治活动等。4. 充分利用各种宣传日，在县城人群集中区域开展了创卫知识、健康教育知识、疾病防治知识等宣传活动，2018 年，各单位共发出宣传材料 4 万余份，悬挂横幅 200 余条、展板 400 余块群众对创卫工作的知晓率达 90%以上，有效地调动了社会各界广泛参与创卫工作的积极性。

此外，还在安泽政府网开辟了《创卫在进行》专栏，建立了“荀乡爱国卫生”微信公众号，面向社会公布创卫举报热线电话、邮箱，对创卫工作不力、环境卫生问题突出的地方和单位给予曝光，对与创卫相悖的个人行为和事件进行监督报道；及时刊登群众意见、建议及处理情况，充分发挥新闻媒体的舆论监督作用，全县上下“人人参与创卫，共建美好家园”的浓厚氛围正在稳步形成。

【健康知识普及】 健康教育是增强群众卫生意识，提高自我保健能力的有效措施，同时也是创卫工作的一项重要指标。多年来，安泽县一直把健康教育作为提高群众素质的一项有效措施来抓，重点围绕“健康教育、环境保护、传染病防治”三个重点，通过发送健康教育短信、读本、设置宣传栏、LED 显示屏、微信、网络等各种形式，多途径宣传健康教育知识，让健康教育深入群众当中，促进居民养成健康科学的生活方式，有效提高了居民的卫生知晓率和卫生行为形成率。在健康教育上，打造泽明路、希望街“健康一条街”，大力开展以健康生活方式、疾病防治等为主要内容的“进学校、进社区、进农村”健康教育活动，先后组织健康知识讲座 6 次，开展咨询活动 10 次，发放宣传单 1.5 万余份，宣传册 8000 余份，受益人群达 2 万余人。同时，为全县所有中小学生征订《健康教育》教材 7000 余册，各中小学校全部按照教育部《中小学健康教育指导纲要》开设了健康教育课，通过学科教学和专题讲座等多种形式开展健康教育，学生养成良好的卫生行为正在逐步形成，学校健康教育开课率达到 100%。在传染病防治上，认真贯彻落实《传染病防治法》，大力实施计划免疫、传染病防治等各项工作。制定了流动人口免疫规划管理办法，对居住期限 3 个月以上的流动儿童建卡，建卡率≥95%；积极开展无烟单位创建和基本公共卫生服务活动，为每个乡镇订阅《健康生活报》，不断提高专业人员的健康教育素养。此外，还对餐饮、公共场所等从业人员进行了卫生法规和岗位卫生的知识培训，对辖区内从事餐饮服务行业的有关人员进行了健康查体。在健康村镇建设上，按照省市健康城镇建设实施方案和建设规划的要求，安泽县将马壁乡马壁村确定为省级健康村镇建设试点村，将府城镇小黄村确定为市级健康村镇建设试点村，并按照健康村镇建设试点要求制定了适应我县健康提升指标的实施方案和建设规划，全县健康村镇建设现已全面启动。

【督查考核】 安泽县始终坚持创建和督查同步进行，建立了县委督查室、政府督查室跟踪督查、组织部定期考核、纪委监委实时问效的考核督查机制，并对照创建标准和责任清单，实行“一周一例会、一周一通报、一季一考核”，层层压实责任，时刻掌握进度，确保创建力度不减、成果持续不反弹。同时，建立群众反馈机制，动员广大群众通过举报电话、举报信箱和微信平台积极监督举报，对群众举报的信息，在第一时间核实情况，并及时协调有关部门限期整治，及时回复群众关切。通过实时监督举报，有力地促进了人人参与、共建共享的常态化创建格局。

【“16 项基础工作”】 自创卫工作开展以来，全县上下坚持以“改变城市整体面貌、提升城市管理水平、改善群众居住生活环境”为目标，以 16 项下大力气解决城市基础设施落后、城市面貌与管理“脏乱差”等重点难点问题，取得了阶段性成效。

主次干道整治，通过更换路沿石；修补路面、罩面；新修道路等方式进行了专项整治，使得建成区的主次干道呈现一片新面貌。

义唐河县城段综合治理。疏浚清淤（清理垃圾）工作已全部完成，完成清淤 1.2 万方，排污主管道安装 2000 余米，液压闸已完工。

排洪沟渠治理。泽民路至滨河路石桥沟治理工程已完工，铺设石桥沟排水渠东污水管网约 334 米，钢筋混凝土封闭约 1045 平方米；泽民路至西环路段石桥沟治理工程已完成；新窑沟环境治理及维修工作已完成，清理垃圾、杂土约 120 立方米，下水道清理约 130 米。

稳步推进待建场地整治。共完成待建场地整治 4 处，拉运土方 2706 立方米，铺设雨水管道 150 余米，垒砌观察井和雨水口 19 座，硬化场地 5412 平方米，回填土方 3434 立方米，回填三七土方 898 立方米，平整场地 747 平方米。

街巷路牌更换。完成街路巷牌样式、宣传版面设计工作，确定了各个街道、巷道的双柱牌、单柱牌的安装位置，打好了各个街道、巷道的柱牌基桩并安装完成。

建成区美化亮化。住建局维护的西外环 108 盏路灯全部改造完成，泽民路延伸路灯靠主道一侧全部维修完成，靠辅道一侧已列入维修计划；荀子文化园山上维修路灯 12 盏，其他地方射灯、路灯已维修完成；34 家机关单位已完成夜景动态亮化，其余相关单位静态轮廓灯也将逐步推进。

农贸市场已全部投入使用。城南城北农贸市场均已完成建设，全部投入使用。两个农贸市场统一管理，分类销售。

粪便无害化处理厂已完成建设。设计招标已完成，环评已完成正在准备申请批复，初步设计已评审，等待最终报批本。

建成区旱厕改造已完成。建成区居民户旱厕改造完成2051座，完成了总任务的80%。

交通秩序整治。1. 动态交通秩序管理方面：2018年3月12日创建国家卫生县城活动集中整治以来，共查处交通违法共计1598例，现场交通违法965例，其中酒驾9例，无证驾驶25人，行政拘留3人，机动车不按规定行驶187例，机动车不礼让行人26例，机动车违法载人39例。2. 静态交通秩序管理方面：对县城街道交通标线进行了重新施划，共施划机动车停车731个，公交车停车位40个，实际施划标线1.17万平方米，非机动车停车线1629米，菱形块56个，非机动车图标30个，更换防撞桶9个。在县城主要十字路口修建交通岗亭2座。在此基础上，加大了对机动车、非机动车停车秩序的管理，采集违法停车信息1433例，推移非机动车2500余辆，劝阻4000多人次，教育群众7000多人次。3. 文明交通宣传方面：利用微信微博、户外显示屏、有线电视曝光交通违法1800例；制作交警在线节目7期，定期播放；开展交通志愿者活动6次。继续加强交通秩序整治力度。坚持城市交通秩序整治各项措施，在现有成果的基础上，向精细化管理延伸，形成常态化的管理机制，解决制约城区交通秩序拥堵的顽固性难题。

汽配市场建材市场的整治。1. 建材市场的整治：县城建材经营户72户，签订责任书69份，下达责令整改通知书4份。已有53户达到整治要求。2. 汽修市场整治：配合运管交警每日巡查，占道经营有所改善。309线至西沟红绿灯，墙面、墙体油污粘胶、玻璃帖字、卷闸清理、清洗，动员16人已清理完毕。

河道治理工程。沁河河段治理已完成，县城周边孔村、高壁、义唐、石桥沟、神南等河道均已清理完毕。

所辖21个行政村环境卫生整治工程。各村环境卫生整治进入细化、日常化管理阶段，并对遗漏、清理不到位情况进行查找。

接合部卫生整治。对公路两侧的垃圾及乱堆乱放进行清理，对国道两侧的冬青进行补植、修剪，并在西外环至平坡村段种植黄花菜，为防止乱倒垃圾设置围栏，对沿街乱堆乱放、门店、加水点进行取缔，在孔村、风池等村绘制文化墙。

【高标准落实爱卫工作】　1. 加强组织领导，凝聚创国卫合力。县委、县政府高度重视爱国卫生工作，因人事调整，及时重新调整充实了爱卫员会人员，建立健全爱国卫生组织机构，明确责任分工，完善工作机制，各爱卫会成员单位密切配合，爱国卫生工作取得明显成效。

2. 强化机构建设，明确工作职责。县政府认真贯彻落实《国务院关于加强爱国卫生工作的决定》，坚持“政府组织，地方负责，部门协作，群众动手，科学指导，社会监督”的爱卫工作方针，把爱国卫生工作列入国民经济和社会发展总体规划，摆上重要议事日程。分管副县长亲自担任爱卫会主任，每年主持召开2次的全体委员会议，总结部署爱国卫生工作。县爱卫会下发了《安泽县爱国卫生运动委员会各委员部门职责分工》，明确职责，落实委员责任制度。

3. 加强爱卫管理，健全规章制度。在县委、县政府提出创建国家卫生县城后，爱卫会就把“创国卫”与“爱卫”紧密结合起来，先后下发了《安泽县创建国家卫生县城实施方案》《安泽县爱国卫生工作规划》《关于加强安泽县爱国卫生工作长效管理的实施办法》《安泽县除“四害”管理办法》等一系列县城卫生长效管理规范性文件，形成了较为完整的爱国卫生法制规范，使爱国卫生工作逐步纳入依法管理的轨道。

4. 坚持深入开展爱国卫生运动。县爱卫会每年都制定年度工作计划，对爱国卫生重点工作都作了规划，做到有计划、有检查、有评比、有总结。在每年4月份开展爱国卫生月活动，做到有计划、有总结、有成效。并在重大节日、县里的重大活动、春夏季以及市容环境卫生月活动等时机，组织各社区、单位，全民动手，大搞环境卫生，集中力量开展以整治环境卫生为重点的群众性爱国卫生运动。

5. 加强县城管理中薄弱环节的整治。将“五小行业”、交通秩序、县城“牛皮癣”等县城管理中老大难的问题列入每年整治工作的重点，不定期的组织城管、工商、卫生、公安、交通等部门对“五小行业”、交通秩序、县城“牛皮癣”等进行集中整治。加大执法力度，对不符合县城管理规范的行为责令限期整改和处罚，同时督导相关部门按有关法规、规章进行经常化、规范化、法制化的长效管理，取得了明显成效。

6. 积极开展爱国卫生工作检查评比活动。县委、县政府把爱国卫生工作纳入各单位部门年终绩效考评，制定了爱国卫生工作考评实施方案，县爱卫会每年牵头组织县委文明办、县效能办、县城管办、县工商局、县卫生局等职能部门开展爱国卫生月检查评比、秋季爱国卫生检查评比；同时，牵头组织县文明办、县住建局每年分阶段组织开展市容环境卫生专项督查，并及时通报各项监督检查情况，形成常态化、规范化爱国卫生日常工作。

7. 积极推进健康教育工作。充分发挥县疾控中心健康教育办公室的专业指导作用，健全各单位健康教育互动协作。在农村开展讲文明、讲卫生、讲科学、树新风等活动，县区各社区、单位都建立爱国卫生宣传专栏，全县中、小学校都开设健康教育课。通过大力宣传普及卫生知识，提高群众健康意识和自我保健能力，县城居民健康知识知晓率与健康行为形成率都分别达到80%与70%以上。

8. 积极开展病媒生物防制工作。坚持以预防和环境综合治理为主的病媒生物防制工作方针，按照“抓早、抓准、抓实”的原则和“以块为主，条块结合，属地管理”的原则，群众参与与专业防治相结合，不断加大工作力度，科学防治，常抓不懈，较好地控制病生物的滋生。

【城乡环境整洁行动】 自安泽县城乡环境卫生整洁行动工作开展以来，按照《安泽县城乡环境卫生整洁行动工作方案》的要求做好“融合”大文章，和乡镇国卫创建相融合；和乡村振兴相融合；和脱贫攻坚相融合，结合职责分工，紧密部署、全面动员，迅速行动，积极开展城乡环境卫生整洁行动，经扎实整改，取得明显成效。1. 高度重视，全面部署。为加强城市环境卫生整洁行动工作领导，立即召开专题会议，成立了以政府副县长盖勇为组长，各城市环境卫生整洁行动的成员单位负责人为成员的工作组；根据安泽县实施方案，制定并印发了《安泽县城市环境卫生整洁行动工作实施方案》，对指导思想、目标任务、主要工作任务、实施步骤、保障措施作了详细部署安排，形成了横向到边、纵向到底的工作体系，使城市环境卫生整洁行动工作真正形成“有人抓、抓到底，有人查、查到底”的格局，确保各项工作落到实处；按照职责分工，明确了责任、划定了工作标准，确保各项工作落实到人、落实到位。为及时解决整治工作过程中发现的问题，定期召开会议，研究解决突出问题，补齐城市功能短板，进一步推进城市环境卫生整洁行动工作深入开展。

2. 广泛宣传，全民参与。学习传达好县委、县政府的重要指示精神，抓好层层传达和落实工作，统一党员干部的思想，调动成员单位的积极性，营造人人遵守、人人参与、人人监督的浓厚社会氛围；重视群众反馈。结合市长热线、县长信箱、随手拍、信访等途径，注重群众反馈问题，充分发挥舆论宣传优势，使广大市民明确城市环境卫生整洁行动工作的重要意义；广泛开展社会宣传。依托悬挂横幅、发放宣传材料、出动宣传车、流动定点广播、网络媒体等多种形式进行广泛宣传，组织开展县城范围内的专项整治活动。通过以上多种形式，极大地提升了广大市民对城市环境卫生整洁行动工作的知晓率和参与率，形成了良好的舆论氛围。

3. 突出重点，整体推进。坚持以村为单位，以排洪、排污、灌溉渠“三渠”，铁路、公路、河道、通村道路沿线“四线”，城乡接合部、村庄周边、房前屋后、公共场所、集贸市场等“五片”为重点区域，开展“人人动手、清洁家园”主题活动，进行生活污水、生活垃圾、人畜粪便、白色污染物和柴草堆垛等废弃物的集中清理，开展对秸秆焚烧的治理，实现村庄无暴露垃圾，无散养家畜家禽，渠道无杂草飘浮，房前屋后无杂物，村内无露天粪坑，巷道无积水污泥，全村无卫生死角，树立村容整洁新形象；乡镇、村组要积极引导群众在房前屋后和空闲地带栽植花卉树木，在村庄主要巷道和通村道路两旁进行植树绿化，毗邻景区和开办“农家乐”乡村旅游的地方要对与景区景点连接道路绿化进行规划，对临路、临街墙体立面进行整饰、美化，全面美化乡村环境；结合“乡村振兴战略”和《农村人居环境整治三年行动方案》具体要求，加大对垃圾暂存处置、改厕、污水处理的投入。各村应合理规划设置足够的垃圾收集堆放点，建设必要的环卫设施，方便群众集中倾倒和统一转运处理，要大力开展农村卫生厕所改造和污水处理设施建设，提高农村无害化卫生厕所普及率和污水无害化处理率。

4. 2018 年，全县 7 个乡镇共动用车辆 6700 余辆，拆除违建 91 处 4600 余平米，拆除危旧房 152 处 2.6 万余平方米，清理小广告 3400 余处、清理广告牌匾 175 块、清理玉米栈 895 个，粉刷墙体面积 20.4 万平方米。清理垃圾 9300 余堆 3.8 万余立方米，清理“四堆”4400 余处、路边杂草 3.2 万余平方米。清理排水渠 3.8 万余米、清理河道 1.9 万余米。全县共回收农药瓶 35550 个，农膜 1250 公斤，化肥袋 46542 个，最大限度降低农业废弃物对环境的影响。

5. 在农村环境卫生整洁行动工作中，继续巩固提升“六个一”农村环境卫生治理工作机制：一个整治标准到位，在学习外地先进经验的基础上，紧密结合实际，确立了我县整洁行动总体目标、原则标准、措施效果，为全县农村环境卫生整洁工作提供了遵循和指导，将府城镇义唐村、小黄村、飞岭村、和川镇沁河庄村、杜村乡郭庄村5个整治成效比较明显的乡村作为全县环境整治的示范点，确定整治区域，明确整治重点，制定整治标准，组织各乡镇、各村实地观摩，切实起到以点带面、示范带动的作用。一村一个保洁队伍，村级配备专职保洁员，包括清扫员和清运员，主要工作职责是负责村庄内主要道路、花坛绿地保洁、公厕保洁及垃圾清运。一个长效保洁机制，制定保洁员管理制度，划分卫生责任区，乡镇、村安排专门保洁清运人员，配备专门的保洁清运设备，全天候开展保洁工作，确保垃圾日产日清。一村一个公益文化宣传栏，经过探索实践，设计创作了一批具有县域特色和乡土风情的公益广告宣传栏，将一堵堵灰墙变成了一面面主题鲜明的“文明礼仪墙”“科普知识墙”“和谐平安墙”“绿色环保墙”“美德故事墙”，向村民传播健康文明的生活理念。特别是在309国道穿越县城这一路段，针对道路沿线运输车辆众多，易产生抛洒滴漏导致扬尘污染的现状，设计了以绿色草皮为基调，以宣传中国优秀传统文化为主要内容的绿色文化墙，既美化了国道环境，又传播弘扬了中国优秀传统文化和社会主义核心价值观。同时，选择在地理位置好、人口集中的行政村所在地，通过设置电子屏，滚动播放公益宣传标语、村规民约、政策法规、重要通知以及供需广告等各类信息，不仅方便了村中信息的上传下达、使得各种宣传能够及时到位，而且从源头上杜绝了村中乱贴广告等不文明现象，进一步美化、净化了村容村貌。一村一个村规民约，根据村民自治、注重实际、自觉遵守的原则，各村结合实际制定各自的村规民约，并召开村民大会进行讨论通过，使“爱护环境、人人讲卫生”成为群众共识，促使村民自觉养成爱护环境、维护环境的良好习惯。一村一个玉米栈子集中安放点，在每个村选择场地宽阔、通风好、排水好的区域集中提前规划玉米栈，保证粮食的通风干燥，打造一道亮丽的风景线。

【农村旱厕改造工作】 1. 细致谋划，确保改造工作规划合理由于安泽县存在气候干旱、少雨、多风，冬季气候寒冷、水资源严重匮乏等实际情况，为避免旱厕改造工作受到环境制约，在旱厕改造工作开展前期，到大同、忻州等地考察学习，通过论证，并结合安泽县实际发现双瓮漏斗式卫生厕所因其技术成熟、结构简单，易于安装、操作方便、便于运输、成本低廉、无害化效果良好、群众使用方便，建议推广改（建）造。因此，在2017年11月在城墙岭开始旱厕改造试点工作，最初改造33座，通过实验发现，双翁漏斗式卫生厕所适应安泽县环境可以安全过冬，所以在2018年5月开始在县城周边、府城镇、冀氏镇、马壁乡推广旱厕改造工作。

2. 多方引导，确保改造工作顺利推进。为确保改厕工作顺利推进，在改造开展前期，采取多种方式，加强舆论宣传工作，引导群众正确认识农村改厕工作的必要性。充分利用电视、网络等新闻媒体和张贴宣传标语、发放使用说明等多种形式和手段，采取群众喜闻乐见的形式，宣传改厕的好处、意义，引导农民转变传统的不卫生习俗；组织专门力量深入到群众中去，讲道理算细账、教方法、细指导，进一步统一思想，提高认识，增进共识，充分调动广大干部群众参与农村改厕的积极性和自觉性；组织乡镇社区干部、工作人员和村民代表到有关地区、村现场观摩考察，直观的认识改厕的好处。通过广泛宣传，广大群众充分认识到改厕带来的好处，从一开始“不愿改”到现在“要求改”，确保了改厕工作的顺利推进。

3. 全程指导，确保改造工作高质完成。始终坚持严把质量关，确保把农村旱厕改造这件惠民实事办成群众满意工程。严格按照“统一设计、统一购料、统一施工、统一验收”的要求和施工规范，由专业施工队统一施工，严格标准要求。项目实施前，举办专题培训班，通过理论讲解、现场参观等形式，对施工队、村镇分管负责人进行集中技术培训，使他们掌握好改厕的技术要点和质量要求。工程推进中县、社区（乡镇）、村3个层面全程进行技术指导、质量监督，及时查处纠正施工过程中存在的问题。

疾控中心

【概述】　2018年，在县委、县政府的正确领导下，在各相关部门的大力支持下，中心紧紧围绕年度疾病预防控制工作任务目标，认真贯彻落实中共十九大会议精神，以“人为本、德为先、业为重、防为务”为抓手，夯基础强素质、严管理上台阶，各项疾控工作进展顺利。

【干部队伍素质建设】　始终把班子自身建设作为一项长期工程，常抓不懈。努力塑造学习型班子和队伍，跟进时代步伐，班子成员带头不断提升自我素质，提供可持续综合服务能力。1. 在深入开展“强化责任、严守纪律、树好形象”专项治理活动的同时严格开展“扫黑除恶”专项斗争治理工作，做到行动有方案，学习有计划，量化到事、细化到人，确保在组织推进、活动内容、进度安排和方式方法等方面不折不扣地贯彻上级党委精神。全体党员集中学习20余次，累计40个学时，围绕学习内容组织讨论交流2次，每人撰写心得体会3篇，每人抄写读书笔记3万余字，对因病在床、年老体弱、行动不便、外出流动等无法参加集中学习的党员，采取送学上门、邮寄资料、网络选学等方式，将活动精神传达到每一个党员。2. 以活动为载体引导党员参与其中。在严抓学习的同时还积极组织党员开展好党建活动，进行烈士陵园扫墓、“七一”宣誓、下乡帮扶贫困户、入村免费送医药等系列活动，引导中心广大党员进一步增强看齐意识、党性意识、规矩意识，立足岗位履职尽责。严格落实“三会一课”制度，全年共召开了4次党员大会，12次支部委员会及10次党课。积极组织开展“定、查、评”活动，从支部建设、队伍建设、党风廉政建设、服务发展大事、业务工作要事、服务民生实事、服务群众难事及其他等8方面问题入手，制定了10项任务目标，从中心领导到科室负责人带头领责，限定完成时限，全年工作已按既定目标全部完成到位。3. 在日常工作中时常开展业务学习和培训，采取“请进来、送出去”的方法提升干部队伍素质，积极参加省、市、县各级技能培训，提升业务能力，参与县卫计委消夏晚会，展示疾控风采，利用各种宣传形式提高群众防病知晓率。坚持以维护人民群众健康为宗旨，以提升疾病预防控制能力为核心，不断提高服务水平，加强窗口科室规范建设，强化医疗卫生安全，严格落实节假日24小时值班制度，切实做到了便民、为民、惠民让群众满意。

【廉政建设】 认真贯彻民主集中制，严格执行“三重一大”制度，班子成员之间相互沟通、互相配合，形成了顾大局、比贡献、团结奋进的良好局面，领导班子带头落实干部廉洁准则，时时开展警示教育，组织党员到红色基地体艰辛、磨意志、上党课，从思想上筑牢拒腐防变警戒线。1. 落实“第一责任人”负责制。中心支部书记对反腐倡廉建设负总责，承担“第一责任人”的责任，支部委员和班子成员向支委负责。定期研究和了解单位落实党风廉政建设的工作情况。2. 强化班子成员责任。领导班子成员实行“一岗双责”，既要按照分工抓好业务工作，又要抓好分管领域的反腐倡廉和行风建设，同时严格执行“六权治本”实行“三权分立”，合理分工，责任明确，形成“一班人”齐抓共管的局面，对“三重一大”制度进行延伸实施财务票据支出联签制度，既强化了中心廉洁建设工作又提高了班子成员的责任感。3. 突出重点狠抓责任落实追究。中心支部书记与各科室负责人签订目标责任书，确保责任制的责任目标落实到位。领导班子依照责任制的要求，定期抓好责任制落实情况的检查。4. 加强干部廉政建设、廉洁自律。领导干部带头做到自律、自省、自重，不谋私利，不该自己得的一律不取，不该做的事坚决不做，严格遵守“八项规定”执行办公用房规定标准，严格公车管理，节假日实行定点封存，严格执行公务接待标准规定，厉行节约，反对铺张浪费，事事处处维护党的形象，做廉洁自律的表率。

【办公室内勤管理】 2018年办公室规范了中心各项管理制度，对签到、请销假、差旅报销、公车派遣等日常重点检查制度进行了完善，并监督执行；开展好党务工作，认真做好各项学教活动，包括出台文件、归档材料、联系开展每月党建活动，完成全年党建工作资料；规范了日常管理，对收文管理工作登记流程进行了重新规范，并加强了印章管理，由专人负责管理；积极组织好各项组织活动，如植树节节植树活动，到包联村“手拉手帮收秋”活动，“创卫”扫街活动等；认真做好在职及离退休人员信息采集、工作调资、年度个人考核，做好慰问老干部、贫困户、退伍军人等人事工作；扎实筹办各类会议，努力做到会前准备全面，会中服务到位，会后落实到位；认真完成各阶段、各方面考核工作。

【计划免疫工作】 2018年是中心计划免疫工作服务提升年，为把免费疫苗，安全及时的接种在目标儿童身上有效地防止相应传染病的暴发和流行，重点对预防接种门诊进行规范化建设。1. 调整接种时间。将每月“15、16、17 日”三日接种变为每周一接种，将接种时间变长，时间跨度变宽，不仅缓解了集中接种的工作压力，同时也能够为受种者提供更为宽松的时间选择，在便民上做到了更进一步。2. 创新接种告知模式。利用手机微信、电子宣传屏、告知通知单等温馨提示，提前将疫苗接种、查漏补种时间、地点、名称、接种所需证件等核心信息告知儿童家长，切实提高了人民群众主动接种意识，变要我接种为我要接种，大大提高了免费疫苗接种率，七苗接种率均在 99%以上。3. 加强服务硬件建设。中心为疫苗接种候诊登记室，添加了办公桌椅、电脑、候诊椅及宣传栏，进一步规范了接种流程，提升了工作效率，为群众提供更优质的服务。开展全省脊髓灰质炎没活疫苗补种活动，新增疫苗流通管理系统及扫描枪，组织开展了免疫规划管理系统培训，使安泽县预防接种工作统一管理，提高了安泽县免疫规划工作的整体形象和水平。2018 年新建冷库及新配冷链专车均已投付使用，做到了疫苗运转全程控温，使冷链运转规范化建设工作得到了进一步推进。4. 继续开展接种狂犬疫苗便民服务。狂犬病有疫苗可预防，但没有药物可治疗，病死率 100%。况且狗伤人事件没有规律性，为保障人身安全，采取昼夜应诊，节假日不休息，工作人员值班制，保障就诊人员第一时间安全及时接种到疫苗，做到了便民、利民服务。

【结核病防治工作】　2018 年登记活动性肺结核病人 25 例，其中涂阳肺结核病人 3 例，涂阴肺结核病病人 17 例，结核性胸膜炎病人 5 例。为全县贫困户肺结核患者发放补助 3600 元。3·24 世界结核病防治日组织人员入校园、进农村、上街头、到医院开展结核病防治知识宣传活动。筛查师生 5000 余名，发放宣传资料 8000 余份。经中心调查核实全县建档立卡贫困户中有 6 人患有肺结核，按照上级经费分配要求贫困户肺结核患者补助 600 元/人，已全部发放到位。

【地方病防治工作】　1. 碘缺乏病方面。2018 年随机对全县 5 个乡镇 20 个行政村 300 户居民的食用盐进行抽样，并完成食盐碘含量定量检测检验工作，碘盐合格率、居民合格碘盐食用率均为 100%。2. 人间布病方面。及时掌握人间布病疫情动态，按规定进行了规范管理，并及时上报，且全部做好个案调查。3. 消除疟疾工作有序推进。确定县人民医院监测点，承担全县的“三热”病人的疟原虫检测工作，每月按时开展寄生虫网络直报工作。4. 克山病方面。5 月中心组织骨干人员联合县医疗集团深入府城镇三交村、小黄村开展克山病监测工作。5. 大骨节病治疗，5 月中旬对 5 个乡镇 30 名大骨节病人进行为期 6 个月的药物治疗，并每月按时随访。

【传染病防控工作】　传染病网络直报和监测预警不断完善，设立网报专室、专线，每日按时浏览大疫情网，全年共报告法定传染病 17 种 281 例，发病率为 333.1002/10 万。按月上报报表，2018 年上报 17 期疫情分析，17 期风险评估报告。按季度对县直医疗机构和各乡镇卫生院开展了传染病督导检查。同时进一步加强应急工作，完善应急预案，并申请 10 万元专项经费增补应急物资，全面提高了中心应对处置突发公共卫生事件的能力。在完成年度工作任务的同时，中心传染病防治科还配合县创卫办完成了全县“创国卫”工作中传染病防控及病媒生物防治工作三个年度考核资料的编制、汇总工作。

【艾滋病病人管理，随访工作及干预工作】 中心2018年追踪管理本土艾滋病病人/感染者5例，抗病毒治疗4人，治疗率为80%，2018年新报告艾滋病1例。认真做好艾滋病自愿咨询服务和监管场所羁押人员HIV抗体监测，监测自愿咨询HIV抗体检测153人份，监测羁押人员46人，未检出阳性，干预暗娼141人次，检测43人，发放安全套820个。根据上级要求，中心积极开展全人口HIV抗体检测工作，未检测出阳性人员。今年中心重点加大了艾滋病防治工作宣传力度，不仅在小黄村投资建设艾滋病防治宣传屏、宣传面板，艾滋病防治科科长还亲自参与编制、参演艾滋病防治宣传情景剧，在卫计系统消夏晚会中汇报上演，不仅剧情生动感人广受好评，也对艾滋病防治知识进行了有效传播，同时还将情景剧表演刻碟，通过微信短视频、公众号等方式传播，扩大宣传效果，特别是今年的12月1日世界第31个艾滋病宣传日，县委书记李强和县委班子成员也莅临宣传现场，同工作人员一道走上街头，共同宣传主题为“主动检测，知艾防艾，共享健康”的万人签字宣传活动。

【健康教育预防】 健康教育是疾病防控的永恒主题，是有利于人民健康的公益广告。中心健教科在工作中以“儿童预防接种日”“碘缺乏病防治日”“全国疟疾日”“结核病防治日”“世界卫生日”“职业病防治日”等卫生节日为契机，采取义诊、街头咨询、宣传、图片展、发放宣传单等多种形式，向广大群众普及卫生防病健康知识，将健康新概念预防是关键“花大钱治疗，不如拿小钱防病”的现代健康消费理念通过宣传根植于人民群众心中，提高居民健康素养，并将健康教育理念向基层延伸。2018年中心健教科重点开展了以“三减三健”为核心的主题宣传，共计开展咨询活动10余次，发放宣传单2万余份，宣传册9000余份，受益人群达3万余人，并充分利用单位电子屏，坚持每天上班时间播放健康知识，供过往行人学习，并在学校放学等人员高峰时段播放健康教育知识讲座，让广大群众更有效的学习掌握各种健康知识。中心以“全民健康生活方式行动”工作为核心，以街道、乡村、社区、学校和厂矿为阵地，联合各科室积极开展健康教育“进学校、进社区、进农村”活动，组织了6次健康知识讲座，进行了免费送医送药，用实际行动践行“日行一万步，吃动两平衡，健康一辈子”的健康理念。同时，围绕“创建国家级卫生县城”工作，在落实“创卫”任务台账的同时，投资10余万元，改旱厕、除广告、修大门、粉墙面、填花草、建灯带，全力打造花园式机关，要求工作人员上岗有责、举止文明、环境优美，结合工作特点强化控烟工作，营造舒适整洁的办公环境。

【食品安全风险监测工作】 中心认真贯彻全市食品安全风险监测工作会议精神，协助卫计行政部门制定了《安泽县食品安全风险监测工作实施方案》，并成立了食品安全风险监测工作领导小组。2018年，哨点医院县人民医院共采集病例122例，完成采集任务的111%，网报准确率、审核及时率、审核准确率均为100%，食源性暴发事件报告0例。2018年共采集食源性致病菌监测样品9种18份，食品化学污染物及有害因素监测样品9种32份，采样时按《采样信息记录表》逐项记录采样信息，无漏填、漏报等现象。同时继续践行中心安全工作责任制，建立健全安全生产各项规章制度，严格按制度开展医疗垃圾处置，消防安全排查，实验室化验试剂存放、生物制品温度测量等工作，最大限度消除安全隐患，全年无安全事故发生。

【慢病工作】　1. 死因监测工作，为了保证死因上报工作的及时性、准确性，对辖区医疗机构的死因上报数量和上报质量进行日审核，2018年辖区医疗机构共上报死因病例366人；死因编码合计错误比例<5%；县级医疗机构死因覆盖报告率达100%，乡镇医疗机构网络直报覆盖率达100%。2. 老高糖管理工作，其中：老年人登记5948人、健康管理5478人；高血压健康管理8797人；糖尿病健康管理1679人。3. 重性精神疾病管理工作，累计管理精神病患者335人，对辖区内诊断明确，在家居住的重性精神疾病患者纳入管理，为其建立一般居民健康档案，并按照要求填写重性精神疾病患者个人信息补充表。

【实验室检验】　2018年实验室已完成羁押人员HIV抗体检测225人份，尿碘检测300份，碘盐检测300份，临床生化及临床检验68人份，医院消毒效果监测80份，梅毒筛查186人份，枯水期30份水样，丰水期30份水样检测检验工作，检验数据全部上报县卫计局，并通过政府网络平台予以公示。

【卫生应急工作】　在疫情应急处置中，要求警钟长鸣，始终做到“六个坚持”，坚持疫情就是命令，成功处置小学生猩红热、流感、腮腺炎个案流行病学调查；坚持疫情24小时值班制度，传染病随时搜索及时报告，科学应对；坚持防控并举，储备好应急物资，随时填平补齐防患未然；坚持全体干部职工24小时保持通信畅通随时待命，这项制度从“非典”保持至今；坚持加强预案应急演练，做到招之能战、战之必胜；坚持做好全员培训利用年初例会和阶段性中心工作，突出防病主题加强培训，成功应对控制疫情发生。

【精准扶贫工作】　为切实抓好机关干部作风建设，密切党群干群关系，树立良好的疾控队伍形象，围绕全县服务大局，全体党员干部认真开展以帮扶包联村转型跨越发展为主题的精准扶贫工作，结合“三联两报到”活动，心系包联村，竭心尽力致力于农民增收、产业增效、农村稳定，并认真落实山西省卫计委开展健康扶贫“五个一”和驻村帮扶“六大行动”。中心党员干部多次奔赴包联村，深入帮扶户为他们宣传政策、送去温暖关怀、开展“手拉手帮秋收”主题活动，与村两委班子成员、党员代表、群众代表进行了交流，今年重点以“双引领”为突破口，驻村工作队无论炎热夏季还是寒冷冬季克服种种困难同村两委一道扑下身子做好农村帮扶和脱贫攻坚工作，多次迎接省市县考核验收并积极协助村两委实施产业结构调整。1. 在小树林休闲观光俱乐部基础上，修建“网红桥”、林中木屋、集沙滩娱乐、水上娱乐、儿童娱乐、鱼塘观光和特色小吃于一体，扩大了旅游框架。2. 在“小树林俱乐部”景区广场投资 5 万余元安装户外 LED 显示屏，用于普及党的方针政策、扶贫政策、健康教育等常识。3. 为巩固脱贫成果，拉近与帮扶户的距离，在帮扶工作中为贫困户购置防寒避暑用品、治疗大骨节病药品、健康教育宣传品，元旦前夕为贫困户、边缘户、老党员、困难村干部送去 80 桶食用油开展冬季慰问活动，踏实的工作作风受到村民的一致好评。

安泽县医疗集团

【概述】 安泽县医疗集团于 2017 年 9 月 19 日挂牌成立，下属安泽县人民医院、安泽县中医医院 2 所综合性医院与 7 所乡镇卫生院、4 所卫生服务站，编制床位 524 张，共有在职职工 500 余人，其中卫生专业技术人员 363 人，为全县唯一一所集医疗、教学、康复、体检、预防、保健等为一体的专业医疗服务机构。2018 年，医疗集团在省委、市委、县委的正确指导下和大力支持下，深入贯彻落实各项工作任务，扎实推进县乡医疗卫生机构一体化改革，顺利完成各项医疗工作任务，医疗集团全年门急诊诊疗人次为 109107 人次；出院患者 9844 人次，全年开展手术共计 738 例。

【党建工作】 在卫计党委的正确领导下，以习近平新时代中国特色社会主义思想和中共十九大精神为指导，突出全面从严治党的主线，认真贯彻新时代党的建设总要求，以党的建设为统领，以提升组织力和服务工作能力为重点，扎实推进“两学一做”学习教育常态化制度化，全面开展“强化责任、严守纪律、树好形象”专题学习教育活动。集团党总支全年共开展主题党日活动 120 次；党员干部培训 148 个课时，召开专题民主生活会与组织生活会 3 次。

【业务工作】 2018 年医疗集团属医疗机构均顺利完成各项医疗工作任务，医疗集团全年门急诊诊疗人次为 109107 人次；1—12 月出院患者 9844 人次，全年开展手术共计 738 例。新成立肾内科、脑病科、介入科、心内科、血液透析中心等科室，将医疗设施设备和专业技术人员配备到位。肾内科于 1 月 23 日正常开展工作，进行血液透析病人共 536 例；脑病科于 2 月 3 日正常开展工作，收住病人 236 例，开展脑梗塞溶栓术 9 例；介入科于 2 月 10 日正常开展工作，开展心脏造影 82 例，心脏支架植入术 24 例，肺癌粒子植入术 1 例，颈动脉支架植入术 1 例，腹主动脉支架植入术 1 例，肝血管瘤栓塞术 1 例，脑血管造影术 2 例，共计 132 例；心内科于 4 月 28 日正常开展工作，收住病人 139 例。骨伤科于 7 月 21 日正常开展工作，收住病人 385 例。二楼 B 区门诊于 5 月 9 日正常开展工作。

【精准扶贫工作】 按照县委、县政府工作要求，集团驻村扶贫工作队严格落实“五天四夜”驻村值班制度，并做好贫困户的入户随访和档案整理工作，健全完善各项基础档案资料，对建档立卡贫困户信息再核查、再完善，做好动态监测，建立动态管理台账，确保全面及时掌握贫困户发展情况，针对全县建档立卡贫困户实行“先诊断，后付费”“136”补偿机制，凡属于县域内建档立卡贫困户均实行零押金住院，免挂号费，并保证每名患者自付费用不超过1000元，避免出现“因病返贫”，保证广大贫困群众看得起病。2018年，建档立卡贫困户住院人次为1163人次，补充医疗保险支付560498.44元，社会兜底1592626.54元。

【一体化改革工作】 1. 加强医疗集团党的领导和党的建设，健全集团领导班子和管理制度。于2018年2月成立党总支，下设9个党支部，共有党员128人。各支部均进行换届选举工作，产生新一届支部委员。2018年上半年在卫计党委的正确领导下，党总支定期组织集团内各党支部开展了党风廉政建设活动、“强化责任、严守纪律、树好形象”专题治理活动、《贯彻落实中央八项规定精神实施办法》的学习宣传活动及腐败和不正之风的专项整治活动，重点做好思想政治工作和医德医风建设工作，将党的建设工作与医疗业务工作相融合，进一步提高党员干部的政治站位，筑牢思想基础。集团班子成员共8人，其中包括党总支书记、院长1人，党总支专职副书记1人，行政副院长6人，医疗集团已完成法人注册登记，各乡镇卫生院（站）已完成法人变更登记，并制定各项管理章程。

2. 完善“六统一”管理机制。在县卫计局的监管与县审计局的大力配合下，医疗集团于2018年1月底完成了县级公立医院与各乡镇卫生院人、财、物的移交与审计工作，由集团统一管理，实现管办分离，政事分开。集团与各部门科室、乡镇卫生院（包括村卫生室）建立行政例会制度；重大事项决策、重要干部任免、重要项目安排、大额资金的使用均由集团班子成员召开会议研究决定定期安排部署工作，实现行政统一管理。成立人力资源管理中心，建立资源下沉、人才合理流动机制，实现人事统一管理；成立财务管理中心，集团属各医疗机构财务由集团统一管理，集团院长管理集团的财物，乡镇卫生院执行院长根据受权管理本单位财物；成立质量控制管理中心，建立统一的质量控制考核标准，实现业务统一管理；全体职工的绩效由集团统一管理考核，并建立完善的绩效考核体系和工作流程，实现绩效统一管理；制定药品采购“五统一”实施方案并实现药品采购统一目录、统一议价、统一采购、统一配送、统一结算。

3. 建立完善管理中心和业务中心。集团已成立八个业务中心和八个管理中心，完善了各中心的岗位职责和工作制度，除信息管理中心与科教管理中心的负责人没有正式任命外，其余14个中心均明确了负责人，并配备了工作人员。

4. 积极开展编制人事薪酬制度改革。集团县级医院和基层医疗卫生机构编制由集团统一管理、统一使用、统一调配。集团按照“两个允许”的原则，开展了人事薪酬制度改革。为提高全体工作人员的积极性，集团将两家公立医院的绩效工资做了调整。绩效工资的分配主要体现工作量、服务质量和实际贡献等因素，坚持多劳多得、优绩优酬、同工同酬。于5月26日参加由山西省人社厅、山西省卫计委、山西省医改办主办的县级医疗集团人才招聘大会，坚持按需设岗、公正公开、竞聘上岗、合同管理的原则对所需专业技术人才进行自主招聘。集团内部的后勤服务已实现社会化，对保洁类的一般性劳务工作，不再设置相应的工勤技能岗位。

5. 实行医保总额打包付费制度。医疗集团已与县级医保经办机构签订医保总额打包付费协议。县医保经办机构采取“总额预算、按月预付、年终结算”的方式，将医保基金统一打包拨付给医疗集团。医疗集团推行以按病种付费为重点的多元复合式医保支付方式，推进按疾病诊断相关分组（DRG）付费，完善按人头、按床日等多种付费方式。成立医保管理中心，建立集团医保领导小组，并将医保基金纳入财政专户管理，实行收支两条线，做到专款专用；建立健全医保基金预决算制度、财务管理制度和内部审计制度。并坚持做到统筹基金起付标准以下的医疗费用，由患者个人账户支付或个人自付；切实加强对医保基金使用的监督。严格规范临床路径，成立单病种质量控制及临床路径管理领导小组，对临床路径管理质量进行指导、监控和评估，降低医疗成本。

6. 加强药品供应保障制度建设。集团成立“药械采购管理中心”规范药品采购方式，实行药品采购统一目录、统一议价；准确、合理测算集团属医院和乡镇卫生院药品需求量，由“物流配送中心”统一配送至各乡镇卫生院（站）；最后由“财务管理中心”统一结算。同时制定“五统一”实施方案，并落实到位，做到同县同药同质同价，严格落实药品采购“两票制”。

7. 医疗集团理顺医疗服务比价关系。已对医疗服务价格进行初步测算，并向县发改局提交申请，拟将部分医疗服务价格上调12.04%。

8. 加快信息化建设。集团已建立远程会诊中心，13个医疗机构的基础网络搭建完毕。12月底，集团打通内部各医疗机构间的信息通道，实现信息互联互通。通过实现检查检验结果查询、推送与互认、移动支付、出院患者床旁结算、门诊患者诊间结算等服务，方便患者就医。

9. 健全医疗集团监管机制。医疗集团制定内部各项管理章程、发展规划等，由卫计局研究审议通过。县卫计局建立完善的以公益性为导向的考核评价机制，加大基层服务能力、基本公共卫生服务、家庭医生签约、健康促进、健康扶贫等体现公益性指标的考核权重；并制定出台了加强医疗集团监管的办法和考核方案，年底对医疗集团进行考核；其中强化了公共卫生服务项目的绩效考核，重点考核组织管理、资金管理、项目执行和项目效果。

10. 持续增强群众看病就医的获得感。组织专业医师团队分片、分区开展签约工作，保证签约率达到92%以上，并由县卫计局主导统一制定并发放“家庭医生服务团队”公示牌，公示团队服务人员的信息；定期开展“家庭医生双签约”宣传活动，提高群众的知晓率，并帮助群众进一步了解开展家庭医生双签约活动的重要意义，建立完善签约服务制度体系，规范落实高血压、糖尿病、脑梗塞等5类重点人群服务项目，建立长处方、延处方制度；通过定期开展下乡义诊、优质服务基层行等活动，提升基层医疗机构的服务能力，建立集团医院与家庭医生签约团队之间的便捷转诊通道。

完善集团公共卫生管理中心的服务机

制，组织集团医院与乡镇卫生院针对不同的人群，定期开展健康宣传教育，引导群众养成健康生活习惯，从源头上预防控制，减少疾病的发生。

健全基层首诊、双向转诊、急慢分治、上下联动的分级诊疗模式；选派集团医院妇科、内科、外科的主治医师结合医联体乡镇卫生院实际，推广适宜适用技术，并免费安排乡镇卫生院人员至县级医院进修和参加专业技术培训，实现“以县带乡、资源共享”，不断提高基层医疗机构的诊疗水平。

与临汾市人民医院、临汾市中心医院、山大一院、山西省针灸研究所、山西省中西医结合医院五家三级医院建立了医联体。平均每年有20余名上级医院专家到安泽县开展对口支援，提升医疗质量。

为畅通院前院内急诊绿色通道，集团申报了卒中中心和胸痛中心。

全面落实“136”补偿机制，持续做好健康扶贫工作。

设立“康复中心”，开放床位数25张，除开展中医诊疗、中药外治、针灸、艾灸、火针、拔罐、刮痧、推拿、按摩、蜡疗、火疗、小针刀、埋线刺络、热敷、三伏贴、三九贴、降压贴等传统治疗项目外，还根据现代医学开展了康复评定、运动疗法、作业疗法、言语及吞咽障碍治疗等多项新技术、新项目。

【基础设施建设】　1. 人民医院门诊综合大楼建设。人民医院门诊综合大楼建设项目于2014年6月经山西省发改委审批正式立项，总投资2805万元，于2016年5月12日正式开工建设，稳步推进，现此建设项目进入内部装修阶段，预计今年年底总体完工。

2. 中医院住院综合大楼建设。中医院综合楼建设项目于2015年5月审批立项，总投资2750万元。项目已竣工，楼层全部开放，正常投入使用。

3. 中医院地下停车场建设。中医院综合楼附属工程暨综合能力配套建设项目项目总建筑面积1455.8平方米，总投资750万元。项目已竣工，内部装修完毕，并投入使用。

【创卫工作的开展】　创卫是改善环境，保障居民健康的民生工程，是县委、县政府的重要决策部署。集团在全县上下全力开展创卫工作之际，积极落实各项工作任务。1. 为改善乡镇卫生院的环境，完善服务功能，塑造良好形象。对马壁乡卫生院和冀氏中心卫生院旱厕进行改造。在原来厕所的基础上改建通槽式水冲式厕所，铺设防滑地面，厕所外观色彩的设计应与医院整体环境协调，并注意美观。2. 对人民医院门诊综合楼进行保温防护、外墙粉刷漆面，共计3000平方米；粉刷新窑沟巷、煤炭小区巷、鑫源小区墙面共计1200平方米。3. 对人民医院门诊综合楼与中医院门诊综合大楼进行亮化改造，其中人民医院门诊综合楼亮化工程已竣工，中医院门诊综合大楼亮化改造工程正在施工中。4. 冀氏中心卫生院基础设施进行改造，包括室外院面硬化和东房维修改造。5. 其他工作：清理垃圾32车、发放创卫告知书125张、打扫地面11次、出动志愿者81人次、绿化450平方米、拆除破旧牌匾60块、清理乱悬挂条幅6条、拆除乱搭乱建8处、修建围挡45米、清理橱窗广告26处、清除破损宣传牌48块。

社会生活

民政工作

【概述】 2018年，县民政局在县委、县政府的正确领导和上级主管部门的大力支持下，全面贯彻习近平新时代中国特色社会主义思想和中共十九大精神，牢固树立“民政为民、民政爱民”工作理念，围绕全县经济社会发展大局，大力推进民政事业改革创新发展，进一步提高保障和改善民生，加强和创新社会治理，突出“兜底线、织密网、建机制”一条主线，全力抓好“社会救助体系、养老服务体系、基层社会治理体系、专项社会事务服务体系”四大体系建设和基本能力建设，夯实民政工作基础，坚定不移全面从严治党，各项工作取得了新的突破和发展。

【民政兜底保障】 积极履行民政部门在脱贫攻坚中的重要职责，着力做好农村低保扶贫和特殊群体关爱保护工作，实现了社会救助水平与贫困线、社会救助政策与精准扶贫的两个有效衔接。不断加大综合救助力度，把建档立卡贫困户纳入“一站式”医疗救助，减轻贫困户一次性支付负担，对患有24种重大疾病的贫困户给予一次性5000元大病关怀救助。通过低保上报、群腐整治等工作，加大对符合低保条件的建档立卡贫困户的排查，确保一户不落，全部纳入。2018年共为兜底贫困户524户761人发放农村低保、农村“五保”兜底保障资金330.5万元，为建档立卡贫困户569人次发放医疗救助金65.6万元。

【各项社会救助】 在城乡低保方面，从2018年1月起，救助标准每月提高35元后，农村低保标准达到每人每年3860元，城市低保标准达到每人每年5820元。2018年，为城市低保对象91户118人发放救助资金103.6万元，为农村低保对象446户773人发放救助资金322.4万元。在特困人员供养方面，稳步提高特困人员救助供养水平，落实了全县特困人员护理费用，切实保障好特困供养人员基本生活。2018年，为特困供养对象512户518人发放基本生活费496.7万元，护理费61.9万元。在医疗救助方面，不断扩大医疗救助对象范围，大力推行“一站式”医疗救助，提高救助效率。2018 年累计救助 1061 人次，发放救助金 258 万元。在临时救助方面，不断加大宣传力度，积极探索建立“主动发现、及时救助”工作机制，推进临时救助政策落实。2018 年，共为 371 户发放救助金 68.1 万元。在特殊群体关爱方面，严格落实高龄失能老人、困难残疾人补贴政策，开展全县失能老人评估工作，省评估组在安泽县评估通过 53 名失能老人。2018 年共为高龄失能老人 66 人、困难残疾人 317 人发放救助金 20.4 万元。2018 年共为各类救助对象 3500 余人发放救助资金 1388 万元。

【精准救助工作】 2018 年结合实际出台《安泽县社会救助家庭经济状况核对办法及家庭收入核算办法》，进一步规范了低收入家庭核查工作，提高社会救助工作的科学性和精准性，按期完成了委托城乡低保、农村五保、临时救助等各类救助对象共 500 余户的调查摸底工作，准确性、时效性较之以往都有很大提高。同时通过开展民生领域腐败专项整治和农村低保专项治理工作，有效遏制违规享受、虚报冒领、截留私分以及“关系保”“人情保”等腐败现象，保障了困难群众合法权益。

【养老服务业】 1. 继续做好农村养老幸福工程。2018 年，安泽县新建完成冀氏镇北孔滩村、白村、兰村和唐城镇三交村、亢驿村 5 个农村老年人日间照料中心。组织召开日间照料中心学习交流现场会，进一步规范农村老年人日间照料中心运营管理，使之真正变为老年人幸福院。2. 积极开展养老院服务质量专项行动。一方面对全县养老机构、日间照料中心日常管理和安全行为进行定期督导检查，有效提升各养老机构服务和安全管理水平。另一方面积极争取省市彩票公益金 357 万元，对福利中心、马壁敬老院、冀氏敬老院进行消防和基础设施改造，使环境面貌焕然一新。3. 成功申报康养小镇建设项目。2018 年以全省发展“康养山西、夏养山西”品牌为契机，在县委、县政府的支持下，积极申报康养小镇建设项目并顺利通过 11 月 17 日在阳泉专家评审会评审，为推动安泽县经济转型发展作出积极贡献。

【双拥优抚安置工作】 1. 严格落实优抚安置政策。2018 年，继续提高优抚对象抚恤标准，共为全县 193 名优抚对象发放定期补助 155 万元，义务兵优待金 161.3 万元，退役士兵一次性自主就业金 39.6 万元，为 69 名困难退役军人发放临时救助金 30 余万元，切实解决了他们的临时生活困难。2. 圆满完成季末“清零行动”。按照上级要求，2018 年 3 月在全县开展了部分军队退役人员相关政策落实季末“清零行动”，严格按照相关政策，克服重重困难，有效解决了 57 名军队退役人员的遗留问题。3. 认真完成信息采集、走访慰问等其他工作。精心组织、充分准备，全县军队退役人员及其他重点优抚对象数据采集工作在全省稳居前列，共为 1711 名退役军人采集了基本信息。按照上级要求，清明节首次举行“铭记——2018 清明祭英烈”活动，9 月 30 日隆重举行全县第五次烈士公祭活动。在“两节”慰问和年终慰问中，均完成对全县 1800 余名退役、现役人员进行走访慰问，年终开展重点优抚对象免费体检和为伤残军人免费安装康复辅助器具活动。

【防灾减灾救灾】 2018年，深入贯彻新时代防灾减灾精神，把工作重心从应急救灾逐步转移到日常防灾减灾上来，有效提升全社会抵御自然灾害的综合防范能力。1. 全力应对突发自然灾害。持续加强自然灾害应急响应机制建设，不断加强自然灾害应急响应机制建设，进一步完善《自然灾害救助应急预案》，严格执行汛期24小时值班制度，全力做好灾情统计上报和救济工作。针对2018年，安泽县发生低温、风雹、干旱等6次重大灾情，积极争取专项资金960万元，全部以款物下拨给受灾群众，妥善安排受灾群众基本生活。同时为全县居民参保第三方自然灾害公众险参27万余元，有效降低发生自然灾害遭受意外伤害时居民灾害损失。2. 完善救灾物资储备。2018年争取资金补强安泽县物资储备短板，共招标采购救灾储备棉被、棉褥、帐篷、棉大衣等共95万元的储备物资，切实保障灾情发生应急所需。3. 深入开展综合防灾减灾社区创建工作。组织开展了全县“5·12”和“10·13”防灾减灾日宣传教育活动，通过宣传版面、现场咨询、发放资料等形式向广大群众宣传讲解防灾减灾知识和避灾自救技能，提高防灾减灾意识；指导综合防灾减灾社区基础设施和应急场所建设，2018年清华园社区和城墙岭社区被评为“全国综合防灾减灾示范社区”。

【城乡社区治理和服务】 1. 圆满完成2017年村（社区）“两委”换届选举后续工作和撤并行政村工作。指导各乡镇（社区）做好新老班子交接工作，建立健全村务监督委员会等下属组织。完成村（社区）“领头雁”培训和统一社会信用赋码工作。根据临汾市撤并行政村工作方案，制定安泽县撤并方案，指导涉及乡镇严格按照撤并程序进行行政村撤并，2018年共撤并行政村9个，撤并后共有行政村93个。2. 在全县农村、社区开展扫黑除恶专项斗争工作。作为扫黑除恶职能单位，结合实际制定实施方案，并对涉及基层政权的黑、恶行为进行广泛宣传，鼓励群众举报提供相关线索，同时加大对村（居）委会班子成员中渗透黑恶势力、宗族恶势力的摸排力度，2018年共排查500余户服务对象，营造风清气正的基层治理环境。3. 深入推进城市社区活动场所和公益性服务设施建设。2018年是社区综合服务设施建设“冲刺年”，以此为号召和动力，全面实施社区活动场所和公益性服务设施功能完善工程，大幅提升社区服务能力。2018年，安泽县四个社区全部实现500平方米以上活动场所覆盖，2018年为城墙岭社区和清华园社区申报了省级扶持补助项目。4. 不断加强社会组织监管。大力推进社会组织信用体系建设和社会组织党建工作，促进社会组织进一步发挥行业引领作用，同时不断加大非法社会组织打击整治力度，2018年联合县公安局打击处理非法社会组织5个。

【专项社会事务管理】 1. 进一步提升婚姻登记服务水平。对婚姻登记厅进行升级改造，加强规范化建设，分设候登区、登记区、颁证室等，为婚姻当事人提供更佳温馨、舒适、优质的服务。认真贯彻落实《婚姻法》和《婚姻登记条例》，依法办理婚姻登记手续，全年共办理结婚登记481对、离婚登记83对、补发结婚登记163对。同时按要求完成婚姻档案信息录入工作。

2. 持续开展孤儿、困境儿童、留守儿童关爱保护工作。继续实施特殊群体关爱行动，一方面严格落实各项关爱政策，2018年共为15名孤儿发放救助金10.8万元。另一方面进一步健全困境儿童、留守儿童关爱服务体系，完成信息系统录入。开展农村留守儿童关爱保护和困境儿童保障活动，元宵节县级包联领导与全县孤儿一起观看了社火表演，在中秋节开展了第二季“共度假期　共享快乐”活动，使他们感受到党和政府的关爱和温暖。3. 继续加强救助管理工作。推进救助管理工作信息化建设，提高科学管理水平，继续开展“夏送清凉”“冬送温暖”专项救助行动。2018年共救助流浪乞讨人员92人次，发放救助资金8.3万元，救助特困精神病患者10名，救助金额10.4万元。4. 第二次全国地名普查和勘界工作完成阶段性任务。经过对每条入库的地名词条信息的反复修正审定，第二次全国地名普查资料提交民政部第三轮验收，同时2018年完成了临晋线2块界碑的更换和临汾、长治、晋城三市交界界桩联检工作。5. 大力推进慈善事业。2018年组织开展中国移动爱“心”行动，为安泽县13名先心病儿童进行免费筛查，解决了部分困难群众的燃眉之急。同时继续积极开展助学、助医活动以及“送温暖、献爱心”社会捐助活动，大力弘扬助人为乐、扶危济困的传统美德，为保障安泽县困难群众基本生活发挥积极作用。6. 志愿者队伍建设成效显著。不断加大宣传力度，提升志愿服务的影响力、感召力和吸引力，普及志愿服务的理念和精神，营造人人奉献、人人参与的良好氛围。通过一系列的教育引导，目前全县注册登记志愿者3000余人，较上年增长52%。

【民政综合能力】　1. 扎实开展十九大专题学习和“强化责任、严守纪律、树好形象”专项治理活动，认真落实“三会一课”、组织生活会等党内组织生活制度，做到提前报备、形式多样、氛围庄重，促进学习教育和组织生活在时间、内容、形式、质量上有效落实，切实增强全体党员干部党性修养，进一步推动支部建设标准化。2. 始终坚持将党风廉政建设工作与业务工作同安排、同部署、同落实，按照纪检监察体制改革要求，积极配合派驻纪检组完成各项重要工作。对中央“八项规定”、《问责条例》、新版《中国共产党纪律处分条例》等党纪党规重点学习，结合“强、严、树”专项治理活动，开展多种形式的廉政教育，对照“四风”十种表现、“四个反思”“四个剖析”“六大纪律”“七个有之”等认真查摆，深入剖析，整改落实真正做到内化于心、外化于行。3. 2018年按照“三基建设升级年”各项要求开展“三基建设”工作，进一步完善“一目录三手册”，用新标准新要求规范各股室工作职责、业务流程和档案管理，局档案管理工作顺利通过省二级认定。开展“讲党课、讲业务、讲管理”活动，进行基本能力测试和基础业务知识培训，全面提高了工作人员基础工作能力以及便民服务水平。4. 根据县委统一部署，2018年5月中旬至8月中旬，县委第三巡察组对民政局党组进行了为期三个月的巡察，有针对性提出了意见和建议。逐条对照，逐项梳理，研究制定了整改工作方案和“三个清单”，整改中共采取整改措施26项，制定和修订制度11项，开展专项学习4次，理论测试1次，进一步加深全体党员干部对党的十九大精神和习近平新时代中国特色社会主义思想的认识，推动各项工作规范化、标准化。5. 多措并举帮扶包联村开展各项工作，通过党建联动、关爱行动持续加大帮扶力度，开展慰问关爱、政策宣传、帮扶收秋、护林防火等多项活动。6. 完成城区街路巷牌更换，办公大楼亮化美化，旱厕改造，花园式机关创建等工作，环境面貌焕然一新。7. 发挥新媒体特征，建立“安泽县民政局”微信公众号，以学习宣传十九大精神为主线，聚焦主业，及时、全面、准确、权威地做好民政政策法规解读和工作宣传，2018年共推送各类消息90余条，发表工作简报57篇，其中市级网站采用22篇，省级采用9篇。有效扩大民政工作的社会影响力，营造有利于民政事业发展的浓厚舆论氛围。

残疾人联合会

【概述】 2018年，在市残联和县委、县政府的正确领导和大力支持下，按照年初制定的各项目标与任务，围绕县委、县政府的中心工作，结合“强化责任、严守纪律、树好形象”学习活动，全面促进残疾人事业协调发展，救助特困残疾人组织残疾人技能培训，搞好残疾人证的换发和用品用具的发放工作，提供康复救助，落实好残疾人惠民政策认真做好全国残疾人基本服务状况和需求信息数据更新工作，圆满完成安泽县残疾人联合会第七次代表大会换届等工作。

【特困残疾人救助】 残疾人期盼着党和政府对他们的关心和关爱。2018年，县残联在“两节”期间慰问救助60户特困残疾人家庭，发放慰问品价值8000多元。在第28个“全国助残日”期间，安泽残联结合实际对这次活动进行了全面安排和周密部署，认真组织和深入开展了形式多样的扶残、助残系列活动，使得“全国助残日”活动有声有色。当天上午在县城主要街道大力宣传以“全面实现小康社会，残疾人一个也不能少”为主题的宣传活动。共发放政策宣传材料2000余份，营造出良好的社会舆论氛围。慰问残疾人20户，给社区康复站配送辅助用具8件，此次活动使广大残疾人切实感受到了党和国家给他们送去的温暖。

【残疾人技能培训】 2018年，为进一步做好残疾人就业服务工作，提升残疾人就业服务水平和效能，残联结合工作实际，落实责任，使残疾人拥有一技之长，县残联加大残疾人就业培训力度，提高残疾人职业技能水平，增强残疾人就业竞争力及社会参与能力，完成农村贫困残疾人实用技能培训43人，完成电子商务培训17人。

【残疾人证的换发和用品用具的发放工作】 在换发第二代“残疾人证”过程中，为提高办证效率，县残联给各乡（镇）残联及两个居委会印制了《申请表》《残疾评定表》1000余份。2018年全县已发放“残疾人证”4073人。此外，县残联还积极争取上级免费用品用具、免费发放康复用品用具201余件，妥善解决了部分特困残疾人的实际生活困难。

【康复救助】 为方便腿脚不便的老人接受白内障检查，为确保全县顺利完成“白内障无障碍县”创建目标，切实使白内障眼病发生一例手术一例，使白内障患者得到及时的治疗和手术，达到“人人享有康复”的社会效果。县残联高度重视，认真做好筛查活动的组织协调工作，合理安排检查时间、地点，对筛查地点作了精心布置，并通过电视、网络等媒体广泛宣传创建“白内障无障碍县”的意义。5月份以来，安泽县残联邀请临汾爱尔眼科专家，为全县7个乡镇两个居委会统计在册的白内障患者施行白内障复明筛查。5名眼科专家用先进的检测仪器和高超的专业技术，共为1000名患者进行了眼病筛查，其中122人通过各项检查符合复明手术要求。2018年，完成白内障复明手术106例。同时，各项精准康复任务全面完成。为800余名各类残疾人提供了康复需求服务，为3名残疾人装配了助听器，为9例残疾人免费装配假肢，完成26名0~6岁残疾儿童康复训练任务。

【重度残疾人护理补贴审核工作】 为做好2018年全县重度残疾人护理补贴审核工作，一季度以来，严格按照上级要求规定，制定实施方案，并召开专门会议，对此次工作进行了周密安排。全县7个乡镇（两个社区）专职委员全部开展筛查、审核工作，县残联在电视台进行宣传、力争做到“零差错”“零漏报”。对乡、镇（两个社区）经过登记、认定、上报，确认了符合政策规定范围的残疾人共计1263人。通过入户登记，实事求是地获取了重度残疾人的各项信息资料，并组织相关人员建立了工作档案。全县1263名残疾人的护理补贴资金74.225万元全部发放到位。

【残疾人帮扶】 2018年安泽县确定建档立卡贫困户内的40人残疾人为基层党组织重点扶贫户。县残联成立调查摸底工作小组，在全县进行筛查工作，按照“贫中选贫、困中选困”的原则，深入帮扶对象家中了解情况，并把有劳动能力、有发展思路、有积极性的残疾人确定为帮扶对象，并在乡镇所在村公示无异议后，实施帮扶。2018年，全县40户帮扶对象产业扶贫工作全部落实到位，已展开验收工作。

【残疾人基本服务状况和需求信息数据更新工作】 为了保证残疾人基本服务状况和需求数据更新工作的顺利开展，组织各乡镇分管副职、专职委员、业务骨干及系统操作员等相关人员进行残疾人基本服务状况和需求数据更新培训，采取现场讲解、现场答疑、现场模拟的方式进行了系统、全面的讲解。进一步理顺思路、摸清难点，熟练掌握了信息数据更新工作的标准、口径、方法和系统使用等相关工作，保证了信息数据更新工作科学、有序、高效的开展。此次残疾人信息数据更新工作，根据上级要求全县分配4144人，搬迁27人，外出2人，死亡人数99人，空挂户3人，入户调查3801人，电话调查161人，入户率达到96.01%。入户调查登记结束后，为确保调查数据的真实性和准确性，通过自查、互查、议查等方式开展复查检验，发现错误，据实更正，严格控制数据更新质量，做到了“横向到边、竖向到底”。通过这些措施，圆满完成了全国残疾人基本服务状况和需求信息数据更新工作。

【召开安泽县残疾人联合会第七次代表大会】 根据安组干〔2018〕5号文件《关于安泽县残疾人联合会召开第七次代表大会的批复》，认真准备，精心组织，于2018年3月5日召开安泽县残疾人联合会第七次代表大会，7个乡镇、2个居委会，参加这次大会代表共72人。其中，残疾人代表52人。

安泽县残联副理事长王芳主持开幕式。理事长卢青泰代表残联六届执行理事会作《创新思路 精准施策 为实现安泽“十三五”加快残疾人小康进程做出新的更大贡献》的工作报告。报告客观、实事求是地回顾了安泽县过去五年来的残联人工作，会议选举产生了新一届残联主席团主席、副主席。聘请了主席团名誉主席。选举产生了出席临汾市残联第七次代表大会的代表。推举产生了执行理事会理事长、副理事长、理事人选。大会按照《中国残联章程》规定和县委要求，圆满完成各项议程。

民族宗教事务

【概述】 2018年，在市宗教局的指导下，在县委、县政府的正确领导下，坚持稳中求进的工作总基调，以认真贯彻落实省、市、县民族宗教工作会议精神为主线，切实加强和改进新形势下民族宗教工作，提高法治化水平，解决民族宗教领域突出问题，促进民族团结进步事业发展，引导宗教与社会主义社会相适应，确保全县民族宗教领域和谐稳定。

【《宗教事务条例》宣传工作】 新条例刚出台，安泽县就制作版面将条例整体内容挂于各宗教场所，并印发纸质内容下发到各乡镇及宗教工作者手里，同时投资1万余元，制作了UV室外宣传版面，将新条例宣传到信教群众相对集中的乡镇及村。

【宗教活动场所“四进”工作】 按照省委要求，国旗、社会主义核心价值观、法律法规、优秀传统文化“四进”教堂已完成。并举行升旗仪式，制作宣传版面，购买宪法读本，分别下发到三个活动场所。

【宗教领域安全工作】 时刻把信教群众的安全放在心上，抓在手上，大力开展安全大检查、大整治活动，狠抓宗教界的安全工作。成立安全大排查工作领导组，制定工作方案，多次对全县3个宗教活动点和全县清真饭店进行全方位安全大排查。5月份，安泽县宗教局深入宗教活动场所对消防设施情况是否存在安全隐患进行排查，以确保广大信教群众场生命、财产安全。同时加大宣传力度，使消防安全工作家喻户晓，消防安全知识铭记教民心中，确保消防安全无事故。

【民宗三级网络、两级责任制建设】 为了适应新形势下民族宗教工作的需要，充分发挥民宗三级网络的作用。1. 健全县、乡、村三级网络，充分发挥基层宗教信息员作用，建立宗教信息上报工作机制。2. 积极开展宗教矛盾纠纷排查工作，做到早发现、早处理、早解决，确保“宗教工作无小事”。“三级网络、两级责任制”工作已出台了文件。

【基督教私设聚会点治理】 为深入贯彻全国

宗教工作会议精神，依法加强对宗教事务的管理，有效遏制基督教非法势力，安泽县宗教局深入开展对基督教私设聚会点专项治理工作，已将两个私设聚会点取缔，采取分散聚会形式，并有两处聚会点纳入了临时聚会点管理。手续已办理一部分，正在进一步完善。

【宗教场所建设】 规范化管理是宗教工作的重要内容。2018年，按照上级要求，狠抓了制度建设，重新整理、补充、规范了宗教场所各项规章制度。各项规章制度进一步完善，安全、财务等制度印制上墙，并抓好落实。

【扶贫包村工作】 1月初，安泽县宗教局深入大黄村对困难群众走访慰问。3月，宗教局下乡工作队深入包联村，就大黄村2018年村集体经济、产业调整、扶贫工作、护林防火等问题进行了走访调研。其间同大黄村书记、第一书记等村干部上门入户，了解贫困户近期生产生活、家庭收入、居住条件等情况，与他们亲切交谈，并对原有的资料进行更新、补充、完善。同时开展护林防火监督检查工作，为包联村送去了护林防火服25套，悬挂护林防火宣传标语15条。

老龄工作委员会

【概述】 2018年，认真贯彻上级关于加强老龄工作的意见精神，紧紧围绕全县经济社会发展大局，以实现六个老有为目标，落实惠老优待政策，维护老年人合法权益，强化基层老龄工作，努力为老年人办好事实事，推动安泽县老龄事业健康持续发展。

【老龄宣传工作】 为在全社会进一步弘扬尊老、敬老的传统美德，努力营造重视老龄事业发展的良好氛围，立足实际，充分利用广播、电视、报纸、网络等各类新闻媒体，采取多形式开展老龄工作宣传教育活动。1.继续深入开展老龄法规政策宣传教育活动，提升全社会老龄意识。经常性地发放《老年法》《山西省实施老年法办法》等老龄法规宣传资料，号召大家都来关心老龄工作。充分发挥综合协调作用，与成员单位和社会各界加强联系沟通，实时传达涉老政策文件精神，加强单位互动，形成敬老合力，促进老龄工作深入开展。2.积极上报涉老信息，推动老龄工作宣传。抽调2名具有一定写作能力且工作经验丰富的老龄工作通讯员组成宣传组，推动老龄工作宣传。一年来，宣传组向省市老龄报刊、县政府网、党建网、平安网等上报本县老龄工作信息和涉老信息，及时发布国家省市老龄工作的政策法规、文件通知、工作流程、公开事项、动态信息，切实做到广泛普及老龄法规政策。其中，部分工作经验和做法，被省市县报刊、网站采用，大大推进了安泽县老龄事业发展氛围和全社会敬老爱老助老浓厚氛围。3.评选推荐市级敬老助老模范，大力弘扬敬老助老传统美德。2018年1月，经过认真考察评选，向市老龄办推荐了团县委为“老龄志愿模范单位”，以及5名“老龄志愿模范个人”。9月份，向市老龄办推荐了文体局为“敬老文明号”，文明办、城关小学、广电中心、医疗集团四家单位为“敬老助老模范单位”，安泽县广电中心董晨梅、安泽二中马芳、安泽县医疗集团护士雷娜三人为“敬老助老模范个人”。在考察评选期间，运用新闻媒体，大力宣传敬老模范单位和个人模范事迹，在全县营造了敬老爱老助老的良好社会氛围。

【老年优待工作】 1. 落实好全县高龄老年人生活补助、医疗优待金工作。2018 年，根据安政发〔2008〕11 号《安泽县人民政府关于切实加强老年人优待工作的实施意见》、安政办发〔2010〕3 号《安泽县关于对 80 周岁以上农村老年人增加生活补助的实施方案》文件精神要求，着手发放全县高龄老年人生活补助、医疗优待金，经过耐心细致的申报、审核、制表等各环节的工作，现已完成汇总并转交财政部门发放，做到了老人、家庭、社会、政府四满意。其中：农村 70 岁以上老年人享受新农合优待 2314 人，每人年补助 180 元，补助金 416520 元；农村和居民非离退休 80~89 周岁 876 人，每人年生活补助 1080 元，补助金 946080 元；离退休 80~89 周岁 111 人，每人年生活补助 360 元，补助金 39960 元；90~99 周岁 86 人，每人年生活补助 1200 元，补助金 103200 元；百岁老人 2 人，发放年生活补助 7200 元。生活补助、医疗优待金共计 1512960 元。惠及全县 3371 位老年人。2. 做好春节慰问工作，为老年人送去良好的祝愿。春节前夕，安泽县老龄办随同县委书记，政府副县长、老龄委主任分别深入到部分高龄老人家中，送上了白面、大米、食用油、牛奶等慰问品。另走访慰问了全县 7 个乡镇 4 个社区的 50 余户 90 岁以上高龄老人和 80 岁以上贫困老人，为他们送上白面、食用油等慰问品和春节的祝福。此外，县老龄办向各老龄成员单位、各乡镇社区、各为老服务行业窗口、敬老志愿服务队等涉老组织广泛传达临汾市老龄委《关于元旦春节期间开展助老慰问活动的通知》精神，号召全县各单位、各部门积极行动起来，为老年人提供力所能及的服务和帮助，其中，老干部局、月亮湾社区、文欣社区等多家单位开展了为老年人送春联、慰问孤寡老人、举办老年联欢会等多种形式的送温暖献爱心活动，帮助广大老年人温暖过冬，幸福过年。

【老龄工作主要数据统计】 为全面掌握本县老年人口信息老龄事业发展现状，为县委、政府决策全县老龄工作、制定老龄政策、改善老年民生等提供参考。开展老年人口信息统计、乡（镇）社区老龄工作主要数据统计、乡（镇）社区老年人协会建设及作用发挥情况调查，由全县 8 个乡镇（社区）负责信息采集，县老龄办负责数据信息的录入汇总，并制作安泽县 60 岁以上老年人基本信息表。这些数据的取得，为上级提供了基础数据支持，为安泽县今后的老龄各项工作开展提供了客观依据。

【驻村帮扶活动】 2018 年，帮助包联村制定脱贫巩固计划、帮扶贫困户、规划修路、服务调产、搞好支部建设、护林防火各项工作。对创卫工作中清理河道、清扫垃圾，对村级光伏电站和蓄水池的修建等，帮助谋划和协调。工作队驻村开展村情民情调研，定期走访包联户了解其生活情况，帮助解决生活中的实际困难，对贫困户产业提供信息咨询和指导。清明节为包联村送护林防火服 10 套，并悬挂护林防火宣传条幅4条。春节前夕，用工作队经费为36户贫困户分别送去米面油，4月3日为36户贫困户各送化肥两袋，改善贫困户基本生活，提高贫困户生产增收能力。

【责任区卫生工作】 为推进全县国卫创建攻坚工作，营造整洁优美的城市环境，5月11日以来，老龄办赴责任区乐安小区清理杂物、打扫卫生，入户向小区居民发放创卫告知书及创卫知识宣传资料，号召大家一起行动起来，打造文明卫生居民区，为全县国卫创建工作奉献一分力量。2018年清理小广告30条，整理电话闭路线25条，房前屋后清理垃圾16车，推选小区住户负责人两人，住户划分值日表，每天由两户住户负责日常卫生。单位人员每天对小区卫生进行查看，协助值日住户进行日常保洁。入户向小区住户发放创建卫生县城倡议书、签订责任书7户。与府城村、社区实地拆除私搭乱建户4户。针对洞口废品回收站违规占地经营、小区后土方裂缝存在较大安全隐患，已上报工作情况并协调相关部门解决。在创卫冲刺阶段，主动配合创卫办搞好片区损坏路面硬化工作，对施工单位全程监督指导，针对住户房前屋后需修补的修补，该拆除的拆除，做到了既让居民满意，又确保高质量圆满完成片区硬化美化净化达到创卫要求。

【开展敬老月系列活动】 为落实好省市老龄办关于开展"敬老月"活动的文件精神，大力弘扬中华民族尊老敬老的传统美德，进一步营造爱老助老的良好社会氛围，让广大老年人度过一个温馨愉快的重阳节，积极地开展敬老月系列活动。1. 对全县范围内的80户90岁以上高龄老人走访慰问，为他们送上被服、营养品、四件套等慰问品和节日的祝福。10月15日，县四大班子看望慰问部分退休老干部与高龄老人、政府副县长看望杜村乡敬老院老年人，充分显示了县委政府对老年人的关心关爱。2. 利用重阳节慰问的有利时机，大力开展老龄政策法规宣传活动。在县城主要街道、小区、敬老院内悬挂宣传敬老横幅、标语10余条，营造了祥和的节日气氛和良好的社会舆论氛围。向各乡镇、社区、老年人家庭发放新修订的《老年法》《山西省实施办法》《老年人防诈骗手册》和老年优待政策宣传资料300余份，积极动员各单位、家庭和个人，为老年人办实事、做好事、献爱心，有多家单位开展了不同形式的敬老活动，充分带动了全县各级各单位敬老助老的热潮。

公积金管理

【概述】 2012机构改革住房公资金上划，人事编制、业务由临汾市住房公资金统一管理。2018年，安泽管理部在市中心党委及安泽县委、政府的领导和支持下，坚持以党的十九大精神和习近平系列重要讲话为指导，紧紧围绕市中心年初确定的各项工作目标，不断规范业务管理，创新服务方式，提升服务水平，特别是在市中心"双贯标"服务平台的建立和规范后，管理部工作逐步迈向效率更快、服务更优、队伍更强的目标。各项工作稳步推进，经过全体员工的共同努力，截至12月底，发放个人住房贷款33户，共770万元；为全县干部职工办理公积金支取业务804人次，

4049万元；县财政公积金补贴比例按2018年度工资总额的12%执行，财政补贴部分全部按月足额拨付到位；截至12月底共归集住房公积金8247万元。

【资金归集】 归集是公积金管理的前提，是资金积累的源头，是巩固和发展公积金制度的基础。因此在具体工作中，我们始终坚持依法宣传，依法建缴。同时协调好部门关系，保证每个归集单位信息畅通，确保归集任务的圆满完成，全年共归集资金8247万元。

【个贷发放】 住房公积金的个贷发放是为广大干部职工服务的载体，只有通过个贷增长，才能发挥公积金的利益最大化，才能体现出公积金制度的优越性。近几年来，安泽县的购房市场逐步趋向饱和，因此给个贷任务的完成带来了极大的难度。尽管尽了很大努力，但是全年个贷任务和个贷率并没有完成。而且2018年是市住房公积金业务实现“双贯标”的关键一年，在系统的调试阶段，贷款发放也有所停滞。截至12月底，共为干部职工发放公积金贷款33笔，共770万元。

【风险防控】 严格按照贷前咨询、贷前调查、贷款受理、贷款审核等程序，通过面谈、询问、实地考察等形式，审核借款人所提供的资料是否真实、完整、合法、有效以及贷款用途是否符合条件，有一项不符合条件的坚决不予审批。同时，对于手续齐全符合条件的快批快放，深受用户好评。始终把防控资金风险，保障资金安全作为重点工作来对待。认真开展贷后管控工作，并建立了借款人“还款情况动态数据库”，专人掌握数据变化情况。通过严格的贷前审查和贷后管理以及各项催收措施的有效落实，及时防范和化解了贷款风险，确保了资金安全。

【建立健全档案制度】 为使单位的档案工作制度化，规范化，管理部建立了档案工作制度，参加档案专业人员培训的工作人员，正式持证上岗。2018年，管理部根据《档案法》的规定，用新的方法对单位档案整理归档，方便了档案的查找，提高了档案的利用率。做到了档案及时归档，安全管理。

【“扫黑除恶”专项斗争】 成立专门的检查组对各项业务开展“扫黑除恶”行动情况开展专项督察，督促检查落实工作措施情况，发现问题及时督促整改，推动工作深入开展。2018年，共排查2018年1月至2018年6月贷款33笔，提取136笔，未发现一起涉黑涉恶线索。2017年1月至2017年12月的贷款73笔，提取469笔，未发现一笔涉黑涉恶线索。并且在这一时期内，通过发放宣传资料，悬挂举报箱、在单位门口悬挂横幅以及LED大屏幕滚动播放“扫黑除恶”专项斗争的相关信息等方式进行“扫黑除恶”专项斗争活动的宣传，并且派工作人员走进大街小巷向群众进行宣传。旨在让全县人民能够深入、广泛地了解、发现和积极举报住房公积金领域内的涉黑涉恶线索。

【扶贫攻坚工作】 2018年，在工作人员短缺的情况下，克服困难，坚持派驻下乡工作队2人，始终坚守在所包贫困村杜村乡小李村，每周5天，每天24小时驻村。在扶贫攻坚工作中，建立了下乡驻村帮扶工作“五个一”机制，即必须登门入户看一看、生活情况聊一聊、社情民意访一访、党的政策讲一讲、困难之处帮一帮，扎实掌握对接户的基本情况，详细了解了各户的实际困难，并把对接户按照待解决问题分类、贫困原因分类，有针对性地制定了各户的帮扶计划。二是对帮扶村采取了项目、产业、科技、旅游四项扶贫攻坚措施，取得了显著成效。在项目扶贫上，通过多方协调，为帮扶村引资150万元，建成了光伏发电站，2018年为该村增收20万元；在产业扶贫上，引导群众连片管护野生连翘150亩，为群众增收开辟了一条新途径；在科技扶贫上，为帮扶村购置电脑3台，并培训了有文化的知识青年，建立了电商平台，为该村农产品销售新增了渠道；在红色旅游扶贫上，开发了原太岳行署办公旧址，带动贫困人口务工收入数万元。三是开展走访慰问活动，拉近与群众的距离。今年春节期间，开展访贫问寒工作，为该村60户贫困户每户送去粮油一份。2018年冬季，为60户贫困户每户购置取暖设备一套，2018年春季又为该村护林防火购置工具和服装。“七一”节慰问困难老党员16人，为他们送去大米、面粉和食用油等，深受群众欢迎。

唐城镇

【概述】　唐城镇位于安泽县北部，距县城33公里，东与沁源县相邻，北与古县相接，西与府城镇李村、佛寨毗邻。全镇辖12个行政村，41个村民小组，有14107口人，共有14个党支部，478名党员，其中农村支部12个，农村党员363人。镇域面积175平方千米，拥有耕地面积24243亩。2018年，全镇农村粮食产量稳定在1.07万吨，农民人均纯收入9871元，唐城辖域内建有两座大型焦化厂，4座生产120万吨的煤矿，7个生产30万吨以上的洗煤厂，4个制砖厂。年国民生产总值达4亿多万元，是安泽县的工业重镇。

2018年，唐城镇在县委、县政府的坚强领导下，围绕县委、县政府以及全镇总体思路和目标任务，以更高标准落实好县委“四个年”活动，在延伸拓展上下功夫，在实干实效上做文章，镇村两级党员干部同心同德，奋力拼搏，团结协作，攻坚克难，各项工作取得了阶段性成效，全镇经济社会呈现出和谐发展的良好局面。固定资产投资达1055万元。

【思想政治建设】　1. 抓好理论学习。严格执行周一班子学，周二、四集体学的学习制度，认真学习十九大、十九届一中、二中全会精神及习近平总书记系列重要讲话精神和省、市、县有关会议精神，加强“强严树”主题活动方面的理论学习；学习各类政策法规文件；积极参加干部大学堂和各类培训班，开展干部在线学习；开展“三个文化”教育；经常性加强正反两方面教育，逐步提高班子成员政治理论水平，切实将思想、行动统一到中央、省、市、县决策部署上来。一年来，共组织学习270余次，开展交流研讨60余次，观看警示教育片12余次，撰写心得体会260余篇。同时，还要求每名班子成员加大自学力度，每天自学一小时钻研业务，每月撰写一篇学习心得，每季研读一本经典著作，自觉将学习触角延伸到经济、文化、历史、道德领域，不断提高自身工作能力，加强党性修养。2. 坚持学以致用。注重理论联系实际，要求班子成员定期深入基层、深入群众家中，开展调查研究，虚心向基层党员干部和群众学习，不断丰富工作经验，强化宗旨意识、大局意识和责任担当。主动把班子成员放在问题最前沿，矛盾第一线，为他们创造提升自身水平的平台，让他们在深入基层、群众中磨炼意志，在化解矛盾纠纷中历练本领。

【工业转型】 2018年，县委提出“工业转型跨越年”这一大课题，唐城镇作为“主战场”，不断探寻方向方法、创新路径路子，在实践实干中求解找答案，坚定不移推动产业转型升级。在传统产业上，以新型化、循环化、集约化为方向，着力推进煤炭资源循环利用、高端开发，形成循环经济产业链，紧紧抓住安泽县被列入全省12个重点焦化园区之一和2018年11月3日山西省政府研究决定设立“安泽经济技术开发区”这一有利契机，按照全县“一区两园”规划，抓好永鑫、太岳新增焦化产能项目，布局建设500万吨以上焦化园区，实现焦炭产能翻一番，推进传统煤焦产业朝着循环化与高端化方向进军。在新型产业上，把煤化工从燃料变为材料使用，不断延长产业链条，追求高端化、高附加值化，加快发展精细化工、新材料产业。永鑫焦化新建340万吨焦炭、40万吨乙二醇项目，新建170万吨焦炭、20万吨乙二醇项目，新建30万吨煤焦油、8万吨针状焦项目。太岳焦化对原60万吨焦化项目进行技改，拟建200万吨7.63米第四代环保型焦炉，最终形成200万吨/年产能的新型煤化工企业。

【入企服务】 切实将思想统一到企业是经济的命脉、民生的源泉，企业的生存与发展，事关基础与长远这一高度上来；抓好入企服务和工业园区征地搬迁两件大事上来。部门联动入企服务。镇机关、职能站所认真帮助企业解决用地、用水、用电及项目手续报批等方面的困难，及时解决企业发展中遇到的社会治安、环保引发的信访难题，优化企业发展环境、净化企业发展空间。建立了帮扶企业台账，常态化、制度化地入企服务、协调问题，保障企业平稳运行。镇村协调，抓好工业园征地搬迁这件大事。全镇立足于唐城煤焦化深加工园区规划布局，2018年的工作重点是做好了唐城村、庞必村、议宁村、李家沟村、固县村的征地搬迁工作。唐城煤焦化深加工园区辖区内涉及的征地面积共计7901亩，其中永鑫焦化建设项目涉及5787亩，永鑫铁路专用线需征地1137亩，太岳焦化建设项目涉及977亩。已完成征地6904亩。按照唐城煤焦化深加工园区总体规划，移民搬迁规模共涉及唐城村、庞必村、议宁村、李家沟村四个村和唐城肉牛场（省级单位）约2190户5072人，分三期进行移民搬迁，第一期对涉及山西蔺鑫焦化有限责任公司范围内的庞必村的四个自然村和涉及永鑫铁路专用线货场范围内议宁村的三个自然村居民约435户1179人进行移民搬迁，第二期对太岳焦化有限公司涉及范围内的唐城村部分居民约287户800人进行移民搬迁，第三期对唐城村、李家沟村、唐城肉牛场剩余居民进行移民搬迁。《唐城煤焦化深加工园区移民搬迁安置实施办法（一期）（试行讨论稿）》已经形成，待审核批复后予以实施。

【产业发展】 坚持走规模化、品牌化之路，持续巩固以东湾、亢驿、南湾、三交、上庄、梨八沟为重点的核桃产业带，加大管护力度，扎实推进优质核桃产业发展，全镇核桃产业稳定在5000亩以上。其中，上庄村于2015年由县林业部门设计规划了3680亩核桃基地；建立以梨八沟、庞必为主的中药材产业带，建设镇标准化连翘基地50亩，野生抚育340亩，其中梨八沟210亩、议宁70亩、唐城村60亩，每村10亩的标准化连翘种植基地。农技推广上，完成全年农业技术服务推广，完成了新技术、新品种推广；大力推进新型农机进入农村，今年共完成机收玉米5000亩，机深松2000亩，机松土地5000余亩。其中犁八沟村1000亩，亢驿村500亩，南湾村500亩。坚持走集约化、链条化之路，以东湾伟晋养猪场为龙头，坚持“公司+支部+贫困户”的模式发展壮大养殖产业，探索建立草食畜生态养殖链条、种养加绿色有机基地。同时，加大对闲置场地的循环利用，将三交养殖场部分场地改建铁网加工厂，将上庄蔬菜大棚基地再管理再投入再利用，激活资源资产。

【乡村旅游】 抢抓临汾市承办全省旅游发展大会的机遇，按照全县打造“山水田园城.精品旅游县”的战略部署，利用唐王寨自然景观禀赋和历史人文底蕴深厚的优势，积极打造唐王寨文化园。该园于2017年10月1日对外开放，2018年3月初对唐王寨文化园进行改扩建。总投资1800余万元，占地800余亩，修建了城门楼、驿站、玻璃吊桥、唐王营帐、道路硬化、停车场等基础设施，打造了练兵场、儿童乐园、观光步道、休闲对弈、品茶观景、林间别墅等休闲娱乐项目，是一处休闲旅游的康养圣地，于2018年9月23日正式对外开放，吸引了大量当地、外地游客。唐王寨文化园这一乡村旅游项目的建设，对全镇乡村振兴战略探索了增收路径，不仅壮大了集体经济，还有效带动了群众增收。

【农村产权制度改革】 持续深化农村集体产权制度改革，全面完成农村集体资产确权到户和股份制改革，切实以改革激发农业农村发展的活力和动力，充分释放农业农村发展的巨大潜能。先后召开党政班子联席会、座谈会、全镇动员会、工作推进会研究部署农村产权制度改革工作，找问题、定目标、理思路、研对策、强措施，严格按照市、县两级各项部署落实工作任务。积极利用各种宣传媒介大力宣传，营造广泛动员，全员参与的浓厚氛围。全镇共刷写固定标语15条，12个行政村利用电子屏全天候滚动宣传，强化对产权制度改革的认识。镇、村两级利用微信朋友圈转发产权制度改革的目标、意义等内容，加大群众知晓率和参与度。全镇共印发致农民的一封信3300余份，直接发放到户，张贴上墙，通过形式多样的宣传，做到人人皆知，全员参与的浓厚氛围。2018年，共有8个村、1个组完成了集体经济组织成员身份确认工作，完成率达69%，12个村、1个组清产核资工作正在核查资源性及项目性资产。同时，完成了土地确权颁证工作，共发证1653本。

【环境治理工作】 1. 更高标准去污增绿。坚持“铁腕治污”，落实环保工作责任制，加大大气、水、土壤污染治理力度，强化环保执法监督，加快环保配套设施建设，从源头上控制污染事故发生。增强联动执法、推进散煤整治。对全镇散煤生产、流通、使用等环节进行综合整治，加大散煤替代和清洁利用，规范煤炭经营，严格煤质监管，彻底取缔劣质煤销售和使用行为，加大散煤的督查、检查力度、次数，2018年共查处2起流动车辆散煤销售。严格对燃煤锅炉的排查整治。共排查出经营性燃煤锅炉共100家，其中：旅店5家、饭店22家、汽车修理店16家、废品收购站1家、村卫生所1家、加油站1家、服务类商店34家，都进行了“煤改电”，现已对用电负荷进行摸底改造。完成了对全镇14家“散乱污”企业的“两断三清”、彻底取缔工作。开展了餐饮业“油烟治理”工作。按照环保要求，对镇政府所在地66家餐饮单位和23家村级饭店使用燃煤灶台进行登记摸底，限期安装净化油烟装置和使用清洁灶台，7月底全部改造完成。严格落实秋冬大气污染防治工作。严格控制秋季秸秆露天焚烧，印发了《唐城镇大气污染防治倡议书》，引导农民群众秸秆还田，全面提高秸秆综合利用率，强化各村秸秆禁烧主体责任，建立网格化监管制度，将秸秆禁烧列入年度目标考核内容，坚持24小时不间断全面巡查和重点区域监督，并执行镇干部包区域、村干部包村、瞭望员包地块的层层责任制，落实秸秆禁烧责任。全面施行河长制，加强对全镇主要河道、支流河道的监督管理。严格按照《安泽县河长巡查工作制度（试行）》要求，乡级河长每月对辖区内重点河流和责任河段进行巡查、听取村级河长汇报不少于1次；村级河长对辖区内的河流全面巡查每周不少于1次。对水质不达标、问题较多的河流可适当增加巡查次数。2018年，镇级河长共巡河25次，村级河长共巡河249次。全面清理河道垃圾。唐城村、议宁村、固县村、南湾村、东湾村、三交村6个村已清理河道3200米，垃圾3945吨。坚持“身边增绿”，落实新一轮退耕还林1300亩。重点完成12个村广场绿地改造及乡村道路绿化工程，全面推进绿化美化，加快中心小广场、街道绿化、绿廊建设，不断增加公共绿地面积，最大限度增加绿色。

2. 完善基础设施。2018年，投资10万元在冯子节和李家沟两村钻探深井两眼，解决了600余人的吃水问题。突出抓好污水管网的修建工作，实行雨污分流，让全镇街道更清洁、环境更优美。扎实做好垃圾填埋场建设工作，探索实施乡村垃圾分类处理试点工作，逐步实现全镇垃圾减量化、无害化、资源化处理，全面提升百姓生活品质，塑好唐城形象。同时，持续完善城镇路网、电网、地下管网等公共基础设施建设，不断完善城镇功能、提升城镇品位。

3. 加快步伐推进环境卫生整洁。以美丽乡村建设为载体，在巩固去年环境整治成果的基础上，由线到面、由外及内，横向到边、纵向到底地来一次大清洁、大扫除，为打造美丽乡村、达标“国家卫生乡镇”奠定坚实的基础。强化领导。6月13日召开了唐城镇环境卫生整洁行动工作动员会，部署了全镇环境卫生整洁行动具体工作，制定了实施方案，成立了“双组长”领导组，下设综合协调组和督查组，加强了组织领导。与12个村、16家镇直单位、20家企业签订了目标责任书，对具体的环境卫生整洁工作任务分别划定工作责任人，每项工作有人抓，有人管，层层落实工作责任。先后刷写固定标语3条，利用电子屏、微信圈等形式广泛宣传环境卫生，做到家喻户晓，人人皆知，全员参与的浓厚氛围。结合党日活动，以环境卫生整洁为主题，组织党员干部走上街头清理小广告、除杂草、清死角等，营造了“整治环境卫生工作从我做起的良好氛围。重点整治。各村建立了问题清单和整改台账，对整改任务进行细化分解，拉单挂账，明确了责任人和完成时限，实行解决一个，销号一个。分步骤推进，7月7日至7月17日为集中攻坚阶段，7月18日至12月底提升阶段。制定了全镇环境卫生整洁行动日报表，将公路沿线的小广告、旧条幅清理、树木刷白、煤堆、土堆清理、垃圾清理、空闲地绿化、辖区的路墩等全部整治完成。之后实行镇直单位花园式机关创建；企业外围厂区30米之内清理；唐城街道“八大片区”党政领导包片负责、镇直单位具体实施清理、整理、整洁。自6月13日至今，全镇共动用铲车10余辆次，三轮车30余辆次，组织人力200余人，清理小广告、旧对联880处，清理垃圾999立方米，清理煤泥798吨，清理柴堆313立方米，捡白色垃圾7公里，清理杂草30980米，清理沙堆、石头堆165立方米，拆除违章建筑1处，清理河道50米，粉刷墙面920米，路面硬化40平方米，绿网覆盖210余立方米，粉刷树13950米，修剪花草树木810平方米，种树610余棵，清理排水渠300米，拆除玉米架子11处，贴瓷砖80米。特别是对唐城村、李家沟村整村面貌进行重点整治，投资290万元进行街道铺油罩面、人行道硬化、路缘石更换、下水道新建清理、街心广场维修等；投资74万元对辖区内各商铺门面房门头牌匾更换、安装，共计2830余平方米；投资18万元对各商铺门面房卷闸进行喷漆，共计5920余平方米；按照环境卫生整洁“六个一”标准，投资71万元进行了墙面粉刷，共计46500余平方米；购买了清洁设施。投资153万元对李家沟进行了街道硬化、绿化、门店牌匾更换等。经过近半年的共同努力，唐城环境卫生旧貌换新颜，干净整洁。

【安全生产工作】 全镇五大安全体系运行高效，先后制定了“党政同责、一岗双责、失职追责”“知责履责、失职追责”“安全生产月”“大排查、大整治”道路交通、森林防火、防汛、消防等各项方案，通过扎实开展为期3个月的安全大检查、5次专项活动等，全面落实责任和措施，严密监控安全重点部位和重大危险源，有效地稳定了我镇的安全生产形势。悬挂条幅30余条，进厂矿、班组、学校、商店、家庭和所辖主干区，宣传安全知识，发放宣传资料6000余份，做到安全和环保重于泰山的理念，家喻户晓、人人皆知。1. 煤焦企业安全上，组织安监站、派出所、工商质检所、土地站、交警中队、供电所等相关单位深入开展安全检查监督专项行动，通过突出重点，分类督查，对全镇范围内的焦化、煤矿、洗煤厂、饭店、娱乐场所、学校、地质危险区、道路交通等进行全面排查，重点检查安全生产制度、安全生产设施和隐患自查自纠记录，发现隐患300余条，都下发了限期或立即整改指令，并跟踪复查，做到闭环管理，全年由镇主要领导带队组织开展安全生产联合大检查2次，大检查10次，共出动检查人员150余人次，对煤矿、焦化、洗煤、砖厂、加油站、烟花爆竹经营点、建筑施工、教育等重点行业和规模企业进行全面的排查整治达100余次。2. 在森林防火安全上，全方位开展巡查检查。对全镇57名“痴呆傻”患者进行了登记，加强监护人的监管职责，开展了“痴呆傻”患者帮收秋工作。完成了325.18亩秋收工作，确保不发生火情。瞭望员瞭望自查。全镇8个固定瞭望哨、1个流动巡查组、26名村级瞭望员要全部到岗就位，充分发挥“前沿哨兵”作用。镇村两级巡查。各村“两委”干部要对辖区内重点户、重点人、重点区域进行巡查，镇巡查组“进沟上梁”开展巡逻巡查，深入到各重点区域，边宣传、边巡查、边摸清路网，同时做好探路绘图和了解水源位置等工作。包村包片人员到位。包村领导、包村人员、各驻村工作队，包联村的镇直单位要入村入户宣传护林防火工作，协助所包村森防工作扎实开展。防控重点人群、重点区域、重点时段，在应急上强化队伍建设，做好应急预案，畅通信息报送渠道，全镇安全无事故。3. 在食品药品安全上，开展了食品安全宣传周活动，先后出动宣传人员20余人次，发放宣传单300余份，对食品生产、流通及餐饮服务安全知识进行了普及。开展了“三无”食品、假冒伪劣药品、虫草类保健食品、保健食品非法添加、保健食品和化妆品非法宣传等四项专项行动。加强对6所企业、4所中小学校食堂食品安全监管。重点对白酒批发企业及食品加工小作坊、批发商店开展抽样检查，严厉查处违法添加食品添加剂、掺杂使假、假冒伪劣等违法行为，确保消费者的消费安全。4. 在交通安全上，召开全县“两站两员”现场会，全镇交通无安全事故。同时，做好地质灾害隐患排查、消防安全、建筑工地等方面的安全。

【脱贫攻坚工作】 1. 巩固脱贫成效显著。以“16524”作为脱贫攻坚总体工作思路，大力实施精准扶贫，切实做到因地制宜、分类实施、扶贫到户、责任到人，全镇上下凝心聚力、协同攻坚，全力打赢脱贫攻坚战。2016年年底，实现全镇100户269人稳定脱贫；2017年年底，实现全镇79户158人稳定脱贫；2018年年底，实现24户39人稳定脱贫。2. 持续加大产业帮扶。按照县委“旅游光伏加连翘”脱贫攻坚三件宝总思路，围绕“脱贫不返贫，产业作支撑”目标，全镇将“玉米收入保增收、连翘核桃促增收、进企务工提增收、光伏产业创增收”的农民增收四部曲作为产业发展的有力抓手，持续加大产业扶贫力度，全力做好产业帮扶工作。3. 确保线上线下数据一致。认真做好2018年度扶贫数据采集和数据清洗工作，细化完善档案资料，分类归档，建立台账，做到数据精准，确保贫困户信息线上和线下数据一致。

【社会事业】 教育上：坚持教育育民，认真落实“五类困难家庭学生”资助、住宿生交通补助等教育惠民政策；加强对学校灶房膳食、住宿、取暖、周边环境、乘坐“三无”车辆等安全隐患排查，为学校正常开展工作提供安全保障。医疗卫生上：坚持卫生护民，开展健康教育“进农村、进机关、进校园、进企业”活动。推行卫生院与各村卫生室公共卫生双线管理模式，确保居民足不出户就能享受高效卫生医疗服务。开展健康扶贫工作。依托健康扶贫小分队入村为贫困户进行免费体检，强化公共卫生水平。文化上：举办了民间社火展演活动，定期开展文艺会演，大力弘扬剪纸艺术、花灯秧歌等传统文化。计生上：坚持计生利民，利用计生信息平台加大全面放开二孩政策宣传力度，加强流动人口动态监测调查工作，加强人口信息管理，强化计生宣传，开展优生优育送服务下乡和“两癌”筛查活动，认真落实计生奖励扶助政策。社会保障上，投资15万元，完成了敬老院80千瓦电锅炉改造、下水、厨房改造工程。并依托良好的社会福利体系、养老服务体系和优抚安置体系，进一步加大对高龄老人、孤儿、留守儿童、留守妇女等特殊困难人群的帮扶和救助力度，着力解决好特殊人群生产生活中的困难和问题。结合低保、五保、临时救助等社会保障救助制度，切实做到应保尽保。力办民生实事上，投资370余万元，做好唐城镇垃圾填埋场规划环评工作；投资1800万元，打造唐王寨文化园；投资200万元，修建三交村矿区煤运停车场；投资153万元，提升李家沟村环境整治工程；投资70万元，完成12个村的“一事一议”项目；投资50万元，修建占地约1000平方米的三交村老年公寓；投资460万元完成唐城街道改造工程。在全力抓好社会稳定上，以解决群众诉求为重点，畅通群众信访渠道，维护社会安全稳定。2018年信访工作的重点是解决永鑫铁路占地、工业园区征地拆迁的问题，共处理矛盾纠纷109起。以严态势摸线索为重点开展扫黑除恶专项斗争。成立了领导组，加强对全镇扫黑除恶组织领导。发放扫黑除恶入户告知书及各种宣传页7000余份，刷写扫黑除恶固定标语52条，悬挂张贴扫黑除恶宣传条幅92条，填写调查问卷500余份。全镇12个村、镇直单位、企业均设立举报箱、公布举报电话，同时利用电子屏、大喇叭对扫黑除恶进行不间断宣传，动员广大群众积极参与进来，提供问题线索。开展了“12类”涉黑涉恶违法行为的调查摸排，共排查1700余户，确保打早打小，打狠打实，精准打击，坚决维护和谐稳定的社会大局。同时将扫黑除恶工作督察与安全常规检查结合起来，加强对煤矿、厂矿等领域及周边地区的重点整治，加强煤炭领域线索摸排，做到广泛动员、全面摸排。2018年，收集村扫黑办上报问题3起（镇扫黑办已研判回复，不属于黑恶势力范围），县公安局在对历年案件梳理中发现1条线索，立即展开侦办。

【廉洁从政教育】 1. 加强党纪党规的学习教育，认真贯彻执行县委《关于进一步加强党风廉政建设责任制的实施意见》、党中央八项规定、学习新《纪律处分条例》和《廉洁从政准则》等党规党纪；组织观看《警钟长鸣》等廉政宣教片，召开廉洁从政讨论交流会，加强正反两方面警示教育；认真落实党政领导班子“一岗双责”，制定了“一岗双责”的职责清单，签订廉洁从政承诺书，加强对班子成员的教育监管，强化领导班子廉政意识。2. 坚持依法行政，用法治思维和法治方式开展工作，依法办事、办事依法，加强民主监督、行政监督和社会舆论监督，防止滥用权力，推进财务管理“多支笔”监督，塑造政府良好形象，进一步提高政府公信力。3. 坚持和完善向人大报告工作制度，自觉接受监督，广泛听取社会各方面的意见和建议，切实提高人大代表提出的意见和建议办理质量，做到事事有回音，事事有落实，事事有效果。4. 积极建立健全责任体系，对政府重点工作进行责任分解，加强督查督办，推动工作落实。5. 全力改进机关干部工作作风，深入贯彻落实新《纪律处分条例》规定，严格执行“八项规定”等一系列要求，大力践行“一线工作法”，不断提升群众满意度。6. 进一步建立完善《信息公开制度》，对与人民群众密切相关的行政决策事项、政策规定、规章制度、审批程序、办事标准等，及时通过媒体和政府网站等向社会公开，接受社会监督。（孟连根）

和川镇

【概述】 和川镇位于安泽县城北 20 千米处，全镇地处太岳山之南麓，扼沁蔺两河之要冲，南北交通要道安第线（安泽——第一川，即马唐公路）穿镇而过。现属安泽县七个乡镇的四大镇之一。全镇总面积为 320 平方公里，辖 18 个行政村，87 个村民小组，86 个自然庄，共有 3680 户，14574 口人，23 个党支部共有党员 639 人，耕地面积 83376 亩，人均耕地 5.72 亩，牧坡面积 8695.6 亩。2018 年，全镇农村粮食产量稳定在 3.16 万吨；全镇农民人均纯收入 8362 元。

2018 年，在县委、县政府的坚强领导下，紧紧围绕县产业转型突破年、脱贫成效巩固年、人居环境改善年、乡村旅游提质年“五个年”活动，全面抓好基层党建，不断巩固脱贫成效、有效保障安全稳定、持续改善人居环境、全力保障民生福祉，各项工作均取得积极成效。

【“三基建设”】 2018 年，以党建统揽经济社会发展全局，以“三基建设”为抓手，扛起基层党建主体责任，全面推动和加强基层党建工作，为各项任务落地见效提供了坚强的组织保障。1. 着力传导压实工作责任。镇党委年初召开全镇干部大会，安排本年度工作，定期主持召开党建工作专题例会 6 次，及时分析研究解决党建工作中存在的问题 10 余个，严格落实党政班子成员党建工作“一岗双责”，签订党建目标责任书，明确党建工作职责，真正将管党治党职责扛在肩上、抓在手上。2. 着力抓好班子带好队伍。坚持把队伍建设作为重中之重，力争打造出一个“团结、务实、诚信、高效、廉洁”的领导班子，带出一支“想干事、会干事、敢干事、干成事、不出事”的干部队伍。提高班子成员的政治素质，增强班子成员工作能力和水平，用好“三支队伍”，完善考勤、考评、考绩相关制度，有效促进机关干部立足岗位争做模范。3. 着力强化重点任务落实。深入开展学习教育及专项治理活动。镇党委坚持把学习贯彻十九大精神、习近平新时代中国特色社会主义思想作为政治任务，严格按照各项活动要求，有序开展“强化责任、严守纪律、树好形象”专项治理活动、“两学一做”常态化制度化学习教育等活动，全镇各级党组织共开展集中学习 320 次，党员领导干部带头讲党课 40 次，收看专题片 6 部，开展专题研讨 4 次，党员学习教育实现全覆盖。坚持问题导向、边学边查、即知即改，促进全镇党员干部自觉深入村部，主动服务一线，积极推进工作。4. 持续整顿软弱涣散党组织，进一步增强支部凝聚力。在软弱涣散村党组织整顿上，成立两个整顿工作组，对议亭村和石渠村认真开展调查研究，广泛听取群众意见，找准主要问题和原因，有针对性地制定整顿方案，石渠村、议亭村通过集中整顿，着力解决了自身存在的突出问题，全面提升党组织凝聚力、战斗力。5. 严格规范党内组织生活，全面落实从严治党要求。各党支部按照要求，规范使用“三簿一册一台账”，加强规范党费收缴管理工作，严格执行“三会一课”、组织生活会、谈心谈话、民主评议党员等制度，认真开展缴纳党费+重温入党誓词+“三会一课”的“3+N”模式的主题党日活动，确保党的各项制度在基层支部执行不走样、落实不打折，真正把各支部建设成坚强的战斗堡垒。6. 提升党组织规范化建设，强化政治功能。以“19+X”规范化建设为基础，全面实施村级组织活动场所提档升级行动，高标准打造和川村、河东村、沁河庄村 3 个党群服务中心，规范党组织规范化建设，不断强化政治功能。7. 建设智慧党建平台，实现党建工作信息化。各党支部充分利用网络资源共享优势，在智慧党建平台上及时更新、推介党的方针政策、党的知识、党建工作动态等，党员通过手机客户端，接收组织活动的待办信息，参加组织生活并通过留言功能等进行互动，不断创新学习方式、丰富学习内容，以新形式开拓党建工作新渠道，搭建党组织和党员交流互动的新桥梁、新平台。

【产业发展】 2018 年，积极响应县委、政府的号召，大力发展光伏、旅游和连翘。光伏产业。全镇实现了 18 个行政村村级光伏电站全覆盖，总容量为 2250 千瓦，仅此一项，全镇各村集体经济年增收 5 万—20 万元。旅游产业。借全域旅游之东风，倚沁河风光之优势，全力打造沿沁河的精品旅游线路，形成了五点一线的乡村旅游格局，即环水库、沿沁河的旅游步道贯穿太岳山中药材科普基地、岭南水库、和川古镇、刘少奇路居地、车道水上乐园 5 个景点，乡村旅游初具规模。岭南村开展农民歌手大赛，吸引百余名选手与 2 万余观众参与此项活动，并成功举办了安泽县第二届农民运动会，受到了广大农民群众的普遍欢迎，刘少奇路居地在大地国际旅行社的带动下，多个市直单位到此地开展党性教育活动，进行拓展训练，提升个人素质。2018 年，刘少奇路居二期工程正在稳步推进，民宿、红色讲堂、乡村大舞台已竣工，拓展训练基地正在完善。车道村全力打造具有战国风味的村容村貌，山前种植 50 余亩水稻，别具南方韵味。车道村修建的水上娱乐项目，包括水上舞台、漂流等，已对外开放。这些旅游景点引来大批游客游览观光，据不完全统计，就刘少奇路居地，接待游客和考察团共 8 万余人次，尤其是沁源县有组织地多批次到我镇车道村和沁河庄村参观学习。连翘产业。全镇 11 个村连翘抚育 810 亩。春季，对野生连翘进行了清灌和摘芯，以提高连翘的产量和品质。结合打击毁林开荒工作，在上田村、安上村种植 500 余亩大田连翘。特色产业。继续依托瑞盛园大力发展有机玉米产业，在和川村种植有机小麦 50 亩、花椒 300 亩。依托清云庄生态农业农业开发有限公司，在石渠村种植300亩有机富硒樱桃和100亩有机油葵，并以此为基础打造和川镇新的有机种植基地。上县村投资50万元，建立上县村众腾有限责任公司，发展年馍产业，年馍经过近一年的运营，成功地实现了年馍向日常用馍的转变，成功入驻县城各大菜店，在中秋推出特色月饼和黄花饼，广泛销售。罗云虹鳟鱼养殖经过重新合并重组，在养殖规模和养殖技术上都有了一定的提高，并打通了销售渠道。孔旺山泉水厂与山西恒茂农业有限公司顺利完成了合股融资，改扩建孔旺山泉水厂，2018年厂房主体完工，办公楼正在施工，水厂附属工程还未动工，2019年10月底完工。

【脱贫攻坚】 2018年，以实施乡村振兴战略为主抓手，持续巩固提升脱贫攻坚成效，切实做好继续帮扶、监管和巩固提升工作，全力做到脱贫不脱政策、摘帽不摘监管。1. 易地扶贫搬迁工作。和川、罗云两个集中安置点已全部完工入住。对有房屋户进行拆旧复垦，完成拆旧复垦16户40人，复垦面积3.93亩，未完成拆旧复垦2户5人，将加快进度，预计12月底完成拆旧。2. 激发内生源动力。贫困户对政府的依赖性过强往往是内生动力不足，需要在“志”和“智”上补齐短板。驻村工作队和村干部组织动员、悬挂标语，营造氛围。依托村级活动中心和群众聚集多的地方开设扶贫大讲堂，讲政策、讲先进生产技术；组建文艺宣传队，以小品、相声、歌舞、快板等形式宣传尊老爱幼、环境保护、文明风尚、惠民政策等丰富农村群众的文化生活；同时，对自立自强的贫困示范户进行“激发内生动力，巩固脱贫成效”展播，以贫困户切身的事迹感染带动周边贫困户转变观点，彻底摒弃“等靠要”思想，树立脱贫致富的信心。3. 继续抓好驻村帮扶工作。2018年，进一步加强各类驻村帮扶工作力量的整合和管理，凝聚合力，发挥作用，全面提升脱贫攻坚水平。加强对扶贫工作队伍的管理，严明工作纪律，严格实行考勤制度。定期召开扶贫工作队队长例会，汇报扶贫工作完成情况、工作推进中存在的问题以及重点工作计划。以严的要求、实的作风、细的工作、新的风貌做好脱贫攻坚工作。

【乡村环境整治】 围绕县委县政府建设“山水田园城、精品旅游县”战略思路，按照全县重大活动和创卫要求，结合美丽乡村建设着力从示范村、重点村下功夫，力求示范带动，重点推进，全面整治。1. 在示范带动上下功夫。组织动员各村的党员干部群众全员参与到环境整治中，以美丽乡村石渠村、岭南村和沁河庄村为重点，实行固定人员承包，统一时间收集村民垃圾，做到定期统一清运，确保垃圾无积攒。整洁行动启动以来，全镇共清理房前屋后、路边等犄角旮旯处垃圾2120堆8900立方米，拆除危旧房屋、违建169处11506方，清理小广告1058处，整治“四堆”674处，整治广告牌匾40块，整治玉米囤38座。同时，对河道采取巡河制度，配备了22名巡河员，对辖区内河道进行巡查，及时清理河道垃圾，发现河道内的违法行为及时报告、及时处理。2. 在美化下功夫。着重在石渠村、岭南村、沁河庄和法井村4个示范村实行文化墙建设，在墙体上制作爱护环境，彰显文化底蕴、民俗风情特色和孝老爱亲、社会主义核心价值观、法治建设、邻里关系等文明新风方面的具有正能量的墙体文化。3. 在长效保洁上下功夫。各村充实保洁人员和清运队伍，做到垃圾不落地，并落实好工资待遇。同时，各村还通过会议研究制定村规民约、卫生公约和卫生考核管理办法，划定卫生保洁责任区域，夯实卫生保洁、垃圾清运等责任，从制度上对保洁人员进行监督和管理，形成长效机制。

【安全稳定】 1. 扎实开展扫黑除恶。始终将扫黑除恶专项斗争作为重大政治任务，高站位谋划、高规格部署、高标准保障、高要求压责，成立了以党委书记为组长的扫黑除恶专项斗争领导小组，认真研究制定了和川镇《扫黑除恶行动实施方案》，多次召开会议进行动员部署扫黑除恶专项行动，并利用村级广播、电子屏滚动播放、刷写和悬挂标语和发放宣传资料等方式进行广泛宣传，在全镇营造了良好的社会舆论氛围。紧紧围绕十二种黑恶势力，由驻村工作队逐户逐人调查摸底涉黑涉恶线索，动员基层群众积极提供线索，检举揭发身边黑恶势力等犯罪行为，畅通举报途径，对于群众所提供的线索进行严密摸排。认真落实边督边改工作，将督查发现的问题及时整改到位，为扫黑除恶工作的深入开展奠定坚实的基础。2. 狠抓安全生产。按照“安全第一、预防为主、综合治理”的方针，各机关、各站所联合行动，对各商铺、饭店、学校、农村防火防汛、施工场地等场所进行督查、检查，确保和川镇2018年安全生产零事故，为和川镇经济发展提供有力保障。3. 加强综合治理。建立信访例会制度，定期召开信访工作会，及时研究解决信访事项，做到责任到人，到科室。同时，严格落实首问负责制和AB双岗等制度，保证群众办事“只跑一次路、只进一扇门、只找一个人”，群众诉求得到有效解决，上访事件明显减少，干群关系更加和谐。

【民生工作】 1. 基础设施不断完善。以“两不愁、三保障”为标尺，在基础设施和指标任务的“巩固提升”上下功夫，总投资7000余万元，大力改善基础设施建设，提升群众幸福感。修建一条旅游步道。投资4000余万元，修建长12.5公里的沿沁河旅游步道，贯穿石渠、岭南、荆村、沁河庄、车道5个村，2018年，正稳步推进。改造五条村级道路。即投资380万元，完成罗云至议亭道路改造工程，投资320万元，完成罗云至车道道路改造工程，投资720万元，完成东洪驿至上田道路改造工程，投资140万元，完成东洪至孔旺道路改造工程，投资42万元，完成西洪至和川道路改造工程。重修三条主街道。共投资1300余万元，其中，移民新村荆村村和政府门前两条主街道已完工，和川村主街道已完成地下管网、排水等地下工程，油路铺装1160米，剩余酒厂路200米未铺油，预计11月底完工。新建两条排洪巷道。投资200余万元，修建和川东沟、西沟排洪通道改造工程。道路的畅通，方便了群众出行，也提升了群众的生活质量，所有的建设得到民众的一致好评，为和川长远发展奠定了坚实的基础保障。2. 沁河步道稳步推进。为发展旅游打基础，沿沁河建设旅游步道，全长15公里，途径石渠、岭南、荆村、西洪驿村、沁河庄等村，目前，除沁河大桥未完工外，其余全部贯通。3. 干部周转房建设。干部周转房建设项目位于和川村新建幼儿园旁，用地面积为3623.8平方米，建筑面积为3044.16平方米，主体与室内装修已完成，具备入住条件，11月23日将搬迁入住。4. 美丽乡村建设。石渠、岭南、沁河庄3个村被确定为今年的美丽乡村项目村，已完成道路、管网、绿化亮化美化，垃圾污水处理等基础建设。5. 垃圾场续建工程。为解决和川近5000人的垃圾处理问题，2017年被列为县重点工程，2018年完成了后续工程，已投入使用。（常宏艳）

府城镇

【概述】 府城镇地处安泽县城所在地，是全县政治、经济、文化中心，全县唯一的二类乡镇。全镇总面积318平方千米，辖21个行政村、32781口人，其中农村人口15152人。共有23个党支部，724名党员，其中农村支部21个，农村党员668人。2018年，全镇农村粮食产量稳定在2.71万吨，农民人均可支配收入为14543元。

2018年，在县委、县政府的正确领导下，在县直各部门的鼎力相助下，府城镇党委、政府坚定不移地贯彻中共十九大精神及习近平新时代中国特色社会主义思想，全面落实好习近平总书记视察山西重要嘱托，按照安泽县实施“三基建设升级年、工业转型跨越年、城建品质提升年、乡村振兴驱动年”四个年活动总要求，党建主业严抓严管、创新发展驱动改革、产业结构趋于优化、脱贫攻坚巩固提升、全域旅游初步成型、生态建设常抓不懈、民生事业不断完善，全镇经济社会各项事业稳步前进，保持了大局稳定、经济发展、社会和谐、人民安康的良好局面。

【党建工作】 镇党委牢固树立“抓好党建就是最大政绩”的工作理念，扎实推动基层党建工作。1. 狠抓党委班子队伍建设和农村支部书记队伍建设。党委书记认真履行党建第一责任人工作职责，定期主持召开党建工作专题例会，层层签订党建目标责任书，认真落实书记“面对面”工作述评会制度，传导压实党建工作责任。2. 扎实推进“两学一做”学习教育常态化制度化。镇党委要求全体党员认真开展手抄党章“双百”活动。以“145”措施为抓手，推进学习教育不断深入。率先提出三个争做合格党员“排头兵”的十项具体标准，被县委以文件形式下发到全县予以推广。3. 积极开展“强化责任、严守纪律、树好形象”专项治理活动。在专项活动中创新提出了“363”工作法，“3个意识”即强化核心、担当和使命意识；“6大纪律”及遵守政治、组织、廉洁、群众、工作和生活纪律；“3个做好”即做好本职工作的带头人、服务群众的贴心人和引领发展的领路人。4. 创新基层党组织设置，组建了“小飞·田园综合体村村联合党委”。在充分考虑飞岭、小黄、大黄三个村关联度、融合度、依存度和互补度的基础上，按照“队伍联建、困难联办、资金联用、产业联合”的发展思路率先组建了“小飞·田园综合体村村联合党委”，通过“村村联合、集中经营、抱团发展、共建共赢”的发展模式，切实把党组织建在产业上，把党员聚在产业上，让群众富在产业上，将党的组织优势转化为了发展优势。

【改革促发展】 2018年以党建为统领，积极以改革促转型、以创新促发展。1. 抓社会治理，有效铲除黑恶势力土壤，增强基层党建“内动力”。充分发挥党建引领作用，积极推进扫黑除恶专项斗争工作，探索实施了“1433+9”的工作机制推动有序开展。共收集问题线索17条，均不属于涉黑涉恶问题线索。2. 抓从严治党，深入推进监察体制改革，塑造基层党建“外形象”。坚决支持镇纪委聚焦主业、加大纪律作风检查力度、加大执纪问责力度，形成了反腐败的高压态势。同时，积极推进乡镇监察试点工作，探索实施一个中心、两个目标、“7+1”思路和“343”工作法，形成了可复制、可借鉴的全省乡镇“安泽样板”，并先后承接外省及各市县纪检系统学习观摩70余次。3. 抓意识形态，促进行风政风良性发展，营造基层党建“软环境”。牢牢把握正确的政治方向，探索提出了“145”工作新机制，切实将党的路线、方针、政策渗透到党员干部和群众心里，为全镇改革发展提供了强大的思想保证、精神动力和舆论环境。2018年以来，镇共收到舆情事件60起，已全部有效化解。4. 抓效能建设，全面完善工作运行机制，打造基层党建“硬实力”。结合实际，编制了基础工作目录，制定工作运行流程图，补充完善“一目录三手册”；对机关工作人员进行了细化分工，制定AB岗制度，确保了党员干部休假、请假过程中工作不脱节、任务落实不滞后，工作作风明显好转。

【产业发展】 为大力促进转型升级，确保产业结构不断优化，多措并举，实现了一二三产深度融合发展。1. 全力发展以“1355”产业规划为定位的富民产业，为实施乡村振兴战略提供坚强保障。继续巩固飞岭、小黄、高壁沿沁河蔬菜大棚，建成沿沁河蔬菜产业带；大力发展三交木耳一条沟、大黄有机旱作500亩、桃寨树莓110亩等特色产业；高标准建设桃曲高壁物流区、依托井泉药业发展以连翘为主的中药材园区、以原木为核心的核桃产业区、以飞岭村为主的特色草食畜养殖区、以城边村为主的三产服务区；投资4000万元继续打造上掌红叶岭、飞岭和小黄三处乡村旅游基地，高标准建设李垣朱德故居和府城村水木清华旅游基地。2. 将小黄村、大黄村、飞岭村统一规划开发建设，创新打造出现代农业、休闲旅游、田园社区为一体的“田园综合体”，初步形成了集种植、养殖、休闲、观光、住宿、餐饮一条龙的循环农业产业链。拥有优质有机玉米9260亩，有机谷子400余亩，高粱、苜蓿等饲草350亩，黄花菜300亩，玉露香梨、苹果、山楂、葡萄等水果270余亩，草莓、无籽西瓜、甜瓜等反季节果蔬温室大棚82座；饲养蛋鸭、黑山羊数千只，生猪上千头，毛驴百余头，给市民休闲之余带来了农耕体验。

【脱贫攻坚】 以巩固脱贫成果为目标，以做好继续帮扶、监管和巩固提升工作为抓手，构建以基层党组织为核心，以龙头企业、产业基地、专业合作社为支撑的“一核多元”精准扶贫组织体系。探索推行“党建+扶贫”和“党建+企业（合作社）+贫困户”双发展、双驱动模式，助推一村一业、一村一品产业发展；充分利用“光伏、旅游+连翘”“三件宝”带领广大群众脱贫致富；立足“三无”人员无安全住房、无自筹能力、无劳动能力的实际，建立了安泽县首家“红叶康养中心”，实现全镇孤寡老人老有所养、老有所居、老有所乐；积极推进易地扶贫搬迁集中安置点建设和拆旧复垦工作，已全部安排搬迁入住，并完成拆旧复垦47户，复垦面积21.9亩；通过发展多种形式的特色产业，增强了贫困群众自身的“造血”功能，全力做到脱贫不脱政策、摘帽不摘监管，真正实现了脱贫从“量”到“质”、从“好”到“优”的转变。2018年完成了60户95人的脱贫摘帽，全镇708户建档立卡贫困户，已全部实现了家家有精准脱贫措施、户户有增收致富产业的良好局面，贫困发生率降到了0.02%。

【全域旅游】 积极推动乡村振兴战略，大力发展乡村休闲游。1. 打造了府城村“水木清华”城郊景区，满足了群众夜游景区，体验别样农村生活的要求；2. 建设了以上掌村、李垣村、桃曲村为一线的三交一条沟民俗文化区；3. 立足小飞田园综合体实际，先后举办“天安地泽·安泽国际河灯艺术丰收季”、“网红桥”比赛、忘忧·金花节、桃花节等活动，飞岭村荣膺“中国首届丰收节百强特色村庄”，成为安泽全域旅游的集散地和对外宣传的“明信片”。2018年，各景区共接待县内外游客30万余人次，实现旅游综合收入9000余万元。

【环境治理】 为确保全镇生态环境质量持续提升，全力打好国卫创建、乡村清洁、河流整治、旱厕改造、清洁取暖改造等环境整治组合拳。2018年在全镇范围内开展河流治理，对府城村、风池村、义唐村、第五村、高壁村、神南村等进行了河道清理和垃圾打捞，累计完成河道治理13.8万方；严格按照创卫标准和要求进行旱厕改造，共改造旱厕1131个；在镇域内严格治理乱堆乱放、乱扯乱拉、乱贴乱画行为，户户配齐垃圾桶，强化村主干街道商铺、门面、牌匾规范建设，共发放6个密闭式垃圾箱、3个分类垃圾亭，清理垃圾18.5万立方米，粉刷墙壁4.5万平方米，围墙立面改造5200平方米，绿化美化1.3万平方米，道路清理用工2300人，道路街巷治理6000千米；完成污水处理工程4000米；对辖镇10个村共3497户生活取暖燃煤锅炉进行“煤改电”“煤改气”清洁能源改造。

【民生实事】 为解决老百姓最急最忧的现实问题，始终将民生改善摆在首位，全力促进各项民生工作提标升级。56户104人享受农村最低生活保障、78户五保户、临时救助70户、医疗救助40户，社会兜底户基本实现了应保尽保；积极推进桃曲易地扶贫搬迁集中安置点6号楼项目，已完工并入住65户；全镇21个行政村均安装50千瓦光伏扶贫电站，68户贫困户安装的4千瓦屋顶分布式光伏电站，实现光伏发电全覆盖；连翘抚育基地建设项目已完工，种植面积达900亩；投资700万元完成了总面积1.9万余平方米的安泽县府城文化广场建设；投资1000万元完成了飞岭村美丽乡村建设一期工程，小黄村美丽乡村正在积极实施；先后实施了李垣至三合、李垣至红叶岭旅游公路建设，高壁、佛寨、神南、三交、小黄、飞岭、大黄等村内7条道路建设，原木、花车、寺村、佛寨、第五、上掌等共8座村内桥涵建设，对寺村至三交村总长6.27公里、宽4.5米的村级路面进行硬化；投资20万元完成神南、上梯村环卫设施2个，其中污水处理设施1个、垃圾填埋场1个；解决了三交、石桥沟、桃寨、风池、李垣、上梯、上掌、高壁9个村内小型水利设施饮水解困工程等共12项民生工程。 （苗越）

冀氏镇

【概述】 冀氏镇位于安泽县南部，距县城18千米，北与府城接壤，南与马必为邻，东与杜村乡、良马乡相接，西与古县相连，冀氏镇地势平坦，气候温和，土地肥沃，沁河贯穿南北，光照充足，雨量充沛，水源丰富，素有“安泽小江南”之美誉。国土面积284平方公里，辖14个行政村，41个自然村，全镇共有4037户，10263人。有16个党支部，481名党员，其中农村支部15个，农村党员453人。镇直机关共有干部职工38名，党政领导班子成员11名。全镇耕地68427亩，林地188957亩，森林覆盖率60%，植被覆盖率85%，耕地面积占全县的1/6，粮食产量占全县的1/5，2018年，农村粮食产量稳定在3.11万吨，农民人均可支配收入为4736元。2018年，冀氏镇按照县委县政府总体安排部署奋力实施“六加六镇”战略，全镇上下团结拼搏扎实工作，全力抓好结构调整、国卫创建、脱贫攻坚、民生改善、安全稳定等各项工作，较好地完成了上级交办的各项工作任务，实现了全镇经济社会等各项事业稳步向前发展。

【农业产业发展】 1. 提升传统种植产业品质。积极推动传统玉米产业增收，2018年虽然受干旱和冻害影响，玉米产量仍达到35126吨，比上年略有增产。此外，谷子、豆类、兽类产量也略有增加。

2. 巩固设施蔬菜产业种植。继续发展设施蔬菜产业，在巩固原有的210座春秋大棚、30座温室大棚的基础上，不断更新新种植品种、提升经济效益。柳树沟村投资30余万元种植芦笋100亩，2年后预计亩均收益可达到8000元左右。

3. 不断蓄力经济作物发展。在限期恢复林地、打击毁林开荒的同时，鼓励群众种植油用牡丹、连翘等经济作物，2018年，全镇油用牡丹种植面积5000余亩，野生连翘抚育面积3000余亩，建立了核桃庄、王村、白村、李庄等野生连翘抚育基地10个，连翘育苗基地4个。

4. 着力突出规模基地建设。立足于冀氏特色，开发优势资源，柳树沟——半道玉露香梨、白村——关庄中药材、冀氏高端樱桃三大特色农产品基地建设初见成效。玉露香梨种植基地长势良好，全镇共发展玉露香梨83亩，其中半道村43亩，柳树沟40亩，套种油葵、谷子等经济作物，壮大了村集体经济，提高了村民收入。冀氏村引进投资项目500余万元，修建占地400亩的樱桃基地，大力发展高效观光农业，集观赏与经济效益于一体，是全省首家高端樱桃集中连片大棚园区。井泉药业在白村、关庄发展1000亩中药材基地，种植党参、生地、黄芩等道地中药材，全镇中药材种植面积达到3000亩。

【乡村生态旅游】 以生态资源为支撑，坚持“绿水青山就是金山银山”旅游的发展理念，打造观光旅游、度假养生、休闲娱乐为一体的产业链。依托青松岭“国家森林公园”“天然氧吧”金字招牌，做好生态富民文章，投资280余万元，实施了青松岭旅游景区建设二期工程，以有客松墅为重点新建窑洞民宿24间，逐步完善了景区建设。通过举办“首届青松岭槐花节”“第二届青松岭生态文化旅游节”，首届中国农民丰收节以及庆“五一”“十一”等一系列活动，进一步将青松岭旅游推介出安泽；依托沁河自然资源优势，完善了沁河湾生态垂钓园基础设施建设，2018年共举办国家级赛事4场，商业赛23场，纯收入达到15万元；依托革命老区红色文化内涵，投资700余万元实施了南孔滩村朱德路居修复工程；投资280万元实施了兰村刘伯承路居修复工程。形成了以“红色”朱德、刘伯承路居文化游，“绿色”青松岭康养，“蓝色”沁河湾碧水蓝天体验游，“红绿蓝”三色全域旅游格局。2018年，通过乡村旅游共接待游客6.72万人次，旅游综合收入达到556余万元。活动期间，带动全镇15个村75户贫困户当厨师、卖特产、摆小摊、摘槐花、卖野菜，户均增收1707元，总共增收达12.8万元。槐花节期间，青松岭的槐花和槐花饼还搭上了电商快车，成功将原生态食材送到了太原、青岛等地的游客手中，让青松岭特色得到更好的推广。

【农村环境治理】 把国卫创建作为塑造冀氏崭新面貌的标杆工程来抓。从硬件和软件两方面入手，一方面，加强基础设施建设，投资1500余万元，实施了主次巷道硬化美化、污水处理站、粪便处理站、垃圾中转站、河道治理、排水渠改造、农贸市场、公厕、牌匾改造、旧村改造、街巷道绿化、健康教育广场、旱厕改造等十余处重点工程，基础设施更加完善。另一方面，加强长效机制建设，将建成区划分为8个卫生责任区，聘用保洁员、垃圾清运员等9名，进一步规范了考核、评选制度，同时，配备了垃圾清运车、扫地车、封闭式垃圾箱、果皮箱等环卫设施，极大地改善了环境卫生保洁条件。

把环境整治作为改善农村人居环境的首要任务来抓。15个行政村都开展了长期有效的环境整治工作，清理四堆、拆除残垣断壁、垃圾池，清理公路沿线的小广告、玉米栈子，同时设立玉米栈子集中安放点，方便群众收秋。2018年，冀氏、兰村、关庄、北孔滩、南孔滩等村均已实现垃圾不落地，并成功申报了省级卫生村，冀氏、关庄、白村等村先后开展了美丽乡村申报工作，关庄村对村内水泥路面全部铺设沥青路面，白村河道整治、街道治理等工程正在开展。

把生态治理作为建设美丽宜居乡村的关键环节来抓。在环保工作上，开展联合督查执法行动10次，下达整改通知书13份。全镇行政事业单位燃煤锅炉按期拆除并进行清洁能源改造；企业严格按照环保要求进行停产或整改；餐饮经营单位全部安装并正常使用油烟净化装置；按照县政府要求，做好了辖区群众冬季取暖清洁用煤的宣传工作和散煤治理工作等。在林地恢复上，不断加大毁林开荒打击力度，全面铺开林地限期恢复宣传和整改工作。在落实河长制上，镇村两级河长、全镇15名巡河员能够按照要求开展巡河工作，全年共收集农药瓶2万个。

【脱贫攻坚】 坚持精准为重，全面扎实基础工作。2018年，积极完善脱贫攻坚基础工作，对照中共、国办通报指出的4大项12小项共性问题以及第三方评估、专项考核、省委督导组反馈的19项问题，结合全镇自查自纠发展的问题，制定了详细的整改清单，明确整改责任，限定整改时限，落实整改措施，确保整改实效，所有问题全部整改完毕。为加强脱贫攻坚档案管理，按照县脱贫攻坚领导组要求，对镇村两级脱贫攻坚档案资料进行了详细的整理、审核、分类、装订、归档，共装订档案350本。全年共核查、修改扶贫系统数据库1623条错误数据，确保各项数据的及时更新，做到线上线下相一致。对全镇所有贫困户位置信息进行了采集，1243户贫困户位置信息全部采集完成，全镇69户异地搬迁户全部搬迁入住，拆旧复垦正在全力推进。

坚持扶志为先，着重激发内生动力。继续将思想扶贫作为根本措施，引导贫困户转变发展理念，增强内生动力和致富奔小康的信心，先后举办了手工编织培训、连翘采叶制茶培训会、野生连翘抚育现场培训会、厨师培训、电脑知识培训、月嫂培训等一系列实用技能培训，累计培训500余人次，通过培训帮助贫困群众掌握致富技能、增强致富信心；充分尊重贫困户的意愿，通过招商引资、协议帮扶等措施，为贫困户提供转移就业岗位100余个，进一步增加贫困户增收致富渠道，提高贫困户收入；2018年9月，为进一步做好脱贫攻坚巩固提升工作，在半道村隆重举办了农民丰收节颁奖活动，评选颁发脱贫模范户、调产增收示范户、引领村民致富带头人等共11项奖项，通过模范带头，示范引领，鼓励转变发展理念，提升发展动力，进一步巩固脱贫成果。

坚持帮扶为措，积极开展真情帮扶。包联帮扶工作中，冀氏镇加强对“三支队伍”管理，继续做好驻村帮扶和结对帮扶，以确保帮扶质量和效果为目的，按照脱贫不脱政策的原则，继续统筹安排已脱贫贫困户的帮扶，巩固提升脱贫成果。科学合理安排新增贫困户结对帮扶任务，确保帮扶成效。建立机关干部定期走访制度，要求每户每月至少走访2次，深入了解贫困家庭的经济、劳动力等情况，做到村不漏户、户不漏人，确保在第一时间掌握建档立卡贫困户家庭和生活情况。一年来，“三支队伍”累计走访慰问贫困户3000余次，及时了解他们的生产生活现状，帮助他们解决遇到的困难；在2018年10月，按照县委、县政府要求，各包联单位开展了“手拉手、帮秋收”主题当日活动，帮助35户没有劳动能力或者缺少劳动力的贫困户收玉米80余亩，解决了贫困户的燃眉之急，进一步拉近广大党员干部与贫困群众的距离。

【基础设施建设】 2018年，通过统筹规划，积极争取，实施了一批基础设施提升项目。投资324万元，重新修建白村桥，解决了白村铁桥年久失修的安全隐患，方便了群众出行。新建地质灾害隐患点集中安置楼，提供安置房19套，1700余平方米，解决了19户群众的住房问题；投资1000余万元，实施了“党群之家”建设项目，配有“一所一房五室三中心”，计划于12月底投入使用。此外，投资500余万元，为北孔滩村、王村、核桃庄村等村修建漫水桥、维修田间路，致力于为民办实事，在为群众出行提供了极大便利；实施了冀氏村、白村、和平村等7个村的自来水改造提升工程，近千户群众的饮水安全得到保障。

【社会保障】　在扶贫济困方面，受理小额临时救助46份，累计发放救助金22800元；报送大额临时救助13份、医疗救助26份、大病关怀3份。经过村、镇、县层层把关审核，全镇农村低保困难家庭94户154人，其中特困12人、一类49人、二类53人、三类40人。报送“五保”申请9份，全镇共有特困人员（“五保”人员）79人，其中集中安置15人、分散安置64人。北孔滩村、白村、兰村新建日间照料中心并投入使用，为老年人提供了高效、优质、便捷的服务。在社会保障方面，2018年度农村养老保险参保人数3922人，征缴金额93.56万元，全年累计发放养老保险180万元。医疗保险参保人数9013人，征缴金额162万元。此外，残疾人、高龄老人等补助政策也得到了落实。

【社会安全工作】　安全生产方面，年初与15个行政村及有关镇直单位签订安全生产目标责任书，每月、每季度召开全镇安全生产工作会议，认真扎实开展了防火、交通运输、危险化学品、建筑施工、民用爆炸物品、畜禽养殖、防汛、食品药品、山体滑坡和泥石流地质灾害、餐饮场所及家用燃气、中石油工地等方面的安全生产大排查、大整治活动。

同时，经济普查、农村产权制度改革等各项工作正在扎实稳定推进。

（魏志勇　宋书云）

良马乡

【概述】　山西省安泽县良马乡位于安泽县东部、东与屯留县张店镇接壤，西与府城镇相邻，南与杜村乡毗邻，北与和川镇相接，有“临汾东大门”之称。全乡总面积315平方千米，辖12个行政村，57个村民小组，90个自然庄，1728户，6600口人，21270亩耕地，14个党支部，389名党员。309国道横贯全乡5个行政村40多千米，森林覆盖率达67%以上，以种植、养殖业为主的农业乡。2018年，农村粮食产量稳定在1.5万吨；农民人均纯收入10972元。有全县着力打造的八大旅游景区之“黄花岭景区”“桃花坡景区”。

2018年，良马乡高举习近平新时代中国特色社会主义思想伟大旗帜，深入贯彻中共十九大和十九届二中、三中全会精神和中央、省、市、县会议精神，坚持和加强党的全面领导，坚持稳中求进工作总基调，坚持新发展理念，紧扣我国社会主要矛盾变化，按照高质量发展的要求，统筹推进“五位一体”总体布局和协调推进“四个全面”战略布局，以县委“四个年”活动为契机，坚持新发展理念，大力实施玉米安民、青椒富民、旅游乐民、连翘惠民、光伏益民五大工程，团结协作、务实拼搏，引导形成“一德四好”风气、打造和谐社会环境，努力实现健康、厚德、美丽、幸福四个新良马的良好开局。

【基层组织建设】 2018年乡党委始终坚持“规范化”建设标准，不断夯实基层组织建设。1. 强化组织提升，确保政治功能。持续推进“两学一做”学习教育常态化制度化，扎实开展“强化责任、严守纪律、树好形象”专项治理活动，认真学习习近平新时代中国特色社会主义思想三十讲，以“钉钉子”精神，不断强化政治功能。认真贯彻上级对“三基建设”的工作要求，切实改善乡镇干部工作生活条件，修建良马乡党群之家，已投入使用。于11月20日接受了市委书记、市委各常委、各县县委书记等一行人的视察指导，给予充分肯定，并刊登在山西日报、临汾日报等。11月30日，乡宁县委副书记一行前去观摩。推进了郭都、良马规范化支部建设，加强村级组织阵地建设，在全乡形成示范效应，力争把每个基层党组织都打造成为坚强战斗堡垒。2. 强化责任落实，从严履行基层党建“第一责任人”职责。深入贯彻“抓好党建就是最大政绩”的理念，认真落实党委抓基层党建目标责任制，建立书记抓党建联述联评联考机制，项目化制定书记抓农村党建“三个清单”，层层签订党建目标责任书，形成抓党建工作合力。3. 强化服务功能，大力规范便民服务室建设。通过站所整合办公，做到办公同时、纠纷同受、矛盾同调、难题同解，有效防止相互推诿、敷衍了事等现象，依法行使各项权利，规范工作程序，建立文明、高效、亲民的便民服务。4. 强化基层治理，规范基本制度建设。围绕县委《农村（社区）“两委”干部管理考核办法》，强化日常管理和考核，促使农村干部规范用权、履职尽责。健全村务监督委员会组织，充分发挥村务监督委员会的作用，规范党务、财务和村务公开，实现民主监督程序化。5. 创新活动方式，强化组织生活。在党日活动的开展上下功夫、动脑筋，创新活动内容，将“三会一课”、党日活动等同环境卫生整治、农业面源污染防治等工作紧密联系，开展专题党日活动。特别是结合建党97周年，除县里规定的七一活动外，开展了“法律知识进万家”活动，将扫黑除恶宣传册、“弘扬好家风　建设厚德良马”宣传单、法律知识读本等，送到了全乡每家每户，增强了群众的法律意识，进一步提高了广大群众依法维权的能力和建设厚德良马的信心；开展了“百名干部送党徽”活动，全乡百名干部给全乡所有党员送了党徽，让广大党员时刻不忘初心，充分发挥党员的先锋模范作用，树立良好形象。6. 抓薄弱环节，提升软弱涣散整顿。思想上重视，成立整顿工作组，针对性制定整顿方案，组织党员多次学习党建知识。9月中旬，县委组织部部长一行对文上村党支部软弱涣散整顿工作进行了检查指导，给予了肯定并提出了要求。9月底，县纪委书记一行到文上村党支部检查指导，与村两委班子、党员一起就如何创新党日活动、如何发挥党员引领作用进行了座谈。11月22日乡党委书记讲党课并进行交流座谈。经过整改，文上村工作有了极大改观，“三会一课”能够按时、按要求开展，并比较规范地记录，党员能够按时参加活动、坚持学习，并做好学习笔记。

【基础工作】 2018年，各支部着眼“项目化”管理和“精细化”标准，扎实做牢做实各项基础工作。1. 注重效能建设，推进基层管理精细化。认真落实责任清单、问题清单和任务清单“三个清单”制度和项目化管理制度，解决基层党组织抓工作无重点、无抓手的困惑。2. 注重日常监管，推进干部管理常态化。健全干部日常管理制度，乡纪委要充分发挥教育、监督、惩处、保护四项职能，坚持抓早抓小，常抓常严，前移监督关口，强化监督合力，确保干部认真履职、规范用权、担当作为。3. 注重党性教育，从严开展党内政治生活。切实严肃党内政治生活，严格落实民主生活会、组织生活会和“三会一课”等制度，规范党内生活的开展形式、开展内容和开展程序；指导基层党支部坚持每月确定不同主题开展党日活动，明确集中学习、党员议事、缴纳党费、汇报工作和主题服务等任务，不断增强党内政治生活的政治性、时代性、原则性和战斗性，促进党内政治生活的经常化、规范化和制度化。4. 注重项目化管理，推进工作落实。突出党建引领，坚持把“两学一做”学习教育制度化常态化、“强化责任、严守纪律、树好形象”专项治理活动、发展壮大村集体经济、脱贫攻坚、“定查评”、“软弱涣散村整顿提升”等重点工作项目化立项、项目化管理、项目化推进。

【基本能力】 乡党委坚持把强化党员教育培训作为坚持思想建党与制度治党紧密结合，大力加强党员干部队伍培训，努力提升能力素质。1. 组织开展学习培训。围绕党的建设，对中共十九大精神、省委十一届六次全会精神、连翘抚育、产业发展等专题，大规模、多层次、常态化地开展各类教育培训，不断提升党员干部的政治素质、知识结构、业务本领。2. 把握好学习契机。以“强化责任、严守纪律、树好形象”学习教育为契机，开展党务工作者培训、“七一”讲话、党课专题辅导等集中学习。3. 利用好学习载体。利用微信平台、干部在线学习、农村党员教育等网络载体，提升党员干部素质，筑牢信仰之基。同时，结合党员冬训，认真组织实施农村“领头雁”培训，对村“两委”主干和党员骨干进行集中培训。4. 做好党员队伍管理。认真贯彻落实县委组织部对发展党员的要求，严把“入口关”，实行发展党员动态管理机制，2018 年培养发展党员 8 名，全面提升党组织后备干部储备，增强党的战斗力。

【产业发展】 “玉米安民、青椒富民、旅游乐民、连翘惠民、光伏益民”作为良马乡发展的一条主线，2018 年，在保证玉米稳定生产的前提下，大力发展以优质玉米、青椒产业，继续推进连翘抚育工作，尝试芦笋和佛手瓜种植，促进了产业转型和全乡经济发展。1. 玉米产业提质保收。全乡干部示范田种植水果玉米 200 余亩，全乡优质玉米种植面积达到 3 万余亩，在发展好优质玉米的同时，也积极做了水果玉米的种植和推广工作，将“生态+特色”在全乡推广开，进一步丰富产业链条，提振玉米产业的多形态发展。2. 青椒产业初具规模。青椒产业作为良马乡一项优势产业，是产业结构调整的成功尝试。采取合作社+公司+基地、基地带农户的模式，大力发展青椒产业，2018 年全乡种植优质青椒已达 3500 余亩。3. 连翘产业持续发展。在 2017 年的基础上，在全乡 12 个村继续做好连翘抚育、种植和管护工作，重点抓好上寨村连翘抚育工作，共投工投劳700余个，建成270余亩集野生抚育与种植为一体的示范基地，切实把连翘变为一项利民惠民的产业。4. 其他产业尝试初见成效。在发展好传统农业的同时，积极尝试其他产业。在华寨村尝试种植芦笋50亩，长势良好，长成后预计亩产收入可达6000余元；在宋店村种植佛手瓜50亩，已初具规模，包装发往山东、安徽等地，亩产收入达7000余元。在上寨、宋店村发展了黑山羊和蜜蜂养殖产业；在郭都、文上、英寨发展了小杂粮种植产业，目前发展良好。

【乡村旅游发展】 2018年按照全域旅游的思路，全力做好黄花岭、朱德路居、上党关三大旅游景区建设，推进乡村景区化全覆盖。按照“一线、一圈”的思路，充分利用国家森林公园（黄花岭）区位优势，依托“世界连翘在中国，中国连翘数安泽”的美誉，精心举办“2018年安泽黄花岭乡村文化旅游月”，通过CCTV-7《乡村大世界——走进临汾黄花岭》，在全国叫响“太行山上最早的春天”。对英寨村朱德路居旧址进行了全面修缮，打造成红色旅游景点，同时投资116万元，建成集防洪、灌溉、水上游乐为一体的蓄水工程，形成了红色旅游、水上娱乐于一体的朱德路居旅游景区，成功举办了良马乡首届农民丰收节。全年共接待游客30万余人次，车流量达到5000余次（辆），共进驻商家40余户。

【美丽乡村建设】 2018年，以美丽宜居乡村建设为抓手，多措并举，全面提升农村生态环境建设水平、基础设施建设水平、公共服务水平、社会治理水平等，创建良好的农村人居环境，满足人民群众日益增长的美好生活环境需要。全面加强“三农”干部队伍建设，充分发挥农村第一书记、村级组织员等队伍在乡村建设中的引领带动作用。大力培养有文化、懂技术、会经营的新型农民，不断提高农民思想道德素养、科技文化水平和生产生活技能。发动更多、更广人才参与乡村振兴的建设中，不断夯实乡村振兴的群众基础。

【精神文明建设】 深化农村精神文明创建活动，培育和践行社会主义核心价值观，挖掘、继承、创新优秀传统乡土文化，丰富农民群众文化生活，推动移风易俗，树立文明乡风，努力提高农民思想道德素质和致富本领。1. 积极开展了第四届感动安泽人物评选活动。积极发掘全乡感动安泽人物事迹，充分利用互联网、微信等平台，向全乡人民群众进行感动安泽人物评选宣传，引导全乡人民群众向好、向善，营造好风气，争做好公民。全乡共有5人被选为安泽县“感动安泽”、“安泽好人”系列人物。2. 深化乡风文明建设。“七一”利用法律知识进万家活动，印制1800份“弘扬好家风，建设后的良马”宣传页，发放到全乡每家每户；在党群之家开展了“身边人讲身边事，身边人教育身边人”，近三年本乡涌现的“感动安泽”人物宣讲。广泛开展“传家训、立家规、扬家风”活动，将移风易俗等与村民利益息息相关的内容纳入《村规民约》，坚持治理重心下移，充分利用农村红白理事会、村民议事会的作用，以基层党建为载体培育优良党风，以文明村创建为载体培育文明村风，以文明家庭创建为载体培育文明家风。3. 深化文化阵地建设。在良马村新修文体活动中心一处，完善村级文化场地建设，壮大农村文化队伍，培育和发展农村文化骨干，利用党员活动室、文化广场等场所，宣传法律和道德知识，努力提高农民思想道德素养，改善农村精神面貌，夯实乡村振兴的精神文化基础。

【环境卫生整治】 1. 开展好环境卫生整洁行动。认真落实乡党委提出的“三带两推”总体思路，即干部带动党员、党员带动村民代表、村民代表带动群众、机关干部推动村干部、村干部推动亲友，扎实开展了环境卫生整洁行动，持续巩固提升“六个一”工作机制，以309国道沿线为重点，集中整治“六乱”，实现“三化”，达到“一树两改两加强三提升”的目标，促进了全乡环境卫生持续好转。加强全方位的宣传发动工作，通过微信公众号、微信工作群，在各村醒目位置刷写标语、悬挂横幅、发放宣传资料，全乡共刷写标语26条，悬挂横幅38条，发放宣传资料2000余份。全乡12个村根据本村实际，完善制定了村规民约、环境卫生整治制度、环境卫生监督制度和环境卫生评比等制度，实行垃圾每天定点收，确保垃圾不乱堆乱放，有效地改善了农村脏乱差的现象。组织乡环境卫生整洁领导小组成员对全乡12个村进行了环境卫生督查，根据细则进行评比打分，并将督查结果纳入年度考核。同时在8月配合县人大对全乡环境卫生进行了督查，将督查中存在的问题及时进行整改，推动了全乡环境卫生整洁行动的开展。对全乡12个村的杂物、杂草、垃圾、柴堆、草堆等进行了清理，对良马境内河道内漂浮物、河堤垃圾、桥面垃圾、桥墩垃圾、桥下垃圾等进行了清理，清理了路边废旧条幅、小广告，达到了治乱、治脏、治污的效果，全乡环境卫生整洁效果明显。

2. 做好环境保护工作。坚持全民共治、源头防治，持续实施环境污染防治宣传，以“全民动手”为主，同创卫工作相结合，广泛动员人人参与治理环境脏乱差，重点对死角、垃圾池周围、办公场所、公共场所等地进行全面彻底地清理。发放宣传材料2000余份，刷写标语12条，举办宣传专栏10期，激发了广大群众的爱护家园卫生荣誉感，促使群众爱护居住环境。为进一步保护农村人居环境，防止农药残留物引起污染和中毒，积极动员，开展农药瓶回收宣传，共回收农药瓶3万余个，将回收补贴发至农户手中，赢得百姓称赞。对良马乡燃煤情况进行了拉网式大排查，对发现的摊点、饭店的燃煤情况下发整改通知，立即整改，积极宣传清洁型燃煤及运输补贴政策；联合交警队、环保局对柴油车进行了专项整治，以尾气排放合格为标准，强化大气污染防治。配合县政府、环保局，对小关道加水洗车店采取安装道路护栏的形式进行了整改取缔，有效地控制了小关道加水洗车的情况。

3. 扎实推进河长制工作。按照全县落实河长制工作的决策部署，从加强领导、健全制度、强化宣传、细化措施”四个方面严格落实河长制工作。乡村两级针对辖区内主要问题开展专项整治70余次，巡河次数达100余次，出动人力400余人次，河渠清障14处，问题整改15处，清理河道和沿岸垃圾58吨，为群众营造一个碧水蓝天，和谐舒适的良好环境。

【脱贫攻坚】 1. 充分发挥“3+X 队伍”作用。将全乡 3 个学校、9 个乡直单位、12 个村红白理事会成员列入 3+X 队伍，根据地理范围、帮扶能力分别下达包村包户任务，鼓励带领贫困群众寻找可持续发展的主导产业，发展壮大村级集体经济，推动脱贫攻坚。2. 积极开展“十个一”活动。组织广大驻村干部和第一书记、乡村干部开展各具特色的“十个一”活动。主要内容包括：深入到贫困户家中走访一次；组织一次文化惠民活动；进行一次扶贫政策宣讲；组织一次贫困户卫生打扫；开展一次培训活动；为贫困户解决一批实际困难；帮老百姓收一次庄稼；帮贫困户拾一次柴禾；吃一次农家饭；与村“两委”班子、村民代表召开一次座谈会。仅“帮老百姓收一次庄稼”活动，各驻村工作队、第一书记、“3+X”队伍、乡村帮扶人员参加人数达 260 人、帮助建档立卡贫困户 20 户收秋 72 亩，极大提升了群众满意度。3. 积极发展产业，带动贫困户增收。通过加快发展特色产业、激发内生动力做好巩固工作，强化“村委+公司+贫困户”链条保障，持续用好旅游、光伏、连翘“三件宝”，深入实施农业特色产业振兴计划，重点发展辣椒、烟叶、核桃等特色产业，积极探索多种利益联结机制，把贫困户牢牢捆绑在产业链上。4. 扶贫与扶智结合，添足脱贫内生动力。坚持扶贫同扶志、扶智、扶能相结合，切实增强贫困群众摆脱贫困的信心、愿望和能力。制定了《良马乡关于 2018 年“激发内生源动力，志智双扶育新风”专项活动实施方案》，紧扣“扶贫先扶志，扶贫必扶智”的工作要求，以六项具体活动为抓手，使建档立卡对象的勤劳致富、孝老爱亲、自力更生、自主创业等意识进一步增强，整体精神风貌、家庭卫生环境、科技致富能力、就业创业技能进一步提升，推动扶贫工作提质增效。

【民生工作】 始终把“人民对美好生活的向往”作为一切工作的出发点和落脚点，既谋发展，更惠民生，解决好群众最关心、最直接、最现实的利益问题。1. 投资 20 万元，修建司马、文上 37.5 千米田间道路；2. 投资 30 万元，新修边寨、郭都、小寨 6 座漫水桥；3. 投资 120 万元，完成宋店、司马、边寨、上寨、小寨 14 千米的道路硬化工程；4. 投资 130 万元，完成良马、小寨、司马、华寨、曹家沟 5 个村的安全饮水工程；5. 投资 20 万元，完成曹家沟、上寨、司马 3 座小广场工程建设；6. 投资 10 万元，完成郭都、宋店、英寨 65 盏路灯的安装维修工程；7. 完成良马主街道铺油工程。

【扫黑除恶】 把扫黑除恶专项斗争工作摆在突出位置，多次召开扫黑除恶工作推进会，加强领导，强化部署，细化措施，把责任落实到各村各部门；健全和完善线索摸排工作制度，把重点地区、重点部门、重点行业领域线索排查工作贯彻到具体工作中，把打击黑恶势力犯罪和反腐败、基层“拍蝇”结合起来，严厉扫除黑恶势力；认真落实边督边改工作，将督查发现的问题及时整改到位；组织包村干部、驻村工作队入户摸底排查，两次填写调查问卷 800 余份，同时深入宣传，刷写标语、悬挂横幅 70 余条，车贴标语 40 余条，制作扫黑除恶宣传漫画 12 幅，发放、张贴告知书 1800

余份，大造声势，提高群众参与率与知晓率，营造良好的扫黑除恶氛围，为扫黑除恶工作的深入开展打下了坚实基础。

【协调高速贯通】 2018年，充分运用“五心”工作法和“1+7”工作机制，切实提高了干部办事效率、干部能动性和群众满意度。积极协调解决工程建设过程中存在的各类矛盾纠纷，共服务各类群众诉求342条。群众对赔偿标准不认同，工作推进阻力大，干部走家串户，踢破了门槛，磨破了嘴皮，却没有怨言，确保长临高速进展不受影响，确保群众利益不受损失。

（王琳熠）

杜村乡

【概述】 杜村乡位于安泽县东南部，东与长子交界，西与冀氏镇接壤，南同沁水相连，北与良马乡毗邻。是临汾市连接晋东南地区及河南、河北的主要通道，326省道横贯全乡，境内沟壑纵横，土质肥沃，生态环境好，森林覆盖率达65%。一条无污染的河流兰河贯穿全乡35千米，全县最高的山峰——安泰山，海拔1592米，横跨在杜村和马必交界处。有太岳行署旧址、太岳军区司令部、政治部、太岳行政干校、太岳日报印刷厂、太岳兵工厂等旧址，被誉为“太岳山上的小延安”。其中，王光烈士墓、太岳行署、太岳军区司令部、太岳军区政治部、太岳区行政干校被确定省级爱国主义教育基地和省级党史教育基地，是安泽红色旅游进行革命传统教育的重要场地。全乡总面积222平方千米，辖11个行政村，1943户，5915人，共156个自然村，42个村民小组，耕地面积31500亩，2018年农村粮食产量稳定在1.83万吨，人均纯收入达7200元。

2018年，杜村乡全面贯彻落实党的十九大精神，以习近平新时代中国特色社会主义思想为指导，坚持稳中求进工作总基调，自觉践行全新发展理念，奋力实施乡党委提出的“11319”总体工作安排，即：以“抓好党建夯实基础，提高素质服务民生”这条主线为统领，持续抓好“两学一做”学习教育常态化制度化建设，扎实开展“不忘初心，牢记使命”主题教育，着力打好脱贫巩固提质、集体经济破十万、特色旅游发展三项攻坚战，全力完成19项民生实事，充分利用优势条件，积极进取，主动作为，稳步推进项目建设，全面改善民计民生，不断优化生态环境，全乡经济社会各个方面平稳健康发展。

【中药材发展】 在全县申请成功“安泽道地连翘”品牌之时，把握这一发展机遇，大力发展中药材种植。乡政府从开春以来狠抓中药材种植业，大力实施野生连翘抚育2000亩，以“村委+公司”为依托，建立了文洲村200亩野生连翘抚育示范基地1个，郭庄村利用闲置荒坡地种植连翘500亩，大田栽植连翘200亩，发展17亩地的连翘育苗基，苏村在发展2000亩荒山连翘栽植的基础上，黄芩种植达到400亩，东唐村核桃示范基地林下套种芍药150余亩，产生的经济效益和“林下经济”示范带动作用也不可小觑。

【养殖业发展】 按照“统一管理、分户养殖”的办法，实行“公司+合作社+农户”

的养殖模式，壮大养殖经济规模。以柳江集团林下经济为试点，实现由普通蛋鸡养殖向有机、绿色、生态养殖的过渡。以河阳养猪大户为示范点，大力推进生态畜牧养殖，突出抓好草食畜发展，带动玉米饲料加工产业的发展，形成有机、绿色的循环产业链条。

【乡村旅游】 立足杜村乡优美的生态环境、丰富的红色资源，借助红泥寺省级自然保护区、安泽第一高峰安泰山、抗日英烈王光革命事迹等独特人文、自然资源。深度挖掘乡域旅游资源，形成了以太岳红色、安泰绿色为依托的休闲乡村特色旅游模式，在东唐和小李村分别成立了两家村级旅游公司，围绕太岳行署旧址、王光烈士墓设计开发出了主题为“不忘初心、牢记使命”，内容为“红色之旅+党性锤炼+拓展培训”为一体的精品旅游线路，建成山西军民抗战史实展览馆，初步形成吃、住、娱、游为一体的乡村旅游格局，2018 年已接待各类团队 5000 人次，公司收入 30 余万元，很好地完成了资源变资产、资金变股金、农民变股东的“三变”改革，将一、二、三产业有机融合，大大促进了村集体产业的兴旺发展，带动 80 余户村民就业，其中 27 户贫困户直接参与了红色旅游的多项务工活动，户均增收 2000 元，实现农户增收富裕；围绕安泰山森林公园，设计开发集探险、观光、民宿体验为一体的休闲生态康养线路，接待零散游客千余人。

【平安创建工作】 平安创建工作扎实开展，年初与 22 个综治成员单位签订了目标责任书。以综治中心建设为载体，构筑覆盖全乡的矛盾纠纷调处网络体系，共接待群众来访 53 件，排查各类矛盾纠纷 7 件，调处 7 件；2018 年，按照县委的部署，将扫黑除恶专项斗争工作作为一项重大的政治任务，乡党委书记认真履行第一责任人职责，通过研究部署、专题调研、定期督查等方式，充分发挥网格长、平安志愿者、组织员作用，进行系统宣传业务培训，利用手机联网直报 app、平安创建网、公众号、微信群等方式深入宣传扫黑除恶工作，向全乡群众发放宣传资料共 1800 余份，发放调查问卷 320 份，悬挂横幅 13 幅，LED 宣传屏滚动播放扫黑除恶信息 30 余条。让扫黑除恶深入人心，在杜村乡范围内形成人人知晓、人人喊打的氛围。

【护林防火工作】 乡政府成立了防火巡查组，对各村的防火档案和物资储备进行了检查，对各村的防火情况及瞭望员的在岗情况进行每日的督查，成立乡护林防火微信群，对存在的隐患问题和检查的情况，在群里及时提出整改，随时了解全乡防火动态。通过刷写、悬挂固定标语、护林防火导旗，发放明白纸、封山禁火令，出动宣传车、巡查车等形式向农户宣传《山西省护林防火条例》《森林防火条例》等内容，做到乡干部包村，村干部包组，责任人包重点地段，对进山采药、砍柴或因婚丧嫁娶上坟祭祖的农户人群逐一签订了责任书，尤其是对各村“痴呆傻”人员进行严格的管理，保证责任到人，让护林防火深入人心。护林防火期间，采取不定时明察暗访，加大处罚力度，做到“见烟就查、见火就罚”，切实增强了村民防火意识，在护林防火期间督促完成林地恢复和补种工作，对16户毁林开荒乱砍滥伐的违法行为进行了生态恢复。

【安全工作】 坚持安全压倒一切的理念，确保各领域内的安全稳定。认真做好春秋两季防疫工作，确保做到村不漏户、户不漏禽，组织开展以预防“非洲猪瘟”为主要内容的疫病防治活动，开展了全乡养殖户防疫大排查，分阶段、分片区进行大检查、大整改，进一步使全乡养殖场所选址科学，养殖规范，防疫到位。对辖区内4所小学，开展安全知识讲解活动，开展校园安全大排查工作。深入辖区内村庄、加油站、饭店、旅游点开展食品和消防安全隐患排查工作，开展了消防模拟大演练；强化食品安全、烟花爆竹等管理，着力抓好危险化学品行业监管，严格落实中石油煤层气开采安全生产，强化应急管理，不断提高突发事件应急处置能力，坚决遏制安全生产事故的发生，确保全乡社会和谐稳定。

【民生工作】 坚持以人民为中心的发展思想，从解决群众最关心最现实的利益问题入手，持续改善民生，在共建共享中增强群众获得感和满意度，使杜村的百姓更加富足。

十三五期间全乡易地扶贫搬迁，规划搬迁人员90户242人，已完成分散户和桑曲、河阳、窑上3个移民安置点83户219人入住，其余7户全部完成危房改造。为巩固并扩大2017年脱贫成效，防止发生返贫、增贫现象，乡政府指导各村驻村工作队制定了2018年帮扶计划，各村将非贫困户分解到各帮扶人，并组织易返贫户和新增贫困户进行了自主产业申报工作；对全乡符合雨露计划条件的有25名贫困学生进行了申报资助；认真开展脱贫攻坚问题自查、整改工作。接到省督导组发现的问题及整改要求后，高度重视，并立即对档案工作当面、驻村帮扶方面和住房保障方面的问题进行了全面整改。

基础设施不断完善，彻底解决村民出行难问题。今年通过协调上级单位、争取资金，投资560多万元完成了东唐村至窑上村、326省道至陈家沟、326省道至苏村3条村级公路11.2千米的水泥路修建，东唐村王光烈士陵园前2000余平方米的停车场和道路硬化工程。

改善受教育环境，缩小城乡教育、医疗和文化差距。2018年杜村中心幼儿园正式投入运行，有两个班，解决了当地适龄儿童的幼儿阶段教育问题。努力为全乡的公共卫生体系建设出谋划策，通过乡人大代表、政协委员的参政议政为乡卫生院积极争取医疗工作人员，提升医疗服务水平，努力提高人口计生服务水平，落实好“二孩”政策，促进人口均衡发展。大力发展文化事业，以广场休闲活动、新春联欢会等活动为载体深入开展群众性文体活动，努力提高公共文化服务水平。

关心弱势群体、贫困家庭，切实保障人民生活水平。对农村低保对象重新摸底建档，重点将建档立卡贫困户中的重病患者、贫困残疾人、年老体弱、未成年人及缺乏劳动力的这部分人纳入低保范围。2018年全乡11个村已召开农村低保评议会，进行入户审核和公示；对全乡60周岁以上农村籍退役士兵老年生活补助审核上报工作进行登记并核实。

加大技能培训力度，提高农民就业率。以“全民技能培训”为载体对全乡200多名群众进行了连翘栽植剪接技术、计算机、钩织、护工等多领域的培训，并取得了国家承认的资格证书，大大拓宽了就业渠道，增加了农户收入。

全力做好农村集体产权制度改革工作，切实保障每一名农民的切身利益。按照县政府集体产权制度改革的要求，率先以小李村、郭庄两个村为试点开展了集体产权改革，对其余9个村进行了集体产权改革的农户登记、公示和清产核资，为日后群众享受集体经济的红利打好基础。

【环境卫生整治】 牢固树立“既要金山银山又要绿水青山、绿水青山就是金山银山”的理念，尊重自然、顺应自然、保护自然，以高标准、严要求持续改善生态环境质量，努力走出一条生态优先，绿色发展的新路子。建设美丽乡村，大力实施农村环境卫生整治工作，严格落实河长制工作，制定河长制实施方案并同各村签订目标责任书，对沿线河道开展定期巡查，对沿线河道开展巡查4次，全乡5个月以来共清理河道30余千米，同时积极开展三月禁渔期宣传活动；继续抓好乡村清洁，对各村主干道和街巷环境卫生进行了3次大的集中整治，各村基本建立了乡村清洁长效机制；抓好畜禽粪污治理。严格落实市、县精神，对辖区内的畜禽养殖户进行了深入细致的排查，现有养殖合作社17个，目前存栏规模养殖合作社7家，其中6个位于红泥寺自然保护区内，且都离兰河支流不足50米，1个位于红泥寺保护区外，距离兰河不足50米，占地面积152.8亩、建筑面积65107平方米，散养户7户存栏，47户属于停养状态（全乡存栏蛋鸡19万只），按要求向养殖户下发多次整改通知。

【“三基”建设】 乡党委始终以“抓党建夯实基础，提素质服务民生”主线，自“三基建设”开展以来，全乡高度重视，以县委三基建设升级年为契机，措施上持续强化，切实把三基建设工作放在心上、抓在手上，不断推进全乡三基建设工作再上台阶。

以“两学一做”学习教育常态化制度化建设为载体，深入学习习近平新时代中国特色社会主义思想和十九大精神，贯彻落实习总书记视察山西重要讲话精神，大大增强了基层党组织的战斗力、号召力和凝聚力；按照县委部署开展“强化责任、严守纪律、树好形象”专项治理活动，机关集体学习33次，开展警示教育3次，党委书记讲党课8次；认真落实“一岗双责”，将党风廉政建设作为对领导班子考核奖惩的重要依据；严格执行年度发展党员调控计划，2018年新吸收发展对象12名，预备党员转正6名；按组织部要求做好“全国党员管理系统”和“山西智慧党建”等党员管理平台工作；严格党内组织生活，认真开展“三会一课”、党员活动日和评议党员等制度，加强党员管理；充分利用微信平台、干部在线学院、农村党员远程教育等网络载体，观看《初心》《榜样》，聆听《梁家河》，组织党员干部集中学习郑德荣等优秀共产党员先进事迹和《习近平新时代中国特色社会主义思想三十讲》等内容，提升党员干部素质，筑牢信仰之基；认真组织开展了农村“领头雁”培训和党员“冬训”活动，围绕习近平新时代中国特色社会主义思想，对村“两委”主干、村干部、机关全体人员和党员骨干进行集中培训。

在村“两委”换届后，及时进行了公章、文档资料、账务资产等移交工作。通过召开村民小组长会、村民代表会、村两委会等会议，按照要求，推选了村民小组长、村务监督委员会、共青团、妇联等组织，完善了民兵、治安、民调等工作机构，吸纳了一批思想素质好、文化程度高、愿意为民办事的优秀人才，参与到村里工作。

结合杜村乡实际，制订《农村两委主干工作纪律》，督促农村干部规范用权、履职尽责。建立健全了村委会工作制度、“四议两公开”“三会一课”等工作制度，推进农村工作规范化、制度化；从六月份开始每月进行农村干部值班抽查，严格落实AB岗值班制度，确保每天有人在岗，群众办事不缺岗；严格按照相关规定，对村级党建工作经费全部足额拨付到位；为改善基层工作人员生活。杜村乡党群中心于2017年9月开工建设，2018年9月10日交付使用，为四层框架混凝土结构，总建筑面积2600平方米，内设新时代讲习所、图书室、文体活动室、健康室、影音室、自助餐厅、洗衣房等多类功能室和41间住房。除解决30余名乡镇干部长期走读问题，党群之家还具有干部夜校、农民技能学习培训、农副产品和乡村文化展示、乡村旅游服务、网络远程授课等多项服务功能，为农村干部群众的生产生活及工作提供了便利条件；通过积极整合资源，维修改造空闲区域，修建小图书室和小文体活动室，旱厕改造已全部完工并投入使用；宽带网络建设、空气能取暖设备工程已全面覆盖。　（焦凯　王鹏）

马壁乡

【概述】　马壁乡位于安泽县南部，距县城45公里。东与沁水为邻，西与古县接壤，南与沁水、浮山相连，北与安泽县冀氏镇交界。南北宽30余千米，东西长80余千米，总面积356平方千米。辖13个行政村，105个自然村，共3164户，7558口人，劳动力3387人。15个党支部，449名党员。2018年，农村粮食产量稳定在2.33万吨；农民人均纯收入6435元。境内有唐代建筑郎寨塔，是全国重点文物保护单位；千姿百态的段峪河瀑布群；张峰水库龙门口的水域景观。

2018年，马壁乡党委、政府团结带领全乡党员干部群众，以习近平新时代中国特色社会主义思想为指导，全面贯彻落实党的十九大精神，认真落实中央、省市县委各项工作部署，按照县委、县政府建设“山水田园城、精品旅游县”和三基建设升级年、工业转型提质年、城建品质提升年、乡村振兴驱动年活动目标，紧紧围绕实施乡村振兴战略主线，全面巩固脱贫攻坚成效，打响打赢国卫创建和生态治理两大攻坚战，全面实现组织功能、发展内涵、人居品质、发展动力、体系构建、幸福指数六大提升，各项工作稳步推进。

【基层组织】　建强基层组织是抓实抓牢“三基建设”的基础工作。1. 全力推进基层支部建设。以“4+X”党日活动为抓手，将党费收缴、“三会一课”、组织生活会、谈心谈话、民主评议党员等活动有机结合，要求各支部每月15日左右召开党员活动，开展重温入党誓词、现场缴纳党费、支部书记领读党章、干部轮流讲授党课4项规定动作，同时结合工作实际，开展帮困难户收秋、防汛排查、护林防火等自选动作，提高党日活动的吸引力和影响力。2. 全力推进软弱涣散支部整顿。经过深入摸排，确定海东村党支部为软弱涣散党支部，针对党员教育管理不到位、执行“三会一课”等党内生活制度不规范等问题，对症下药，多措并举推进整顿工作。细化措施，通过开展党日活动、组织党员参与民主决策等方式，进一步提高党员参加活动积极性。建强队伍，充分发挥党员干部在国卫创建、脱贫巩固、扫黑除恶专项斗争中的示范带头作用，用实际行动赢得群众的信赖与支持，着力建强支部班子，打造一支服务意识优、服务能力强的干部队伍。3. 全力做好村“两委”换届回头看。按照工作要求，对换届后的农村“两委”班子成员的年龄、文化、技能等结构进行认真梳理，同时对人员资格、资产移交等工作做好及时跟进，特别是扫黑除恶专项斗争开展以来，对照支部成员候选人“八不能”、村委会班子成员候选人“六不能、六不宜”等资格条件，集中开展“回头看”，对换届期间和换届之后涉黑涉恶问题进行系统排查。4. 全力打造精品党支部。围绕集体经济强、场所建设优；支部服务能力强、群众满意度优；领导班子强、党员素质优的“三强三优”建设标准，重点抓实马壁村、郎寨村2个示范化示范点的打造。场所提质升级，在现有基础上，合理划分功能区域，统一设置标识牌，对版面进行全面更新升级；从严规范组织生活，严格按照“4+X”党日活动要求开展活动，切实发挥示范和引领作用。探索实施党员分类管理，促使党员肩上有责、争先有标、考核有据，实现“小分类”管好“大队伍”，提升党员教育管理精细化水平。5. 全力发展壮大农村集体经济。各村充分盘活集体资产，抢抓机遇发展连翘、乡村旅游、光伏、食用菌、养殖、中药材及加工等产业壮大村级集体经济。截至目前，全乡13个村集体经济全部突破5万元，其中东里、郎寨、马壁、荆村已突破10万元。6. 全力推进周转房和“五小”建设。加快推进干部周转房建设进度，截至目前，工程内部装修和配套设施建设已进入收尾阶段，近期搬迁入住。完善机关“五小”建设，对食堂进行改造，修设澡堂三个，新建水冲式卫生厕所3个，设置文体室1个，提标图书室1个，逐步改善乡镇干部工作和生活条件，确保干部住的舒心、吃得放心、干得顺心，更好为基层群众服务。7. 全力推进“强严树”专项治理活动。营造浓厚氛围，坚持开门搞活动，坚持一个支部一个意见箱、一个举报电话、一次走访活动，让广大群众积极参与。狠抓学改推进，坚持将学习贯穿始终，用学习成效对照查找问题，用学习成果推动问题整改。从严督促检查，对各环节推进情况进行检查，重点督查问题查找是否准、整改推进是否有成效、作风转变是否明显。

【基础工作】 围绕精细化、制度化管理目标，完善基础工作底数。1. 突出联系指导，细化任务，按照“三基建设”工作要求，建立三基建设联系点工作制度，乡党政班子分别对全乡15个支部进行包联，构建和完善“党委负主责，党委书记亲自抓、分管领导分工抓，基层党组织书记具体抓”

的责任体系。2. 严把党员发展，通过严格发展程序、严格发展标准、严格发展结构的“三个严格”，加强党员发展“入口关”。在发展程序上，做好程序科学规范；在发展标准上，严格将讲政治这一标准放在首位，秉承成熟一个发展一个的原则；在发展结构上，注重从生产一线、学历层次等方面发展党员，严格党员发展的比例。3. 细化工作举措，结合工作实际，编制基础工作目录、工作运行流程图、便民服务手册，明确全乡 10 个内设机构的职责与职能，有效提升乡政府及辖区站所的服务能力、服务水平和服务效率。

【基本能力】 坚持把干部能力建设、本领提升作为干部队伍建设重中之重，通过中心组学习、集中教育、以会带训等形式，强化思想教育。采用大喇叭播放、微信平台、集中学习、上门送学等方式深入开展党的政策理论学习。1. 开展“领头雁”培训，于 3 月底分期对各村“两委”班子成员进行集中培训，根据农村“两委”干部的工作职责，量身制定培训内容，支委班子以党务知识为主，村委班子以实用技术和村级财务管理为主。2. 开展综治、扫黑除恶培训，全年共培训村“两委”主干、分管副职、网格长 3 次，增强各村综治、扫黑除恶工作能力，民主法治建设亮点突出。3. 强化传帮带，每名党政班子成员联系一名挂职干部，负责指导挂职干部的日常工作，帮助挂职干部融入角色、熟悉工作、掌握方法，使他们快速成长。

【干部作风建设】 认真履行全面从严管党治党责任，全面落实“两个责任”。1. 严格落实领导责任，每季度专题研究两次党风廉政建设和反腐败工作，坚持把党风廉政建设工作与其他工作同安排、同落实、同检查、同考核。2. 严格落实主体责任，对乡党委承担的党风廉政建设工作进行责任分工，督促领导班子成员执行党风廉政建设责任制。3. 严格监督执纪问责，2018 年，共收到问题线索 21 件，党内警告 9 人，通报批评 2 人，诫勉谈话 1 人，批评教育 5 人，了结 3 人，持续强化监督执纪工作。

【产业发展】 乡村振兴，产业兴旺是重点。坚持打生态牌、发连翘财、兴旅游业、走富民路，将种植、养殖、连翘、光伏、旅游、草编等产业同推进同发展，推动全乡产业高质量发展。

1. 在种植上。发展壮大中药种植，全力助推井泉中药材种植基地建设，在卫寨、下石两村为井泉中药材公司流转土地 4200 余亩，卫寨村完成白芍种植 2000 余亩，下石村完成黄芩、射干种植 800 亩。巩固提升蔬菜种植，在东里、卫寨、石槽 3 村发展芦笋种植 150 亩，大田辣椒种植 300 亩，东里村、下石村发展绿色有机作物种植 20 亩。探索发展食用菌种植，卫寨村率先在全乡发展鸡枞菌和香菇种植，产菌 1850 千克，荆村规划建设香菇育苗及种植基地。此外，还在刘村发展苍术种植 20 亩，茯苓 10 亩，柴胡 100 亩。

2. 在连翘上。做大做强野生连翘抚育，全乡 13 个村全部打造野生连翘抚育示范基地，完成清杂、疏密、定枝 3280 亩。做深做细连翘加工，在荆村规划建设连翘加工厂一座，综合设计烘干区、办公区、存放区，实现连翘就地加工，提高连翅附加值，相毗邻的3个村也分别进行了入股投资，目前，已完成厂房主体建设和设备安装调试。

3. 在养殖上。东里村500头生猪养殖场不断发展壮大，已出栏二批生猪，且成活率达98%，壮大村集体经济10余万元。郎寨村新大象集团6000头种猪繁育基地已完成主体建设，同时郎寨村依托新大象集团建设的千头育肥厂，基础设施已完工。

4. 在草编上。下石村将玉米皮变废为宝，大力发展草编产业，通过用玉米皮编织成手提袋、收纳箱、草帽、坐垫等工艺品，带动农户持续增收，2018年共编织精品草编作品500余件，总收入8万余元。为进一步扩大该产业，2018年加大技术培训力度，成功举办6期草编培训班，培训人数230余人，培养草编能手70余人，老师10人。

5. 在乡村旅游上。投资1000余万元修建龙门口景区河坝1100米、打造东滩桃花源休闲康养区，新建水泥管房40座、农家乐窑洞改造4处14孔、新建浮桥码头1座、绿化景区面积2000余平方米、安装路灯20盏、打造观景台1座、修建龙门口连接东滩景区步道800米。“五一”、国庆期间启动第三届龙门口乡村休闲旅游节，进一步扩大龙门口景区社会影响，带动周边群众增收，实现村集体经济不断发展壮大。

【环境治理】 乡村振兴，生态宜居是关键。马壁乡以基础提标、环境提升、长效提质为抓手，有机结合国卫创建，大力改善水电路等基础设施，统筹山水林田系统治理，综合整治农村生产生活环境，真正让马壁的生态美起来、环境靓起来。1. 在基础提标上，对农村水电路等基础设施进行升级改造，逐步改善农户生产生活条件。“路”提标，打通马壁南部出境路3.8千米，建设马壁西部出境路7.8千米，下石龙尾沟、荆村连村路改造12.8千米，马壁、海东、辛庄、石槽、王河5个村连户路改造8.7千米，新建刘村、秦必漫水桥2座。“水”提标，完成13个村自然组25800米自来水管网铺设、维修任务，完成荆村、卫寨、刘村、东里、马壁、郎寨、辛庄和下石8个村16处水窖维修、新建任务。2. 在环境提升上，从垃圾整治、农药瓶回收、清洁取暖等方面入手，逐步改善环境质量。全面整治生产生活垃圾，着重对村边、路边、房边生产生活以及建筑垃圾进行清理整治，全乡出动劳动力4200余人次，车辆700余次，清理垃圾5000余立方米；全面开展农业面源污染治理，进一步加大科学用药宣传力度，有效防止农药过度使用，同时对废弃物及时回收，全乡各村共回收废旧农药瓶9.6万余个，有效减少农药面源污染。全面推行清洁取暖，组织公安、环保、工商质检等部门散煤污染进行管控，严防劣质煤流入本区域，鼓励和引导农户使用清洁煤。同时，充分发挥马壁煤层气资源丰富的优势，在全县乡镇禁燃区先行先试，对马壁建成区400余户农户进行“煤改气”，目前该项目已完成主管道铺设、子管道入户和供气站建设。3. 在长效管理上，全面落实河长制、垃圾不落地、林木管护等管理机制，实现常态化、制度化运行。从深落实河长制，实行13名村级河长分河段负责制，坚持14名巡河员日巡查制，对所辖片区的河道进行责任划分，进一步压实责任，明确任务，有效防止垃圾倾倒、非法捕鱼、农药污染等情况的发生，着力促进全乡沁河段、马壁河、石槽河水生态恢复。从细落实“垃圾不落地”，全乡13个村全部结合本村实际制定垃圾不落地制度，并设置垃圾集中掩埋点，每日定人定时收集、清理垃圾，使群众生产生活垃圾得到及时合理处置。从严管控林木资源，全乡25名防火员对秸秆焚烧、毁林开荒、退耕还林等进行巡查，发现一起，查处一起。从全推进生态治理，综合施策，统筹推进扬尘治理、危废处理等。在扬尘治理上，周转房等在建工地严格落实“6个100%”要求，建筑工地和道路沿线物料全部用绿网进行覆盖，减少扬尘污染。在危废处理上，全乡3家汽修店全部建立危废暂存库，就地收集、及时暂存、定期回收。

【乡村治理】 乡村振兴，治理有效是基础。马壁乡坚持自治、法治、德治相结合，继续完善基层群众自治体系，深化农村改革，扎实推进乡村自治。1. 引深扫黑除恶专项斗争。全方位开展宣传，各村通过悬挂标语、发放告知书、大喇叭播放通告，营造了高压氛围；各村逐户摸排登记，同时在醒目位置公布举报电话，设置举报箱，全方位摸排，各类反映渠道的畅通使黑恶势力无处遁形。其中，东里村被评为“全国法治先进村”。2. 开展先进人物评选活动。通过开展“我脱贫我光荣”“感动安泽”系列人物等评选活动，不断传承孝道、道德文化，激发农户内生动力。在“感动安泽”系列人物评选中，马壁乡共评选出感动安泽系列人物共8类13人，在脱贫光荣户评选中，共评选出各类先进典型40余人，发挥了典型引领作用，弘扬了正能量。3. 强化群众自治水平。对农村“两委”班子成员就基层党建、村务开展、财务管理等方面的内容开展专题培训，进一步提升村级党组织、村民自治组织的治理能力。4. 丰富群众文化生活。组织各村开展多种形式的文化活动，丰富群众文化生活。元宵节期间在龙门口举办元宵节社火会演；“三八”期间，在马壁村举办庆“三八”广场舞比赛；参加县河灯节文艺演出；举办首届农民丰收节及农民运动会。此外，充分发挥各村文化员作用，在各村组织举办群众喜闻乐见的文化活动，进一步丰富群众文化生活。

【农村改革】 实施乡村振兴战略，必须把深化农村改革贯穿其中。1. 土地确权方面，2018年土地确权主要为颁证工作，协调解决土地争议纠纷问题和疑难问题，解决问题158个，共发放土地确权证1840本。2. 农村产权制度改革方面，按照全县产权制度改革工作要求，按照“12345”工作思想，组织各村制度“1”个细则、确定“2”个办法、成立“3”个工作组、开展“4”种宣传、落实“5”个措施，扎实推进清产核资和身份确认工作。并根据改革任务，细化改革责任目标，编制“18项关键指标周进度督查表”和“34项重要指标月进度督查表”，每周对各村进度进行督查通报，每月逐村实地督查进度、查找问题、督查整改。将全乡13个村划分为三个进度阶梯，按批推进，试点的马壁和郎寨两个村按照县级进度先行一步，6个村迟一个月跟进，剩余5个村推迟两个月跟进。2018年，全乡12个村基本完成清产核资工作，7个村完成身份确认二榜公示，已全面完成清产核资和身份确认的6个村正在推进折股量化工作。

【安全工作】 安全稳定工作是一切工作的基础，全乡对安全稳定工作始终坚持防患未然、防微杜渐，有效防止各类安全事故的发生。

1. 在防火工作上，针对上级工作安排及重点时段多次召开护林防火专题会议，并与各村签订目标责任书，护林防火明白纸全部入户上墙，各村通过标语、大喇叭、微信群等形式大力宣传，营造了浓厚社会氛围，各村成立不少于10人的应急扑救小组，并储备铁锨、手电等物资，全力做好应急防范工作，同时乡村两级干部全方位加大巡查力度，成立了全乡护林防火信息平台，防火员每日上报防火巡查情况，乡防火办不定时对防火员在岗情况进行抽查，在清明节、大风天气等关键时间节点，防火员带干粮上山，全天候在岗。各村制定坟头分布图，并责任到人，对重点部位进行严防。

2. 在防汛上，在郎寨村组织开展全乡防汛暨地质灾害防治演练，增强了防汛抗灾意识。乡村两级干部进村入户对19个地质灾害隐患点106户隐患威胁进行了全面排查登记，同时做好道路交通、漫水桥、涵洞、集中安置点的监测排查工作。根据各村各户情况采取必要措施，防汛期间共转移群众43户102人。全乡各村全部建立了不少于5人的应急抢险队伍，及时充实防汛物资，强化值班带班制度，通过乡村两级干部的共同努力，有效确保全乡群众的生命财产安全。

3. 在食品安全上，多次组织食药监等职能部门，对建成区餐饮单位、副食商店进行检查，各村食品安全员坚持定期巡查、及时上报群体性聚餐信息，确保群众舌尖上的安全。

4. 在道路交通安全上，充分发挥各村交通协管员作用，对本村车辆进行登记造册，对重点路段、重点人员、重点车辆、重点时段进行巡查，重点在农用三轮车“严禁载人”上加大宣传、喷涂警示标识，为广大人民群众出行保驾护航。

5. 在安全生产上，组织安监、环保、国土等部门，对中石油煤层气勘探点进行检查，涵盖作业安全、危废处置等方面。

6. 在动物防疫上，抓好春秋防两个关键动物防疫季，对全乡18560只羊、15950只鸡、1004头猪进行疫苗接种。特别是非洲猪瘟防控工作开展以来，第一时间对乡村干部进行防控知识培训和工作部署，对规模养殖户和散养户进行入户宣传，发放告知书160余份，对12家餐饮单位和3家单位食堂进行严禁泔水喂猪告知，确保全乡畜牧业安全。

7. 在维稳工作上，针对各村重点人群，重点对象开展摸排，同时针群众诉求及反映问题及时予以解决，有效确保全乡和谐稳定。

【脱贫攻坚工作】 为进一步巩固脱贫攻坚工作成果，乡党委、政府坚持把脱贫攻坚巩固提升作为中心工作来抓，制定巩固提升方案和计划，规划今后产业发展分布，完善基础设施建设，统筹各方力量，举全乡之力推进脱贫攻坚巩固提升工作。1. 加强领导，明确工作责任。乡党政班子10名成员全部包联摘帽村，统筹协调全乡脱贫攻坚巩固提升工作的业务指导、督促检查、工作落实，形成了人人有责任、事事有落实的工作格局。2. 规范考核，严明奖惩机制。全乡制定了《马壁乡精准扶贫工作考核办法》和《马壁乡驻村工作队管理办法》，具体由党委副书记牵头，负责协调相关工作。要求第一书记每日向乡党委报告工作去向及工作动态，坚持驻村工作队、第一书记每周工作例会，汇报上周工作进展情况，安排下周工作任务。同时乡纪委成立脱贫攻坚督查组，每月入村、入户督查脱贫攻坚政策落实、责任落实、工作落实情况，进一步督促工作落实，倒逼责任落实。

【民生工作】 1. 住房保障方面，2017 年年底通过易地搬迁解决 77 户、通过危房改造解决 40 户贫困户安全住房问题，搬迁户已全部入住，拆旧复垦已拆 45 户，正在进行初验。2. 教育医疗方面，2018 年全乡享受“雨露计划”教育资助 18 人，本科大学生资助 1 人，五类困难学生救助 14 人。3. 社会保障方面。2018 年共申报“五保户”3 人，评议低保户 22 户 51 人，办理大额临时救助 8 人，小额临时救助 26 人，申请办理医疗救助 29 人，困难残疾人救助 20 人，落实重度残疾人生活补贴和护理补贴 185 人（涉及贫困户 65 人）。

【国卫创建】 自马壁乡被确定为首批创建国家卫生乡镇以来，在县委、县政府的坚强领导和县创卫办的指导下，马壁乡坚持高标准、严要求、强推进，顺利通过省爱卫办暗访。1. 突出组织领导，形成工作合力。马壁乡党委、政府高度重视，把创卫工作作为 2018 年度任务的重中之重。以会带训重实效。坚持创卫工作周例会制，对创卫工作进行安排和培训，采用以会代训的形式，全面布置落实改造任务，明确每一阶段的任务、标准和完成时限。分片包干强责任。为进一步细化工作任务，马壁乡把建成区划分为“七大片区”，由七个党政班子成员牵头包片负责，由乡直单位、班子成员包联村、马壁村、海东村组成每一片区内的国卫创建工作组，负责对片区的群众进行宣传动员和工作推进，并在周例会上对创卫进展情况进行汇报。每个片区在创卫微信工作群中汇报工作进展及存在的问题，分享创卫工作中的经验做法，形成比赶超的浓厚氛围。2. 突出宣传引导，营造浓厚氛围。马壁乡注重“三结合”，将创卫工作与脱贫攻坚巩固提升相结合、与乡村振兴战略相结合、与乡风文明相结合，利用挂横幅、贴标语、电子屏、入户走访等多种形式加强对居民健康教育的宣传，引导群众正确认识创卫工作，主动参与和积极配合。在村委会、广场等地设置固定的健康教育宣传栏 9 处；开展健康教育讲座 12 次；发放旱厕改造倡议书 340 份；多次组织机关干部、共青团员、小学生及村民开展“小手拉大手”主题宣传活动，营造人人参与创卫的浓厚氛围。3. 强化督导问责，推动工作落实。在国卫创建攻坚中，马壁乡组成观摩团，采取看、听、查、访、督等多种方式，深入各片区实地查看创卫进展情况，“看”创卫成效，“听”创卫过程，“查”创卫进展，“访”创卫成果，“督”创卫问题。对督查中发现的问题，建立问题清单，以清单内容为整治重点，采取现场办公，立行立改，切实做到有的放矢，对症下药。制定任务分解表，每周对各片区的创卫进展进行公示和排名，倒逼各片区自我加压、强力推动，有力促进国卫创建重点任务扎实开展。

旱厕改造，全乡完成农户旱厕改造278座，同时，对卫生院、马壁小学等乡直机关的旱厕同步进行了改造。

路网体系，维修改造路段7处，对建成区所有街巷进行沥青罩面改造。

生活垃圾无害化处理，在建成区西侧规划修建垃圾中转站1处，日处理能力5吨。

无害化公厕，在群众活动集中区修建水冲式公厕1座，设计6个蹲位，方便群众解决如厕问题。

建成区绿化，建成区主街道种植冬青球120余个，樱花树110余株，雪松80棵，紫槐450棵，梧桐树270余棵，柿子树120余棵，桃树150余棵。在建成区东侧石槽路口、广场西侧、集中安置点南侧铺设草坪1600平方米。同时，在建成区西侧和南侧规划建设绿地公园2处。

农贸市场建设，在马壁乡建成区南侧建设小型农贸市场一座，占地400余平方米，可容纳20个摊位。

牌匾整治，完成80余户2400余平方米商户的牌匾整治，在建成区主街道打造廉政文化、核心价值观、习语和二十四孝四大主题文化街道，更换路灯杆旗牌79个。

（李春明）

社　区

【概述】 2018年，在县委、县政府的正确领导下，在县委组织部的具体指导下，深入贯彻落实中共十九大精神，积极开展“强化责任、严守纪律、树好形象”专项治理活动，紧紧围绕县委、县政府的工作部署，以社区办公场所建设为重点，以创建文明、和谐、平安社区为目标，在社区组织建设、社区服务、精神文明、社区自治等方面创新思路，出实招、谋发展，强化了就业和劳动保障，社会救助、基本养老、卫生保健、计划生育、文化体育等各项公共服务，使社区工作持续健康发展，保持了社区的稳定。

【扫黑除恶，共建平安社区】 自扫黑除恶专项斗争开展以来，社区中心严格按照上级部署要求，紧密结合社区社会治安形势，认真部署，快速行动、严密摸排、形成声势，紧紧围绕预定目标，丰富宣传载体，突出工作重点，确保扫黑除恶专项斗争打出声威、打出实效。1. 强化宣传发动，强力掀起“雷霆攻势”。充分利用社区微信公众号、微信群、电子显示屏、宣传栏等媒介形式，做到线上线下全覆盖，多渠道宣传。2. 强化线索摸排，挤压黑恶势力滋生空间。紧紧围绕重点打击的12种黑恶势力，定期组织辖区民警、网格长、信息员等，深入小区、楼院、重点地区，进行动态化摸排，一经发现问题，立即上报，并同步开展分析研判，切实增强扫黑除恶专项斗争工作主动性。3. 汇聚多方力量，助推“扫黑除恶”纵深开展。通过发放问卷调查，征求群众对“扫黑除恶”工作的建议和意见，助推“扫黑除恶”专项斗争工作深入开展。同时，发挥驻区单位党员作用，拓宽延伸工作面，让扫黑除恶专项斗争工作辐射到网格、单位及每个居民家中。

【便民服务】 利用“311”服务体系，搭建服务平台，创新服务手段，为社区居民提供了“面对面，心贴心，肩并肩”的全方位、精细化服务。2018 年，社区共受理便民服务类事项 3216 起，服务人数 13625 人，其中政策咨讯类 961 起，便民服务类 2255 起。做到便民服务事项每日上报社区中心，每周、每月上报县社会管理联动服务中心，对待居民反映的问题，及时处理，当场答复，限时办结。

【宣传、推进城镇养老、医疗保险工作】 通过电视广告、街头宣传等方式，积极宣传医保政策，发动居民参加医保。使居民提高认知率，消除了疑虑，打消观望的态度，形成了积极参加医保的良好氛围。与县人社局农保中心合作，将养老保险参保工作引入社区，使居民在社区中就可以完成养老保险的办理、缴纳工作，通过宣传和引导，进一步提高了城乡居民的参保意识，为实现城乡居民养老保险全覆盖奠定了良好的基础，2018 年，共为 696 人办理了养老保险缴纳相关手续。

【构建阳光透明民政体系】 根据县民政局相关文件精神，进一步完善了社区低保申报、复核工作，公平、公开、公正的为居民办理低保，实现了“阳光施保，应保尽保”。2018 年社区共完成了对 3 户申请低保的城市居民的受理、入户审核和上报工作，尽力让更多的贫困家庭感受到党和政府给予的温暖。另外，根据《社会救助暂行办法》要求，完成 18 名大额临时救助金的审核工作并上报民政局，对 16 户因大病大灾申请小额临时救助的居民进行了入户调查审核，并根据家庭情况分别发放了 500~1000 元不等的救助金，共发放救助金 11800 元。

【老年人信息录入工作】 为配合县政府的老龄补贴政策，使高龄老人的基本生活得到有力保障，让老年人通过社区的服务真正感受到党和政府对老年人各方面的关怀，社区于 2018 年 4 月起对辖区内的 216 名 80 岁以上老人进行了信息录入，并发放老年人补贴五万余元，为社区今后的老年人服务工作夯实了基础。

【社会保障】 为加快建立和完善以基本医疗保障为主体，其他多种医疗保险并举的多层次医疗保障体系，有效提高居民遭遇意外伤害时抵御风险的能力，由县财政出资为我县居民免费缴纳意外保险，6 月，社区共对辖区 11020 名城镇居民进行了登记录入，把县委、县政府的惠民政策落到了实处。

【环境卫生整治宣传工作】 按照国家级卫生城的要求，社区成立社区“创卫”领导组，明确了相关人员的职责，将目标任务进行细化分解，加强考核制度。印制材料 7000 余份，利用横幅、宣传栏、led 电子显示屏及发放宣传资料等多种形式进行全面宣传。同时，65 个大小住宅小区中，已在 59 个小区安装固定的宣传栏，进行健康教育宣传，每两月更新一次内容。采用双瓮式的旱厕改造模式，共改造旱厕 926 个，与驻区单位开展共驻共建志愿者活动百余次，参与志愿者 800 余人，共同清理巷道垃圾、小区卫生死角垃圾 267 车次，470 余吨，清理墙壁上张贴的小广告、粉刷墙壁，一起进行环境卫生整治，营造了良好的创卫工作氛围。

【文体工作建设】 基于社区服务居民的基本要求，文体工作是社区工作中的重要一环，2018年，立足实际，加大投入，在清华园社区成立了社区文化服务站，为居民业余文化生活提供便利，组织居民参与春节、元宵“两节”文艺表演，举办社区消夏晚会，为居民营造了良好的节日氛围。通过活动的开展，极大地增强了干部职工的工作热情。

【职业技能培训】 为解决社区下岗失业人员、重点人群等失业问题，促进该类人群创业与再就业，社区中心举办了三期培训班，每期10天，培训内容涉及烹饪、月嫂、编织以及计算机应用，共有326人参加了培训。社区中心前期做了大量的准备工作，1. 根据县人社局相关文件积极宣传动员，与辖区失业人员取得联系，进行基本情况进行了摸排和了解，对他们就业方向进行分类并登记；2. 对根据前期走访情况，分批次、分类别地对该类人群进行进家入户宣传培训效果，激发他们的就业意愿，组织有就业能力且有就业愿望的失业人员参加培训班的学习。通过开展培训，提高了社区失业人员自己的职业技能素质，为他们今后再就业打下良好的基础，同时也为社区劳动保障工作的开展起到了积极的推动作用。（赵绘）